L'EUROPE

DÉPARTEMENTS ET TERRITOIRES D'OUTRE-MER

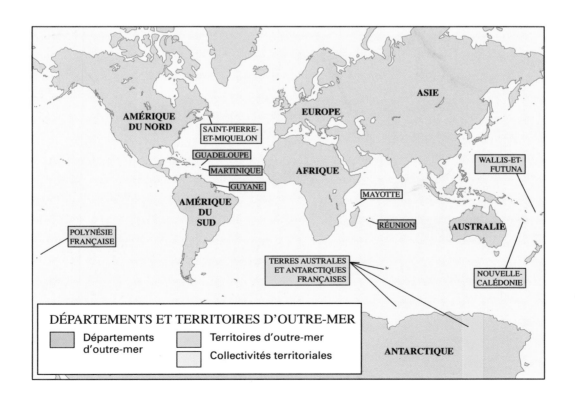

Mais oui!

INTRODUCTORY FRENCH AND FRANCOPHONE CULTURE

ENHANCED FOURTH EDITION

Chantal P. Thompson
Brigham Young University

Elaine M. Phillips
Educational Consultant

HEINLE
CENGAGE Learning™

Australia • Brazil • Japan • Korea • Mexico • Singapore • Spain • United Kingdom • United States

HEINLE
CENGAGE Learning

Mais oui!: Introductory French and Francophone Culture, Enhanced Fourth Edition
Chantal P. Thompson, Elaine M. Phillips

Editor in Chief: PJ Boardman

Publisher: Beth Kramer

Acquisitions Editor: Nicole Morinon

Development Editor: Florence Kilgo

Assistant Editor: Kimberly Meurillon

Editorial Assistant: Catherine Mooney

Media Editor/Sr. Media Editor: Morgen Murphy/Laurel Miller

Sr. Content Project Manager: Esther Marshall

Project Editor: Harriet C. Dishman/Nancy Milner Kelly

Art and Design Director: Jill Haber

Cover Design Director: Tony Saizon

Sr. Photo Editor: Jennifer Meyer Dare

Text Permissions Account Manager: Mardell Glinski Schultz

Sr. Composition Buyer: Chuck Dutton

New title Project Manager: James Lonergan

Manufacturing Buyer: Betsy Donaghey

Marketing Manager: Mary Jo Prinaris

Marketing Coordinator: Janine Enos

Marketing Assistant: Lorreen Ruth Pelletier

MarComm Manager: Stacey Purviance

Production Service and Compositor: Pre-Press PMG

Cover Image: Paul Cézanne (1839–1906). The Bridge at Maincy, near Melun, 1879. Musée d'Orsay, Paris, France/Erich Lessing/Art Resource, NY.

For product information and technology assistance, contact us at **Cengage Learning Customer & Sales Support, 1-800-354-9706**
For permission to use material from this text or product, submit all requests online at **www.cengage.com/permissions**
Further permissions questions can be emailed to **permissionrequest@cengage.com**

Library of Congress Control Number: 2009940556

Student Edition:

ISBN-13: 978-0-495-90901-9

ISBN-10: 0-495-90901-7

Loose-Leaf Edition:

ISBN-13: 978-0-495-91137-1

ISBN-10: 0-495-91137-2

Heinle
20 Channel Center Street
Boston, MA 02210
USA

Cengage Learning is a leading provider of customized learning solutions with office locations around the globe, including Singapore, the United Kingdom, Australia, Mexico, Brazil, and Japan. Locate your local office at **international.cengage.com/region**

Cengage Learning products are represented in Canada by Nelson Education, Ltd.

To learn more about Heinle, visit **www.cengage.com/heinle**

Purchase any of our products at your local college store or at our preferred online store **www.ichapters.com**

Printed in the United States of America
1 2 3 4 5 6 7 13 12 11 10 09

Scope and Sequence

To the Student

Welcome to the Enhanced fourth edition of *Mais oui!*, your beginning French program. Like Cézanne's *Le pont de Maincy* on the cover, *Mais oui!* takes you on a reflective journey. As you cross the bridge from one language to another, from one cultural framework to another, *Mais oui!* calls on you to use your critical thinking skills and participate actively in the process of discovering the French language and the cultural landscapes of *la Francophonie*. Every step makes you think. As you observe and infer, explore and confirm, multiple layers of meaning are uncovered. In *Mais oui!*, as in Cézanne's painting, real-world input and critical thinking meet on the bridge to meaningful learning.

■ **Real-world input.** Carefully selected real-world listening and reading materials are used as entry into the language. The in-text audio CD program contains the *À l'écoute* listening segments, the pronunciation activities, oral cues for any listening activities, and all terms from the end-of-chapter *Vocabulaire actif* for each chapter. The readings in the text are from magazine articles, books, literary works, or responses from French speakers around the world to survey questions on chapter topics. The *Mais oui!* Video, with accompanying activities in the Video Worksheets, and Interactive Practice Activities, both available on the Student Website, provide additional exposure to authentic materials. Web Search Activities expand opportunities for learning about Francophone cultures. Through a series of tasks, you develop strategies that enable you to process this input successfully. A natural stage is thus set for the introduction of vocabulary, structures, cultural concepts, and the practice of language functions. Through this wealth of real-world input, you not only learn to understand "real" French, but you embark on a journey of discovery.

■ **Critical thinking.** The journey turns the traveler into a reflective observer who uses the input to discover the French way of saying things. Through a process of *Observez* and *déduisez* (Infer), then *Confirmez* (Confirm), you are led to figure out on your own how the language works. You observe, infer, confirm, and acquire the language in a stimulating environment conducive to long-term retention. You are also led to understand new social and cultural realities, for a new way of saying things is often a new way of seeing things. Take the word "vacation" for example. When you think of vacation time in the business world, how many days does it usually represent in your culture? To the French, *les vacances* is synonymous with five weeks of *congés payés* (paid vacation) per year, a mass exodus to the beaches of western or southern France in July and August, and a whole country that grinds to a complete halt for all the holidays. Language learning is not simply a matter of learning different words, but one of acquiring a new set of concepts associated with the words—a chance to expand one's horizons, inquisitively.

■ **Realistic expectations.** The discovery process may sound challenging but, fortunately, the journey is a guided tour. The tasks are kept simple and, one small step at a time, you are guided through activities that help you identify, recognize, and internalize the patterns of French to activities that stimulate you to use your newly acquired language skills to express yourself. Chances to create with the language abound, and functions (or language tasks) are recycled from chapter to chapter in ever-expanding contexts. By the end of the *Mais oui!* program, you can reasonably expect to begin to express personal meaning about a variety of simple topics, to ask and answer questions, and to deal with most common everyday situations in French.

An Overview of Your Textbook's Main Features

Mais oui!'s proven active learning approach skillfully guides you in the process of **thinking,** then **observing and inferring, confirming,** and finally **exploring,** using your critical-thinking skills to help you retain the French you acquire. It contains a brief preliminary chapter, twelve regular chapters, and a complementary chapter designed to provide a glimpse of more complex functions. Each regular chapter is organized around a cultural theme and divided into four manageable *étapes*.

L'école

4
chapitre

This chapter will enable you to

➡ understand French students speaking about their school program

➡ read an article about the school week in France and a well-known literary text about a little boy who learns to read

➡ talk about studies and schedules

➡ express your personal reactions

➡ talk about activities you enjoy

Chapter resources

iLrn iLrn Heinle Learning Center includes:
• Student Activities Manual (SAM) and SAM Audio Program
• Textbook Assignments and In-text Audio Program
• Media-enhanced eBook
• Video Library
• Enrichment
• Diagnostics

🎧 In-Text Audio Program

▢ Video

🌐 Companion Website

À quel genre d'école vont ces jeunes gens? Quel diplôme est-ce qu'ils préparent? Et après, qu'est-ce qu'ils vont faire? Et vous? Qu'est-ce que vous étudiez? Comment sont vos cours?

● Each chapter of *Mais oui!* opens with a theme-setting photograph, accompanied by preview questions that set the stage for learning and introduce cultural and thematic information relevant to the chapter content.

Première étape
À l'écoute

A listening comprehension section starts the first and third *étapes*. Each listening section focuses on the theme of the chapter, providing exposure to new and recycled vocabulary and structures. These real-world listening passages include public announcements and everyday conversations from around the Francophone world that provide a wealth of cultural information related to the chapter theme.

Note culturelle

The various *Notes culturelles* found throughout each chapter broaden your knowledge of French and Francophone culture, providing important and interesting information about the French-speaking world and the daily lives of its peoples. Questions at the end of each *Note* encourage you to compare their behaviors and perspectives with your own.

Pensez

Throughout *Mais oui!*, clear "signposts" such as *Pensez* guide you, step by step, in your learning and critical thinking about the language and culture. In this section, you are asked to "think" about questions related to the listening passage you are about to hear and, in the process, are exposed to essential vocabulary that will help with comprehension. In this pre-listening activity, you learn to look for clues and to focus on what to expect and on how to train your ear and your mind to listen for better comprehension and maximize retention.

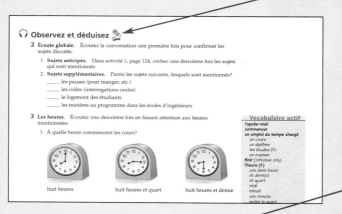

Prononciation

Prononciation sections appear after every *À l'écoute* and focus on the basic elements of the French sound system and intonation patterns. Sample words or sentences are taken from the preceding listening input section, providing continuity and familiar context for your work.

Confirmez

The *Confirmez* sections ask you to confirm and practice what you have learned to help you assimilate the material further and get you on your way to communicating in French.

Observez et déduisez

At the next signpost, you are guided to "observe and infer." First, you listen to the audio passage you prepared for in the prior section. Then, gradually, for each activity, you listen for specific information. As you progress through each listening and each activity, comprehension and retention are reinforced.

Marginal *Vocabulaire actif* boxes highlight the essential vocabulary introduced in the section.

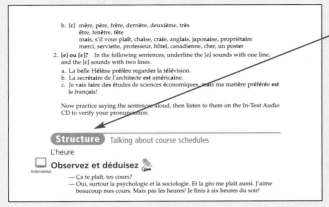

Structure

The *Structure* or grammar section is presented with the same methodology as the other sections. You begin with the process of *Observez et déduisez* with a short, authentic reading input. Questions then target specific patterns for you to discern. You move to *Confirmez,* which further explains these patterns in a clear and concise way and presents additional examples. Activities immediately follow, providing you with the opportunity to practice what you have learned.

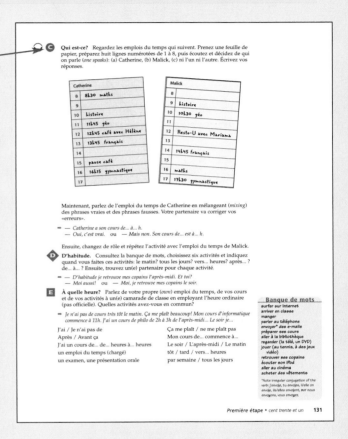

Activités

Icons throughout the *Activités* section identify the different types of practice activities. The squares (■) denote "skill-getting" activities, which allow you to practice recognition of the patterns and apply mechanical substitutions to help with retention. The circles (●) denote "skill-using" activities, which present opportunities to communicate in French. Diamonds (◆) denote "skill-getting and skill-using" activities that allow you to progress from recognition and mechanical activities to communication.

Stratégie de communication

The *Stratégie de communication* section presents high-frequency, everyday expressions. Mini-dialogues demonstrate their uses in realistic contexts, and background information in English explains their cultural usage. These strategies will help you develop natural patterns of expression as you continue learning new topical vocabulary and grammar.

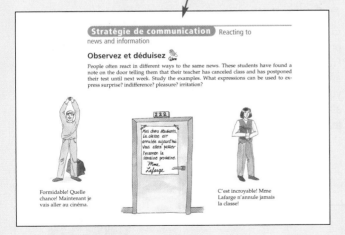

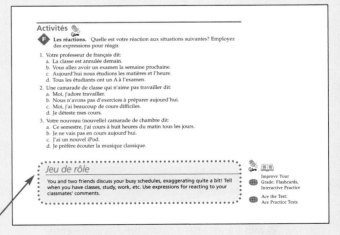

Jeu de rôle

At the end of each *étape,* the *Jeu de rôle* activities offer the framework for role-plays that allow you to put your French to use creatively in situations that simulate real life.

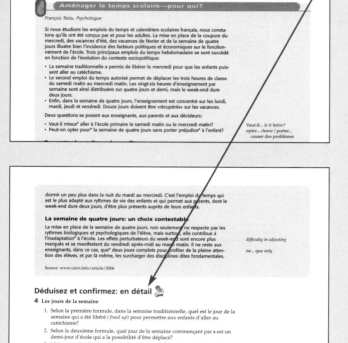

Deuxième étape

Lecture

The second *étape* begins with a reading input section that features an authentic cultural or journalistic text. First, in the *Pensez* section, you prepare for the reading by progressing through activities that introduce pertinent vocabulary and focus your attention on what to expect in the selection. Then, the *Observez et déduisez: en général* activities help train you to start with a global picture of the text. Finally, you proceed, in *Déduisez et confirmez: en détail,* with making sense of the details as you move through a closer reading.

Culture et réflexion

Culture et réflexion closes the *Deuxième étape* section with a presentation of cultural information about various aspects of the Francophone world. Photos support the information provided and offer a starting point to observe and infer. Questions guide you through this reflection and through the exposé that will allow you to "confirm" and explore the various cultural themes that are presented.

Troisième étape

À l'écoute

As with the *Première étape,* the *Troisième étape* begins with a listening comprehension section. The same steps that guided you through the prior sections help you build further on the material learned earlier in the chapter.

Quatrième étape: Intégration

● Littérature

Littérature opens the *Quatrième étape: Intégration.* Selections are drawn from the literatures of various French-speaking countries. Carefully chosen and made accessible through manageable, enjoyable tasks, literary texts become the culminating point of the chapter. The selections expose you to a variety of genres, and synthesize and expand upon each chapter's content in a motivating, innovative, and meaningful way.

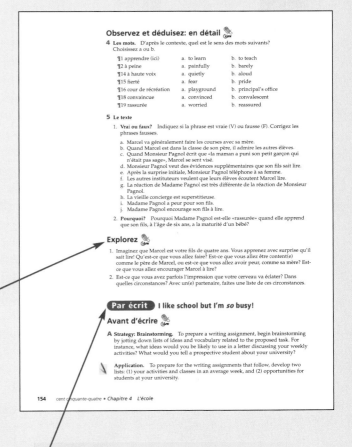

● Explorez

Here, you have the opportunity of "exploring." This part of the process encourages you to explore various issues more deeply, by highlighting similarities, drawing comparisons, and communicating in group discussions.

● Par écrit

The *Par écrit* section provides you with a wide range of writing tasks, such as interviews, letters, messages, photo captions, journal entries, and brief paragraphs—all related to the chapter theme. You will approach writing as a process: you start with a strategy, such as brainstorming, to then apply your brainstorming, such as developing a list of ideas, and end with writing a complete assignment.

B Strategy: Writing to a friend. Begin a friendly letter with a salutation such as:

Cher Pierre,   Chère Nathalie,   Salut les amis!

Close letters to friends with an expression like:

Bien amicalement,   Amitiés,

More familiar expressions (similar to "hugs and kisses") used with family and close friends include:

Grosses bises!   Je t'embrasse, / Je vous embrasse,

Écrivez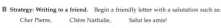

1. En vous basant sur les listes 1 et 2 dans **Avant d'écrire A,** écrivez une lettre à votre ami(e) suisse au sujet de votre vie à l'université. Parlez d'une semaine typique—vos cours, votre emploi du temps, vos activités. Qu'est-ce que vous faites pendant la semaine? le week-end? etc.

> ➡ *Cher/Chère...*
> *La vie à l'université est très fatigante mais aussi très intéressante...*

2. Vous aidez votre université à préparer de la publicité destinée aux étudiants francophones. Écrivez un paragraphe où vous décrivez les avantages d'être étudiant(e) à votre fac. Parlez des cours et des emplois du temps, des professeurs, des activités et du campus.

Synthèse culturelle

Quand vous pensez à l'école primaire, qu'est-ce qui vous vient à l'esprit[1]?
Je vois...

Isabelle: des enfants assis à leur pupitres[2] en rangs d'oignons[3]...

Je sens...

Aïssatou: l'odeur des cacahuètes[5] ou des beignets venant des étals[6] des marchands installés devant l'école...

J'entends...

Laïla: le rire[4] de mes amis, les représailles de mes professeurs...

Explorez

Et vous? Quelles images, quels sons, quelles odeurs vous viennent à l'esprit quand vous pensez à l'école? Posez cette question à trois personnes d'une autre culture, région géographique, ou génération, puis analysez les réponses. Y a-t-il des différences culturelles? Comparez-les avec les réponses ci-dessus et dans le Student Website et parlez-en avec vos camarades de classe.

Improve Your Grade:
Online Synthèse culturelle

1. *what comes to mind?*   2. *seated at their desks*   3. *like rows of onions*   4. *laughter*   5. *peanuts*   6. *stalls*

Synthèse culturelle

Synthèse culturelle introduces you to several native speakers of French from around the world. The responses to a series of questions that they give in this section of the book are complemented by further responses on the Student Website. After reading these two sets of responses, you are given the opportunity to compare their answers to your own and then conduct an experiment, an interview, or a survey based on the material.

Vocabulaire actif

A list of all the chapter vocabulary, separated by parts of speech, is found at the end of each chapter for easy reference.

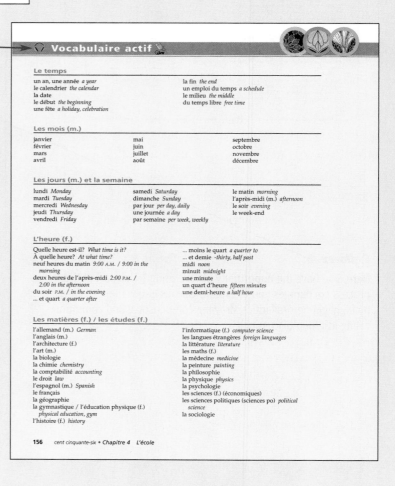

Vocabulaire actif

Le temps

un an, une année *a year*
le calendrier *the calendar*
la date
le début *the beginning*
une fête *a holiday, celebration*

la fin *the end*
un emploi du temps *a schedule*
le milieu *the middle*
du temps libre *free time*

Les mois (m.)

janvier
février
mars
avril

mai
juin
juillet
août

septembre
octobre
novembre
décembre

Les jours (m.) et la semaine

lundi *Monday*
mardi *Tuesday*
mercredi *Wednesday*
jeudi *Thursday*
vendredi *Friday*

samedi *Saturday*
dimanche *Sunday*
par jour *per day, daily*
une journée *a day*
par semaine *per week, weekly*

le matin *morning*
l'après-midi (m.) *afternoon*
le soir *evening*
le week-end

L'heure (f.)

Quelle heure est-il? *What time is it?*
À quelle heure? *At what time?*
neuf heures du matin *9:00 A.M. / 9:00 in the morning*
deux heures de l'après-midi *2:00 P.M. / 2:00 in the afternoon*
du soir *P.M. / in the evening*
... et quart *a quarter after*

... moins le quart *a quarter to*
... et demie *-thirty, half past*
midi *noon*
minuit *midnight*
une minute
un quart d'heure *fifteen minutes*
une demi-heure *a half hour*

Les matières (f.) / les études (f.)

l'allemand (m.) *German*
l'anglais (m.)
l'architecture (f.)
l'art (m.)
la biologie
la chimie *chemistry*
la comptabilité *accounting*
le droit *law*
l'espagnol (m.) *Spanish*
le français
la géographie
la gymnastique / l'éducation physique (f.) *physical education, gym*
l'histoire (f.) *history*

l'informatique (f.) *computer science*
les langues étrangères *foreign languages*
la littérature *literature*
les maths (f.)
la médecine *medicine*
la peinture *painting*
la philosophie
la physique *physics*
la psychologie
les sciences (f.) (économiques)
les sciences politiques (sciences po) *political science*
la sociologie

Supplementary Materials for the Student

The In-Text Audio CDs   The in-text audio CDs contain the textbook's *À l'écoute* listening passages, the *Observez et déduisez* pronunciation samples, and the items of the *Confirmez* exercises, oral cues for any listening activities, and all terms from the end-of-chapter *Vocabulaire actif* is packaged with each copy of your text. This recording is designed to maximize your exposure to the speech of native speakers from a variety of regions. It also allows you to listen to the recorded passages as often as you wish and to improve your pronunciation.

The Student Activities Manual (SAM)   The *Workbook* section of this manual provides structured, written practice of the materials introduced in the corresponding chapters and additional reading comprehension based on cultural and journalistic excerpts. Each chapter of the *Laboratory Manual* section, designed for use with the audio program, contains pronunciation practice and a variety of listening comprehension tasks, all focused on the language presented in the chapter.

Quia Electronic Student Activities Manual   This online version of the **Student Activities Manual** contains the same content as the print version in an interactive environment that provides immediate feedback on many activities. The audio associated with the Quia Student Activities Manual is also included with an easy click.

The Student Activities Manual Audio CD Program   The audio material that accompanies the *Laboratory Manual* section of the **Mais oui!** SAM is available for your purchase either on CD or in MP3 format (via e-commerce or a printed passkey to the Student Website). It includes the *À l'écoute* listening passages, the pronunciation exercises, and the recorded materials for the listening comprehension activities and dictations.

The *Mais oui!* Student Website   This icon points to the **Mais oui! Student Website**, which you can access by selecting *French* at the Cengage Learning College Division home page, http://www.cengage.com/french/maisoui

   As shown below, a specific product will be indicated under this icon to direct you to it. On the *Mais oui!* Student Website, you will find:

- **Flashcards,** to help you learn and practice chapter vocabulary: you can use *Révision* Flashcards to help retain chapter vocabulary and get more exposure to pronunciation and you can also practice chapter vocabulary further with the *Application* Flashcards.

- **Web Search Activities,** to help you explore further the topics of the chapter and the *Culture et réflexion* section. After completing the activities, you will share your findings and discuss them with fellow students in class.

- **Downloadable .mp3 files of the In-Text Audio,** corresponding to your textbook's *À l'écoute* and *Prononciation* listening passages, oral cues for any listening activities, and all terms from the end-of-chapter *Vocabulaire actif.*

- **Online *Synthèse culturelle*,** new to this edition, to capture the rest of the information needed to complete the book's *Synthèse culturelle* activity.

- **Web Links,** also new to this edition, to help you connect to a variety of French-language sites appropriate to the textbook's chapter themes and content, and inviting you into authentic experiences of French-speaking culture and language.

- **ACE Practice Tests,** to help you practice further chapter vocabulary and grammar and to assess your progress via immediate feedback.

- **ACE Video Activities,** new to this edition, to provide additional practice and reinforce comprehension.

- **Video Worksheets,** to guide you through the thirteen modules of the *Mais oui!* Video with activities structured to help you understand authentic speech one step at a time.

Your textbook may have been packaged with an access card for additional resources on the Student Website. If not, you may purchase access to the following resources by visiting the Cengage eCommerce store.

- **Interactive Practice Activities,** which provide a large variety of practice with vocabulary from the *Á l'écoute* and *Vocabulaire* sections, with structures, as well as with the readings from the book, from games to art-based exercises, and video and audio clips.
- **Downloadable .mp3 files of the SAM Audio.**
- **Downloadable full *Mais oui!* Video.**

Épisode

The *Mais oui!* Video   The video provides exposure to everyday, contemporary French. For each chapter, a video segment presents situations where French and Francophone speakers interact, based on the chapter theme. In addition, each segment offers the candid, on-the-street reactions of French people to questions that are relevant to the chapter theme.

iLrn™: Heinle Learning Center   With the iLrn™: Heinle Learning Center, everything you need to master the skills and concepts of the course is built into this dynamic learning environment. The iLrn™: Heinle Learning Center includes an audio- and video-enhanced eBook, assignable textbook activities, companion videos with pre- and post-viewing activities, partnered voice-recorded activities, an online workbook and lab manual with audio, interactive enrichment activities, and a diagnostic study tool to help you prepare for exams.

The *Mais oui!* Static eBook   The print Student Edition is also available as PDF files.

Reference Materials

The following materials provide students with useful reference tools throughout the course:

- **Maps.** On the front and back inside covers of the textbook, five vivid full-color maps show France, French territories around the world, and countries where French is spoken in Europe, Africa, the Americas, and the Caribbean.
- **Appendix.** The appendix contains conjugation charts of regular and irregular verbs.
- **End vocabularies.** French-English and English-French end vocabularies follow the conjugation charts. The French-English end vocabulary lists all active words and identifies the number of the chapter in which the word or phrase first appears. It also includes the classroom expressions featured in the end-of-chapter *Vocabulaire actif* sections and all vocabulary included in the *À l'écoute, Lecture,* and *Littérature* input.

A Final Word

We hope that instructors and students alike will find their experience with *Mais oui!* enjoyable, rewarding, and motivating and that the meaning of *Mais oui!*—"But of course! It's logical! I understand!"—will become the watchword of students' success.

Acknowledgments

A book is the work of many people: its authors, yes, but also those who have accepted its concept, bettered its manner of expression, and nurtured its development. For this we thank Rolando Hernández, Glenn Wilson, Laurel Miller, Judith Bach, Florence Kilgo, Erin Beasley, Eileen Bernadette Moran, Lorreen Pelletier, and the whole team at

Heinle, Cengage Learning. They have shared our vision, supported our efforts, and provided invaluable guidance.

We also wish to thank the following colleagues for the many useful suggestions they offered in their reviews of *Mais oui!* during various stages of development:

Bruce Anderson, University of California, Davis
Inès Bucknam, French Department, Modesto Junior College
Annette Dominik, Thompson Rivers University
Jennifer Enzminger, Diablo Valley College
Jennifer Gardner, Central Connecticut State University
Dr. Luc D. Guglielmi, French Program Director at Kennesaw State University
Elizabeth Guthrie, University of California at Irvine
Leonard Hinds, Dominican University
Christine Khorsand, Arapahoe Community College
Jacqueline Konan, Columbus State University
Larry Kuiper, University of Wisconsin, Milwaukee
Samira Matta, California State Polytechnic University, Pomona
Lisa Signori, Erskine College
Kenric Tsethlikai, Stanford University
Lynni Weibezahl, University of Nevada–Reno
Carolyn Woolard, Milligan College

Finally, we want to express our appreciation to our families, whose patience, confidence, and love sustain us. The fourth edition of *Mais oui!* is dedicated by Chantal Thompson to Bill, Natalie and Gerry, Erica and Roy, Nicolas, and grandchildren Ashley, Ethan, Brandon, Kendra, Andrew, Alex, and Aidan; and by Elaine Phillips to Bob, Jonathan, and Elâ.

Chantal P. Thompson
Elaine M. Phillips

Bonjour!

This chapter will enable you to

➡ understand an announcement and a short conversation at an airport

➡ understand basic classroom terms

➡ greet people formally and informally

➡ introduce people

➡ spell in French

➡ identify people and things

Go to the Mais oui!, Enhanced Fourth Edition, Student Website at www.cengage.com/french/maisoui for additional practice and cultural exploration.

Chapter resources

 iLrn Heinle Learning Center includes:
- Student Activities Manual (SAM) and SAM Audio Program
- Textbook Assignments and In-text Audio Program
- Media-enhanced eBook
- Video Library
- Enrichment
- Diagnostics

 In-Text Audio Program

 Video

 Companion Website

What do you think these people are saying to one another?

À l'écoute Votre attention!

You are about to listen to an audio segment on the In-Text Audio CD that is shrink-wrapped with your text. You will hear an announcement made over the public address system at a French airport. Prepare yourself by doing the activity that follows.

Pensez

1 Imagine that you are at a French airport, and someone is being paged. What do you expect to hear in this announcement?

Attention!   Before you listen to the announcement, read the numbered tasks outlined in the **Observez et déduisez** section below. You will probably not understand everything you hear, but these tasks will guide you step by step. For each task, focus only on what you are asked to do. As you learn various strategies for listening, authentic speech will become increasingly easier for you to understand.

Observez et déduisez

2 Listen a first time and check the information you had anticipated in **Pensez** that is actually mentioned in the announcement.

3 Listen again. In the following list, circle the words used in the announcement, and then guess their meaning.

votre attention / merci / s'il vous plaît
Monsieur / Madame / Mademoiselle
bureau / compagnie / société
Air France / Airbus / Air Inter

L'aéroport international Charles de Gaulle.

4 Listen a final time to infer the meaning of **est priée de se présenter** from the following choices.

a. is asked to call

b. is asked to come in person

c. is asked to give a present

À l'écoute   Votre nom?

Pensez

1 The woman being paged comes to the airline counter. What do you expect will be included in the conversation?

Observez et déduisez

2 Listen a first time and check the information you had anticipated in **Pensez.** What is actually included in the conversation?

3 Listen again. Match the French expressions on the left with the categories on the right.

1. je suis		a. greetings	
2. au revoir		b. identifying oneself	
3. bonjour		c. thanking	
4. merci		d. leave-taking	

Vocabulaire actif

à bientôt
au revoir
bonjour
de rien
euh...
il n'y a pas de quoi
je suis
je vous en prie
madame
mademoiselle
merci
monsieur
s'il vous plaît

4 Now that you have heard the conversation twice, indicate why the woman is being paged.

a. There was a message for her.

b. There was a problem with her ticket.

c. She had lost her passport.

5 Listen a final time, paying close attention to the woman's name. How is it spelled? Unscramble the following letters to spell her name.

U E A H S D C Y N

6 In English, we use *um* as a pause filler in conversation. Having heard this conversation three times, can you identify the pause filler that French speakers use to mark hesitation?

Notes culturelles

«Bonjour, madame.»   In formal situations, French people generally add **monsieur, madame,** or **mademoiselle** (abbreviated **M., Mme,** and **Mlle** respectively) to **bonjour, au revoir,** and **merci.** Note that the last name is not used.

«Salutations et gestes.»   When greeting or saying good-bye to a colleague or an acquaintance, French people always shake hands. Close friends and family members exchange kisses on the cheeks **(des bises)**—two, three, or even four kisses, depending on regional customs.

Au revoir?   If you expect to see the person again in the near future, you may say **À bientôt!** (*See you soon!*) instead of **au revoir.** To say good-bye, French Canadians may say **bonjour** or **salut** rather than **au revoir.**

Merci et la politesse.   **Je vous en prie** is a formal way to say *you're welcome.* **De rien** or **il n'y a pas de quoi** are less formal. French Canadians use the expression **Bienvenue!** (*Welcome!*)

Stratégie de communication — Greetings and Introductions

All vocabulary introduced in Stratégie de communication is active vocabulary.

Observez et déduisez

Greetings and introductions in French, as in English, usually involve a great deal of social ritual. Study the illustrations and dialogues; then answer the following questions.

- In formal situations, do French speakers use **tu** or **vous?**
- What expressions are used to do the following?

  Greet a new student
  Give your name and find out his
  Introduce him to a classmate
  Respond to an elderly neighbor's greeting
  Ask how she is doing
  Say you're doing fine

- What are the French equivalents for the following expressions?

name	My name is . . .	Not too good.
first name	Good evening.	And you? (*formal*)
last name	I'm fine.	And you? (*informal*)

—Bonjour, madame.
  Comment allez-vous?
—Je vais bien, merci.
  Et vous?
—Très bien, merci.

—Bonsoir, monsieur. Vous
  allez bien?
—Oh, comme ci comme
  ça... les rhumatismes,
  vous savez...

—Simone, je vous présente
  Monsieur Leblanc.
  Monsieur Leblanc,
  Madame Bichon.
—Enchanté, madame.
—Enchantée.

—Salut! Ça va?
—Oui, et toi?
—Ça va!

—Tiens, Claire, je te
présente Naïma.
—Bonjour.

—Comment tu t'appelles?
—Mohammed.
—Et ton nom de famille?
—Belhaj. Mohammed Belhaj.

—Bonjour, monsieur. Comment
vous appelez-vous?
—Je m'appelle Cacharel.
—Pardon? Votre nom?
—Cacharel.
—Votre prénom?
—Alain.

Confirmez

Greetings and introductions

	to greet someone	to respond
formel	Bonjour, madame.	Bonjour, monsieur.
familier	Salut, Jean.	Bonsoir, Marie.
	to ask how someone's doing	**to respond**
formel	Comment allez-vous? Vous allez bien?	Je vais bien, merci. Et vous? Très bien, merci. Et vous? Comme ci comme ça.
familier	Comment vas-tu? Comment ça va?	Ça va bien, et toi? Oh, pas mal. Comme ci comme ça. Et toi?
	to introduce someone	**to respond**
formel	Je vous présente...	Enchanté(e). Bonjour, monsieur (madame).
familier	Je te présente...	Bonjour.
	to ask someone's name	**to respond**
formel	Comment vous appelez-vous? Votre nom? / Votre prénom?	Je m'appelle... Cacharel. / Alain.
familier	Comment tu t'appelles? Ton nom? / Ton nom de famille?	Je m'appelle... Mohammed. / Belhaj.

A **Options.** Choose the most appropriate response to the following.

1. Comment vous appelez-vous?

   _____ Très bien, merci.   _____ Je m'appelle Caroline.

2. Je vous présente Monsieur Carel.

   _____ Il n'y a pas de quoi.   _____ Enchanté.

3. Comment allez-vous?

   _____ Ça va bien.   _____ Je vais bien, merci.

4. Ton prénom?

   _____ Nicolas.   _____ Sarkozy.

5. Bonjour, mademoiselle.

   _____ Bonjour, monsieur.   _____ Salut.

6. Merci, monsieur.

   _____ Comme ci comme ça.   _____ Je vous en prie.

7. Au revoir, Caroline.

   _____ À bientôt!   _____ De rien.

Note culturelle

Tu ou vous? The decision to use **tu** or **vous** is often a delicate one, even for native speakers of French. In general, the pronoun **tu** is used in familiar contexts (with family, friends, children, and students your own age). Use **vous** with people you address by their last name, new acquaintances, people with whom you maintain a professional distance, or people who are older than you. French Canadians use **tu** more readily than the French, as do younger people throughout the Francophone world. However, if you have any doubt, use **vous!** Does the language you use change a bit depending on the person to whom you are speaking? Think of some examples to share.

B **Complétez.** Now complete the following dialogues with the appropriate expressions.

1. — _____, monsieur.

   — _____, madame.

   _____?

   — _____!

2. — _____?

   —Samuel.

   — _____?

   —Beynet.

3. — _____?

   — _____ Letort.

   — _____?

   —Suzanne. Suzanne Letort.

4. —Salut, Michelle, _____?

—Oui, _____?

—_____, je suis fatiguée...

5. —Paul, _____ Jean-Michel. Jean-Michel, Paul.

—_____.

—_____.

6. —Charles, _____ Madame Beynet. Madame Beynet, Monsieur Duval.

—_____, madame.

—_____, monsieur.

Spelling in French

Observez et déduisez

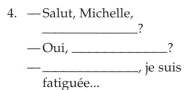
erviews

When you meet new people, you may need to spell your name or ask them to spell their names **(Comment ça s'écrit?).** Although French and English use the same alphabet, the sounds corresponding to many of the letters are different. How would you spell your name in French?

A	B	C	D	E	F	G	H	I	J	K	L	M
[a]	[be]	[se]	[de]	[ə]	[ɛf]	[ʒe]	[aʃ]	[i]	[ʒi]	[ka]	[ɛl]	[ɛm]
N	O	P	Q	R	S	T	U	V	W	X	Y	Z
[ɛn]	[o]	[pe]	[ky]	[ɛr]	[ɛs]	[te]	[y]	[ve]	[du blə ve]	[iks]	[i grɛk]	[zɛd]

accent aigu   Andr**é**
accent grave   Ir**è**ne
accent circonflexe   Beno**î**t
c cédille   Fran**ç**ois
tréma   Jo**ë**lle
trait d'union   Marie-France, Jean-Paul
apostrophe   M'hammed

Activités

 C'est qui? Stand with your classmates and listen carefully as your teacher spells a name—either a first name or a last name. Sit down when you are sure he or she is *not* spelling *your* name.

D **Comment ça s'écrit?** You are checking tickets at the airline counter. Spell out the passengers' names to make sure there are no mistakes!

1. Jean-Pierre Segond
2. Yambo Hazoumé
3. Mariama Bâ

4. Françoise Gracq
5. Hélène Leroux
6. Aïcha Al'Kassem

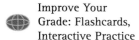

E **Faisons connaissance.** Circulate in the class, exchanging greetings and asking people's first and last names and how they spell their names. Arrange the names alphabetically. Does your list match the teacher's roll?

Ace the Test:
Ace Practice Tests

This icon appears throughout the text to remind you that Ace Practice Tests are available on the Student Website.

Improve Your
Grade: Flashcards,
Interactive Practice

Culture et réflexion

Les bises rituelles.

Observez et déduisez

What do you think the relationship is between the two men exchanging greetings in this photo or the two people shaking hands in the other photo? What does the presence or absence of physical contact during greetings and leave-takings reveal about a culture?

Confirmez et explorez

• **Les salutations et les gestes.** Greetings and leave-takings in France and many Francophone countries must include physical contact. As mentioned in the **Notes culturelles** on page 3, close friends and family members exchange **des bises** (*kisses on the cheeks*). Colleagues and acquaintances shake hands, and if one's hands are dirty or holding other things, a finger, wrist, elbow, or arm is offered to shake instead. Some type of physical salutation must be offered to each individual present in order to be polite; when leaving a group of ten or twelve people, for example, each person in the group would receive a handshake or a kiss, even if doing so is time consuming! A bank director in Paris reports that he clocks 20 minutes of handshaking per day for most of his personnel.[1] You shake hello, and you shake good-bye, adding the first name of the person if you are on first-name terms (**«Bonjour, Martine», «Au revoir, Robert»**) or adding **madame** or **monsieur** with formal acquaintances or strangers.

Do you usually shake hands when you meet someone for the first time? When you meet a friend or acquaintance in a public place? Do you exchange hugs or kisses when you greet or leave family members in the morning or at night? In what situations do such greetings make you feel uncomfortable?

• **Le sourire.**   Nothing separates Americans and French people more than their smile codes.[2] Americans smile to strangers; French people don't. This may explain why tourists sometimes label the French as rude and arrogant. True, the French don't smile without a reason, and stumbling into someone's stare is not one of them. Smiles usually come if you bump into each other by mistake or if you both witness an event worth smiling at, but when you walk down the street or

La poignée de main—une obligation culturelle.

sit in the subway **(le métro),** don't take the French **mine d'enterrement** (*funereal expression*) personally! How do you feel about smiling to strangers? Is it hypocritical? Does it banalize the smile?

---

1. Polly Platt, *French or Foe* (London: Culture Crossings, 1998), p. 34.   2. Ibid. p. 24.

À l'écoute La salle de classe

You will watch and listen as your teacher points out and names items around the classroom. But first prepare yourself by thinking!

Pensez

What does the term *gender* bring to your mind? Do chairs and walls have gender? In French, they do! All nouns are either masculine or feminine. **Accent,** for example is masculine—*un accent.* **Apostrophe** is feminine—*une apostrophe.* As you listen to your teacher, pay attention to the gender of the words you hear. Accept gender as a fact of life, and whenever you store a French noun in your memory, get in the habit of including the article!

Observez et déduisez

1 First, simply listen to the audio or watch and listen to your teacher. What are the French names for some familiar classroom items? Which article goes with each name?

2 Listen again, and repeat each word with its article.

3 Now look at the following picture and words, and match the number of each item with its name.

Vocabulaire actif

La salle de classe
un livre..., etc.

_____ un livre
_____ un cahier
_____ une feuille de papier
_____ un crayon
_____ un stylo
_____ une gomme

_____ une serviette
_____ un tableau
_____ un morceau de craie
_____ une porte
_____ une fenêtre
_____ un mur

_____ un professeur
_____ un sac à dos
_____ une carte
_____ un CD
_____ un classeur
_____ une horloge

_____ un bureau
_____ une chaise
_____ un étudiant
_____ une étudiante
_____ une table
_____ un dictionnaire
_____ un ordinateur portable

Vocabulaire actif

un (une) camarade de classe
c'est / ce sont
une chose
des
une femme
un homme
le/la/l'/les
une personne
Qu'est-ce que c'est?
Qui est-ce?
un/une/des

Be sure to answer the questions in **Observez et déduisez** first, and then check your responses in **Confirmez**.

> **Structures**   Identifying people and things

Qu'est-ce que c'est? Qui est-ce? • _C'est / Ce sont_ •
Les articles indéfinis et définis

Observez et déduisez

Qu'est-ce que c'est?

C'est un bureau: c'est le bureau de M. Martin.

C'est une chaise: c'est la chaise de Marianne.

Ce sont des livres: ce sont les livres de Nancy.

Qui est-ce?

C'est un professeur: c'est M. Martin.

Ce sont des étudiants: ce sont les étudiants de M. Martin.

- Which question refers to people? Which question refers to things?
- What expression is used to identify one person or thing? What expression is used to identify more than one person or thing?
- How do you think **un** and **une** differ from **le** and **la**?
- What is the plural form of **un/une**? of **le/la**? How is a noun made plural?

Confirmez   *Qu'est-ce que c'est? Qui est-ce?*

- Use **Qui est-ce?** to ask about a person **(une personne)**. Use **Qu'est-ce que c'est?** to ask about a thing **(une chose)**.

C'est / Ce sont

- Use **C'est un (C'est une)** to identify one person or thing. Use **Ce sont des** to identify more than one person or thing.

Les articles indéfinis et définis

- As you learned in **À l'écoute,** in French all nouns have gender (masculine or feminine), which cannot always be determined logically. Most nouns also form their plural by adding an -**s**, which is never pronounced. Fortunately, these nouns usually occur with articles that indicate both gender *and* number.

- The indefinite articles **un** and **une** correspond to *a/an* in English and are used with nouns identifying things that can be counted. **Un** is used with masculine singular nouns, and **une** with feminine singular nouns.

      un homme   **un** classeur
      une femme   **une** gomme

- **Des** (*some, any*) is the indefinite article for all plural nouns, masculine *and* feminine. Note that in French, the article *must* be expressed.

      Ce sont **des** stylos et **des** gommes.
      These are (some) pens and erasers.

- The definite articles **le, la,** and **les** correspond to *the* in English. They also agree in number and gender with the nouns they modify.

      (masculine)   **le** camarade de classe   **les** camarade<u>s</u> de classe
      (feminine)   **la** serviette   **les** serviette<u>s</u>

- **Le** and **la** become **l'** when followed by a word beginning with a vowel sound. Since the letter **h** is usually silent in French, most words beginning with **h** take **l'** also.

    l'étudiant   l'horloge

- Definite articles are used to identify more specifically than indefinite articles. They may be used with **de** and a person to indicate ownership.

    un livre   **le** livre de Samuel
    une serviette   **la** serviette de Mégane
    des étudiants   **les** étudiants de M. Martin

Les articles

	articles définis	articles indéfinis
masculin singulier	le, l'	un
féminin singulier	la, l'	une
masculin pluriel	les	des
féminin pluriel	les	des

Activités

F **Chassez l'intrus.** Find the word in each line that does not belong with the others.

1. stylo, crayons, morceau de craie, hommes
2. murs, sac à dos, porte, fenêtres
3. étudiant, professeurs, serviettes, camarade de classe
4. livre, gomme, classeurs, feuille de papier
5. horloges, cartes, ordinateur portable, tableau

G **Singulier? Pluriel?** Change the following expressions to the singular or the plural.

➡ C'est un professeur.   *Ce sont des professeurs.*
   Ce sont des étudiantes.   *C'est une étudiante.*

1. C'est un ordinateur portable.   5. C'est un mur.
2. C'est un sac à dos.   6. Ce sont des cartes.
3. Ce sont des CD.   7. C'est une fenêtre.
4. Ce sont des serviettes.   8. Ce sont des horloges.

H **Identifiez.** Point to an object or a person in the room and ask a classmate what or who it is. Respond when someone asks you a question.

➡ —Qu'est-ce que c'est?
   —C'est une fenêtre.

➡ —Qui est-ce?
   —C'est Marie.

Des précisions. Following the model, identify the owner of various items that you find in the classroom.

→ (une carte)   *C'est la carte de M. Martin...*
  (des stylos)   *Ce sont les stylos de Thomas...*

Vocabulaire Expressions pour la classe

Observez et déduisez

Study the following expressions and divide them into two categories: those you would most likely hear the teacher say **(le professeur)** and those you would most likely hear a student say **(l'étudiant).**

*All words and phrases introduced in **Vocabulaire** are active vocabulary.*

Ouvrez vos livres.	*Open your books.*
Fermez vos livres.	*Close your books.*
Prenez une feuille de papier (vos devoirs).	*Take out a sheet of paper (your homework).*
Écrivez (la phrase, le mot).	*Write (the sentence, the word).*
Lisez (les instructions, le chapitre, la leçon).	*Read (the instructions, the chapter, the lesson).*
Écoutez (le professeur, le CD, la réponse, l'exemple).	*Listen to (the teacher, the CD, the answer, the example).*
Comment?	*What? Pardon?*
Répétez, s'il vous plaît.	*Please repeat.*
Vous comprenez?	*Do you understand?*
(Oui) Je comprends.	*(Yes) I understand.*
(Non) Je ne comprends pas.	*(No) I don't understand.*
Comment dit-on ... en français?	*How do you say . . . in French?*
Je ne sais pas.	*I don't know.*
Que veut dire... ?	*What does . . . mean?*
Comment ça s'écrit?	*How is that spelled?*

Activités

 Options. Circle the most logical completion for each sentence beginning.

1. Écrivez...   le livre   le mot   l'ordinateur portable
2. Prenez...   la réponse   un crayon   les instructions
3. Ouvrez...   la porte   l'horloge   la chaise
4. Écoutez...   les instructions   le chapitre   le livre
5. Lisez...   le professeur   la phrase   le CD

Complétez les phrases. Look at the commands in activity J. With a partner, find as many ways as you can to complete each sentence.

→ *Fermez... la porte, le livre, le cahier, la fenêtre, le sac à dos...*

Expressions pour la classe. Using the classroom expressions and commands, decide what you or the teacher should say in the following situations.

1. You want to know how to say *classmate* in French.
2. You can't hear what the teacher is saying.
3. You don't understand an explanation.
4. You don't know the answer to a question.
5. The teacher wants to know if you understand a question.
6. The teacher wants you to open your book.
7. The teacher wants you to take out a pen.
8. The teacher wants you to listen to the CD.
9. You want to know how to spell something.

Vocabulaire Les nombres de 0 à 69

Observez et déduisez

Learning to count in French is not difficult if you pay attention to patterns. Look at the lists below, and see if you can fill in the missing numbers.

0	zéro	20	vingt
1	un/une	21	vingt et un
2	deux	22	vingt-deux
3	trois	23	_____
4	quatre	24	_____
5	cinq	30	trente
6	six	31	trente et un
7	sept	32	trente-deux
8	huit	35	_____
		36	_____
9	neuf		
10	dix	40	quarante
11	onze	41	_____
12	douze	47	_____
13	treize	50	cinquante
14	quatorze	51	_____
15	quinze	58	_____
16	seize		
17	dix-sept	60	soixante
18	dix-huit	61	_____
19	_____	69	_____

Activités

 M **Combien?** Listen and write down the correct number of the items mentioned. Cross out the **-s** on any word that is not plural.

_____ horloges	_____ tables	_____ CD
_____ classeurs	_____ fenêtres	_____ professeurs
_____ crayons	_____ feuilles de papier	_____ livres
_____ dictionnaires	_____ cahiers	_____ cartes
_____ étudiantes	_____ serviettes	_____ gommes
_____ sacs à dos	_____ murs	_____ étudiants

N **Votre campus.** Estimate how many of the following might be found in your classroom or building: portes? ordinateurs portables? stylos? murs? femmes? CD? tables? horloges? cartes? tableaux? morceaux de craie?

O **Devinez.** Using numbers from 0 to 69, create a number sequence, then read it to your classmates. They will write down the numbers they hear and then try to complete the sequence with two additional numbers.

➡ 5, 10, 15, 20, _____ , _____

Improve Your Grade: Flashcards, Interactive Practice

Ace the Test: Ace Practice Tests

Synthèse culturelle

Understanding Cultural Perspectives

In these activities, you will meet native speakers of French from around the world. You'll see their responses to questions based on chapter themes. As you compare their answers to yours, be careful not to generalize too much, because their responses may reflect their individual perspectives as much as those of the culture as a whole. Your answers may vary from those of other members of your own culture, too.

Once you've read their comments, visit the Student Website: "Online Synthèse culturelle"—the icon in this section of each chapter will remind you to complete your review of these cultural explorations—and read what other French speakers have to say. You will then be asked to conduct an experiment, an interview, or a survey, and to write about what you have learned in a cultural journal. The journal is for personal reflection, so you may write in either English or French, but you will also share some of your responses with your classmates. Consider the similarities and differences in your reflections and compare the results of your experiments and surveys.

Now read what the young French speakers shown on page 16 have to say about greeting others or reacting to a typically American greeting.

Improve Your Grade: Online Synthèse culturelle

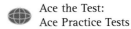

Quelles règles suivez-vous dans votre culture pour décider quel genre de salutations employer avec des collègues, des connaissances, des amis et des membres de votre famille? (In your culture, what rules do you follow for greeting colleagues, acquaintances, friends, and family members?)

Frédéric

Nom: Frédéric Riemer
Âge: 35 ans
Ville d'origine: Papeete, Tahiti
Études/Diplômes: licence en gestion et systèmes d'information
Profession: administrateur
Intérêts/Passe-temps: football, basket-ball, Internet, lire

Frédéric: Collègues hommes: on leur serre la main[1]; collègues femmes: on leur fait la bise ou parfois on leur dit[2] juste «bonjour» en passant. Amis proches femmes: on fait la bise; amis proches hommes: on leur serre la main.

La première fois que quelqu'un vous a fait une étreinte à l'américaine, quelle a été votre réaction? (What was your reaction the first time someone gave you an American-style hug?)

Isabelle

Nom: Isabelle Lareau Funk
Âge: 24 ans
Ville d'origine: Sherbrooke, Québec, Canada
Études/Diplômes: licence de français et d'espagnol
Profession: enseignante
Intérêts/Passe-temps: danser, cuisiner, faire de la randonnée

Isabelle: J'étais surprise parce que je connaissais à peine[3] cette personne. Je me sentais[4] un peu mal à l'aise[5], je ne savais pas si je devais faire cela pour tout le monde que je rencontrerais par la suite[6].

Explorez

Have you ever felt ill at ease when someone didn't follow the "rules" for greetings in your culture? Experiment with greetings: shake hands with friends on arrival and departure, try **la bise** with classmates (in your French class only!), and so on. What kinds of reactions do you get when your way of greeting others is unexpected?

---

1. *shake hands*   2. *say*   3. *hardly knew*   4. *felt*   5. *ill at ease*   6. *I didn't know if I should do that to everyone I met.*

Les salutations (*Greetings*)

Formel

Bonjour / Bonsoir,
monsieur/madame/mademoiselle. *Hello /
Good evening, sir / ma'am / miss.*
Comment allez-vous? / Vous allez bien?
How are you? / Are you well?
Je vais bien, merci. Et vous? *I'm fine, thank
you. And you?*
Très bien, merci. *Very well, thank you.*

Familier

Salut, Robert! *Hi, Robert!*
Comment ça va? / Comment vas-tu?
How are you?
Ça va? *How is it going?*
Oui, et toi? *Fine, how about you?*
Ça va (bien)! *I'm fine!*
Oh, pas mal. *Oh, not bad.*
Comme ci comme ça. *So-so.*

Le nom (*Name*)

Formel

Comment vous appelez-vous? *What's
your name?*
Votre nom? *Your last name?*
Votre prénom? *Your first name?*
Je m'appelle... / Je suis... *My name is . . .*
Comment s'appelle-t-il/elle? *What's his/her
name?*

Familier

Comment tu t'appelles?
Ton nom de famille?

Les présentations (*Introductions*)

Formel

Je vous présente... *May I introduce . . .*
Enchanté(e). *Pleased to meet you.*

Familier

Je te présente... *This is . . .*
Bonjour! *Hello. / Glad to meet you.*

Les formules de politesse (*Polite expressions*)

S'il vous plaît (S'il te plaît) *Please*
Merci (monsieur/madame/mademoiselle) *Thank you (sir / ma'am / miss)*
Je vous en prie (Je t'en prie) / De rien / Il n'y a pas de quoi *You're welcome*

Pour partir (*Leave-taking*)

Au revoir (monsieur/madame/mademoiselle) *Good-bye*
À bientôt *See you soon*

Pour hésiter

euh...

Pour demander une répétition

Pardon? Comment? *Pardon me? What?*

La salle de classe

un bureau *a desk*
un cahier *a notebook*
un/une camarade de classe *a classmate*
une carte *a map*
un CD
une chaise *a chair*
une chose *a thing*
un classeur *a binder*
un crayon *a pencil*

vos devoirs *your homework*
un dictionnaire *a dictionary*
un étudiant / une étudiante *a student*
une fenêtre *a window*
une femme *a woman, wife*
une feuille de papier *a sheet of paper*
une gomme *a pencil eraser*
un homme *a man*
une horloge *a clock*
un livre *a book*
un morceau de craie *a piece of chalk*

un mur *a wall*
un ordinateur portable *a laptop*
une personne *a person*
une porte *a door*
un professeur *a teacher*
un sac à dos *a backpack*
une serviette *a briefcase*
un stylo *a pen*
une table
un tableau *a blackboard*

Les nombres de 0 à 69 (See p. 14.)

Les articles indéfinis et définis

un/une *a, an*
le/la/l' *the (singular)*

des *some*
les *the (plural)*

Questions

Qu'est-ce que c'est? *What is it?*

Qui est-ce? *Who is it?*

Expressions verbales

C'est / Ce sont *It is, this is, these are*

EXPRESSIONS POUR LA CLASSE

un accent aigu/grave/circonflexe
une apostrophe
une cédille
Comment ça s'écrit? *How do you spell it?*
Comment dit-on... (en français)? *How do you say . . . (in French)?*
Complétez... *Complete . . .*
Déduisez... *Infer . . .*
Devinez... *Guess . . .*
Écoutez (le professeur, le CD, la réponse, l'exemple). *Listen to (the teacher, the CD, the answer, the example).*
Écrivez (la phrase, le mot). *Write down (the sentence, the word).*
Fermez vos livres. *Close your books.*
Identifiez... *Identify . . .*
Je comprends / Je ne comprends pas. *I understand / I don't understand.*

Je ne sais pas. *I don't know.*
les lettres de l'alphabet
Lisez (les instructions, le chapitre, la leçon). *Read (the instructions, the chapter, the lesson).*
Observez... *Notice . . .*
Ouvrez vos livres (à la page...) *Turn to page . . .*
Prenez une feuille de papier / vos devoirs. *Take out a sheet of paper/your homework.*
Que veut dire...? *What does . . . mean?*
Répétez, s'il vous plaît. *Repeat, please.*
singulier/pluriel *singular/plural*
un trait d'union *a hyphen*
un tréma *an umlaut*
Vous comprenez? (Oui/Non) *Do you understand? (Yes/No)*

These words and expressions are found in explanations and direction lines throughout the book, so you should become very familiar with them. Some will also become part of your active vocabulary.

Qui êtes-vous?

chapitre 1

This chapter will enable you to

⟹ understand some riddles and a brief conversation between native speakers

⟹ read a French cartoon and a mini-play

⟹ identify and describe yourself and others

⟹ ask and answer yes/no questions

⟹ discuss where people are from

Chapter resources

 iLrn Heinle Learning Center includes:
- Student Activities Manual (SAM) and SAM Audio Program
- Textbook Assignments and In-text Audio Program
- Media-enhanced eBook
- Video Library
- Enrichment
- Diagnostics

 In-Text Audio Program

 Video

🌐 Companion Website

Qui sont-ils? Quelle est leur profession? Quelle est leur nationalité? Comment sont-ils? Et vous? Qui êtes-vous? Comment êtes-vous?

Première étape

À l'écoute Qui suis-je?

As you listen to the In-Text Audio CD, you will hear some famous people introduce themselves, then ask **Qui suis-je?** (*Who am I?*). Try to guess who they are.

Pensez

1 In a guessing game about famous people's identity, what clues are you likely to hear?

Observez et déduisez

Attention!   As you listen to this segment, remember that you don't need to understand every word. Before the first listening, read task 2 and focus only on what you are asked to listen for. Then read task 3 and listen again with that task in mind. Repeat the process for the other tasks. One step at a time, your ability to understand will increase.

2 Listen first to determine how many of the descriptions mention nationality. What are those nationalities? Circle them in the following list.

allemand / allemande
anglais / anglaise
français / française
espagnol / espagnole
canadien / canadienne
belge
américain / américaine
chinois / chinoise
japonais / japonaise
africain / africaine
italien / italienne
russe

> **Vocabulaire actif**
>
> **les nationalités**
>   allemand, etc.
> **les professions**
>   avocat, etc.

3 Listen again. Circle the occupations mentioned.

avocat / avocate
médecin (docteur)
musicien / musicienne
chanteur / chanteuse
peintre

acteur / actrice
écrivain
politicien / politicienne
journaliste

4 Listen for the following words. Using the context and logic, can you guess their meaning?

seule femme / Cour Suprême / États-Unis / l'auteur

5 Listen a final time to decide who each person is. Be ready to justify your answers.

1. a. G. Depardieu   b. Audrey Tautou   c. Madame Curie
2. a. Renoir   b. Picasso   c. Botticelli
3. a. Mozart   b. Bach   c. Tchaïkovski
4. a. Victor Hugo   b. Cervantes   c. Shakespeare
5. a. Ruth Bader Ginsberg   b. Angelina Jolie   c. George W. Bush
6. a. Tolstoï   b. Mao Zedong   c. Nelson Mandela

Prononciation Les consonnes finales et la liaison

Observez et déduisez

Listen to the following sentences on the In-Text Audio CD, paying close attention to the pronunciation of the words in bold. Listen to the pairs of sentences twice. Then, turn off the audio and answer the two questions that follow.

> Je **suis française;** je **suis actrice.**
> Je **suis français;** je **suis un** peintre impressionniste.

1. When is the **s** of **français/française** pronounced?
2. What happens when **suis** is followed by a word beginning with a vowel?

Note the following rules.

- Consonants at the end of words are generally silent.

    Je suiş françaiş

- When a word ends with a consonant + **e**, the consonant is pronounced.

    avocaȼ   avoca<u>t</u>e

- Note that an **s** between two vowels is pronounced [z].

    françai<u>s</u>e

- When a final consonant that is normally silent is followed by a word beginning with a vowel, it is often pronounced as part of the next word. This linking of two words is called **une liaison.**

    Je suis‿actrice.
    Je suis‿un peintre impressionniste.

Confirmez

In the following sentences, look at the final consonants in bold. Cross out the ones that should be silent, underline the ones that should be pronounced, and indicate the **liaisons** with a link mark (‿).

➡ Je suis‿allemanȼ.

1. Je suis avocate.
2. Je suis anglais.
3. Comment allez-vous?
4. Comment vous appelez-vous?
5. C'est un étudiant.
6. Ce sont des étudiantes.

Now listen to the sentences on the In-Text Audio CD. Repeat each sentence, and listen again to verify your pronunciation.

Le verbe *être* et les pronoms sujets

Observez et déduisez

Interviews

Qui suis-je? Je suis Cécile, une étudiante. Je suis d'Aurillac.

Et voici Léopold. Il est ingénieur. Il est de Dakar.

Monsieur et Madame Bonal sont français. Ils sont de Saint-Simon.

Voilà Naïma. Elle est du Maroc.

- The verb **être** (*to be*) can be used to describe yourself and others and to say where someone is from. What forms of this verb do you see above?
- What word (pronoun) is used to refer to yourself? to a man? to a woman? to a man and a woman?

Confirmez Le verbe *être* et les pronoms sujets

Le verbe *être*

je suis	nous sommes
tu es	vous êtes
il/elle/on est	ils/elles sont

- The pronoun **ils** refers to any group that includes a male; **elles** refers to groups composed of females only. You already know that **vous** is the formal *you*. It is also the plural *you*—both formal and familiar.

  Alors, Mike et Sally, vous êtes américains?

- In spoken English, the noun *people* and the pronouns *one, you,* and *they* often refer to a general, unspecified person or group:

  To learn another language, *one* has to study regularly.
  If *you* are enthusiastic, language learning can be fun!
  If you travel to another country, *people* will appreciate your efforts to speak their language.
  In France, *they* are very proud of the French language.

  In French, the pronoun **on** is used in all these instances, and although it usually refers to a group of people, it requires a singular verb.

  En France, on parle (*speak*) français.

  *In familiar speech, **on** can also replace the pronoun **nous**.*

- To tell what city (**ville**) someone is from, use the appropriate form of the verb **être** followed by **de** and the city. Use **D'où es-tu?** or **D'où êtes-vous?** to ask where someone is from.

  — D'où es-tu?   — D'où êtes-vous?
  — Je suis de Boston.   — Nous sommes de Montréal.

Activités

 D'où sont-ils?   Répondez selon le modèle.

➡ *Nicolas Sarkozy? Il est de Paris.*

Vladimir Poutine	Miami
Sandra Bullock et Ashley Judd	Belleville (Canada)
Avril Lavigne	Palm Beach
le prince William et le prince Harry	Moscou
les Dixie Chicks	Hollywood
Venus et Serena Williams	Londres
Shaquille O'Neal	Dallas
?	?

Continuez selon le modèle.

 D'où es-tu?   Faites un sondage (*poll*) dans la classe selon le modèle, et notez les différentes villes d'origine.

➡ — *D'où es-tu?*
   — *Je suis de Toronto. Et toi?*

Le genre et le nombre

Observez et déduisez

Interviews

In the **Chapitre préliminaire** you learned that, in French, nouns have gender and number. Here you learn more about these concepts.

1. Voilà Juliette. Elle est française. Elle est mécanicienne.

2. Mohammed est dentiste. Il est marocain.

3. Mariama est sénégalaise. Elle est ingénieur.

4. Voici Maria et Juan. Ils sont architectes. Ils sont mexicains.

Remember to complete the chart before checking **Confirmez**.

- Adjectives "agree" in gender and number with the nouns they modify; that is, they have masculine and feminine, singular and plural forms. Keeping in mind the examples in **Observez et déduisez** and in the **À l'écoute** section on page 20, can you infer the feminine and plural forms of the following nouns and adjectives?

Masculin singulier	Masculin pluriel	Féminin singulier	Féminin pluriel
président			
secrétaire			
espagnol			
algérien			

Confirmez   Le genre et le nombre

Vocabulaire actif

professions
  architecte
  artiste
  athlète
  dentiste
  ingénieur
  mécanicien(ne)
  président(e)
  secrétaire
nationalités
  brésilien(ne)
  marocain(e)
  mexicain(e)
  sénégalais(e)
  suisse

- Most adjectives and many nouns can be made feminine by adding an **-e** to the masculine form. This **e** is not pronounced, but the consonant that precedes it *is* pronounced. In most cases, you can listen for the sound of the final consonant to distinguish feminine from masculine.

    Il est présiden**t**. (final **t** *not* pronounced)
    Elle est présiden**te**. (final **t** *is* pronounced)

- If the masculine form already ends with an unaccented **e**, there is no change for the feminine, and both are pronounced alike.

    Il est artiste (suisse).   Elle est artiste (suisse).

- If the masculine form ends in **-ien,** the feminine ending is **-ienne.**

    Il est brésilien.   Elle est brésilienne.

- The plurals of most nouns and adjectives are formed by adding an **-s** to the singular.

    Elle est athlète.   Elles sont athlète**s**.

    However, there is no change if the singular already ends in an **s, x,** or **z.**

    Il est anglai**s**.   Ils sont anglai**s**.

- Nouns ending in **-eau** form their plurals by adding an **-x.**

    un morceau de craie   des morceau**x** de craie

Notes culturelles

Le féminin des professions.   Until fairly recently, many professions were typically practiced only by men. Consequently, the masculine form of some professions is used for both sexes. To distinguish between a man and a woman, the word **femme** may be added: **une femme écrivain, une femme ingénieur.** In popular culture in France and more frequently in Canada, an **-e** is sometimes added to the masculine form (**écrivaine, auteure**), but this usage is not yet widely accepted. How has the English language changed to reflect the changing roles of men and women in North American culture?

Professions et prestige?   According to a recent survey, the occupations French people admired most were: medical doctor 56%, schoolteacher 27%, business executive 21%, engineer 18%, judge 14%. What do you think would be the most admired professions in a survey of North Americans? Take a poll of your classmates and compare the results with those mentioned in the French survey.

Activités

C   **Des partenaires célèbres.**   Identifiez les partenaires, puis suivez le modèle.

➡ (Clyde + Bonnie) *Clyde est américain; Bonnie est américaine aussi.*

Elizabeth est anglaise.	Roxanne
Cyrano est français.	Juliette
Gretel est allemande.	Scarlett
Rhett est américain.	Philip
Carmen est espagnole.	Hänsel
Roméo est italien.	Don José

Take an opportunity to learn about well-known French/Francophone public figures. If some of the names in this activity or others throughout the book are unfamiliar to you, do a quick Web search before coming to class to share what you learned with your classmates.

D **Professions.** Identifiez les personnes ci-dessous avec la même (*same*) profession.

➡ *Picasso et Monet sont peintres.*

Céline Dion
Halle Berry
Paul Gauguin
Le Corbusier
Jean-Paul Sartre

Frank Lloyd Wright
Juliette Binoche
Toni Morrison
Serena Williams
Kelly Clarkson

Nicolas Sarkozy
Martina Hingis
George W. Bush
Georgia O'Keeffe

Continuez selon le modèle.

➡ *Jackson Pollock est peintre aussi.*

 E **Identité.** Identifiez les personnes selon le modèle.

➡ *Tony Blair est politicien; il est anglais.*

1. Georgia O'Keeffe
2. Luciano Pavarotti
3. Léopold Senghor
4. Ruth Bader Ginsberg
5. Johann Wolfgang von Goethe

 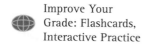

Jeu de rôle

Play the role of a "mystery person"—living or dead—and describe yourself. Your classmates will try to guess your name. If they need an additional clue, give them your first name.

➡ *Je suis américain. Je suis de Chicago. Je suis écrivain. (Je m'appelle Ernest.)*

Deuxième étape

À l'écoute Tu connais... ?

Tu connais Nicolas? (*Do you know Nicolas?*) When you're not sure who a certain person is, a description of that person can be helpful. As you listen to the In-Text Audio CD, you will hear two people talking about someone you will get to know in this chapter.

Pensez

1 Look at the pairs of adjectives below. They are opposites. Many of them are cognates **(mots apparentés),** that is, words that are similar in spelling and meaning to English words. Can you infer their meaning?

grand	petit
blond	brun
mince	fort, gros
actif	paresseux, passif
calme	nerveux
égoïste	altruiste
fatigué	énergique
généreux	avare
idéaliste	réaliste
individualiste	conformiste
intéressant	ennuyeux
intelligent	bête, stupide
optimiste	pessimiste
patient	impatient
raisonnable	fou
riche	pauvre
sympathique	désagréable
timide	sociable
triste	heureux
sérieux	amusant

Observez et déduisez

2 As you listen to the conversation for the first time, look at the list of adjectives in **Pensez** and circle the ones that are mentioned.

3 The adverbs **un peu** (*a little*) and **très** (*very*) modify adjectives. Listen to the conversation again, writing down how many times each adverb is mentioned.

4 Now focus on some new words **(des mots nouveaux).**

  1. Listen to the conversation again. Listen for the words **le copain** and **un garçon.** From the context, which one do you think means *boy*? Which one means *friend*?

  2. Listen once more. This time listen for the words **et, aussi,** and **mais.** Using the context and logic, can you guess which one introduces an opposite? Which ones introduce an additional item?

5 Listen to the conversation a final time in order to answer the question **Comment est Nicolas?** Listen for words that tell what Nicolas is like, and then describe him.

Vocabulaire actif

les adjectifs
  grand, petit, etc.
aussi
un copain
et
un garçon
mais
un peu
très
tu connais?

Prononciation Le rythme et l'accentuation

- In the acquisition of a good accent in French, even more important than the mastery of any particular sound is the development of proper habits as far as the rhythm of the language is concerned.
- The rhythm of English is uneven:

  Some SYLlables reCEIVE GREATer EMphasis than OTHers.

- The rhythm of French, however, is very even. French words are spoken in groups, and each syllable but the last one receives equal emphasis. This accentuation in French is not a change in force, but a lengthening of the last syllable in the group and a change in intonation. Compare the following:

  English: NIColas is inTELligent.
  French: Nicolas est intelliGENT.

- Word groups consist of short sentences or single ideas within longer sentences; punctuation and linking words such as **et** and **mais** generally indicate a word group.

Observez et déduisez

Listen to the following sentences on the In-Text Audio CD, paying close attention to the rhythm you hear as each sentence is pronounced. Use a slash to indicate the end of word groups you hear, and underline the accented syllables. Then turn off the audio.

➡ Il est pe<u>tit</u>,/<u>brun</u>,/intelli<u>gent</u>.../

1. Non, non, au contraire! Il est très sociable et très actif, très amusant aussi...
2. C'est le copain d'Alceste?
3. Il est un peu fou, mais c'est un garçon très sympathique.

Now practice saying the sentences aloud, using the rhythm and accentuation you just indicated. Then, play the In-Text Audio CD again, and listen to the sentences to verify your pronunciation.

Confirmez

Pronounce the following sentences to yourself, paying attention to word groups. Make sure you say each syllable evenly and make the last syllable slightly longer.

1. Nicolas est français.
2. Nicolas est un garçon.
3. Nicolas est un garçon très amusant.
4. Alceste est grand.
5. Alceste est grand et fort.
6. Alceste est un peu paresseux, mais très sympathique.
7. Alceste est le copain de Nicolas.

Now listen to the sentences on the In-Text Audio CD. Repeat each sentence, and listen again to verify your pronunciation.

L'accord des adjectifs

Observez et déduisez

Tu connais Nicolas et ses copains? Comment sont-ils?

Le petit Nicolas

Les copains

Marie-Edwige

Louisette

Nicolas est heureux et sportif.
    C'est vrai! Il adore le football.
Les copains de Nicolas sont paresseux?
    Non, c'est faux. Ils sont très actifs.
Marie-Edwige est heureuse. Louisette est active!
    Elles sont sportives? nerveuses?

- **What is the feminine form of masculine adjectives ending in -f? in -x?**
- **When an adjective ends in -x, how is the plural formed?**
- **How would you say that Nicolas's friends are athletic and happy?**

Vocabulaire actif

Comment est-il?
Comment sont-ils?
faux
sportif(ve)
typique
vrai

Confirmez L'accord des adjectifs

- Masculine adjectives ending in **-f** and **-x** form their feminine in **-ve** and **-se** respectively.

    Il est **sportif** et **sérieux**.   Elle est **sportive** et **sérieuse**.

- The plural of adjectives ending in **-x** does not change.

    Il est **ennuyeux**.   Ils sont **ennuyeux**.

- Some adjectives have irregular feminine forms.

    Il est **fou**.   Elle est **folle**.

L'accord des adjectifs

masculin singulier	masculin pluriel	féminin singulier	féminin pluriel
grand	grand**s**	grand**e**	grand**es**
typique	typique**s**	typique	typiqu**es**
sportif	sporti**fs**	sporti**ve**	sporti**ves**
ennuyeux	ennuyeu**x**	ennuyeu**se**	ennuyeu**ses**

Activités

F **D'accord** *(Agreed)*...? Écoutez. C'est une description de qui? La femme? L'homme? Les deux? Cochez (√) la réponse correcte.

1. _____ Louisette   _____ Nicolas
2. _____ Oprah Winfrey   _____ Bill Gates
3. _____ Martina Hingis   _____ Tiger Woods
4. _____ Maya Angelou   _____ Dave Letterman
5. _____ Martha Stewart   _____ Lance Armstrong
6. _____ Angelina Jolie   _____ Brad Pitt
7. _____ Ellen DeGeneres _____ Jay Leno
8. _____ Nancy Pelosi   _____ Al Gore

G **C'est à vous de décider.** Êtes-vous d'accord ou non avec les descriptions suivantes? Suivez le modèle.

➡ Jacques est blond.
Oui, il est blond.

Jacques est brun.
Non, il est blond.

1. Jacqueline est blonde.   2. Paul est grand.   3. Pierre est sérieux.

4. Marie est énergique.   5. Annick est conformiste.   6. Paul est sociable.

7. Hélène est triste.   8. Babette est fatiguée.

H ◆ **Comment êtes-vous?**   Suivez le modèle...

➡ Tu es énergique?   *Oui, je suis énergique.*   ou   *Non, je suis fatigué(e).*

I   **Comment sont-ils?**   Avec un(e) camarade de classe, donnez la description d'une des personnes suivantes.

1. le professeur idéal
2. le professeur typique
3. l'étudiant(e) idéal(e)
4. l'étudiant(e) typique
5. l'acteur/l'actrice idéal(e)
6. le copain idéal
7. le politicien typique
8. ?

J   **Vrai ou faux?**   Préparez une liste de mots qui présentent un portrait de *vous*, parfois (*sometimes*) vrai, parfois faux, puis présentez-vous à un(e) camarade de classe. Votre partenaire devine: Qu'est-ce qui est vrai? Qu'est-ce qui est faux?

➡ — *Je suis un peu paresseux.*
   — *C'est vrai.*   ou   — *Toi? Non, tu es très énergique!*

Les expressions *C'est / Il (Elle) est*

Observez et déduisez

Tu connais le monsieur là-bas? C'est Monsieur Courteplaque, le papa de Marie-Edwige. C'est un homme patient. Il est sérieux et intelligent. Et voilà la femme de Monsieur Courteplaque, la maman de Marie-Edwige. Elle est très sympathique. C'est une journaliste.

Vocabulaire actif

une copine
une dame
une fille
là-bas

> • Is the expression **c'est** followed by a noun or an adjective? And the expression **il/elle est?**

Confirmez Les expressions *C'est / Il (Elle) est*

• **Il/Elle est** is used with adjectives and is used to describe.

> **Il est** intelligent.
> **Elles sont** actives.

• **C'est / Ce sont** occurs with nouns and is used to identify. Except with proper names, use an article before the noun.

> **C'est** une copine (*female friend*) amusante.
> **Ce sont** des filles (*girls*) intelligentes.
> La dame (*lady*) là-bas? **C'est** Madame Courteplaque.

• Nationalities can be either adjectives or nouns. When a nationality is an adjective, no article is used, and the word is *not* capitalized.

> Elle est française. (*adjective*)
> Elles sont françaises.

When a nationality is a noun, an article must be used, and the word *is* capitalized.

> C'est **une** Française. (*noun*)
> Ce sont des Françaises.

• Professions are treated like adjectives when they follow **il/elle est** or **ils/elles sont.** *No* article is used in French.

> **Il est professeur.**
> **Elle est** actrice.

• With **c'est / ce sont,** professions are treated like nouns and must be preceded by an article.

> **C'est un** médecin.
> **Ce sont des** avocates.

Remember: Il est professeur.   C'est <u>un</u> professeur.

Activités

K **Vrai ou faux?** Les descriptions correspondent-elles aux images? Décidez, puis corrigez les descriptions fausses.

1. C'est une journaliste.
   Elle est triste.

2. Ce sont des copines.
   Elles sont paresseuses.

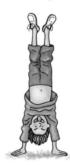

3. C'est une fille.
   Elle est énergique.

4. C'est le petit Nicolas.
   Il est sérieux.

5. Ce sont des hommes.
   Ils sont tristes.

6. Ce sont des acteurs.
   Ils sont amusants.

L **C'est? Il est?** Identifiez l'expression correcte pour les mots suivants selon le modèle:

c'est / ce sont   il/elle est   ils/elles sont

➡ une Espagnole   *C'est une Espagnole.*
➡ petite   *Elle est petite.*

1. un homme
2. timide
3. écrivain
4. une Allemande
5. amusantes

6. des politiciens
7. désagréables
8. une femme
9. un cahier
10. des stylos

M **Qui est-ce?** Choisissez au moins (*Choose at least*) deux adjectifs pour décrire les personnes suivantes.

➡ *C'est un professeur.*
Il est intelligent, amusant, énergique!

1.

2.

3.

4.

5.

6.

N **Un dessin** (*drawing*). Préparez le dessin d'un homme ou d'une femme, et imaginez les traits de caractère de la personne. Décrivez la personne à vos camarades de classe.

➡ *C'est une étudiante. Elle est sérieuse et*
intelligente. Elle est fatiguée.
C'est la copine de Claire.

Les adjectifs démonstratifs

Observez et déduisez

Qui est cette femme là-bas?

C'est ma tante. Et ce monsieur-là, c'est mon oncle.

- What is the meaning of **ce/cette?** Why the difference in form? Think about what you have already learned about adjective agreement.

Confirmez Les adjectifs démonstratifs

- Demonstrative adjectives are used to point out or clarify, and, like all adjectives, they agree in number and gender with the noun they modify.

    ce monsieur (masc./sing.)
    cette dame (fém./sing.)
    ces garçons (masc./pluriel)
    ces filles (fém./pluriel)

- **Cet** is the form used before masculine words beginning with a vowel sound.

    cet <u>h</u>omme
    cet <u>a</u>vocat
    cet <u>é</u>tudiant

- The suffixes **-ci** and **-là** may be added to the noun to distinguish between *this* and *that* or between *these* and *those*.

    ce monsieur-**ci**   **ce** monsieur-**là**
    cette femme-**ci**   **cette** femme-**là**
    ces garçons-**ci**   **ces** garçons-**là**
    ces filles-**ci**   **ces** filles-**là**

Activités

O **Comment est cette famille?** Décrivez la famille en employant le vocabulaire ci-dessous.

➡ *Ces garçons sont heureux...*

		grand(e)(s)
Ces garçons		amusant(e)(s)
Cette femme	est/sont	sociable(s)
Ce papa		blond(e)(s)
Cette fille		?

P **Qui est-ce?** Apportez en classe une photo d'un membre de votre famille ou une photo d'une personne célèbre. Vos camarades de classe vous posent des questions au sujet de (*about*) la personne.

➡ — *Qui est cette femme?*
— *C'est une actrice. Elle s'appelle Sophie Marceau. Elle est française.*

Improve Your Grade: Flashcards, Interactive Practice

Ace the Test: Ace Practice Tests

Jeu de rôle

Your classmate and you seem to have opposing opinions about a lot of different people! For each opinion you express about a well-known person, your friend will disagree, and vice versa.

Culture et réflexion

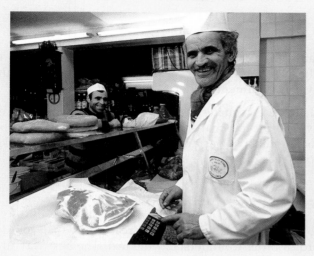

Au Québec, en français!

Observez et déduisez

This butcher is one of many immigrants in France. Where do you think he came from? **Le Maghreb** (North Africa)? Eastern Europe? Does a change in language or nationality imply a change in identity?

Confirmez et explorez

• **Nationalités et immigration.**   Like the United States, France has a long tradition of being a melting pot for immigrants from around the world who seek a new home in a democratic nation that professes «**liberté, égalité, fraternité**» for all—but does not escape the woes of discrimination. The most recent count estimated 4.9 million immigrants living in France, totaling 8.1% of the French population. Where do you think these immigrants come from? What influence do immigrants have on a culture? Give some specific examples from your own experience.

• **L'identité québécoise.**   Settled by French explorers in 1534, the eastern part of Canada was known as **la Nouvelle-France** for over two centuries before Great Britain took it over in 1763. **Les Canadiens français,** however, held firmly to their language and traditions, forming the province of Quebec, the only French-speaking province in English-speaking

Canada. Linguistic and cultural tensions between Anglophones and Francophones are still very much an issue, as some of the 7 million **Québécois** still talk of indep\'ence. What is a **Québécois(e)?** Here are a couple of answers from some **Québécois.** "Surrounded by English speakers, a **Québécois** defies cultural assimilation through personal inner strength—strong emotions, a strong will to preserve one's heritage, and a good sense of humor!" (I.L., student). "The **Québécois** can never rest on their laurels, for the survival of their culture is never assured. This pressure brings on a sense of insecurity at times but most often an abundance of energy and creativity" (H.D.F., university professor). Imagine for a moment that your neighborhood is the only one for miles around that speaks your language. How would that affect your lifestyle? What would you do to preserve your heritage?

*This icon directs you to the **Mais oui!** Student Website for Internet activities related to the topics discussed in **Culture et réflexion.***

 Improve Your Grade: Web Search Activities

Lecture Le petit Nicolas est malade

Pensez

1 **Le petit Nicolas** is a popular cartoon character in France. As you look at the three cartoons on this page and the next, can you guess what this little schoolboy is up to? Do you think he is really sick **(vraiment malade)**?

2 As you have seen before, identifying cognates can greatly facilitate your comprehension. Before you actually read the text that accompanies the cartoons, can you pick out some words that look familiar? Considering those words, do you think the captions will confirm your guess above?

Observez et déduisez: en général

The key to success in reading in a foreign language is the realization that you don't have to understand every word in order to understand the text. The best way to approach a text is first to skim over it to get a general idea using cognates and familiar words as anchors.

3 Review the text and cartoons below and on the next page as you consider this question: **Quel est le problème de Nicolas?** (*What is Nicolas's problem?*) Check the correct answer(s).

_____ Il est vraiment malade.

_____ Il est allergique à l'école.

_____ Il est allergique au chocolat.

Vocabulaire actif

allergique
le chocolat
l'école (f.)
malade
vraiment

Le petit Nicolas est malade

Pauvre Nicolas… Il est malade. Le médecin prescrit une journée de repos et surtout pas de chocolat.

Nicolas est malade? Hum… Est-ce qu'il est vraiment malade? Ou est-il allergique à l'école?

Le copain de Nicolas vient lui rendre visite après l'école. Alceste adore les chocolats mais il n'aime pas partager.
— Tu n'es pas vraiment malade, hein?
— Non, et je ne suis pas allergique au chocolat non plus…

Extrait de *Le petit Nicolas* (Jean-Jacques Sempé et René Goscinny).

Déduisez et confirmez: en détail

Once you have a general idea of what the text is about, it is easier to infer the meaning of specific words and sentences.

4 Les mots. Using the context as your guide, can you find the French words that express the following ideas?

1. a day of rest
2. no chocolate!
3. after school
4. but he doesn't like to share

5 Le texte. Answer the following questions using sentences from the text.

1. Qu'est-ce que le médecin prescrit?
2. Le narrateur est sceptique (*skeptical*). Quelles sont les questions du narrateur?
3. Quel est le problème d'Alceste?
4. La visite d'Alceste: est-ce que Nicolas est heureux?

Explorez

Have you ever skipped school? What excuse did you use? **(malade? fatigué(e)? une obligation familiale?)**

Structure) Asking yes/no questions

L'interrogation

Observez et déduisez

Nicolas est malade? Est-ce qu'il est vraiment malade? Ou est-il allergique à l'école?

> Look at the questions above. What are three different ways to ask a question in French? How would you ask, "Is he allergic to chocolate?"

Confirmez L'interrogation

• The simplest and most common way to ask a question is to use rising intonation with a declarative statement.

Nicolas est malade.   Nicolas est malade?

• **Est-ce que (Est-ce qu'** before a vowel) can also be added to the beginning of a statement to signal a question. This expression has no English equivalent.

> **Est-ce que** Nicolas est malade?
> **Est-ce qu'**il est vraiment malade?

• If you seek a simple confirmation, a "tag" question such as **n'est-ce pas?** or **hein?** (familiar) can be added at the end of a declarative sentence.

> Il est malade, **n'est-ce pas?**   *He's sick, isn't he?*
> Tu es vraiment malade, **hein?**   *You're really sick, aren't you?*

- A question can also be formed by inverting the subject pronoun and the verb, and placing a hyphen between them.

> Est-il malade?
> Sont-ils allergiques à l'école?

If the subject of the sentence is a noun, both the noun *and* a pronoun must be used, with the noun preceding the inverted pronoun and verb.

> Nicolas est-il heureux?
> Les étudiants sont-ils heureux?

- Inversion is most often used in written and formal spoken French and occasionally in familiar speech for certain common questions such as **Comment vas-tu?** or **Comment t'appelles-tu?**

L'interrogation

intonation	Nicolas est amusant?
est-ce que	Est-ce qu'il est amusant?
tag question	Il est amusant, n'est-ce pas?
inversion	(Nicolas) est-il amusant?

Activités

Q **À mon avis** (*In my opinion*).   Lisez les questions, puis cochez **oui** ou **non** pour indiquer votre avis.

	oui	non
1. La classe est intéressante, n'est-ce pas?	_____	_____
2. Est-ce que le professeur est patient?	_____	_____
3. Est-ce que les étudiants sont amusants?	_____	_____
4. Les étudiants et le professeur sont intelligents?	_____	_____
5. Tes copains et toi, êtes-vous heureux?	_____	_____
6. Tes copains sont sympathiques?	_____	_____

Interviewez un(e) camarade de classe. Cochez encore une fois (*once more*) pour indiquer son opinion. Vos opinions sont-elles similaires ou différentes?

R **Je suis...**   Complétez la phrase avec cinq adjectifs qui décrivent votre person-nalité. Ensuite, interviewez des camarades de classe pour trouver votre âme sœur (*soul mate*).

➡ *Je suis... (sympathique, sérieuse…)*
  Est-ce que tu es patiente?   ou   *Tu es sociable, n'est-ce pas? etc.*

Structure   Answering negatively

La négation *ne... pas*

Observez et déduisez

— Tu n'es pas vraiment malade, hein?

— Non, et je ne suis pas allergique au chocolat non plus!

- From the exchange above, can you infer how to answer a question negatively in French?
- Can you answer the following question negatively?

  Est-ce que Nicolas est allergique à l'école?

Confirmez   La négation **ne... pas**

- A sentence is made negative by placing **ne** before the verb and **pas** after it.

  Je **ne** suis **pas** malade.

- **Ne** becomes **n'** before a vowel.

  Tu **n'**es **pas** vraiment malade, hein?

Activités

S   **C'est vrai? C'est faux?**   Décidez si les phrases sont vraies ou fausses. Corrigez les phrases fausses selon le modèle.

➡ La maman de Nicolas est désagréable.
 C'est faux. Elle n'est pas désagréable.

1. Nicolas est allergique à l'école.
2. Il est allergique au chocolat.
3. Il est amusant.
4. Il est grand.
5. Il est triste.
6. Alceste est timide.
7. Le médecin est blond.
8. ?

T   **À la française.**   Transformez les descriptions «à l'américaine» (de style américain) en descriptions «à la française» selon le modèle.

➡ (style américain)   Nicolas est sociable.
 (style français)   *C'est vrai. Il n'est pas timide!*

1. Alceste est avare.
2. Louisette est sympathique.
3. Le professeur est intelligent.
4. Les étudiants de la classe sont actifs.
5. Mes copains sont sociables.

Madame Mystère. Devinez l'identité de Madame Mystère. (Ou demandez au professeur!)

➡ *Est-ce que Madame Mystère est journaliste?*
Non, elle n'est pas journaliste.

Stratégie de communication · Responding to questions and comments

Observez et déduisez

In French, just as in English, you can respond noncommittally to questions and comments, or you can answer in the affirmative or the negative with various degrees of emphasis. Study these examples and find useful expressions to do the following:

- to add emphasis to **oui** or **non**
- to respond in the affirmative to a negative question
- to avoid a direct answer
- to say something is true (or not) for you also

— Comment est Nicolas? Il est amusant?
— Mais oui, bien sûr!
— Il n'est pas ennuyeux?
— Non, pas du tout!

— Nicolas est allergique à l'école.
— Moi aussi!
— Mais il n'est pas allergique au chocolat.
— Moi non plus!

— Louisette est sympathique, n'est-ce pas?
— Euh, ça dépend.

— Les copains de Nicolas ne sont pas actifs?
— Si, si! Ils sont très actifs!

Confirmez · Responding to questions and comments

Remember, all expressions introduced in the Stratégie de communication sections are active vocabulary.

Des réponses affirmatives et négatives

	affirmative response	negative response
affirmative questions	Oui. Mais oui! Bien sûr!	Non. Mais non! Pas du tout!
negative questions	Si, si. Mais si!	Non. Pas du tout! Mais non!
affirming comments	Moi aussi.	Moi non plus.
remaining noncommittal		

Ben, je ne sais pas...
Peut-être...
Euh, ça dépend.

Activités

  V **Moi aussi! Moi non plus!** Écoutez. Indiquez si les phrases sont vraies ou non pour vous aussi.

W **Opinions.** Écrivez cinq questions, puis interviewez deux partenaires. Comparez vos opinions. Répondez ensuite à leurs questions en employant les expressions de la page précédente (*preceding*).

➡ — *Robin Williams est amusant?*
— *Mais oui!* ou — *Non, pas du tout!*

Épisode

Jeu de rôle

With two classmates, role-play a scene between roommates who are just getting to know one another. Ask questions to find out what your new roommates are like. Use a variety of expressions to respond to your roommates' questions and to concur with their comments.

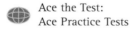

Quatrième étape: Intégration

Littérature L'accent grave

Jacques Prévert (1900–1977) was a popular French poet who chose to depict the modern world in its "ordinariness," with simplicity, understatement, and a delightful sense of humor. Several of his poems have been set to music. *L'accent grave* is a mini-play on words.

Pensez

1 One of the characters in the mini-play you are about to read is named Hamlet. When you think of Hamlet, what famous line comes to your mind? Can you predict which verb is likely to be a key word in this text?

2 An accent mark can make a big difference. Take the little word **ou**: without an accent, **ou** means *or*; with **un accent grave, où** means *where*. With a text entitled *L'accent grave* and a character named Hamlet, what do you anticipate?

Observez et déduisez: en général

Identifying the organization of a text can make comprehension easier. In this mini-play, who are the characters **(les personnages)?** What happens? Try to answer these questions as you read.

3 Look over the text, focusing on the characters. Who is talking to Hamlet? Using logic, can you infer the meaning of **l'élève?**

4 Now skim through the text, paying attention to the action **(l'action)**. Using words that you recognize and the punctuation as anchors, put the sequence of events in the proper order (1–7).

> Hamlet is startled.
>
> Hamlet plays on the meaning of the words **ou/où.**
>
> The teacher wants Hamlet to conjugate a verb.
>
> 1 The teacher calls on Hamlet.
>
> The teacher is unhappy with Hamlet.
>
> The teacher is *extremely* unhappy with Hamlet.
>
> Hamlet conjugates his favorite verb in an untraditional fashion.

> **Vocabulaire actif**
> un(e) élève
> où
> ou

L'accent grave

LE PROFESSEUR: Élève Hamlet!

L'ÉLÈVE HAMLET: (*sursautant*) ... Hein... Quoi... Pardon... Qu'est-ce qui se passe... Qu'est-ce qu'il y a... Qu'est-ce que c'est?...

LE PROFESSEUR: (*mécontent*) Vous ne pouvez pas° répondre «présent» comme tout le monde°? Pas possible, vous êtes encore dans les nuages°.

Vous... *Can't you*
comme... *like everyone else*
encore... *again in the clouds*

L'ÉLÈVE HAMLET: Être ou ne pas être dans les nuages!

LE PROFESSEUR: Suffit. Pas tant de manières. Et conjuguez-moi le verbe être, comme tout le monde, c'est tout ce que je vous demande.

L'ÉLÈVE HAMLET: To be...

LE PROFESSEUR: En français, s'il vous plaît, comme tout le monde.

L'ÉLÈVE HAMLET: Bien, monsieur. (*Il conjugue:*)
Je suis ou je ne suis pas
Tu es ou tu n'es pas
Il est ou il n'est pas
Nous sommes ou nous ne sommes pas...

LE PROFESSEUR: (*excessivement mécontent*) Mais c'est vous qui n'y êtes pas°, mon pauvre ami!

Mais... *But you are the one who's out of it*

L'ÉLÈVE HAMLET: C'est exact, monsieur le professeur,
Je suis «où» je ne suis pas
Et, dans le fond°, hein, à la réflexion,
Être «où» ne pas être
C'est peut-être° aussi la question.

dans... *in the end*

perhaps

Jacques Prévert, «L'accent grave», *Paroles* (Éditions Gallimard).

Déduisez et confirmez: en détail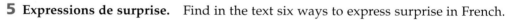

5 Expressions de surprise. Find in the text six ways to express surprise in French.

6 Comme tout le monde... What are the three things the teacher wants Hamlet to do "like everyone else"?

7 Deux mondes différents (*Two different worlds*). Where are the teacher and Hamlet? Check the answers in the grid below.

	le professeur		Hamlet	
	oui	non	oui	non
dans les nuages				
dans la réalité ordinaire				
dans le conformisme				
dans les réflexions philosophiques				

8 Être _où_ ne pas être...   Complete the following sentences.

1. Physiquement, Hamlet est
   a. dans la salle de classe   b. dans les nuages
2. Mentalement, Hamlet est
   a. absent   b. présent
3. La situation est
   a. tragique   b. comique   c. tragique et comique

Explorez

Do you ever feel like Hamlet? When do you feel like this? Why?

Par écrit Celebrities in town!

Avant d'écrire

A Strategy: Keeping purpose in mind.   Each type of writing serves a purpose that influences what is included in the written text and what is not. If you were a newspaper reporter interviewing a celebrity, for example, you'd want to ask questions that would enable you to _inform_ your readers.

 Application.   Jot down some questions that would get you the information your readers would want to know about an international celebrity.

B Strategy: Avoiding repetition.   Use **et** and **aussi** to introduce an additional point, and **mais** or **ou** to indicate contrast.

➡ Hamlet est amusant. Il est un peu paresseux. Il n'est pas bête.
   Hamlet est amusant et un peu paresseux aussi, mais il n'est pas bête.

   Vous êtes très raisonnable? Vous êtes un peu fou?
   Vous êtes très raisonnable ou un peu fou?

 Application.   Use the following words to write a sentence that avoids repetition by using **et, mais,** or **ou.** You may use negation as well.

   Pierre / amusant / sympathique / heureux

Écrivez

1. The pictures above represent well-known French speakers visiting your city. You, as chief reporter for the local newspaper, will interview them. Make a list of

questions you will ask the woman and a list of questions you will ask the man in order to inform your readers about who they are, where they're from, what they do professionally, and what they are like.

2. Imagine you have now interviewed the celebrities. Write captions that will appear in the paper under each photo stating name, profession, hometown, and character traits for each.

➡ *Voici Mme Robert. C'est une Canadienne. Elle est de Montréal. Elle est musicienne et écrivain. Elle est grande, brune et très amusante, mais elle n'est pas sportive. Elle est un peu nerveuse.*

Synthèse culturelle

Selon vous personnellement, quelles sont les composantes principales de «l'identité» d'un individu dans votre culture?

Quel rôle est-ce que la nationalité et le genre (homme/femme) jouent dans l'image que vous avez de vous-même[3]?

Nom: Laïla Lamani
Âge: 21 ans
Ville d'origine: Agadir, Maroc
Études/Diplômes: relations internationales
Profession: étudiante
Intérêts/Passe-temps: lire, jouer aux échecs, voyager
Laïla: Dans ma culture, l'identité d'un individu est basée sur sa famille, ses racines[1], son éducation et l'environnement dans lequel il a été élevé[2].

Isabelle: Le fait[4] que je suis québécoise joue[5] un grand rôle dans l'image que j'ai de moi-même...

Frédéric: Ma nationalité et le fait d'être un homme ne jouent aucun[6] rôle dans l'image que j'ai de moi-même.

  Improve Your Grade: Online Synthèse culturelle

Explorez

Create a list of items you consider to be components of one's identity: gender, nationality, profession, family role (son, sister, etc.). Show your list to several people from your country, and ask them to choose the three items on the list that they think best represent their identity (or to add one of their own). How do their choices compare with those of the French speakers above and in the Online Study Center?

---

1. *roots* 2. *in which he/she was raised* 3. *your image of yourself* 4. *The fact* 5. *plays* 6. *doesn't play any*

Verbes / expressions verbales

être *to be*
Je suis de... *I'm from . . .*

Voici / Voilà *Here is / There is*
Tu connais... ? *Do you know (so and so)?*

Les nationalités

africain(e) *African*
algérien(ne) *Algerian*
allemand(e) *German*
américain(e) *American*
anglais(e) *English*

belge *Belgian*
brésilien(ne) *Brazilian*
canadien(ne) *Canadian*
chinois(e) *Chinese*
espagnol(e) *Spanish*

français(e) *French*
italien(ne) *Italian*
japonais(e) *Japanese*
marocain(e) *Moroccan*
mexicain(e) *Mexican*

russe *Russian*
sénégalais(e) *Senegalese*
suisse *Swiss*

Les professions

acteur (actrice) *actor*
   (*actress*)
architecte *architect*
artiste *artist*
athlète *athlete*

avocat(e) *lawyer*
chanteur (chanteuse)
   singer
dentiste *dentist*
écrivain *writer*

ingénieur *engineer*
journaliste *journalist*
mécanicien(ne)
   mechanic
médecin (docteur)
   doctor

musicien(ne) *musician*
peintre *painter*
politicien(ne)
   politician
président(e) *president*
secrétaire *secretary*

Les gens (*people*)

un copain / une copine *a friend, a pal*
une dame *a lady*

un(e) élève *a student (prior to university-level)*
un garçon / une fille *a boy / a girl*

Adjectifs pour décrire les gens

actif (active) ≠ paresseux (paresseuse), passif
   (passive) *active, lazy, passive*
allergique *allergic*
blond(e) ≠ brun(e) *blond, brunette*
calme ≠ nerveux (nerveuse) *calm, nervous*
égoïste ≠ altruiste *selfish, altruistic*
fatigué(e) ≠ énergique *tired, energetic*
généreux (généreuse) ≠ avare *generous, stingy*
grand(e) ≠ petit(e) *tall (big), short (small)*
idéal(e) ≠ typique *ideal, typical*
idéaliste ≠ réaliste *idealistic, realistic*
individualiste ≠ conformiste *nonconformist, conformist*
intelligent(e) ≠ bête, stupide *intelligent, stupid (dumb)*

intéressant(e) ≠ ennuyeux (ennuyeuse)
   interesting, boring
malade *sick, ill*
mince ≠ fort(e), gros (grosse) *thin, heavyset*
optimiste ≠ pessimiste *optimistic, pessimistic*
patient(e) ≠ impatient(e) *patient, impatient*
raisonnable ≠ fou (folle) *reasonable, crazy*
riche ≠ pauvre *rich, poor*
sérieux (sérieuse) ≠ amusant(e) *serious, funny*
sportif (sportive) *athletic*
sympathique ≠ désagréable *nice, rude*
timide ≠ sociable *shy, friendly (outgoing)*
triste ≠ heureux (heureuse) *sad, happy*

Adjectifs démonstratifs

ce, cet, cette... ci/là *this/that*

ces *these/those*

La négation

ne... pas

Questions

Qui suis-je? *Who am I?*
Comment est-il/elle? *What is he/she like?*
D'où es-tu? / D'où êtes-vous? *Where are you from?*
Est-ce que... ?
N'est-ce pas? / Hein?

Expressions pour répondre et réagir (*react*)

peut-être *maybe*
Mais oui / Mais non *But of course (Well, yes) / Of course not*
Bien sûr / Pas du tout *Of course / Not at all*
Si! / Mais si! *Yes! (after negative question) / Well, yes!*
Moi aussi / Moi non plus *Me too / Me neither*
Ben, je ne sais pas *Well, I don't know*
Euh, ça dépend *Well, it depends*

Divers

aussi *also, too*
une école *a school*
et *and*
le chocolat *chocolate*
là-bas *over there*

mais *but*
un peu *a little*
ou *or*
où *where*
très *very*
vraiment *really*

EXPRESSIONS POUR LA CLASSE

absent(e) fi présent(e) *absent, present (here!)*
à mon avis *in my opinion*
apportez *bring*
au sujet de *about*
choisissez *choose*
ci-dessous *below*
cochez *check off*
comparez *compare*
confirmez *verify*
continuez *continue*
corrigez *correct*
d'accord ≠ pas d'accord *agree, disagree*
décidez *decide*
demandez *ask*
un dessin; dessinez *a drawing; draw*
devinez *guess*
donnez *give*
employez *use*
encore une fois *once again*
en employant *using*
ensuite *then*
essayez *try*

Faites un sondage *Take a poll*
une image *a picture*
indiquez *indicate*
interviewez *interview*
le (la) même *the same*
un mot apparenté *a cognate*
des mots nouveaux *new words*
notez *jot down*
parfois *sometimes*
posez des questions *ask questions*
pour voir *to see*
précédent(e)(s) *preceding*
qui correspondent *that correspond*
répondez *answer*
selon *according to*
semblable *similar*
suivant *following*
suivez *follow*
transformez *change*
trouver *to find*
vrai ≠ faux *true, false*

La famille

This chapter will enable you to

➡ understand native speakers talking about themselves and their families

➡ read a survey of leisure activities in France and a poem by an author from Cameroon

➡ identify family members and their relationships

➡ ask about people's ages and physical characteristics

➡ talk about leisure activities you like or dislike

Chapter resources

 iLrn Heinle Learning Center includes:
- Student Activities Manual (SAM) and SAM Audio Program
- Textbook Assignments and In-text Audio Program
- Media-enhanced eBook
- Video Library
- Enrichment
- Diagnostics

 In-Text Audio Program

Video

 Companion Website

Qui sont les membres de cette famille? Quel âge ont-ils? Quelle est la couleur de leurs cheveux et de leurs yeux? Quelles sont leurs activités préférées? Et vous? Qui sont les membres de votre famille? Quelles sont vos activités préférées?

Première étape

À l'écoute Une photo de famille

As you listen to the In-Text Audio CD, you will hear two people talking about a family picture. Do the following tasks one by one, focusing only on what you are asked to do for each task.

Pensez

1 Who is likely to be in a family picture? Look at the words below. Can you infer their meaning? Place them in the family tree.

le père (le papa)   la mère (la maman)
le frère   la sœur

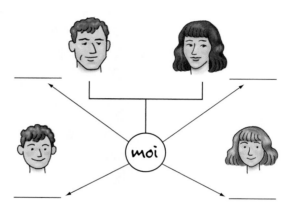

Observez et déduisez

2 Listen to the conversation a first time to identify who is talking. Then, justify your answer.

a. two friends   b. a mother and her daughter   c. two sisters

3 Listen again, noting how many times the following words are mentioned: une fois? deux fois? trois fois? quatre fois?

père _____   frère _____   mère _____   sœur _____

4 Listen again to determine how the following people are related to Véronique **(père? frère? mère? sœur?).**

Paul _____   Fabien _____   Olivia _____

5 Now that you have heard the conversation several times, from the context, can you infer the meaning of the words in the left-hand column? Match them with items in the right-hand columns and justify your choices.

_____ 1. belle-sœur	a. *wife*	e. *children*
_____ 2. femme	b. *half-sister*	f. *nephews*
_____ 3. enfants	c. *sister-in-law*	g. *cousins*
_____ 4. neveux	d. *parents*	

Vocabulaire actif

une belle-sœur
combien
un(e) enfant
la famille
une femme
un frère
une mère
un neveu
un père
ressembler (à)
une sœur

6 Now that you have listened to the conversation several times, answer the following questions.

Combien (*How many*) de personnes y a-t-il sur la photo?

Qui sont ces personnes?

7 Listen one last time to note family resemblances **(Qui ressemble à qui?).**

1. Véronique ressemble à son/sa...
2. Paul ressemble à son/sa...
3. Fabien ressemble à son/sa...

Prononciation Le son [r]

- The French [r] is very different from its English counterpart. There are three keys to pronouncing a French [r] correctly.

1. Keep the tip of your tongue against your lower front teeth.

2. Arch the back of your tongue toward the back of your mouth, as for the sounds [k] (c<u>a</u>t) or [g] (g<u>e</u>t).

   → Practice saying [go], then **gros** [gro], then [ro]; **gant** [gã] → **grand** [grã] → **rang** [rã].

3. Keep your lips from moving! Set your lips in position for the vowel that comes before or after the [r], and make sure they don't move for the [r].

   → Pronounce the following sound combinations, checking the corners of your mouth with your fingers to make sure your lips don't move.

   k [ka] → **car** [kar]   **qui** [ki] → **cri** [kri]

Observez et déduisez

Listen again to **À l'écoute: Une photo de famille,** paying close attention to the pronunciation of the **r**'s occurring in the following expressions. Listen to the segment a second time if necessary.

*Note: From this point on, the directions for the **Prononciation** are not recorded. You should read the directions in the text.*

1. Vé<u>r</u>onique
2. j'ado<u>r</u>e
3. bien sû<u>r</u>
4. mè<u>r</u>e
5. pè<u>r</u>e
6. tu <u>r</u>essembles à ta mè<u>r</u>e
7. mon f<u>r</u>è<u>r</u>e
8. mon aut<u>r</u>e f<u>r</u>è<u>r</u>e
9. Paul <u>r</u>essemble à son pè<u>r</u>e
10. Fabien <u>r</u>essemble à sa mè<u>r</u>e, je c<u>r</u>ois
11. deux sœu<u>r</u>s
12. ma belle-sœu<u>r</u>
13. leu<u>r</u>s deux enfants
14. ado<u>r</u>ables

Confirmez

Now listen again to the words and expressions in the preceding section. Repeat each one, keeping in mind the three key directions for pronouncing the French [r]. Then listen again to verify your pronunciation.

Vocabulaire La famille

Observez et déduisez *Interviews*

Improve Your Grade:
Web Search Activities

- Regardez la photo de famille.

— Combien de grands-parents est-ce qu'il y a?
— Il y a trois grands-parents.
— Combien d'enfants? Combien de personnes est-ce qu'il y a?

- Complétez les phrases avec les mots ci-dessous. Pensez logiquement!

grand-père (*m.*)	**oncle** (*m.*)	**fils** (*m.*)	**grands-parents** (*m.*)
grand-mère (*f.*)	**tante** (*f.*)	**fille** (*f.*)	**mari** (*m.*)

1. Le père de mon père est mon _____ .
2. La mère de mon père est ma _____ .
3. Les parents de mes parents sont mes _____ .
4. La sœur de ma mère est ma _____ .
5. Le frère de ma mère est mon _____ .
6. Un enfant du sexe féminin est une _____ .
7. Un enfant du sexe masculin est un _____ .
8. Mon père est le _____ de ma mère.

neveu (*m.*)	**demi-frère** (*m.*)	**cousin** (*m.*)	**beau-frère** (*m.*)	**petit-fils** (*m.*)
nièce (*f.*)	**demi-sœur**	**cousine** (*f.*)	**beau-père** (*m.*)	**belle-sœur** (*f.*)
petite-fille	**belle-mère**			

  9. Le fils de mon oncle et de ma tante est mon _____ .
10. La fille de mon oncle et de ma tante est ma _____ .
11. La sœur de mon neveu est ma _____ .
12. Le fils de mon fils est mon _____ .
13. La fille de mon fils est ma _____ .
14. Le mari de ma sœur est mon _____ .

15. Le fils de mon père (mais *pas* de ma mère) est mon _____ .

16. Le mari de ma mère n'est pas mon père; c'est mon _____ .

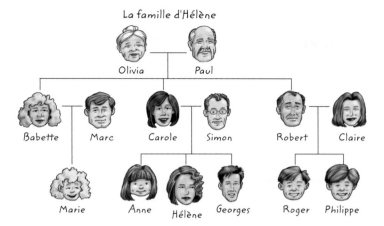

La famille d'Hélène

Olivia   Paul

Babette   Marc   Carole   Simon   Robert   Claire

Marie   Anne   Hélène   Georges   Roger   Philippe

Activités

 Combien de... ? Regardez l'arbre généalogique d'Hélène. Qui sont les sœurs? les mères? les oncles? les frères? Combien de tantes est-ce qu'il y a? Combien de pères? de fils? de maris? de belles-sœurs?

 D'autres liens de parenté (*relationships*). Parlez de tous les liens de parenté possibles pour les membres de la famille d'Hélène.

➡ *Anne est la sœur de Georges et d'Hélène, la fille de Carole et de Simon, la nièce... , la cousine... , la petite-fille...*

Structure Expressing ownership

Les adjectifs possessifs

Observez et déduisez

Ici c'est Marie, la fille de mon oncle et de ma tante. C'est ma cousine.

Et voici Olivia et Paul, les parents de ma mère. Ce sont mes grands-parents.

- In the captions above, how many ways do you find to say *my?* Review noun-adjective agreement on page 30. What conclusions can you draw about the various forms of the French word for *my?*

Confirmez Les adjectifs possessifs

- The possessive adjective agrees in number and gender with the noun following it.

  oncle (masculin) → **son**　　　　　tante (féminin) → **sa**
  parents (masc. / pluriel) → **ses**　　cousines (fém. / pluriel) → **ses**

  Notice that *it does not matter* whether the possessor is a male or a female. The adjective agrees with the noun that *follows* it.

  son frère (*his/her* brother)　　**sa** sœur (*his/her* sister)

- For singular words beginning with a vowel sound, always use the masculine adjective even if the noun is feminine.

  son avocate　　**mon** étudiante

Les adjectifs possessifs

	masculin	féminin	pluriel
my	**mon** oncle	**ma** tante	**mes** parents
your	**ton** oncle	**ta** tante	**tes** parents
his/her/its	**son** oncle	**sa** tante	**ses** parents
our	**notre** oncle	**notre** tante	**nos** parents
your	**votre** oncle	**votre** tante	**vos** parents
their	**leur** oncle	**leur** tante	**leurs** parents

Activités

C　**Famille.**　Expliquez les liens de parenté selon le point de vue de la (des) personne(s) indiquée(s) entre parenthèses. Suivez le modèle.

➡ (Roger et Philippe) Olivia et Paul
   *Olivia et Paul sont **nos** grands-parents.*

1. (Roger et Philippe) Robert et Claire
2. (Roger et Philippe) Babette
3. (Roger et Philippe) Marie
4. (Roger et Philippe) Marc et Simon
5. (Marc) Anne et Hélène
6. (Marc) Roger et Philippe
7. (Marc) Babette
8. (Marc) Robert

D　**Vrai ou faux?**　Lisez les phrases suivantes et indiquez si elles sont vraies ou fausses selon l'arbre généalogique d'Hélène (page 55). Corrigez les phrases fausses.

➡ (Hélène)　Roger est son frère.
　　　　　　C'est faux. Roger est son cousin.

La famille d'Hélène

1. Olivia est sa belle-mère.
2. Roger et Philippe sont ses demi-frères.
3. Simon est son père.
4. Marc est sa tante.
5. Georges est son frère.

La famille d'Olivia et de Paul

6. Babette, Carole et Hélène sont leurs filles.
7. Marie est leur petite-fille.
8. Robert est leur fils.
9. Georges et Roger sont leurs fils aussi.
10. Babette est leur sœur.

Note culturelle

Des questions personnelles. Although it may seem perfectly natural for you to discuss your family with a partner in French class, such would not necessarily be the case in France, where topics such as the number of people in the family or their occupation are often considered private matters to be broached only with close friends, not acquaintances. In many African cultures, asking parents how many children they have is taboo for two reasons: it would be a breach of privacy, and it might also invite fate to strike one of the children. The notion of privacy exists in all cultures; however, its manifestations vary from culture to culture. What topics do you discuss freely with acquaintances or colleagues? What topics do you never discuss with people you don't know well?

E **Interview.** Posez les questions suivantes à un(e) partenaire et répondez à ses questions.

1. Il y a combien de personnes dans ta famille?
2. Qui sont les membres de ta famille?
3. Comment s'appelle ta mère? ton demi-frère? etc.
4. Comment est ton oncle? (ta tante, etc.)
5. D'où est ton cousin? (ta cousine, etc.)

Stratégie de communication Hesitating and stalling for time

Observez et déduisez

French uses expressions for hesitating and marking pauses similar to *so* and *well* and *like* in English.

- In the following paragraph, find the French expressions used to hesitate or fill pauses.

  Mon parent préféré? Voyons... euh... mon oncle Paul est très amusant. Il est énergique et original. Et bon, ben... ma grand-mère est très sympathique aussi, vous savez. Et puis elle est intelligente, généreuse, toujours optimiste—c'est la grand-mère idéale, quoi!

Confirmez Pour hésiter ou pour gagner du temps

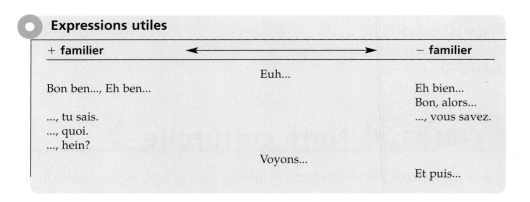

Expressions utiles

+ familier	← →	– familier
	Euh...	
Bon ben..., Eh ben...		Eh bien...
		Bon, alors...
..., tu sais.		..., vous savez.
..., quoi.		
..., hein?		
	Voyons...	
		Et puis...

Activités

F **En termes évasifs.** Avant de compléter les questions 6–9 ci-dessous, répétez l'activité E à la page 57, mais cette fois-ci, essayez de *ne pas* répondre aux questions personnelles de votre camarade de classe. Employez des expressions pour hésiter et pour gagner du temps.

(1–5) ...

6. Tu ressembles à ta mère? à ton père?
7. Mon beau-père est très aimable. Comment est ton père?
8. Tes parents sont avocats? médecins?
9. Il y a combien d'enfants dans ta famille?

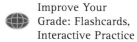

Improve Your Grade: Flashcards, Interactive Practice

Ace the Test: Ace Practice Tests

Jeu de rôle

You've hired a genealogist (your partner) to research and develop your family tree. Give a brief description of your immediate family, including names and relationships. Your partner will ask follow-up questions about other relatives as he/she sketches your **arbre généalogique.** Make sure it is correct when you finish. Use some stalling devices as needed.

Deuxième étape

Lecture Les loisirs et la famille

Pensez

1 What leisure activities do you associate with family life? Infer the meaning of the expressions below, then indicate whether you and your family practice these activities every day **(tous les jours)**, often **(souvent)**, sometimes **(quelquefois)**, or never **(jamais)**.

activités de loisirs	tous les jours	souvent	quelquefois	jamais
regarder la télévision				
écouter de la musique (la radio, un CD, un iPod)				
surfer sur Internet				
manger au restaurant				
sortir ensemble: aller au cinéma, au spectacle (concert, théâtre, etc.)				
regarder un film sur DVD				
aller à des matchs de foot, de basket, etc.				
faire du sport (jouer au tennis, faire du jogging, etc.)				
jouer à des jeux vidéo (au Nintendo, etc.)				
faire du shopping (acheter des vêtements, par exemple, un T-shirt, un jean)				
téléphoner ou envoyer des e-mails				
parler (converser)				

Un pique-nique en famille.

Observez et déduisez: en général

2 Look at the two charts that follow, and infer which one gives the following information. **(Le tableau numéro I ou le tableau numéro II?)**

a. A comparison of what male and female young people like to do in their spare time.

b. The number of hours French people in general spend per week **(par semaine)** in some of the most typical leisure activities.

Now can you find the French words or expressions for the following:

a. young   c. time   e. to like, to love
b. together   d. per day   f. to do

I. Le temps des loisirs: temps consacré par les 15–25 ans et les 50–64 ans à différentes activités (en heures par semaine)

	15–25 ans	50–64 ans
• écouter de la musique	16	14
• regarder un film à la télévision	12	11
• surfer sur Internet	11	6
• téléphoner	6	5
• jouer à des jeux vidéo sur un ordinateur	6	4
• jouer à des jeux vidéo sur une console de jeux	6	3
• jouer à des jeux vidéo sur un téléphone portable	3	1
• effectuer des activités de loisir sur un ordinateur (scanner des photos, télécharger de la musique, faire des montages vidéo...)	8	3
• regarder un film sur DVD	4	3
• aller au cinéma	2	2

Adapté de *Francoscopie 2007*, p. 390.

II. Qu'est-ce que les jeunes Français (16–25 ans) aiment faire?

	garçons %	filles %	ensemble %
• écouter de la musique	82	84	83
• apprendre des choses nouvelles	76	83	79
• faire la fête avec des amis	79	78	78
• être en famille	55	72	63
• voyager	57	70	63
• aller au cinéma	51	59	55
• faire du sport	62	45	54
• lire (livres, journaux, magazines)	26	54	40
• dépenser de l'argent	34	42	38
• surfer sur Internet	23	20	22

Sondage Ifop–Ministère de la Jeunesse et des Sports, décembre 1999.

Déduisez et confirmez: en détail

3 **Les mots.** Using the context and logic, can you infer the meaning of the verbs in the left-hand column? Choose the correct answers from the right-hand column.

1. télécharger
2. lire
3. apprendre
4. faire la fête
5. voyager
6. dépenser de l'argent

a. *to learn*
b. *to party*
c. *to download*
d. *to spend money*
e. *to read*
f. *to travel*

Now can you find the French words for the following?

1. new things
2. a cell phone
3. friends
4. newspapers

4 **Les résultats**

1. **Loisirs au quotidien (tous les jours).** Which of the activities listed . . .

   a. involve (or may involve) the media?
   b. can be done as a family **(en famille)?**

2. **Qu'est-ce que les jeunes Français aiment faire?** Make a list of activities that . . .

   a. girls like to do more than boys.
   b. boys like to do more than girls.

Explorez

1. **Loisirs au quotidien.** How much time do you spend each day in leisure activities? Think about a typical week in your life right now and estimate how you spend your free time. Jot down your totals, then get together with two or three classmates. As you look at your figures, do you see any differences with the French chart? What conclusions can you draw?

2. **Qu'est-ce que les jeunes aiment faire?** Would this poll yield similar results in North America?

   a. Number the activities given from 1 to 10 according to your own preferences.
   b. Get together with four classmates and compare results. **(Qu'est-ce qui est numéro 1 pour toi? numéro 2? etc.)**
   c. Discuss activities that may need to be added or deleted for a North American audience.
   d. Draw some cultural conclusions and share them with the class.

activités

acheter (*des vêtements, un T-shirt, un jean*)
aimer
aller* (*au cinéma, à un match de foot ou de basket, au restaurant, au concert, au théâtre*)
apprendre* *des choses nouvelles*
écouter (*de la musique, la radio, un CD, un iPod*)
faire* (*du jogging, du shopping, du sport, la fête*)
jouer (*à des jeux vidéo, au tennis*)
lire* (*des livres, des journaux, des magazines*)
manger
parler (*avec des amis*)
regarder (*la télévision, un DVD*)
sortir* *ensemble*
surfer sur Internet
téléphoner
envoyer* *un e-mail*
voyager

[*Infinitive form only]

expressions adverbiales

jamais
quelquefois
souvent
tous les jours

Structure Talking about leisure activities
Les verbes en -er

Observez et déduisez

Ma sœur et moi, nous aimons les médias. Nous aimons regarder la télévision et écouter de la musique: le jazz, le rock, la musique classique. Nous aimons aussi aller au cinéma ou regarder des films sur DVD. J'aime bien les films d'aventure et les comédies. Sophie aime les films d'amour. Mes parents aiment le sport—le tennis, le volley—et ils aiment aller à des matchs de foot le week-end. Mon grand-père, par contre, n'aime pas le sport, mais il aime beaucoup lire, surtout les romans historiques—pas les romans policiers! Est-ce que nous sommes une famille typique?

- The verb **aimer** is used to express preferences. How many different forms of the verb do you see in the preceding paragraph? How do you explain these differences?
- What kind of article follows the verb **aimer**: definite or indefinite?
- How would you say "I like movies"? How would you say "I don't like sports"?

Confirmez Les verbes en -er

- Many French verbs are formed like **aimer.** The written stem is found by dropping the **-er** from the infinitive: **aim-.** Add the following endings to the stem to form the present tense of **-er** verbs.

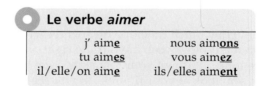

Le verbe *aimer*	
j' aim**e**	nous aim**ons**
tu aim**es**	vous aim**ez**
il/elle/on aim**e**	ils/elles aim**ent**

- Note that **je** becomes **j'** before a vowel.

  J'adore le français.   J'étudie la littérature.

- Although there are five written endings for **-er** verbs, only two are pronounced: those for **nous** and **vous**. All other endings are silent.

  je regardȩ   nous regard<u>ons</u>
  tu regardȩs   vous regard<u>ez</u>
  il/elle/on regardȩ ils/elles regardȩnt

- Liaison occurs when **nous, vous, ils,** and **elles** are followed by a verb beginning with a vowel.

  Nous‿écoutons   vous‿étudiez   elles‿adorent
  [z]   [z]   [z]

- A simple (one word) present tense is used in French to express actions in progress:

  Nous **écoutons** la radio.   *We are listening to the radio.*

  as well as habitual actions:

  Nous **écoutons** toujours la radio.   *We always listen to the radio.*

- Spelling changes occur in the stems of some **-er** verbs.

Some stem-changing verbs

é → è before a silent ending

nous préférons	BUT	ils préfèrent
vous préférez	BUT	elle préfère

mute e → è before a silent ending

nous achetons	BUT	ils achètent
vous achetez	BUT	elle achète

g → ge before -ons

je mange	BUT	nous mangeons

c → ç before -ons

je commence	BUT	nous commençons

- Many **-er** verbs are often used in the following contexts:

 a. in directions in this textbook

 compléter (la phrase)
 comparer (les réponses)

 b. to discuss pastimes and activities

 chanter (bien / mal) *to sing well / badly*
 danser (dans une discothèque)
 dîner (au restaurant)
 donner (un stylo à un copain) *to give*
 étudier (l'histoire) *to study a subject*
 habiter (à Toronto) *to live*
 inviter (ses amis)
 parler (à une amie / de Paul / avec Marie)
 penser (à sa sœur / à Noël) *to think about*
 retrouver (son camarade de chambre) *to meet; to get together with*
 travailler (pour un avocat) *to work, to study*

*A few verbs you may want to use in this chapter are not conjugated like **aimer**. For now, use only the infinitives of the verbs **aller**, **apprendre**, **faire**, **lire**, **envoyer**, and **sortir**.*

 c. to discuss likes and dislikes

 admirer (ses parents)   détester (la télévision)
 adorer (les vacances)   préférer (la littérature française)

- Verbs of preference (**aimer, adorer, préférer, détester**) can be followed by a noun or by another verb. When followed by a noun, a definite article *must* be used.

 Mon frère aime **les** romans, et il adore **les** films. Il déteste **le** sport.

- When followed by another verb, the second verb is always an *infinitive*.

 J'aime **regarder** des vidéos, mais je préfère **aller** au cinéma.

- In the negative, the *conjugated* verb is negated.

 Je **n'**aime **pas** lire des magazines.

Activités

G **Les activités.** Écoutez le professeur. Est-ce que les phrases correspondent aux images ci-dessous? Indiquez **vrai** ou **faux**.

➡ (Elle travaille.) *faux*

a. _____

b. _____

c. _____

d. _____

e. _____

f. _____

g. _____

Écoutez encore et indiquez quelle image correspond à la phrase que vous entendez (*hear*). Si la phrase ne correspond pas à une image, indiquez un X.

➡ (Ils mangent.) *e*

1. _____ 3. _____ 5. _____ 7. _____

2. _____ 4. _____ 6. _____

Préférences. Regardez les images ci-dessous et parlez des activités et préférences de Paul et de Marie.

➡ *Paul aime aller au cinéma. Il aime regarder des films. Marie préfère écouter la radio. Elle adore la musique. Elle aime chanter aussi!*

1.

2.

3.

4.

5.

 Habitudes. À quelles activités participez-vous toujours? souvent? quelquefois? jamais? Cochez la bonne réponse selon vos expériences personnelles.

		toujours	souvent	quelquefois	jamais
1.	Je regarde des films français.	_____	_____	_____	_____
2.	J'invite mes copains au café.	_____	_____	_____	_____
3.	Je dîne au restaurant.	_____	_____	_____	_____
4.	Je surfe sur Internet.	_____	_____	_____	_____
5.	Je danse dans une discothèque.	_____	_____	_____	_____
6.	Je joue à des jeux vidéo.	_____	_____	_____	_____
7.	Je téléphone à mes parents.	_____	_____	_____	_____
8.	Je pense à Noël.	_____	_____	_____	_____
9.	Je retrouve mes amis.	_____	_____	_____	_____
10.	Je voyage.	_____	_____	_____	_____
11.	J'aime lire des magazines.	_____	_____	_____	_____
12.	J'aime aller au théâtre.	_____	_____	_____	_____

Maintenant (*Now*), posez des questions à un(e) partenaire. Êtes-vous semblables ou différent(e)s?

➡ *Tu regardes des films français?*   *Oui, quelquefois.*   ou   *Non, jamais.*

Comment est l'étudiant(e) typique de votre classe? Discutez et comparez.

Structure Requesting

L'impératif

Observez et déduisez

— Nous retrouvons Sarah au restaurant, n'est-ce pas? Invitons Émilie aussi.
— Non, ne mangeons pas au restaurant. Regardons un DVD. Et invitons Émilie!

> • What difference do you notice between the verb in the first sentence and the other verbs in the preceding exchange?
> • Why do you think these verbs have no subject pronouns?

Confirmez L'impératif

• The imperative is used to give commands. It is formed by omitting the subject pronoun.

> Vous surfez sur Internet?   →   **Surfez** sur Internet!

• Use the **nous** form of the verb and/or **s'il vous plaît** to soften a command or to make a request or suggestion.

> **Dînons** (*Let's have dinner*) au restaurant!
> Ne chantez pas, s'il vous plaît.

• For the familiar **(tu)** form of the imperative, drop the **-s** of **-er** verbs.

> Tu ne regard**es** pas la télé?   →   Ne regard**e** pas la télé!

À comparer: Le présent et l'impératif

Présent	Impératif
Tu manges au restaurant.	Mange au restaurant!
Nous mangeons au restaurant.	Mangeons au restaurant!
Vous mangez au restaurant.	Mangez au restaurant!

Activités

J **En classe.** Qu'est-ce que le professeur dit aux étudiants? Complétez les phrases en employant les verbes suivants à l'impératif.

Verbes: compléter, deviner, écouter, répéter, fermer, parler

1. _____ la porte, s'il vous plaît.
2. _____ le CD.
3. _____ vos devoirs.
4. _____ avec vos camarades de classe.
5. _____ la réponse au numéro 6.
6. _____ la phrase, s'il vous plaît.

K **Impatient.** Que dit un parent qui n'est pas content de son enfant? Composez des phrases en employant les verbes et les compléments suivants selon le modèle.

➡ *Ne surfe pas sur Internet!*

Verbes: parler, regarder, écouter, jouer, manger, retrouver

Compléments: au Nintendo, au restaurant, (avec) tes copains, tes CD, la télévision, tes cousins, tes DVD, au tennis

L **Préférences.** Répondez aux questions selon vos préférences.

➡ On regarde la télé?
Oui, regardons *American Idol!* ou Non, ne regardons pas la télé!

1. On achète des vêtements?
2. On regarde un match de foot?
3. On joue au Nintendo?
4. On mange au restaurant?
5. On écoute de la musique classique?
6. On parle avec le professeur?
7. On voyage?

Structure Asking about people and things

Les pronoms interrogatifs

Observez et déduisez

— Selon les sondages, les hommes préfèrent les films d'aventure. Qu'est-ce que tu préfères, Marie, les films d'aventure ou les comédies?
— En fait, je préfère les films historiques.
— Et comme actrice, qui est-ce que tu préfères, Juliette Binoche ou Audrey Tautou?
— Bof, j'aime les deux (*both*). Et toi?
— Moi? Ni l'une ni l'autre (*neither one*).

Vocabulaire actif
les deux
ni l'un(e) ni l'autre
qu'est-ce que
qui est-ce que

> - What interrogative expression is used to ask questions about people? What interrogative expression is used to ask questions about things?
> - How would you ask these questions: Whom do you like? What do you like?

Confirmez   Les pronoms interrogatifs

- The interrogative pronoun **qu'est-ce que** (*what?*) refers to things and is followed by a subject noun or pronoun. Note that **que** becomes **qu'** before a word beginning with a vowel.

  Qu'est-ce que Marie aime?   Elle aime les vacances.
  Qu'est-ce qu'elle regarde?   Elle regarde la télé.

- The interrogative pronoun **qui est-ce qu(e)** (*who/whom?*) refers to people and is followed by a subject noun or pronoun.

  Qui est-ce que Marie écoute?   Elle écoute ses parents.
  Qui est-ce qu'elle admire?   Elle admire le professeur, bien sûr!

- You have already used **qui est / qui sont** to ask for identification of people.

  Qui est-ce?   Qui est cette femme?   Qui sont vos copains?

  Qui can also be followed by any of the **-er** verbs presented in this **étape** to ask who does or is doing something.

  Qui joue au tennis?   **Qui danse** avec Rémi?

- Remember that questions beginning with **est-ce que** have "yes" or "no" as an answer. Do not confuse **est-ce que** with **qu'est-ce que** (*what*) and **qui est-ce que** (*whom*).

  Est-ce que tu aimes le cinéma?   →   Oui.
  Qu'est-ce que tu aimes?   →   Le cinéma.
  Qui est-ce que tu aimes?   →   Maman!

Activités

 M **Personne ou chose?**   Écoutez les réponses. Cochez la bonne question.

1. _____ Qu'est-ce que tu aimes?   _____ Qui est-ce que tu aimes?
2. _____ Qu'est-ce que tu admires?   _____ Qui est-ce que tu admires?
3. _____ Qu'est-ce que tu préfères?   _____ Qui est-ce que tu préfères?
4. _____ Qu'est-ce que tu regardes?   _____ Qui est-ce que tu regardes?
5. _____ Qu'est-ce que tu étudies?   _____ Qui est-ce que tu étudies?
6. _____ Qu'est-ce que tu écoutes?   _____ Qui est-ce que tu écoutes?

Nos préférences. D'abord regardez les choix suivants, et indiquez vos préférences.

1. _____ Picasso ou _____ Jackson Pollock
2. _____ Mick Jagger ou _____ Tim McGraw
3. _____ sortir avec des copains ou _____ faire du jogging
4. _____ les romans policiers ou _____ les romans historiques
5. _____ la télé ou _____ le cinéma
6. _____ Lance Armstrong ou _____ Tiger Woods
7. _____ aller au cinéma ou _____ aller au restaurant
8. _____ apprendre des choses nouvelles ou _____ acheter des vêtements
9. _____ le petit Nicolas ou _____ Charlie Brown
10. _____ ? _____ ?

Maintenant, posez des questions à un(e) partenaire et comparez vos réponses.

➡ — *Qui est-ce que tu préfères, Faith Hill ou Britney Spears?*
— *Moi, je préfère Faith Hill.* ou *J'aime les deux.* ou *Ni l'une ni l'autre.*

O **Jeopardy!** Regardez les réponses ci-dessous. Quelles sont les questions? Employez les verbes suivants pour les questions:

admirer, écouter, retrouver, inviter, chanter, manger, regarder

➡ (réponse) (question)
la télévision *Qu'est-ce que tu regardes?*
ma sœur *Qui est-ce que tu admires?*

1. mes copains
2. de la musique classique
3. un hamburger
4. mes professeurs
5. *Don't Cry for Me, Argentina*
6. mon/ma camarade de chambre
7. le président
8. la vidéo **Mais oui!**

Jeu de rôle

You and three classmates are each looking for a new roommate. First write down questions you feel are essential in helping you make a decision, then role-play a scene in which you each ask and answer questions to decide who is compatible with whom.

 Improve Your Grade: Flashcards, Interactive Practice

 Ace the Test: Ace Practice Tests

Culture et réflexion

Vive les mariés!

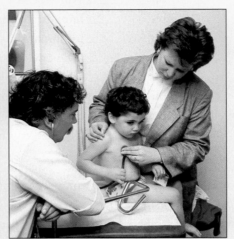

Soins médicaux gratuits pour les jeunes enfants.

Observez et déduisez

What do you see in the photos on this page that looks familiar to you? What is *not* familiar? What do you *not* see that you might have expected in such photos?

Confirmez et explorez

• **Le mariage et la famille.** After a sharp decrease between 1970 and 1990, the number of marriages in France has remained fairly stable in the last 15 years (4.4 marriages per 1000 inhabitants, vs. 4.8 in the European Union, and 7.5 in the United States). One-third of the French population lives alone, and 17% of France's couples practice **la cohabitation** or **l'union libre** (living together without marriage). Another institution, **le PACS (pacte civil de solidarité)** allows couples (including homosexuals) to receive social benefits. Amidst these changes, 94% of French people recently surveyed said they consider the family to be an essential ingredient for happiness. What do these statistics tell you? Do they reflect a reality found elsewhere?

• **Les allocations familiales.** To help families with the high cost of raising children and to encourage demographic growth in a country where the fertility rate is 1.9 children per woman (versus 2.06 in the United States), the French government offers subsidies to families. **L'allocation jeune enfant,** the equivalent of $175 per month, is given to low-income families starting with the fifth month of pregnancy through the third birthday of each child. Families with two children or more, regardless of income, receive **des allocations familiales** through the eighteenth birthday of each child. This amounts to the equivalent of $120 per month for two children, $280 for three children, $430 for four, and $600 for five. In Canada, the government allocates **des prestations fiscales pour enfants** (tax-free benefits for children) of up to $1,000 per month to low-income families. How do you feel about such programs?

• **Des enfants «bien élevés».** Americans often find French parents quite strict with their children about manners. By two and a half or three, French children shake hands with grown-ups and say «**Bonjour, monsieur**» or «**Bonjour, madame**». By five or six, they are expected to sit with their families at restaurants for hours at a time. Should children be caught running wild through a restaurant or a store, the parents are expected to immediately inflict punishment, ranging from verbal reprimands to facial slaps or spanking in public. That's all part of being **bien élevé,** or well brought up. Proper behavior will often take precedence over a child's ego or "blossoming self-expression." How do you feel about disciplining children? Should a five-year-old be allowed to "run wild" in a public place or should he be expected to sit still for hours? What qualities and/or problems do the two types of upbringing foster?

 Improve Your Grade: Web Search Activities

Troisième étape

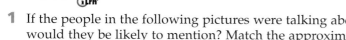 Quel âge avez-vous?

As you listen to the In-Text Audio CD, you will hear six people giving their age (**âge**) and a brief description of themselves.

Pensez

1 If the people in the following pictures were talking about their age, what numbers would they be likely to mention? Match the approximate age with the letter of the correct picture.

A   B   C   D   E   F

Âge approximatif

_____ 4–6 ans (quatre à six ans)
_____ 15–16 ans
_____ 20–25 ans
_____ 30–35 ans
_____ 40–50 ans
_____ 60–65 ans

Observez et déduisez

2 Listen first to identify which description corresponds to which picture in **Pensez.** Fill in the letter of the picture in the following chart, and add the name of each person (Renaud, Brigitte, Driss, Nathalie, Marguerite, or Léon).

description	image	nom
1		
2		
3		
4		
5		
6		

3 Listen again to the people as they give their age. Circle all the numbers you hear in the following list.

4	quatre	19	dix-neuf	48	quarante-huit
5	cinq	20	vingt	49	quarante-neuf
6	six	21	vingt et un	50	cinquante
		22	vingt-deux	51	cinquante et un
				52	cinquante-deux
11	onze				
12	douze	29	vingt-neuf		
13	treize	30	trente	60	soixante
14	quatorze	31	trente et un	61	soixante et un
15	quinze	32	trente-deux	62	soixante-deux
16	seize				
17	dix-sept	40	quarante		
18	dix-huit	41	quarante et un		

Vocabulaire actif

l'âge: (avoir) _____ ans
la description physique
(avoir) les cheveux blonds,
bruns, roux, noirs, gris
(avoir) les yeux bleus,
verts, bruns
beaucoup / pas beaucoup

4 Listen a final time, paying attention to the people's descriptions of their hair and eyes **(les cheveux et les yeux).** Number the following words to show the order in which they are mentioned. If a word is mentioned several times, account for it the first time only.

a. les cheveux   _____ blonds

                         __1__ bruns

                         _____ roux

                         _____ noirs

                         _____ gris

b. les yeux   _____ bleus

                         _____ verts

                         _____ bruns

5 From memory, or after an additional listening, recap the age and physical attributes of each person. Who doesn't have much hair **(pas beaucoup de cheveux)?** Whose birthday **(anniversaire)** is it today?

nom	âge	cheveux	yeux
Nathalie			
Brigitte			
Marguerite			
Renaud			
Driss			
Léon			

Prononciation L'intonation

Intonation refers to the rising (——↗) and the falling (——↘) of the voice.

🎧 Observez et déduisez 🖱

Look at the five sentences that follow. On the In-Text Audio CD, listen again to **À l'écoute: Quel âge avez-vous?** Notice the intonation patterns for each sentence, and circle the letter of the option that best represents the pattern you hear. Then, turn off the audio.

1. a. Quel âge avez-vous?
   b. Quel âge avez-vous?

2. a. J'ai cinq ans.
   b. J'ai cinq ans.

3. a. J'ai les cheveux bruns et les yeux bleus, comme ma maman.
   b. J'ai les cheveux bruns et les yeux bleus, comme ma maman.
   c. J'ai les cheveux bruns et les yeux bleus, comme ma maman.

4. a. Mon âge?
   b. Mon âge?

5. a. Aujourd'hui c'est mon anniversaire.
   b. Aujourd'hui c'est mon anniversaire.

- As you can hear, French intonation patterns are determined by the length of word groups (short sentences or single ideas within longer sentences) and by the type of utterance (question or declarative statement). Such patterns can be summarized as follows.

  1. Short statements have a falling intonation.

     → Practice saying sentence 2b in **Observez et déduisez.**

  2. In longer declarative sentences

     a. each word group before the last one has a rising intonation (indicates that the sentence is not over)

     b. the last word group has falling intonation (marks the end of the sentence).

     → Practice saying sentences 3c and 5a in **Observez et déduisez.**

- Information questions (starting with an interrogative word, such as **quel, comment, qui, qu'est-ce que,** etc.) have a falling intonation.

     → Practice saying sentence 1b in **Observez et déduisez.**

- Yes/no questions (those starting with **est-ce que** or anything but an interrogative word) have a rising intonation.

     → Practice saying sentence 4b in **Observez et déduisez.**

 **Confirmez**

Read the following sentences aloud with the proper intonation. Then listen to them on the In-Text Audio CD to verify your pronunciation.

1. Tu connais Marguerite Folin?

2. Elle a les yeux bleus et les cheveux gris.

3. Comment est-elle?

4. Est-ce qu'elle est sympathique?

5. Elle aime beaucoup la musique.

6. Elle aime aussi le cinéma, les romans historiques et les sorties en famille.

7. Et vous? Comment êtes-vous? Quel âge avez-vous?

Vocabulaire Les nombres de 70 à 100

Observez et déduisez

- French numbers from 70 to 99 follow a pattern that is a remnant of the system used by the Celts, who counted by twenties. Knowing this, can you match the written forms on the left with the correct numbers on the right?

a. soixante-dix	＿＿＿ 70
b. quatre-vingts	＿＿＿ 71
c. quatre-vingt-dix	＿＿＿ 72
d. soixante et onze	＿＿＿ 80
e. soixante-douze	＿＿＿ 81
f. quatre-vingt-onze	＿＿＿ 85
g. quatre-vingt-dix-huit	＿＿＿ 90
h. quatre-vingt-un	＿＿＿ 91
i. quatre-vingt-cinq	＿＿＿ 98

- Now can you guess how to say the following numbers?

  73   76   84   87   95   99

- The word for 100 is **cent.** How will you remember that? (What does it remind you of in English?)

Activités

P **Comptez...**

de 70 à 100   de 45 à 100 en multiples de cinq

de 0 à 100 en multiples de dix   de 70 à 100 en multiples de deux

Q **Quel âge avez-vous?**   Calculez l'âge des personnes suivantes... ensemble!

➡ *Ma sœur (32) et moi (24) = 56*

Vous et...

1. votre frère ou votre sœur

2. deux camarades de classe

3. le professeur

4. un grand-parent

5. un copain / une copine

6. votre père ou votre mère (ou votre fils ou fille)

Structures   Discussing age and appearance

Le verbe *avoir* • L'adjectif interrogatif *quel*

Observez et déduisez

— Quel âge avez-vous?

— J'ai vingt et un ans.

— Et votre mère, quel âge a-t-elle?

— Ma mère a quarante-sept ans. Mon beau-père, lui, a cinquante-quatre ans, je crois.

— Et vos grands-parents? Quel âge ont-ils?

— Ben, mes grands-pères sont décédés, mais j'ai une grand-mère qui a soixante-quatorze ans et l'autre qui a quatre-vingts ans.

Quel âge ont-ils?

Vocabulaire actif

quel(le)(s)
Quel âge as-tu? / avez-vous?

- Based on the preceding dialogue, what verb is used in French to express age? What forms of the verb do you see?

- What new interrogative word do you notice? What type of word does it precede: a verb? a noun? a pronoun?

- What do you notice about the inversion form with **elle**?

- How would you say "My father is forty"?

Confirmez   Le verbe *avoir*

Le verbe *avoir*

j' ai	nous avons
tu as	vous avez
il/elle/on a	ils/elles ont

- Use the verb **avoir** (*to have*) to express age in French. **An(s)** must be stated after the number.

    Elle **a** trente **ans.**

- **Avoir** is also used with a definite article to state eye and hair color.

  Ils **ont les** cheveux noirs et **les** yeux bruns.

- Use the verb **avoir** to express possession. To say you do *not* have something, the indefinite article **(un, une, des)** becomes **de/d'** in the negative.

  J'ai **une** sœur; je n'ai pas **de** frère.
  Tu as **un** fils? Non, je n'ai pas **d'**enfants.

- Notice that in questions with inversion, **-t-** is inserted between any verb form ending with a vowel and the subject pronouns **il, elle,** or **on.**

  Quel âge a**-t-**il/elle/on?   Aime**-t-**il les enfants?

L'adjectif interrogatif *quel*

- **Quel** means *which* or *what.* It is used to clarify or to ask for a choice. It is an interrogative adjective and agrees in number and gender with the noun it modifies.

A   B

Quel homme n'a pas beaucoup
de cheveux?

A   B

Quelle femme a quarante ans?

A   B   C

Quels garçons ont les cheveux noirs?

A   B   C   D

Quelles filles ont les yeux bruns?

Activités

R **Quel âge ont-ils?** Écoutez et décidez si les phrases correspondent à la scène. Choisissez «possible» ou «pas possible».

➡ (Il a 60 ans.) *pas possible*

Maintenant, à votre avis, quel âge ont-ils?

➡ 1. *Il a peut-être 16 ans.*

S **Descriptions.** Regardez les images à la page 76. Comment sont ces personnes? Quel âge ont-elles? De quelle couleur sont leurs yeux? leurs cheveux?

T **Et votre famille?** Décrivez deux membres de votre famille—ou d'une famille célèbre, si vous préférez. Dites ce qu'ils ont et ce qu'ils n'ont pas selon l'exemple.

➡ *Ma grand-mère a 82 ans. Elle a les cheveux gris et les yeux verts. Elle est petite et un peu forte. Je ressemble à ma grand-mère. Mamie a un demi-frère, mais elle n'a pas de sœur.*

U **Cherchez quelqu'un** (*Find someone*). Posez ces questions à des camarades de classe. La personne qui répond «oui» va signer.

➡ — Tu as des cousins?   *Carole*
— *Bien sûr!*   ou   — *Non, je n'ai pas de cousins.*

1. Tu as un frère qui s'appelle Matt? _____
2. Tu ressembles à ton père? _____
3. Tu as des grands-parents? _____
4. Tu as les cheveux (vraiment) blonds? _____
5. Tu as les yeux verts? _____
6. Tu as 24 ans? _____
7. Tu as trois sœurs? _____
8. ? _____

V **Précisons.** Interviewez votre partenaire au sujet des préférences de sa famille ou de ses copains, selon l'exemple. Répondez à ses questions.

➡ — *Ta famille aime les films? (Tes copains aiment les films?)*
— *Quels films?*
— *Les films d'aventure?*
— *Non, nous préférons les comédies. (Oui, nous aimons beaucoup les films d'aventure.)*

1. le sport (le tennis, le foot, le basket,...)
2. la musique (le rap, le rock, la musique classique, la musique de Willie Nelson,...)
3. les sorties (en ville, au restaurant, avec la famille,...)
4. la cuisine (chinoise, française, américaine, italienne,...)
5. les romans (d'amour, historiques, policiers, de Steven King,...)

Épisode

Improve Your Grade: Flashcards, Interactive Practice

Ace the Test: Ace Practice Tests

Jeu de rôle

Quelle coïncidence! As you and your classmate discuss your new boyfriends or girlfriends (physical appearance, personalities, age, family) and their favorite pastimes, you discover that they are remarkably similar. Is it possible you are dating the same person? Role-play the scene with a partner.

Quatrième étape: Intégration

Littérature **L'homme qui te ressemble**

Many fine literary works come from the former French colonies. Writers from these countries choose to write in French for a variety of reasons: their countries have no truly national language, the writers themselves have been educated in French schools, or they want to address a larger audience than it would be possible to do in their native tongue. The poem you are about to read was written by a man who comes from Cameroon **(le Cameroun),** a country in Equatorial Africa that was colonized first by the Germans, then by the British and the French. It became an independent republic in 1960.

When René Philombe (1930–2001) took up writing in 1956 after a short career in the colonial police administration in Yaoundé, **le mouvement de la négritude** was sending tremors throughout Black Africa. Begun by a group of African students in Paris in the 1930s (including Léopold Sédar Senghor, the future president of Senegal), this movement was an affirmation of the cultural heritage and values of the Black African civilization. It encompassed a sense of pride in one's race and background, a protest against being attributed second-class status, and a rebellious refusal to conform to the norms of colonial powers. Imprisoned on several occasions for his subversive writings, René Philombe published tales, short stories, plays, and poems. The following poem is a hymn to the human family.

Pensez

1 «L'homme qui te ressemble»—*The man who looks like you.* Within the human family, what are resemblances and differences based on? Check the factors that are most commonly used to compare people from different parts of the world, and add other ideas as needed.

_____ La race et la couleur de la peau (*skin*)

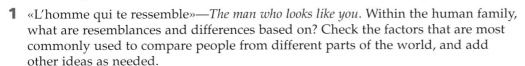

noir   blanc   jaune   rouge

_____ Les traits physiques: les cheveux, les yeux, le nez (*nose*), la bouche (*mouth*)

_____ Les caractéristiques universelles (la nécessité d'aimer et d'être aimé, etc.)

_____ La taille (grand, petit)

_____ La langue

_____ La nationalité

_____ La religion

_____ Le statut économique et social

_____ Le caractère, le cœur (*heart*)

_____ ?

Observez et déduisez: en général

2 Skim the poem briefly to determine how the poet approaches his subject.

    a. As a prayer to God (**Dieu**)

    b. As a prayer to his fellow man

    c. As an accusation in a court of law

3 Among the categories of resemblances and differences listed in **Avant de lire**, which ones are actually mentioned in the poem?

L'homme qui te ressemble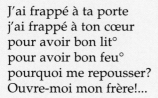

J'ai frappé à ta porte
j'ai frappé à ton cœur
pour avoir bon lit°   *bon... good*
pour avoir bon feu°   *bedding /*
pourquoi me repousser?   *fire*
Ouvre-moi mon frère!...

Pourquoi me demander
si je suis d'Afrique
si je suis d'Amérique
si je suis d'Asie
si je suis d'Europe?
Ouvre-moi mon frère!...

Pourquoi me demander
la longueur° de mon nez   *length*
l'épaisseur° de ma bouche   *thickness*
la couleur de ma peau
et le nom de mes dieux?
Ouvre-moi mon frère!...

Je ne suis pas un noir
je ne suis pas un rouge
je ne suis pas un jaune
je ne suis pas un blanc
mais je ne suis qu'°un homme   *ne... que only*
Ouvre-moi mon frère!...

Ouvre-moi ta porte
Ouvre-moi ton cœur
car je suis un homme
L'homme de tous les temps°   *de tous... of*
L'homme de tous les cieux°   *all times /*
L'homme qui te ressemble!...   *all heavens*

René Philombe, *Petites gouttes de chant pour créer l'homme* (Éditions Semences Africaines, 1977)

Déduisez et confirmez: en détail

4 Les mots. Using the context and logic, infer the meaning of the words in bold.

    1. **J'ai frappé à** ta porte

        a. I closed   b. I knocked on

    2. **pour** avoir

        a. in order to   b. even though

    3. pourquoi **me repousser**

        a. push me away   b. invite me in

    4. pourquoi **me demander si**

        a. ask me if   b. insist that

    5. **car** je suis un homme

        a. for   b. whereas

5 Le texte. Vrai ou faux?

1. Le poète demande à son «frère» d'ouvrir sa porte et son cœur.
2. Le «frère» ouvre immédiatement sa porte.
3. Le poète pense que la nationalité n'est pas importante.
4. Il pense que les traits physiques ne sont pas importants.
5. Il pense que la religion justifie la discrimination.
6. Il pense que tous les hommes sont frères.

Explorez

1 Un dialogue. Imaginez un dialogue entre le poète et son «frère».

— Bonjour, mon frère. Ouvre-moi ta porte...
— Es-tu d'Afrique?
— Pourquoi demandes-tu?
— Es-tu noir?
   etc. Continuez!

2 Poetry is the music of literature, and to enjoy the full impact of a poem, it should be read aloud. With a partner, prepare a unique reading of Philombe's poem, then present it to the class.

Par écrit **To be or not to be the same**

Avant d'écrire

A Strategy: Visualizing relationships. In order to compare two people, you need to describe them not only as individuals but also as they relate to each other. One way of visualizing this relationship is through the use of a Venn diagram, a pair of overlapping circles that can be used to compare and contrast characteristics.

maman   papa

47   53
yeux bruns   blonds   yeux bleus
+ tennis   amusants   + foot
+ films   + opéra

 Application. Choose two people you know well and draw your own Venn diagram to help you organize your ideas. In the left circle, list traits and preferences exclusive to one of the people; in the right circle, the other. In the middle where the circles overlap, list traits and preferences shared by both people.

B Strategy: Contrasting. The following expressions may be useful when expressing a contrast.

> **Vocabulaire actif**
> alors que
> par contre
> plutôt

mais	*but*
par contre	*on the other hand*
plutôt	*instead, rather*
alors que	*whereas*

Maman aime les sports, **mais** tante Marie aime **plutôt** les livres.
Paul est brun. Pierre, **par contre**, est blond.
Paul ressemble à maman **alors que** Pierre ressemble **plutôt** à papa.

 Application. Write three sentences contrasting the same two people you described in activity A, using **mais, par contre, plutôt,** and **alors que.**

Écrivez

1. Using the Venn diagram you constructed for the first strategy, write a paragraph comparing and contrasting the two people you selected. Tell about their physical characteristics, ages, professions, personality traits, and their likes and dislikes. Remember to use appropriate expressions to avoid repetition and to show contrast.

2. Review *L'accent grave,* page 46. Write a paragraph comparing and contrasting Hamlet and his teacher. Begin with a Venn diagram. Physical contrasts may be obvious (**grand/petit,** etc.), but what about personality traits? preferred activities? Use your imagination and appropriate expressions to enhance your writing style.

➡ Le professeur aime étudier, mais Hamlet préfère jouer au foot...

Synthèse culturelle

Qu'est-ce qui constitue une «famille» à vos yeux[1]? Qui en sont les membres?

David: La famille est en premier lieu[2] le cocon familial... les personnes habitant sous le même toit[3]... En second lieu il y a les parents et frères et sœurs... J'y inclurais[4] également les grands-parents et la belle-famille. Enfin, il y a les cousins, oncles et tantes.

Nom: David Chesnel
Âge: 30 ans
Ville d'origine: Aix-en-Provence, France
Études/Diplômes: ingénieur
Profession: consultant en systèmes d'information
Intérêts/Passe-temps: ski, piano, culture physique, jouer avec mes enfants

Dans quelles circonstances, ou avec qui, vous ouvrez-vous sur[5] votre famille?

Nathalie D.: Les Antillais sont assez pudiques[6]. Ils ne parlent pas de leurs secrets de famille, seulement avec les parents ou amis très proches[7].

Nom: Nathalie Dinane
Âge: 33 ans
Ville d'origine: Pointe-à-Pitre, Guadeloupe
Études/Diplômes: licence de langue et civilisation allemande; formation de journaliste
Profession: professeur d'allemand et journaliste
Intérêts/Passe-temps: les sorties, la lecture, le sport

  Improve Your Grade: Online Synthèse culturelle

Explorez

Interview three people from different "cultures" about who they consider to be their family and with whom they would talk about their family. Interviewees may include someone from another country or someone in your own culture of another generation, ethnic background, sex, or region. How do their answers compare with those of the French speakers above and in the Online Study Center?

---

1. *in your eyes*   2. *in the first place*   3. *under the same roof*   4. *would include*   5. *do you speak freely about*
6. *discreet*   7. *close*

La famille

le beau-frère *brother-in-law*
le beau-père *father-in-law, stepfather*
la belle-mère *mother-in-law, stepmother*
la belle-sœur *sister-in-law*
le cousin / la cousine *cousin*
les enfants *children*
la fille *daughter*
le fils *son*
le frère, demi-frère *brother, half-brother*
la grand-mère *grandmother*
le grand-père *grandfather*
les grands-parents *grandparents*

le mari *husband*
la mère *mother*
le neveu *nephew*
la nièce *niece*
l'oncle (m.) *uncle*
les parents (m.) *parents, relatives*
le père *father*
la petite-fille *granddaughter*
le petit-fils *grandson*
la sœur, demi-sœur *sister, half-sister*
la tante *aunt*

Les amis

un ami / une amie *a friend*

La description physique

avoir _____ ans *to be _____ years old*
avoir les cheveux blonds/bruns/roux/noirs/gris *to have blond/brown/red/black/gray hair*
avoir les yeux bleus/bruns/verts *to have blue/brown/green eyes*
pas beaucoup de cheveux *not much hair*

Les nombres (See also **Les nombres de 70 à 100** on page 74 in the chapter.)

les deux *both*
ni l'un(e) ni l'autre *neither one*
soixante-dix
soixante et onze
soixante-douze
quatre-vingts
quatre-vingt-un

quatre-vingt-cinq
quatre-vingt-dix
quatre-vingt-onze
quatre-vingt-dix-sept
cent

Les loisirs

un CD
des choses nouvelles *new things*
le cinéma *movies*
une comédie *a comedy*
un concert *a concert*
une discothèque
un DVD
un e-mail
une fête *a party*
un film d'amour *a romantic film*
un film d'aventure *an action film*
Internet (m.)
un iPod
le jogging
un journal *a newspaper*

la littérature: un roman (historique/policier)
   literature: a novel (historical/detective)
un magazine
un match de foot *a soccer game*
la musique: le jazz, la musique classique, le rock
un jeu vidéo (le Nintendo)
la radio
un restaurant
du shopping
le sport: le basket, le base-ball, le foot(ball),
   le tennis, le volley
la télévision (la télé)
le théâtre
des vêtements (m.) *clothing:* un jean, un T-shirt
une vidéo

Les verbes

acheter *to buy*
admirer *to admire*
adorer *to adore*
aimer *to like, to love*
avoir (irrég.) *to have*
chanter *to sing*
danser *to dance*
détester *to detest, to hate*
dîner *to have dinner*
donner *to give*
écouter *to listen (to)*
étudier *to study (a subject)*

habiter *to live (in, at)*
inviter *to invite*
jouer *to play*
manger *to eat*
parler *to speak, to talk*
penser (à) *to think (about)*
préférer *to prefer*
regarder *to look at, to watch*
ressembler (à) *to look like, to resemble*
retrouver (des amis) *to meet with*

surfer sur Internet *to surf the Internet*
téléphoner
travailler *to work, to study*
voyager *to travel*

Infinitives only: aller (*to go*), apprendre (*to learn about*), envoyer (*to send*), faire (*to make/do*), lire (*to read*), sortir ensemble (*to go out together*)

il y a *there is, there are*

Les questions

Combien... ? *How much / How many?*
Quel(s)/Quelle(s)... *Which . . . ?*
Quel âge avez-vous / as-tu? *How old are you?*

Qu'est-ce que... *What . . . ?*
Qui est-ce que... *Who . . . ?*

Adjectifs possessifs

mon, ma, mes *my*
ton, ta, tes *your (familiar)*
son, sa, ses *his/her*

notre, nos *our*
votre, vos *your (formal, plural)*
leur, leurs *their*

Adverbes de quantité et de qualité

beaucoup / pas beaucoup *much (many) / not much (not many)*

Adverbes de fréquence

jamais *never*
quelquefois *sometimes*

souvent *often*
toujours *always*

tous les jours *every day*

Expressions pour nuancer la pensée

alors que *whereas*
par contre *on the other hand*

plutôt *rather*
surtout *especially*

Expressions pour hésiter

Bon, alors / Bon, ben / Eh bien... *Well . . .*
Et puis *And then*
Quoi/Hein *You know*

Tu sais / Vous savez *You know*
Voyons *Let's see*

EXPRESSIONS POUR LA CLASSE

cherchez quelqu'un *find someone*
un choix *a choice*
cochez *check*
comparez *compare*
dites *say*
entendez *hear*
maintenant *now*
participez *participate*

la réponse:
    la bonne réponse *the right answer*
    la réponse qui convient *the appropriate answer*
    la meilleure réponse *the best answer*
semblable *similar*
si *if*
signer *to sign*

La maison et la ville

This chapter will enable you to

➡ understand native speakers having a phone conversation and asking for directions

➡ read a survey about housing in France and a humorous text about a young man from Ivory Coast who discovers Paris

➡ inquire about and discuss lodging options

➡ use the telephone in French

➡ ask for, give, and receive street directions

➡ talk about future plans

Chapter resources

 iLrn Heinle Learning Center includes:
- Student Activities Manual (SAM) and SAM Audio Program
- Textbook Assignments and In-text Audio Program
- Media-enhanced eBook
- Video Library
- Enrichment
- Diagnostics

 In-Text Audio Program

 Video

 Companion Website

Quel type de logement est-ce? Où se trouve ce logement? Imaginez les pièces. Et vous? Quel type de logement avez-vous? Comment est votre chambre?

Première étape

Vous allez écouter une conversation téléphonique entre une personne qui désire **louer** (*rent*) un appartement et **la propriétaire** (*landlady*) de cet appartement. Faites les activités 1 et 2 avant d'écouter, puis écoutez en suivant les instructions données.

Pensez

1 Imaginez que vous êtes étudiant(e) à Aix-en-Provence, une ville située dans le sud (*south*) de la France. Bien sûr, il est nécessaire de trouver un logement. Quelle sorte de logement préférez-vous? Encerclez vos choix.

1. Le type de logement idéal pour un(e) étudiant(e):

   un appartement meublé / non meublé (*furnished* / *unfurnished*)
   un studio   une maison   une résidence universitaire

2. Les pièces que vous désirez dans votre logement:

   une chambre
   une cuisine
   une entrée
   une salle à manger
   un salon / un séjour
   une salle de bains
   les W.C.

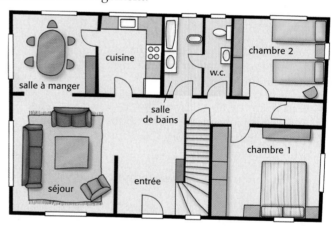

Vocabulaire actif

un(e) camarade de chambre
le centre-ville
les charges (comprises)
une douche
un euro
un lavabo
un logement
  un appartement
  une maison
  une résidence universitaire
  un studio
  meublé(e) / non meublé(e)
louer
une petite annonce
une pièce
  une chambre
  une cuisine
  une entrée
  une salle à manger
  une salle de bains
  un salon / un séjour
  les toilettes (f.) / les
    W.C. (m.)
un(e) propriétaire
un numéro de téléphone
une ville
voir (infinitif)

2 Maintenant regardez les petites annonces (*classified ads*) suivantes.

a.
> **Aix centre. 2 pièces, cuisine, s.d.b., W.C. séparés, terrasse, garage, 800 €/mois + charges. Tél. 04.42.39.06.58**

c.
> Avenue Victor Hugo. Studio meublé, idéal étudiant(e), 430 €/mois + charges. Tél. 04.42.20.11.65

b.
> Aix centre. Studio tout confort, cuisine, salle de bains, 490 €/mois charges comprises. Tél. 04.42.26.09.11

d.
> Boulevard Carnot. Chambre meublée dans villa, entrée indépendante. 350 €/mois + électricité. Tél. 04.42.38.64.29

1. En utilisant le contexte et la logique, déduisez le sens des expressions et abréviations suivantes.

   s.d.b.   W.C. séparés   €/mois   charges comprises   Tél.

2. Qu'est-ce que vous remarquez sur les numéros de téléphone français? Quel est le code régional pour le sud de la France? Quel est le code pour la ville d'Aix-en-Provence?

3. Où préférez-vous habiter? Lequel des quatre logements décrits dans les petites annonces préférez-vous? Pourquoi?

4. **Pour trouver un appartement...** Maintenant, imaginez que vous téléphonez au propriétaire du logement que vous avez sélectionné. Formulez en français trois ou quatre questions que vous pouvez poser.

➡ *Est-ce que l'appartement est meublé?*

Notes culturelles

From this point on, all cultural notes will be in French.

Les W.C. En France, dans la majorité des maisons et des appartements, les toilettes ou les W.C. (prononcé vécé) sont dans une petite pièce séparée de la salle de bains. Comme synonyme de W.C., le mot «toilettes» est toujours pluriel en France, mais au Québec, on dit «la toilette».

Les logements étudiants. En France, beaucoup d'étudiants vont à l'université à proximité de chez eux et donc continuent à habiter dans la maison familiale. Si ce n'est pas le cas, ils peuvent habiter dans des résidences universitaires subventionnées (*subsidized*) par le gouvernement,

mais les places sont limitées. L'option la plus commune est de louer une chambre chez un particulier (*in someone's house*) ou de louer un petit studio. Ce n'est pas du tout typique de partager un appartement avec plusieurs autres étudiants. Et vous? Préférez-vous habiter avec des camarades de chambre ou seul(e) (*alone*)? Faites un petit sondage pour comparer les préférences de vos camarades de classe.

Improve Your Grade: Web Search Activities

🎧 Observez et déduisez

3 Écoutez une première (1ère) fois pour identifier la petite annonce (page 86) en question dans cette conversation téléphonique.

C'est l'annonce _____ pour les raisons suivantes:	
Ce n'est pas l'annonce	parce que les éléments suivants sont différents:
_____	
_____	
_____	

4 Écoutez la conversation une dernière fois. En utilisant le contexte et la logique, déduisez le sens des quatre expressions suivantes. Choisissez la bonne réponse (a.–f.) et justifiez votre choix.

_____ 1. une douche   a. *downtown*   d. *a shower*
_____ 2. un lavabo   b. *a sink*   e. *to see*
_____ 3. le centre-ville   c. *a refrigerator*   f. *to walk*
_____ 4. voir

5 Dans la conversation, quelle expression est utilisée pour confirmer que c'est le bon numéro (*the right number*)?

a. C'est bien le...
b. Voilà...
c. Est-ce que j'ai...

Prononciation Les voyelles nasales

- Nasal vowels are produced by diverting air into the nose. There are three nasal vowels in French, represented by the following phonetic symbols.

  [ɑ̃] as in étudiant, parents
  [ɔ̃] as in bonjour, nom
  [ɛ̃] as in américain, bien, mince, un

Observez et déduisez

Listen to the following words twice on the In-Text Audio CD. Pay close attention to the way they are pronounced, and in the chart check the nasal sounds you hear.

	[ɑ̃]	[ɔ̃]	[ɛ̃]
quarante	✔		
vingt-six			
onze			
l'annonce			
non			
comment			
chambre			
salle de bains			
sont			
comprises			
vraiment			
centre			

Using the examples in the chart, can you complete the following summary of spellings that correspond to each nasal vowel?

[ɑ̃] an, am, _____   [ɔ̃] on, _____   [ɛ̃] ain, ien, un, _____

- Note that these spellings correspond to a nasal sound only when they are followed by a consonant or occur at the end of a word. If the **n** or the **m** is followed by a vowel or another **n** or **m**, the vowel is not nasal.

nasal	not nasal
un	une
canadien	canadienne
annonce	téléphone

Exception: ennuyeux (*nasal*)

Confirmez

Underline the nasal vowels in the following expressions.

1. un appartement intéressant
2. une salle à manger française
3. un salon marocain

4. une famille marocaine

5. un politicien ennuyeux à la télévision

6. la salle de bains des enfants

7. la maison de mon oncle et de ma tante

8. les chambres de mes cousins et de mes cousines

Now practice saying each expression aloud, then listen to the expressions on the In-Text Audio CD to verify your pronunciation.

Stratégie de communication   Telephone courtesy

Observez et déduisez

Certain expressions are routinely used to make phone calls. Study the following dialogues and find the words or expressions used in French to answer the phone, identify oneself, politely request to speak with someone.

Au téléphone (1)

    — Allô?

    — Allô, bonjour, madame. Je voudrais parler à Madame Cacharel, s'il vous plaît.

    — Qui est à l'appareil?

    — Sylvie Dupont. Je téléphone au sujet de l'annonce.

    — Un moment, s'il vous plaît. Ne quittez pas.

Au téléphone (2)

    — Allô?

    — Allô, bonjour, madame. Ici Sylvie Dupont. Je téléphone au sujet de l'appartement. Est-ce que je pourrais parler à Monsieur Picard, s'il vous plaît?

    — Je suis désolée. Monsieur Picard n'est pas là (*isn't in*). Est-ce que vous pouvez téléphoner plus tard (*later*)?

    — Bon, d'accord! Merci, madame.

Confirmez   Pour parler au téléphone

Des expressions utiles

pour commencer	
Allô?	Allô, bonjour...
pour demander qui c'est	**pour s'identifier**
Qui est à l'appareil, s'il vous plaît?	Ici Sylvie Dupont.
	C'est Sylvie Dupont.
C'est de la part de qui?	De Sylvie Dupont.
pour demander quelqu'un	**pour répondre**
Je voudrais parler à...	Un moment, s'il vous plaît. Ne quittez pas.
Est-ce que je pourrais parler à...	Je suis désolé(e). Il n'est pas là. Est-ce que vous pouvez téléphoner plus tard?
pour expliquer pourquoi vous téléphonez	
Je téléphone au sujet de...	

Vocabulaire actif

un bureau de tabac
un répondeur
une télécarte
un téléphone
  sans fil
  portable / mobile

Although **allô** is the equivalent of *hello*, it is used only when answering the phone, not when greeting people in person. The expressions **je voudrais** (*I would like*) and **Est-ce que je pourrais** (*Could I*) are the most common ways to make a polite request. Both are generally followed by infinitives.

> **Est-ce que je pourrais** parler à Monsieur Picard?
> **Je voudrais** parler à Monsieur Picard.

Note culturelle

Les télécommunications. Pour téléphoner d'une cabine téléphonique en France, il faut acheter une télécarte à la poste ou dans un bureau de tabac (où on achète des magazines et des cigarettes). À la maison, les Français, comme vous, emploient des répondeurs et des téléphones sans fil (*cordless*), mais les téléphones portables (mobiles) deviennent de plus en plus populaires: huit Français sur dix ont un portable. Chez les jeunes de 18 à 30 ans, c'est 9 sur 10 qui ont un portable. Ils l'utilisent pour des messages écrits (textos ou SMS), des messages électroniques et des jeux vidéos. Quels modes de télécommunication est-ce que vous employez le plus souvent?

Activités

A **Dialogues.** Complétez le dialogue en choisissant parmi les expressions de la liste *Pour parler au téléphone*, à la page 89.

— Allô?

— _____. Je voudrais _____.

— C'est de la part de qui?

— _____. Je téléphone _____.

— Un moment, s'il vous plaît. _____.

Maintenant, inventez un dialogue original avec un(e) partenaire. À qui est-ce que vous téléphonez? (À votre camarade de chambre? À votre professeur? À Madame Cacharel?) Au sujet de quoi téléphonez-vous? (D'un studio à louer? De votre classe de français? D'une fête?) Imaginez la situation.

B **Je voudrais...** Indiquez vos préférences en matière de logement. Écrivez huit phrases avec les mots et les expressions des colonnes ci-dessous.

➡ *Je voudrais... / Je ne voudrais pas...*

		avec une petite (grande) cuisine
	une maison	au centre-ville
avoir	un appartement	avec une entrée indépendante
louer	un studio	meublé(e) / non meublé(e)
habiter	une chambre	dans une résidence universitaire
		avec un(e) camarade de chambre sympathique
		?

Observez et déduisez

des étagères (f.)   des rideaux (m.)
des posters (m.)
un placard
une radio
un lit
une commode
une console vidéo
un ordinateur
un téléphone portable

Voici l'appartement de Marie. Dans sa chambre, il y a un lit, une commode et un ordinateur.

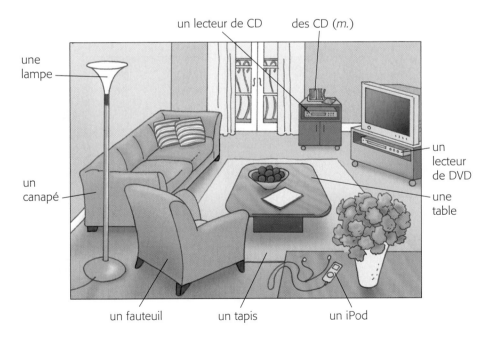

un lecteur de CD   des CD (m.)
une lampe
un lecteur de DVD
un canapé
une table
un fauteuil   un tapis   un iPod

Dans le salon, il y a un canapé, un fauteuil, un lecteur de CD et un iPod.

- Quels autres objets est-ce qu'il y a dans son appartement? Trouvez au moins cinq autres choses dans la chambre et trouvez cinq autres choses dans le salon.

Note culturelle

Les appareils électroniques.
Selon *Francoscopie 2007*, 97% des ménages
(*households*) français disposent d'une télévision,
82% d'un magnétoscope (*VCR*), 75% d'un lecteur
de DVD, et 52% d'un ordinateur. 92% des Français
écoutent régulièrement la radio, principalement
pour la musique mais aussi pour «l'info» (*news*).

28% des jeunes de 18 à 24 ans utilisent des lecteurs
MP3 ou des iPods. À votre avis, est-ce que les
réponses d'un sondage des Américains et des
Canadiens seraient pareilles (*the same*)? Quels
appareils électroniques avez-vous? Faites un
sondage parmi vos camarades de classe et
comparez les résultats.

Activités

C **Chambres d'étudiants.** Trouvez les chambres ci-dessous qui correspondent
aux cinq descriptions suivantes. Quelle description ne correspond pas à une
image? Quels sont les objets qui sont communs à toutes (*all*) les chambres?

_____ Dans la chambre d'Anne, il y a un lit, des rideaux, un poster, une lampe,
une chaise, un lecteur de CD et une radio.

_____ Dans la chambre de Babette, il y a un lit, un placard, une commode, un
tapis, un fauteuil, un téléphone portable et des étagères.

_____ Dans la chambre de Robert, il y a un lit, un ordinateur portable, une table,
un tapis et un lecteur de CD.

_____ Dans la chambre de Georges, il y a un lit, des rideaux, un poster, une
lampe, une chaise, un ordinateur et un iPod.

_____ Dans la chambre de Paul, il y a un lit, un placard, une lampe, un fauteuil,
un poster, une console vidéo et une radio.

1.

2.

3.

4.

D **Dans ma chambre.** Préparez une liste des objets personnels que vous avez dans votre chambre ou appartement. Ensuite, interviewez trois camarades de classe et comparez vos possessions.

➡ — *J'ai un ordinateur portable dans ma chambre.*
— *Moi, je n'ai pas d'ordinateur, mais j'ai un iPod.*

Maintenant, notez des objets personnels que vous n'avez pas mais que vous voudriez avoir, puis comparez vos réponses avec la classe. Quels objets l'étudiant typique a-t-il? Qu'est-ce qu'il voudrait avoir? Êtes-vous «typique»?

➡ *L'étudiant typique de la classe a un(e)...*
Il voudrait avoir...

E **Un logement à louer.** Vous avez un logement à louer.

1. Écrivez une petite annonce pour ce logement «idéal». (Regardez les exemples à la page 86.)

2. Décrivez le logement à vos camarades de classe. (Quels sont les avantages? Combien de pièces est-ce qu'il y a? Quels meubles est-ce qu'il y a? etc.)

3. Écoutez les descriptions de vos camarades de classe. Quel logement préférez-vous? Pourquoi?

➡ *Je préfère le logement de Matt. Il y a trois chambres; c'est idéal pour trois personnes.*

Structure Asking information questions

Les adverbes interrogatifs

Observez et déduisez

... Et vous? Où est-ce que vous habitez? Dans une maison ou un appartement dans un quartier calme? Comment est votre chambre? Grande? Petite? Pourquoi est-ce que vous aimez votre chambre? Parce qu'elle est confortable? Combien de CD est-ce que vous avez? 10? 20? 120? Quand voudriez-vous inviter des copains chez vous? Aujourd'hui (*Today*)? Demain (*Tomorrow*)?

> • What are the interrogative words used in the preceding questions? Which interrogative adverb refers to
>
> | an amount | a place | a description | a time | a reason |

Confirmez Les adverbes interrogatifs

• Information questions with interrogative adverbs like **où, quand, combien de...,** **comment,** and **pourquoi** usually follow this pattern:

interrogative word + <u>est-ce que</u> + subject + verb
Où <u>est-ce que</u> tu habites?
Quand <u>est-ce que</u> tu voyages?
Combien de CD <u>est-ce que</u> tu as?

• These adverbs can also be used with inversion.

interrogative word + <u>verb</u> + <u>subject pronoun</u>
Combien de posters <u>as-tu</u>?
Pourquoi <u>travailles-tu</u>?

• **Où** and **comment** can be followed directly by **être** + <u>a noun subject</u>.

Où est <u>ta chambre</u>?   **Comment** est <u>ton appartement</u>?

- To answer a question with **pourquoi**, you will often begin with **parce que** or **pour**.

> — **Pourquoi** est-ce que tu n'as pas de DVD?
> — **Parce que** je n'ai pas de lecteur de DVD!

> — **Pourquoi** est-ce que tu regardes les petites annonces?
> — **Pour** trouver un studio au centre-ville.

- To answer a question with **quand**, the following adverbs are useful: **aujourd'hui, demain, maintenant, plus tard** (*later*).

> **Quand** est-ce que je pourrais visiter l'appartement?
> Oh, **maintenant,** ou **plus tard** si vous préférez.

Activités

 F **Je cherche un appartement.** Voici des questions que vous posez au sujet d'une petite annonce. Écoutez les réponses et décidez à quelle question il/elle répond.

➡ (1. Oui, il y a des lits, des tables, un canapé, des rideaux, etc.)

___1___ L'appartement est meublé?

_____ Combien de pièces est-ce qu'il y a?

_____ Où est l'appartement?

_____ Quand est-ce que je pourrais voir l'appartement?

_____ Est-ce que l'appartement est loué?

_____ Comment est l'appartement?

G **Comment?** Vous parlez au téléphone, mais vous n'entendez pas bien votre copain. Demandez des clarifications selon le modèle.

➡ Je cherche un appartement *parce que mon studio est trop petit.*
Pourquoi est-ce que tu cherches un appartement?

1. En plus j'ai *deux* camarades de chambre...
2. ... et ils sont *très indépendants.*
3. Moi, je voudrais habiter *au centre-ville.*
4. Je préfère un appartement avec *trois* pièces...
5. *... dans un quartier calme.*
6. Je voudrais un appartement *meublé...*
7. *... parce que je n'ai pas de meubles.*
8. *Maintenant* je téléphone au propriétaire...
9. *... pour demander si les charges sont comprises.*

H **Curiosité.** Est-ce qu'une chambre reflète la vie de la personne qui y habite? Posez des questions au sujet de la personne qui habite la chambre sur la photo.

➡ Où est-ce qu'elle travaille? (étudie? habite?)

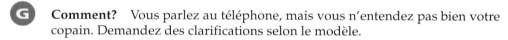

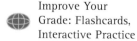
Improve Your Grade: Flashcards, Interactive Practice

Ace the Test: Ace Practice Tests

 Jeu de rôle

You've rented a room near the university, and you're discussing your ideas with the landlord. Tell him things you'd like to do and ask if you are allowed to do other things **(Je voudrais..., Est-ce que je pourrais... ?)**. The landlord is very curious (or nosy!) and asks many questions **(Où... ? Quand... ? Qui... ? etc.)**.

Lecture
Les néoruraux

Pensez

1 Anticipation. Le texte que vous allez lire est intitulé «Les néoruraux». Sachant (*Knowing*) qu'on parle des Français et de leur logement, à votre avis, de quel type de Français s'agit-il?

a. Les ménages (familles) qui abandonnent les villes pour habiter à la campagne (dans des zones rurales).

b. Les ménages qui abandonnent la campagne parce qu'ils rêvent (*dream*) d'habiter dans des centres urbains (des villes).

c. Les ménages qui abandonnent le centre-ville pour habiter dans une banlieue, c'est-à-dire une petite ville à la périphérie d'une grande ville.

d. Les ménages qui abandonnent la première couronne (le 1er cercle) de banlieues pour construire (*to build*) une deuxième couronne de banlieues, à proximité d'une grande ville.

e. Les gens (les personnes) qui abandonnent des professions dans des entreprises (compagnies) modernes pour élever des moutons (*raise sheep*) à la campagne.

Observez et déduisez: en général

2 Parcourez (*Skim*) le texte une première fois. Parmi les possibilités proposées dans **Pensez,** quel est le véritable sujet de ce texte?

3 Parcourez le texte une deuxième fois pour identifier les idées principales. Cochez celles qui sont mentionnées.

_____ définition des «néoruraux»

_____ leurs prédécesseurs immédiats, les "rurbains"

_____ la construction d'un parc de dinosaures dans le Larzac (région très rurale au centre de la France)

_____ la différence entre les néoruraux et les hippies de 1968 qui aimaient élever des moutons

_____ les éléments qui constituent la qualité de vie

_____ les conséquences du stress sur la productivité professionnelle

S'il est vrai que 77% des Français habitent dans des villes, ils rêvent d'habiter dans des villes construites à la campagne! C'est précisément ce que s'efforcent de réaliser les «néoruraux». Leurs prédécesseurs, que l'on avait baptisés «rurbains» (ruraux urbains), avaient envahi° les banlieues des villes. Lorsque les conditions de vie dans la première couronne s'étaient dégradées, ils s'étaient éloignés° pour habiter la deuxième.

Aujourd'hui, les néoruraux ont abandonné le bruit, le stress, la pollution et l'insécurité des grandes villes pour s'installer dans des lieux plus accueillants: périphéries des petites villes de province ou zones rurales redynamisées. Mais ils ont transporté avec eux leurs habitudes urbaines et leurs exigences° en termes de confort intérieur, d'équipements collectifs (transport, culture, sport...) ou de commerces. Les soixante-huitards qui partaient élever des moutons dans le Larzac font aujourd'hui figure de° dinosaures. Les néoruraux, eux, travaillent dans des entreprises, surfent sur Internet, jouent au tennis ou au golf. Ils citent la qualité de l'environnement comme un élément essentiel de la qualité de vie, devant la proximité du travail ou celle de la famille. Dans ce contexte de «naturotropisme» (attirance° pour la nature), les centres de certaines villes sont donc abandonnés par des ménages en quête d'un cadre de vie plus authentique, moins stressant et accessoirement moins coûteux.

Francoscopie 2007, p. 157

had invaded
had moved further away

demands

sont comme des

préférence

Déduisez et confirmez: en détail

4 **Les mots.** En utilisant le contexte et la logique, déduisez le sens des mots ou des expressions **en caractères gras.** Est-ce **a** ou **b**?

Paragraphe 1

1. C'est précisément **ce que s'efforcent de réaliser** les «néoruraux»
   a. what they've been forced to realize
   b. what they're trying to accomplish

2. ... **que l'on avait baptisés** «rurbains»
   a. who had been called/labeled
   b. who had been baptized

Paragraphe 2

3. ... ont abandonné **le bruit**...
   a. the noise
   b. the clean air

4. ... s'installer dans **des lieux plus accueillants**...
   a. more welcoming places
   b. bigger houses

5. ... ou de **commerces**.
   a. publicity
   b. shopping

6. ... **moins coûteux**.
   a. less polluted
   b. less costly

5 **Le texte**

1. **Qui fait quoi?** (*Who does what?*) Reliez les personnes et les descriptions. Indiquez des réponses multiples si c'est nécessaire.

   a. les néoruraux   c. les hippies de 1968 (les soixante-huitards)
   b. les rurbains   d. les Français en général

   _____ rêvent d'habiter dans des villes construites à la campagne

   _____ habitent les banlieues

   _____ s'installent à la périphérie des petites villes ou dans des zones rurales

_____ exigent le confort et les transports modernes

_____ élèvent des moutons à la campagne

_____ surfent sur Internet

_____ sont des dinosaures

_____ pensent que la qualité de l'environnement est plus importante que la proximité du travail

_____ sont amateurs de naturotropisme

2. **Répondez.**

   a. Décrivez les néoruraux: Qu'est-ce qu'ils abandonnent? Comment sont-ils? Qu'est-ce qu'ils cherchent?

   b. Comparez les néoruraux, les rurbains et les soixante-huitards.

Explorez

1. Êtes-vous un(e) néorural(e)? Où préférez-vous habiter: dans une grande ville, dans une banlieue ou dans une communauté rurale? Pourquoi?

2. Imaginez que vous avez 30–35 ans et que vous cherchez un logement. Qu'est-ce qui est plus (+) important pour vous dans le choix de votre logement? Numérotez les facteurs suivants par ordre d'importance, puis comparez vos réponses avec celles de vos camarades de classe.

   _____ la qualité de l'environnement

   _____ la proximité du travail

   _____ la proximité de la famille (parents, grands-parents, etc.)

   _____ la proximité des commerces et des écoles

   _____ les équipements collectifs (transport, culture, sport, etc.)

Note culturelle

Les Français et leur logement

- 56% des ménages habitent une maison individuelle, 44% habitent un appartement. 17% des ménages occupent un logement social ou HLM (habitation à loyer modéré) permettant aux personnes qui ont des ressources modestes de bénéficier d'aide financière du gouvernement. La plupart des logements sociaux sont situés dans des immeubles collectifs. Environ 100 000 personnes sont des SDF (sans domicile fixe—*homeless*).

- 57% des Français sont propriétaires de leur résidence principale (contre 64% pour l'ensemble de l'Europe). Un ménage sur dix possède une résidence secondaire.

- 75% des Français sont satisfaits de leur logement. Les sources principales d'insatisfaction sont le bruit (voisins [*neighbors*], véhicules) et les problèmes d'insécurité.

Et vous? Êtes-vous satisfait(e) de votre logement? Considérez les Américains en général: à votre avis, les réalités sont-elles similaires? Quelles sont les différences?

Des HLM (Habitations à Loyer Modéré).

La place des adjectifs • Quelques adjectifs irréguliers

Observez et déduisez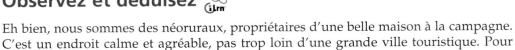

Eh bien, nous sommes des néoruraux, propriétaires d'une belle maison à la campagne. C'est un endroit calme et agréable, pas trop loin d'une grande ville touristique. Pour nous, c'est un logement idéal.

*In **Chapitre 2** you learned about adjective agreement. In this section, you will encounter more adjectives and learn about their placement in the sentence.*

- Find several noun-adjective combinations in the preceding paragraph.

  ➡ *un logement idéal*

- Based on the examples that you found in the text, what can you infer about the placement of adjectives in relationship to the nouns they modify?

- You have already seen that some adjectives are irregular, for example, **fou/folle.** Based on what you know about adjective agreement, can you fill in the chart of irregular adjectives below?

Masculin singulier	Masculin pluriel	Féminin singulier	Féminin pluriel
beau	beaux	belle	belles
nouveau			
	bons	bonne	
vieux			vieilles

Confirmez   La place des adjectifs; les adjectifs irréguliers

- In general, adjectives follow the nouns they modify.

     un endroit agréable
     des rideaux rouges

- A few adjectives precede the nouns they modify.

beau (*good-looking; lovely*)	un beau quartier
joli (*pretty*)	une jolie maison
jeune (*young*)	un jeune voisin
vieux (*old*)	un vieux propriétaire
nouveau (*new*)	un nouveau studio
mauvais (*bad*)	une mauvaise banlieue
bon (*good*)	un bon prix (*price*)
petit	un petit appartement
grand	un grand immeuble
autre (*other*)	un autre logement

- In careful speech, the indefinite article **des** becomes **de** before a plural adjective *preceding* a noun.

    des maisons *spacieuses*   BUT: **de** (or **des**) *belles* maisons

    This change is mandatory with **autres.**

    d'autres maisons

- The same noun can be preceded *and* followed by adjectives.

    une **petite** maison **blanche***
    un **vieux** tapis **jaune**

- In addition to the patterns you identified earlier, three adjectives have special forms for the masculine singular. These forms are used before words beginning with a vowel or a silent **h:**

    un **bel** immeuble
    un **nouvel** appartement confortable
    un **vieil** hôtel

- The plural form of these adjectives is regular.

    de **beaux** appartements
    de **nouveaux** immeubles
    les **vieux** hôtels

Activités

I **Une description.** Les adjectifs suivants décrivent un logement ou la personne associée au logement. Remarquez la forme des adjectifs et décidez à quoi ou à qui il se réfèrent. Soulignez la bonne réponse.

1. nouvel: la maison / l'appartement
2. mauvais: le quartier / la salle de bains
3. grands et vieux: les chambres / les fauteuils
4. petite mais agréable: le salon / la cuisine
5. jolies: les pièces / les endroits
6. jeune et beau: la voisine / le propriétaire

    Maintenant, dites comment est ce logement selon vos réponses.

    ➡ *La cuisine est...*

    Voudriez-vous habiter ce logement? Pourquoi ou pourquoi pas?

---

*Blanc is the masculine form: **un tapis blanc.**

J **Comparaisons.** Cochez les adjectifs qui décrivent votre logement ou ajoutez un adjectif approprié.

1. ma maison

   _____ blanche   _____ vieille   _____ idéale   _____ belle   _____ ?

2. mon fauteuil

   _____ bleu   _____ bon   _____ vieux   _____ confortable   _____ ?

3. mon salon

   _____ meublé   _____ typique   _____ agréable   _____ grand   _____ ?

4. ma chambre

   _____ petite   _____ bonne   _____ belle   _____ intéressante   _____ ?

5. mes voisins

   _____ jeunes   _____ patients   _____ beaux   _____ optimistes   _____ ?

Maintenant, interviewez un(e) camarade de classe. <u>Soulignez</u> les adjectifs qui décrivent *son* logement et répondez à ses questions.

➡ *Comment est ta maison?*   <u>belle</u>

Ensuite écrivez un paragraphe où vous comparez vos logements.

➡ *J'ai une vieille maison blanche, mais Frédéric a...*
Sa maison est plus (moins) spacieuse...

K **Des préférences différentes.** Complétez les phrases avec les adjectifs suivants. Attention à l'accord et au placement!

calme	grande	jeune
sympathique	beaux	agréable
petite	agréables	vieilles
chinois	nouvel	intéressante
vieux	confortable	joli

1. Moi, je préfère les _____ maisons _____.
2. J'habite une _____ banlieue _____ au Québec.
3. Je préfère un endroit _____ et _____.
4. Ma copine, par contre, a un _____ appartement dans une _____ ville.
5. Dans l'appartement, elle a de _____ meubles et un _____ tapis _____.
6. Elle a un _____ propriétaire _____ aussi.

Est-ce que ces phrases sont vraies pour vous?

L **Imaginons.** Décrivez un logement idéal pour les personnes suivantes, selon leur personnalité.

les gens qui aiment le calme

Picasso

votre professeur

le président des États-Unis

Observez et déduisez

Combien coûtent (*cost*) ces logements?

Loyer d'un appartement au centre d'Aix-en Provence

Loyer d'une chambre meublée à Lyon

Loyer d'un appartement à Paris, 15ᵉ arrondissement

Other than when writing checks, one seldom writes out large numbers. Still, there are certain writing conventions that you should notice. Study the examples above and below, then formulate a rule for forming the plural of **vingt** and **cent**. Is the rule for **mille** the same?

Notice that a space or a period may be used to separate groups of thousands: **1 000** *or* **1.000.**

Numbers above 100 follow a simple pattern.

100	cent	200	deux cents
101	cent un	301	trois cent un
102	cent deux	402	quatre cent deux
1 000	mille	1 500	mille cinq cents
1 001	mille un	1 515	mille cinq cent quinze
2 000	deux mille	3 625	trois mille six cent vingt-cinq
10 000	dix mille	100 000	cent mille
1 000 000	un million	1 000 000 000	un milliard

Activités

M **Quel logement?** Écoutez et identifiez les villas ci-dessous selon le prix. Numérotez-les dans l'ordre que vous entendez.

_____ villa en Auvergne

_____ maison en Normandie

_____ ferme en Midi-Pyrénées

_____ maison en Savoie

_____ maison dans le Poitou

MAISON EN SAVOIE
MAISON DE STANDING 250 M²
Sur 750 m² de terrain plat, clos et arboré
Sur 2 niveaux.
Cheminée, cuisine équipée.
Terrasse 100m².
Chauffage central. Vue exceptionnelle.
Proche toutes commodités.
Calme et tranquillité assurés.
485 000 €

CHÂTEAU DANS LE NORD
D'une superficie de 1500m² composé de 52 pieces,
Construit sur un terrain de 9717 m², arboré avec un plan d'eau.
Prévoir gros travaux au 2ᵉᵐᵉ étage ainsi que sur la toiture.
780 000 €

VILLA DANS L'EST
VILLA DE 300 M²
Villa de 300 m², salon salle à manger 60 m²,
5 chambres, salle d'eau, w.c., petit salon, grenier,
salle de musculation, garage, w.c., douche, chauffage central.
Parc clos et arboré 4200m²,
piscine 10 x 5m.
1 200 000 €

MAISON EN MIDI-PYRÉNÉES
PROPRIÉTÉ EXPLOITÉE
EN GÎTES DE 560 M²
Dans région touristique
Exploitation de 4 gîtes sur 560 m²
habitables,
320 m² supplémentaires
Plan d'eau à proximité (pêche, canoë,
baignade surveilleé).
Sur 1200 m² environ de terrain.
703 000 €

VILLA EN AUVERGNE
VILLA DE 305 M² HABITABLES
Sur 1913 m² de terrain plat clos et arboré,
Comprenant: 3 chambres,
grand salon séjour de 42 M²,
cuisine équipée. Terrasse couverte de 15 M².
Environnement calme, nature,
avec vue sur montagnes.
168 000 €

MAISON DANS LE POITOU
GRANDE MAISON DE 160 M² HABITABLES
Sur 800 m² de terrain. Salon salle à manger
avec cheminée, cuisine américaine équipée,
w/c douche, 3 chambres avec placard,
bureau avec placard,
2 salles d'eau avec douche et baignoire.
Un wc à l'étage, garage, cave.
545 000 €

MAISON DANS LA DRÔME
MAISON DE 145 M² HABITABLES
avec piscine,
sous-sol : studio loué 360 € par mois,
garage, buanderie et cave.
Étage : hall, cuisine équipée, salle à manger,
2 chanbres, salle de bains.
310 000 €

CHAUMIÈRE EN NORMANDIE
BELLE CHAUMIÈRE AUTHENTIQUE FIN 19ᵉᵐᵉ
Sur 2000 m² de terrain arboré. Entrée, cuisine équipée et aménagée,
petit cellier, salle à manger, séjour avec cheminée d'époque, salle de bains,
3 chambres, garage, grenier et cave, petite terrasse.
Excellent état. Au calme. Dans un site champêtre.
293 500 €

N **Des néoruraux?** Vous abandonnez votre ville pour habiter à la campagne. (1) Choisissez le logement que vous préférez parmi les petites annonces ci-dessus. (2) Dites à votre partenaire combien coûte le logement en euros et quel est le numéro de téléphone. (3) Votre partenaire écrit les nombres et identifie votre choix.

➡ — *Ça coûte... Je téléphone au numéro...*
— *Ah bon. C'est le logement (en Savoie, etc.)...*

Maintenant, changez de rôle et répétez.

Les prix. Vous voudriez des meubles pour votre nouvelle maison à la campagne. Regardez les objets du catalogue ci-dessous. Combien coûtent les objets que vous voudriez acheter? En tout (*For everything*), ça coûte combien?

➡ *Je voudrais avoir* _____ *et* _____. _____ *coûte* _____ *euros et* _____ *coûte* _____ *euros. En tout, ça coûte* _____ *euros.*

1123,⁵⁰€

MÉMOIRE
1024 Mo

17"
BRILLANT

PC PORTABLE
~~1175€~~
998,⁷⁵€
6551,37 F

PAVÉ NUMÉRIQUE INTÉGRÉ

SOLDES
-50%

LIT 140 CM
~~149€~~
74,⁵⁰€
488,69 F

ÉTAGÈRE
~~65€~~
39€
255,82 F

SOLDES
-40%

TABLE TV
~~159€~~
95,⁴⁰€
625,78 F

GRAND BUREAU
MULTIMÉDIA + TOP
~~149€~~
89,⁴⁰€
586,43 F

SOLDES
-40%

21 CM

ECRA

299€

P **Une maison de vacances.** D'abord imaginez que vous habitez à Paris et que vous voulez passer vos vacances «en province». (1) Trouvez les villes mentionnées ci-dessous sur la carte de France au début du livre, (2) puis calculez les distances entre ces villes et Paris en employant le tableau suivant.

➡ *Montpellier est à 766 kilomètres de Paris.*

Dijon

293	**Grenoble**						
578	668	**La Rochelle**					
249	317	839	**Marseille**				
493	302	683	156	**Montpellier**			
661	336	992	190	309	**Nice**		
310	566	468	771	766	934	**Paris**	
450	711	467	910	905	1073	139	**Rouen**
312	507	875	756	741	909	455	576	**Strasbourg**

Maintenant, décidez dans quelle ville vous voudriez passer vos vacances, et cherchez des camarades de classe qui désirent passer leurs vacances dans la même ville.

Improve Your
Grade: Flashcards,
Interactive Practice

Ace the Test:
Ace Practice Tests

Jeu de rôle

You are an interior decorator helping your client (your partner) with a new home. Ask questions to understand his or her needs (family, pastimes), personality, and color preferences. Your client is also interested in the cost! Offer decorating suggestions until your client is satisfied.

La vie privée, c'est sacré.

Observez et déduisez

Regardez cette maison typiquement française avec ses volets[1] aux fenêtres et son mur autour du jardin[2]. Qu'est-ce que cela révèle sur l'attitude des Français vis-à-vis de la vie privée[3]?

Confirmez et explorez

• **La vie privée.** La vie privée est sacrée pour les Français, et la maison est un domaine privé, réservé à la famille et aux amis proches[4]. C'est rare que les Français invitent des personnes qu'ils connaissent superficiellement à venir chez eux (dans leur maison). Ils préfèrent les inviter au restaurant ou au café. Que pensez-vous de cette coutume[5]? Dans votre culture, invite-t-on les gens qu'on ne connaît pas bien chez soi (dans sa maison)?

• **Fenêtres, portes et murs.** Pour préserver la vie privée, les fenêtres des maisons et des appartements en France sont garnies de volets que l'on ferme le soir. Un Français qui se trouve dans une maison sans volets le soir a l'impression d'être comme un poisson[6] dans un aquarium, exposé au public,

sans protection! À l'intérieur de la maison, les portes des différentes pièces restent[7] fermées, surtout[8] la porte du "petit coin" (les W.C.) qui n'est jamais en position ouverte, même[9] pour indiquer que ce n'est pas occupé. À l'extérieur de la maison, des murs entourent[10] la propriété, marquant une séparation bien distincte avec les voisins et la rue. Quelle est votre conception de l'espace privé: Est-ce qu'il y a des volets aux fenêtres des maisons et des murs autour des jardins là où vous habitez? Est-ce que vous fermez généralement vos rideaux le soir? Est-ce que vous fermez régulièrement la porte de certaines pièces dans votre maison ou appartement? Lesquelles? Quelle est la définition «d'espace privé» dans votre culture?

• **Les concessions.** Dans les villages africains, les familles étendues (parents, grands-parents, oncles, tantes, etc.) habitent ensemble dans des concessions, qui comprennent des cases (des petites maisons) souvent arrangées en cercle autour d'un espace commun. Les petits enfants habitent généralement dans la case de la mère. À l'adolescence, les garçons ont leur case séparée et les filles habitent avec une grand-mère ou une tante. Le chef de famille a sa case personnelle. La plupart des activités ont lieu à l'extérieur, dans l'espace commun. Aimeriez-vous habiter avec votre famille étendue dans une concession? Pourquoi ou pourquoi pas? Dans votre maison, quelle est la pièce ou l'endroit le plus populaire pour les activités en famille?

Une concession dans un village du Burkina Faso.

---

1. *shutters* 2. *around the garden* 3. *private life* 4. *close* 5. *custom*
6. *fish* 7. *remain* 8. *especially* 9. *even* 10. *encircle*

  Improve Your Grade:
Web Search Activities

Troisième étape

 À l'écoute **Je cherche la rue...**

Pour survivre dans un pays étranger (*a foreign country*), il est absolument nécessaire de savoir demander et donner des renseignements pour trouver son chemin.

Pensez

1 Imaginez que vous arrivez par le train à Aix-en-Provence. Vous êtes à la gare SNCF (là où arrivent les trains) et vous cherchez un endroit spécifique. D'abord, regardez le plan de la ville, page 107, surtout la partie en bleu. Que veut dire le mot **rue**? Quelles sont les abréviations pour **boulevard**, **avenue** et **place**?

2 Quand vous demandez votre chemin, vous dites «**Je cherche...**» Quelles expressions est-ce que vous anticipez quand on *indique* le chemin? En utilisant le contexte et la logique, identifiez l'expression appropriée pour chaque image.

1.

2.
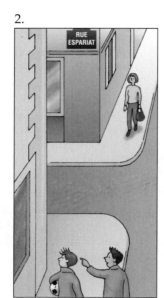

3.
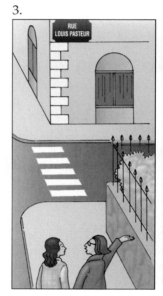

4.

    a. Allez tout droit.

    b. Traversez la rue.

    c. Tournez à droite dans la rue Louis Pasteur.

    d. Tournez à gauche dans la rue Espariat.

🎧 Observez et déduisez

3 Écoutez la conversation une première fois et identifiez sur le plan de la ville les rues ou les lieux mentionnés. Écoutez encore et suivez avec votre doigt (*finger*) le trajet (la route) de la dame. Le point de départ est la gare SNCF. Quel est le point d'arrivée?

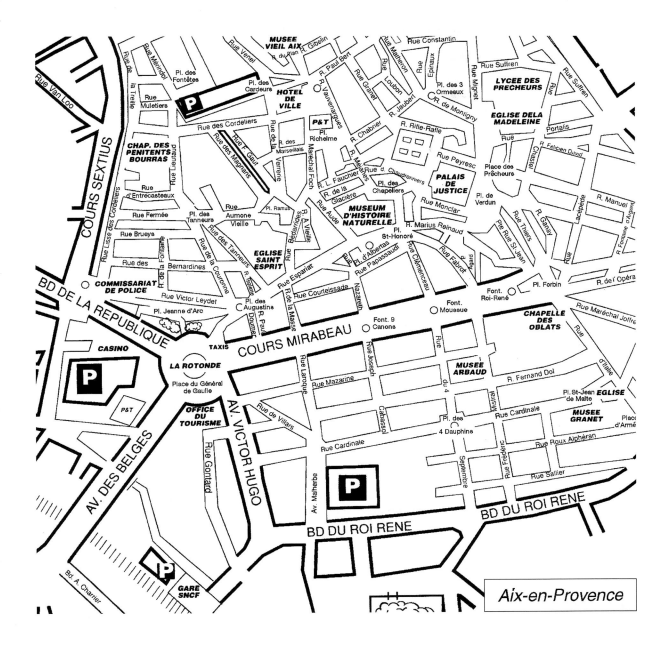

Aix-en-Provence

4 Écoutez la conversation une dernière fois en faisant attention aux deux mots suivants. Selon le contexte et le plan de la ville, qu'est-ce que ces mots veulent dire? Choisissez la bonne réponse.

1. devant   a. *to, until*   c. *behind*

2. jusqu'à   b. *from*   d. *in front of*

5 Selon le plan de la ville, est-ce **la troisième** ou **la quatrième** rue que la dame cherche? Pouvez-vous déduire comment former un nombre ordinal? Complétez le tableau suivant. (Les formes irrégulières sont déjà données.)

un →	premier / première	six →	
deux →		sept →	
trois →		huit →	
quatre →		neuf →	neuvième
cinq →	cinquième	dix →	

Prononciation Les sons [u] et [y]

- [u] is the vowel sound in **vous**. It is spelled **ou**, and unlike its English counterpart, it is never pronounced as a diphthong, that is, two vowel sounds in the same syllable. Compare the following:

  English: new [nuʷ] *French:* nous [nu]
  two [tuʷ] tout [tu]

- To pronounce a French [u] correctly, say it as a single sound, with your mouth almost closed.

- [y] is the vowel sound in **tu**. It is spelled **u** and has no equivalent sound in English. To produce it, say [i] with your tongue pressed firmly against your lower front teeth, then round your lips like for [u]. Again, there is no diphthong.

  tu   sal**u**t

⌒ Observez et déduisez

Listen to the following expressions from **À l'écoute: Je cherche la rue** on your In-Text Audio CD. Listen to each expression twice. In the chart, write the words that contain the sounds [u] or [y]. The chart has been started for you. If you need to, turn off the audio after each item in order to write your answers.

		[u]	[y]
1.	la rue Clémenceau		
2.	comment vous expliquer		
3.	l'avenue Victor Hugo		
4.	vous allez tout droit jusqu'à La Rotonde	v<u>ou</u>s, t<u>ou</u>t	j<u>u</u>squ'à
5.	une grande avenue qui s'appelle le cours Mirabeau		
6.	vous tournez à droite sur le cours Mirabeau		
7.	c'est la troisième ou quatrième rue à gauche		

⌒ Confirmez

1. **Prononcez.** Practice saying the expressions in the **Observez et déduisez** section aloud. Then listen to the expressions on the In-Text Audio CD to verify your pronunciation.

2. **[u] et [y].** For additional practice, say the following pairs of words aloud. Then listen to the words on the In-Text Audio CD to verify your pronunciation.

   a. vous / vu
   b. tout / tu
   c. nous / nu
   d. roux / rue
   e. rousse / russe
   f. cours / cure
   g. rouge / mur
   h. beaucoup / bureau

Le verbe *aller* • Les contractions

Observez et déduisez

— Pardon, monsieur, pourriez-vous me dire où se trouve (où est) le boulevard de la République?

— Euh, voyons, vous allez tout droit dans l'avenue Victor Hugo jusqu'à la place du Général de Gaulle. Tournez à gauche sur la place. Le boulevard de la République est la deuxième rue à gauche.

— Ah bon, je vais tout droit jusqu'au coin, puis je tourne à gauche sur la place du Général de Gaulle?

— C'est ça!

- Find a polite expression in the dialogue for asking directions.
- Can you identify two forms of the verb **aller**?
- The preceding dialogue shows two forms of **jusque: jusqu'à** and **jusqu'au**. What do you think accounts for the difference in these two forms?

Vocabulaire actif

continuer
dans
une église
un magasin
un musée
un parc
Pardon, monsieur...
la poste
Pourriez-vous me dire... ?
prenez
près de
se trouver
sur

Confirmez   Le verbe *aller*

- The verb **aller** (*to go*) is irregular. You have seen it used to say or ask how someone is doing.

  Comment-allez vous? Ça va bien.

Le verbe *aller*

je vais	nous allons
tu vas	vous allez
il/elle/on va	ils/elles vont

- **Aller** is frequently followed by the preposition **à** to indicate movement toward a place.

  Vous **allez à** La Rotonde et vous tournez à gauche.

- Use the preposition **dans** with **avenue** and **rue.** Use **sur** with **place** and **boulevard.**

  Vous allez **dans** l'avenue des Belges (**dans** la rue d'Italie).
  Vous allez **sur** le boulevard du Roi René (**sur** la place du Général de Gaulle).

Les contractions

- The prepositions **à** and **de** contract with **le** and **les** as follows:

  Elles vont **au** musée (*museum*) près **du** parc.
  Nous allons **aux** magasins (*shops*) près **des** restaurants.

- There is no contraction with **la** or **l'.**

  Les étudiants sont **à l'**hôtel près **de la** poste.

Les contractions

à + le = **au**	de + le = **du**
à + les = **aux**	de + les = **des**

Activités

Q **Vrai ou faux?** Décidez si les phrases suivantes sont vraies ou fausses selon le plan d'Aix, page 107.

1. Le Palais de Justice est sur la place de Verdun.
2. Vous êtes à La Rotonde. Pour aller à la place Forbin, vous allez dans l'avenue Victor Hugo.
3. Vous êtes au musée Granet. Pour aller à la place des Quatre-Dauphins, vous allez à droite dans la rue Cardinale.
4. Si vous êtes à la gare, le cours Mirabeau est tout droit devant vous.
5. L'église de la Madeleine se trouve sur la place des Prêcheurs.
6. Si vous allez de la gare à la place Jeanne d'Arc, vous traversez la place de Verdun.
7. Vous êtes à La Rotonde et vous prenez le cours Mirabeau. La rue Fabrot est la quatrième rue à droite.

R **Où va-t-on?** Vous êtes à Aix avec votre professeur et vos camarades de classe. Choisissez le bon endroit de la liste, et expliquez où on va selon la situation.

Av. Victor Hugo	Pl. de l'Hôtel de Ville	Pl. St Jean de Malte
Pl. d'Albertas	Pl. du Général de Gaulle	Pl. de Verdun
Rue Mazarine		

➡ Nous cherchons un téléphone.
Nous allons sur la place du Général de Gaulle.

1. Le professeur aime beaucoup les sciences naturelles.
2. Deux étudiantes s'intéressent au système judiciaire.
3. Vous cherchez des renseignements touristiques.
4. Une copine et moi, nous sommes catholiques pratiquantes.
5. Je voudrais voyager en train.
6. Tu voudrais poster une lettre.
7. Les étudiants voudraient écouter un concert exécuté par des étudiants en musique.

S **Projets.** Aujourd'hui vous faites du tourisme à Aix. Cochez six endroits que vous voudriez visiter. Ensuite, trouvez un(e) partenaire parmi vos camarades de classe pour aller avec vous à chaque endroit.

➡ — *Tu vas à l'Hôtel de Ville?*
— *Oui, je vais à l'Hôtel de Ville.* ou — *Non, mais je vais au casino. Et toi?*

À visiter...   **Avec...**

_____ l'église (f.) de la Madeleine   _____

_____ le palais de justice   _____

_____ la chapelle des Oblats   _____

_____ le musée Vieil Aix   _____

_____ l'Hôtel de Ville   _____

_____ l'église Saint Esprit   _____

_____ la place du Général de Gaulle   _____

_____ le muséum d'Histoire naturelle   _____

_____ la gare SNCF   _____

_____ l'office (m.) de tourisme   _____

_____ le musée des Tapisseries   _____

_____ _____   _____

T **Devinez!** Choisissez un endroit sur le plan d'Aix à la page 107. Indiquez le chemin pour aller à cet endroit à un(e) camarade de classe. Il/Elle va deviner le nom de l'endroit. Commencez à La Rotonde!

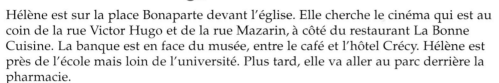

Vocabulaire La ville et les prépositions de lieu

Observez et déduisez

Hélène est sur la place Bonaparte devant l'église. Elle cherche le cinéma qui est au coin de la rue Victor Hugo et de la rue Mazarin, à côté du restaurant La Bonne Cuisine. La banque est en face du musée, entre le café et l'hôtel Crécy. Hélène est près de l'école mais loin de l'université. Plus tard, elle va aller au parc derrière la pharmacie.

Based on the clues in the paragraph and the map, first match the prepositions on the left with the terms on the right. Then identify the following buildings (**bâtiments**) on the map: la banque, la pharmacie, le supermarché, le bureau de tabac, and le café.

_____ 1. entre   a. *in front of*

_____ 2. derrière   b. *beside*

_____ 3. en face de   c. *far from*

_____ 4. loin de   d. *facing*

_____ 5. devant   e. *at the corner of*

_____ 6. près de   f. *behind*

_____ 7. à côté de   g. *near*

_____ 8. au coin de   h. *between*

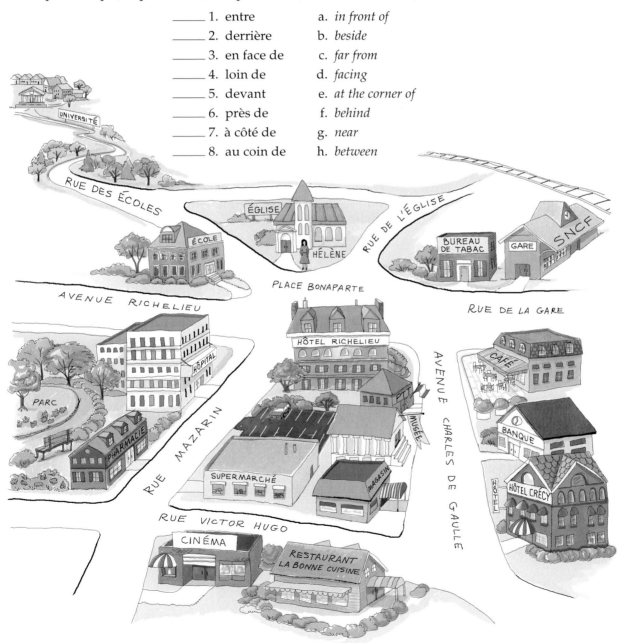

Activités

U   **Bâtiments.**   Écoutez le professeur expliquer où il/elle est. Numérotez les bâtiments dans l'ordre où vous les entendez.

➡ (1. Je suis derrière le magasin. Où suis-je?)

_____ au restaurant

_____ à la pharmacie

_____ à l'école

_____ au bureau de tabac

_____ à l'hôpital

_____ au musée

_____ à l'université

_____ au supermarché

V   **Les endroits.**   Situez cinq bâtiments de la liste de l'activité U d'après le plan de la page 111.

➡ *Le supermarché? Il est au coin de... / près de (du)... / loin de (du)...*

Structure   Saying what you're going to do

Le futur proche

Observez et déduisez

Je vais traverser La Rotonde pour aller à la poste dans l'avenue des Belges. Ensuite, je vais aller aux magasins du cours Mirabeau pour acheter des DVD et des livres. Finalement, je vais manger au café près du cinéma.

> • What do you notice about the form of the verbs that immediately follow **vais** in the preceding paragraph?

Confirmez   Le futur proche

• The verb **aller** is frequently followed by an infinitive to say what one is *going to do.* This is called the **futur proche,** the *near* future.

> Nous **allons manger** au café sur le cours Mirabeau.

• In the negative, place **ne ... pas** around the conjugated form of **aller.** The infinitive follows.

> Nous **n'allons pas visiter** le musée Granet.

Activités

W **Où va-t-on?**   Les membres de la famille ont des destinations différentes. Qu'est-ce qu'ils vont y faire, à votre avis?

➡ Maman va à la poste au centre-ville.
Elle va... acheter une télécarte (téléphoner à...)

1. Maman va au parc.
2. Papa et moi, nous allons au restaurant.
3. Moi, je vais au centre-ville.
4. Mes sœurs vont au cinéma.
5. Mon frère va dans une discothèque.
6. Mes grands-parents vont à la gare.

X **Le week-end.**   Est-ce que vos camarades de classe ont des projets pour le week-end? Travaillez en groupes de 4–5 et demandez ce que vos camarades de classe vont faire et ne pas faire. Où vont-ils aller pour ces activités? Quelles activités sont les plus populaires? les moins populaires?

➡ — *Vous allez voir un film?*
— *Non, mais je vais retrouver mes copains au café.*

Episode

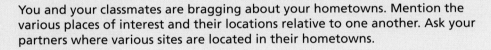

Jeu de rôle

You and your classmates are bragging about your hometowns. Mention the various places of interest and their locations relative to one another. Ask your partners where various sites are located in their hometowns.

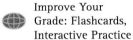
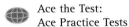

Improve Your Grade: Flashcards, Interactive Practice

Ace the Test: Ace Practice Tests

---

*The **Banque de mots** is a list of active vocabulary words that may be useful for completing the activity. Feel free to add to the list.*

Banque de mots

travailler
manger
dîner
acheter
voir (un film)
lire (un livre)
danser
visiter
téléphoner à...
retrouver des copains
jouer (au tennis)
voyager
aller à...
    ?

Littérature Un Nègre à Paris

Imagine you have grown up in a French colony in West Africa. You have been educated in the French school system; you know more about France than about your own country. All of your life you have dreamed of seeing Paris, and all of a sudden someone gives you a plane ticket (un billet d'avion) to Paris and your dream comes true! Filled with wonder, you discover la Ville Lumière, and your seemingly naive observations shed some slightly ironic light on both the French world and your native Africa. This is the story of *Un Nègre à Paris,* written by Bernard Dadié in 1959 in the last year of French colonial rule in Africa, when over twenty countries on that continent were still French colonies.

Born in 1916 in Ivory Coast (la Côte d'Ivoire), Dadié has been a prominent political figure in his country. Imprisoned for sixteen months for his involvement in a nationalist demonstration in 1949, Dadié then went on to serve for over twenty-five years in the Ministry of Education and the Ministry of Culture and Information of Ivory Coast. Concurrent with his political activity, he has been a prolific writer. He is the author of six volumes of poetry, collections of tales and short stories, five major novels, and several award-winning plays. Bernard Dadié is known for his satirical tone, exemplified in *Un Nègre à Paris.*

Pensez

1 Imaginez que vous allez visiter Paris pour la première fois! Qu'est-ce que vous désirez voir? Cochez vos choix et ajoutez d'autres possibilités.

_____ les monuments (la Tour Eiffel, l'Arc de Triomphe, Notre-Dame de Paris, le Châtelet, etc.)

_____ les musées, comme le Louvre, le musée d'Orsay, etc.

_____ les grands boulevards et les petites rues

_____ les parcs et les squares avec leurs arbres (*trees*), leurs fleurs (*flowers*) et leurs bancs (*benches*)

_____ les quartiers chics (élégants), comme le 16e arrondissement, et les quartiers populaires, comme Pigalle

_____ le métro avec ses grands escaliers (*staircases*), ses escaliers roulants (*escalators*) et ses longs couloirs (*hallways*)

_____ les magasins et les restaurants

_____ les Parisiens!

Découvrez Paris!

2 Maintenant imaginez «un Nègre à Paris» dans les années cinquante. Qu'est-ce qui va l'impressionner dans cette grande ville européenne? Cochez les possibilités qui semblent appropriées.

_____ l'architecture et le travail de la pierre (*stone*)

_____ les piétons (les gens qui marchent dans les rues)

_____ les voitures (les automobiles)

_____ le rythme rapide de la vie: les gens qui marchent vite (*fast*), qui courent (*run*) et qui semblent toujours pressés (*in a hurry*)

_____ le climat: la grisaille (*grayness*) vs le soleil

_____ l'ordre et la discipline

_____ le désordre (le chaos)

_____ le contraste entre l'ancien et le moderne

_____ les contradictions

Observez et déduisez: en général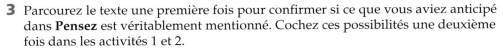

3 Parcourez le texte une première fois pour confirmer si ce que vous aviez anticipé dans **Pensez** est véritablement mentionné. Cochez ces possibilités une deuxième fois dans les activités 1 et 2.

4 Parcourez le texte une deuxième fois et choisissez un titre (*title*) pour chacune des cinq parties du texte. Remarquez qu'il y a un titre supplémentaire qui n'est pas approprié.

Paragraphe

1. «La bonne nouvelle (*news*)... »
2. «Voilà, je suis... »
3. «Me voici... »
4. «Je vais faire rire (*make them laugh*) les touristes... »
5. «Visiter Paris... »

Titre

a. Le métro

b. L'attitude des Français vis-à-vis des touristes

c. L'anticipation

d. La difficulté de découvrir Paris

e. Les automobilistes et les piétons

f. Une évidence paradoxale de la patience des Français

Un Nègre à Paris

1 La bonne nouvelle, mon ami! La bonne nouvelle! J'ai un billet pour Paris, oui, Paris! Je vais voir Paris, moi aussi, avec mes yeux. Je vais toucher les murs, les arbres, croiser les hommes. Le Châtelet, l'Arc de Triomphe... Je vais voir le Paris vivant, le Paris qui parle, chante, danse, gronde°, s'amuse° et pense.
[...]

rumbles / has fun

2 Voilà, je suis à Paris! Je regarde... Des autos passent qui semblent glisser, tant elles vont vite, et pas un seul coup de klaxon°. C'est défendu. Chacun obéit à la règle°. C'est bien défendu chez nous aussi, mais c'est un plaisir pour chacun de violer la règle, de klaxonner. L'animation augmente à mesure qu'on approche du centre-ville. Du monde° dans les rues, les cafés, les restaurants. On se croirait un jour de fête° chez nous. Une circulation intense, disciplinée. Les piétons sont les plus

pas un... not a single horn sound
Chacun... Each one obeys the rule

des gens
jour... holiday

pressés. Il faut° les voir se faufiler à travers° les voitures et s'arrêter tout d'un coup°. N'auraient-ils pas des ressorts dans les jambes, ressorts remontés chaque matin?° La grisaille des murs aurait dû° influer sur le caractère des habitants. Erreur! Ils ont du soleil en réserve. Un peuple consultant la montre° à tout instant. Une ville prodigieuse qui vous prend, vous capte, vous emporte° malgré vous dans son courant impétueux. Ici il faut marcher vite, suivre.
[...]

Il faut... Il est nécessaire de / se... slip through / s'arrêter... stop suddenly / N'auraient... Don't they have springs in their legs, wound up each morning? / should have / their watch / vous... carries you along

3 Me voici à Notre-Dame, un lieu où les Parisiens se réunissent pour prier° Dieu. C'est la plus grande de leurs églises. Une merveille d'architecture. Les hommes ont dans la pierre gravé leur foi°. Pour te faire une idée de la majesté de l'édifice, figure-toi qu'ils ont mis° deux cents ans pour l'achever. Des êtres incompréhensibles, pleins de contradictions! Tiens les voilà qui regardent la montre, courent, sautent° du bus, dégringolent° l'escalier du métro, s'arrêtent à peine pour saluer un ami, et ces mêmes hommes, avec une patience diabolique, mettent deux cents ans pour bâtir une maison à leur dieu.
[...]

pray
ont gravé... have engraved their faith / have taken

jump
run down

4 Je vais faire rire les nombreux touristes hissés sur° la Tour Eiffel ou l'Arc de Triomphe, mais de toutes les clartés de Paris, c'est le métro qui m'a ébloui° le plus. Ce réseau° fait de couloirs, d'escaliers roulants, de stations, est un enchevêtrement de lignes menant° à tous les coins de Paris. [Si vous vous perdez° dans] cette toile d'araignée coloriée°, un conseil: regardez bien le plan, puis résolument, vous rangez° votre amour-propre et au premier employé venu, vous demandez: «Pardon, pour aller à... Pigalle... » L'employé va vous regarder avec un petit sourire dans les yeux. Soyez digne° en serrant votre amour-propre à la gorge° et attendez la réponse. Elle suit toujours le sourire et le regard: «vous prenez Charenton des Écoles et vous changez à Madeleine». Ce n'est pas toujours l'itinéraire le plus court°, mais c'est toujours le chemin le plus sûr°.
[...]

hissés... atop

m'a... has dazzled me / network un... a tangle of lines leading to vous... you get lost / toile... colored cobweb / tuck away

Soyez... Conservez votre dignité à... in your throat

the shortest
le chemin... the surest way

5 Visiter Paris n'est pas une petite besogne°. Rues, avenues, boulevards, quartiers, chacun a un visage°, ses habitudes, une histoire. Des hommes depuis des siècles s'y relaient en laissant° des traces. Combien de rêves° sont nés° sur les bancs des squares? Tout cela ne se revit° pas en quelques jours...

travail
face
s'y... have been taking turns leaving / dreams / were born / ne se... can't be relived

Extrait de *Un Nègre à Paris* (Bernard Dadié).

Déduisez et confirmez: en détail

5 Les mots. En utilisant le contexte et la logique, déduisez le sens des mots **en caractères gras.** Choisissez **a** ou **b**.

Paragraphe 2

[Les autos] semblent **glisser**...	a. glide	b. move in slow motion
C'est **défendu**...	a. allowed	b. forbidden
... **malgré vous**...	a. thanks to you	b. against your will
... [il faut] **suivre**...	a. stay behind	b. follow along

Paragraphe 3

... les Parisiens **se réunissent**...   a. meet, gather   b. reminisce

... deux cents ans pour
l'**achever**...   a. complete it   b. achieve it

... deux cents ans pour **bâtir**...   a. build   b. tear down

Paragraphe 4

... rangez votre **amour-propre**...   a. pride, self-respect   b. love

... un petit **sourire**...   a. mouse   b. smile

Paragraphe 5

... **depuis des siècles**...   a. for centuries   b. since recently

6 Le texte. Vrai ou faux? Si c'est faux, corrigez.

1. Le vrai Paris est le Paris des livres et des films.
2. Les automobilistes parisiens klaxonnent constamment.
3. Les Africains aiment klaxonner pour le plaisir de violer les règles.
4. Dadié implique que les Français sont plus disciplinés que les Africains.
5. On a l'impression que les piétons ont des ressorts dans les jambes.
6. Les Français ont le caractère gris comme les murs.
7. Le rythme de Paris est contagieux.
8. Notre-Dame de Paris est un symbole de foi et de patience.
9. Les Parisiens sont contradictoires parce qu'ils sont toujours pressés mais ils mettent 200 ans à bâtir une cathédrale.
10. La chose que le narrateur préfère à Paris est la Tour Eiffel.
11. Le plan du métro est comme une toile d'araignée.
12. Pour demander son chemin, il faut avoir beaucoup d'amour-propre.
13. Chaque quartier de Paris a des caractéristiques différentes.

Explorez

1. **La bonne nouvelle!** Vous avez un billet pour... votre ville natale! C'est votre première visite dans cette ville, alors vous la regardez avec des yeux naïfs. À la manière de Dadié, décrivez la ville.

   ➡ *Je regarde... Il y a un petit/grand centre-ville. Je vais tout droit dans la rue principale et voilà une grande église... Je regarde les gens: ils sont... Je regarde les autos: elles (ne) vont (pas) vite...*

2. **Le métro.** Regardez le plan du métro de Paris (page 118). C'est comme une toile d'araignée, n'est-ce pas? Imaginez que vous êtes au Châtelet, au centre de Paris. Vous désirez aller à la Place de l'Étoile, où se trouve l'Arc de Triomphe. C'est très facile! Vous cherchez la ligne jaune, qui va de Château de Vincennes à Grande Arche de La Défense. Vous prenez la direction La Défense, jusqu'à la station Charles de Gaulle-Étoile et voilà: vous êtes à l'Arc de Triomphe. Maintenant, imaginez que vous êtes à Pigalle et vous désirez aller à la Tour Eiffel. Vous avez deux options: vous prenez la ligne bleue, direction Porte Dauphine, vous changez à Charles de Gaulle-Étoile, vous prenez la ligne vert clair (*light green*), direction Nation, et vous allez jusqu'à la station Champ de Mars-Tour Eiffel. Ou bien vous prenez la ligne vert foncé (*dark green*), direction Mairie d'Issy, jusqu'à Montparnasse-Bienvenue; là, vous prenez la ligne vert clair, direction Charles de Gaulle-Étoile, jusqu'à la station Champ de Mars-Tour Eiffel.

 Improve Your Grade:
Web Search Activities

Do not confuse subway lines with the thicker RER lines for trains that run between Paris and its suburbs.

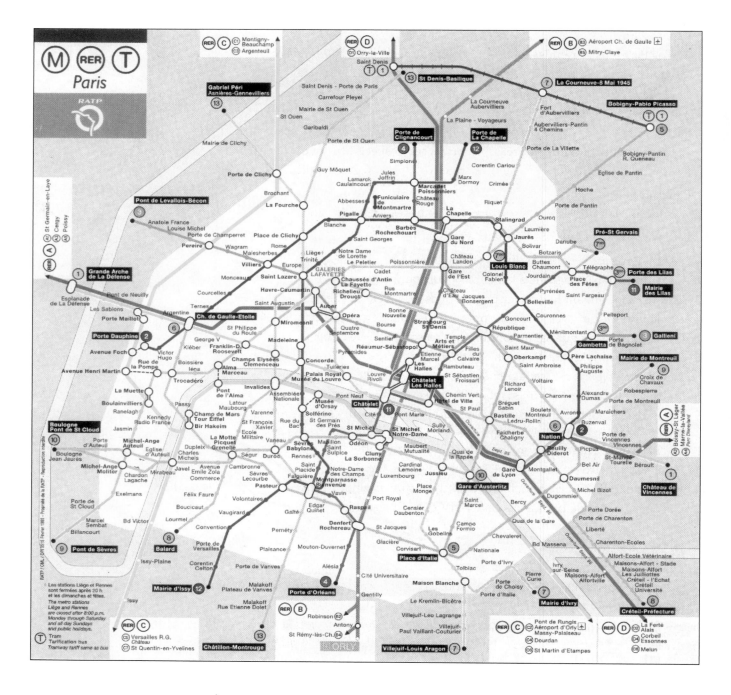

À vous de pratiquer!

a. Vous êtes au Musée du Louvre; vous désirez aller à la Gare de l'Est. Quelle ligne allez-vous prendre? Quelle direction? Combien de stations y a-t-il entre votre point de départ et votre destination?

b. Vous êtes à Notre-Dame de Paris; vous désirez aller à l'Opéra. Donnez les lignes, les directions et le nombre de stations.

Par écrit Well worth the money!

Avant d'écrire

A Strategy: Listing. Listing is a very common prewriting activity. If you wanted to describe your house, for example, you might first make a list of the rooms and then add some descriptive words beside each one. However, your writing may become predictable if your lists are always sequential or "logical." Developing lists in unexpected ways may lead you to surprising or provocative ideas.

 Application. Prepare to write a description of your home by developing a list in a unique way: Group rooms by adjective, by mood, by activity. Or think of each room as a painting or a musical composition—who is the artist or composer? Or develop your own method for bringing out the uniqueness of your house or apartment.

B Strategy: Adding variety. Improve a choppy writing style by varying sentence construction. For example, use adjectives or a sentence with **qui** to describe.

→ J'ai une maison. La maison est spacieuse et belle.
  J'ai une maison qui est spacieuse et belle.
  ou *J'ai une belle maison spacieuse.*

Application. Write two sentences describing your house or room. Use an adjective in one and a clause with **qui** in the other.

Écrivez

1. Would you like to exchange lodging for the summer with a person in southern France? in Martinique? Write a letter describing your house/apartment/studio that would entice someone to make the exchange. Provide as many details as possible to convince the other party your place is ideal.

2. You have an apartment in Montreal that you want to exchange or rent out for the semester. Using the ads to the right as a model, write an ad for the local newspaper to try to rent your apartment.

> **CANNES/SUQUET,** bordure mer : living, 2 chambres, 2 sdb, grande terrasse/jardinet, cuisine, téléphone, TV. Août-sept. 1.530/ 1.060 quinzaine. 4/6 personnes. 33 (0)1 46.28.23.13 soir.
>
> **ECHANGE JUILLET** ou août, appt. 120 m², très grand standing, Avenue Montaigne, 1 chambre, 1 très grand salon, 1 bureau, grande cuisine complètement équipée, contre maison avec piscine à Los Angeles, de Beverly Hills à Malibu. 04.47.23.41.28.
>
> **JH FRANÇAIS,** 23, cherche à partager studio avec jeune Américaine à Los Angeles ou Miami pour apprendre anglais et visite à partir du mois d'août et pour plusieurs mois. Sérieux, merci. FUSAC réf : 4405.
>
> **ARTISTE** peintre cherche à louer pour 6 mois atelier avec appt à New York, loyer raisonnable, possibilité échange en France. Tél Strasbourg : 33 (0)3 88.36.60.30/Fax 33 (0)3 88.36.70.24.

*Begin the letter with: **Monsieur/Madame, Je vous écris au sujet de...** Conclude with: **Veuillez agréer, Monsieur/Madame, l'expression de mes sentiments distingués.** Write your address in the top right-hand corner, followed by the date. The recipient's address should be written below, flush left above the greeting.*

Quand vous dites[1] «chez moi[2]» ou «à la maison», qu'est-ce que ça représente pour vous? Quelles émotions est-ce que cela éveille[3] en vous?

David: L'endroit dont je suis le maître, le refuge de toute la famille. Cela éveille en moi un sentiment de bien-être.

Quand vous allez chez quelqu'un d'autre (soit dans votre propre culture ou dans un autre pays), quelles différences remarquez-vous[4] entre «chez vous» et «chez eux»?

Nom: Aïssatou Sow
Âge: affaire privée
Ville d'origine: Dakar, Sénégal
Études/Diplômes: maîtrise en histoire
Profession: assistante administrative
Intérêts/Passe-temps: émissions culturelles et éducatives, lecture et critique

Aïssatou: À vrai dire, il m'est réellement difficile de répondre à cette question... Je ne cherche jamais les différences... Ce qui importe, c'est la convivialité et les bons plats dégustés[5]... [Au Sénégal] à l'heure du repas, toute la famille se retrouve autour du plat[6], contrairement aux USA où la famille est plutôt dispersée.

 Improve Your Grade:
Online Synthèse culturelle

Explorez

Qu'est-ce que «chez moi» représente pour vous? Est-ce que vous remarquez les différences quand vous êtes chez quelqu'un d'autre? Faites une expérience: changez un peu vos habitudes.[7] Par exemple, ouvrez (ou fermez) les portes des pièces chez vous. Quel sentiment est-ce que cela éveille en vous?

---

1. *say*   2. *at my place*   3. *awaken*   4. *notice*   5. *dishes consumed*
6. *gathers around the table*   7. *habits*

Le logement

une petite annonce *a classified ad*
un appartement
une banlieue *a suburb*
un bâtiment *a building*
le bruit *noise*
un(e) camarade de chambre *a roommate*
la campagne, à la campagne *the countryside, in the countryside*
les charges (f.) *utilities*
un endroit *a place, location*
un euro

les gens *people*
un immeuble *an apartment building*
une maison *a house*
le prix *the price*
un(e) propriétaire *a landlord, landlady*
un quartier *a neighborhood, community*
une résidence universitaire *a dorm*
un studio
un voisin / une voisine *a neighbor*

Les pièces (f.) et les meubles (m.)

une chambre *a bedroom*
la cuisine *the kitchen*
la douche *the shower*
l'entrée (f.) *the entry*
le lavabo *the bathroom sink*
la salle à manger *the dining room*
la salle de bains *the bathroom*
le salon / le séjour *the living room*
les toilettes (f.) / les W.C. (m.) *the restroom*

un canapé *a couch, sofa*
une commode *a chest of drawers*
des étagères (f.) *(book)shelves*
un fauteuil *an armchair*
une lampe *a lamp*
un lit *a bed*
un placard *a closet*
des rideaux (m.) *curtains, drapes*
un tapis *a rug*

Les objets (m.) personnels

une console vidéo *video game console*
un iPod *an MP3 player*
un lecteur de CD / de DVD *a CD/DVD player*
un ordinateur *a computer*
un poster
un répondeur *an answering machine*

une télécarte *a phone card*
un téléphone
   sans fil *cordless*
   portable / mobile *cell phone*
des CD / DVD

La ville

une avenue
une banque *a bank*
un boulevard
un bureau de tabac
   a tobacco/magazine shop
un café
le centre-ville *downtown*
une église *a church*

la gare *the train station*
un hôpital (des hôpitaux)
   a hospital
un hôtel
un magasin *a store*
un musée *a museum*
un parc *a park*

une pharmacie
   a pharmacy/drugstore
une place *a city square*
un plan (de la ville) *a city map*
la poste *the post office*
une rue *a street*
un supermarché *a supermarket*

Les directions (f.)

à côté de *next to*
à droite *to (on) the right*
à gauche *to (on) the left*
au coin de *at the corner of*
dans *in (on)*

derrière *behind*
devant *in front of*
en face de *across from*
entre *between*
jusqu'à *to, until*

loin de *far from*
près de *close to*
sur *on (in)*
tout droit *straight ahead*

Les nombres de 70 à un milliard   (See p. 101.)

70 → un milliard (*a billion*)   Les nombres ordinaux: premier, deuxième, etc. (*first, second, etc.*)

Pour demander des renseignements ou pour trouver son chemin

Pardon, monsieur/madame *Excuse me, sir/ma'am*
Je cherche... *I'm looking for . . .*

Pourriez-vous me dire... ? *Could you tell me . . . ?*
Où se trouve... ? / Où est... ? *Where is . . . ?*

Au téléphone

Allô? *Hello?*
Qui est à l'appareil? / C'est de la part de qui? *May I ask who's calling?*
Ici... *This is . . .*
Je voudrais... *I would like . . .*
Est-ce que je pourrais... ? *Could I . . . ?*
Je téléphone au sujet de... *I'm calling about . . .*
Un moment, s'il vous plaît / Ne quittez pas *Just a minute, please / Hold on*
Je suis désolé(e) *I'm sorry*
Il (Elle) est là / n'est pas là. *He (She) is in / isn't in.*
Est-ce que vous pouvez téléphoner plus tard? *Can you call later?*
un numéro de téléphone *telephone number*

Questions

comment? *how?*
où? *where?*

parce que *because*
pourquoi? *why?*

quand? *when?*

Adjectifs

agréable *nice*
autre *other*
beau (bel, belle, beaux, belles) *beautiful*
blanc (blanche) *white*
bon(ne) *good*
compris(e) *included*
confortable *comfortable*
jaune *yellow*

jeune *young*
joli(e) *pretty*
mauvais(e) *bad*
meublé(e)/non meublé(e) *furnished/unfurnished*
nouveau (nouvel, nouvelle, nouveaux, nouvelles) *new*
rouge *red*
vieux (vieil, vieille, vieux, vieilles) *old*

Verbes

aller *to go*
chercher *to look for*
continuer *to continue*
coûter *to cost*

louer *to rent*
prendre (prenez) *to take*
tourner *to turn*
traverser *to cross*

se trouver *to be located*
visiter *to visit (a place)*
voir (infinitif) *to see*

Adverbes

aujourd'hui *today*

demain *tomorrow*

plus tard *later*

EXPRESSIONS POUR LA CLASSE

ajoutez *add*
ci-dessus *above*
en matière de *regarding*
expliquez *explain*
imaginez *imagine*
inventez *invent, make up*

numérotez *number*
moins *less*
parcourez *skim*
partagez *share*
plus *more*

reliez *link, connect*
remarquez *note, notice*
un sondage *a poll*
sondez *poll*
soulignez *underline*

L'école

This chapter will enable you to

➡ understand French students speaking about their school program

➡ read an article about the school week in France and a well-known literary text about a little boy who learns to read

➡ talk about studies and schedules

➡ express your personal reactions

➡ talk about activities you enjoy

Chapter resources

 iLrn Heinle Learning Center includes:
- Student Activities Manual (SAM) and SAM Audio Program
- Textbook Assignments and In-text Audio Program
- Media-enhanced eBook
- Video Library
- Enrichment
- Diagnostics

 In-Text Audio Program

 Video

 Companion Website

À quel genre d'école vont ces jeunes gens? Quel diplôme est-ce qu'ils préparent? Et après, qu'est-ce qu'ils vont faire? Et vous? Qu'est-ce que vous étudiez? Comment sont vos cours?

À l'écoute

À l'écoute Un emploi du temps chargé

Vous allez entendre une conversation avec une étudiante française, Marina, qui parle de l'emploi du temps (*schedule*) dans les classes préparatoires pour les grandes écoles. Comme vous allez voir, c'est un emploi du temps très chargé (*busy*). Les activités suivantes vont vous aider à comprendre la conversation.

Marina parle de son emploi du temps.

Note culturelle

Les grandes écoles. L'enseignement supérieur en France est plus diversifié qu'aux États-Unis. L'université est une option, bien sûr, mais l'option la plus prestigieuse est ce qu'on appelle les grandes écoles. Ce sont des institutions réservées à l'élite intellectuelle, où l'on prépare des diplômes d'ingénieurs, d'administrateurs, etc. Pour préparer l'entrée à ces grandes écoles, après l'école secondaire, on fait deux ans de classes préparatoires (les «prépas»), puis on passe des concours (des examens compétitifs) très difficiles. Chaque grande école accepte un nombre très limité d'étudiants (par exemple, 50 étudiants par an, pour 800 candidats). Les études dans les grandes écoles durent (*last*) trois ans et garantissent un très bon placement professionnel. L'École polytechnique, HEC (École des hautes études commerciales) et l'ÉNA (École normale d'administration) sont trois des grandes écoles les plus réputées. Que pensez-vous du concept des grandes écoles? Ce système existe-t-il dans votre pays? Sous quelle forme?

Improve Your Grade:
Web Search Activities

Pensez

1 Dans une conversation sur l'emploi du temps des étudiants, de quoi va-t-on parler? Cochez les catégories que vous anticipez.

_____ les matières qu'on étudie: les maths, l'histoire, etc.

_____ le nombre de cours (*classes*) par jour

_____ la durée des cours (50 minutes? une heure?)

_____ l'heure des cours (Quand est-ce que ça commence?)

_____ le nombre d'heures de cours par semaine (*per week*)

_____ les devoirs

_____ les professeurs (Comment sont-ils?)

_____ la vie sociale

⌢ Observez et déduisez 🖱️

2 Écoute globale. Écoutez la conversation une première fois pour confirmer les sujets discutés.

1. **Sujets anticipés.** Dans activité 1, page 124, cochez une deuxième fois les sujets qui sont mentionnés.

2. **Sujets supplémentaires.** Parmi les sujets suivants, lesquels sont mentionnés?

   _____ les pauses (pour manger, etc.)

   _____ les colles (interrogations orales)

   _____ le logement des étudiants

   _____ les matières au programme dans les écoles d'ingénieurs

3 Les heures. Écoutez une deuxième fois en faisant attention aux heures mentionnées.

1. À quelle heure commencent les cours?

huit heures

huit heures et quart

huit heures et demie

2. À quelle heure finit la session du matin (*morning*)?

midi

midi moins le quart

midi et quart

3. À quelle heure commencent les cours de l'après-midi (*afternoon*)?

une heure et demie

deux heures
moins le quart

deux heures

> ### Vocabulaire actif
>
> **l'après-midi**
> **commencer**
> **un emploi du temps chargé**
>   un cours
>   un diplôme
>   les études (f.)
>   un examen
> **finir** (*infinitive only*)
> **l'heure (f.)**
>   une demi-heure
>   et demi(e)
>   et quart
>   midi
>   minuit
>   une minute
>   moins le quart
>   un quart d'heure
> **un jour / par jour**
> **les matières (f.)**
>   la biologie, les maths, etc.
> **le matin**
> **préparer**
> **une semaine / par semaine**
> **le soir**

4. À quelle heure finissent les cours de l'après-midi?

six heures

cinq heures et demie

quatre heures

5. Combien de temps les cours durent-ils?

50 minutes   une heure   deux heures ou plus

6. Combien de temps la première pause dure-t-elle?

10 minutes   un quart d'heure   une demi-heure

7. Combien de temps les colles durent-elles?

une demi-heure   une heure   une heure et demie

8. Jusqu'à quelle heure Marina travaille-t-elle le soir (*evening*)?

10h / 10h30

11h / 11h30

minuit / minuit
et demi

4 Les matières.   Écoutez une troisième fois. Cochez les matières mentionnées et indiquez le nombre d'heures par semaine pour chaque matière: 1h, 2h, etc.

_____ les maths (mathématiques)

_____ le français

_____ l'anglais

_____ l'espagnol

_____ l'histoire

_____ la physique

_____ les sciences économiques

_____ l'informatique (*computer science*)

_____ l'art / la peinture

_____ la biologie

_____ la philo (philosophie)

_____ l'allemand

_____ une autre langue étrangère

_____ la géographie

_____ la chimie (*chemistry*)

_____ sciences po (politiques)

_____ la littérature

_____ l'éducation physique / la gymnastique

5 Les colles.   D'après cette conversation, qu'est-ce que c'est qu'une colle? Cochez toutes les réponses appropriées.

_____ une préparation pour les concours

_____ un tête-à-tête (*face-to-face conversation*) entre un(e) étudiant(e) et deux ou trois professeurs

_____ un tête-à-tête entre deux ou trois étudiants et un professeur

_____ une présentation orale préparée à l'avance

_____ une présentation orale impromptue

6 Comparaison culturelle. Comparez cet emploi du temps avec un emploi du temps typique de première année (*first year*) dans une université américaine. Est-ce plus ou moins chargé? Qu'est-ce qui est différent?

Prononciation Les sons [e] et [ɛ]

- [e] is the sound in **et** or **étudier**; it is pronounced with your mouth almost closed and your lips stretched like for an [i].
- [ɛ] is the sound in **elle** or **aime**; it is a more open sound, similar to the vowel in the English word *bet*.

Observez et déduisez

Listen to the following excerpts from **À l'écoute: Un emploi du temps chargé** on the In-Text Audio CD, and in the chart, write the words that contain the sounds [e] or [ɛ]. You will hear each excerpt twice. The first excerpt has been done for you. If you need to, turn off the audio after each item in order to write your answers.

	[e]	[ɛ]
Quel est l'emploi du temps des étudiants?	d<u>es</u>, <u>é</u>tudiants	Qu<u>el</u> <u>est</u>
... un emploi du temps très chargé, plus chargé même que dans les écoles d'ingénieurs...		
C'est un tête-à-tête avec un professeur et deux ou trois étudiants.		
On doit faire une présen-tation orale sur le sujet.		
... deux heures d'anglais l'après-midi...		
Et quelles sont les matières au programme?		
... deux heures de géographie par semaine...		

Confirmez

1. **Prononcez.** Practice saying the following words aloud, paying particular atten-tion to the highlighted sounds. Then listen to them on the In-Text Audio CD to verify your pronunciation.

a. [e] r**é**p**é**t**ez**, enchant**é**, à côt**é**, caf**é**, mus**ée**, t**é**l**é**phon**er**, d**é**sol**é**
allez, ouvr**ez**, ferm**ez**, lis**ez**, **é**cout**ez**, **é**criv**ez**
trouv**er**, habit**er**, donn**er**, papi**er**
l**es**, m**es**, t**es**, c**es**

b. [ɛ] mère, père, frère, derrière, deuxième, très
être, fenêtre, fête
mais, s'il vous plaît, chaise, craie, anglais, japonaise, propriétaire
merci, serviette, professeur, hôtel, canadienne, cher, un poster

2. **[e] ou [ɛ]?** In the following sentences, underline the [e] sounds with one line, and the [ɛ] sounds with two lines.

a. La belle Hélène préfère regarder la télévision.
b. La secrétaire de l'architecte est américaine.
c. Je vais faire des études de sciences économiques, mais ma matière préférée est le français!

Now practice saying the sentences aloud, then listen to them on the In-Text Audio CD to verify your pronunciation.

Structure Talking about course schedules

L'heure

 Observez et déduisez

Interviews

— Ça te plaît, tes cours?
— Oui, surtout la psychologie et la sociologie. Et la géo me plaît aussi. J'aime beaucoup mes cours. Mais pas les heures! Je finis à six heures du soir!

— Ah, bon? À quelle heure commencent tes cours?
— Très tôt. À huit heures et demie du matin. Tous les jours!

— Tu n'as pas de pause le matin?
— Si, si. Vers dix heures vingt.

— Et tu manges quand?
— De midi à une heure et quart.

— Et tes cours de l'après-midi finissent vraiment à six heures?
— Vers six heures moins le quart. Et après, j'ai toujours beaucoup de travail.

— Quelle heure est-il maintenant?
— Il est onze heures moins vingt.

— Oh là là. Quand est-ce que tu vas dormir?
— Pas avant minuit. J'ai beaucoup de travail!

• Review the preceding examples and infer the correct way to state the following times. How do you distinguish between A.M. and P.M.?

Quelle heure est-il? Il est...

6h30 (A.M.)	6h30 (P.M.)	7h25 (A.M.)
12h15 (A.M.)	9h50 (P.M.)	3h35 (P.M.)
10h45 (A.M.)	8h20 (P.M.)	12h (A.M.)

Confirmez L'heure

• Note that **Quelle heure est-il?** means *What time is it?*, whereas **À quelle heure... ?** means *At what time . . . ?*

   — **À quelle heure** est-ce que tu vas retrouver Marina?
   — Très tôt. Vers sept heures et demie du matin!

• Use **de** and **à** to indicate the time frame (*from . . . to . . .*).

   — Quand est-ce que tu as ton cours de biologie demain?
   — **De** neuf heures **à** dix heures et demie. Et j'ai un examen **de** onze heures **à** midi.

• When necessary to distinguish A.M. from P.M., the expressions **du matin, de l'après-midi,** and **du soir** are used to denote *morning, afternoon,* and *evening.*

   Chantal a un emploi du temps chargé. Elle est occupée de sept heures **du matin** à huit heures **du soir!**

• If you want to say you regularly do something *in* the morning, *in* the afternoon, or *in* the evening, use the definite article with the appropriate expression. **Le matin** means *in the morning.*

   J'ai mon cours de maths **le matin** et mon cours de français tard **l'après-midi** vers 4h. **Le soir** je travaille jusqu'à minuit.

Note culturelle

L'heure officielle. On emploie toujours l'heure officielle dans les emplois du temps des étudiants, mais on la voit aussi dans les programmes de télévision, l'horaire des transports publics (trains, avions) et dans les guides touristiques où l'on annonce l'heure des films, des concerts, des pièces de théâtre, des matchs de sport, des expositions, etc. Pour exprimer l'heure officielle de midi à minuit, ajoutez 12 heures. Par exemple, 2h de l'après-midi devient 14h (2 + 12); 7h30 du soir devient 19h30 (7 + 12).

Avec l'heure officielle, on ne peut pas utiliser les expressions **et demie, et quart, moins le quart.** Il faut dire vingt heures trente (20h30), vingt heures quinze (20h15) et vingt heures quarante-cinq (20h45). Les expressions **du matin, de l'après-midi, du soir** ne sont évidemment plus nécessaires. Donc, pour exprimer l'heure officielle:

3h du matin	= 3h
3h de l'après-midi	= 15h

Dans quels contextes est-ce que l'on voit l'heure officielle dans la culture nord-américaine? À quelle heure commencent vos cours? Utilisez l'heure officielle dans votre réponse.

Activités

A **Catégories.** Classez les matières mentionnées à la page 126 en trois catégories de votre invention: les cours qu'on aime, qu'on n'aime pas, faciles, difficiles, etc.

B **Ça me plaît. Ça te plaît?** Posez des questions à votre partenaire sur les matières qu'il/elle préfère.

➡ — *La chimie, ça te plaît?*
— *Mais oui, ça me plaît (un peu / beaucoup).*
ou — *Non, ça ne me plaît pas (beaucoup / du tout).*

Qui est-ce? Regardez les emplois du temps qui suivent. Prenez une feuille de papier, préparez huit lignes numérotées de 1 à 8, puis écoutez et décidez de qui on parle (*one speaks*): (a) Catherine, (b) Malick, (c) ni l'un ni l'autre. Écrivez vos réponses.

Catherine	
8	8h30 maths
9	
10	histoire
11	11h45 géo
12	12h45 café avec Hélène
13	13h45 français
14	
15	pause café
16	16h15 gymnastique
17	

Malick	
8	
9	histoire
10	10h30 géo
11	
12	Resto-U avec Mariama
13	
14	14h45 français
15	
16	maths
17	17h30 gymnastique

Maintenant, parlez de l'emploi du temps de Catherine en mélangeant (*mixing*) des phrases vraies et des phrases fausses. Votre partenaire va corriger vos «erreurs».

➡ — *Catherine a son cours de... à... h.*
— *Oui, c'est vrai.* ou — *Mais non. Son cours de... est à... h.*

Ensuite, changez de rôle et répétez l'activité avec l'emploi du temps de Malick.

 D'habitude. Consultez la banque de mots, choisissez six activités et indiquez quand vous faites ces activités: le matin? tous les jours? vers... heures? après... ? de... à... ? Ensuite, trouvez un(e) partenaire pour chaque activité.

➡ — *D'habitude je retrouve mes copains l'après-midi. Et toi?*
— *Moi aussi!* ou — *Moi, je retrouve mes copains le soir.*

 À quelle heure? Parlez de votre propre (*own*) emploi du temps, de vos cours et de vos activités à un(e) camarade de classe en employant l'heure ordinaire (pas officielle). Quelles activités avez-vous en commun?

➡ *Je n'ai pas de cours très tôt le matin. Ça me plaît beaucoup! Mon cours d'informatique commence à 11h. J'ai un cours de philo de 2h à 3h de l'après-midi... Le soir je...*

J'ai / Je n'ai pas de
Après / Avant ça
J'ai un cours de... de... heures à... heures
un emploi du temps (chargé)
un examen, une présentation orale

Ça me plaît / ne me plaît pas
Mon cours de... commence à...
Le soir / L'après-midi / Le matin
tôt / tard / vers... heures
par semaine / tous les jours

Banque de mots

surfer sur Internet
arriver en classe
manger
parler au téléphone
envoyer* des e-mails
préparer ses cours
aller à la bibliothèque
regarder (la télé, un DVD)
jouer (au tennis, à des jeux vidéo)
retrouver ses copains
écouter son iPod
aller au cinéma
acheter des vêtements

*Note irregular conjugation of the verb: j'envoie, tu envoies, il/elle on envoie, ils/elles envoient, BUT nous envoyons, vous envoyez.

Observez et déduisez

People often react in different ways to the same news. These students have found a note on the door telling them that their teacher has canceled class and has postponed their test until next week. Study the examples. What expressions can be used to express surprise? indifference? pleasure? irritation?

Formidable! Quelle chance! Maintenant je vais aller au cinéma.

C'est incroyable! Mme Lafarge n'annule jamais la classe!

Zut, alors! C'est embêtant! J'ai déjà deux autres examens à préparer pour la semaine prochaine.

Je m'en fiche, moi. Je ne fais pas mes devoirs de toute façon (*anyway*).

Confirm your answers in the chart on page 133. What can you say about the attitude of these students toward the test, the teacher, or the class, based on their reactions?

Confirmez Expressions pour réagir

 La gamme d'émotions

l'intérêt	l'indifférence	la surprise
Ah, bon?	Et alors?	Tiens!
Vraiment?	Tant pis!	C'est pas vrai!
Ah oui?	Bof!	Tu plaisantes!
C'est vrai?	Je m'en fiche!	C'est incroyable!

l'irritation	l'enthousiasme
Mince!	C'est chouette!
C'est embêtant!	Formidable!
J'en ai marre!*	C'est génial!
Zut, alors!	Super!
	Quelle chance!

*__J'en ai marre__ is the equivalent of *I'm fed up!*

Begin to use these expressions in all classroom activities and interactions with classmates as appropriate.

Activités

F Les réactions. Quelle est votre réaction aux situations suivantes? Employez des expressions pour réagir.

1. Votre professeur de français dit:
   a. La classe est annulée demain.
   b. Vous allez avoir un examen la semaine prochaine.
   c. Aujourd'hui nous étudions les matières et l'heure.
   d. Tous les étudiants ont un A à l'examen.

2. Une camarade de classe qui n'aime pas travailler dit:
   a. Moi, j'adore travailler.
   b. Nous n'avons pas d'exercices à préparer aujourd'hui.
   c. Moi, j'ai beaucoup de cours difficiles.
   d. Je déteste mes cours.

3. Votre nouveau (nouvelle) camarade de chambre dit:
   a. Ce semestre, j'ai cours à huit heures du matin tous les jours.
   b. Je ne vais pas en cours aujourd'hui.
   c. J'ai un nouvel iPod.
   d. Je préfère écouter la musique classique.

Jeu de rôle

You and two friends discuss your busy schedules, exaggerating quite a bit! Tell when you have classes, study, work, etc. Use expressions for reacting to your classmates' comments.

Improve Your Grade: Flashcards, Interactive Practice

 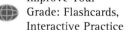
Ace the Test: Ace Practice Tests

Lecture **Aménager le temps scolaire**

Pensez

1 Le calendrier

1. **C'est différent?** Voici le calendrier pour l'année 2008. En quoi ce calendrier est-il différent d'un calendrier américain?

Janvier
Ma	1	Jour de l'an
Me	2	Basile
J	3	Geneviève
V	4	Odilon
S	5	Edouard
D	6	Mélaine
L	7	Raymond
Ma	8	Lucien
Me	9	Alix
J	10	Guillaume
V	11	Pauline
S	12	Tatiana
D	13	Yvette
L	14	Nina
Ma	15	Rémi
Me	16	Marcel
J	17	Roseline
V	18	Gwendal
S	19	Marius
D	20	Sébastien
L	21	Agnès
Ma	22	Vincent
Me	23	Banard
J	24	Soizic
V	25	Apollos
S	26	Paule
D	27	Angèle
L	28	Th. d'Aquin
Ma	29	Gildas
Me	30	Martine
J	31	Marcelle

Février
V	1	Ella
S	2	Théophane
D	3	Blaise
L	4	Véronique
Ma	5	Agathe
Me	6	Gaston
J	7	Eugénie
V	8	Jacqueline
S	9	Apolline
D	10	Arnaud
L	11	ND de Lourdes
Ma	12	Félix
Me	13	Béatrice
J	14	Valentin
V	15	Claude
S	16	Julienne
D	17	Alexis
L	18	Bernadette
Ma	19	Gabin
Me	20	Aimée
J	21	Damien
V	22	Isabelle
S	23	Lazare
D	24	Modeste
L	25	Roméo
Ma	26	Nestor
Me	27	Honorine
J	28	Romain
V	29	Auguste

Mars
S	1	Aubin
D	2	Jaouen
L	3	Marin
Ma	4	Casimir
Me	5	Olivia
J	6	Colette
V	7	Félicie
S	8	Jean de Dieu
D	9	Françoise
L	10	Vivien
Ma	11	Rosine
Me	12	Justine
J	13	Rodrigue
V	14	Mathilde
S	15	Louise
D	16	Bénédicte
L	17	Patrice
Ma	18	Cyrille
Me	19	Joseph
J	20	Herbert
V	21	Clémence
S	22	Léa
D	23	Pâques
L	24	L. de Pâques
Ma	25	Humbert
Me	26	Larissa
J	27	Habib
V	28	Gontran
S	29	Gladys
D	30	Amédée
L	31	Benjamin

Avril
Ma	1	Hugues
Me	2	Sandrine
J	3	Richard
V	4	Isidore
S	5	Irène
D	6	Marcellin
L	7	JB de la Salle
Ma	8	Julie
Me	9	Gautier
J	10	Fulbert
V	11	Stanislas
S	12	Jules
D	13	Ida
L	14	Maxime
Ma	15	César
Me	16	Benoît-Joseph
J	17	Anicet
V	18	Parfait
S	19	Emma
D	20	Odette
L	21	Anselme
Ma	22	Alexandre
Me	23	Georges
J	24	Fidèle
V	25	Marc
S	26	Alida
D	27	Zita
L	28	Valérie
Ma	29	Cat. de Sienne
Me	30	Robert

Mai
J	1	Ascension
V	2	Boris
S	3	Philippe
D	4	Sylvain
L	5	Judith
Ma	6	Prudence
Me	7	Gisèle
J	8	Victoire 1945
V	9	Pacôme
S	10	Solange
D	11	Pentecôte
L	12	L. de Pentecôte
Ma	13	Maël
Me	14	Matthias
J	15	Denise
V	16	Honoré
S	17	Pascal
D	18	Eric
L	19	Yves
Ma	20	Bernardin
Me	21	Constantin
J	22	Emile
V	23	Didier
S	24	Donatien
D	25	Sophie
L	26	Bérenger
Ma	27	Augustin
Me	28	Germain
J	29	Géraldine
V	30	Jeanne
S	31	Pétronille

Juin
D	1	Justin
L	2	Blandine
Ma	3	Kévin
Me	4	Clotilde
J	5	Igor
V	6	Norbert
S	7	Gilbert
D	8	Médard
L	9	Diane
Ma	10	Landry
Me	11	Barnabé
J	12	Guy
V	13	Ant. de Padoue
S	14	Elisée
D	15	Germaine
L	16	Régis
Ma	17	Hervé
Me	18	Léonce
J	19	Gervais
V	20	Silvère
S	21	Rodolphe
D	22	Alban
L	23	Audrey
Ma	24	Jean
Me	25	Prosper
J	26	Anthelme
V	27	Fernand
S	28	Irénée
D	29	Pierre, Paul
L	30	Martial

Juillet
Ma	1	Thierry
Me	2	Martinien
J	3	Thomas
V	4	Florent
S	5	Antoine
D	6	Mariette
L	7	Raoul
Ma	8	Thibault
Me	9	Amandine
J	10	Ulrich
V	11	Benoit
S	12	Olivier
D	13	Joël
L	14	Fête nationale
Ma	15	Donald
Me	16	Elvire
J	17	Charlotte
V	18	Frédéric
S	19	Arsène
D	20	Elie
L	21	Victor
Ma	22	Madeleine
Me	23	Brigitte
J	24	Christine
V	25	Jacques
S	26	Anne
D	27	Nathalie
L	28	Samson
Ma	29	Marthe
Me	30	Juliette
J	31	Ignace

Août
V	1	Alphonse
S	2	Julien
D	3	Lydie
L	4	Vianney
Ma	5	Abel
Me	6	Marlène
J	7	Gaétan
V	8	Dominique
S	9	Amour
D	10	Laurent
L	11	Claire
Ma	12	Clarisse
Me	13	Hippolyte
J	14	Evrard
V	15	Assomption
S	16	Armel
D	17	Hyacinthe
L	18	Hélène
Ma	19	Mylène
Me	20	Bernard
J	21	Christophe
V	22	Fabrice
S	23	Rose
D	24	Barthélémy
L	25	Louis
Ma	26	Natacha
Me	27	Monique
J	28	Augustin
V	29	Sabine
S	30	Fiacre
D	31	Aristide

Septembre
L	1	Gilles
Ma	2	Ingrid
Me	3	Grégoire
J	4	Rosalie
V	5	Raïssa
S	6	Bertrand
D	7	Reine
L	8	Adrien
Ma	9	Alain
Me	10	Inès
J	11	Adelphe
V	12	Apollinaire
S	13	Aimé
D	14	Materne
L	15	Roland
Ma	16	Edith
Me	17	Lambert
J	18	Nadège
V	19	Emilie
S	20	Davy
D	21	Matthieu
L	22	Maurice
Ma	23	Faustine
Me	24	Thècle
J	25	Hermann
V	26	Côme
S	27	Vinc. de Paul
D	28	Venceslas
L	29	Michel
Ma	30	Jérôme

Octobre
Me	1	Muriel
J	2	Léger
V	3	Gérard
S	4	François
D	5	Fleur
L	6	Bruno
Ma	7	Serge
Me	8	Pélagie
J	9	Denis
V	10	Ghislain
S	11	Firmin
D	12	Séraphin
L	13	Géraud
Ma	14	Juste
Me	15	Thérèse
J	16	Edwige
V	17	Solène
S	18	Luc
D	19	René
L	20	Adeline
Ma	21	Céline
Me	22	Elodie
J	23	Simon
V	24	Florentin
S	25	Crépin
D	26	Dimitri
L	27	Emeline
Ma	28	Jude
Me	29	Narcisse
J	30	Bienvenue
V	31	Quentin

Novembre
S	1	Toussaint
D	2	Défunts
L	3	Gwenaël
Ma	4	Charles
Me	5	Sylvie
J	6	Léonard
V	7	Carine
S	8	Geoffroy
D	9	Théodore
L	10	Léon
Ma	11	Armistice 1918
Me	12	Christian
J	13	Brice
V	14	Sidoine
S	15	Albert
D	16	Marguerite
L	17	Elisabeth
Ma	18	Aude
Me	19	Tanguy
J	20	Edmond
V	21	Gélase
S	22	Cécile
D	23	Clément
L	24	Flora
Ma	25	Catherine
Me	26	Delphine
J	27	Séverin
V	28	J. de la Marche
S	29	Saturnin
D	30	André

Décembre
L	1	Florence
Ma	2	Viviane
Me	3	Xavier
J	4	Barbara
V	5	Gérard
S	6	Nicolas
D	7	Ambroise
L	8	Elfi
Ma	9	Pierre Fourier
Me	10	Romaric
J	11	Daniel
V	12	Chantal
S	13	Jocelyn
D	14	Odile
L	15	Ninon
Ma	16	Alice
Me	17	Gael
J	18	Gatien
V	19	Urbain
S	20	Isaac
D	21	Pierre Canis.
L	22	Gratien
Ma	23	Armand
Me	24	Adèle
J	25	Noël
V	26	Etienne
S	27	Jean
D	28	Gaspard
L	29	David
Ma	30	Roger
Me	31	Sylvestre

Calendrier 2008

2. **La fête.** Chaque date du calendrier français est la fête d'un saint ou d'une sainte. Le 12 décembre, par exemple, est la Sainte Chantal. Si vous vous appelez Chantal, votre fête est donc le 12 décembre et c'est une occasion de faire la fête. Quelles sont les fêtes pour les dates suivantes?

➡ *Le 12 décembre est la Sainte Chantal. Le 6 décembre est la Saint Nicolas.*

a. le 19 septembre
b. le 25 février
c. le 23 mars
(Déduisez le sens.)
d. le 18 octobre
e. le 12 juillet
f. le 1ᵉʳ mai
g. le 13 janvier
h. le 18 août
i. le 15 juin

Est-ce que vous trouvez votre nom, ou le nom d'un membre de votre famille, dans ce calendrier? Quel jour est-ce?

3. **Les jours, les semaines, les mois et les années**

le 14	juillet	2008
↑	↑	↑
le jour	le mois	l'année

a. Répétez les mois de l'année après votre professeur ou écoutez votre In-Text Audio, puis répondez.
   1) Quel est le troisième mois de l'année? Quels sont les mois de l'année qui ont 31 jours?
   2) Combien de semaines complètes y a-t-il au mois de février?
   3) Quel est votre mois préféré? Pourquoi?

b. Quelle est la date de votre anniversaire (*birthday*)?

2 **Anticipation.** Le texte que vous allez lire examine l'aménagement (l'organisation) du temps scolaire en France, du point de vue d'un psychologue spécialiste en chronobiologie (l'étude des rythmes biologiques humains). Sachant que le Ministère de l'Éducation nationale permet aux écoles primaires de fonctionner sur quatre *ou* cinq jours, et que la grande majorité des écoles françaises a choisi de fonctionner sur quatre jours, quelles observations et recommandations anticipez-vous de la part de ce psychologue? Va-t-il être pour ou contre la semaine de quatre jours? À votre avis, est-ce une bonne idée d'avoir des semaines de quatre jours dans les écoles?

Observez et déduisez: en général

3 Parcourez rapidement le texte pour identifier les idées principales. Cochez celles qui sont mentionnées.

_____ Rôle du contexte sociopolitique des adultes dans la formulation des emplois du temps scolaires.

_____ Influence de Jules Ferry, fondateur de l'école publique en France, sur les calendriers scolaires actuels.

_____ Les différentes formules pour l'emploi du temps scolaire en France.

_____ Les questions qui se posent aux enseignants (professeurs) et autres responsables des calendriers scolaires.

_____ Rapport sur le travail de coopération entre le Ministère de l'Éducation nationale et les experts en chronobiologie.

_____ Attitude des parents vis-à-vis des rythmes journaliers (de chaque jour) de leurs enfants.

_____ Définition par la chronobiologie des bons moments et des mauvais moments de la journée scolaire.

_____ Recommandations du Ministère de l'Éducation nationale sur les différentes formules.

_____ Recommandations des experts en chronobiologie et chronopsychologie.

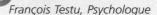

Aménager le temps scolaire—pour qui?

François Testu, Psychologue

Si nous étudions les emplois du temps et calendriers scolaires français, nous constatons qu'ils ont été conçus par et pour les adultes. La mise en place de la coupure du mercredi, des vacances d'été, des vacances de février et de la semaine de quatre jours illustre bien l'incidence des facteurs politiques et économiques sur le fonctionnement de l'école. Trois principaux emplois du temps hebdomadaire se sont succédé en fonction de l'évolution du contexte sociopolitique:

- La semaine traditionnelle a permis de libérer le mercredi pour que les enfants puissent aller au catéchisme.
- Le second emploi du temps autorisé permet de déplacer les trois heures de classe du samedi matin au mercredi matin. Les vingt-six heures d'enseignement par semaine sont ainsi distribuées sur quatre jours et demi, mais le week-end dure deux jours.
- Enfin, dans la semaine de quatre jours, l'enseignement est concentré sur les lundi, mardi, jeudi et vendredi. Douze jours doivent être «récupérés» sur les vacances.

Deux questions se posent aux enseignants, aux parents et aux décideurs:

- Vaut-il mieux° aller à l'école primaire le samedi matin ou le mercredi matin?
- Peut-on opter pour° la semaine de quatre jours sans porter préjudice° à l'enfant?

Vaut-il... *Is it better?* opter... *choose* / porter... causer des problèmes

Respecter les rythmes journaliers

L'aménagement du temps scolaire (pour les petits comme pour les grands) ne peut être modifié sans tenir compte des travaux de chronobiologie et de chronopsychologie qui montrent qu'au cours de la journée scolaire, il existe de bons moments et de mauvais moments. Aux bons moments, l'organisme résiste mieux aux agressions de l'environnement, la fatigue est moindre°, l'attention est plus élevée, la compréhension est plus rapide—alors qu'aux mauvais moments, c'est l'inverse°. Aujourd'hui, nous savons scientifiquement que le début de la matinée et l'après-déjeuner sont de mauvais moments, tandis que° le milieu et la fin de la matinée (de 9h à 11h30) sont de bons moments.

lessened
l'opposé

whereas

Classe le samedi matin ou le mercredi matin?

Nous préconisons° la classe le mercredi matin plutôt que le samedi matin, avec une rentrée plus tardive vers neuf heures ou dix heures pour leur offrir la possibilité de

recommandons

Le gymnase—lieu privilégié du mercredi.

dormir un peu plus dans la nuit du mardi au mercredi. C'est l'emploi du temps qui est le plus adapté aux rythmes de vie des enfants et qui permet aux parents, dont le week-end dure deux jours, d'être plus présents auprès de leurs enfants.

La semaine de quatre jours: un choix contestable

La mise en place de la semaine de quatre jours, non seulement ne respecte pas les rythmes biologiques et psychologiques de l'élève, mais surtout, elle contribue à l'inadaptation° à l'école. Les effets perturbateurs du week-end sont encore plus marqués et se manifestent du vendredi après-midi au mardi matin. Il ne reste aux enseignants, dans ce cas, que° deux jours complets pour profiter de la pleine attention des élèves, et par là même, les surcharger des disciplines dites fondamentales.

difficulty in adjusting

ne... que only

Source: www.cairn.info/article/2006

Déduisez et confirmez: en détail

4 Les jours de la semaine

1. Selon la première formule, dans la semaine traditionnelle, quel est le jour de la semaine qui a été libéré (*freed up*) pour permettre aux enfants d'aller au catéchisme?

2. Selon la deuxième formule, quel jour de la semaine commençant par **s** est un demi-jour d'école qui a la possibilité d'être déplacé?

3. Maintenant étudiez la troisième formule. En utilisant le contexte des trois formules, la logique et les abréviations du calendrier, complétez la liste des jours de la semaine.

L = _____   J = _____   S = _____

M = _____   V = _____   D = dimanche

M = _____

5 Le texte

1. **Vrai ou faux?**   Si c'est faux, corrigez.

   a. Les calendriers scolaires français sont conçus (formulés) par des adultes mais avec le bien des enfants comme première priorité.

   b. La coupure (interruption) du mercredi, les vacances et la semaine de quatre jours montrent que ce sont les adultes qui déterminent les calendriers scolaires.

   c. La semaine scolaire consiste en 26 heures d'enseignement par semaine.

   d. Il y a plusieurs formules pour distribuer les heures d'enseignement obligatoires (*mandatory*): quatre jours + samedi matin; quatre jours + mercredi matin; ou quatre jours par semaine mais douze jours de vacances de moins.

   e. Les experts en chronobiologie et chronopsychologie préconisent d'étudier les rythmes biologiques avant de modifier les calendriers scolaires.

   f. Selon les experts, les «bons moments» de la journée sont le début (le commencement) de la matinée (tôt le matin) et le début de l'après-midi.

   g. Selon les psychologues, le mercredi matin est préférable au samedi matin, principalement pour permettre plus d'interaction entre les parents et les enfants.

   h. Les experts préconisent que l'école commence plus tôt le mercredi.

Vocabulaire actif

un an, une année
un anniversaire
le calendrier
le collège
la date
le début / le milieu / la fin
l'école maternelle
l'école primaire
facultatif(ve)
une fête
les jours de la semaine
   lundi, mardi, etc.
une journée
le lycée
les mois
   janvier, février, etc.
obligatoire
le week-end

i. Du point de vue des psychologues, la semaine de quatre jours est une aberration.

j. Le week-end a des effets perturbateurs sur le lundi et le vendredi.

k. Les enseignants surchargent (*overload*) les élèves le lundi et le vendredi.

l. Les professeurs profitent (*take advantage*) du mardi et du jeudi pour enseigner les disciplines «fondamentales» (les leçons les plus importantes).

2. **Le calendrier scolaire.** Répondez selon le texte.

a. Comment voit-on que les calendriers scolaires sont formulés par et pour les adultes?

b. Quelle est la définition des «bons moments» de la journée scolaire?

c. «Peut-on opter pour la semaine de quatre jours sans porter préjudice aux enfants?» Expliquez comment le texte répond à cette question.

Explorez

1. Que pensez-vous de la semaine de quatre jours pour les écoles publiques? pour les universités? pour le monde professionnel? Justifiez vos réponses.

2. Quels sont les bons moments et les mauvais moments de votre journée scolaire? Expliquez.

3. Est-ce vrai que le week-end a des effets perturbateurs sur certains jours de la semaine? Quels sont les autres facteurs qui «perturbent» votre semaine? Quels sont les jours qui ont le maximum de «bons moments», selon vous? Quel emploi du temps recommandez-vous à l'administration de votre école?

Note culturelle

L'école en France. L'école en France commence par l'école maternelle, qui est facultative (*optional*) pour les enfants de deux à six ans. L'école devient obligatoire à l'âge de six ans, quand les enfants entrent à l'école primaire, pour cinq ans. À l'âge de onze ans, on entre au collège, pour quatre ans, puis on va au lycée pour trois ans. On peut choisir le lycée général (académique), le lycée technique ou le lycée professionnel. À l'école primaire, au collège et au lycée, les apprenants (*learners*) s'appellent des élèves. Le terme «étudiant» est réservé à l'enseignement supérieur (l'université). Il n'y a pas d'étudiants au niveau primaire ou secondaire! Les enseignants de l'école primaire s'appellent des instituteurs/institutrices ou des professeurs des écoles; au collège, au lycée et à l'université, ce sont des professeurs. Imaginez maintenant que vous faites une petite présentation à des Français sur le système scolaire (primaire et secondaire) dans votre pays (ou un autre pays que vous connaissez bien). Qu'allez-vous leur dire?

Une école de village.

Articles et prépositions avec le jour et la date

Observez et déduisez

Dans mon collège, on a la semaine de quatre jours. Ça me plaît beaucoup parce que le mercredi est libre pour nos passe-temps préférés, et le samedi on fait des choses en famille. Voici mes projets pour la semaine: mercredi je vais au gymnase avec mes copines, et samedi je vais acheter un cadeau pour l'anniversaire de maman—le 14 novembre. Mon anniversaire est en novembre aussi—le 29.

Vocabulaire actif

un cadeau
des projets (m.)
la rentrée

- Which of the preceding sentences refers to a specific Wednesday and Saturday? Which one refers to Wednesdays and Saturdays in general? In which case is the day preceded by the definite article?
- What preposition is used to express *in* with the name of a month?

Confirmez Articles et prépositions avec le jour et la date

- Use an article with a weekday to talk about what you do *every* week on that day, e.g., **le samedi** (*Saturdays, on Saturdays*).

    Le samedi est consacré à la vie de famille.

    Do *not* use an article with a weekday if it refers to one specific day.

    Nous avons des projets pour **samedi** après-midi. (*this coming Saturday*)

- To say *in* what month (*in January*, etc.), use **en** or **au mois de.**

    Le début de l'année scolaire (la rentrée) est **en septembre (au mois de septembre).**

    Notice that in French the names of months and days are *not* capitalized.

- To express dates, use **le premier** for the first day of the month, but use cardinal numbers for all other dates.

    le **premier** avril   le **23** (vingt-trois) avril

Attention!   When expressing the date numerically in French, place the day *before* the month. Notice you do *not* use the preposition **de** when giving dates in French.

    02/07 → le 2 juillet

- The year can be expressed as follows:

    1999 → mille neuf cent quatre-vingt-dix-neuf *or*
        dix-neuf cent quatre-vingt-dix-neuf
    2008 → l'an deux mille huit

- Express the complete date as follows:

    05/09/2008 → le cinq septembre deux mille huit

Activités

 Une date importante. Quelle est la date de votre anniversaire? Et l'anniversaire de votre camarade de classe?

➡ *— Mon anniversaire est le 5 septembre. Et toi?*

 L'année scolaire. Regardez le calendrier de l'année scolaire 2008–2009 pour la Zone B (une grande partie de la France) indiquant la date de la rentrée scolaire (le premier jour de classe) et les dates des différentes vacances. Écoutez le professeur et indiquez la date qui correspond à l'occasion mentionnée.

➡ *— Le début des vacances de Noël?*
    Le 20 décembre 2008

Calendrier scolaire 2008–2009

C = Créteil
P = Paris
V = Versailles

ZONE B

Aix-Marseille–Amiens–Besançon–Dijon–Lille–Limoges–Nice–Orléans-Tours–Poitiers–Reims–Rouen–Strasbourg

Rentrée scolaire des enseignants	Rentrée scolaire des élèves	Toussaint	Noël	Hiver	Printemps	Début des vacances d'été
Lundi 1er septembre 2008	Mardi 2 septembre 2008	Du samedi 25 octobre 2008 au jeudi 6 novembre 2008	Du samedi 20 décembre 2008 au lundi 5 janvier 2009	Du samedi 21 février 2009 au lundi 9 mars 2009	Du samedi 18 avril 2009 au lundi 4 mai 2009	Jeudi 2 juillet 2009

Toussaint *All Saints Day*   hiver *winter*   printemps *spring*   été *summer*

Et vos vacances à vous? Indiquez les dates suivantes: la rentrée chez vous, le début et la fin des vacances de Noël, le début et la fin des vacances de printemps, le début des vacances d'été.

2000 ans d'histoire. Connaissez-vous l'histoire de la France et de l'Europe? Choisissez les dates que vous associez aux événements suivants, puis comparez avec vos camarades de classe. Qui est le plus fort en histoire? (Votre professeur va vous aider au besoin.)

1. Jeanne d'Arc délivre Orléans.	a. 51 av. J-C
2. Les colonies françaises en Afrique noire deviennent indépendantes.	b. 1429
3. Prise de la Bastille marquant le commencement de la Révolution.	c. 1789
4. Les frères Lumière inventent le cinéma.	d. 1804
5. Première Guerre mondiale.	e. 1871
6. Signature du traité de Maastricht instituant l'Union européenne.	f. 1895

7. Napoléon devient empereur.

8. Mise en circulation de la monnaie en euros.

9. Victoire des Alliés (Seconde Guerre mondiale).

10. Conquête de la Gaule par les Romains.

11. Répression de la Commune de Paris (sujet du spectacle *Les Misérables*).

12. Chute du mur de Berlin.

g. 1914

h. 1945

i. 1960

j. 1989

k. 1992

l. 2002

J **La semaine de quatre jours.** Vous participez à la semaine scolaire de quatre jours. Avec vos camarades de classe, imaginez comment vous allez passer votre temps libre. Décrivez les bons moments de la semaine.

➡ *Samedi matin, nous allons...*

Structure Talking about activities

Le verbe *faire*

Observez et déduisez

Quels sont les bons moments pour ces gens?
Qu'est-ce qu'ils font quand ils ont du temps libre?

D'habitude, Kofi fait de la natation.

Nathalie et Érica font souvent de la marche.

Quelquefois Hang fait la cuisine.

Geneviève fait toujours ses devoirs.

— Et vous? Qu'est-ce que vous faites quand vous avez du temps libre?
— Nous? Nous ne faisons jamais nos devoirs pendant les bons moments!

> • What different forms of the verb **faire** do you find in the preceding examples?

*In **Chapitre 2** you learned some expressions with the infinitive form of the verb **faire (faire du shopping, du jogging)**. In this section you will learn all of the present tense forms of this verb—and many more useful expressions, too.*

Vocabulaire actif

les expressions avec faire
d'habitude
du temps libre
ne... jamais

Confirmez Le verbe *faire*

Le verbe *faire*

je fais	nous faisons
tu fais	vous faites
il/elle/on fait	ils/elles font

- The verb **faire** *(to make, to do)* is used idiomatically with many different activities.

    Le dimanche, il **fait** toujours ses devoirs.
    Ils ne **font** jamais leur lit.
    Ils **font** la sieste ou ils **font** la grasse matinée *(sleep in)*.
    Il **fait** souvent du sport.
    Elle **fait** quelquefois du ski (du golf, du vélo, du foot, de la gymnastique, de l'exercice).*
    Elles **font** de la musique* (des courses, un voyage, la cuisine).
    Faisons une promenade!

- Notice that questions with **faire** do not necessarily require an answer with **faire**.

    — Qu'est-ce que vous **faites** quand il fait beau?   — Je *joue* au golf.
    — Qu'est-ce que vous allez **faire** demain?   — Je *vais travailler*.

Activités

 K **Que font-ils?** Écoutez et indiquez qui fait les sept activités mentionnées: *Nora ou Thomas*.

1. Qui fait la grasse matinée?
2. Qui fait toujours ses devoirs?
3. Qui fait de la natation?
4. Qui fait de la marche?
5. Qui fait du foot?
6. Qui fait la cuisine?
7. Qui fait des courses?

Maintenant, dites si vous faites les mêmes activités. Qui est le plus actif parmi vos camarades de classe? Le plus paresseux?

L **Réponses personnelles.** Lisez les phrases suivantes et indiquez si vous faites ces activités *toujours*, *souvent*, *quelquefois* ou *jamais*, selon vos habitudes personnelles.

1. Le matin, je fais mon lit.
2. Le mardi, je fais de la musique.
3. Le samedi, je fais des courses.
4. Le mercredi, mes amis font du vélo.
5. Le week-end, nous faisons une promenade.
6. Le soir, nous faisons nos devoirs.
7. Le... , je...

Maintenant, comparez vos réponses avec celles d'un(e) partenaire. Prenez des notes sur ses réponses et écrivez un paragraphe au sujet de ses habitudes.

➡ — *Tu fais ton lit le matin?*
    — *Jamais! Je n'ai pas le temps. J'ai un cours à huit heures.*

Jeu de rôle

You and a prospective roommate have different interests and abilities. Discuss your pastime preferences using expressions with **faire** to talk about what you like or do not like to do. You may discover that the rooming arrangement would not work out!

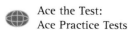

Improve Your Grade: Flashcards, Interactive Practice

Ace the Test: Ace Practice Tests

*The verb **jouer à** can also be used with games: Je **joue au** tennis et mon frère **joue au** basket. BUT: Je joue du piano, de la guitare, d'un instrument.

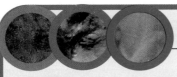

Culture et réflexion

À la maternelle.

Observez et déduisez

Quel âge ont les enfants sur cette photo? Ces enfants ne sont pas dans une crèche d'enfants[1], mais dans une classe maternelle, dans une école publique. En France, l'enseignement est gratuit[2] pour les enfants qui ont moins de 5 ans. Qu'est-ce que cela révèle sur la société française?

Confirmez et explorez

• **La maternelle.** Les enfants en France commencent l'école très jeune: 99,6% des enfants de 3 ans vont à la maternelle, et 36% des enfants de 2 ans. Comment expliquez-vous ces statistiques? Est-ce une bonne idée de commencer l'école à l'âge de 2 ou 3 ans?

• **Le bac.** À la fin de leur dernière année de lycée, les jeunes Français passent[3] un grand examen national qui s'appelle le baccalauréat, ou le bac. Il y a plusieurs sortes de bacs: la série littéraire; la série scientifique; et le bac sciences économiques et sociales. Il existe aussi le bac technologique et le bac professionnel. L'examen dure plusieurs jours et comprend des épreuves (parties) écrites et orales. Les résultats au bac déterminent la possibilité de faire des études supérieures. Approximativement 75% des élèves qui passent le bac réussissent[4]. Les élèves qui ratent[5] l'examen peuvent refaire la dernière année de lycée et repasser le bac l'année suivante. Que pensez-vous de ce système?

Préférez-vous un système de contrôle continu comme dans les lycées américains? À votre avis, quels sont les effets d'un grand examen national à la fin des études secondaires sur (a) la qualité des programmes scolaires, (b) l'attitude des élèves et des professeurs vis-à-vis de l'éducation? Est-ce une bonne idée de réserver l'accès aux études supérieures à une sorte d'élite intellectuelle?

• **Éducation et sacrifices.** Dans la majorité des pays africains francophones, le système scolaire est basé sur le système français. L'instruction est en français, mais les ressources sont souvent très limitées. Imaginez une salle de classe dans certains villages au Sénégal: il y a 60 à 70 enfants dans une seule classe, et ces enfants doivent partager[6] une douzaine[7] de livres. Dans d'autres villages, il n'y a pas d'école. Dans l'ensemble d'un pays comme le Sénégal, seulement 44% des enfants vont à l'école, et seulement 10% à 15% des enfants qui finissent l'école primaire continuent au collège, car les collèges sont peu nombreux et situés exclusivement dans les villes. Les études universitaires sont réservées à une très petite minorité; certains obtiennent des bourses[8] pour continuer leurs études en France. L'éducation vient au prix de grands sacrifices. À votre avis, est-il justifié de demander à un enfant de quitter sa famille pour continuer ses études en ville? Est-ce que des sacrifices, financiers et autres, sont nécessaires pour obtenir une formation universitaire chez vous? Quels sacrifices faites-vous pour votre éducation?

Une école primaire au Sénégal.

 Improve Your Grade: Web Search Activities

---

1. *daycare*   2. *free of charge*   3. *take*   4. *pass*   5. *fail*   6. *share*   7. *10–12*   8. *scholarships*

Troisième étape

À l'écoute — La fac

Décisions, décisions! La conversation que vous allez entendre illustre les décisions que les jeunes Français doivent prendre (*must make*) pour leurs études. Lisez **Pensez,** puis écoutez selon les instructions données.

Pensez

1 On dit qu'en France il n'y a «pas de fac sans bac». Comme l'explique la page culturelle (p. 143), il est nécessaire d'avoir le baccalauréat, ou le bac, pour entrer à l'université ou dans une école supérieure.

La fac est un autre terme pour l'université, qui se divise en facultés (facs).

Jour d'examen dans une fac française.

Exemples de facs	*Pour les études de/d'*
La fac des lettres et sciences humaines	histoire, géographie, littérature, philosophie, langues étrangères, sociologie, psychologie
La fac des sciences	biologie, chimie, géologie, maths, physique
La fac de droit et sciences économiques	droit (*law*), relations internationales, sciences politiques, économie, gestion (*business*), commerce

Vocabulaire actif

architecture
avoir peur (*de*)
la bibliothèque
une bourse
le campus
la comptabilité
le droit
la fac
gratuit(*e*)
la médecine
passer un examen
rater
le restaurant universitaire
réussir (*infinitive only*)

Observez et déduisez

2 Écoutez une première fois. Est-ce que Stéphane est

a. au lycée?   b. à la fac?

3 Écoutez encore et répondez aux questions suivantes.

1. **Passer, réussir** ou **rater:** quel verbe est-ce que la dame utilise quand elle pose sa question à Stéphane sur le bac?
2. Quelles sont les intentions de Stéphane? Il va faire des études de _____ à la fac _____.
3. Stéphane **a peur** du bac, «parce que c'est un examen **vachement** important». En utilisant le contexte et la logique, déduisez le sens de **avoir peur** (*être nerveux* ou *calme?*) et **vachement** (*très* ou *un peu?*).

4 Quels diplômes est-ce que Stéphane va préparer? Écoutez encore et reliez les adverbes et les diplômes.

la maîtrise   d'abord
la licence   peut-être
le doctorat   sans doute

Déduisez: quel est le terme français pour l'équivalent du *bachelor's degree? master's degree? Ph.D.?* Comment dit-on *first? probably?*

5 Écoutez une dernière fois en faisant attention au contexte de **on peut pas** et **tu veux.** Quel verbe signifie *to want*, et quel verbe signifie *can / to be able to?*

Note culturelle

L'enseignement supérieur. Nous avons déjà vu que l'option la plus prestigieuse est celle des «prépas» et des grandes écoles. Après le bac, l'enseignement supérieur offre bien sûr d'autres options.

- Les universités, avec 62% des étudiants, sont la filière la plus commune. On peut obtenir une licence en trois ans. Il faut un an de plus pour obtenir la maîtrise et trois ans de plus pour le doctorat. Les universités incluent les facultés de médecine (sept ans d'études).

- Les instituts universitaires de technologie (IUT), avec 6% des étudiants, permettent de préparer en deux ans des diplômes de comptabilité (*accounting*), d'informatique, etc.

- Les instituts universitaires de formation des maîtres (IUFM), avec 4% des étudiants, préparent les professeurs d'écoles primaires.

Il y a aussi des écoles paramédicales et sociales, des écoles d'ingénieurs indépendants des universités, des écoles de commerce et gestion, des écoles supérieures d'art et d'architecture, et un nombre croissant d'écoles supérieures privées.

L'enseignement supérieur public est gratuit. Les étudiants paient environ 250 euros par an de frais administratifs et c'est tout! Les restaurants universitaires sont subventionnés (*subsidized*) par le gouvernement et offrent aux étudiants deux repas par jour pour un prix très modique. Les étudiants dont les parents ont des ressources insuffisantes peuvent bénéficier d'une bourse d'études qui paie une partie de leur logement.

Le concept de campus n'existe pas vraiment dans les vieilles universités où les diverses facultés sont souvent dans différentes parties de la ville. Les étudiants vont à la bibliothèque universitaire principalement pour faire des recherches (*research*) et sortir (*check out*) des livres. Beaucoup de cours ont lieu dans des amphithéâtres.

En comparant les options ou conditions de l'enseignement supérieur en France et dans votre pays, quelles sont les différences que vous trouvez les plus intéressantes? Expliquez.

Prononciation Les sons [ø] et [œ]

- [ø] is the sound in **euh** and **deux.** To pronounce this vowel sound, say [e], then round your lips like for an [o], without moving your tongue or the opening of your mouth.

- [œ] is the sound in **heure** and **neuf.** To pronounce it, say [ɛ], then round your lips, again without moving your tongue or changing the opening of your mouth.

Observez et déduisez

Listen to the following phrases from **À l'écoute: La fac** on the In-Text Audio CD, and in the chart, check the sounds you hear. Listen to each phrase twice.

	[ø]	[œ]
1. Tu as p**eu**r?		
2. un p**eu**		
3. tu v**eu**x		
4. on p**eu**t pas		
5. des études supéri**eu**res		
6. p**eu**t-être		

Now practice saying the phrases aloud. Then listen to the phrases again to verify your pronunciation.

∩ Confirmez

1. **Prononcez.** Practice saying the following words aloud, paying particular attention to the highlighted sounds. Then listen to the words on the In-Text Audio CD to verify your pronunciation.

   a. [ø] mons**ieu**x, paress**eu**x, paress**eu**se, sér**ieu**x, sér**ieu**se, ennuy**eu**x, ennuy**eu**se, h**eu**r**eu**x, h**eu**r**eu**se, v**ieu**x, les chev**eu**x, les y**eu**x, bl**eu**

   b. [œ] un profess**eu**r, un act**eu**r, un ingén**ieu**r, une f**eu**ille, un faut**eu**il, un ordinat**eu**r, les m**eu**bles, j**eu**ne, l**eu**r, s**œu**r

2. [ø] **et** [œ]. Now practice saying aloud the following sentences that contain both [ø] and [œ]. Then listen to them on the In-Text Audio CD to verify your pronunciation.

   a. J'ai un p**eu** p**eu**r.
   b. Le mons**ieu**r aux y**eu**x bl**eu**s est profess**eu**r.
   c. Il est n**eu**f h**eu**res moins d**eu**x.

Vocabulaire actif

avoir de l'argent
avoir le temps
entrer à la fac
prochain(e)
pouvoir
vouloir

Structure Saying what you can and want to do

Les verbes *pouvoir* et *vouloir*

Observez et déduisez

— Tu vas passer ton bac cette année, n'est-ce pas?
— Bien sûr! Sans le bac, on ne peut pas entrer à la fac.
— Tu sais ce que tu veux faire après?
— Ben, je pense que je voudrais faire des études supérieures de chimie l'année prochaine.
— Ah, bon. Tu veux préparer la licence?
— Oui. Et la maîtrise et le doctorat si je peux.

- You have already learned to use the polite expressions **je voudrais** and **pourriez-vous** in Chapter 3. What other forms of the verbs **vouloir** and **pouvoir** do you see in the dialogue above?

Confirmez Les verbes *pouvoir* et *vouloir*

- The verb **vouloir** is used to express desire. It is often followed directly by another verb in the infinitive.

   Je ne **veux** pas rater le bac. Je **veux faire** des études supérieures.

- **Vouloir bien** is often used to accept an invitation or to express willingness.

   — Tu veux regarder un DVD avec moi?
   — Oui, je **veux bien.**

- The verb **pouvoir** is used to express ability or permission and is commonly followed by an infinitive.

> Le prof est gentil. Nous **pouvons** toujours **poser** des questions.
> Claire et Lise ne **peuvent** pas **faire** leurs devoirs. Elles n'ont pas le temps (*time*).
> Je ne **peux** pas **faire** de courses. Je n'ai pas d'argent (*money*).

Les verbes *vouloir* et *pouvoir*

je veux	nous voulons
tu veux	vous voulez
il/elle/on veut	ils/elles veulent
je peux	nous pouvons
tu peux	vous pouvez
il/elle/on peut	ils/elles peuvent

Activités

 L'enseignement en France. Complétez les phrases de la colonne de gauche avec une expression logique de la colonne de droite.

1. Alain n'a pas son bac. Il ne peut pas...
2. Tu veux aller dans une grande école? Tu vas...
3. Nous voulons être avocats. Nous allons...
4. Mes copains veulent étudier la physique. Ils vont...
5. J'étudie la littérature. Je suis...
6. Vous étudiez dans un IUT. Vous pouvez...

a. à la faculté des lettres.
b. faire de la comptabilité.
c. faire la série scientifique.
d. entrer à la fac.
e. à la faculté de droit.
f. faire des classes préparatoires pendant deux ans.

 Possibilités. Étant donné (*Given*) les conditions ci-dessous, quelles options sont possibles? Choisissez parmi les possibilités à droite ou inventez-en d'autres!

➡ J'aime les maths et je veux travailler dans le domaine des finances.
Alors, tu peux préparer un diplôme de comptabilité.

Conditions

1. Jean-Marc veut aller à la fac, mais il n'a pas l'argent pour payer son logement.
2. Mes cousins veulent un très bon placement, et ils sont très intelligents.
3. Votre copain et vous voulez aller à la fac, et vous aimez surtout les langues et la littérature.
4. Les cours du matin finissent et j'ai très faim, mais je n'ai pas beaucoup d'argent.
5. Caroline veut aller à la fac et après, elle veut travailler avec des enfants.
6. Nous ne voulons pas faire d'études supérieures; nous voulons travailler dans un bureau.
7. Je veux trouver une profession où je peux aider les gens.

Possibilités

aller au restaurant universitaire
aller dans une école paramédicale
bénéficier d'une bourse
être professeur des écoles
préparer la série littéraire
faire des cours préparatoires
aller au lycée professionnel
préparer un diplôme
?

Obligations/Préférences. Qu'est-ce que ces gens ne veulent pas faire? Qu'est-ce qu'ils préfèrent faire?

➡ *Il ne veut pas... ; il veut...*

P **La permission.** C'est le premier jour de votre cours de français. Jouez le rôle du professeur. Dites aux étudiants ce qu'ils peuvent faire en classe et ce qu'ils ne peuvent pas faire.

➡ manger? *Vous ne pouvez pas manger en classe.*

1. regarder un DVD?
2. parler espagnol?
3. faire des exercices?
4. écouter la radio?
5. poser des questions?
6. travailler en groupes?
7. ?

Maintenant, expliquez au professeur ce que vous *voulez* et *ne voulez pas* faire en classe.

Q **Invitations.** Qu'est-ce que vous aimez faire quand vous avez du temps libre? Cochez les activités qui vous intéressent et ajoutez trois autres activités.

_____ faire des courses

_____ écouter un nouveau CD

_____ faire du jogging

_____ regarder un DVD

_____ jouer au tennis

_____ dîner au restaurant

_____   _____   _____

Maintenant, invitez votre partenaire à faire les activités qui vous intéressent. Il/Elle va accepter ou refuser.

➡ — *Tu veux faire des courses?*
  — *Oui, je veux bien!* ou *Non, je ne peux pas.*

R **Ni le temps ni l'argent?** (*Neither time nor money?*) Qu'est-ce que vos amis et vous voulez faire ce week-end? Est-ce possible? Si ce n'est pas possible, dites pourquoi.

➡ *Mes amis et moi, nous voulons jouer au foot, mais nous ne pouvons pas parce que nous n'avons pas le temps.*

Structure Discussing your classes

Les verbes *prendre, apprendre* et *comprendre*

Observez et déduisez

You learned expressions with these verbs in previous chapters: **Je ne comprends pas, apprendre des choses nouvelles,** *and* **prenez la rue Victor Hugo.***

Ces étudiants **prennent** des notes en classe.

Ces étudiants **apprennent** à parler français.

Cet étudiant ne **comprend** pas l'exercice.

Et vous? Vous apprenez le français aussi, n'est-ce pas? Est-ce que vous comprenez les exercices? Est-ce que vous prenez des notes en classe? Est-ce que vous prenez le temps de faire vos devoirs?

> • **Apprendre** and **comprendre** are both compounds of **prendre.** Using what you already know and the examples you have seen, can you infer the **tu** and **nous** forms of these verbs?

Vocabulaire actif

apprendre
comprendre
prendre...
  le temps de...
  une décision

Confirmez Les verbes *prendre, apprendre* et *comprendre*

- The verb **prendre** can be used in a variety of contexts:

  Les étudiants **prennent** des notes en classe.
  Jean-Michel **prend** son vélo pour aller en classe.
  Pour aller à la fac, **prenez** la rue de l'Université.

  Note, however, that English and French usage do *not* always correspond.

  Stéphane **prend** une décision importante. (***makes** a decision*)
  Nous **passons** un examen important demain. (***take** a test*)

- **Prendre un cours** is used for extracurricular or private lessons. To talk about taking classes at school, use **avoir un cours.**

  Il **prend un cours** de gymnastique.   J'**ai un cours** de maths.

- **Prendre le temps de** + an infinitive means *to take the time to* do something.

  Je **prends le temps de** faire du sport tous les jours.

- The verb **apprendre** may be followed by a noun:

  Nous **apprenons** *le vocabulaire.*

  or by the preposition **à** and an infinitive to say one is learning to *do* something:

  Nous **apprenons** à *parler français.*

- **Comprendre** may be followed by a direct object:

  > Tu **comprends** *la grammaire?*
  > Les étudiants **comprennent** *le professeur.*

  or it may stand alone:

  > Vous **comprenez?** Oui, je **comprends.**

Le verbe *prendre*

je prend**s**	nous pren**ons**
tu prend**s**	vous pren**ez**
il/elle/on prend	ils/elles pren**nent**

Activités

S **Interview.** Interviewez un(e) partenaire en vous posant (*asking each other*) les questions suivantes.

1. Tu comprends toujours le professeur de français?
2. Les étudiants dans la classe comprennent les CD?
3. Est-ce qu'ils prennent des notes en classe?
4. Tes copains apprennent l'espagnol?
5. Tes copains et toi, vous prenez des leçons de tennis?
6. Tu apprends la chimie?
7. Tu prends ton vélo pour aller en cours?

T **Pour réussir en français, on...** Employez le vocabulaire suivant pour dire ce qui est nécessaire pour réussir en français.

➡ *Pour réussir en français, on apprend le vocabulaire.*

les verbes:	**les noms:**
étudier	la grammaire
parler	le vocabulaire
écouter	le professeur
apprendre	des notes
comprendre	le cahier
prendre le temps de	les CD
poser des questions	la vidéo
faire ses devoirs tous les jours	
préparer/passer des examens	

Épisode

Improve Your
Grade: Flashcards,
Interactive Practice

Ace the Test:
Ace Practice Tests

Jeu de rôle

An acquaintance with an annoying personality (your partner) is forever inviting you out. Prepare a skit in which she or he continues to insist—even though you refuse—and uses any pretext to get together. Offer several excuses because you have no desire to go anywhere with this person!

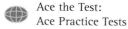

Quatrième étape: Intégration

Littérature «Ils vont lui faire éclater le cerveau... »

Marcel Pagnol (1895–1974) is the author of *Jean de Florette* and *Manon des sources*, made famous in the late 1980s through the award-winning movies with Yves Montand. Born and raised in the south of France, Marcel Pagnol has immortalized both in print and on film the charm of the sun-drenched hills of Provence and the singing accent of its people. First a playwright with acclaimed plays such as *Topaze* (1928), *Marius* (1929), and *Fanny* (1931), Pagnol turned to the screen as early as 1936, when he wrote and directed *César*, which has become a classic in the world of film. Pagnol then devoted much of his life to filmmaking. In 1957, he published the first volume of his autobiography, *La Gloire de mon père*, followed in 1958 by *Le Château de ma mère*, which were both made into movies in 1990. Son of Joseph, a school-teacher, and Augustine, a sweet-natured woman, Marcel recounts with much humor and tenderness the early days of a magical childhood in Provence. The following piece is an excerpt from *La Gloire de mon père*.

Pensez

1 Dans le texte, la concierge dit, «Ils vont lui faire éclater le cerveau... » (*They are going to make his brain burst . . .*). Quelle horreur! «Ils», ce sont les instituteurs d'une petite école primaire. La victime: le petit Marcel. À votre avis, quelles sont les causes possibles d'une «explosion cérébrale»? Cochez la réponse qui vous semble la plus probable.

_____ Une expérience scientifique sur le cerveau des enfants

_____ Une expérience psychologique sur les capacités cérébrales des enfants

_____ Un enfant très intelligent encouragé à apprendre trop de choses (*too much*) trop vite (*too fast*)

_____ Un enfant paresseux forcé d'étudier

_____ La punition d'un enfant qui n'est pas sage (*quiet, good*)

_____ Une réaction causée par une grande peur (*fear*)

Observez et déduisez: en général

2 Parcourez le texte une première fois. Parmi (*Among*) les possibilités proposées dans **Pensez**, quelle est la réponse correcte?

3 Parcourez le texte une deuxième fois pour identifier les paragraphes qui correspondent aux titres suivants. Attention, il y a un titre supplémentaire qu'on ne peut pas utiliser!

Paragraphe

1. «Quand ma mère va faire... »
2. «Un beau matin... »
3. «Mon père se retourne... »
15. «Alors il va prendre... »
16. «Quand ma mère arrive... »
17. «Sur la porte de la classe... »
18. «À la maison... »
19. «Non je n'ai pas mal... »

Titre

a. Le papa comprend que Marcel sait lire.
b. Le papa confirme avec un livre que Marcel sait lire.
c. La maman appelle un docteur.
d. Marcel va souvent dans la classe de son père.
e. Le papa écrit une phrase sur un petit garçon qui a été puni.
f. La maman observe la condition physique de Marcel.
g. Marcel de quatre à six ans.
h. La réaction immédiate de la maman.
i. La réaction de la concierge.

«Ils vont lui faire éclater le cerveau... »

1 Quand ma mère va faire ses courses, elle me laisse° souvent dans la classe de mon père, qui apprend à lire à des enfants de six ou sept ans. Je reste assis°, bien sage, au premier rang° et j'admire mon père qui, avec une baguette° de bambou, montre les lettres et les mots qu'il écrit au tableau noir.

    me... *leaves me*

    seated / row
    stick

2   Un beau matin—j'ai à peine quatre ans à l'époque—ma mère me dépose à ma place pendant que mon père écrit magnifiquement sur le tableau: «La maman a puni° son petit garçon qui n'était pas sage.» Et moi de crier: «Non! Ce n'est pas vrai!»

    punished

3   Mon père se retourne soudain, me regarde stupéfait, et demande: «Qu'est-ce que tu dis?»

4   — Maman ne m'a pas puni! Ce n'est pas vrai!

5   Il s'avance vers moi:

6   — Qui dit qu'on t'a puni?

7   — C'est écrit.

8   Sa surprise est totale.

9   — Mais... mais... est-ce que tu sais lire?

10   — Oui.

11   — Voyons°, voyons...

    let's see

12   Et puis il dirige° son bambou vers le tableau noir.

    points

13   — Eh bien, lis°.

    du verbe **lire** (lisez)

14   Et je lis la phrase à haute voix.

15   Alors il va prendre un livre, et je lis sans difficulté plusieurs° pages... La surprise initiale de mon père est vite remplacée par une grande joie et une grande fierté.

    several

16   Quand ma mère arrive, elle me trouve au milieu de° quatre instituteurs, qui ont envoyé° leurs élèves dans la cour de récréation, et qui m'écoutent lire lentement° l'histoire du Petit Poucet°... Mais au lieu d'admirer cet exploit, elle pâlit°, ferme brusquement le livre, et me prend dans ses bras, en disant: «Mon Dieu°! mon Dieu!... »

    avec
    sent
    slowly / Tom Thumb
    turns pale
    God

17   Sur la porte de la classe, il y a la concierge, une vieille femme corse°, qui répète avec effroi°: «Ils vont lui faire éclater le cerveau.... Mon Dieu, ils vont lui faire éclater le cerveau... » C'est elle qui est allée chercher ma mère.

    from Corsica / peur

18   À la maison, mon père affirme que ce sont des superstitions ridicules, mais ma mère n'est pas convaincue, et de temps en temps elle pose sa main° sur mon front° et me demande: «Tu n'as pas mal à la tête°?»

    hand / forehead
    mal... *a headache*

19   Non, je n'ai pas mal à la tête, mais jusqu'à l'âge de six ans, je n'ai plus° la permission d'entrer dans une classe, ni d'ouvrir un livre, par crainte° d'une explosion cérébrale. Elle va être rassurée quand, à la fin de mon premier trimestre à l'école, mon institutrice va déclarer que j'ai une mémoire exceptionnelle, mais que j'ai la maturité d'un bébé.

    ne... plus: *no longer*
    peur

Extrait de *La Gloire de mon père* (Marcel Pagnol).

Observez et déduisez: en détail

4 Les mots. D'après le contexte, quel est le sens des mots suivants? Choisissez a ou b.

¶1 apprendre (ici)	a. to learn	b. to teach
¶2 à peine	a. painfully	b. barely
¶14 à haute voix	a. quietly	b. aloud
¶15 fierté	a. fear	b. pride
¶16 cour de récréation	a. playground	b. principal's office
¶18 convaincue	a. convinced	b. convalescent
¶19 rassurée	a. worried	b. reassured

5 Le texte

1. **Vrai ou faux?** Indiquez si la phrase est vraie (V) ou fausse (F). Corrigez les phrases fausses.

   a. Marcel va généralement faire les courses avec sa mère.
   b. Quand Marcel est dans la classe de son père, il admire les autres élèves.
   c. Quand Monsieur Pagnol écrit que «la maman a puni son petit garçon qui n'était pas sage», Marcel se sent visé.
   d. Monsieur Pagnol veut des évidences supplémentaires que son fils sait lire.
   e. Après la surprise initiale, Monsieur Pagnol téléphone à sa femme.
   f. Les autres instituteurs veulent que leurs élèves écoutent Marcel lire.
   g. La réaction de Madame Pagnol est très différente de la réaction de Monsieur Pagnol.
   h. La vieille concierge est superstitieuse.
   i. Madame Pagnol a peur pour son fils.
   j. Madame Pagnol encourage son fils à lire.

2. **Pourquoi?** Pourquoi Madame Pagnol est-elle «rassurée» quand elle apprend que son fils, à l'âge de six ans, a la maturité d'un bébé?

Explorez

1. Imaginez que Marcel est votre fils de quatre ans. Vous apprenez avec surprise qu'il sait lire! Qu'est-ce que vous allez faire? Est-ce que vous allez être content(e) comme le père de Marcel, ou est-ce que vous allez avoir peur, comme sa mère? Est-ce que vous allez encourager Marcel à lire?

2. Est-ce que vous avez parfois l'impression que votre cerveau va éclater? Dans quelles circonstances? Avec un(e) partenaire, faites une liste de ces circonstances.

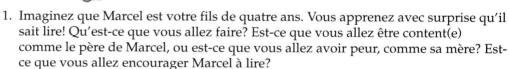 **Par écrit** I like school but I'm *so* busy!

Avant d'écrire

A Strategy: Brainstorming. To prepare a writing assignment, begin brainstorming by jotting down lists of ideas and vocabulary related to the proposed task. For instance, what ideas would you be likely to use in a letter discussing your weekly activities? What would you tell a prospective student about your university?

Application. To prepare for the writing assignments that follow, develop two lists: (1) your activities and classes in an average week, and (2) opportunities for students at your university.

B **Strategy: Writing to a friend.** Begin a friendly letter with a salutation such as:

Cher Pierre, Chère Nathalie, Salut les amis!

Close letters to friends with an expression like:

Bien amicalement, Amitiés,

More familiar expressions (similar to "hugs and kisses") used with family and close friends include:

Grosses bises! Je t'embrasse, / Je vous embrasse,

Écrivez

1. En vous basant sur les listes 1 et 2 dans **Avant d'écrire A,** écrivez une lettre à votre ami(e) suisse au sujet de votre vie à l'université. Parlez d'une semaine typique— vos cours, votre emploi du temps, vos activités. Qu'est-ce que vous faites pendant la semaine? le week-end? etc.

➡ *Cher/Chère...*
La vie à l'université est très fatigante mais aussi très intéressante...

2. Vous aidez votre université à préparer de la publicité destinée aux étudiants francophones. Écrivez un paragraphe où vous décrivez les avantages d'être étudiant(e) à votre fac. Parlez des cours et des emplois du temps, des professeurs, des activités et du campus.

Synthèse culturelle

Quand vous pensez à l'école primaire, qu'est-ce qui vous vient à l'esprit[1]?
Je vois...

Isabelle: des enfants assis à leur pupitres[2] en rangs d'oignons[3]...

J'entends...

Laïla: le rire[4] de mes amis, les représailles de mes professeurs...

Je sens...

Aïssatou: l'odeur des cacahuètes[5] ou des beignets venant des étals[6] des marchands installés devant l'école...

Explorez

Et vous? Quelles images, quels sons, quelles odeurs vous viennent à l'esprit quand vous pensez à l'école? Posez cette question à trois personnes d'une autre culture, région géographique, ou génération, puis analysez les réponses. Y a-t-il des différences culturelles? Comparez-les avec les réponses ci-dessus et dans le Student Website et parlez-en avec vos camarades de classe.

  Improve Your Grade: Online Synthèse culturelle

---

1. *what comes to mind?* 2. *seated at their desks* 3. *like rows of onions* 4. *laughter* 5. *peanuts* 6. *stalls*

Le temps

un an, une année *a year*	la fin *the end*
le calendrier *the calendar*	un emploi du temps *a schedule*
la date	le milieu *the middle*
le début *the beginning*	du temps libre *free time*
une fête *a holiday, celebration*	

Les mois (m.)

janvier	mai	septembre
février	juin	octobre
mars	juillet	novembre
avril	août	décembre

Les jours (m.) et la semaine

lundi *Monday*	samedi *Saturday*	le matin *morning*
mardi *Tuesday*	dimanche *Sunday*	l'après-midi (m.) *afternoon*
mercredi *Wednesday*	par jour *per day, daily*	le soir *evening*
jeudi *Thursday*	une journée *a day*	le week-end
vendredi *Friday*	par semaine *per week, weekly*	

L'heure (f.)

Quelle heure est-il? *What time is it?*	... moins le quart *a quarter to*
À quelle heure? *At what time?*	... et demie *-thirty, half past*
neuf heures du matin *9:00 A.M. / 9:00 in the morning*	midi *noon*
	minuit *midnight*
deux heures de l'après-midi *2:00 P.M. / 2:00 in the afternoon*	une minute
	un quart d'heure *fifteen minutes*
du soir *P.M. / in the evening*	une demi-heure *a half hour*
... et quart *a quarter after*	

Les matières (f.) / les études (f.)

l'allemand (m.) *German*	l'informatique (f.) *computer science*
l'anglais (m.)	les langues étrangères *foreign languages*
l'architecture (f.)	la littérature *literature*
l'art (m.)	les maths (f.)
la biologie	la médecine *medicine*
la chimie *chemistry*	la peinture *painting*
la comptabilité *accounting*	la philosophie
le droit *law*	la physique *physics*
l'espagnol (m.) *Spanish*	la psychologie
le français	les sciences (f.) (économiques)
la géographie	les sciences politiques (sciences po) *political science*
la gymnastique / l'éducation physique (f.) *physical education, gym*	la sociologie
l'histoire (f.) *history*	

Les écoles (f.)

l'école maternelle *kindergarten*
l'école primaire *elementary school*
le collège *junior high / middle school*

une bourse *a scholarship*
un campus
un cours *a class*
les devoirs (m.) *homework*
un diplôme *a diploma, degree*
un examen *an exam, a test*

le lycée *high school*
la fac / l'université *college / university*

passer un examen *to take an exam*
rater un examen *to fail an exam*
la rentrée *back to school*
réussir à un examen (*infinitive only*) *to pass an exam*
la bibliothèque *the library*
le restaurant universitaire *the university cafeteria*

Verbes

apprendre *to learn*
commencer *to begin*
comprendre *to understand*
entrer (à la fac) *to enter*
faire *to do, to make*

finir (*infinitive only*) *to finish*
pouvoir *to be able to, can*
prendre *to take*
préparer *to prepare*
vouloir *to want*

Expressions avec *faire*

faire des courses *to go shopping*
faire la cuisine *to cook*
faire ses devoirs *to do homework*
faire la grasse matinée *to sleep in*
faire de la gymnastique / de l'exercice
   to exercise
faire son lit *to make one's bed*

faire de la musique *to practice music*
faire de la marche / une promenade *to go for a walk*
faire de la natation *to swim*
faire la sieste *to take a nap*
faire du sport (du vélo, du ski, etc.) *to play sports (to bike, ski, etc.)*
faire un voyage *to go on a trip*

Expressions verbales

avoir le temps (de) *to have the time (to)*
avoir peur (de) *to be afraid (of)*
Ça me plaît. *I like it.*

Ça te plaît? *Do you like it?*
prendre une décision *to make a decision*
prendre le temps (de) *to take the time (to)*

Expressions pour réagir

Ah bon? Vraiment? *Oh really?*
Bof... *Well . . .*
C'est chouette!/génial! *That's cool!*
C'est embêtant! *That's too bad!*
C'est incroyable! *Unbelievable!*
C'est pas vrai! *No! / I can't believe it!*
C'est vrai? *Is that right?*
Et alors? *So what?*

Formidable! / Super! *Great!*
J'en ai marre *I'm fed up*
Je m'en fiche *I don't give a darn*
Mince! / Zut alors! *Darn it!*
Quelle chance! *How lucky!*
Tant pis! *Too bad!*
Tiens... *Oh . . .*
Tu plaisantes! *You're kidding!*

Adverbes de temps

après *after*
avant *before*
d'habitude *usually*
ne... jamais *never*

tard *late*
tôt *early*
vers *about, around*

Adjectifs

chargé(e) *busy*
facultatif(ve) *optional*
gratuit(e) *free (no charge)*

obligatoire *required*
occupé(e) *busy*
prochain(e) *next*

Divers

un anniversaire *birthday*
l'argent (m.) *money*

un cadeau *a gift*
des projets (m.) *plans*

EXPRESSIONS POUR LA CLASSE

aider *to help*
accepter *to accept*
associer *to associate*
classez *classify*

en vous posant *asking each other*
étant donné(e) *given*
Quel est le sens de... ? *What is the meaning of . . . ?*
propre *own*

À table!

This chapter will enable you to

➡ understand conversations about food

➡ read about eating habits in France

➡ read an excerpt from an African play

➡ talk about what you like to eat and drink

➡ know what to say in a restaurant

➡ compare people and things

➡ ask for and give explanations

➡ talk about what happened

Chapter resources

iLrn Heinle Learning Center includes:
- Student Activities Manual (SAM) and SAM Audio Program
- Textbook Assignments and In-text Audio Program
- Media-enhanced eBook
- Video Library
- Enrichment
- Diagnostics

 In-Text Audio Program

 Video

 Companion Website

Comparez les aliments sur cette photo. Qu'est-ce qui est meilleur? plus sain? moins cher? Et vous—quels sont vos aliments préférés?

À l'écoute Vous désirez?

La conversation de cette étape a lieu (*takes place*) à La Belle Époque, un café-snack-bar à Aix-en-Provence. Faites d'abord l'activité 1, **Pensez,** puis écoutez en suivant les instructions données.

SNACK La Belle Epoque
spécialités chaudes

La Niçoise
salade, tomates,
thon, œuf
5,80€

**Hamburger
Œuf à cheval**
5,80€

La Louisiane
salade, tomates, maïs, jambon
5,80€

Coppacabana
Saucisse, Tomate, Avocat
4,60€

Sandwich
Brochette viande
3,10€

Pensez

1 Voici une page du menu (ou de la carte) de La Belle Époque. Avec un(e) partenaire, examinez les photos et les descriptions, puis déduisez le sens des mots suivants.

de la salade

une tomate

un œuf

du maïs

du jambon

une saucisse

un avocat

de la viande (bœuf, porc, etc.)

Observez et déduisez

2 Écoutez une première fois pour déterminer qui parle.

a. deux clients et une serveuse (*waitress*)
b. deux clients et un serveur (*waiter*)
c. trois clients

3 Écoutez une deuxième fois en regardant le menu et notez sur une feuille:

les plats (*dishes*) mentionnés

les plats commandés (*ordered*)

4 Qu'est-ce que le jeune homme commande en supplément?

a. une salade
b. des frites
c. de la soupe

5 Quel est le sens de **j'ai faim** et **j'ai soif?** Complétez les phrases de gauche avec les explications à droite.

1. Quand on a faim...   a. on prend une boisson.
2. Quand on a soif...   b. on mange.

6 Écoutez encore une fois et identifiez les boissons commandées.

Boissons froides

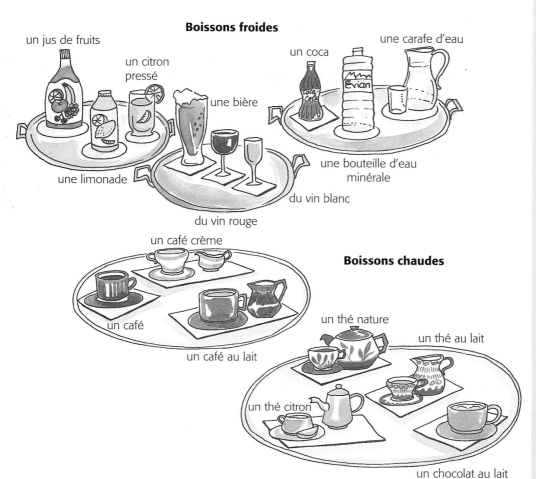

un jus de fruits

un citron pressé

une bière

un coca

une carafe d'eau

une limonade

une bouteille d'eau minérale

du vin blanc

du vin rouge

un café crème

Boissons chaudes

un café

un café au lait

un thé nature

un thé au lait

un thé citron

un chocolat au lait

Notes culturelles

Les boissons. Dans la majorité des cafés et des restaurants, si vous commandez de l'eau, on va vous apporter une bouteille d'eau minérale. Si vous voulez de l'eau du robinet gratuite (*free tap water*), il faut demander une carafe d'eau ou de l'eau ordinaire. Un citron pressé est un mélange d'eau, de citron frais et de sucre (*fresh lemon and sugar*). Une limonade est une boisson gazeuse (*carbonated*) très semblable au 7-Up.

Les repas (*meals*). Le matin, le petit déjeuner consiste généralement de café au lait, de thé ou de chocolat chaud avec du pain (une baguette toute chaude!) et de la confiture (*jam*), du pain grillé (*toast*) ou un croissant. 70% des Français mangent cette version «continentale» du petit déjeuner. 13% préfèrent la formule anglo-saxonne avec des œufs et du bacon ou des céréales. On appelle cela le petit déjeuner anglais. 17% des Français sont trop pressés (*rushed*) le matin pour prendre le petit déjeuner—une boisson suffit (café ou jus d'orange), ou peut-être un yaourt (comme Yoplait ou Danone).

À midi, le déjeuner est généralement un repas complet, avec un hors-d'œuvre ou une entrée (par exemple, une salade de tomates), puis un plat

les aliments (m.)
  une baguette
  le bœuf
  des céréales (f.)
  la confiture
  un croissant
  des frites (f.)
  le fromage
  une glace
  du jambon
  du jus d'orange
  un légume
  du maïs
  la mousse au chocolat
  un œuf
  le pain (grillé)
  une pizza
  le porc
  une quiche
  un sandwich
  une saucisse
  le sucre
  le thon
  une tomate
  la viande
  un yaourt
avoir faim/soif
les boissons (f.)
  froides: un jus de fruits, etc.
  chaudes: un café, etc.
la cantine
la carte/le menu
un(e) client(e)
commander
le fast-food
frais (fraîche)
léger (légère)
ordinaire
les plats (m.)
  le dessert
  un hors-d'œuvre
  le plat garni
  une salade
  la soupe
pressé(e)
les repas (m.)
  le petit déjeuner
  le déjeuner
  le dîner
  le souper
un serveur/une serveuse

garni ou plat principal (*main dish*) avec viande et légume (*vegetable*), du fromage (du camembert, du roquefort, etc.) et un dessert (de la mousse au chocolat, de la glace à la vanille...). Beaucoup d'entreprises (*companies*) servent le déjeuner dans leur cantine ou cafétéria. Quand on est pressé, le fast-food et la pizza sont aussi des options!

Le soir, vers 19h30 ou 20h, le dîner est un autre repas complet, mais souvent plus léger (*light*), avec de la soupe, un plat garni (par exemple une quiche avec un légume), de la salade verte avec de la vinaigrette, du fromage et, comme dessert, un fruit ou un yaourt. Le dîner est le moment privilégié pour se retrouver en famille et parler des événements de la journée. Au Québec, le repas du soir s'appelle le souper.

Pour vous, quel est le repas le plus important de la journée? Où aimez-vous prendre ce repas? Est-ce qu'il vous arrive souvent de manger «sur le pouce» (*on the run*)? Quand? Que mangez-vous quand vous êtes pressé(e)? **Culture et réflexion** à la page 182 va vous faire réfléchir davantage au rôle des repas dans la vie.

Prononciation Le *e* caduc

- An unaccented **e** is not pronounced at the end of words. This type of **e** is called **le *e* muet,** or mute **e.**

    un¢ serveus¢   cett¢ bièr¢   ell¢ mang¢

- But in monosyllables such as **je, que, le, ne,** and other words in which the unaccented **e** is not in final position **(demain, samedi),** the **e** is called **le *e* caduc,** or unstable **e,** because sometimes it is pronounced, and sometimes not.

Observez et déduisez

Listen to the following excerpts from **À l'écoute: Vous désirez?** on the In-Text Audio CD, paying close attention to the *e* **caducs** in bold. How are these expressions pronounced by native speakers? Indicate which pronunciation you hear, a or b. An underlined **e** represents a pronounced **e;** an **e** with a slash through it represents a silent **e.** You will hear each item twice.

1. a. Qu'est-c¢ qu<u>e</u> tu vas prendre?
   b. Qu'est-c¢ qu¢ tu vas prendre?
2. a. il n'y a pas d<u>e</u> frites avec...
   b. il n'y a pas d¢ frites avec...
3. a. Ben moi, j<u>e</u> vais prendre une salade niçoise.
   b. Ben moi, j¢ vais prendre une salade niçoise.
4. a. mais j<u>e</u> voudrais aussi des frites.
   b. mais j¢ voudrais aussi des frites.
5. a. et pour mad<u>e</u>moiselle?
   b. et pour mad¢moiselle?

- The *e* **caduc** is usually not pronounced if you can drop it without bringing too many consonant sounds together.

    j¢ vais prendre...   mad¢moiselle   sam¢di

- When there are two *e* **caducs** in a row, usually the second one is dropped, except in the case of **que,** which is normally retained.

    J̲e n̸ comprends pas.

    Qu'est-c̸e qu̲e tu veux?

- The *e* **caduc** is pronounced when it is preceded by two or more consonant sounds.

    vendr̲edi (d, r)   une brochette d̲e bœuf (t, d)

Confirmez

1. **Prononcez.**   Practice saying the following sentences aloud, dropping the **e** when it is crossed out and retaining it when it is underlined. Then listen to the sentences on the In-Text Audio CDs to verify your pronunciation.

    a. Qu'est-c̸e qu̲e tu r̸egardes?
    b. J̸e n'aime pas l̸e coca; j̸e préfère les jus d̸e fruits.
    c. Nous n̸e pr̲enons pas d̸e café cette s̲emaine.
    d. Elle d̲emande d̲e l'eau minérale; moi, j̸e vais d̸emander d̸e l'eau ordinaire.

2. **Le *e* caduc.**   In the following sentences, cross out the *e* **caducs** that would normally be dropped, and underline the ones that must be pronounced.

    a. Vous êtes de Paris?
    b. Je ne suis pas de Paris, mais je viens d'une petite ville à côté de Paris.
    c. Il y a de bons petits restaurants près de chez moi.

    Now practice saying the sentences aloud. Then listen to them on the In-Text Audio CDs to verify your pronunciation.

Vocabulaire   Pour commander au restaurant

Vous désirez?

— Monsieur, s'il vous plaît.
— Oui, monsieur. Vous désirez?
— Je voudrais un sandwich au jambon et un citron pressé.
— Moi, je vais prendre* une pizza et un coca.
— Et pour moi, un steak frites et une bière, s'il vous plaît.

Plus tard...

— Monsieur, l'addition, s'il vous plaît.

- Si vous voulez parler au serveur ou à la serveuse, qu'est-ce que vous dites? Quelles sont les expressions pour commander? Pour demander de payer?

*The verb **prendre** is often used to express the idea of having something to eat or drink. **Prendre** (not **manger**) is used with meals, e.g., Quand je **prends** le petit déjeuner, je **prends** du pain et du café.

Vocabulaire L'alimentation: Ce qu'on achète au magasin

Fruits et légumes

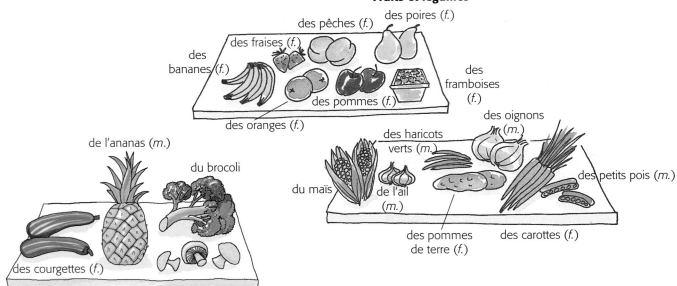

des pêches (f.)

des poires (f.)

des fraises (f.)

des bananes (f.)

des framboises (f.)

des pommes (f.)

des oranges (f.)

des oignons (m.)

des haricots verts (m.)

de l'ananas (m.)

du brocoli

du maïs

de l'ail (m.)

des petits pois (m.)

des pommes de terre (f.)

des carottes (f.)

des courgettes (f.)

des champignons (m.)

Charcuterie

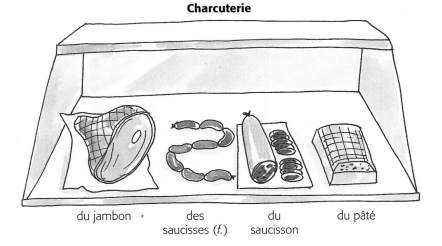

du jambon

des saucisses (f.)

du saucisson

du pâté

Produits laitiers

du lait

des œufs (m.)

LAIT

du beurre

du yaourt

YAOURT

du fromage

CAMEMBERT

BRIE

ROQUEFORT

Pains et pâtisseries

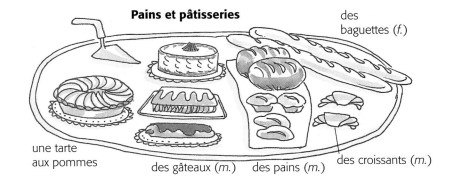

des baguettes (f.)

une tarte aux pommes

des gâteaux (m.)

des pains (m.)

des croissants (m.)

Produits énergétiques

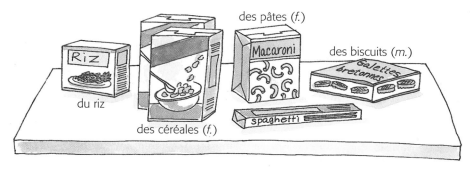

des pâtes (f.)

des biscuits (m.)

du riz

des céréales (f.)

Poissons et fruits de mer

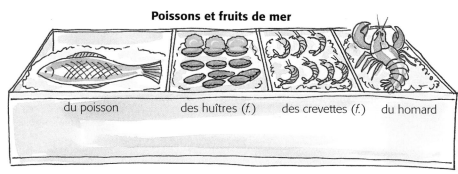

du poisson   des huîtres (f.)   des crevettes (f.)   du homard

Viandes

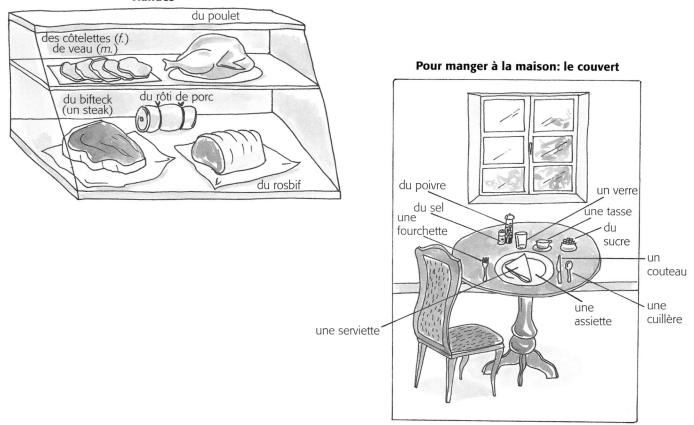

du poulet

des côtelettes (f.) de veau (m.)

du bifteck (un steak)   du rôti de porc

du rosbif

Pour manger à la maison: le couvert

du poivre

du sel

une fourchette

un verre

une tasse

du sucre

un couteau

une assiette

une cuillère

une serviette

- Pour chaque catégorie d'alimentation, indiquez le produit que vous aimez beaucoup ou que vous n'aimez pas du tout.
- Qu'est-ce que vous achetez pour préparer votre sandwich favori?

Les magasins alimentaires. Les Français aiment manger frais, et les petits magasins du quartier garantissent la fraîcheur de leurs produits. Le pain et les gâteaux de pâtisserie sont plus frais à la boulangerie-pâtisserie du coin, et la viande est coupée devant vous à la boucherie du quartier. Les autres petits magasins sont la poissonnerie pour le poisson et les fruits de mer; la charcuterie pour les salamis, les saucissons et une multitude de produits préparés frais. La proximité de l'épicerie du coin permet d'y acheter deux ou trois articles (du lait, de la salade) et de passer quelques minutes agréables à bavarder (parler) avec le propriétaire et les voisins. Pourtant, faire ses achats dans les supermarchés et hypermarchés devient la norme en France. Plus de 80% des ménages y font au moins une partie de leurs achats alimentaires chaque semaine. Ces grandes surfaces ressemblent aux supermarchés en Amérique du Nord, avec une variété de rayons (rayon boucherie, rayon boulangerie, rayon fruits et légumes...), mais il y a quelques différences: le rayon fromages est beaucoup plus grand; le rayon de produits surgelés (*frozen foods*) est un peu plus petit; et il y a un plus grand choix de vins et d'eaux minérales.

Le marché en plein air. Beaucoup de Français font toujours leurs courses, surtout le samedi, au marché en plein air. Les agriculteurs de la région viennent vendre (*sell*) leurs produits sur les places de la ville. Ces marchés sont généralement très colorés et très animés; on y trouve des fruits, des légumes, des fromages, de la charcuterie, des fleurs (*flowers*), des produits artisanaux—et beaucoup de conversation! Au Sénégal, ancienne colonie française en Afrique de l'Ouest, les marchés en plein air sont permanents et remplacent les magasins.

Où allez-vous pour faire vos courses? Y a-t-il des petits magasins dans votre ville?

Vocabulaire actif

les grandes surfaces
les petits magasins la boucherie du coin...
les produits surgelés
le rayon... fromages, etc.
le supermarché

Des poulets tout frais!

Une boutique pour les gourmands.

Le marché Sandaga à Dakar.

Activités

A **Quel magasin?** Écoutez et dites dans quels magasins on trouve les produits mentionnés: à la boucherie? la boulangerie/pâtisserie? la charcuterie? la poissonnerie? l'épicerie?

B **Traditions culinaires.** Indiquez si les habitudes suivantes caractérisent plutôt les Français ou les Nord-Américains.

Cette personne...	Français	Nord-Amér.
prend des œufs, du bacon et du pain grillé au petit déjeuner.		
a un grand repas à midi dans la cantine du bureau.		
achète du pain tous les jours.		
commence le repas par une salade verte.		
va faire ses courses uniquement au supermarché.		
mange fréquemment dans un restaurant fast-food.		
achète peu de produits surgelés.		
termine souvent le repas par du fromage.		
boit du lait avec le déjeuner.		
préfère les petits magasins du coin.		
va souvent au marché en plein air.		

C **Chassez l'intrus.** Dans chaque groupe, trouvez le mot qui ne va pas et expliquez pourquoi.

➡ du homard, du brie, du thon, des crevettes
du brie. Ce n'est pas un poisson ou un fruit de mer.

1. du maïs, des haricots verts, des pommes, des petits pois
2. de la glace, de la mousse au chocolat, de la tarte, de la quiche
3. du bifteck, du veau, du poulet, des poires
4. de l'eau minérale, de la bière, du poivre, du café
5. des saucisses, du jambon, du pâté, du beurre
6. des tomates, des céréales, du riz, des pâtes

D **Au supermarché.** Indiquez ce que vous allez acheter pour les occasions suivantes: un pique-nique, une fête d'anniversaire, un petit déjeuner, un dîner en famille.

➡ *Pour un pique-nique, j'achète...*

Le verbe *boire* • Les articles partitifs

Observez et déduisez

Quand j'ai soif et que je veux boire quelque chose, je bois généralement de l'eau minérale ou de la limonade. Mon copain boit de l'Orangina, mais il ne boit pas de café. Et vous, qu'est-ce que vous buvez le plus souvent? Du coca? De la bière?

LIMONADE
LORINA
4 x 75 cl.
Soit le L : 1,66 €

4€99

32F73

4€54

29,78 F

Orangina standard
Les 4 bouteilles de 1,5 l (6 L)
Le litre : 3€03

PRIX MALIN !

À ce prix là,
je ne bois plus que ça !

2€08

13,64 F

2 L
gratuits

**Eau Minérale
Naturelle VOLVIC**
Les 6 bouteilles de 1,5 L
dont 2 L gratuits (9 L)
Le litre : 0€30 0€23

PRIX SPÉCIAL

- What forms of the verb **boire** do you see in the paragraph above? What do you think the verb means? Calling to mind other irregular verbs you know, infer the following forms of **boire:** tu _____; nous _____

- In the paragraph, there are four different ways of expressing an indefinite quantity (the idea of *some*). What are they?

Confirmez   Le verbe *boire*

- The verb **boire** (*to drink*) is irregular.

Le verbe *boire*

je bois	nous buvons
tu bois	vous buvez
il/elle/on boit	ils/elles boivent

Les articles partitifs

- A partitive article is used before mass (uncountable) nouns to refer to an unspeci-fied amount, a part or portion of the whole (*some*). It agrees in number and gender with the noun.

  Je prends du café
  ... de la tarte
  ... de l'eau

  (*some* coffee/pie/water— an unspecified amount)

- Note that the partitive article is often used after verbs such as **manger, boire, prendre, vouloir,** and **avoir,** since one frequently uses these verbs to refer to portions or unspecified amounts.

  — Tu veux **du** chocolat?
  — Non, je prends **de la** tarte au citron.

- The partitive article is always expressed in French, even though at times no article at all is used in English, as in "Mineral water for me, please." (You do not need to say "some" mineral water.)

  Pour moi, **de l'**eau minérale, s'il vous plaît.

- After a negative expression, the partitive article is **de/d'.**

  Paul boit du café, mais il **ne** boit **pas d'**eau minérale ou **de** thé.

Rappel!

Vocabulaire actif
boire
les articles partitifs
du, de la, etc.

L'ensemble des articles

partitive article	definite article	indefinite article	*de*
manger, boire, prendre, etc. in *affirmative* form with non-countable items	• **aimer, préférer, détester** in affirmative *or* negative • to refer to specific objects or persons	**manger, boire, prendre,** etc., with items you can count	• **manger, boire, prendre,** etc. in *negative* form • after expressions of quantity*
du, de la, de l'	le, la, l', les	un, une, des	

* These expressions are introduced on page 177.

Les articles

	masculin	féminin	m./f. pluriel	après un verbe négatif
article défini	le, l'	la, l'	les	le, la, les, l'
article indéfini	un	une	des	de, d'
article partitif	du, de l'	de la, de l'	—	de, d'

Activités

Banque de mots

jus d'orange
citron pressé
eau minérale
chocolat au lait
thé nature
vin rouge
bière
café crème
?

E **Les boissons.** Complétez les phrases avec des boissons logiques et l'article convenable.

1. Mon frère ne prend pas de caféine, alors il ne boit pas _____ ou _____.

2. Mes parents n'aiment pas les boissons alcoolisées, alors ils ne boivent pas _____ ou _____.

3. Je préfère les boissons froides, et je bois souvent _____ et _____.

4. Dans ma famille, nous détestons les fruits; nous ne buvons pas _____ ou _____.

5. Mes sœurs sont allergiques au lait, alors elles boivent _____ et _____.

6. Vous aimez bien les boissons chaudes, alors vous buvez souvent _____ et _____.

F **Des goûts différents.** Nathalie est allergique aux produits laitiers, Papa est au régime, Maman est végétarienne et Nicolas a vraiment faim! Identifiez leurs plats (ci-dessous) et décrivez ce qu'ils mangent et boivent au déjeuner.

➡ *Maman prend...*   *Nicolas a...*
Papa mange...   *Nathalie boit...*

1.

2.

3.

4.

Maintenant, nommez trois choses que chaque personne ne mange *pas*.

➡ *Maman est végétarienne, alors elle ne mange pas de...*

Vos camarades de classe et vous, qu'est-ce que vous mangez et ne mangez pas?

G **On mange ce qu'on aime.** Indiquez les préférences des personnes mention-nées, selon les indications. Ensuite, mentionnez ce qu'elles vont ou ne vont pas prendre. Employez des articles définis et des articles partitifs.

➡ Roger / viande +
Roger aime la viande, alors il mange... du porc.
Roger / boissons alcoolisées −
Roger n'aime pas les boissons alcoolisées, alors il ne boit pas... de vin.

1. Philippe / dessert +
2. Babette / caféine −
3. Simon / boissons froides +
4. Paul / viande −
5. Claire / légumes −
6. Olivia / œufs +
7. Marc / fruits −
8. Et vous? + / −

H **Et chez vous?** Expliquez à un(e) camarade de classe ce que vous prenez en général pour les occasions suivantes.

1. au petit déjeuner, à boire et à manger
2. quand vous dînez dans un restaurant italien, à boire et à manger
3. l'après-midi quand vous avez soif ou faim
4. au dîner à la maison, à manger comme dessert
5. à boire quand vous retrouvez vos copains le week-end
6. à boire dans un restaurant chinois
7. à manger quand il fait très froid (*when it's really cold*)
8. à manger pour un grand repas de fête

(Toutes nos pizzas sont garnies d'herbes et d'olives.) **NOS PIZZAS**   Huile pimentée offerte sur demande

	⌀ 30cm		⌀ 30cm
REINE tomate, jambon, champignons, fromage	7,50	**MARINIERE** crème, thon, poivrons, fromage	7,50
4 SAISONS tomate, cœurs d'artichauts, maïs, champignons, fromage	7,50	**CHICKEN** crème, poulet, champignons, fromage	7,60
4 FROMAGES tomate, cantal, chèvre, roquefort, fromage	7,50	**NORVEGIENNE** crème, saumon, fromage, citron	8,40
PARISIENNE tomate, champignons, fromage	6,90	**NORMANDE** crème, jambon, champignons, fromage	7,50
NAPOLITAINE tomate, anchois, fromage	6,90	**EXTRA** crème fraîche, oignons, fromage	6,90
ROYALE tomate, poivrons, chorizo, fromage	7,50	**ALSACIENNE** crème, lardons, oignons, fromage	7,90
NEPTUNE tomate, thon, champignons, fromage	7,50	**CANNIBALE** tomate, steack haché, oignons, fromage	7,90
MARGUERITE tomate, fromage	6,20	**SICILIENNE** tomate, anchois, câpres	6,20
ORIENTALE tomate, merguez, champignons, fromage	7,50	**HAWAIENNE** tomate, jambon, ananas, fromage	7,50
PROVENÇALE tomate, aubergines, ail, persil, lardons, fromage	7,90	**CAMPAGNARDE** tomate, lardons, poivrons, fromage	7,50
Tout Supplément	1,00	**SUPER** tomate, steack haché, poivrons, fromage	7,90

NOS BOISSONS

Coca, Fanta, Ice Tea, Oasis, Orangina, Bière **(33cl)** ... 1,50
Vin Pays du Var Rouge-Rosé **(75cl)** ... 4,00

La livraison d'une pizza offerte devra être accompagnée d'une autre pizza. Minimum de commande en livraison 6 €

   Ticket Restaurant *Tickets restaurant acceptés*

Jeu de rôle

You and some friends are having lunch at Pizza Jean-Jean. Prepare a skit in which you consider the various pizzas and their ingredients, then use the menu to order. Vary the polite expressions for ordering and asking for the bill. (See p. 163.)

(See p. 163.)

 Improve Your Grade:
Flashcards, Interactive Practice

 Ace the Test:
Ace Practice Tests

Deuxième étape

Interviews

Lecture Que mangent les Français?

Pensez

1 Que mangent les Français? Quand vous pensez à cette question, qu'est-ce que vous imaginez? Cochez les réponses qui vous semblent caractéristiques de l'alimentation de tous les jours pour le Français typique.

_____ des produits naturels

_____ des produits surgelés

_____ des plats cuisinés (préparés commercialement)

_____ des produits frais

_____ des produits en boîte (*canned*)

_____ des produits diététiques ou biologiques (bio)

_____ beaucoup de produits énergétiques (pain, pâtes, etc.)

_____ beaucoup de desserts

_____ des escargots

_____ ?

2 Maintenant, pensez aux groupes sociaux mentionnés dans la liste suivante. Selon votre expérience, qu'est-ce qu'ils mangent? Utilisez le vocabulaire de la **Première étape.**

	mangent plus (+) de	mangent moins (−) de
les étudiants		
les hommes		
les femmes		
les célibataires (personnes non mariées)		

Parmi ces groupes, qui, à votre avis, va acheter les produits les plus chers (*expensive*)? les moins chers?

3 Est-ce que vous préférez manger à la maison ou au restaurant? Combien de fois par mois mangez-vous au restaurant?

Des crevettes et des poissons—tout frais!

Observez et déduisez: en général

4 La structure du texte. Parcourez rapidement le texte pour identifier les idées principales. Reliez chaque idée au paragraphe approprié. Attention: il y a une idée supplémentaire qui ne s'applique pas au texte.

Paragraphe	*Idée principale*
1	a. Où mange-t-on, à la maison ou au restaurant?
2	b. Comparaison du comportement (*behavior*) alimentaire
3	des hommes et des femmes
4	c. Description et évolution du repas français traditionnel
5	d. Les deux critères principaux qui gouvernent la
6	consommation alimentaire
	e. Analyse du grignotage (*snacking*) chez les jeunes
	f. Rôle des influences anglo-saxonnes
	g. Produits qui remplacent les bases de l'alimentation traditionnelle

Que mangent les Français?

1 Le repas classique français fait l'envie de tous les étrangers qui n'ont toujours pas compris comment une personne peut manger midi et soir une entrée ou un potage°, une viande ou un poisson, grillés ou en sauce, accompagnés d'un légume, de la salade suivie de fromage et enfin un fruit ou un dessert sucré, le tout accompagné de pain et de vin. Aujourd'hui encore ce repas traditionnel est à l'honneur les jours de fêtes familiales ou amicales, il est même enrichi lors des cérémonies de mariage et autres banquets. Mais depuis la fin des années 70, les mœurs alimentaires évoluent. Les jours ordinaires, il faut manger vite et plus simplement, des produits presque prêts° achetés une fois par semaine en grande surface; en revanche, le week-end ou pendant les vacances, on essaie des recettes exotiques ou on retrouve les «bons goûts du terroir°» en faisant son marché°.

une soupe

presque... semi-préparés

bons... old country tastes / en... going to the (open-air) market

2 Depuis 1994, les adultes, et surtout les jeunes, ont augmenté leur consommation de pizzas et sodas de 80% à 90%. Cependant la restauration à l'anglo-saxonne—repas pris à l'extérieur, rapides, ou pris chez soi de façon déstructurée (chacun se sert° dans le réfrigérateur, à l'heure qui lui convient)—n'est pas tout à fait entrée dans les habitudes. Contrairement à ce que l'on pourrait penser, les Français ne sont pas friands° du hamburger (celui-ci représente seulement 1% de la quantité de nourriture absorbée par les 15–24 ans).

chacun... each one helps himself/herself

adeptes

3 Le repas reste un temps privilégié: en province, quatre Français sur cinq rentrent déjeuner à la maison et le temps passé à table a même augmenté (2h15 par jour en 2001, contre 2h00 en 1986). Mais la part des repas pris hors° du foyer s'accroît: 75% des Français prennent au moins un repas en semaine hors de leur domicile, contre 59% en 1996. Les citadins sont les plus fidèles adeptes des sorties; pratiquement les deux tiers° des Parisiens ne déjeunent pas chez eux. Les plus gros clients des restaurants sont les célibataires, en particulier les hommes.

outside

two thirds

4 On assiste aussi à une évolution de la structure de l'alimentation: les ménages abandonnent les produits énergétiques traditionnels (pain, pomme de terre) au profit des produits plus sophistiqués, plus diététiques, plus rapides à préparer (surgelés, plats cuisinés) et souvent plus chers.

5 On remarque des différences de comportement alimentaire entre hommes et femmes. À domicile, les hommes célibataires dépensent plus que les femmes pour les produits énergétiques (pâtes, riz, pain) et certains produits élaborés (soupes en boîte, charcuterie, plats cuisinés). Les femmes, elles, font des «extras» (chocolat, gâteaux, glaces) qu'elles compensent par d'autres aliments plus «sains» ou plus légers, comme les fruits et légumes, les yaourts, le poisson, le jambon, le veau, le thé et les tisanes°. Les femmes sont aussi plus nombreuses à «grignoter» surtout le soir.

herb teas

6   Dans l'ensemble, les Français recherchent la qualité et la sécurité alimentaires; les consommateurs refusent les manipulations génétiques et privilégient les produits labélisés°; les produits «bio» ont de plus en plus d'adeptes, la consommation de viandes rouges est en baisse (la peur de «la vache folle» persiste chez certains) et quand on fait ses courses, il n'est pas rare de demander à son boucher «D'où vient votre bœuf?»

° à qualité garantie par un organisme indépendant

Adapté de *L'Atlas des Français*, 2002; *Francoscopie 2005*; *L'Expansion*, juillet–août 2002.

Déduisez et confirmez: en détail

5 Les mots.   En utilisant le contexte et la logique, trouvez les mots qui ont le sens suivant.

paragraphe	sens	mot(s)
1	les coutumes, les habitudes [f.] (*customs, habits*)	les mœurs
1	*recipes*	
2	*not quite*	
3	maison	
3	les habitants des villes	
5	*healthy*	
6	en déclin ou diminution	
6	un animal qui produit du lait et de la viande rouge	
6	*Where does (it) come from?*	

6 Le texte

1. **Évolution du repas français**
   a. Selon le texte, en quoi consiste le repas classique français? Quand prend-on encore ce genre de repas?
   b. Que font beaucoup de Français les jours «ordinaires»?
   c. Que fait-on le week-end ou pendant les vacances?

2. **Vrai ou faux?**   Si c'est faux, corrigez.
   a. Les pizzas et les sodas sont de plus en plus populaires en France.
   b. La «restauration à l'anglo-saxonne», c'est un repas rapide pris à la maison avec toute la famille.
   c. La restauration à l'anglo-saxonne a complètement changé les habitudes françaises.
   d. Le hamburger est très populaire parmi les jeunes Français.
   e. 80% des Français qui habitent en province rentrent à la maison pour le déjeuner.
   f. Plus de 50% des Parisiens déjeunent chez eux (à la maison).
   g. Les Français passent plus de temps à table aujourd'hui que dans les années 80.
   h. Les Français mangent plus au restaurant qu'avant (*before*).
   i. Les gens qui mangent le moins souvent au restaurant sont les célibataires.
   j. Les Français acceptent les manipulations génétiques des aliments.
   k. Les Français aiment les produits labélisés et les produits bio.
   l. Les Français aiment savoir l'origine de leur viande.

3. **Que mangent les Français?** Complétez le tableau.

les ménages en général (plus de... / moins de...)	les hommes	les femmes

Explorez

1. Comparez l'alimentation des hommes, des femmes et de la population en général en France et dans votre pays. À votre avis, y a-t-il des différences?

2. Et vous? Est-ce que vous mangez les mêmes choses aujourd'hui qu'il y a cinq ans? Faites d'abord une liste personnelle, puis interviewez deux camarades de classe. Ensuite comparez vos réponses—est-ce que vous avez des réponses en commun?

	plus de (+)	moins de (–)	autant de (=)
Moi			
Camarade 1			
Camarade 2			

Structure   Describing eating and drinking preferences

Les expressions *ne... plus; ne... jamais*

Observez et déduisez

Tiens! On dit que les Français ne mangent plus comme avant. C'est vrai dans ma famille aussi. Nous pensons à notre santé (*health*). Nous ne mangeons plus de porc ou de glace et nous ne mangeons jamais de produits surgelés ou en boîte.

*In **Chapitre 1,** you learned how to make a statement negative by using **ne... pas.** In this section, you learn additional ways of expressing negatives.*

- Where are **ne... plus** and **ne... jamais** placed in relation to the verbs?
- What article follows these expressions?
- How would you say "I never eat fish"?

Vocabulaire actif
être au régime
grignoter
ne... plus
ne... jamais
la santé

Confirmez Les expressions *ne... plus; ne... jamais*

- The negative expressions **ne... plus** (*no longer, not . . . anymore*) and **ne... jamais** (*never*) are treated like the expression **ne... pas;** that is, **ne** precedes the verb and **plus** or **jamais** follows the verb.

> Nous sommes au régime, alors nous **ne** mangeons **plus** de porc, et nous **ne** mangeons **jamais** de dessert.

- To talk about the future, place the negative expression around **aller.**

> Demain je commence mon régime. Je **ne** vais **plus** grignoter.

- Remember that the partitive article following a negative expression—including **ne... plus** and **ne... jamais**—is **de/d'** (see page 169).

> Les bébés **ne** boivent **jamais de** vin.
> Moi, je **ne** bois **plus de** lait!

Activités

I **Jamais!** Donnez des conseils (*advice*) aux personnes suivantes selon le modèle.

➡ une personne qui déteste les fruits de mer...
Ne mangez jamais de crevettes ou de homard!

1. un(e) végétarien(ne)
2. une personne qui n'aime pas le bœuf
3. un enfant de quatre ans
4. une personne qui est allergique au sucre

J **De mauvaises habitudes.** Dites ce que vous n'allez plus manger ou boire dans les circonstances suivantes.

➡ Vous voulez participer au Tour de France.
Je ne vais plus boire de vin ou de café et je ne vais plus manger de gâteaux ou de glace.

1. Vous voulez être en très bonne santé.
2. Vous êtes au régime.
3. Vous êtes très nerveux(se).
4. Vous apprenez que votre cholestérol est trop élevé (*high*).
5. Vous apprenez que vous êtes diabétique.
6. Vous voulez modifier vos habitudes alimentaires.

K **Des goûts incompatibles.** Votre copain (copine) et vous allez manger ensemble, mais vous avez des goûts différents. Chaque fois que vous proposez quelque chose, votre partenaire refuse et vice versa. Expliquez pourquoi vous refusez.

➡ — *On peut manger un hamburger?*
— *Non, je ne mange plus de hamburgers. Je n'aime pas les sandwichs.*
ou: — *Non, je ne mange jamais de viande. Je préfère les légumes.*

Vocabulaire Les expressions de quantité

Observez et déduisez

Questions about quantity (**Combien de...**) can be answered with numbers or other expressions such as **beaucoup de** or **un peu de**. Note that the article following any expression of quantity is always **de/d'**.

➡ *Les Français mangent beaucoup de pain.*

Use the following expressions of quantity to make statements based on the illustration:

trop de (*too much*)	trop peu de (*too little, too few*)	beaucoup de
un peu de	pas du tout de	(ne... pas) assez (*enough*) de

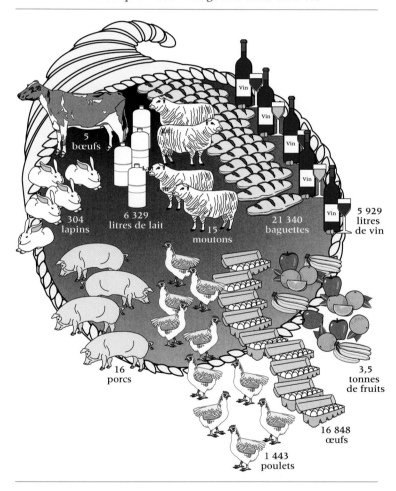

Tout ce que nous mangeons dans une vie

What kinds of food items do you associate with the following quantities?

➡ un bol (*bowl*) de... *céréales, riz, glace...*

une assiette de...	une carafe de...	une livre de...
une tasse de...	une douzaine de...	une tranche (*slice*) de...
un verre de...	un kilo de...	un morceau (*piece*) de...
une boîte (*box / can*) de...	100 grammes de...	
une bouteille de...	un litre de...	

Note culturelle

Le système métrique. La France et la plupart des pays francophones à travers le monde emploient le système métrique de poids et mesures. Pour acheter des produits au marché, il est bon de comprendre les équivalences suivantes:

28,5 grammes	*1 ounce*
1 kilogramme (1 000 grammes)	*2.2 pounds*
½ kilogramme (500 grammes, une livre)	*1.1 pound*
1 litre	*1.057 quart*
4 litres	*1.057 gallons*

Dans quelles circonstances est-ce que vous employez le système métrique?

Activités

L   **Achats.** Votre copine invite six amis à dîner chez elle. Regardez sa liste d'achats et dites si elle a assez (trop, trop peu, etc.) pour sept personnes.

➡ *Elle achète trop peu de pâté pour sept personnes.*

> baguettes, 3
> tranche de pâté
> crevettes, ½ kg
> côtelettes de veau, 7
> pommes de terre, 1 kg
> brie, 1
> pêches, douzaine
> biscuits, 1 boîte
> vin, 2 bouteilles

Maintenant préparez votre propre liste d'achats. Qu'est-ce que vous allez acheter pour un dîner entre amis?

➡ *Je vais acheter trois tranches de pâté...*

M   **Le frigo parfait.** Qu'est-ce qu'il y a dans le frigo (*réfrigérateur*) parfait selon vous?

➡ *Il y a un litre de... , un morceau de... , beaucoup de... etc.*

N   **Votre recette favorite.** Vous préparez votre recette favorite pour votre famille. D'abord préparez une liste des ingrédients, puis calculez la quantité nécessaire.

➡ *Je vais préparer un beau rosbif avec des pommes de terre et des carottes. Il y a sept personnes dans ma famille, alors je vais acheter un kilo de rosbif...*

Le comparatif

Observez et déduisez

Selon la publicité de McDonald's, qui mange plus de fruits et de légumes? Qui prend probablement moins de soda et de desserts? Qui pense moins à la santé? Qui pense plus aux aliments traditionnels? Est-ce que les femmes mangent autant de steaks que les hommes, à votre avis?

Improve Your Grade:
Interactive Practice

— ... Et vous, qu'en dites-vous ?

Bien manger, ça ne veut pas dire la même chose pour tout le monde.

Par exemple, bien manger signifie plutôt...

Pour les femmes : équilibré, varié, légumes, fruits, vitamines, eau, kilos...
Pour les hommes : convivialité, bon, charcuterie, qualité, steak, vin...
Pour les jeunes : se régaler, se rassasier, sodas, pâtes, desserts...
Pour les personnes âgées : bon pour la santé, sans excès, traditionnel, poisson...

(Source Etude CRÉDOC 2000.)

**Parler de nutrition, c'est évoquer aussi le plaisir, le partage
et la liberté de choix selon sa propre nature et son mode de vie.**

...Compter les calories ou les glucides, c'est un peu indigeste mais soyons objectifs :

Hamburger (103 g)
262 Kcal

Double Cheese (170 g)
449 Kcal

Quiche Lorraine* (150 g)
538 Kcal

Big Mac™ (214 g)
512 Kcal

McDeluxe™ (229 g)
579 Kcal

Sandwich crudités* (200 g)
544 Kcal

Si vous voulez en savoir davantage, reportez-vous à notre grille nutritionnelle en dernière page, ou contactez notre **numéro gratuit** au **0 800 95 00 96.**

source Table CIQUAL 1991.

... Manger, c'est aussi faire marcher son cœur et sa tête !

Les émotions sont indissociables de l'acte de manger, et donc de la nutrition. Pour bien manger, il faut aussi :

Prendre du plaisir à **savourer**.
Prendre du plaisir à **partager**.
Prendre du plaisir à **se faire plaisir**.

... Dis-moi qui tu es, je te dirai comment tu manges.

La nutrition doit s'adapter au corps et au mode de vie de chacun.
Nous n'avons pas tous les mêmes besoins, ni les mêmes envies, aux mêmes moments. Mais il vaut mieux faire de vrais repas que de grignoter en permanence.

C'est pourquoi, McDonald's vous permet de faire un vrai repas au moment où vous le désirez : un déjeuner à 15 heures ou un dîner à 23 heures...

Menus sur mesure :

Sachons choisir le menu qui nous convient. Un enfant de 7 ans n'a pas besoin de manger un Best Of™, la quantité prévue dans le Happy Meal™ lui suffit. Et chez McDonald's, à chacun son repas, vous pouvez adapter vos menus comme vous le feriez à la maison.

Menu enfant :

McDo : 657 Kcal
1 Hamburger
+ 1 petite frite
+ 1 yaourt à boire
+ 1 jus d'orange (25cl)

"Standard" : 609 Kcal
1 tranche de jambon
+ coquillettes au gruyère
+ 2 petits beurres
+ 1 crème dessert au chocolat.

Menu jeune femme :

McDo : 528 Kcal
1 McSalad Shaker™ petite crudité
+ 1 sauce petite crudité
+ 6 Chicken McNuggets™
+ 1 sauce chinoise
+ 1 salade de fruits.

"Standard" : 541 Kcal
1 salade verte et tomates vinaigrette
+ 1 crottin de chèvre chaud
+ 1 morceau de pain
+ 1 salade de fruits.

Menu homme actif :

McDo : 1061 Kcal
1 Big Mac™
+ 1 moyenne Deluxe Potatoes™
+ 1 chausson aux pommes
+ 1 bière.

"Standard" : 1042 Kcal
1 steak-frites
+ 1 morceau de coulommiers
+ 1 morceau de pain
+ 1 bière.

source Table CIQUAL 1991.

- What expression is used above to make a comparison of superiority (*more*)?
- What expression is used to make a comparison of inferiority (*less*)?
- How would you say "I eat more fruit; I eat less cheese"?

Confirmez Le comparatif

- When comparing with *nouns,* use **plus de... que** to indicate superiority, **moins de... que** to indicate inferiority, and **autant de... que** to indicate equivalency.

  > Les hommes mangent **plus de** steaks **que** les personnes âgées.
  > Les femmes boivent **moins de** vin **que** les hommes.
  > Les personnes âgées mangent **autant de** légumes **que** les femmes.

- When comparing with *adjectives* or *adverbs,* use the expressions **plus... que, moins... que,** and **aussi... que.**

  > Les fruits sont **plus** sucrés **que** les légumes.
  > Le riz est **moins** gras **que** les frites. Et moins salé aussi!
  > La quiche est **aussi** délicieuse **que** la pizza.

  > Les jeunes grignotent **plus** souvent **que** les personnes âgées.
  > Quelquefois les hommes mangent **moins** bien **que** les femmes.
  > Les femmes mangent **aussi** sain **que** les personnes âgées.

  (Note that the second element of the comparison is not always expressed if it is understood within the context of the conversation.)

  > Les femmes grignotent plus (que les hommes).

- **Bon,** an adjective, has an irregular comparison of superiority: **meilleur(e)(s)** (*better*).

  > Le poulet est **meilleur que** le bœuf.

- **Bien,** an adverb, has an irregular comparison of superiority: **mieux** (*better*).

  > En général, les adultes mangent **mieux que** les jeunes.

Les comparaisons

qualité	quantité
+ **plus** cher **que**	**plus de** pain **que**
− **moins** cher **que**	**moins de** pain **que**
= **aussi** cher **que**	**autant de** pain **que**
BUT: **bon(ne)(s)** → + **meilleur(e)(s) que**	
bien → + **mieux que**	

Activités

Comparons. Employez la publicité de McDonald's à la page 179 pour faire des comparaisons.

1. Le menu enfant McDo a _____ de calories que _____.

2. Le menu jeune femme a _____ de calories que _____.

3. Un Big Mac a _____ de _____ qu'un hamburger.

4. La quiche lorraine a presque (*almost*) _____ de _____ que _____.

5. ?

Selon moi. Choisissez parmi les éléments ci-dessous pour comparer les aliments des deux groupes.

➡ *Les haricots verts sont plus sains que les frites.*

aliments groupe 1: la viande, les gâteaux, le rosbif, les haricots verts, le poisson, le pain, le yaourt, le fast-food, la pizza

aliments groupe 2: la glace, les pâtes, les carottes, les saucisses, les tartes aux pommes, les crevettes, les frites, le brie, la mousse au chocolat

pour comparer: plus, moins, aussi

adjectifs: salé, bon, cher, gras, sain, sucré, délicieux, léger

 Habitudes. Dites si les phrases suivantes sont vraies ou fausses pour vous, et expliquez pourquoi. Ensuite interviewez votre partenaire, et faites une liste des habitudes que vous avez en commun.

➡ *Je mange moins de viande que mes parents.*
C'est vrai. Mes parents aiment beaucoup le bœuf, et moi, je suis végétarien.
ou: *Mais non! Moi, je mange plus de viande que mes parents. Ils sont végétariens.*

1. Je mange mieux que mes copains.
2. Je grignote moins que mes copines.
3. Je prends plus de produits bio que ma sœur (mon frère).
4. Je mange aussi souvent que mon/ma camarade de chambre.
5. Mes camarades de chambre boivent autant de coca que moi.
6. Les légumes sont meilleurs que les fruits.
7. Le riz est moins délicieux que les pâtes.

R **Bien manger.** Que signifie «bien manger» pour vous? Employez la banque de mots pour décrire vos préférences et vos habitudes alimentaires.

➡ *Pour moi, «bien manger» signifie manger sain. Je ne grignote plus et je ne prends jamais de fast-food. Je mange moins de sucre et plus de légumes...*

Banque de mots

grignoter	un plat garni	plats préparés
avoir faim/soif	le souper	pain
commander	manger	beaucoup
être au régime	prendre	en boîte
être pressé(e)	boire	la santé
le fast-food	ne... pas	trop
sain	ne... jamais	assez
léger? (légère)	plus de... que	ne... plus
meilleur(e)/mieux	autant de... que	peu
sucré(e)	moins de... que	?
gras(se)		

Jeu de rôle

You and a couple of friends are preparing a dinner. One of you is a vegetarian; another is on a diet; another is allergic to dairy products. Discuss what you want and don't want to eat and why. Compare your preferences and come to a consensus about what you're going to prepare.

 Improve Your Grade: Flashcards, Interactive Practice

 Ace the Test: Ace Practice Tests

Culture et réflexion

La présentation, c'est la moitié du goût...

Observez et déduisez

Qu'est-ce qui est «typiquement français» dans la présentation de l'assiette ci-dessus? Trouvez au moins trois traits caractéristiques.

Confirmez et explorez

• **L'art de manger.** Un proverbe français dit que «la présentation, c'est la moitié du goût» (*presentation is half the taste*). La disposition des aliments sur les plats est donc un art où les mélanges[1] de couleurs et de goûts ont une valeur esthétique autant que nutritive. C'est pourquoi on ne sert qu'une ou deux choses à la fois[2] et on ne mélange jamais les hors-d'œuvre et le plat principal! Est-ce qu'il vous arrive de mettre la salade et le plat principal en même temps sur votre assiette? La présentation des plats est-elle importante pour vous? Qu'est-ce qui caractérise un «bon» repas pour vous?

• **Les repas.** Un autre proverbe français dit qu'«il faut manger pour vivre et non pas vivre pour manger» (*you must eat to live and not live to eat*) mais les Français ont souvent la réputation de vivre pour manger, car les repas sont très importants pour eux. Ne passent-ils pas plus de deux heures par jour à table? Les repas sont-ils impor-

tants pour vous? Combien de temps dure[3] un repas typique dans votre famille? Y a-t-il une relation entre la durée des repas et l'attitude des gens vis-à-vis de la famille ou de la vie en général?

• **Les boulettes (*balls*).** «Le plaisir de la main accroît le plaisir du palais» (*The pleasure of the hand increases the pleasure of the palate*), disent les Africains qui mangent avec les doigts[4]. Dans la plupart des pays francophones d'Afrique, en effet, le repas traditionnel est un grand bol de riz ou de couscous avec du bouillon de viande et de légumes. Les membres de la famille sont assis par terre[5] autour de ce bol commun et chacun fait des «boulettes» avec sa portion. Parfois les hommes mangent séparément des femmes et des enfants, mais l'acte de manger est considéré comme un acte de communion avec la nature et avec ceux qui partagent[6] le repas. À votre avis, quels sont les avantages et les désavantages de manger de cette façon?

• **Des révélations...** «Dis-moi ce que tu manges et je te dirai qui tu es» (*Tell me what you eat and I'll tell you who you are*). Est-ce vrai? Trouvez des exemples pour illustrer votre opinion.

Le couscous se mange avec la main droite.

1. *mixtures*   2. *at a time*   3. *lasts*   4. *fingers*   5. *on the ground*   6. *share*

  Improve Your Grade: Web Search Activities

Troisième étape

À l'écoute **Les courses**

Vous allez écouter une conversation entre un mari et une femme qui font l'inventaire de leurs courses. Faites d'abord l'activité 1, **Pensez,** puis écoutez en suivant les instructions données.

À la boucherie St Jean.

Pensez

1 Où est-ce que vous faites vos courses, dans un supermarché ou dans des petits magasins? Préférez-vous les supermarchés ou les petits magasins spécialisés quand vous êtes pressé(e) (*in a hurry*)? quand vous cherchez un produit exotique?

🎧 Observez et déduisez

2 Écoutez d'abord en fonction des questions suivantes.

1. Où est-ce que le monsieur a fait ses courses? Dans un supermarché ou dans des petits magasins?
2. Il a «oublié» quelque chose. D'après le contexte, que veut dire **oublier?**
   a. prendre
   b. ne pas prendre
3. Qu'est-ce qu'il a oublié?
   a. le lait
   b. le pain
   c. une spécialité mexicaine
4. Qu'est-ce qui est exotique, selon la dame?

> **Vocabulaire actif**
> être pressé(e)
> faire les courses
> oublier

3 Écoutez encore en faisant particulièrement attention aux magasins mentionnés. Qu'est-ce que le monsieur a acheté dans chaque magasin?

magasins	produits
la boulangerie	
l'épicerie	
la boucherie	
la charcuterie	

4 Écoutez encore en faisant attention aux expressions communicatives.

1. Quels sont les mots utilisés dans la conversation pour
   - demander une explication:
     a. Quelle chose?
     b. Qu'est-ce que c'est que ça?
     c. Quelque chose?
   - donner une explication:
     a. C'est ça.
     b. C'est quelque chose que...
     c. Ça me semble...

2. Selon la conversation, qu'est-ce que c'est que des tacos? Et comment s'appelle la sauce mexicaine à la tomate et au piment?

5 Le passé. Écoutez une dernière fois en faisant attention aux verbes. Encerclez les formes que vous entendez. Quel est l'infinitif de **pris?**

j'ai fait	j'ai acheté	j'ai trouvé
tu as fait	tu as acheté	tu as trouvé
j'ai pris	j'ai oublié	je n'ai pas oublié
tu as pris	tu as oublié	tu n'as pas oublié

Prononciation Les articles et l'articulation

Because it is so common in English to reduce unstressed vowels to an *uh* sound (for example, VISta, proFESsor, CApital), Anglophones often have the tendency to reduce the vowels in French articles to a brief **e,** thus making **le** and **la,** or **du** and **de** sound alike. It is important to remember that in French, only the *e* **caduc** can be reduced or dropped; all other vowels must be pronounced distinctly, with equal stress.

Observez et déduisez

Listen to the following sentences from **À l'écoute: Les courses** on the In-Text Audio CD, and fill in the articles you hear. Then cross out the *e* **caducs** that are not pronounced in the articles or in boldface in other words. You will hear each sentence twice.

1. Il n'y a plus _____ lait?
2. Mince! J'ai fait _____ courses mais j'ai complèt**e**ment oublié _____ lait!
3. Tu as pris _____ pain?
4. Oui, oui, j'ai pris deux baguettes à _____ boulangerie, et puis à _____ épicerie j'ai acheté _____ légumes, _____ fruits, _____ pâtes, _____ fromage et _____ beurre.
5. Et _____ viande, tu n'as pas oublié _____ viande?
6. Non, non, j'ai acheté du bifteck à _____ boucherie, et puis j'ai pris _____ jambon et _____ pâté à _____ charcut**e**rie.

 **Confirmez**

Practice saying the sentences in **Observez et déduisez** at fluent speed, making sure you drop the *e* **caducs** where necessary, and pronounce all other vowels distinctly. Then listen to the sentences to verify your pronunciation.

Structure   Saying what happened

Le passé composé

Observez et déduisez

— Mince! J'ai fait les courses mais j'ai oublié le lait.
— Et la viande, tu n'as pas oublié la viande?
— Non, j'ai acheté du bifteck à la boucherie.

> • Based on the examples, can you infer how to form the past tense in French?
>
> • How would you say "We forgot the ice cream!"?

Vocabulaire actif
dernier/dernière
hier
payer

Confirmez   Le passé composé

• This common past tense is used in French for narrating—telling what happened. It has several English equivalents.

— Tu as mangé? (*Did you eat? / Have you eaten?*)
— Oui, j'ai mangé. (*Yes, I ate. / Yes, I've eaten.*)

• The **passé composé** is called a compound tense because it is composed of two parts—an auxiliary (helping) verb and a past participle. The auxiliary verb (**avoir** usually) is conjugated in the present. To form the past participle of **-er** verbs, drop the final **r (aimer)** and add an **accent aigu** to the e **(aimé).**

Nous **avons mangé** au restaurant. Ils **ont payé** mon dîner.

• Negative expressions go around the auxiliary verb; the participle follows.

Claude **n'a pas** oublié les baguettes.
Claudine **n'a jamais** mangé de chips ou de salsita.

• Irregular verbs have irregular past participles that must be learned as they are introduced.

Elle n'**a** pas **pris** de pain hier (*yesterday*).
J'**ai fait** les courses la semaine dernière (*last week*).

🔵 **Le passé composé avec *avoir***

manger	
j'ai mangé	nous avons mangé
tu as mangé	vous avez mangé
il/elle/on a mangé	ils/elles ont mangé

prendre	
j'ai pris	nous avons pris
tu as pris	vous avez pris
il/elle/on a pris	ils/elles ont pris

regular participles: acheté, oublié, payé, cherché, voyagé, étudié, travaillé, etc.
irregular participles: fait (faire), pris (prendre), appris, compris, bu (boire)

Activités

S **Une histoire.** Numérotez les phrases suivantes dans l'ordre chronologique selon **À l'écoute: Les courses.**

_____ Le monsieur a acheté du jambon à la charcuterie.

_____ Il dit qu'il a fait les courses.

_____ Il a expliqué ce que c'est que la salsita et les tacos à sa femme.

_____ Il a acheté du pain à la boulangerie.

_____ Il a acheté du bifteck.

_____ Il a pris des fruits et des légumes à l'épicerie.

_____ Il a oublié le lait.

_____ Il a trouvé des tacos aussi.

T **Et vous?** Qu'est-ce que vous avez fait la semaine dernière? Complétez les phrases suivantes selon vos expériences personnelles.

J'ai / Je n'ai pas...

acheté	a. du (de) lait	b. des (de) tacos	c. des (de) produits bio
pris	a. un (de) petit déjeuner léger	b. une (de) décision importante	c. du (de) vin
fait	a. les courses	b. la cuisine	c. mes devoirs
bu	a. de l' (d') eau minérale	b. du (de) lait	c. un (d') Orangina
mangé	a. au restaurant	b. au café	c. à la cafétéria

Maintenant, comparez vos réponses avec celles d'un(e) partenaire. Avez-vous fait les mêmes choses la semaine dernière?

U **Une journée chargée.** Christine, étudiante à la fac, a fait beaucoup de choses hier. Regardez les images ci-dessous et à la page 187, et parlez de ce qu'elle a fait.

1.

2.

3.

4.

5.  6.

V **La semaine dernière?** Qu'est-ce que les personnes suivantes ont fait la semaine dernière? Qu'est-ce qu'elles n'ont pas fait? Si vous n'êtes pas sûr(e), imaginez!

➡ *Ma camarade de chambre a téléphoné à ses amis, et elle a oublié ses devoirs. Elle a mangé au restaurant; elle a pris du bifteck.*

mon/ma camarade de chambre; ma mère / mon père; mes amis;

le président des États-Unis

Stratégies de communication — Asking for clarification • Explaining

Observez et déduisez

As you learn a language, you will undoubtedly find yourself asking for an explanation of unfamiliar words at times. Study the dialogues below and answer the following questions.

- What expressions are used to ask what something is?
- What expressions are used to give explanations about things, people, or places **(endroits)?**

— **Qu'est-ce que c'est que ça?**
— **C'est quelque chose que** j'ai trouvé à l'épicerie: **ça s'appelle** des tacos. **Ce sont** des chips de maïs. **C'est** une spécialité mexicaine qu'on mange avec de la salsita.
— **De la quoi?**
— De la salsita. **C'est une espèce de** sauce mexicaine à la tomate et au piment.

— **Qu'est-ce que c'est qu'**un boucher?
— **C'est quelqu'un qui** travaille dans une boucherie.
— **Une quoi?**
— Une boucherie. **C'est là où** on achète de la viande.

Confirm your answers in the chart that follows.

Confirmez Explications

Activités

W **Les Martiens sont arrivés!** Vous discutez la vie terrestre (*life on earth*) avec des Martiens. Selon votre expérience ou les photos ci-dessous, expliquez ce que sont ces endroits et ces aliments à vos amis de Mars! (Où on le mange, où on l'achète, ce que sont les ingrédients, etc.) Regardez les illustrations pour les numéros 6–10.

➡ un hamburger

— *Qu'est-ce que c'est que ça?*

— *Ça s'appelle un hamburger. C'est quelque chose qu'on peut manger vite, et c'est meilleur qu'une pizza et moins gras. C'est un sandwich avec de la viande, de la tomate et de la salade. C'est une spécialité américaine.*

1. une poissonnerie
2. une quiche
3. une pizza
4. un dessert
5. une boulangerie
6. des légumes sautés
7. une salade du chef
8. le taboulé
9. un sandwich club
10. des lasagnes

des lasagnes

un sandwich club

des légumes sautés

le taboulé

une salade du chef

Les humains. Maintenant expliquez ce que sont ces personnes à vos nouveaux amis extraterrestres.

➡ un(e) étudiant(e)
  — *Qu'est-ce que c'est qu'un étudiant ou une étudiante?*
  — *C'est une personne qui va à l'université pour apprendre. Elle a des cours de maths, de science et de philosophie, par exemple.*

1. une mère
2. un(e) camarade de chambre
3. un(e) ami(e)
4. un cuisinier
5. une actrice
6. un professeur

Menu Méditerranée

Entrée + Plat ou Plat + Dessert
18,20 €

Entrée au choix

Salade de haricots verts et volaille aux champignons confits
Émincé de blanc de poulet mariné, mozzarella, haricots verts, tomates et champignons des bois confits, salades mélangées aux herbes fraîches

Noix de Saint Jacques marinées à l'aneth et au citron
Noix de Saint Jacques marinées, frittata aux fines herbes et méli-mélo de salade aux herbes fraîches

Tomates mozzarella à la vinaigrette balsamique
Tomates, mozzarella parfumées à l'huile d'olive extra vierge, vinaigre balsamique et basilic

Plat au choix

Penne à la sicilienne
Des pâtes cuisinées comme en Sicile avec du thon, des tomates confites, des olives noires, et basilic frais

Carpaccio de bœuf au basilic servi à volonté
Fines tranches de bœuf cru au basilic et à l'huile d'olive

Magret de canard au jus de sauge
Accompagné de frites fraîches ou haricots verts

Dessert au choix

Crème brûlée à la Catalane
Fromage blanc et sa crème fraîche à volonté
Fondant au chocolat maison

---

pisode

Jeu de rôle

You've just returned from a vacation spot where you ate in several "exotic" restaurants. Using the "Menu Méditerranée," tell your partner about the unusual dishes you had to eat. He or she will ask you questions about the foods that you mention. Do your best to describe them, using the expressions in the **Stratégies de communication.**

Improve Your Grade: Flashcards, Interactive Practice

Ace the Test: Ace Practice Tests

Littérature • Du camembert, chéri...

The literary excerpt you are about to read comes from Cameroon (**le Cameroun**), West Africa. Although Cameroon has been an independent republic since 1960, its colonial past, first German, then both British and French, has left an indelible mark. The language of most of Cameroon is French; French culture and French products are present everywhere. Caught between ancestral traditions and the commercial and social appeal of foreign modernism, small countries such as Cameroon have struggled over the years to define their national identity. Writer Guillaume Oyônô Mbia has portrayed this struggle.

Born in 1939 in Cameroon, Guillaume Oyônô Mbia studied in England and France before becoming a professor at the University of Yaoundé, the capital of Cameroon. He is known for his tales, his plays, and his sense of humor.

The following scene, taken from *Notre fille ne se mariera pas* (*Our daughter won't get married*), a play first performed on the French radio network in 1971, portrays a "modern" family in Yaoundé. Colette Atangana is trying to educate her ten-year-old son, Jean-Pierre, but experiences a few frustrations, which she expresses to a friend, Charlotte.

Pensez

1 Qu'est-ce qu'on fait au nom des bonnes manières à table? Cochez toutes les réponses qui vous semblent appropriées.

_____ On accepte de manger des choses qu'on n'aime pas.

_____ On mange avec le couteau dans la main droite et la fourchette dans la main gauche.

_____ On ne parle pas quand on mange.

_____ On refuse de manger des produits qui sont nouveaux ou exotiques.

_____ ?

Observez et déduisez: en général

2 Parcourez le texte une première fois en fonction des questions suivantes.

1. *Du camembert, chéri...* c'est l'histoire d'une mère qui
   a. demande à son fils d'aller chercher du camembert.
   b. demande à son fils de manger moins de camembert parce que ça coûte cher.
   c. veut forcer son fils à manger du camembert.
   d. ne veut pas que son fils mange du camembert parce que c'est réservé aux adultes.
2. Parmi les bonnes manières mentionnées dans **Pensez**, laquelle/lesquelles Colette veut-elle apprendre à son fils?

Du camembert, chéri...

COLETTE: C'est vrai que tu refuses de manger ton camembert, chéri?

JEAN-PIERRE: Je n'aime pas le camembert!

COLETTE: La question n'est pas là! Il ne s'agit pas° d'aimer le camembert: il s'agit de le manger comme un bon petit garçon! (*L'entraînant° de force vers la table*) Viens!

Il... Ce n'est pas une question / Dragging him

JEAN-PIERRE: (*qui commence à pleurer*) J'aime pas le camembert!

COLETTE: (*tendre mais ferme*) Il faut° le manger, chéri! Apprends à manger le camembert pendant que° tu es encore jeune! C'est comme ça qu'on acquiert° du goût°! Onambelé!

Il est nécessaire de quand développe / taste

ONAMBELÉ: Madame?

COLETTE: Apporte-nous un couvert! Apporte-nous aussi la bouteille de Châteauneuf-du-Pape° que nous avons commencée! (*Onambelé apporte le couvert et le vin.*)

vin français

JEAN-PIERRE: (*pleurant toujours*) J'veux pas de camembert!

COLETTE: (*toujours tendre et ferme*) Il faut vouloir le manger, chéri! C'est la culture!

JEAN-PIERRE: (*obstiné*) J'veux pas manger de culture! (*Tous les adultes éclatent de rire°.*)

burst out laughing

COLETTE: Dis donc, Charlotte, pourquoi est-ce qu'il n'a pas de goût, cet enfant? Je fais pourtant tout ce que je peux pour lui apprendre à vivre°! Le chauffeur va le déposer° à l'école urbaine chaque matin pour éviter° que les autres enfants ne lui parlent une langue vernaculaire. J'ai déjà renvoyé trois ou quatre maîtres d'hôtel parce qu'ils servaient des mangues, des ananas et d'autres fruits du pays au lieu de lui donner des produits importés d'Europe, ou, à la rigueur, des fruits africains mis en conserve en Europe, et réimportés. Je ne l'autorise presque° jamais à aller rendre visite à la famille de son père, parce que les gens de la brousse° boivent de l'eau non filtrée. Enfin, je fais tout ce qu'une Africaine moderne peut faire pour éduquer son enfant, et il refuse de manger du camembert! Écoute, mon chéri! Tu vas manger ton camembert!

to live / drop him off avoid

almost

bush country

JEAN-PIERRE: (*criant*) Mais puisque je te dis que j'aime pas le camembert!

COLETTE: (*doucement°*) Je te répète qu'on ne te demande pas de l'aimer. On te demande de le manger!... Comme ceci, regarde! (*Elle prend un peu de camembert et de pain, et commence à le manger.*) Je le mange! Je le... (*Elle s'étrangle° un peu.*) Zut!... Donne-moi un verre de vin, Onambelé! (*Colette boit le vin et tousse°.*) Tu as vu? Tu crois que j'aime le camembert, moi?

softly

chokes

coughs

JEAN-PIERRE: (*naïvement*) Pourquoi tu le manges, alors?

Extrait de *Notre fille ne se mariera pas* (Guillaume Oyônô Mbia).

Observez et confirmez: en détail

3 Les mots. Pouvez-vous déduire le sens des mots en caractères gras dans le contexte suivant?

> J'ai déjà **renvoyé** trois ou quatre **maîtres d'hôtel** parce qu'ils servaient des **mangues**, des ananas et d'autres fruits du pays **au lieu de** lui donner des produits importés d'Europe, ou, **à la rigueur,** des fruits africains **mis en conserve** en Europe, et réimportés.

1. renvoyé	a. canned, processed
2. un maître d'hôtel	b. instead of
3. une mangue	c. if need be
4. au lieu de	d. mango
5. à la rigueur	e. type of servant
6. mis en conserve	f. fired, dismissed

4 Le texte

1. **Vrai ou faux?** Si c'est faux, corrigez.
   a. Colette veut que son fils *aime* le camembert.
   b. Selon Colette, c'est plus facile d'acquérir du goût quand on est jeune.
   c. Jean-Pierre pense que la culture, c'est quelque chose à manger.
   d. Jean-Pierre a l'occasion de parler en langue africaine avec les autres enfants quand il va à l'école.
   e. Selon Colette, les produits importés d'Europe sont meilleurs que les produits africains.
   f. Jean-Pierre va souvent rendre visite à la famille de son père.
   g. Colette a besoin d'un verre de vin pour cacher (*hide*) le goût du camembert.
   h. Jean-Pierre ne comprend pas sa mère.

2. **L'éducation de Jean-Pierre.** Qu'est-ce qu'il faut ou ne faut pas faire, selon Colette? Complétez le tableau.

Il faut	Il ne faut pas
manger du camembert	*manger des mangues fraîches*

3. **Le symbolisme.** Qu'est-ce que le camembert symbolise dans ce texte? Et les produits africains?

Explorez

1. Quel est le message de ce texte pour vous? Est-ce un message positif? négatif?

2. Est-ce que Colette Atangana existe dans la société américaine? Décrivez-la.

3. Avec un(e) partenaire, préparez un petit sketch où une maman veut forcer son enfant à manger quelque chose. Déterminez d'abord le produit alimentaire que vous allez utiliser et les raisons de la mère (c'est bon pour la santé, c'est la culture, tout le monde le fait [*everybody does it*], quand on a de bonnes manières... etc.). Ensuite, en imitant le style de Guillaume Oyônô Mbia, écrivez votre sketch, puis jouez-le devant la classe!

Par écrit Eat, drink, and be merry!

Avant d'écrire

A Strategy: Anticipating readers' questions. Written communication is more difficult than oral communication because the other party is not present to ask for clarification or elaboration. You must anticipate the questions that your reader will likely have about the topic you are discussing. Try jotting down possible questions before you begin writing to help you better organize your thoughts.

Application. If you sent your family the menu from Al Fassia, below, what questions might they have about your dining experience there? If you were cooking a special dinner for friends and your roommate were to do the shopping, what questions might he or she have about those errands? Write two sets of questions.

1. *menu, repas à Al Fassia*
2. *les courses, les menus*

B Strategy: Organizing a narrative. Use transitional words when describing a sequence of events to avoid a choppy writing style.

to introduce a sequence:	premièrement, d'abord
to connect the events:	puis, ensuite, après
to show contrast:	mais, par contre
to conclude:	enfin, finalement

> **Vocabulaire actif**
> d'abord
> enfin
> finalement
> premièrement

Application. Look at the first set of questions you prepared in **A**. Imagine how you might describe dinner at Al Fassia. Write four sentences that you could use in your letter, beginning each sentence with a transitional word from among those listed above.

Al Fassia

Menu Gastronomique
180 dhs

Assortiment de Salades Marocaines

Sélection de Briouates

Tagine de Poulet M'charmal

Salade d'Oranges à la Cannelle

Thé à la Menthe

✢ ✢ ✢ ✢ ✢

Menu Gastronomique
220 dhs

Assortiment de Salades Marocaines

Pastilla aux Fruits de Mer

Couscous au choix

Corbeille Fruits de Saison

Pâtisseries Marocaines

Thé à la Menthe

Menu Dégustation
340 dhs (par personne)

Harira Traditionnelle aux Dattes et Citron
✢ ✢ ✢
Assortiment de Salades Marocaines
✢ ✢ ✢
Sélection de Briouates
✢ ✢ ✢
Pastilla aux Pigeons et Amandes
✢ ✢ ✢
Tagine de Loup de Mer farci au Riz et aux Dattes
✢ ✢ ✢
Couscous au choix
✢ ✢ ✢
Corbeille Fruits de saison
✢ ✢ ✢
Pâtisseries Marocaines
✢ ✢ ✢
Thé à la Menthe

Écrivez

1. Vous avez mangé hier soir au restaurant Al Fassia avec vos amis marocains. Le repas? Magnifique! Écrivez une lettre à votre famille en vous inspirant des menus à la page 194 de 180 dhs (dirhams = la monnaie marocaine), 220 dhs ou 340 dhs, selon votre préférence et votre situation financière! Parlez de ce que vous avez mangé et bu. Décrivez les plats à l'aide de circonlocutions et d'imagination! Rappelez-vous les questions que votre famille va avoir en lisant le menu. N'oubliez pas d'employer des expressions de transition.

   ➡ *Chers tous,*
   Hier soir, j'ai mangé un repas magnifique au restaurant Al Fassia...

2. Votre camarade de chambre et vous invitez des amis à dîner ce soir. Vous allez préparer le repas, et votre camarade va faire les courses. Écrivez-lui un message en anticipant ses questions et en expliquant ce qu'il/elle a besoin (*needs*) d'acheter et où. (Structure utile: l'impératif, **Chapitre 2,** page 66.)

Synthèse culturelle

Vous avez sans doute observé (chez des gens que vous avez connus ou pendant vos voyages) des coutumes se rapportant au manger ou au boire qui vous ont semblé bizarres. Donnez un exemple et décrivez votre réaction au moment de l'incident.

David: Il est extrêmement étonnant pour les Français de constater la pratique du «doggy bag» consistant à ramener à la maison ce qu'on n'a pas terminé au restaurant.

Aïssatou: ... une habitude générale qui m'a frappée depuis que je suis arrivée aux USA, il s'agit de cette tendance à jeter dans la poubelle[1] le reste des aliments préparés même si personne n'y a touché.

Isabelle: Lorsque je suis arrivée aux États-Unis, j'étais surprise de voir[2] à quel point les Américains mangeaient rapidement... Aussi j'étais surprise de voir à quel point tout ce qu'ils mangeaient était sorti tout droit d'une boîte[3].

Explorez

Qu'est-ce qui se passe si vous ne vous conformez pas aux coutumes se rapportant au manger et au boire chez vous? Essayez! Mangez à la française (couteau dans la main droite, fourchette dans la main gauche) par exemple, ou buvez à grand bruit[4] votre café. Quelles sont les réactions des autres? Décrivez l'expérience.

---

1. *throw in the trash*   2. *see*   3. *came out of a box/can*   4. *slurp*

 🌐 Improve Your Grade:
Online Synthèse culturelle

Vocabulaire actif

Au restaurant / au café

la cantine *the cafeteria*
un client / une cliente *a customer*
le fast-food *fast food*

le menu / la carte *the menu*
un serveur / une serveuse *a waiter / a waitress*

Pour commander

Monsieur/Mademoiselle, s'il vous plaît? *Sir / Miss, please?*
Vous désirez? *Are you ready to order?*
Je voudrais... *I would like . . .*

Je vais prendre... *I'm going to have . . .*
Et pour moi... *For me . . .*
L'addition, s'il vous plaît. *The check, please.*

Les boissons froides

une bière *a beer*
une bouteille d'eau minérale *a bottle of mineral water*
une carafe d'eau *a pitcher of water*
un citron pressé *fresh lemonade*

un coca *a Coke*
un jus de fruits *fruit juice*
du jus d'orange *orange juice*
une limonade *lemon soda*
du vin rouge/blanc *red / white wine*

Les boissons chaudes

un café *coffee*
un café crème *coffee with cream*
du café au lait *coffee with milk*
un chocolat *hot chocolate*

un thé nature *tea*
un thé au lait *tea with milk*
un thé citron *tea with lemon*

Les repas (m.)

le petit déjeuner *breakfast*
le déjeuner *lunch*

le dîner *dinner*
le souper *dinner*

Les plats (m.)

un hors-d'œuvre *starter, hors d'oeuvre*
la soupe *soup*
un plat garni *main dish, entrée*

la salade *salad*
le dessert *dessert*

Les aliments (m.)

Les fruits (m.)

de l'ananas (m.) *pineapple*
une banane *a banana*
une fraise *a strawberry*
une framboise *a raspberry*

une orange *an orange*
une pêche *a peach*
une poire *a pear*
une pomme *an apple*

Les légumes (m.)

de l'ail (m.) *garlic*
du brocoli
une carotte *a carrot*
des champignons (m.) *mushrooms*
des courgettes (f.) *squash*
des haricots (m.) verts *green beans*

du maïs *corn*
un oignon *an onion*
des petits pois (m.) *peas*
une pomme de terre *a potato*
une tomate *a tomato*

La viande

un bifteck/un steak *a steak*	du porc *pork*
du bœuf *beef*	du poulet *chicken*
une côtelette de veau *a veal chop*	du rosbif *roast beef*
du jambon *ham*	du rôti de porc *pork roast*

Le poisson et les fruits de mer

des crevettes (f.) *shrimp*	des huîtres (f.) *oysters*
du homard *lobster*	du thon *tuna*

Les plats préparés

des frites (f.) *French fries*	une quiche
du pâté	un sandwich
une pizza	une saucisse *a sausage*
un produit surgelé *frozen food*	du saucisson *hard salami*

Les fromages (m.)

le brie   le camembert   le roquefort

Les desserts (m.)

un gâteau *a cake*	une tarte (aux pommes, aux fraises) *a tart / pie*
une glace (à la vanille, au chocolat) *ice cream*	un yaourt *a yogurt*
la mousse au chocolat *chocolate mousse*	

Divers

du beurre *butter*	du lait *milk*	une recette *a recipe*
une baguette	un œuf *an egg*	du riz *rice*
des biscuits (m.) *cookies*	le pain *bread*	du sel *salt*
des céréales (f.) *cereal*	du pain grillé *toast*	du sucre *sugar*
la confiture *jam*	des pâtes *pasta*	les habitudes (f.) *habits*
un croissant	du poivre *pepper*	

Les rayons (m.) et les magasins (m.)

la boucherie (du coin) *the (neighborhood) butcher shop*	les grandes surfaces (f.) *super stores*
la boulangerie *the bakery*	la pâtisserie *the pastry shop*
la charcuterie *the deli*	la poissonnerie *the fish market*
l'épicerie *the grocery store*	le rayon (fromages, etc.) *the (cheese) section*
	le supermarché *the supermarket*

Le couvert

une assiette *a plate*	une serviette *a napkin*
un couteau *a knife*	une tasse *a cup*
une cuillère *a spoon*	un verre *a glass*
une fourchette *a fork*	

Adjectifs

biologique (bio) *organic*
cher (chère) *expensive*
délicieux(euse) *delicious*
diététique
en boîte *canned*

frais (fraîche) *fresh*
gras (grasse) *fatty, greasy*
léger (légère) *light*
ordinaire *ordinary*

pressé(es) (les gens) *rushed*
sain(e) *healthy*
salé(e) *salty*
sucré(e) *sweet*

Verbes et expressions verbales

avoir faim *to be hungry*
avoir soif *to be thirsty*
boire *to drink*
commander *to order*
être au régime (m.) *to be on a diet*

être pressé(e) *to be in a hurry*
faire les courses *to go grocery shopping*
grignoter *to snack*
oublier *to forget*
payer *to pay*

Expressions négatives

ne... jamais *never*

ne... plus *not . . . anymore, no longer*

Expressions de quantité

assez (de) *enough*
une boîte (de) *a can, a box*
une douzaine (de) *a dozen*
100 grammes (de)
un kilo (de) *a kilo (2.2 lbs)*

un litre (de) *a liter*
une livre (de) *a pound*
un morceau (de) *a piece*
pas du tout (de) *not at all*

un peu (de) *a little*
une tranche (de) *a slice*
trop (de) *too much*
trop peu (de) *too little*

Expressions de comparaison

aussi... que *as . . . as*
moins... que *less . . . than*
plus... que *more . . . than*
meilleur(e) *better (adj.)*

mieux *better (adv.)*
autant de... que *as much/as many (+ noun) as*
moins de... que *less (+ noun) than*
plus de... que *more (+ noun) than*

Pour demander ou donner une explication

Qu'est-ce que c'est que ça? *What's that?*
Qu'est-ce que c'est que... ? *What is . . . ?*
C'est quelque chose que... *It's something that . . .*
C'est quelqu'un qui... *It's someone who . . .*
C'est une espèce de... *It's a kind of . . .*

C'est là où... *It's where . . .*
De la (Du) quoi? *Some what?*
Un(e) quoi? *A what?*
Ça s'appelle... *It's called . . .*

Mots de transition / Adverbes de temps

premièrement, d'abord *first*
enfin, finalement *finally*

pas tout à fait *not quite*
hier *yesterday*

la semaine dernière *last week*

Le temps et les passe-temps

This chapter will enable you to

➡ understand a weather report and a conversation about sports

➡ read humorous texts about people's reactions to television and to the weather

➡ describe the weather

➡ talk about your favorite pastimes in the present and in the past

➡ extend, accept, and decline invitations

➡ avoid repetition through the use of pronouns

Où le patinage sur glace est-il un passe-temps favori? Et vous: Quels sont vos passe-temps préférés aux différentes saisons? Est-ce que vous aimez lire? regarder la télévision?

Chapter resources

 iLrn Heinle Learning Center includes:
- Student Activities Manual (SAM) and SAM Audio Program
- Textbook Assignments and In-text Audio Program
- Media-enhanced eBook
- Video Library
- Enrichment
- Diagnostics

 In-Text Audio Program

Video

 Companion Website

À l'écoute Le bulletin météo

Imaginez que vous écoutez la radio, et voici le bulletin météorologique! Pour bien le comprendre, faites les activités 1 et 2 avant d'écouter, puis écoutez en suivant les instructions données.

Pensez

1 Quel temps fait-il? Voici les possibilités, dans le langage des bulletins météo.

En langage ordinaire, les expressions suivantes sont plus communes. Avec quels symboles peut-on les associer?

Il fait du soleil.   Il fait du vent.

Il pleut.   Il neige.

Le ciel est couvert.   Il y a des nuages. / Le temps

Il fait du brouillard.   est nuageux.

Il fait beau.   Il fait mauvais.

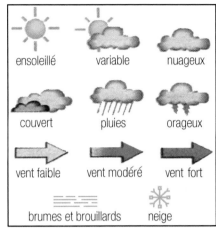

En matière de températures, c'est une question de degrés, n'est-ce pas?

30°   Il fait chaud.   10°   Il fait frais.

20°   Il fait bon.   0°   Il fait froid.

2 Vous allez entendre un bulletin météo du mois de juillet. En regardant la carte ci-dessous, qu'est-ce que vous anticipez pour la plus grande partie de l'Europe? Où est-ce qu'il pleut? Où est-ce qu'il fait du soleil? Où y a-t-il des orages? Où y a-t-il une période de canicule (plus chaude que la normale)?

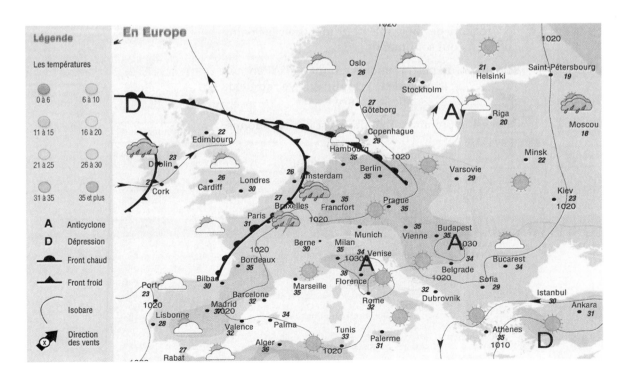

Note culturelle

Les températures. Dans le monde franco-phone, les températures sont en degrés Celsius ou centigrades. 0° Celsius = 32° Fahrenheit; 10° C = 50° F; 20° C = 68° F; 30° C = 86° F; 37° C = 98° F (température du corps humain); 40° C = 104° F. Quelle température fait-il chez vous aujourd'hui en degrés Celsius?

🎧 Observez et déduisez

3 Écoutez une ou deux fois en regardant les possibilités météorologiques données dans **Pensez.** Lesquelles sont mentionnées dans ce bulletin météo?

4 Quelles sont les températures mentionnées dans ce bulletin météo pour la plus grande partie de l'Europe? Est-ce que ce sont des températures normales pour la saison? Qu'est-ce qui va rafraîchir certaines régions? Quelles sont les prévisions pour demain?

5 **L'Europe.** Écoutez encore pour identifier les pays, villes ou régions qui sont mentionnés. Encerclez les pays ou régions concernés.

Les pays: l'Allemagne (Berlin, Hambourg)   les Îles Britanniques (Londres)
l'Autriche (Vienne)   l'Italie (Rome, Florence)
la Belgique (Bruxelles)   les Pays-Bas (Amsterdam)
l'Espagne (Madrid)   la Pologne (Varsovie)
la France (Paris)   la Scandinavie (Stockholm, etc.)
la Grèce (Athènes)   la Suisse (Genève)

Les régions de France: l'Alsace   l'Île-de-France (région parisienne)
la Bourgogne   la Normandie
la Bretagne   la Provence

6 Écoutez une dernière fois pour identifier les points cardinaux qui sont mentionnés.

«Une zone de perturbation s'étirant de l'Atlantique au _____ de la Scandinavie va rafraîchir _____ et _____ de la France.»

Quel est le point cardinal qui n'est pas mentionné?

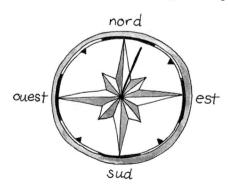

Vocabulaire actif

le temps
Le ciel est couvert
Il fait beau, mauvais...
Il fait du brouillard
Il fait du soleil
Il fait du vent
Il neige (la neige)
Il pleut (la pluie)
la température
Le temps est
  ensoleillé, variable,
  nuageux (un nuage),
  orageux (un orage)
nord, sud, est, ouest
un pays

Prononciation Les sons [o] et [ɔ]

- [o] is the closed *o* sound in m**été**o and b**eau**.
  [ɔ] is the open *o* sound in al**o**rs and c**o**mme.

🎧 Observez et déduisez 🖱

Listen to the following expressions from **À l'écoute: Le bulletin météo** on the In-Text Audio CD, and in the chart, indicate the *o* sounds you hear. You will hear each expression twice. The first expression has been done for you.

	[o]	[ɔ]
1. une grande partie de l'Europe		✔
2. le nord de l'Allemagne		
3. il fait aussi chaud		
4. Une zone de perturbation		
5. des orages		
6. en Normandie		
7. le soleil		
8. la forte chaleur		

Now practice saying the expressions aloud. Then listen to the expressions again to verify your pronunciation.

- As you can tell, the open [ɔ] is more common in French. The closed [o] occurs only in the following cases:

as the final sound in a word	m**o**t, styl**o**
when followed by a [z] sound	ch**o**se, p**o**ser
when spelled **ô**	h**ô**tel, dipl**ô**me
when spelled **au** or **eau***	ch**au**d, b**eau**coup
in a few isolated words	z**o**ne

  *Exception: **au** + [r] = [ɔ] rest**au**rant, **au** revoir.

🎧 Confirmez 🖱

Practice saying and contrasting the following pairs of *o* sounds. Then listen to them on the In-Text Audio CD to verify your pronunciation.

1. **Prononcez.**

[o]	[ɔ]
nos	notre
vos	votre
allô	alors
beau	bonne
faux	folle

2. **[o] ou [ɔ]?** In the following sentences, underline the [o] sounds with one line, and the [ɔ] sounds with two lines.

    a. Zut alors! Il fait si chaud que mon chocolat a fondu (*melted*) sur les côtelettes de veau et sur mon morceau de roquefort!

    b. Nicole et Claude écoutent le bulletin météo à la radio.

    c. Il ne fait pas trop chaud en octobre.

    d. Le climat de la Normandie favorise la production des pommes et des fromages.

    e. Quand il fait beau, on joue au golf ou on fait du vélo.

Now practice saying the sentences aloud, then listen to them on the In-Text Audio CD to verify your pronunciation.

Le célèbre Bonhomme du Carnaval de Québec.

Vocabulaire Le temps et les saisons

Observez et déduisez

Comment est le climat au Québec?

- En hiver, il fait très froid (entre –10° et –30°), et le temps est souvent nuageux.
- Au printemps, il fait bon, mais le temps est variable.
- En été, les températures varient entre 20° et 35°.
- En automne, les arbres sont magnifiques avec leurs feuilles jaunes et rouges.

À quelle phrase correspond la photo?

Note culturelle

Festivals québécois. Les Québécois fêtent la beauté et les plaisirs de l'hiver chaque année en février avec un festival dominé par des activités culturelles, sportives et artistiques, y compris des courses de traîneaux à chiens (*dogsled races*), des courses en canot (*canoe*), des défilés (*parades*) et des bals. La vedette (*star*) de la fête? L'ambassadeur du Carnaval: Bonhomme Carnaval. Le Carnaval de Québec est le plus grand carnaval d'hiver du monde.

En été, la ville vous offre le Festival international d'été de Québec, le plus grand événement culturel francophone en Amérique du Nord. Le festival comprend des centaines de spectacles en salle et à ciel ouvert, y compris des cirques, de la musique et du théâtre.

Y a-t-il des festivals particuliers dans votre région? Lesquels? Comment sont-ils?

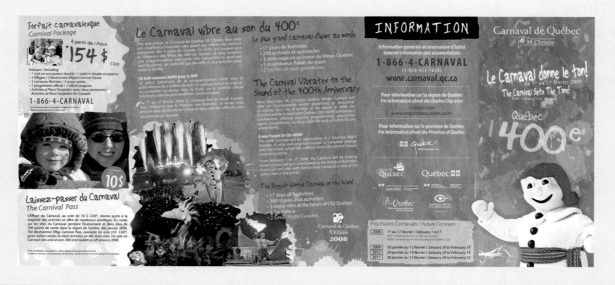

Activités

A **Le temps au Canada.** Regardez la carte météorologique ci-dessous, puis complétez les phrases avec le nom d'une ville logique.

1. Le ciel est couvert à _____ .
2. Il neige à _____ .
3. À _____ il fait du soleil, mais il ne fait pas chaud.
4. Il pleut à _____ .
5. Le temps est variable à _____ .
6. Il fait assez frais à _____ .
7. Il fait beau à _____ .
8. La température est entre –10 et –17 degrés à _____ .

Maintenant, choisissez deux villes et parlez du temps qu'il y fait.

➡ *À Whitehorse il fait très froid, mais le temps est variable avec un peu de soleil. La température est de –10 degrés.*

Environnement Canada Environment Canada

Conditions actuelles

Météo mondiale

www.meteo.ec.gc.ca

Le climat chez vous. Expliquez à votre partenaire le temps qu'il fait chez vous selon les indications.

➡ au mois d'avril
Au mois d'avril il fait du soleil et il fait très bon. Il ne pleut pas souvent.

1. aujourd'hui
2. au printemps
3. en été
4. en automne
5. en hiver
6. le jour de votre anniversaire

C **Et demain?** Regardez les images et dites quel temps il **va** faire cette semaine.

➡ *Aujourd'hui le temps est variable mais il va faire bon.*

Prévision à long terme pour Québec

Aujourd'hui	Ce Soir	Dimanche	Lundi	Mardi
max **15**	min **6**	max **18**	6/18	6/18

Prévision à long terme pour Québec

D **Un bulletin météorologique.** Préparez un bulletin météorologique. Parlez du temps qu'il fait aujourd'hui et du temps qu'il va faire demain, puis présentez-le à la classe.

Structure Narrating past actions

Le passé composé avec *être*

Observez et déduisez

Anne et sa famille sont allées à Québec pour participer au Carnaval d'hiver. La famille est arrivée sous un ciel ensoleillé, et tout le monde est allé voir le célèbre défilé avec l'ambassadeur de la fête, Bonhomme Carnaval. Après, Anne et sa sœur sont entrées dans le Palais de Glace de Bonhomme pour voir le spectacle multimédia. Ses frères sont allés regarder la course en canot, et ses parents sont montés dans un traîneau à chien pour faire une promenade. Vers minuit, la famille est retournée à l'hôtel—très fatiguée après une belle journée à Québec.

*In Chapitre 5, you learned to say what happened in the past in French using the **passé composé**. This section introduces new information about that verb tense.*

- How does the past tense of the verbs in the paragraph above differ from the past tense of verbs you studied in **Chapitre 5**?
- Look at the past participles of the verbs in the preceding paragraph: **allées, arrivée, allé, entrées, allés, montés, retournée.** Formulate a rule that would explain the differences in the endings of the participles.

Confirmez Le passé composé avec *être*

- A few common verbs like **aller** use **être** as the auxiliary in the **passé composé.**

— Il est allé à Montréal?	*Did he go to Montreal?*
	Has he gone to Montreal?
— Non, il est allé à Québec.	*No, he went to Quebec.*
	No, he's gone to Quebec.

- Some other verbs requiring **être** in the **passé composé** include **arriver, entrer dans, monter dans** (*to go up, get on or in*), **passer par, rentrer, rester** (*to stay*), **retourner,** and **tomber** (*to fall*).

- The past participle of verbs conjugated with **être** agrees in number and gender with the *subject* of the verb.

La famille est arriv**ée** sous un ciel ensoleillé.	(féminin, singulier)
Les sœurs sont entr**ées** dans le Palais de Glace.	(féminin, pluriel)
Les frères sont all**és** à la course en canot.	(masculin, pluriel)
Papa est tomb**é** dans la neige!	(masculin, singulier)

Activités

E Voyages. La famille Napesh fait beaucoup de voyages en été. Écoutez et écrivez la bonne destination pour chaque personne. Ensuite, indiquez si le voyage est présent, passé ou futur.

Halifax   Whitehorse   Québec   Iqaluit   Montréal   Winnipeg

	destination?	*présent / passé / futur?*
Siméon	_____	_____
Marie / Élisabeth	_____	_____
Maman	_____	_____
Joseph	_____	_____
Papa / Angélique	_____	_____
les garçons	_____	_____

Maintenant, parlez du temps qu'il fait à chaque destination selon la carte météorologique à la page 203.

F **Quelle journée!** Louis n'a pas fait de voyage, mais il a eu une journée chargée quand même. En regardant l'image ci-dessous, dites ce qu'il a fait à l'aide des verbes suivants.

rester à la maison

tomber dans la rue

rentrer à 5h du soir

rester une heure au musée

passer par l'épicerie

entrer dans des magasins

monter dans un taxi

aller au cinéma

?

➥ *Il n'est pas resté à la maison.*

G **Une journée typique.** Employez le passé composé (avec **être** ou **avoir** selon le cas) pour raconter la journée d'Anne. Faites attention à l'accord du participe passé.

Hier Anne (aller) en ville où elle (retrouver) sa cousine, Léa. Léa (arriver) un peu en retard, alors les cousines (entrer) tout de suite dans un café où elles (prendre) le déjeuner. Elles (rester) au café pendant une heure, puis les deux filles (faire) des courses. Anne (acheter) un nouvel iPod, et Léa (trouver) un jean en solde (*on sale*). Les deux filles (rentrer) vers 6h30.

Observez et déduisez

The chart below contains some useful expressions for referring to past and future times. Fill in the blanks by studying the expression used in the opposite column and writing its counterpart for expressing the past or future as required.

	aujourd'hui
hier mardi le 9	demain
lundi le 8 ←——————→	mercredi le 10

	demain matin
hier après-midi	
	demain soir
vendredi (dernier)	vendredi (prochain)
	la semaine prochaine
le mois dernier	
l'année dernière	

- Read the following paragraph and examine the time line. Then, using context and cognates, infer the meaning of the words in boldface type.

8h	9h	9h30	10h
(il y a une heure et demie)	(en avance)	(à l'heure)	(en retard)

Anne a un rendez-vous à 9h30 ce matin, alors elle a pris le train **il y a** une heure et demie (à 8h). Si elle arrive au bureau à 9h30, elle est **à l'heure.** Si elle arrive à 10h, elle est **en retard.** Si elle arrive à 9h, elle est **en avance.**

Match the expressions in the two columns.

1. il y a   a. on time
2. à l'heure   b. early
3. en retard   c. ago
4. en avance   d. late

*The expressions **tôt** and **tard** that you learned in **Chapitre 4** are used to refer to the hour, not to people.*

Activités

H   Il y a longtemps?   Dites la dernière fois (*time*) que vous avez fait les activités suivantes.

➡ aller en vacances
   Je suis allé(e) en vacances... il y a 7 mois. (le mois dernier, etc.)

aller à un carnaval	rester au lit jusqu'à midi
arriver en classe en avance	envoyer des textos
rentrer à 9h un samedi soir	manger au restaurant
surfer sur Internet	

Maintenant, mentionnez trois choses que vous *allez* faire et quand.

➡ *Demain soir, je vais jouer au Nintendo avec mes copains. (mardi prochain, etc.)*

Calendrier. Nous sommes aujourd'hui le 8 juin... Dites ce que Charles a fait récemment et ce qu'il *va* faire en employant le calendrier ci-dessous.

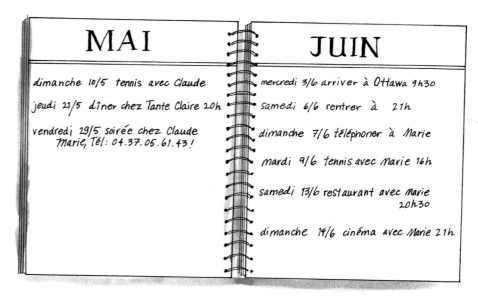

MAI

dimanche 10/5 tennis avec Claude

jeudi 21/5 dîner chez Tante Claire 20h

vendredi 29/5 soirée chez Claude
Marie, Tél: 04.37.05.61.43!

JUIN

mercredi 3/6 arriver à Ottawa 9h30

samedi 6/6 rentrer à 21h

dimanche 7/6 téléphoner à Marie

mardi 9/6 tennis avec Marie 16h

samedi 13/6 restaurant avec Marie
20h30

dimanche 14/6 cinéma avec Marie 21h

 Discussion. Discutez, avec un(e) partenaire, d'un voyage mémorable que vous avez fait. Où est-ce que vous êtes allé(e)? Est-ce qu'il a fait beau? mauvais? Combien de temps est-ce que vous êtes resté(e) là-bas? Qu'est-ce que vous avez fait? etc.

➡ *L'été dernier je suis allé(e) au Festival international d'été à Québec...*

Improve Your Grade: Flashcards, Interactive Practice

Ace the Test: Ace Practice Tests

Jeu de rôle

With two classmates, play the roles of three friends who have different preferences (sports? movies? museums?). Discuss what you each did last weekend, then agree on something different for this weekend. Make two sets of plans: What will you do if the weather's nice? What will you do if it rains?

Lecture La télévision

Pensez

1 Quelles sortes d'émissions aimez-vous regarder à la télévision? Numérotez les émissions suivantes dans l'ordre de vos préférences (de 1 à 8).

_____ les films

_____ les jeux télévisés (comme *La Roue de la Fortune*)

_____ le journal télévisé (les informations)

_____ les magazines et documents

_____ les sports

_____ les variétés (musiciens, comédiens)

_____ les dessins animés (comme *Dora l'exploratrice*)

_____ les feuilletons (les séries en épisodes, comme *Lost*)

2 Chez vous, qui contrôle la télé-commande (*remote control*)? Êtes-vous un «zappeur»? Quand changez-vous de chaîne (*channel*)? Cochez les réponses appropriées et ajoutez d'autres possibilités.

_____ quand il y a des pubs (publicités)

_____ quand il y a deux émissions intéressantes en même temps

_____ quand il n'y a rien (*nothing*) d'intéressant à voir

_____ quand les nouvelles sont trop déprimantes (*depressing*)

_____ quand vous êtes morose (triste)

_____ ?

Observez et déduisez: en général

3 Le texte que vous allez lire est une bande dessinée. Parcourez la bande dessinée une première fois pour identifier l'idée principale. *Les zappeurs,* c'est l'histoire d'une famille qui

a. achète une nouvelle télévision et la regarde pour la première fois.

b. n'est pas contente parce que la nouvelle télé ne fonctionne pas bien.

c. regarde une nouvelle chaîne de télé et ne l'aime pas.

d. aime beaucoup la chaîne «anti-morosité».

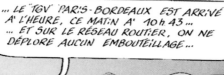

© Éditions Dupuis, «Les zappeurs» par Ernst Charleroi.

Observez et confirmez: en détail

4 Les images et le texte. Les paraphrases suivantes sont-elles vraies ou fausses selon les images? Corrigez les fausses, puis indiquez à quelle(s) image(s) elles correspondent.

image(s)

1. Le programme de télé annonce une nouvelle chaîne. _____
2. La réaction à l'idée d'une chaîne «anti-morosité» est très positive chez les enfants et très négative chez les parents. _____
3. La nouvelle chaîne donne seulement de mauvaises nouvelles. _____
4. Le père veut «zapper» mais le fils ne veut pas. _____
5. Les nouvelles traditionnelles sont plus intéressantes! _____

5 Les mots. D'après le contexte, quel est le sens des mots suivants? Choisissez a ou b.

1. génial!   a. cool!   b. too bad!
2. je me réjouis   a. I rejoice, I'm happy   b. I fear, I'm afraid
3. manquer   a. to watch   b. to miss
4. Bienvenue   a. Welcome   b. Hello again
5. aucun (embouteillage) a. no (traffic jams) b. many (traffic jams)
6. se porte bien   a. is being carried   b. is doing well
7. un biberon   a. a glass   b. a baby bottle
8. nul!   a. no good!   b. none!

6 L'histoire. Résumez en trois ou quatre phrases l'histoire des zappeurs!

Explorez

1. **Qu'en pensez-vous?** Discutez avec deux ou trois camarades de classe.

   a. Les médias semblent nous bombarder de mauvaises nouvelles. À votre avis, pourquoi les mauvaises nouvelles sont-elles plus populaires que les bonnes nouvelles? Qu'est-ce que cela indique au sujet de notre société?

   b. Les bonnes nouvelles peuvent-elles être intéressantes? Préparez un journal télévisé «anti-morosité» avec au moins quatre bonnes nouvelles se rapportant à l'actualité locale, nationale ou internationale. Comment allez-vous présenter ces nouvelles pour garder l'intérêt de votre public? Essayez vos techniques devant la classe!

2. **La télé en France.** Regardez l'extrait d'un programme de télé à la page 212.

   a. Que remarquez-vous de différent dans la programmation de la télévision en France?

   b. Avec un(e) partenaire, cherchez dans ce programme de télé les renseignements nécessaires pour compléter le tableau.

Jeudi 6 juillet

TF1 · 1

8.30 Téléshopping.
9.05 TF ! Jeunesse.
11.10 ⚡ Alerte Cobra.
💙 12.05 ⚡ Attention
à la marche ! ■ 13.00
Journal / Météo. 13.50
Les feux de l'amour. 14.40
⚡ Cœur de séductrice.
Téléfilm. 16.20 Boston
justice. L'amour vache.
💙 17.10 ⚡ New York :
police judiciaire.
Le voyant. 18.05 Crésus.
💙 18.55 Qui veut gagner
des millions ? ■ 20.00
Journal / Météo.

20.50

💙 **Diane, femme flic**
*Téléfilm français
de Marc Angelo. (2003).
Avec Isabel Otero
(Diane Carro), Laurent
Gamelon (Serge Carro),
Joël Zaffarano (Bochko),
Vanessa Guedj (Bimbo).
Sous influence. 1h30.* ⚡
Diane se retrouve dans de
sales draps. La veille au soir,
elle a été appelée sur les lieux
d'un crime : un braquage de
bijouterie qui a tourné au
drame lorsque les deux cas-
seurs ont tiré sur le propriétaire des lieux sous les yeux
impuissants de son épouse.
Diane s'est aussitôt lancée
aux trousses des cambrio-
leurs.

France 2 · 2

6.30 Télématin. 8.35 ⚡
Des jours et des vies. 9.00
⚡ Amour, gloire et beauté.
9.25 ⚡ KD2A. ■ 11.15
Flash info. 11.25 ⚡ Les
Z'amours. 💙 12.00 ⚡ Tout
le monde veut prendre sa
place. ■ 13.00 ⚡ Journal.
💙 13.55 ⚡ La légende
du Tour. 💙💙 14.25 ⚡
Cyclisme. Tour de France.
Pro Tour. EN DIRECT. 17.15
Les marches du Tour.
17.25 Vélo club. 💙 18.55
Qui est le bluffeur ?
■ 20.00 ⚡ Journal.

20.50

💙 **Dancing Show**
*Divertissement.
Présenté par Anthony
Kavanagh. Invités :
Blanca Li, Abou Lagraa,
Guesh Patti, Marc Couderc.*
Les commentaires du jury et
le vote du public ont tranché
la semaine dernière : un couple de danseurs a déjà été
contraint de quitter la compétition. La sélection est
rude, dans «Dancing Show»,
puisqu'il s'agit, à l'instar des
télé-crochets qui font actuellement florès, d'élire, parmi les couples de candi-
dats, les meilleurs danseurs
basé sur l'élégance et le
rythme.

France 3 · 3

💙💙 10.20 Pétanque.
Mondial «La Marseillaise».
5e jour. 💙 10.50 Village
départ. ■ 11.40 Le 12/13.
12.55 ⚡ Inspecteur Derrick.
13.50 ⚡ Hooker. 💙 15.40
⚡ La collection Cousteau.
Bornéo, la forêt sans terre.
16.30 ⚡ Drôle de couple.
17.10 ⚡ Chérie, j'ai rétréci
les gosses. 💙 17.50 ⚡
C'est pas sorcier.
💙 18.25 ⚡ Questions
pour un champion.
■ 18.50 Le 19/20.
20.25 ⚡ Plus belle la vie.

LE CHOIX DE TéléObs

20.55

💙💙 **20.55 La gloire
de mon père**
*Comédie dramatique
française d'Yves Robert.
(1990). Avec Philippe
Caubère (Joseph Pagnol),
Nathalie Roussel
(Augustine), Julien Ciamaca
(Marcel à 11 ans). 1h45.* ⚡
Au début du siècle, Joseph
Pagnol, le père du jeune Marcel, est instituteur dans un
village provençal. Il est bientôt muté à Marseille. Après
la naissance d'un second fils
et le mariage de Rose avec
l'oncle Jules, Joseph et Jules
louent une maison à Auba-
gne, où leurs familles passent
des vacances enchantées.

M6 · 6

10.00 Starsix music. 10.45
Kidété. 💙 11.50 ⚡ Malcolm.
■ 12.50 Le 12.50. 13.10 ⚡
Malcolm. 13.35 La ronde
des souvenirs. Téléfilm.
15.25 Au fil de la vie.
Téléfilm. 17.10 Génération
Hit. 💙 17.50 ⚡ Un, dos,
tres. Seules au monde.
■ 18.50 ⚡ N.I.H. :
alertes médicales.
Le grand tremblement
de terre. ■ 19.50 Six' /
Météo. 💙 20.10 ⚡ Touche
pas à mes filles. Bridget,
sex-cymbale. 20.40 Sport 6.

20.50

💙 **L'amour
est dans le pré**
*Téléréalité. Présenté
par Véronique Mounier.*
A l'automne dernier, Véronique Mounier recevait dix
agriculteurs en quête de
l'âme sœur. Chacun d'entre
eux avait dressé son propre
portrait et évoqué son idéal
féminin - ou masculin - dans
l'espoir de nouer une corres-
pondance et de rencontrer un
futur compagnon. «L'amour
est dans le pré» a suivi le
parcours de cinq d'entre eux.
Francis, producteur de fromage, rêve d'une compagne
épicurienne, aimant comme
lui la moto et la chasse. Le
timide Dominique, éleveur de
bovins, rêve d'une femme naturelle et maternelle tandis
que Hélène cherche un prince
charmant aux solides épaules
pour la protéger. 23173070

France 5 · 5

10.15 ⚡ Question maison.
💙 11.05 ⚡ Le jeu
de la séduction. 12.05 ⚡
Midi les zouzous. 13.40
Le magazine de la santé
au quotidien. 💙 14.35 ⚡
Au-delà du foot. 💙 15.45
⚡ Palais d'Europe.
La Hofburg et Schönbrunn :
Marie-Thérèse l'inspiratrice.
💙 16.45 ⚡ La maîtrise
du feu. Sur les mers.
17.50 C dans l'air. 19.00
Le magazine de la santé
au quotidien. 19.55 ⚡
Bonsoir les zouzous.

20.40

💙 **J'irai dormir
chez vous**
*Documentaire d'Antoine de
Maximy. (2006). Ethiopie.* ⚡
Equipé de ses minuscules ca-
méras, Antoine de Maximy
se rend en Ethiopie, où les
populations du Nord et du
Sud sont très différentes.
Première étape : Lalibela,
au nord du pays, appelée
également la «Jérusalem
noire». Cette ville abrite
une dizaine d'églises creu-
sées d'un seul bloc à même
la roche. Antoine de Maximy
y rencontre un jeune garçon,
Andebet, qui l'invite chez lui
et lui présente sa nombreuse
famille. L'accueil est chaleu-
reux, mais la nuit dans un
abri de branches sera incon-
fortable.

type d'émission ou titre	chaîne	heure
Film, La gloire de mon père	France 3	20.55
Journal/Météo		13.00
Magazine sportif	Canal +	22.40
Documentaire sur l'Éthiopie		
	France 2	14.25
Téléréalité: L'amour est dans le pré		
	France 2	20.50
Série New York, police judiciaire		
	France 5	13.40 et 19.00
	France 3	18.25

c. Maintenant imaginez qu'on est le jeudi 6 juillet. Qu'est-ce que vous allez regarder à la télé? Avec un(e) partenaire, discutez de ce qui vous intéresse et faites une liste des émissions que vous considérez pour (1) l'après-midi et (2) le soir.

Note culturelle

La télévision en France. En plus des chaînes publiques, les téléspectateurs français peuvent regarder un grand nombre de chaînes payantes, sur câble ou satellite, comme *Cinéstar* ou *CinéCinémas* pour les amateurs de films, *Eurosport* ou *Sport+* pour les amateurs de sport, *Paris Première* ou *Planète* pour les amateurs de documentaires, *Série Club* ou *Canal Jimmy* pour les amateurs de feuilletons, *EuroNews* pour les «infos» (les actualités), et *Télétoon* ou *Disney Channel* pour les enfants. 99% des foyers français possèdent au moins un téléviseur, et 43% en possèdent plusieurs. Un foyer sur cinq est abonné aux chaînes du câble et du satellite, et selon des statistiques de 2003, les Français de 4 ans et plus passent une moyenne de 3h22 par jour devant la télévision. Il faut noter que la durée a diminué de quelques minutes en 2003, au profit de l'écran d'ordinateur (Internet, vidéo). Les pubs n'interrompent généralement pas les émissions en France—elles apparaissent avant et après. Que pensez-vous des interruptions publicitaires? Combien de temps passez-vous devant la télé pendant l'année scolaire et pendant les vacances? Êtes-vous abonné(e) au câble? Quelles sont vos chaînes préférées? Pour quelles raisons?

Structure Talking about favorite pastimes

Les verbes *lire, dire, voir* et *écrire*

Interviews

Observez et déduisez Les passe-temps préférés

D'habitude je passe mon temps libre à lire et à regarder des films. Hier, par exemple, j'ai lu des bandes dessinées dans le journal, et j'ai fait une sortie au cinéma avec mes copains. Nous avons vu *Le Code de Vinci* avec Audrey Tautou. Patrick a dit que c'est un excellent film, et moi, je suis d'accord.

Et vous? Comment passez-vous votre temps?
Complétez mon sondage:

Quand j'ai du temps libre, j'aime lire:

_____ des romans

_____ des magazines

_____ des bandes dessinées

_____ des journaux

J'écris souvent:

_____ des lettres

_____ des e-mails*

_____ des rapports pour mes cours

_____ des poèmes d'amour

Sarah.

---

*Courriel** is the official term in French for *e-mail,* but a variety of other terms are more commonly used, especially by younger generations, such as **mél, mèl, mail,** and **e-mail.**

des bêtises
dire
un drame
écrire
un film d'épouvante
le genre
une histoire
une lettre
lire
un e-mail (un courriel)
un mensonge
un poème
un rapport
une sortie
la vérité

Pour m'amuser, j'aime voir:

_____ des spectacles musicaux

_____ des documentaires à la télévision

_____ des films étrangers en version originale

_____ des vieux films

Je dis souvent / toujours / ne... jamais

_____ «Bonjour!» à mes copains

_____ la vérité

_____ des bêtises

_____ des mensonges

- From the context, what do you think the verbs **lire, écrire, dire,** and **voir** mean?
- What are the past participles of **voir, lire,** and **dire**?
- How would you say "I saw *Le Code de Vinci*"? "We've read *Madame Bovary*"?

Quel genre de films préférez-vous? Les films policiers? les films d'amour? les films d'épouvante (horreur)? les drames? Faites un sondage de la classe et comparez vos préférences avec celles des Français. Est-ce que les étudiants ont classé les genres de film dans le même ordre que les Français?

Confirmez   Les verbes *lire, dire, voir* et *écrire*

- You have now learned several verbs that have irregular past participles in the **passé composé** (see p. 184). **Lire, dire, voir,** and **écrire** all have irregular past participles and all are conjugated in the **passé composé** with **avoir**.

> — Tu **as vu** *Le Code de Vinci?*
>
> — Non, mais Claire **a dit** que c'est bien, et elle dit toujours la vérité.

> — Tu **as lu** les histoires (*stories*) de Pierre?
>
> — Il **a écrit** des histoires?!

Les verbes *lire, écrire, dire, voir*

je lis	j' écris
tu lis	tu écris
il/elle/on lit	il/elle/on écrit
nous lisons	nous écrivons
vous lisez	vous écrivez
ils/elles lisent	ils/elles écrivent
je dis	je vois
tu dis	tu vois
il/elle/on dit	il/elle/on voit
nous disons	nous voyons
vous dites*	vous voyez
ils/elles disent	ils/elles voient

Participes passés: lu, écrit, dit, vu

*Note irregular form.

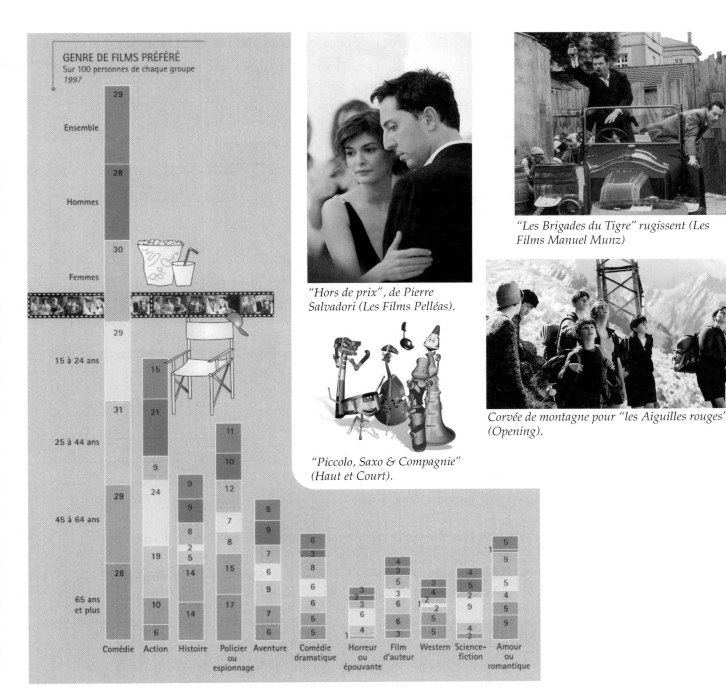

GENRE DE FILMS PRÉFÉRÉ
Sur 100 personnes de chaque groupe
1997

"Hors de prix", de Pierre Salvadori (Les Films Pelléas).

"Les Brigades du Tigre" rugissent (Les Films Manuel Munz)

Corvée de montagne pour "les Aiguilles rouges" (Opening).

"Piccolo, Saxo & Compagnie" (Haut et Court).

Activités

K **Associations.** Quels verbes (**lire**, **dire**, **écrire** ou **voir**) associez-vous aux mots qui suivent?

les devoirs	des bêtises	un spectacle	un roman
un film d'épouvante	la vérité	des mensonges	un documentaire
un magazine	un poème	un e-mail	

L **Logique.** Complétez les phrases suivantes avec le verbe logique.

1. Les étudiants _____ (écrire / lire) des bandes dessinées.
2. Je/J' _____ (écrire / dire) quelquefois des histoires.
3. La classe _____ (lire / voir) le professeur trois jours par semaine.
4. Hier, nous _____ (écrire / voir) une lettre à nos copains.
5. Et toi, tu _____ (voir / dire) toujours la vérité?
6. Mon frère _____ (lire / dire) souvent des bêtises.

M **Préférences.** Complétez les phrases de façon originale. Inspirez-vous de la banque de mots.

➡ *Mes parents lisent des magazines.*

Mes parents lisent souvent / ne lisent pas...

Mon ami(e) écrit quelquefois... / Une fois, il/elle a écrit...

Hier, mes camarades de chambre ont vu...

Le professeur dit toujours / ne dit jamais...

N **Pour s'amuser.** Complétez le tableau suivant avec vos préférences pour chaque catégorie.

Banque de mots

un film d'épouvante
un rapport
«Faites vos devoirs»
des B.D.
le professeur au parc
un poème
des romans historiques
«bonjour» aux étudiants
des magazines
des choses intéressantes
une lettre
les infos à la télé
un match de foot
des bêtises
des mensonges

	moi	mes camarades de classe
Genre de films		
Genre d'émissions		
Genre de lectures		
Ce que j'aime écrire		

Maintenant, cherchez des camarades de classe qui aiment les mêmes passe-temps que vous et écrivez leur nom.

➡ *Moi, j'aime les films policiers. Quel genre de films est-ce que tu aimes voir?*
ou: *Moi, je n'aime pas lire. Et toi? Qu'est-ce que tu aimes lire?*

Structure Avoiding repetition

Les pronoms d'objet direct: *le, la, l'* et *les*

Observez et déduisez

— Dis, tu as vu la nouvelle chaîne anti-morosité?
— Non, je ne **l'**ai pas vue, mais je voudrais **la** voir. On dit que les émissions sont géniales!
— Pas du tout! Moi, je **les** trouve ennuyeuses!

- To what words do the boldfaced pronouns in the preceding dialogue refer?
- Where is the pronoun placed when the verb is in the present tense? when the verb is in the **passé composé?** when there are two verbs?
- Where is **ne... pas** placed in relation to the pronoun and verb?

Confirmez   Les pronoms d'objet direct: *le, la, l'* et *les*

- A direct object is a noun that "receives" the action of the verb. It comes immediately after the verb.

    J'ai regardé **la chaîne anti-morosité** hier soir.

- A direct object *pronoun* is used to avoid repeating the noun if the direct object—a person or thing—has already been mentioned.

    — Tu as vu **le journal télévisé?**
    — Oui, je **l'**ai vu.

- Certain French verbs require a direct object, unlike their English equivalents.

    Je cherche **la télécommande.**
    Je regarde **le documentaire sur les gorilles.**
    J'écoute **les informations à la radio.**

- The direct object pronouns **le, la, l',** and **les** agree in number and gender with the nouns they replace. The direct object pronoun directly *precedes* the verb of which it is the object.

    — Tu vois **mon journal?**
    — Oui, je **le** vois.

- In a negative sentence, **ne** precedes the object pronoun.

    — Tu vois **mes amis?**
    — Non, je **ne les** vois pas.

- In the **futur proche,** the direct object pronoun precedes the *infinitive.* (It is the object of the infinitive.)

    — Tu vas **voir** le film?
    — Oui, je vais **le voir.**
    — Moi, je ne vais pas **le voir.**

- In the **passé composé,** the pronoun directly precedes the *auxiliary* verb.

    — Tu as vu le film?
    — Oui, je **l'ai** vu.
    — Moi, je ne **l'ai** pas vu.

- Note that in the **passé composé,** the past participle agrees in number and gender with the preceding direct object pronoun.

    — Tu as vu **la** chaîne anti-morosité?
    — Oui, je **l'**ai vu**e**.
    — Tu as vu **mes amis?**
    — Oui, je **les** ai vu**s**.

Activités

Toujours «oui». Écoutez les questions, et complétez les réponses avec le pronom qui convient: **le, la, l'** ou **les.**

→ (Tu aimes les histoires comiques?)
   Oui, je les aime.

1. Oui, je _____ vois souvent.
2. Oui, je _____ regarde.
3. Oui, je _____ écoute.
4. Oui, je _____ ai lus.
5. Oui, je _____ ai vue.
6. Oui, je _____ ai écrit.

Préférences des téléspectateurs.   De quoi parle-t-on dans les phrases de gauche? Choisissez parmi les expressions de la colonne de droite.

➡ «Je vais le regarder ce soir.»   *le journal télévisé*

1. «Je les regarde souvent.»
2. «Je la regarde tous les jours.»
3. «Je ne le regarde jamais.»
4. «Je les ai regardés hier.»
5. «Je ne l'ai pas vue.»
6. «Je ne l'ai pas aimé.»

a. la télécommande
b. la chaîne anti-morosité
c. le programme de télévision
d. les sports
e. le journal télévisé
f. *La Roue de La Fortune*
g. les informations
h. le documentaire sur les gorilles

Maintenant, dites si les phrases sont vraies pour vous aussi. Faites un sondage des préférences de la classe en matière de télévision.

 Interview.   À tour de rôle, posez des questions à un(e) partenaire sur ses préférences en matière de passe-temps en demandant ce qu'il/elle a fait récemment (1–4) et ce qu'il/elle veut faire (5–8). Répondez aux questions en employant un pronom d'objet direct.

➡ Tu as vu le match de foot samedi dernier?
   Oui, je l'ai vu.   ou: *Non, je ne l'ai pas vu.*

   Tu veux voir le match de foot samedi?
   Oui, je veux le voir.   ou: *Non, je ne veux pas le voir.*

1. Tu as vu ... récemment?
   (le nouveau film d'Audrey Tautou ou de Will Smith? la chaîne anti-morosité? *Survivor?*...)
2. Tu as écouté...
   (la nouvelle chanson de Céline Dion ou de Tim McGraw? la chaîne NPR à la radio?...)
3. Tu as regardé ... à la télé?
   (les informations? le tournoi de Roland-Garros*? ton feuilleton favori?...)
4. Tu as lu ... ce matin?
   (les bandes dessinées dans le journal? le nouveau roman de John Grisham? les e-mails de tes copains?)
5. Tu vas retrouver ... au café (au stade, au théâtre...)?
   (ta famille? tes camarades de classe? tes copains?...)
6. Tu vas écouter...
   (la radio? les infos à la télé? ton iPod?)
7. Tu veux faire...
   (les courses? la grasse matinée? tes devoirs?)
8. Tu veux lire...
   (le journal? les textos de tes ami(e)s? les livres best-sellers?)

Maintenant, analysez les réponses et présentez votre partenaire à la classe. Employez la description de Sarah à la page 213 comme modèle.

------

* French Open

en soirée

SORTIES PRÉVUES LE 7 DÉCEMBRE

Olé

**Comédie
(1h 37min)
De Florence Quentin**

Avec Gad Elmaleh, Gérard Depardieu
L'histoire d'un tandem composé d'un patron et de son chauffeur et de leurs épouses respectives.

L'Exorcisme d'Emily Rose

**Thriller (1h 59min)
De Scott
Derrickson**

Avec Laura Linney, Tom Wilkinson
En 1976, durant une séance d'exorcisme soutenue par l'église catholique, une jeune fille possédée, étudiante de 18 ans, meurt subitement. Le prêtre se retrouve alors condamné pour meurtre...

La Vie est à nous !

**Comédie (1h 40min)
De Gérard Krawczy**

Avec Sylvie Testud, Josiane Balasko
Louise passe derrière le comptoir de "L'Etape", café restaurant d'un village de Savoie, aidée par sa mère. Un jour de grève des camionneurs, Pierre apparaît en patron des routiers tel un ange en colère. Louise va voir en lui l'homme de sa vie...

We don't live here anymore

**Drame (1h 41min)
De John Curran**

Avec Laura Dern, Mark Ruffalo
Spectateurs :
Les conséquences de l'adultère sur deux couples d'amis...

Une belle journée

**Comédie dramatique (1h 45min)
De Gaby Dellal**

Avec Peter Mullan, Brenda Blethyn
Frank, 55 ans, grand travailleur et homme respecté dans sa communauté, se retrouve brutalement sans emploi. Il décide de redonner un but à sa vie en traversant la Manche à la nage...

Hustle & flow

**Drame (1h 56min)
De Craig Brewer**

Avec Terrence Dashon Howard, Anthony Anderson
A Memphis, le rappeur DJay tente d'enregistrer son premier disque. Lorsque la mégastar du genre Skinny Black arrive en ville, DJay décide d'attirer son attention en organisant un grand "clash", joute oratoire entre rappeurs...

Grizzly man

**Documentaire (1h 43min)
De Werner Herzog**

Avec Timothy Treadwell, Werner Herzog
Un documentaire dressant le portrait de Tim Treadwell, un écologiste controversé et charismatique, et de sa compagne Amie Huguenard, qui trouvent tous deux la mort, mutilés par des ours dont ils assuraient la protection.

Gallipoli (la bataille des Dardanelles)

**Documentaire
(1h 58min)
De Tolga Örnek**

Avec Jeremy Irons, Sam Neill
Ce documentaire retrace en toute objectivité la bataille des Dardanelles, le deuxième plus grand débarquement de l'histoire mondiale, grâce à des lettres, photographies et documents jusqu'à présent inédits.

Forty shades of blue

**Drame (1h 47min)
De Ira Sachs**

Avec Rip Torn, Dina Korzun
Laura, une jeune femme russe, vit à Memphis avec son mari, Alan, célèbre producteur de musique, et leur fils de trois ans. Leur vie, très confortable mais teintée de solitude, est un jour troublée par l'arrivée du premier fils d'Alan, Michael.

Presque frères

**Drame (1h 42min)
De Lucia Murat**

Avec Flavio Bauraqui, Caco Ciocler
Brésil, années 50. Miguel est issu de la classe moyenne; Jorge vit dans les favelas. Le père du premier est journaliste, celui du second compositeur de samba. Le reportage que l'un consacre à l'autre provoque la rencontre de deux univers...

Un héros

**Drame (1h 37min)
De Zeze Gamboa**

Avec Makena Diop, Milton Coelho
Recruté dans l'armée angolaise, Vitorio est démobilisé après plus de vingt ans de combats. Il a marché sur une mine et a dû être amputé d'une jambe. Seul et démuni, il erre dans les rues de Luanda à la recherche de travail et de sa famille...

Blush

**Drame (55min)
De Wim Vandekeybus**

Avec Laura Arís Alvarez, Elena Fokina
Une exploration de l'inconscient sauvage, des impulsions contradictoires, de l'imaginaire, où le corps a ses raisons que la raison ignore. Des histoires se tissent où les frayeurs et désirs prennent les traits de métamorphoses animalières.

SORTIES PRÉVUES LE 14 DÉCEMBRE

Gentille

**Comédie (1h 42min)
De Sophie Fillières**

Avec Emmanuelle Devos, Lambert Wilson
Fontaine Leglou, la trentaine, a tout. Anesthésiste, elle a un amour infidèle qu'elle ne quitterait jamais pour son amant. Fontaine a froid aux yeux. Et quand son amour la demande en mariage, elle ne sait ni dire oui, ni dire non. Rien ne va plus...

Adorable Julia

**Comédie dramatique (1h 45min)
De Istvan Szabo**

Avec Annette Bening, Jeremy Irons
Londres, années 30. Julia est une actrice de théâtre célèbre depuis de longues années. Mais la concurrence de la nouvelle génération se fait de plus en plus sentir, notamment une jeune actrice qui menace sérieusement la vie qu'elle s'est construite.

Le Cactus

**Comédie (1h 34min)
De Gérard Bitton, Michel Munz**

Avec Clovis Cornillac, Pascal Elbé
A la suite d'un quiproquo chez son radiologue, Sami est persuadé de n'avoir plus que trois mois à vivre. Patrick et Justine, sa fiancée, décident de l'accompagner dans cette épreuve dont hélas ils ne mesurent pas la portée destructrice...

King Kong

**Fantastique (3h)
De Peter Jackson**

Avec Adrien Brody, Naomi Watts
Une aventure romantique entre le célèbre gorille, capturé dans la jungle, la belle Ann Darrow, jeune actrice de vaudeville au chômage, et Jack Driscoll, un scénariste new-yorkais dont les sentiments et le courage vont être mis à rude épreuve.

Le Tigre et la neige

**Comédie (1h 54min)
De Roberto Benigni**

Avec Roberto Benigni, Jean Reno
Attilo, poète, rencontre Vittoria, la femme de ses rêves, lors d'une conférence d'un ami irakien. Mais elle semble inaccessible. Quand Attilo apprend qu'elle a disparu lors de son voyage en Irak, il décide d'aller la retrouver envers et contre tout.

La Petite Jérusalem

**Drame (1h 34min)
De Karin Albou**

Avec Fanny Valette, Elsa Zylberstein
Etouffée par sa famille juive orthodoxe, Laura, étudiante en philosophie, se réfugie dans son intellectualisme pour ne pas vivre ses émotions amoureuses. Sa libération et son ouverture sur le monde prendront des chemins inattendus.

Jeu de rôle

You and your "family" want to see a movie, but each person likes a different kind of film. Examine the page from *Le guide des sorties* above, and discuss possibilities. Each person explains why his or her choice is the best. Who will be the most convincing? Which movie will you see?

 Improve Your Grade: Flashcards, Interactive Practice

 Ace the Test: Ace Practice Tests

*Les vacances
sont sacrées.*

Observez et déduisez

«Fermeture pour congés annuels»[1]. C'est ce qu'on voit en France sur les portes de beaucoup de magasins ou d'entreprises pendant les mois de juillet et août. Une fermeture totale de quinze jours à un mois! Qu'est-ce que cela révèle sur les Français?

Confirmez et explorez

• **Les vacances.**   Eh oui, l'activité économique française baisse (diminue) de 25% en été, mais ce sont les vacances, et pour les Français, les vacances sont sacrées! La loi[2] française garantit cinq semaines de congés payés par an, et les Français sont prêts à faire toutes sortes de sacrifices pour avoir de bonnes vacances. Le fait que les vacances sont beaucoup moins importantes aux États-Unis est-il révélateur? De quoi?

• **Les loisirs et l'école.**   De nombreux Français, pour profiter de vacances en famille, prennent donc le gros de leurs congés pendant les vacances scolaires d'été. Pour les jeunes Français, le reste de l'année, la vie sportive et sociale est, en géneral, séparée de la vie scolaire. Si certains lycées ont des équipes[3] sportives, les universités n'en ont pas et n'organisent pas de bals[4] pour les jeunes. Les sports et les activités sociales se font, le plus souvent, à l'extérieur de l'école, car l'école est considérée comme une institution purement académique. À votre avis, quels sont les avantages et les désavantages de cette séparation?

• **Sports individuels ou collectifs?**   Un Français sur trois pratique un sport individuel (le jogging, l'aérobic, le ski, le cyclisme) mais seulement un sur quinze pratique un sport collectif (le football, le volley-ball, le rugby). Trouvez-vous ces statistiques surprenantes? Comment les expliquez-vous?

• **L'influence du temps.**   Qu'il s'agisse des passe-temps comme le sport, des loisirs ou de la vie en général, quelle influence le temps et le climat ont-ils sur vous? Au Québec, où les hivers sont très longs et rigoureux, on dit que les familles sont très proches[5] et quand on parle de famille, il s'agit de la famille nucléaire. Mais en Polynésie, où il fait entre 21 et 32° C toute l'année, la «famille» qui assume la responsabilité des enfants inclut les grands-parents, les oncles, les tantes et même les voisins! Comment expliquez-vous cela? Dans un pays comme la France, où les climats sont variés, on dit aussi que les gens du Nord sont plus froids et plus fermés que les gens du Midi (le Sud), qui sont plus ouverts, plus gais. Est-ce la même chose aux États-Unis? Donnez des exemples de différences culturelles qui peuvent être liées (associées) au climat.

En famille en Polynésie française.

 Improve Your Grade: Web Search Activities

---

1. *closed for annual vacation*   2. *law*   3. *teams*   4. *dances*   5. *close*

À l'écoute Sport et culture

Le sport comme passe-temps ou comme profession est-il le reflet d'une culture? La conversation que vous allez écouter dans cette étape va proposer des idées très intéressantes. Pour bien les comprendre, faites la tâche 1 avant d'écouter, puis écoutez en suivant les instructions données.

Pensez

1 On associe traditionnellement certains sports à certains pays. Regardez les photos, puis reliez les sports et les pays suivants.

les pays d'Europe de l'Ouest	le judo
le Canada	le football
le Japon	le football américain
les États-Unis	la gymnastique
l'Afrique	le hockey
les pays d'Europe de l'Est	la course

À quel(s) pays associez-vous les sports suivants: le patinage sur glace (*ice skating*)? le cyclisme? le ski? le base-ball? Est-ce qu'il y a d'autres sports liés à des pays particuliers?

Observez et déduisez

2 Écoutez d'abord pour identifier les sports qui sont mentionnés.

Vocabulaire actif

la course
le cyclisme
le hockey
le judo
le patinage

3 Écoutez encore et complétez.

1. Le ______________ est caractéristique du climat du ______________ : rigoureux et ______________ .
2. Le ______________ est une conquête progressive du territoire par la tactique et la force, comme la conquête de ______________ .
3. Ce sont les spectateurs qui sont violents aux matchs de ______________ en ______________ .

4 Vrai ou faux? Si c'est faux, corrigez.

1. Selon cette conversation, la société canadienne est de plus en plus violente.
2. Hier, il y a eu un incident de violence entre spectateurs au match entre l'Allemagne et la Belgique.

5 Est-ce que vous êtes d'accord avec les idées exprimées dans cette conversation sur le hockey et le football américain? Est-ce que les sports sont vraiment le reflet des cultures? Donnez votre opinion.

Prononciation Les consonnes *s* et *c*

Observez et déduisez

- The letter **s** can be pronounced [s] or [z] in French.

1. Listen to the following sentences from **À l'écoute: Sport et culture** on the In-Text Audio CD, underlining the [s] sounds with one line and the [z] sounds with two lines. Listen to each sentence twice.
   a. J'ai lu quelque chose d'intéressant sur le sport.
   b. Ils disent aussi que c'est caractéristique d'une société de plus en plus violente.

Now can you infer when the **s** is pronounced [z]? Check the following chart.

	[s]	[z]
a single **s** between two vowels		
s in a liaison		
s at the beginning of words		
s between a vowel and a consonant		
spelled **-ss-**		

- The letter **c** can be pronounced [s] or [k] in French.

2. [s] **ou** [k]**?** Listen to the following words from **À l'écoute: Sport et culture** on the In-text Audio CD, and in the chart, indicate which sound corresponds to each letter combination.

le climat	c'est
la tactique	la force
le Canada	la société
la conquête	un incident
la culture	ça

	[s]	[k]
c + consonant		
c + **a, o, u**		
c + **e, i**		
ç + **a, o, u**		

 **Confirmez**

Practice saying the following words aloud, then listen to them on the In-Text Audio CD to verify your pronunciation.

1. inversion; maison; saison; conversion; télévision; émission
2. ils lisent; nous disons; vous dansez; on traverse; tu plaisantes
3. les loisirs; le cyclisme; un musée; un dessin; la philosophie
4. une bicyclette; de toute façon; un concert; les vacances; le cœur; un morceau

---

Structure Talking about choices

Les verbes comme *choisir*

Observez et déduisez

— J'ai grossi pendant les vacances, et maintenant je ne réussis pas à maigrir.

— Tu n'es pas discipliné, Thomas! Tu ne réfléchis pas à ce que tu manges, et tu ne fais jamais d'exercice.

— Mais tu vois bien que je choisis des plats sains: des légumes, du poisson...

— Et tu finis par un gros morceau de gâteau!

— ... et mon passe-temps préféré, c'est le foot.

— Oui, à la télé! Choisir des émissions sportives à la télé et faire du sport, ce n'est pas exactement la même chose!

- Several new verbs are being introduced in the preceding conversation. Using the context and your knowledge of cognates, can you match the verbs with their meaning?

1. grossir	a. to lose weight
2. réussir à	b. to finish
3. maigrir	c. to gain weight
4. finir	d. to choose
5. choisir	e. to succeed in
6. réfléchir à	f. to think about/reflect on

- Can you infer the **je** and **tu** forms of **grossir, maigrir,** and **réfléchir?**
- Based on the example of **grossir** in the conversation, how would you form the **passé composé** of the other new verbs?

Vocabulaire actif
choisir
discipliné(e)
finir
grossir
maigrir
réfléchir à
réussir à

Confirmez Les verbes comme *choisir*

- Verbs conjugated like **choisir** are known as regular **-ir** verbs.
- The stem of **choisir** in the present is **chois-**. To this stem, add the endings shown in the following chart. Add **i** to the singular stem to form the past participle.

> ### Le verbe *choisir*
>
> | je chois**is** | nous chois**issons** |
> |---|---|
> | tu chois**is** | vous chois**issez** |
> | il/elle/on chois**it** | ils/elles chois**issent** |
>
> Passé composé: j'ai choisi

- Some of these **-ir** verbs require a preposition when followed by an infinitive or by a complement.

> Thomas a fini **de** manger.
> Il a choisi **d'**oublier son régime.
> Bien sûr, il ne réussit* pas **à** maigrir.
> Il ne réfléchit jamais **aux** conséquences de ses actes.

Activités

R **L'étudiant typique.** D'abord, lisez les phrases ci-dessous et indiquez si elles sont vraies ou fausses pour vous.

	moi		*mon partenaire*	
	vrai	*faux*	*vrai*	*faux*
1. Je maigris facilement.	___	___	___	___
2. D'habitude je grossis pendant les vacances.	___	___	___	___
3. Je réfléchis souvent à ma santé.	___	___	___	___
4. Je choisis des plats sains au restaurant.	___	___	___	___
5. Je finis mon dîner avant de prendre un dessert.	___	___	___	___
6. Je choisis de faire de l'exercice tous les jours.	___	___	___	___
7. Je finis mes devoirs avant d'écouter mon iPod.	___	___	___	___
8. Normalement, je réussis à dormir six heures par nuit.	___	___	___	___

Maintenant, interviewez un(e) camarade de classe et faites une liste des habitudes que vous avez en commun. Parlez des résultats avec la classe. Comment est l'étudiant(e) «typique»? Est-il/elle en bonne forme? discipliné(e)?

---

*Réussir à un examen means *to pass an exam*. (Remember that **passer un examen** means *to take an exam*.)

S   **Un test psychologique.**   Quel genre de personne êtes-vous? Complétez les phrases suivantes. Est-ce que vos réponses sont révélatrices? Êtes-vous optimiste? bavard(e)? calme? discipliné(e)?

1. Hier, j'ai (je n'ai pas) fini (de)...
2. D'habitude, mes copains et moi, nous réussissons toujours (ne réussissons jamais) à... et en plus...
3. Je choisis souvent (de)... alors que mes parents...
4. J'ai maigri (grossi) parce que... Quand je (maigris) grossis...
5. Je réfléchis souvent (ne réfléchis jamais) à...

Stratégie de communication   Inviting and responding to invitations

Observez et déduisez

Every speech act carries with it an implied ritual that is understood by all the parties involved. With invitations, for example, first the invitation is extended, then if it is accepted, details (time, place, etc.) are negotiated and confirmed. If the invitation is declined, an excuse is made, and regrets are expressed.

Study the following dialogues and identify the expressions used to

- invite
- accept an invitation
- decline an invitation
- suggest
- confirm
- make excuses
- express regret

> — J'ai envie (*feel like*) d'aller au match de foot cet après-midi. Ça t'intéresse?
> — Oui, je veux bien! À quelle heure?
> — Rendez-vous devant le stade à trois heures, d'accord?
> — Entendu! À trois heures!

> — J'ai une idée. Allons manger au restaurant! Je t'invite.
> — Oh, c'est gentil, mais je ne peux pas. J'ai des courses à faire.
> — Dommage. Une autre fois, alors.

> — Veux-tu aller au cinéma avec moi? Je t'invite!
> — Volontiers! C'est génial!

Bonne idée! Allons au cinéma!

Now verify your answers in the table that follows.

Confirmez Les invitations

Le langage des invitations

pour inviter	
J'ai envie de...	Tu veux aller avec moi? (Vous voulez aller... ?)
J'ai une idée!	Ça t'intéresse? (Ça vous intéresse?)
Je voudrais...	Je t'invite. (Je vous invite.)
	Ça te dit? (Ça vous dit?)
	Veux-tu... ? (Voulez-vous... ?)

pour accepter	
Bonne idée!	C'est gentil, volontiers!
Je veux bien.	Avec plaisir.
	C'est génial!

pour refuser	
Malheureusement, je n'ai pas le temps.	
C'est gentil, mais je ne peux pas...	
Je suis désolé(e), mais je ne suis pas libre.	

pour confirmer	
Entendu.	Ça va.
D'accord.	C'est parfait!

Activités

T **Dialogues.** Complétez les dialogues en employant des expressions pour inviter, refuser, accepter et confirmer.

1. — J'ai une idée! Allons jouer au tennis.

   — _____

   — À trois heures?

   — _____

2. — Tu veux déjeuner au restaurant?

   — _____

   — Dommage.

3. — _____

   — Avec plaisir. C'est gentil.

   — Rendez-vous devant le stade?

   — _____

4. — _____ . Ça t'intéresse?

   — _____

Épisode

Jeu de rôle

 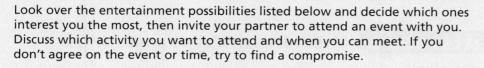

Look over the entertainment possibilities listed below and decide which ones interest you the most, then invite your partner to attend an event with you. Discuss which activity you want to attend and when you can meet. If you don't agree on the event or time, try to find a compromise.

Improve Your Grade: Flashcards, Interactive Practice

Ace the Test: Ace Practice Tests

Vidéothèque
d'Art Lyrique et de Danse

Projections été 2006

Autour des interprètes...
du Festival d'Aix 2006
Auditorium de la Bibliothèque Méjanes

— 1er Juillet

Autour de Willard White
(Wotan dans « l'Or du Rhin »)
Semele de G.F Haendel , Festival d'Aix
W.Christie, R.Carsen, Les Arts Florissants
Archives Vidéothèque Art Lyrique,1996 · Réal. D.Caiozzi (160')

— 8 Juillet

Autour de Robert Gambill
(Loge dans « l'Or du Rhin »)
Le Barbier de Séville de G.Rossini, Festival d'Aix
G.L Gelmetti, R.De Simone
ina,1984 · Réal. P.Cavassilas (150')

— 15 Juillet

Autour de Thierry Félix
(Monostatos dans « La Flûte enchantée »)
L'Enlèvement au sérail de W.A Mozart, Festival d'Aix
M.Minkowski, J.Deschamps/M.Makeieff
Bel Air Media, 2004 · Réal. D. Kent (136')

— 22 Juillet

Autour de Dale Duesin
(Alberich dans « l'Or du Rhin »)
La Belle Hélène de J.Offenbach, Festival d'Aix
O.Kaspar, S.Petitjean, H.Wernicke
Bel Air Media, 1999 · Réal. M.Ledoux (130')

Vidéothèque d'Art Lyrique et de Danse
Cité du Livre
8, 10, rue des allumettes
Renseignements 04 42 91 90 09

27

Muséum
d'Histoire
Naturelle

9 juin
15 juillet

Le polaroïd fixe dans l'immédiateté l'image délicate et précieuse de la fleur. L'herbier fixe la structure végétale et des siècles après des scientifiques étudient les indices figés de l'architecture végétale.
Cette exposition est la rencontre l'esthétique et le scientifique, entre le regard du Claudine Lecomte-Gill et celui du Museum.

Paysages cézaniens

2 août
26 novembre
Regards sur une montagne en mutation

A partir de la représentation des paysages notamment ceux de la montagne St Victoire, dans l'œuvre picturale de P.Cézanne. Il s'agit d'expliciter les raisons d'une réalité paysagère si différente d'aujourd'hui et de décrire la multitude d'éléments modificateurs des paysages (géologie, incendies, etc...)

47

C É Z A N N E
A I X 2 0 0 6

CÉZANNE EN PROVENCE

9 JUIN – 17 SEPTEMBRE 2006

MUSÉE GRANET
AIX-EN-PROVENCE
TOUS LES JOURS DE 9H À 19H
NOCTURNE LES JEUDIS JUSQU'À 23H

RÉSERVATIONS OUVERTES
FNAC – CARREFOUR – GÉANT
WWW.FNAC.COM – T. 0892 684 694
INFORMATION .T. 04 42 52 88 32
WWW.CEZANNE-2006.COM

Zik Zac 2006

11 Juillet 2006
Venelles (Parc des Sports)
Edwin Denninger, Rit & Oumar Kouyaté,
TOURE KUNDA, Marcelo D 2

18 Juillet 2006
Aix en Provence (Théâtre de Verdure)
Bionic Man Sound System, Electrodune, LENINE

26 Juillet 2006
Peyrolles (Parc des Pommiers)
Lokito, Poum Tchack, SERGENT GARCIA,
Shaolin Temple Defenders

27 Juillet 2006
Peyrolles (Parc des Pommiers)
Saf Sap, Amadou Baldé, CHEIK LÔ, Vibronics

AIX'QUI? PRÉSENTE

Festival CLASS' EuROCK 2006

PARC JOURDAN
AIX-EN-PROVENCE

JEUDI 6 JUILLET
TETES RAIDES
GOJIRA / BIOCIDE / SKORT
ROCKFORT / KORAKORE / NEREIDE / SVART CROWN
HANS DER KLEINGARTNER (ALL) / WANEMA (ITA)

VENDREDI 7 JUILLET
PSY 4 DE LA RIME
RASPIGAOUS
BIONIC MAN SOUND / NUISIBLE
GRANDE INSTANCE / HARMONIC GENERATOR / THE SLUDGE
PARADOX / ROLLING CAPS (ALL) / NO T'HI MATIS (ESP)

ENREGISTREMENT DU 3ème DVD LIVE EUROPEEN
OUVERTURE DES PORTES - 17H

AIX'QUI?04442270875
WWW.CLASSROCK.COM

ENTREE 7 EUROS
PASS 2 JOURS-10 EUROS
PAS DE PREVENTES

Quatrième étape:
Intégration

Littérature M. Bordenave n'aime pas le soleil

Vous connaissez déjà le petit Nicolas, n'est-ce pas? Voici une histoire très chouette (*cool*) sur les récréations (*recess*) à l'école du petit Nicolas...

Pensez

1 Regardez l'illustration qui accompagne cette histoire. Le monsieur en noir est M. Bordenave. Son travail? Il est surveillant, c'est-à-dire qu'il surveille (*watches*) et discipline les enfants à la récréation. À votre avis, pourquoi n'aime-t-il pas le soleil?

2 Les mots suivants sont des mots-clés dans l'histoire.

la cour de récréation (*school playground*)

se battre (*to fight*)

crier (*to yell*)

mettre au piquet (*to put someone in the corner, as a punishment*)

un sandwich à la confiture

une balle

l'infirmerie (*nurse's office*)

boiter (*to limp*)

jouer

tomber par terre (*to fall on the ground*)

pleurer

se fâcher (*to get mad*)

pousser (*to push*)

glisser (*to slip*)

désespéré (*desperate*)

D'après ces mots-clés, qu'est-ce que vous anticipez comme histoire?

Attention!   In this text, you will see verbs in another past tense, **l'imparfait,** or the imperfect (**il parlait, ils jouaient,** etc.). This tense indicates past circumstances or actions in progress (*he was speaking, they were playing,* etc.). **C'était** is the imperfect of **c'est.**

Observez et déduisez: en général

3 Parcourez le texte une première fois pour vérifier vos prédictions.

4 Parcourez le texte une deuxième fois pour identifier les paragraphes qui correspondent aux titres suivants. Attention, il y a un titre supplémentaire qu'on ne peut pas utiliser!

Paragraphe

1. «Moi, je ne comprends pas... »

2. «Aujourd'hui, par exemple... »

3. «Et mon sandwich... »

4. «Et alors, qu'est-ce qu'on fait... »

5. «Pendant l'absence... »

6. «M. Bordenave s'est relevé... »

7. «Alors, mon vieux... »

Titre

a. Nicolas, la balle et M. Bordenave

b. La fin de la récréation

c. Comment Alceste a perdu (*lost*) son sandwich

d. Les avantages et les désavantages de la pluie

e. L'accident d'Agnan

f. La tragédie à l'infirmerie

g. La bataille (*fight*) avec les grands

h. Dialogue entre les deux surveillants

M. Bordenave n'aime pas le soleil

1 Moi, je ne comprends pas monsieur Bordenave quand il dit qu'il n'aime pas le beau temps. C'est vrai que la pluie ce n'est pas chouette. Bien sûr, on peut s'amuser aussi quand il pleut. On peut marcher dans l'eau, on peut boire la pluie, et à la maison c'est bien, parce qu'il fait chaud et on joue avec le train électrique et maman fait du chocolat avec des gâteaux. Mais quand il pleut, on n'a pas de récré° à l'école, parce qu'on ne peut pas descendre dans la cour. C'est pour ça que je ne comprends pas M. Bordenave, puisque° lui aussi profite du beau temps, c'est lui qui nous surveille à la récré.

récréation

parce que

2 Aujourd'hui, par exemple, il a fait très beau, avec beaucoup de soleil et on a eu une récré terrible°. Après trois jours de pluie, c'était vraiment chouette. On est arrivés dans la cour et Rufus et Eudes ont commencé à se battre. Rufus est tombé sur Alceste qui était en train de manger un sandwich à la confiture et le sandwich est tombé par terre et Alceste a commencé à crier. Monsieur Bordenave est arrivé en courant°, il a séparé Eudes et Rufus et il les a mis au piquet.

(ici) formidable

running

3 «Et mon sandwich, a demandé Alceste, qui va me le rendre°?» —«Tu veux aller au piquet aussi?» a dit monsieur Bordenave. «Non, moi je veux mon sandwich à la confiture», a dit Alceste qui mangeait un autre sandwich à la confiture. «Mais tu es en train d'en manger un!» a dit monsieur Bordenave. «Ce n'est pas une raison, a crié Alceste, j'apporte quatre sandwichs pour la récré et je veux manger quatre sandwichs!» Monsieur Bordenave n'a pas eu le temps de se fâcher, parce qu'il a reçu une balle sur la tête, pof! «Qui a fait ça?» a crié monsieur Bordenave. «C'est Nicolas, monsieur, je l'ai vu!» a dit Agnan. Agnan c'est le meilleur élève de la classe et le chouchou de la maîtresse°, nous, on ne l'aime pas trop, mais il a des lunettes° et on ne peut pas le battre aussi souvent qu'on veut. «Je confisque la balle! Et toi, tu vas au piquet!» il m'a dit, monsieur Bordenave. Moi je lui ai dit que c'était injuste parce que c'était un accident. Agnan a eu l'air tout content et il est parti avec son livre. Agnan ne joue pas pendant la récré, il lit. Il est fou, Agnan!

donner

l'institutrice / glasses

4 «Et alors, qu'est-ce qu'on fait pour le sandwich à la confiture?» a demandé Alceste. Il n'a pas pu répondre parce qu'Agnan était par terre et poussait des cris terribles. «Quoi encore?» a demandé monsieur Bordenave. «C'est Geoffroy! Il m'a poussé! Mes lunettes! Je meurs°!» a dit Agnan qui saignait du nez° et qui pleurait. M. Bordenave l'a emmené à l'infirmerie, suivi d'Alceste qui lui parlait de son sandwich à la confiture.

I'm dying / qui... whose nose was bleeding

5 Pendant l'absence de monsieur Bordenave, nous on a décidé de jouer au foot. Le problème c'est que les grands jouaient déjà au foot dans la cour et on a commencé à se battre. M. Bordenave qui revenait de l'infirmerie avec Agnan et Alceste est venu en courant mais il n'est pas arrivé, parce qu'il a glissé sur le sandwich à la confiture d'Alceste et il est tombé. «Bravo, a dit Alceste, marchez-lui dessus°, à mon sandwich à la confiture!»

marchez... step on it

6 Monsieur Bordenave s'est relevé et il s'est frotté le pantalon° et il s'est mis plein de° confiture sur la main. Nous on avait recommencé à se battre et c'était une récré vraiment chouette, mais monsieur Bordenave a regardé sa montre° et il est allé en boitant sonner la cloche°. La récré était finie.

s'est... brushed his pants off
mis... put lots of

watch
sonner... ring the bell

7   «Alors, mon vieux Bordenave, a dit un autre surveillant, ça s'est bien passé°? —Comme d'habitude, a dit monsieur Bordenave, qu'est-ce que tu veux, moi, je prie pour la pluie, et quand je me lève le matin et que je vois qu'il fait beau, je suis désespéré!»

ça... *did it go well?*

8   Non, vraiment, moi je ne comprends pas monsieur Bordenave, quand il dit qu'il n'aime pas le soleil!

Extrait de *Le petit Nicolas* (Jean-Jacques Sempé et René Goscinny).

Observez et confirmez: en détail

5 Les mots. D'après le contexte, quel est le sens des mots suivants? Choisissez a ou b.

¶1	s'amuser	a. to have fun	b. to be bored
	profiter (de)	a. to take advantage (of)	b. to suffer (from)
¶2	en train de	a. on a train	b. in the process of
¶3	le chouchou	a. teacher's pet	b. class clown
	avoir l'air	a. to breathe	b. to seem
¶4	emmener	a. to call	b. to take
¶5	revenir (revenait)	a. to go back	b. to come back
¶6	se relever (s'est relevé)	a. to pick oneself up	b. to lie down
¶7	comme d'habitude	a. as usual	b. for once
	prier	a. to pray	b. to choose
	se lever (je me lève)	a. to go to bed	b. to get up

6 Le texte. Complétez selon l'histoire avec le ou les mots qui conviennent.

1. Quand il pleut, on peut _____ , _____ et _____ , mais on ne peut pas _____ .

2. Alceste a commencé à _____ parce que son sandwich _____ . Alors M. Bordenave a puni (*punished*) _____ et _____ .

3. Alceste a trois autres _____ mais il insiste pour en avoir _____ .

4. Nicolas et ses copains n'aiment pas beaucoup _____ mais ils ne peuvent pas le battre aussi souvent qu'ils veulent parce qu'il a des _____ —peut-être aussi parce que c'est _____ de la maîtresse.

5. Agnan a dit à M. Bordenave que c'est _____ qui lui a jeté une balle sur la tête.

6. Agnan est fou parce qu'il _____ pendant la récré.

7. _____ a besoin d'aller à l'infirmerie parce que _____ l'a poussé et il est tombé par terre.

8. Alceste, qui continue à parler de son _____ , accompagne _____ et _____ à l'infirmerie.

9. Quand Nicolas et ses copains ont décidé de jouer au _____ , ils ont commencé à se battre avec _____ .

10. M. Bordenave a glissé sur _____ . Après, il avait _____ sur son pantalon et sur sa main.

11. Nicolas et ses copains pensent qu'une récré est vraiment _____ quand on peut se battre.

12. _____ est désespéré quand _____ .

Explorez

1. Est-ce que vous comprenez M. Bordenave quand il dit qu'il n'aime pas le soleil? Expliquez.

2. Imaginez que M. Bordenave fait un rapport au directeur de l'école sur cette récréation. Écrivez ce rapport, selon le point de vue de M. Bordenave, avec tous les détails nécessaires.

Par écrit It depends on your point of view . . .

Avant d'écrire

A Strategy: Taking a point of view.   The stories of **le petit Nicolas** are recognized and loved worldwide, in part because their commentary on the adult world is presented from the naive (hence humorous) viewpoint of a child. Differences in point of view occur because different narrators focus on different aspects of an event, and sometimes a single narrator's viewpoint changes because of circumstances.

Application.   (1) Imagine the story, *M. Bordenave n'aime pas le soleil,* as told by the **surveillant** years later, after Nicolas has become an internationally known celebrity. How would the story differ? (2) Think back to a memorable vacation or day trip you took as a small child and make some notes. What events were most memorable to you? Would your parents answer in the same way? Were your feelings about the trip any different after it than they were before?

B Strategy: Expressing time.   When you talk about the future in a present context, for instance when you state your plans, you use the **futur proche.** When you talk about the future in a past context, for instance when you tell a story, you use the past tense. The adverbial time expressions for each instance vary. See the following table.

To talk about the future	
in a present context	**in a past context**
demain	le lendemain (*the next day*)
dans une semaine	une semaine après (*a week later*)
samedi prochain	le samedi suivant (*the next Saturday*)

Application. Write three pairs of sentences, using the preceding expressions to talk about the future in a present and then a past context.

Vocabulaire actif
après
le lendemain
suivant(e)

➡ *Samedi prochain nous allons voir un match de hockey.*
Le samedi suivant nous sommes allés voir un match de hockey.

Écrivez

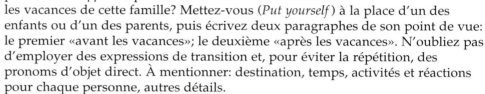

1. Racontez l'histoire, *M. Bordenave n'aime pas le soleil*, selon le point de vue d'un copain de Nicolas, Alceste ou Agnan, par exemple.

2. Regardez les images suivantes. Selon vous, qu'est-ce qui s'est passé (*what happened*) pendant les vacances de cette famille? Mettez-vous (*Put yourself*) à la place d'un des enfants ou d'un des parents, puis écrivez deux paragraphes de son point de vue: le premier «avant les vacances»; le deuxième «après les vacances». N'oubliez pas d'employer des expressions de transition et, pour éviter la répétition, des pronoms d'objet direct. À mentionner: destination, temps, activités et réactions pour chaque personne, autres détails.

➡ (Avant) *Nous allons passer des vacances...* (vraiment chouettes? intéressantes?)
(Après) *Nous avons passé des vacances...* (horribles? vraiment chouettes?)

Synthèse culturelle

Avez-vous participé à des activités parascolaires pendant votre scolarité? Lesquelles?

Isabelle: Les activités les plus courantes[1] à l'école sont l'art dramatique et la musique.

Aïssatou: J'ai également fait partie d'un mouvement de scoutisme... Je participais à presque toutes les activités organisées qui consistaient la plupart du temps à nous inculquer[2] une éducation de base et des valeurs morales.

Frédéric: J'ai beaucoup participé à des activités de sport d'équipe dont le football et le basketball.

 Improve Your Grade: Online Synthèse culturelle

Explorez

Sondez quelques étudiants dans votre institution, y compris[3] des étudiants internationaux si possible. Demandez-leur[4] à quelles activités ils ont participé au lycée. Groupez les réponses par catégorie: sports, théâtre et musique, service, etc. Quelles étaient les réponses les plus/les moins communes? Comparez-les avec les réponses ci-dessus.

---

1. *common*   2. *teach us*   3. *including*   4. *Ask them*

Le climat et le temps

Il fait du soleil/du vent/du brouillard. *It is sunny/windy/foggy.*
Il fait beau/bon/mauvais/chaud/frais/froid. *The weather is nice/pleasant/bad/hot/cool/cold.*
Le temps est ensoleillé/variable/nuageux/orageux. *The weather is sunny/variable/cloudy/stormy.*
Le ciel est couvert. *It's cloudy, overcast.*
Il pleut. *It's raining.*
Il neige. *It's snowing.*
la neige *snow*
un nuage *a cloud*
un orage *a thunderstorm*
la pluie *rain*
la température

Les points cardinaux et la géographie

le nord *north*
le sud *south*
l'est (m.) *east*

l'ouest (m.) *west*
un pays *a country*

Les saisons (f.)

le printemps *spring*
l'été (m.) *summer*

l'automne (m.) *fall*
l'hiver (m.) *winter*

Les passe-temps (m.)

La lecture

une bande dessinée / une B.D. *a cartoon, a comic strip*
un e-mail/un courriel *an e-mail*
une histoire *a story*

une lettre *a letter*
un poème *a poem*
un rapport *a report*

La télévision

une chaîne *a channel*
changer de chaîne *to change the channel*
un dessin animé *a cartoon*
une émission *a show, a program*
un feuilleton *a soap opera, a series*
un jeu télévisé *a game show*
le journal télévisé (les informations) (f.) *the news*

un programme *a TV guide*
une pub *a commercial*
la télécommande *the remote control*
les variétés (f.) *a variety show*
zapper *to channel surf*
un zappeur

Le cinéma

un drame *a drama*
un film d'épouvante *a horror movie*

le genre (de films) *the kind (of films)*

Les sports

la course *running*
le cyclisme *cycling*
le hockey

le judo
le patinage *skating*
le stade *a stadium*

Verbes et expressions verbales

arriver *to arrive*
avoir envie (de) *to feel like*
choisir *to choose*
dire (des bêtises, des mensonges) *to say*
  (*talk nonsense, tell lies*)
écrire *to write*
entrer (dans) *to enter, to come in* être
être discipliné(e) *to have self-control* avoir
finir *to finish* avoir
grossir *to gain weight, get fat*
lire *to read* avoir

maigrir *to lose weight*
monter (dans) *to go up, to get on* être
passer par *to pass through (by)* être
réfléchir à *to think about, reflect on*
rentrer *to come home* être
rester *to stay* être
retourner *to go back* être
réussir à *to succeed, to pass (a test)*
tomber *to fall* être
voir *to see*

Expressions de temps

à l'heure *on time*
l'année prochaine/dernière *next year / last year*
dans une semaine *in a week*
demain matin/après-midi/soir *tomorrow*
  morning/afternoon/evening
hier matin/après-midi/soir *yesterday*
  morning/afternoon/evening

en avance *early*
en retard *late*
il y a (trois jours) (*three days*) *ago*
le lendemain *the next day*
le samedi suivant *the following Saturday*
une semaine après *a week later*
la semaine prochaine/dernière *next week / last week*

Les invitations

Pour inviter

Ça t'intéresse? / Ça te dit? / Ça vous intéresse? *Are you interested?*
Je t'invite / Je vous invite *I'm inviting you (My treat!)*
Tu veux... ? / Voudriez-vous... ? *Would you like to . . . ?*

Pour accepter

Avec plaisir. *I'd love to.*
Bonne idée! *Good idea!*
C'est parfait! *It's perfect!*
C'est génial! *That's cool!*

D'accord. *Okay.*
Entendu! *Good!*
Je veux bien. *I'd be glad to.*
Volontiers. *Gladly.*

Pour s'excuser

C'est gentil, mais je ne peux pas. *It's very nice of you, but I can't.*
Je suis désolé(e), mais je ne suis pas libre. *I'm sorry, but I'm not available.*
Malheureusement, je n'ai pas le temps. *Unfortunately, I don't have time.*

Les pronoms d'objet direct

le, la, l' *him/it, her/it, him/her/it*
les *them*

Divers

des bêtises *nonsense*
un mensonge *a fib, lie*
une sortie *an outing, a night out*
la vérité *the truth*

Voyages et transports

chapitre 7

This chapter will enable you to

➡ understand conversations related to travel

➡ read travel brochures and an excerpt from *Le Petit Prince*

➡ talk about places you've been or would like to visit

➡ discuss vacation activities

➡ ask for information or help

Ces gens reviennent de vacances. Où sont-ils allés? Qu'ont-ils fait? Et vous? Quand allez-vous partir en vacances? Où voulez-vous aller? Pendant combien de temps allez-vous y rester? Comment allez-vous voyager?

Chapter resources

iLrn Heinle Learning Center includes:
- Student Activities Manual (SAM) and SAM Audio Program
- Textbook Assignments and In-text Audio Program
- Media-enhanced eBook
- Video Library
- Enrichment
- Diagnostics

 In-Text Audio Program

 Video

Companion Website

Première étape

À l'écoute · À l'hôtel

Dans cette étape, vous allez entendre une conversation qui a lieu dans un hôtel de Quimper, en Bretagne.

Pensez

1 Imaginez que vous voyagez en Bretagne, une province de l'ouest de la France. Vous arrivez à Quimper, une ville touristique connue pour sa cathédrale et ses vieux quartiers, et vous cherchez un hôtel. Vous consultez donc un guide. Avec un(e) partenaire, étudiez ce guide et la légende des abréviations qui l'accompagne, puis remplissez le tableau à la page suivante.

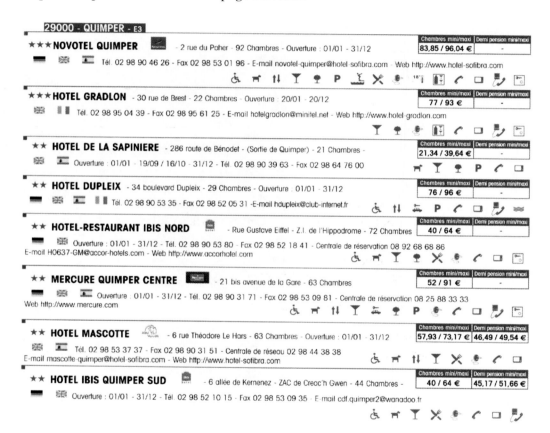

Légendes des abréviations

- Vue sur mer
- Vue sur lac, rivière, canal
- Jardins
- Bar
- Minibar
- Restaurant
- Parking
- Garage
- Chiens admis
- Chambres accessibles aux handicapés physiques
- Tennis
- Piscine
- Salut les enfants
- Salle de sports
- Sauna, hammam, jacuzzi
- Thalasso
- Ascenseur
- Change
- Coffre
- Internet
- Téléphone dans la chambre
- Télévision dans la chambre
- Climatisation
- Câble, satellite

Vous préférez un hôtel...	Vos choix possibles sont... (nom des hôtels)
avec une piscine	
avec vue sur lac ou rivière	
avec un ascenseur (*elevator*)	
avec un garage	
avec un restaurant	
avec un jardin	
où les chiens sont admis	
avec câble ou satellite	
à deux étoiles (**) et qui coûte moins de 65€ la nuit (prix maximum)	
qui offre la formule demi-pension (petit déjeuner et dîner)	
où on parle anglais et espagnol	

⌒ Observez et déduisez ⌬

2 Écoutez une ou deux fois pour pouvoir répondre aux questions suivantes. Les phrases ci-dessous sont-elles vraies ou fausses? Si elles sont fausses, corrigez-les.

1. La réceptionniste demande au client
   a. combien de temps il veut rester à l'hôtel.
   b. s'il a des bagages.
   c. de payer tout de suite (immédiatement).
2. Le client veut
   a. rester seulement une nuit (*one night only*).
   b. une chambre pour une personne.
   c. payer avec une carte de crédit.

3 Écoutez encore et répondez aux questions suivantes.

1. Combien coûte la chambre que prend le monsieur?
2. Comment s'appelle le monsieur?
3. Quel est le numéro de sa chambre?

4 Écoutez une dernière fois et complétez les phrases suivantes, puis déduisez le sens des mots en caractères gras.

1. Quand on entre dans un hôtel, on demande: «＿＿＿＿＿＿, madame (monsieur), vous avez ＿＿＿＿＿＿ **libre,** s'il vous plaît?»
2. Le monsieur veut une chambre avec **baignoire** ou ＿＿＿＿＿＿, si possible.
3. Il demande si le ＿＿＿＿＿＿ est **compris.**
4. La dame lui donne sa **clé** et lui indique que sa chambre est au ＿＿＿＿＿＿ **étage.**

5 Maintenant consultez encore le guide des hôtels de Quimper. De quel hôtel s'agit-il? Justifiez votre réponse.

6 Imaginez que vous voulez réserver une chambre dans un hôtel de Quimper. Jouez les rôles suivants avec un(e) partenaire: l'un(e) de vous est le/la touriste, l'autre le/la réceptionniste. D'abord, sélectionnez ensemble un hôtel qui vous plaît, puis jouez la situation au téléphone. «Allô?... »

Vocabulaire actif

un ascenseur
les bagages (m.)
une baignoire
une carte de crédit
(une chambre) libre
un chien
une clé
le couloir
    au bout du couloir
un escalier
une étoile
un garage
un jardin
la nuit
le petit déjeuner compris
une piscine
le premier étage, etc.
un(e) réceptionniste
le rez-de-chaussée
tout de suite

La rue Kéréon à Quimper.

Note culturelle

Le logement des vacances. Les hôtels sont classés par nombre d'étoiles. Les hôtels à quatre étoiles (****) sont les plus luxueux. Les hôtels à une étoile (*) sont les moins chers mais si les chambres sont équipées d'un lavabo, les W.C. et la douche sont généralement au bout du couloir (*down the hall*). Les chaînes d'hôtels à prix modérés, comme Formule 1 ou Nuit d'Hôtel, se multiplient en France près des sorties d'autoroutes; les chambres sont petites mais coûtent moins de 30€ la nuit. Les apart'hôtels, comme la chaîne des Citadines (***), offrent des studios et des appartements qu'on peut louer à la nuit, à la semaine ou au mois. Les gîtes ruraux sont des maisons de ferme réaménagées pour les touristes, avec tout le confort (y compris des bicyclettes!) qu'on peut louer à la campagne à la semaine ou au mois. Les chambres d'hôtes sont comme les *bed and breakfast*—des chambres de charme dans des maisons particulières.

Si l'on vous donne une chambre au premier étage dans un hôtel, ne soyez pas surpris si l'employé vous montre l'escalier (*stairs*) ou l'ascenseur. En France, l'étage qui est au niveau de la rue s'appelle le rez-de-chaussée, et le premier étage est ce qu'on appelle *second floor* dans le monde anglophone. Imaginez que vous désirez une chambre au dernier étage pour avoir une vue panoramique de la ville; l'hôtel a sept étages, y compris le rez-de-chaussée. Quel étage allez-vous demander? Maintenant, imaginez que toute votre famille a décidé de passer quinze jours en France l'été prochain. Quelle formule allez-vous choisir: l'hôtel? un apart'hôtel? un gîte rural? une chambre d'hôtes? Quels sont les avantages de chaque formule?

Prononciation Les semi-voyelles [w] et [ɥ]

- A semi-vowel is a short vowel sound that is combined with another vowel in the same syllable.
- [w] is the initial sound in **oui** [wi]; it is a short [u] sound that is also found in **soir** [swar].
- [ɥ] is the initial sound in **huit** [ɥit]; it is a short [y] sound that is glides into the following vowel, in this case [i].

Observez et déduisez

Listen to the following expressions from **À l'écoute: À l'hôtel** on the In-Text Audio CD, and in the following chart check the [w] and [ɥ] sounds you hear. The first expression is done for you. You will hear each expression twice.

	[w]	[ɥ]
au moins	✓	
deux nuits		
avec baignoire		
tout de suite		
voici		

Now draw a line to match the following spelling combinations with the appropriate phonetic symbols.

ou + vowel	[ɥ]
oi/oy	[w]
u + vowel*	[wa]

Confirmez

1. **Prononcez.** Practice pronouncing and contrasting the sounds [w] and [ɥ] in the following pairs. Then listen to them on the In-Text Audio CD to verify your pronunciation.

   [w]   [ɥ]
   a. oui   huit
   b. Louis   lui
   c. moins   juin

2. **[w] ou [ɥ]?** In the following sentences, underline the [w] sounds with one line, and the [ɥ] sounds with two lines.

   a. Quand Marie-Louise voyage, elle prend toujours des fruits et des biscuits.
   b. L'Hôtel des Trois Suisses? Continuez jusqu'au coin de la rue, puis tournez à droite.
   c. Chouette! Il n'y a pas de nuages aujourd'hui. C'est ennuyeux, des vacances sous la pluie.
   d. Je suis fatigué; bonne nuit!

   Now practice saying the sentences aloud, then listen to them on the In-Text Audio CD to verify your pronunciation.

---

*Exception: after a **q** or a **g,** the **u** is generally not pronounced: qui [ki]; quel [kɛl]; Guy [gi]; guerre (*war*) [gɛr].

Les verbes comme *sortir*

In *Chapitre 6*, you learned how to use a group of *-ir* verbs conjugated like *choisir*. In this section, you are introduced to a group of *-ir* verbs that have a different conjugation.

Observez et déduisez

Quand je suis en vacances, je sors tous les soirs, mais pendant une semaine ordinaire, je sors uniquement le week-end. En vacances je dors jusqu'à midi, si je veux! Ce matin, par contre, j'ai dormi jusqu'à 7h seulement parce que j'ai cours à 8h. (Et d'habitude je pars à 7h55!) En vacances, à l'hôtel on me sert un bon petit déjeuner dans ma chambre. À la fac, si je veux un petit déjeuner, c'est moi qui me le sers! Disons que je préfère les vacances...

Vocabulaire actif

dormir
partir
servir
sortir

- Look at the present tense forms of the verbs **dormir**, **sortir**, **servir**, and **partir** in the preceding paragraph. What would be the third-person singular form of the verbs **dormir**, **sortir**, and **partir**?
- Look at the past participle of **dormir**. What would be the past participles of **partir**, **servir**, and **sortir**?

Confirmez Les verbes comme *sortir*

Les verbes comme *sortir*

servir	dormir	partir	sortir
je sers	je dors	je pars	je sors
tu sers	tu dors	tu pars	tu sors
il/elle/on sert	il/elle/on dort	il/elle/on part	il/elle/on sort
nous servons	nous dormons	nous partons	nous sortons
vous servez	vous dormez	vous partez	vous sortez
ils/elles servent	ils/elles dorment	ils/elles partent	ils/elles sortent

Passé composé

j'ai servi	j'ai dormi	je **suis** parti(e)	je **suis** sorti(e)

- Verbs like **sortir** have two stems. The plural stem is formed by dropping the **-ir** of the infinitive.

> nous **sort**-ons
> vous **sort**-ez
> ils/elles **sort**-ent

The singular stem drops the consonant preceding the **-ir** as well.

> je **sor**-s
> tu **sor**-s
> il/elle **sor**-t

- In the **passé composé, sortir** and **partir** are conjugated with **être.** This means that the past participle must agree with the subject in gender and number.

> Angèle **est sortie** tôt.   Les filles **sont parties** vers 9h.

- Both **sortir** (*to go out*) and **partir** (*to leave*) can be used alone, with a time expression, or with a preposition. Use **de** to convey the idea of leaving a particular place.

> Je sors **à** 9h15.   Je pars **aujourd'hui.**
>   **avec** mes copines.   **avec** ma famille.
>   **de** l'hôtel.   **de** Quimper.
>   **pour** mes cours.

Activités

 A **Vacances ou non?**   Indiquez si les affirmations ci-dessous décrivent—pour vous—les vacances, la vie de tous les jours, les deux, ou ni l'un ni l'autre. Discutez-en avec vos camarades de classe.

1. Ma famille part en voiture.
2. Nous partons pour la montagne.
3. On me sert le petit déjeuner dans la salle à manger.
4. On me sert du café à la fin du repas.
5. Mes parents sortent très tôt le matin.
6. Je sors avec mes copains le lundi soir.
7. Ma sœur dort tard—jusqu'à midi, même.
8. Moi, je dors très bien.

Maintenant, comparez vos réponses avec celles de vos camarades de classe. Quelles sont les différences entre les vacances et la vie de tous les jours?

B **Après les vacances...**   La vie ordinaire recommence! Pour chaque question ci-dessous, trouvez un(e) camarade de classe différent(e) qui répond affirmative-ment. Posez une question complémentaire (*follow-up*)—même si la personne répond négativement.

➡ *Tu es sorti(e) hier soir? Oui? Où est-ce que tu es allé(e)?*   ou:
Non? Pourquoi pas?

1. Tu es sorti(e) avec tes copains le week-end dernier?
2. Tu as bien dormi hier soir?
3. Tu as servi le petit déjeuner à ton (ta) camarade de chambre?
4. Tu es parti(e) pour tes cours très tôt ce matin?
5. Tu as dormi en classe?
6. Tu as servi du gâteau au professeur?

Depuis / Il y a / Pendant

Observez et déduisez

Angèle Martin est partie en vacances il y a une semaine pour un voyage en France. Elle a voyagé pendant onze heures pour arriver à Aix. Maintenant, elle est à l'hôtel Paul Cézanne depuis huit jours.

> • Three time expressions are used in the preceding **Observez et déduisez.** Which one suggests how long an activity *has been going on?* Which one is used to state *how long ago* something happened? Which one indicates how long an activity *lasted?*

Confirmez *Depuis*

• Use **depuis** and an expression of time to indicate *how long something has been going on.* Although the activity began in the past, it is still going on, so use the *present* tense of the verb. ~~Still doing it~~

> On sert le petit déjeuner **depuis** une heure.
> Nous sommes dans la salle à manger **depuis** un quart d'heure.
> Angèle est à Aix **depuis** ce matin. Elle est à l'hôtel **depuis** une heure.

• To ask when an activity or situation began, use the expression **depuis quand?** To ask *for how long* something has been going on (a period of time), use the expression **depuis combien de temps?** (In the spoken language, **depuis quand** is often used in both instances.)

> **Depuis quand** est-elle à l'hôtel? **Depuis** ce matin. (Depuis le 29; depuis jeudi dernier.)
> **Depuis combien de temps** est-ce qu'elle est à Aix? **Depuis** une semaine. (Depuis deux ans.)

Il y a   ~~Past~~

• You learned in **Chapitre 6** (p. 207) that **il y a** can be used with a period of time to say *how long ago something happened.* Since the activity has been completed, use the past tense.

> Elle est arrivée **il y a** huit jours. (trois minutes, un an, etc.)

• To ask how long ago something happened, use **quand?**

> — **Quand** est-ce qu'elle est arrivée?
> — Il y a une heure.
>
> — **Quand** est-ce que tes parents sont partis?
> — Il y a deux semaines.

Pendant

• Use **pendant** to indicate *the duration of an event* ~~How long~~ in the past, present, or future.

> Après son voyage, elle a dormi **pendant** dix heures.
> L'hôtel sert le petit déjeuner **pendant** deux heures, de 7h à 9h.
> Elle va voyager **pendant** toute la nuit. (pendant trois jours.)

L'ART
DE VIVRE
UN SÉJOUR
AGRÉABLE

*Au cœur
d'Aix-en-Provence,
l'hôtel* PAUL CÉZANNE,
*refuge discret et élégant,
saura vous séduire
par son atmosphère
douce et conviviale.*

- To ask about the duration of an event or activity, use the interrogative expression **pendant combien de temps?**

Pendant combien de temps	est-ce qu'il a dormi hier? (Pendant cinq heures.)
	est-ce qu'il dort d'habitude? (Pendant huit heures.)
	est-ce qu'il va dormir cette nuit? (Pendant dix heures.)

Des expressions de temps

question	réponse
Depuis quand est-il à l'hôtel?	**Depuis** hier. (**Depuis** 15h.)
Depuis combien de temps est-il à l'hôtel?	**Depuis** deux jours. (**Depuis** vingt minutes.)
Quand est-ce qu'il est arrivé à l'hôtel?	Il est arrivé **il y a** vingt minutes. (... **il y a** trois jours.)
Pendant combien de temps va-t-il rester à l'hôtel?	**Pendant** une semaine. (**Pendant** deux jours.)

Vocabulaire actif

depuis
Depuis combien de temps?
Depuis quand?
pendant
Pendant combien de temps?

Activités

C **Clients.** Indiquez de qui on parle selon le registre de l'hôtel Paul Cézanne. (*Aujourd'hui c'est le mardi 15 mai.*)

1. Cette personne est à l'hôtel depuis deux jours. C'est _____.
2. Cette personne va être à l'hôtel pendant dix jours. C'est _____.
3. Cette personne est arrivée il y a huit jours. C'est _____.
4. Cette personne est partie il y a trois jours. C'est _____.
5. Cette personne part aujourd'hui. C'est _____.
6. Cette personne est à l'hôtel depuis lundi. C'est _____.
7. Ces personnes sont à Aix pendant deux semaines. C'est _____ et
   _____.

Hôtel Paul Cézanne
Réservations enregistrées le: 29/04/2008

Nº Client: 4905	Nº Client: 4908	Nº Client: 4911
Client: M. TEISSONIER CYRIL	Client: M. BONAL ANTOINE	Client: M. CHARFI NOURADINE
Arrivée le: 01/05/2008	Arrivée le: 09/05/2008	Arrivée le:
Départ le: 11/05/2008	Départ le: 12/05/2008	Départ le:
Statut: Confirmé	Statut: Confirmé	Statut:
Nº Client: 4906	Nº Client: 4909	Nº Client: 4912
Client: MME GRIMMER CLAUDE	Client: M. DUCLOS HENRI	Client: M. BONNET PIERRE
Arrivée le: 01/05/2008	Arrivée le: 13/05/2008	Arrivée le:
Départ le: 15/05/2008	Départ le: 19/05/2008	Départ le:
Statut: Confirmé	Statut: Confirmé	Statut:
Nº Client: 4907	Nº Client: 4910	
Client: MME MARTIN ANGÈLE	Client: MME PÉRON CHANTAL	
Arrivée le: 07/05/2008	Arrivée le: 14/05/2008	
Départ le: 21/05/2008	Départ le: 18/05/2008	
Statut: Confirmé	Statut: Confirmé	

Maintenant, complétez le registre avec les dates d'arrivée et de départ prévues pour les deux autres clients:

- Nouradine Charfi est à l'hôtel depuis une semaine. Il va être à Aix pendant dix jours.
- Pierre Bonnet est arrivé à Aix il y a deux jours. Il va rester à l'hôtel pendant une semaine.

D **Observations.** Employez les éléments des colonnes ci-dessous pour parler des clients de l'hôtel Paul Cézanne selon le modèle et en consultant le registre. (Nous sommes toujours le 15 mai.)

➡ *M. Tessonier est arrivé il y a quinze jours. Il est parti il y a quatre jours.*

M. Bonnet		
M. Charfi	est arrivé(e)	il y a
Mme Grimmer	est parti(e)	pendant
Mme Péron	est à l'hôtel	depuis
M. Duclos	va rester à l'hôtel	
Mme Martin		

E **Un jeu.** Imaginez que vous travaillez à l'hôtel Paul Cézanne. D'abord inventez tous les renseignements pour compléter le registre de gauche. Votre partenaire va faire la même chose. Ensuite, posez des questions à votre partenaire pour compléter dans votre livre le registre de droite.

➡ *Comment s'appelle le client numéro... ?*
Depuis combien de temps est-ce qu'il/elle est à l'hôtel?
Pendant combien de temps est-ce qu'il/elle va rester à l'hôtel?

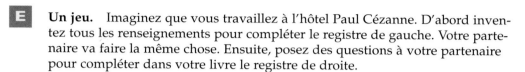

Hôtel Paul Cézanne *Réservations enregistrées le:* / /200__	
N° Client: 4800 Client: Arrivée le: Départ le: Statut: Confirmé	N° Client: 4802 Client: Arrivée le: Départ le: Statut: Confirmé
N° Client: 4801 Client: Arrivée le: Départ le: Statut: Confirmé	N° Client: 4803 Client: Arrivée le: Départ le: Statut: Confirmé

mon registre

Hôtel Paul Cézanne *Réservations enregistrées le:* / /200__	
N° Client: 4804 Client: Arrivée le: Départ le: Statut: Confirmé	N° Client: 4806 Client: Arrivée le: Départ le: Statut: Confirmé
N° Client: 4805 Client: Arrivée le: Départ le: Statut: Confirmé	N° Client: 4807 Client: Arrivée le: Départ le: Statut: Confirmé

le registre de mon/ma partenaire

Maintenant, comparez vos registres. Avez-vous bien noté les renseignements?

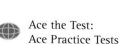

Improve Your
Grade: Flashcards,
Interactive Practice

Ace the Test:
Ace Practice Tests

Jeu de rôle

You're a guest at the Hôtel Paul Cézanne, and you're spending a few moments visiting with two other guests as you wait for breakfast. Make polite conversation, asking one another the reasons for your visit (vacances? études? voyage d'affaires [*business trip*]?), when you arrived, how long you've been there, how long you're staying, when you're leaving, etc.

Improve Your Grade:
Interactive Practice

Lecture **Un voyage en Afrique**

Pensez

1 Qu'est-ce que vous aimez faire pour vous amuser pendant les vacances? Regardez les deux illustrations, puis cochez les activités que vous aimez et ajoutez d'autres options si vous le désirez.

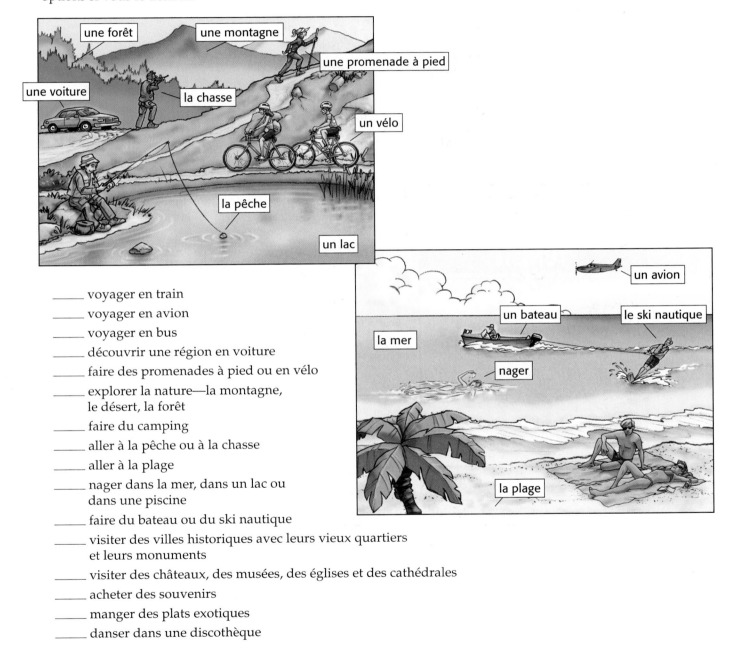

une forêt — une montagne — une promenade à pied — une voiture — la chasse — un vélo — la pêche — un lac

un avion — un bateau — le ski nautique — la mer — nager — la plage

_____ voyager en train

_____ voyager en avion

_____ voyager en bus

_____ découvrir une région en voiture

_____ faire des promenades à pied ou en vélo

_____ explorer la nature—la montagne, le désert, la forêt

_____ faire du camping

_____ aller à la pêche ou à la chasse

_____ aller à la plage

_____ nager dans la mer, dans un lac ou dans une piscine

_____ faire du bateau ou du ski nautique

_____ visiter des villes historiques avec leurs vieux quartiers et leurs monuments

_____ visiter des châteaux, des musées, des églises et des cathédrales

_____ acheter des souvenirs

_____ manger des plats exotiques

_____ danser dans une discothèque

_____ ?

2 Regardez la carte de l'Afrique à la fin du livre. Quels sont les trois pays francophones d'Afrique du Nord? Quels sont les pays francophones de l'Afrique occidentale (de l'ouest)?

3 Maintenant imaginez qu'on vous offre la possibilité de passer une semaine en Tunisie ou au Sénégal. Comment imaginez-vous ces pays?

1. À votre avis, laquelle des descriptions suivantes s'applique au climat de la Tunisie? du Sénégal?

Climat très agréable et sec (*dry*) de novembre à mars. Très chaud (plus de 30°) de juin à septembre, avec précipitations.

Climat méditerranéen, doux et humide en hiver. Pas d'inter-saison; été sec et chaud (25°–28°), très chaud dans le Sahara.

2. Parmi les activités touristiques mentionnées dans **Pensez**, lesquelles, à votre avis, peut-on faire dans ces deux pays?

Observez et déduisez: en général

4 Parcourez rapidement les deux textes qui suivent. De quel genre de textes s'agit-il? Cochez toutes les réponses correctes.

_____ Des extraits d'une brochure d'une agence de voyages

_____ Des renseignements distribués par l'office de tourisme de la Tunisie et du Sénégal sur l'histoire et la géographie de leur pays

_____ Une description de voyages organisés

_____ Des renseignements sur les safaris et la chasse au lion

5 Reprenez la liste des activités touristiques donnée dans **Pensez**. Lesquelles de ces activités sont mentionnées dans les textes?

TUNISIE

L'AVIS DU LION

Un circuit se déroulant essentiellement dans le Sud que vous visiterez en 4x4 Toyota climatisé, et qui allie la découverte de ruines romaines, mosquée, troglodytes,[1] pistes,[2] désert, oasis... et la détente[3] à la plage pour les deux derniers jours à Port El Kantaoui.

EL DJEM - GABES - MATMATA - TOZEUR - NEFTA - TAMERZA - GAFSA - KAIROUAN

Départ de France les dimanches.

1er jour: France - Tunis- Sousse. Accueil[4] à l'aéroport et transfert à Sousse. Dîner et nuit à l'hôtel El Mouradi.

2e jour: Port El Kantaoui. Journée de détente en pension complète[5] à l'hôtel El Mouradi.

3e jour: Sousse - El Djem - Gabès - Matmata - Kébili. Départ pour le Sud en 4x4 Toyota climatisé. Visite de l'amphithéâtre romain d'El Djem. Arrêt à Sfax, arrivée à Gabès et visite de l'oasis de Chenini. Déjeuner à Matmata et visite des maisons troglodytiques. Dîner et nuit à Kébili, hôtel Al Fouar, situé au milieu des dunes de sable.

4e jour: Chott El Djerid - Tozeur - Nefta. Traversée du Chott El Djerid. Déjeuner à Nefta, visite de l'oasis et route sur Tozeur pour la visite du zoo du désert. Dîner et nuit à Nefta, hôtel Les Nomades.

5e jour: Chebika - Tamerza - Gafsa - Kairouan - Sousse. Le matin, visite des oasis de montagne Chebika et Tamerza. Continuation sur Gafsa. Déjeuner. Route sur Kairouan, ville sainte de l'Islam. Dîner et nuit à l'hôtel El Mouradi de Port El Kantaoui.

6e jour: Nabeul - Port El Kantaoui. Le matin, excursion à Nabeul, ville célèbre pour ses poteries. Visite du marché. Retour à l'hôtel pour déjeuner. Après-midi libre. Le soir, départ pour un dîner spécial tunisien avec fête bédouine. Nuit hôtel El Mouradi.

7e jour: Port El Kantaoui. Journée libre de détente à l'hôtel El Mouradi en pension complète.

8e jour: Tunis - France. Petit déjeuner, transfert à l'aéroport de Tunis et envol pour la France (repas à bord).

---

1. *cave dwellings*   2. *trails*   3. *relaxation*   4. *welcome*
5. chambre et trois repas inclus

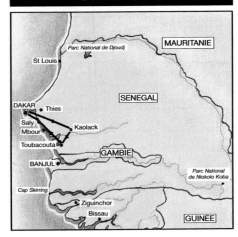

SENEGAL

1er jour: France - Dakar. Vol pour Dakar.

2e jour: Dakar. Arrivée matinale à l'aéroport de Yoff, transfert à votre hôtel sur la presqu'île[1] de Ngor. Excursion au lac Rose puis départ pour l'île Gorée, émouvant centre de la traite des esclaves[2] jusqu'au siècle dernier.[3] Déjeuner au restaurant Le Chevalier de Boufflers puis retour vers Dakar. Dîner et nuit à l'hôtel Le Calao, Ngor, Diarama ou similaire.

3e jour: Dakar - Toubacouta. Départ le matin pour Toubacouta. Déjeuner en route. Promenade en pirogue[4] l'après-midi dans le delta du Saloum. Dîner et nuit à l'hôtel-campement Les Palétuviers ou similaire.

4e jour: Toubacouta - Ndangane Touti. Départ après le petit déjeuner, en pirogue, pour l'île de Ndangane Touti. Déjeuner. Promenade en pirogue l'après-midi dans le delta du Saloum. Dîner et nuit au campement.

5e jour: Ndangane Touti - Toubacouta. Retour par la mer à l'hôtel Les Palétuviers. Déjeuner. Après-midi libre, promenade en brousse[5] dans le pays Sérère. Dîner et nuit à l'hôtel Les Palétuviers.

6e jour: Toubacouta - Saly. Petit déjeuner, puis visite d'un marché et de villages africains. Route pour Saly. Arrivée en fin de matinée. Déjeuner libre. Dîner et nuit au Club du Lion Saly.

7e et 8e jours: Saly. Séjour libre en demi-pension au Club du Lion Saly.

9e jour: Saly - France. Transfert à l'aéroport de Dakar tôt le matin et vol pour la France.

L'AVIS DU LION

Le circuit du Lion vous propose 3 journées de séjour libre sur les plages de la Petite Côte en fin de voyage. Vous découvrirez tout particulièrement la région du Siné Saloum à la richesse souvent ignorée des circuits habituels. Détente et découverte sont soigneusement dosées et le tout pour un prix attractif.

1. péninsule   2. *slave trade*   3. *last century*
4. type de bateau   5. *brush country*

Observez et confirmez: en détail

6 Les mots. En utilisant les mots apparentés, le contexte et la logique, pouvez-vous déduire le sens des mots en caractères gras?

1. Texte sur la Tunisie: «en 4×4 Toyota **climatisé**»; «découverte de **ruines romaines, mosquée**»; «des dunes de **sable**»; «ville **sainte** de l'Islam»; «ville **célèbre** pour ses **poteries**»

2. Texte sur le Sénégal: «3 journées de **séjour** libre»; «**Vol** pour Dakar»; «**Arrivée** matinale à **l'aéroport... départ** pour **l'île** Gorée... puis **retour** vers Dakar»

7 Les textes. Complétez les tableaux suivants selon les renseignements donnés dans les textes.

1. En Tunisie

jour	lieu *(place)*	activité
2e jour		détente
	Gabès	
		visite du zoo
	Nabeul	
		dîner spécial tunisien, fête bédouine

Vocabulaire actif

les moyens de transport
à pied, en avion, en bateau, en bus, en train, en vélo, en voiture
l'aéroport
un vol

la nature
le désert, la forêt, une île, un lac, la mer, la plage

les vacances
acheter des souvenirs
une agence de voyages
aller à la chasse / à la pêche
célèbre
faire du bateau, du camping, du ski nautique
nager
passer (une semaine, ses vacances)
un séjour
visiter une cathédrale, un château, un monument, des vieux quartiers
un voyage organisé

2. Au Sénégal

jour	lieu	activité
		visite du centre de la traite des esclaves
	delta du Saloum	
		promenade en brousse
6ᵉ jour	Toubacouta	
		séjour libre

Explorez

1. Quel circuit préférez-vous? Pourquoi?

2. Imaginez que ce voyage en Afrique est un fait accompli. En groupes de deux, racontez ce que vous avez fait chaque jour en Tunisie (étudiant[e] A) et au Sénégal (étudiant[e] B). Comparez vos aventures, posez des questions, ajoutez des détails—et n'hésitez pas à exagérer!

Notes culturelles

La Tunisie. La Tunisie, l'Algérie et le Maroc constituent le Maghreb, la région arabe de l'Afrique du Nord qui a été colonisée par la France. La majorité de la population de la Tunisie habite dans la partie nord du pays qui bénéficie d'un climat méditerranéen; le sud du pays est occupé par le désert du Sahara. L'histoire de la Tunisie remonte au IXᵉ siècle avant Jésus-Christ, à l'époque où les Phéniciens ont fondé la ville de Carthage près de Tunis, la capitale actuelle de la Tunisie. Carthage a fait partie de l'Empire romain de 146 av. J.-C. jusqu'au Vᵉ siècle apr. J.-C., ce qui explique la présence d'importantes ruines romaines. La Tunisie était un protectorat français de 1881 à 1956, et l'influence française est encore très présente. L'arabe est la langue officielle de la Tunisie, mais le français reste la langue de l'éducation supérieure, de l'administration et des affaires.

Le Sénégal. La colonisation française de l'Afrique noire a commencé au Sénégal avec la création de la ville de Saint-Louis, au nord du Sénégal, en 1659. De 1902 à 1960, la ville de Dakar a servi de capitale à l'Afrique occidentale française (l'AOF), la fédération des huit territoires français de l'Afrique de l'Ouest. En 1960, le Sénégal est devenu une république indépendante avec le poète Léopold Sédar Senghor comme président. Le Sénégal est un pays principalement musulman (*Muslim*) avec six langues nationales, y compris le wolof, mais le français est resté la langue officielle.

Quels sont les renseignements que vous trouvez les plus intéressants sur la Tunisie et le Sénégal? Qu'est-ce que vous aimeriez savoir d'autre? Faites des recherches sur le Web ou dans une encyclopédie, puis partagez ce que vous avez appris!

Des bédouins dans le désert du Sahara.

Le verbe (re)venir • Les prépositions avec les noms géographiques

Ils reviennent du Luxembourg.

Il revient de Tunisie.

Observez et déduisez

Pour entendre parler français, on peut voyager en France, bien sûr. Mais on peut aller aussi au Maroc ou au Mali ou même aux États-Unis, par exemple, en Louisiane.

Regardez les cartes au début du livre. Quel pays ou région du monde francophone voudriez-vous visiter? La Guyane? Le Sénégal? Les Antilles?

- If the verb **venir** means *to come,* what do you think **revenir** means?
- What three prepositions do you notice in the preceding paragraph that express the idea of being *in* or going *to* a country or region? Can you think of a reason why the prepositions are different?
- Geographical names, like all nouns, have a gender. **France** is feminine. Can you find the other feminine names in **Observez et déduisez?** What is the last letter in each of those names? Which names are masculine?
- From the preceding paragraph and the following example, can you infer which prepositions to use in the blanks below?

    Je suis **en** Suisse, mais je pars **au** Mali la semaine prochaine et ensuite je vais **aux** Antilles.

    Nous allons... ＿＿＿ Espagne ＿＿＿ Tunisie ＿＿＿ Philippines
    ＿＿＿ Portugal ＿＿＿ Canada ＿＿＿ Allemagne
    　　　　　　　　　　　　　　　　　　(*Germany*)

Confirmez Le verbe (re)venir

Les verbes *venir/revenir*

je (re)viens	nous (re)venons
tu (re)viens	vous (re)venez
il/elle/on (re)vient	ils/elles (re)viennent

Passé composé

il/elle/on est (re)venu(e)	nous sommes (re)venu(e)s

- Both **venir** and **revenir** (*to come back*) require **être** in the **passé composé,** as do several other verbs you have already studied. Below is a summary chart of these verbs.

Quelques verbes avec *être* au passé composé

aller	partir	rester	sortir
arriver	passer	retourner	tomber
entrer	rentrer	revenir	venir
monter			

Les prépositions avec les noms géographiques

- You have already seen that **de** means *from* when referring to cities (page 23) and that **à** is used to express the idea of being *in* or going *to* a city (page 205).

— D'où es-tu?	— Où est-elle allée?
— Je suis **de** Dakar.	— Elle est allée **à** Bruxelles.

- Most countries with names ending in **e** are feminine, and those ending in other letters are usually masculine: la Belgique le Maroc.*
- The choice of preposition to express *going to* or *being in* a place or *coming from* a place depends on gender, on number, and on whether the place name begins with a vowel. Study the examples in the chart below.

Les prépositions avec les noms géographiques

	going *to* / being *in*	coming *from*
	à	**de / d'**
names of cities	je vais... / je suis...	je viens...
	à Dakar	d'Alger
	en	**de / d'**
feminine names;	je vais... / je suis...	je viens...
masculine names	en Suisse	de Suisse
beginning with a vowel	en Irak	d'Irak
	au	**du**
all other masculine	je vais... / je suis...	je viens...
place names	au Canada	du Portugal
	aux	**des**
all plural place names	je vais... / je suis...	je viens...
	aux Antilles	des États-Unis

BUT: J'aime la France
Je veux voir La Tour Eiffel
or
J'adore Paris — cities have no gender

---

*Le Mexique is an exception to this rule.

- The same rules for choosing prepositions apply to continents (e.g., **en Asie**) and to regions (e.g., **en Provence, au Québec**). Most states also follow these rules (**au** Texas, **en** Floride), although usage varies. **Dans l'état de...** can be used with any state.

    Il habite **dans l'état de** New York. Elle habite **dans l'état d'**Ohio.

- When no preposition is indicated, use a definite article to refer to countries, continents, and regions.

    L'Algérie est **le** pays voisin (*neighboring*) **du** Maroc.
    Avez-vous visité **l'**Algérie ou **le** Maroc?

Des noms géographiques

l'Afrique
l'Afrique du Sud
l'Algérie
le Cameroun
la Côte d'Ivoire
la Libye
le Mali
le Maroc
la Mauritanie
le Sénégal
la Tunisie

le Proche-Orient
l'Égypte
l'Irak
l'Iran
Israël

l'Amérique du Nord
le Canada
les États-Unis
le Mexique

l'Amérique du Sud
l'Argentine
le Brésil
le Chili
la Colombie
la Guyane
le Venezuela

Les Antilles
la Guadeloupe
Haïti (f.)
la Martinique

l'Europe
l'Allemagne
l'Angleterre
l'Autriche
la Belgique
le Danemark
l'Espagne
la France
l'Italie
le Luxembourg
les Pays-Bas
le Portugal
la Russie
la Suisse
la Turquie
la Grèce

l'Asie
la Chine
la Corée
l'Inde
le Japon
le Viêt-Nam

l'Océanie
l'Australie
la Nouvelle-
  Zélande
les Philippines

Vocabulaire actif

le monde
les pays
    l'Algérie, etc.
revenir
venir

[handwritten notes:]
living in
Going to —
en au
aux

From —
de d' du
des

Going to / living in
cities — à

cities
from — de d'

Activités

F **Agent de voyages.** Vous organisez des voyages selon les préférences de vos client(e)s. Quel pays est-ce que vous recommandez pour...

➡ une personne qui aime aller à la chasse?
   Je recommande l'Afrique du Sud ou le / la...

Quel pays est-ce que vous recommandez pour...

une personne qui veut aller à la plage?

une personne qui aime faire du bateau et du ski nautique?

une personne qui s'intéresse aux châteaux?

une personne qui adore manger des plats exotiques?

une personne qui veut faire des promenades à pied en montagne?

une personne qui s'intéresse à l'histoire ancienne?

une personne qui parle couramment l'espagnol?

une personne qui s'intéresse à l'art de la Renaissance?

une personne qui étudie la forêt tropicale?

G **Arrivée à Tunis.** Vous êtes guide d'une visite organisée en Tunisie. D'où viennent les membres du groupe selon les indications ci-dessous? (Surfez sur Internet au besoin.)

➡ M. Fischer (Vienne) *Ce passager vient d'Autriche.*

M. Johnson (Toronto)   M. Sharon (Jérusalem)

Mme Smith (Londres)   M. Erdogan (Istanbul)

Mlle Engström (Copenhague)   M. Valdés (Mexico)

M. et Mme Schneider (Munich)   Mlle VanDyke (Amsterdam)

Mme Clinton (Washington D.C.)   Mme al-Maliki (Baghdad)

H **Des stages linguistiques.** Plusieurs étudiants veulent faire des stages linguistiques. Où vont-ils aller pour apprendre les langues suivantes? Vous êtes chargé(e) des réservations!

➡ l'espagnol? *Ils vont aller en Espagne ou...*

l'anglais?   le chinois?   le français?   le portugais?   l'arabe?

I **Les sites touristiques.** Testez vos connaissances culturelles. Dites où se trouvent les sites touristiques suivants. (Surfez sur Internet au besoin.)

➡ *L'abbaye de Westminster se trouve à Londres.*

Sites	Villes
le palais de Buckingham	Québec
le Louvre	Gizeh (Égypte)
le Kremlin	Âgrâ (Inde)
le Parthénon	Londres
les Grandes Pyramides	Moscou
le Taj Mahal	Paris
le château Frontenac	Athènes

Maintenant, en travaillant avec un(e) partenaire, écrivez d'autres exemples de sites touristiques, et testez les connaissances de vos camarades de classe.

➡ *Où se trouve l'Alamo?*

Stratégie de communication Asking for information or help

Observez et déduisez

When you travel, you will certainly need to ask strangers for help or information. Doing so politely makes a good impression and facilitates the task. Study the examples below and find polite expressions French speakers use in these situations.

— Pardon, madame. Je voudrais savoir à quelle heure arrive l'avion de Dakar, s'il vous plaît.
— Je suis désolée, madame. Je ne sais pas. Demandez au bureau de renseignements (*information*).

— Excusez-moi de vous déranger, monsieur. Est-ce que vous pourriez m'aider à descendre ma valise?
— Avec plaisir.

— Pardon, monsieur. Pourriez-vous m'indiquer la consigne (*baggage checkroom*)?
— Bien sûr. Vous continuez tout droit. C'est à gauche, juste après le bureau des objets trouvés.

Now verify your answers in the chart that follows.

Confirmez

Pour demander de l'aide/des renseignements

pour attirer l'attention

Pardon, madame.
Excusez-moi de vous déranger, monsieur.

pour demander

Pourriez-vous...
   me donner un coup de main?
   m'indiquer... la consigne? le bureau de renseignements?
   m'aider... à descendre ma valise? à trouver la consigne?
Je voudrais savoir... s'il vous plaît.
   l'heure
   à quelle heure arrive le train (l'avion)
   où se trouve(nt)... la consigne, les toilettes, le restaurant

pour accepter

Avec plaisir.
Bien sûr. / Certainement.
Volontiers.

pour refuser

Je regrette, mais...
Je suis désolé(e)...

Note culturelle

La politesse. Le français est une langue moins directe que l'anglais. En anglais, par exemple, on peut demander des renseignements ou de l'aide aux étrangers avec peu de mots: *Would you help me . . . ?* ou *Can you tell me where to find . . . ?* Un Français, par contre, emploie beaucoup plus de mots pour dire la même chose. Dans son livre *French or Foe*, Polly Platt prétend (*claims*) que les cinq mots les plus importants de la langue française sont: «Excusez-moi de vous déranger... » Et les cinq autres mots importants sont: «mais j'ai un petit problème.» L'emploi de ces dix mots, selon Platt, garantit une réponse rapide et complète à la demande. Essayez-les! Comment demandez-vous un petit service ou de l'aide si vous voulez être particulièrement poli en anglais?

Activités

J **Soyez poli(e)!** Complétez les dialogues suivants avec des expressions de politesse.

1. — Est-ce que vous pourriez m'aider à trouver mes valises?

   — _____

2. — _____

   — Je suis désolé. Je n'ai pas de montre (*wristwatch*).

3. — Pourriez-vous me dire où sont les toilettes?

   — _____

4. — _____

   — Avec plaisir, monsieur.

K **Des petits problèmes.** Imaginez-vous dans les situations suivantes. Comment allez-vous demander poliment de l'aide ou des renseignements? Développez les scènes avec un(e) partenaire.

1. Vous êtes à l'hôtel El Mouradi à Sousse en Tunisie. Vous êtes en retard ce matin, et votre groupe est déjà parti pour faire le tour du port. Vous voulez prendre un taxi pour rattraper le groupe. Qu'est-ce que vous demandez au concierge?

2. Votre amie de Dakar arrive à l'aéroport de Marseille. Vous voulez la retrouver, mais vous ne savez pas l'heure ou le numéro du vol. Qu'est-ce que vous demandez à l'employé de la ligne aérienne?

3. Vous êtes touriste à Paris. Malheureusement, vous ne pouvez pas trouver votre passeport. Vous allez à l'ambassade pour demander de l'aide.

4. Vous avez un voyage d'affaires imprévu (*unexpected*), alors vous allez dans une agence de voyages pour avoir des renseignements au sujet des vols de Bruxelles à New York. Vous voulez partir demain matin le plus tôt possible.

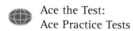

Improve Your Grade: Flashcards, Interactive Practice

Ace the Test: Ace Practice Tests

Jeu de rôle

Think of an exciting trip you have taken or would like to take. Describe the trip to your partner, giving details about activities, hotels, and so on. Ask each other questions to make sure you have the whole story, then guess if the trip was real or **une pure invention**!

Culture et réflexion

Observez et déduisez

Qu'est-ce que ce T-shirt révèle sur les Français? Selon expedia.com, Le Français moyen, qui a droit à[1] 39 jours de vacances par an, en utilise 37. L'Américain moyen a droit à 14 jours et en utilise 11. Que veut dire «rater» ses vacances, selon vous? Qu'est-ce que ces chiffres révèlent sur chacune des deux cultures?

Confirmez et explorez

• **Les vacances des Français.**   Pour la majorité des Français, les "vraies vacances" restent celles de l'été, mais la tendance actuelle est d'étaler[2] ces vacances au cours de l'année. Quatre Français sur dix partent en vacances d'hiver pour au moins quatre ou cinq jours, et la durée moyenne[3] des vacances d'été est maintenant de neuf ou dix jours. La plage reste le lieu privilégié des vacances d'été, et l'on préfère rester dans un seul endroit plutôt que[4] de visiter une série de sites. La formule des week-ends prolongés complète le profil des vacances des Français. Cette tendance au fractionnement s'explique par le désir de diversifier les expériences et par des facteurs économiques. (*Francoscopie 2007*, p. 474 – 475.) Imaginez que vous avez cinq semaines de congés payés garanties par la loi. Est-ce que vous allez les prendre d'un seul coup[5] ou les étaler au cours de l'année? Pourquoi? Qu'est-ce que vous allez faire? Si vous partez en vacances, allez-vous rester dans un seul endroit ou préférez-vous visiter une série de sites touristiques? Expliquez.

• **Les Français en voiture.**   Un écrivain satirique français, Pierre Daninos, compare ainsi les Anglais et les Français «au volant[6]»: «Les Anglais conduisent[7] plutôt mal, mais prudemment. Les Français conduisent plutôt bien, mais follement. La proportion des accidents est à peu près la même dans les deux pays», mais est-on «plus tranquille avec des gens qui font mal des choses bien» ou «avec ceux qui font bien de mauvaises choses»? (*Les Carnets du Major Thompson*, p. 198.) Voilà donc la réputation des Français! Il est vrai que la limite de vitesse[8] sur les autoroutes[9] françaises est de 130 km/h (81 miles/h), mais le permis de conduire[10] n'est pas facile à obtenir en France: il faut avoir dix-huit ans, investir environ 650€ en leçons d'auto-école (données non pas dans les écoles mais par des entreprises privées) et passer un examen de conduite très rigoureux. Par mesure de sécurité, les enfants de moins de dix ans ne peuvent pas s'asseoir à l'avant du véhicule. Que pensez-vous de tout cela? Est-ce une bonne idée d'avoir une limite de vitesse de 130 km/h sur les autoroutes? De passer le permis de conduire à dix-huit ans au lieu de seize? De ne pas permettre aux écoles secondaires de donner des leçons d'auto-école? De ne pas permettre aux jeunes enfants de s'asseoir à l'avant d'une voiture? Donnez votre opinion et proposez une réforme possible du code de la route dans votre pays—ou en France!

Une leçon d'auto-école.

---

1. *is entitled to*   2. *spread out*   3. *average duration*   4. *stay in one place rather than*
5. *all at once*   6. *at the wheel*   7. *drive*   8. *speed*   9. *freeways*   10. *driver's license*

Improve Your Grade:
Web Search Activities

À l'écoute   À la gare

Vous allez entendre deux petites conversations qui ont lieu dans une gare de Paris. Pour vous préparer, faites les activités 1 et 2, puis écoutez en suivant les instructions données.

Pensez

1 Voici un horaire des trains Paris–Marseille de 14h à 20h. Pour comprendre cet horaire, répondez aux cinq questions qui suivent.

numéro de train *notes à consulter*		6115 TGV	6117 TGV	17713	5322/3 TGV	6829 TGV	9834/5 TGV	17715 19	4244/5 20	5125 21 TGV	6119 TGV	6121 TGV	6181 TGV	6123 TGV	6125 10 TGV	6195 22 TGV	6127 TGV	6183 23 TGV	6129 TGV	6631 9 TGV
Paris-Gare-de-Lyon	Dep	14.20	15.20								16.20	16.50	16.53	17.20	17.50	17.53	18.20	18.50	19.20	20.00
Melun	Dep																			
Sens	Dep																			
Laroche-Migennes	Dep																			
Lyon-Saint-Exupery-Tgv	Dep															19.50				
Lyon-Part-Dieu	Dep			17.31	17.45	18.01	19.11	19.24	20.59	21.07										22.01
Valence-Ville	Arr			18.37				20.27	22.05							20.19				
Valence-TGV	Arr					18.37	19.46													
Avignon-Centre	Arr			19.56				21.47	23.24							21.31				
Avignon-TGV	Arr	16.57				18.49	20.21			22.15	18.56			19.57			20.29	20.57	21.57	
Arles	Arr			20.19				22.10	00.09							21.51				
Miramas	Arr			20.38				22.28	00.30							22.10				
Aix-en-Provence-TGV	Arr	17.20			19.12		20.44								19.54		20.51		22.20	
Marseille-St-Charles	Arr	17.36	18.20	21.21	19.26	19.38	20.58	23.01	01.05	22.47	19.30	19.50		20.30	21.06		21.30	21.56	22.36	

Restauration à la place
Bar
Vente ambulante
voir guide train + vélo
Place(s) handicapés

Trains circulant tous les jours (fond coloré)

TGV *Réservation obligatoire*

L'office de tourisme de Paris assure l'information touristique, la réservation hôtelière, la vente de cartes : musées, transport, téléphone.

Aucun TGV n'est accessible aux abonnés de travail. Pour les autres trains renseigez-vous en gare.

JOURS DE CIRCULATION ET SERVICES DISPONIBLES

9. 1ʳᵉ CL assuré certains jours.
10. tous les jours sauf les sam et sauf les 15 août et 1er nov.
19. tous les jours sauf les sam.
20. les ven sauf le 1er nov ; les 14 août et 31 oct.
21. les jeu, ven et sam et le 14 août.
22. tous les jours sauf les 22 juin, 6, 20 juil, 10, 24 août et 7 sept.
23. le 21 juin ; du 28 juin au 1er sept : tous les jours ; les 6, 13, 20 et 27 sept.

1. Comment s'appelle la gare de Paris d'où partent les trains pour Marseille?

2. Combien y a-t-il de TGV (trains à grande vitesse) qui vont de Paris à Marseille entre 14h et 20h et qui circulent tous les jours? À quelle heure partent-ils de Paris et à quelle heure arrivent-ils à Marseille?

3. Parmi ces TGV qui circulent tous les jours, lesquels s'arrêtent dans les villes suivantes? Donnez l'heure de départ de Paris et l'heure d'arrivée dans la ville en question.
   a. Lyon
   b. Avignon
   c. Aix-en-Provence

4. Si vous voulez voyager de Lyon à Avignon-Centre un vendredi entre 19h et 21h, quelles sont vos options? Donnez l'heure de départ de Lyon.

5. Si vous voulez voyager d'Avignon (gare du Centre ou gare TGV) à Marseille un samedi, est-ce que les trains qui partent d'Avignon à 20h29 ou à 21h31 sont des options? Expliquez.

Les trains en France. Le train est un mode de transport très utilisé en France et dans le reste de l'Europe. La Société nationale des chemins de fer français (la SNCF) est réputée pour sa ponctualité, et le TGV, qui circule à des vitesses allant jusqu'à 300 km/h, a révolutionné le monde des transports en France. Sur des distances inférieures à 1 000 km, le TGV est plus rapide que l'avion, moins cher et plus confortable. La ligne de TGV la plus célèbre est l'Eurostar, qui emprunte le tunnel sous la Manche pour relier Paris et Londres en moins de deux heures.

Quelques renseignements utiles pour les voyages en train en France:

- Vous pouvez acheter vos billets aux guichets de la gare, aux billetteries automatiques, aux boutiques SNCF qui sont implantées dans les centres commerciaux (*malls*), dans les agences de voyages, par téléphone (08.92.35.35.35), sur Minitel (terminal de l'Administration des télécommunications) ou sur Internet (www.voyages-sncf.com).

- Avant de monter dans le train, n'oubliez pas de composter (*validate*) votre billet dans une machine de couleur orange à l'entrée du quai (*platform*). Si vous oubliez de composter votre billet, le contrôleur peut vous faire payer une amende (*fine*).

- Pour les voyages de nuit, vous pouvez réserver une couchette (un lit).

- Sur chaque quai, vous allez trouver un diagramme du train qui indique à l'avance où vous allez monter dans le train, en fonction de votre place.

- Les étudiants bénéficient de réductions (*discounts*)! Renseignez-vous sur les tarifs (prix) spéciaux pour les jeunes de 12 à 25 ans ou, pour les voyages en Europe, considérez le Pass Inter Rail.

Quels sont les renseignements que vous trouvez les plus intéressants sur les trains en France? Avez-vous déjà voyagé en train? Où?

Interviews

2 Les conversations que vous allez entendre incluent les mots suivants (en caractères gras). Pouvez-vous déduire leur sens d'après le contexte?

— Il est 10h. Mon train est à 10h30. Alors je vais **attendre** 30 minutes.

— Il est 10h35. Mince! Mon train est déjà parti. J'**ai raté** mon train!

Observez et déduisez

3 Écoutez les *deux* conversations une première fois pour déterminer qui fait les choses suivantes—Monsieur Godot ou Monsieur Estragon? Cochez la colonne appropriée.

	M. Godot	M. Estragon
Il attend le prochain train parce qu'il a raté le premier.		
Il part en voyage d'affaires.		
Il a une petite maison à Cassis.		
Il va retrouver sa femme et ses enfants qui sont déjà en vacances.		
Il prend son billet.		
Il prend le train pour Marseille.		
Il va à Avignon.		
Il va revenir demain soir.		

un *centre commercial*
à la gare
  un aller simple
  un aller-retour
  l'arrivée (f.)
  attendre
  un billet
  une couchette
  le départ
  le guichet
  un horaire
  le (la) *même*
  le quai
  une réduction
une place...
  en première ou deuxième
    classe
  fumeurs/non-fumeurs
le prochain train
rater le train
le TGV
un voyage d'affaires

4 Écoutez encore, cette fois-ci en faisant attention aux expressions utilisées pour prendre un billet de train. Complétez et déduisez le sens des mots en caractères gras.

—Un billet _____ Avignon, _____. Vous avez toujours des **places**?

—**Un aller-retour** ou un _____ simple?

—_____ ou _____ **classe**?

—**Fumeurs** ou _____-**fumeurs**?

Monsieur Estragon va être dans **le même** _____ que Monsieur Godot.

5 Écoutez une dernière fois en faisant attention aux heures mentionnées.

Départ de Paris	Train raté: _____
	Prochain train pour Marseille: _____
Retour d'Avignon	Départ d'Avignon: _____
	Arrivée à Paris: _____

Maintenant, consultez l'horaire, page 256, pour voir à quelle heure Monsieur Godot et Monsieur Estragon vont arriver à leur destination.

6 Imaginez que vous êtes à la gare de Lyon, à Paris. Jouez les rôles suivants avec un(e) partenaire: l'un de vous est le voyageur/la voyageuse qui demande des renseignements et prend un billet, l'autre l'employé(e) de la SNCF. D'abord, sélectionnez ensemble une destination, puis jouez la situation au guichet. N'oubliez pas la possibilité d'une réduction!

Prononciation La lettre *l*

- The French [l] is fairly close to the [l] sound at the beginning of English words such as *list* or *love*. But it is never pronounced like the final [l] of English words, such as *pull* or *shell*. To say a French [l], remember to keep the tip of your tongue close to your top front teeth.

    Quelle surprise!   Un aller-retour, s'il vous plaît.

- The spelling **-ll-** is sometimes pronounced [j], i.e., like the *y* in *yes*.

    Marseille   un billet

Observez et déduisez

Listen to the following phrases from the two **À l'écoute** conversations. When is the **-ll-** pronounced like [j]? In the chart, check the pronunciation you hear, then infer which vowel must precede the **-ll-** to create the *y* sound.

	[l]	[j]
Quelle surprise!		
le prochain train pour Marseille		
un billet pour Lyon		
un aller-retour		

    Vowel _____ **ll** = [j] sound*

*Exceptions: **ville, mille, tranquille,** and their derivatives keep the [l] sound.

Confirmez

In the following sentences, underline each **-ill** that is pronounced like a [j].

1. La famille Godot aime les villages tranquilles.
2. On a passé le mois de juillet à Deauville.
3. La fille dans le train mange une glace à la vanille.
4. Monsieur Estragon travaille à Versailles.
5. Quel train prenez-vous pour aller à Chantilly?

Now practice saying the sentences aloud, paying special attention to the **l**'s. Then listen to the sentences on the In-Text Audio CD to verify your pronunciation.

Structure Traveling by train

Les verbes en *-re*

Observez et déduisez

À Paris, gare de Lyon...

Monsieur Estragon attend depuis 15 minutes au guichet où on vend des billets.

L'employée au service d'accueil répond poliment aux questions de la famille Paumé.

Thomas va au bureau des objets trouvés parce qu'il a perdu son billet pour Caen.

Hélène descend du train. Elle vient à Paris pour rendre visite à sa grand-mère.

Monsieur Godot n'a pas entendu l'annonce de son train parce qu'il dort. Il va rater son train.

- Read about the scene at the **gare de Lyon** in Paris and try to locate, in the drawing above, the people mentioned in the sentences. Can you infer the meaning of the verbs from context?
- Look at the verbs used in the sentences. Can you infer the **il/elle** forms of the present tense for **perdre, rendre visite,** and **entendre**?
- Can you conjugate **répondre** in the **passé composé**?

Confirmez Les verbes en *-re*

 Le verbe *attendre*

j' attend**s**	nous attend**ons**
tu attend**s**	vous attend**ez**
il/elle/on attend	ils/elles attend**ent**

Passé composé: j'ai **attendu**

- The following verbs are conjugated like **attendre**:

descendre*	*to get off/out of; to go downstairs*
entendre	*to hear*
perdre	*to lose*
rendre visite (à)**	*to visit (a person)*
répondre (à)	*to answer*
vendre	*to sell*

- Verbs conjugated like **attendre** follow a regular pattern. The stem is formed by dropping the **-re** of the infinitive and adding the endings: **-s, -s, —, -ons, -ez, -ent.**

  je **perd**-s   vous **vend**-ez

- **Descendre** is conjugated in the **passé composé** with **être.** The other **-re** verbs are conjugated in the **passé composé** with **avoir.**

  Claudine **est descendue** du train à Paris.
  Marie **a rendu visite à** son amie.
  Elle **a entendu** des nouvelles (*news*) intéressantes.

Activités

L **Vrai ou faux?** Dites si les phrases suivantes sont vraies ou fausses selon l'histoire de Monsieur Godot et Monsieur Estragon.

1. Monsieur Godot attend le train.
2. Il descend à Lyon.
3. Monsieur et Madame Godot vendent leur petite maison à Cassis.
4. Monsieur Godot n'a probablement pas entendu l'annonce du train de 15h40.
5. Monsieur Estragon rend visite à son cousin à Avignon.
6. Il va au guichet parce qu'il a perdu son billet.
7. L'employée répond poliment à Monsieur Estragon.

   Maintenant, corrigez les phrases fausses.

M **Le «voyage» de Monsieur Ronfle.** Employez les éléments indiqués pour raconter l'histoire de Monsieur Ronfle. Ajoutez des mots-liens et une phrase supplémentaire pour terminer l'histoire.

➡ Monsieur Ronfle / sortir de / maison / huit heures
   Monsieur Ronfle sort de la maison à huit heures.

1. Il / rendre visite / petits-enfants

2. Il / aller / gare / pour prendre / train

3. Il / attendre / dix minutes / guichet

---

*Descendre à can also be used to express the idea of staying at a hotel: **Ils sont descendus à l'hôtel Dupleix.**

Rendre visite (à) is used with people and **visiter with places or things.

4. employé / répondre poliment / questions / Monsieur Ronfle / et / lui vendre / billet

5. train / partir / dans une heure

6. Monsieur Ronfle / dormir / pendant que / attendre

7. Il / ne pas entendre / annonce

8. Il / rater / train

9. Il / perdre / patience*

10. ?

N **Tout s'est mal passé.** Imaginez une situation à la gare (ou à l'aéroport) où tout va mal. Avec un(e) camarade de classe, fabriquez une histoire au passé en vous servant des questions suivantes. Qui a eu le voyage le plus désagréable?

> Quel moyen de transport avez-vous pris? Est-ce que le train (l'avion) est parti à l'heure (en retard)? Avez-vous attendu longtemps le départ du train (de l'avion)? Est-ce que vous avez raté le train (l'avion)? Une fois dans le train (l'avion), avez-vous répondu à beaucoup de questions posées par la personne à côté de vous? Ou est-ce que cette personne a pris votre place réservée à côté de la fenêtre? Est-ce que vous avez entendu beaucoup de conversations (ou de bébés qui ont pleuré)? Vous a-t-on servi un mauvais repas (ou pas de repas du tout!)? Est-ce que le train (l'avion) est arrivé à l'heure? Vos valises sont-elles arrivées avec vous? Dans quelle condition? Est-ce que vous avez perdu patience?

Structure Referring to someone already mentioned

Les pronoms d'objet indirect *lui* et *leur*

Observez et déduisez

M. Estragon n'a pas vu ses parents depuis quelques mois, alors il leur a téléphoné pour dire qu'il va leur rendre visite. À la gare, l'employée au guichet lui demande où il va et quand il voudrait partir. M. Estragon lui répond et l'employée lui vend son billet de train. Après, M. Estragon achète un gâteau pour ses parents, mais quand il descend du train il l'oublie sur le siège (*seat*).

- Find the pronoun **l'** in the last sentence of the preceding paragraph. To whom or what does it refer? (What is the antecedent?) Now find the pronouns **leur** and **lui** and determine the antecedent in each instance.

- What can you infer about the placement of **lui** and **leur** in the **passé composé** and the **futur proche** based on the paragraph and what you learned about the placement of **le, la, les,** and **l'** in **Chapitre 6** (page 217)?

---

*No article is required before the noun in the expression **perdre patience.**

Confirmez Les pronoms d'objet indirect *lui* et *leur*

- In **Chapitre 6,** you saw that a direct object "receives" the action of the verb and comes immediately after it. The *in*direct object also follows the verb but is preceded by the preposition **à.**

objet direct	*objet indirect*
L'employée a vendu **le billet.**	Elle a vendu le billet à **M. Estragon.**
L'étudiant a posé **sa question.**	Il a posé sa question au **professeur.**

- Verbs that reflect an exchange of objects or information with another person often require an *indirect object:*

  parler des vacances **à ses copains**
  écrire une carte postale **à sa famille**
  téléphoner **à l'agent de voyages**
  rendre visite **à ses parents**
  vendre un billet de train **à M. Estragon**
  servir le petit déjeuner **aux clients**
  donner son billet **au contrôleur**
  poser des questions **au guide touristique**
  dire la vérité **à ses parents**
  prêter (*lend*) des vêtements **à sa sœur**
  emprunter (*borrow*) une valise **à ses parents**

> ### Vocabulaire actif
> emprunter
> leur
> lui
> prêter
> le siège

- An indirect object *pronoun* refers to a person already mentioned (the antecedent) and is used to avoid repeating the noun.

  —L'employée a vendu un billet de train **à M. Estragon?**
  —Bien sûr qu'elle **lui** a vendu un billet!

- The pronouns **lui** and **leur** agree in number with the nouns they replace, and **lui** (*him/her*) and **leur** (*them*) refer to both males and females.

  J'ai écrit un e-mail à ma mère (à mon père). Je ne **lui** ai pas écrit de lettre.
  Je veux parler à mes copains (à mes copines). Je vais **leur** téléphoner demain.

- The placement of indirect object pronouns is always like that of direct object pronouns and there is no agreement of the past participle with *indirect* object pronouns.

> ### ⬤ Les pronoms d'objet direct et indirect
>
> | objet direct | objet indirect |
> |---|---|
> | Paul? Je **le** vois rarement. | Je **lui** téléphone ce soir. |
> | Marie? Je **la** vois rarement. | Je **lui** téléphone ce soir aussi. |
> | Mes cousins? Je **les** ai vus hier. | Je ne vais pas **leur** téléphoner. |
> | Mes amies? Je **les** ai vues mardi. | Je **leur** ai téléphoné ce matin. |

Activités

⊙ **À qui?** Quand vous lisez ces phrases, à qui pensez-vous?

➡ Je ne lui prête jamais d'argent.
  Je ne prête jamais d'argent à mon camarade de chambre!

1. Je lui écris souvent des e-mails.
2. Je lui rends rarement visite.

3. Je ne lui parle jamais de mes cours.

4. Je ne lui téléphone pas pour discuter de mes problèmes.

5. Je leur emprunte de l'argent.

6. Je leur pose beaucoup de questions.

7. Je leur dis toujours la vérité.

8. Je leur achète toujours des cadeaux d'anniversaire.

 Logique ou pas? Vous voyagez en France pour rendre visite à un cousin. Qu'est-ce que vous faites dans les circonstances suivantes? Répondez en employant **lui** ou **leur.**

➡ Vous empruntez de l'argent *à votre prof?*
Le professeur? Mais non, je ne lui emprunte pas d'argent!

1. Vous avez beaucoup à faire avant de partir.

    Vous téléphonez *à l'agent de voyage?* Vous dites au revoir *à vos grands-parents?* Vous prêtez des vêtements *à votre camarade de chambre?* Vous prêtez votre voiture *à votre frère?* Vous écrivez des e-mails *à vos parents?* Vous empruntez une valise *à votre copain/copine?*

2. Vous voyagez en avion.

    Vous donnez votre billet *au pilote?* Vous répondez poliment *aux employés de la ligne aérienne?* Vous servez un repas *aux autres voyageurs?*

3. Vous arrivez à l'aéroport en France.

    Vous montrez votre passeport *au douanier (customs agent)?* Vous téléphonez *à votre cousin?* Vous écrivez une carte postale *à vos parents?*

4. L'anniversaire de votre cousin est le jour de votre arrivée.

    Vous servez un gâteau *à votre oncle?* Vous souhaitez bon anniversaire *à votre cousin?* Vous faites un cadeau *à votre tante?*

 Interview. Interviewez un(e) partenaire et répondez à ses questions en employant un pronom d'objet indirect (**lui** ou **leur**).

➡ Tu parles de tes vacances à tes copains?
Oui, je leur parle de mes vacances. | Non, je leur parle de politique.

1. Tu dis toujours la vérité à tes amis? (à tes parents, au professeur, ?)

2. Tu écris des e-mails ou des textos à ta cousine? (à tes profs, au Président des États-Unis, ?)

3. Tu donnes beaucoup de cadeaux à tes parents? (à tes camarades de classe, au professeur?)

4. Tu rends souvent visite à ta famille? (à ton/ta petit(e) ami(e), à ton cousin, ?)

5. Tu prêtes tes CD (tes DVD, ta voiture) à tes copains? (à ta sœur ou ton frère? à ton/ta camarade de chambre, ?)

    Analysez les réponses de votre partenaire. Avez-vous beacoup en commun?

Partons enfin! C'est la première fois que Claudine part toute seule en vacances. Papa n'a pas cessé de lui poser des questions au sujet de ses préparatifs. Jouez le rôle de Claudine et répondez à Papa en ajoutant une explication. Employez un pronom d'objet direct (**le, la, les, l'**) *ou* indirect (**lui, leur**) selon le cas pour remplacer les termes en italiques.

➡ — Tu as téléphoné *à l'agent de voyage?*
  — *Mais oui, je lui ai téléphoné hier. Je lui ai parlé pendant une heure.*

1. Tu as posé les bonnes questions *à l'agent de voyage,* n'est-ce pas?
2. Tu as demandé *l'adresse de l'hôtel?*
3. Tu vas chercher *ton billet d'avion* aujourd'hui?
4. Tu as donné *ton itinéraire* à maman?
5. Tu prêtes tes CD *à ton frère* pendant ton absence?
6. Tu rends visite *à tante Carole,* n'est-ce pas?
7. Tu vas faire un petit cadeau *à tes cousins?*
8. Tu vas inviter *tes cousins* à manger au restaurant au moins une fois, n'est-ce pas?
9. Tu vas voir *le Louvre et l'Opéra?*
10. Tu écris une carte postale de Paris *à tes grands-parents?*

Épisode

Improve Your
Grade: Flashcards,
Interactive Practice

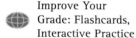
Ace the Test:
Ace Practice Tests

Jeu de rôle

In groups of four or five, play the role of a family that has trouble deciding where to go on vacation. Everyone—children and parents alike—likes something different: hiking, sports, relaxing on the beach, museums, shopping, etc. Try to come up with a plan!

Littérature · Le voyage du petit prince

Antoine de Saint-Exupéry, born in 1900, was a pilot by profession. He flew mail planes from France to Senegal and then pioneered air routes to Brazil and Chile. The trips he made in the early days of aviation inspired *Courrier sud* (1928), *Vol de nuit* (1931), and *Terre des hommes* (1939), three novels that tell of dangerous encounters with the elements, action and responsibility, solitary struggles and human bonds. During World War II, Saint-Exupéry was sent to New York to appeal for aid for the Free French. While in New York, he published *Pilote de guerre* (1942) and *Le Petit Prince* (1943). In 1943, he returned to combat and volunteered for a number of dangerous missions. In July 1944, his plane crashed off the coast of Marseilles, and he was presumed dead.

Les anciens billets de banque français représentaient souvent des artistes et des écrivains. Ce billet de 50 francs, sorti en 1994, faisait honneur à Saint-Exupéry et au petit prince.

Le Petit Prince is a classic for both children and adults. The setting for most of the book is the Sahara Desert, where Saint-Exupéry himself almost died after a forced landing in 1935. In real life, Saint-Exupéry was rescued by some Bedouins. In *Le Petit Prince,* the pilot is rescued by an extraordinary little guy (**«un petit bonhomme tout à fait extraordinaire»**) who comes from another planet (**l'astéroïde B-612**). He lives alone on that planet until a beautiful rose appears, a rose who is really quite insecure and seeks attention in all the wrong ways. After a few misunderstandings with his rose, **le petit prince** decides to look for friends elsewhere. In the following excerpts, he travels to a number of small planets, each inhabited by a single person, and finally arrives on Earth.

Pensez

1 Le petit prince va visiter plusieurs petites planètes, chacune habitée par une seule personne. Il va rencontrer ainsi un buveur (une personne qui boit trop) et un businessman. Quelle personne pensez-vous que les expressions suivantes décrivent—le buveur ou le businessman?

1. un homme très occupé

2. un homme qui a honte (*is ashamed*)

3. un homme qui veut oublier quelque chose

4. un homme très sérieux

Enfin, le petit prince va arriver sur la Terre—dans le désert du Sahara, où il va parler avec un serpent. Puis il va traverser le désert et arriver dans une gare, où il va parler avec un aiguilleur, c'est-à-dire un homme qui contrôle la direction des trains. À votre avis, dans quel contexte—le désert ou la gare—le petit prince va-t-il dire les choses suivantes?

1. «Il n'y a donc personne (*no one*) sur la Terre?»
2. «On est un peu seul (*alone, lonely*) ici... »
3. «Ils sont bien pressés. Que cherchent-ils?»

2 Dans ce texte, vous allez voir des verbes comme **il fit,** ou **il pensa.** Ces verbes sont au passé simple, qui est l'équivalent littéraire du passé composé.

il fit = il a fait   il pensa = il a pensé

Pouvez-vous donner le passé composé des verbes suivants?

il demanda   il répondit   il partit

Observez et déduisez: en général

3 Parcourez le texte une première fois pour trouver les phrases données dans **Pensez.** Est-ce que vos prédictions étaient correctes?

1. Qui est très occupé?
2. Qui a honte de ce qu'il fait?
3. Qui veut oublier quelque chose?
4. Qui pense qu'il est sérieux?
5. Où est-ce que le petit prince demande: «Il n'y a donc personne sur la Terre?»
6. Où est-on «un peu seul»?
7. De qui parle le petit prince quand il dit, «Ils sont bien pressés»?

Le voyage du petit prince

La planète suivante était habitée par un buveur, installé en silence devant une collection de bouteilles.
— Que fais-tu là? dit le petit prince au buveur.
— Je bois, répondit le buveur.
— Pourquoi bois-tu? lui demanda le petit prince.
— Pour oublier, répondit le buveur.
— Pour oublier quoi?
— Pour oublier que j'ai honte, avoua le buveur.
— Honte de quoi? demanda le petit prince.
— Honte de boire!
Et le petit prince partit, perplexe.
Les grandes personnes sont décidément très très bizarres, se disait-il en lui-même durant le voyage.
La quatrième planète était celle du businessman. Cet homme était si occupé qu'il ne leva même pas la tête° à l'arrivée du petit prince.
— Bonjour, dit le petit prince.

ne... *didn't even look up*

— Trois et deux font cinq. Cinq et sept douze. Douze et trois quinze. Bonjour. Quinze et sept vingt-deux. Vingt-deux et six vingt-huit. Vingt-six et cinq trente et un. Ouf! Ça fait donc cinq cent un millions six cent vingt-deux mille sept cent trente et un.

— Cinq cent un millions de quoi?

— Hein? Tu es toujours là? Cinq cent un millions de... je ne sais plus... j'ai tellement de travail! Je suis sérieux, moi! Je disais donc cinq cent un millions...

— Millions de quoi?

— Millions de ces petites choses que l'on voit quelquefois dans le ciel.

— Des mouches°? · *flies*

— Mais non, des petites choses qui brillent°. · · · · · · · · · · · *shine*

— Ah! des étoiles?

— C'est bien ça. Des étoiles.

— Et que fais-tu de ces étoiles?

— Rien. Je les possède.

— Et à quoi cela te sert-il° de posséder les étoiles? · · · · · à quoi... *what's the use*

— Ça me sert à être riche.

— Et à quoi cela te sert-il d'être riche?

— À acheter d'autres étoiles.

Celui-là°, pensa le petit prince, il raisonne un peu comme le buveur. Les · · · · cet homme-là
grandes personnes sont vraiment extraordinaires...

[En continuant son voyage, le petit prince arrive enfin sur la Terre, et voit un serpent.]

— Sur quelle planète suis-je tombé°? demanda le petit prince. · · · suis... *did I fall*

— Sur la Terre, en Afrique, répondit le serpent.

— Ah!... Il n'y a donc personne sur la Terre?

— Ici c'est le désert. Il n'y a personne dans les déserts. La Terre est grande, dit le serpent.

— Où sont les hommes? demanda le petit prince. On est un peu seul dans le désert...

— On est seul aussi chez les hommes, dit le serpent.

[Le petit prince traverse le désert et arrive finalement dans une gare.]

— Bonjour, dit le petit prince.

— Bonjour, dit l'aiguilleur.

— Que fais-tu ici? dit le petit prince.

— J'expédie° les trains qui emportent° les voyageurs, tantôt vers la droite, · · · *send / take away*
tantôt vers la gauche, dit l'aiguilleur.

Et un rapide° illuminé, grondant comme le tonnerre°, fit trembler la · · · *train / grondant... rumbling like*
cabine d'aiguillage°. · · · · · · · · · · · · · · · · · · *thunder / de contrôle*

— Ils sont bien pressés, dit le petit prince. Que cherchent-ils?

— L'homme de la locomotive l'ignore lui-même, dit l'aiguilleur.

Et un second rapide illuminé gronda en sens inverse°. · · · · · en... *dans la direction opposée*

— Ils reviennent déjà? demanda le petit prince.

— Ce ne sont pas les mêmes, dit l'aiguilleur.

— Ils n'étaient° pas contents, là où ils étaient? · · · · · · · · · *were*

— On n'est jamais content là où l'on est, dit l'aiguilleur.

Et gronda le tonnerre d'un troisième rapide.

— Ils poursuivent° les premiers voyageurs? demanda le petit prince. · · · *pursue*

— Ils ne poursuivent rien du tout, dit l'aiguilleur. Ils dorment là-dedans, ou bien ils bâillent°. Les enfants seuls écrasent leur nez contre les vitres°.

— Les enfants seuls savent ce qu'ils cherchent, dit le petit prince. Ils perdent du temps pour une poupée de chiffons°, et elle devient très importante, et si on la leur enlève°, ils pleurent...

— Ils ont de la chance°, dit l'aiguilleur.

yawn / écrasent... press their noses to the windows

poupée... rag doll

take it away

ont... are lucky

Extrait de *Le Petit Prince* (Antoine de Saint-Exupéry).

Observez et confirmez: en détail

4 Les mots.   En utilisant les mots apparentés, le contexte et la logique, pouvez-vous déduire le sens des mots suivants?

1. Sur la planète du businessman:

   — Et que fais-tu de ces étoiles?

   — **Rien,** je les **possède.**

   ... il **raisonne** un peu comme le buveur.

2. Sur la Terre, à la gare:

   J'expédie les trains... **tantôt vers** la droite, **tantôt vers** la gauche... Ils perdent du temps pour une poupée de chiffons, et elle **devient** très importante...

5 Le texte

1. **Vrai ou faux?**   Si les phrases suivantes sont vraies, expliquez-les. Si elles sont fausses, corrigez-les.
   a. Le buveur veut sortir de sa situation.
   b. Le businessman ne sait pas comment s'appellent les choses qu'il compte.
   c. Le businessman est très matérialiste.
   d. Selon le serpent, il y a des problèmes de communication et de solitude chez les hommes.
   e. L'aiguilleur pense que les voyageurs savent ce qu'ils cherchent.
   f. Les voyageurs du premier train reviennent déjà dans le second train.
   g. Les voyageurs lisent et parlent dans les trains.
   h. Les enfants savent regarder avec le cœur.

2. **Répondez.**
   a. Pourquoi le petit prince pense-t-il que le businessman raisonne un peu comme le buveur?
   b. Le buveur et le businessman sont seuls dans leur petit monde avec leurs problèmes ou leurs illusions. Est-ce que la situation des voyageurs dans les trains est différente? Expliquez.
   c. Qu'est-ce que les enfants savent faire pour une poupée de chiffons?

Explorez

Discutez avec un(e) partenaire.

1. Les petites planètes que le petit prince visite sont habitées par une seule personne. Puis quand il arrive sur la Terre, c'est dans un désert. Quel est le symbolisme commun?

2. «On n'est jamais content là où l'on est.» Une autre expression dit que «l'herbe (*grass*) est toujours plus verte de l'autre côté». Est-ce vrai? Pourquoi? Donnez des illustrations.

3. Imaginez que vous aussi, vous avez voyagé sur deux petites planètes, chacune habitée par une seule personne. Qui avez-vous vu sur chaque planète? Créez pour chaque personne une identité qui illustre un trait typiquement humain, et un petit dialogue avec cette personne.

Par écrit • Wish you were here!

Avant d'écrire

A Strategy: Taking audience into account. What you say when you write depends to a large extent on who your intended audience is. If you were developing brochures for tourists visiting your state, for example, the attractions you would emphasize to appeal to a twenty-something crowd would be different from the ones you would emphasize to entice young families with children. The adjectives you would use to describe your state might also vary.

Application. Jot down two lists: (1) the types of leisure activities and amenities found in your state most likely to interest young college students and their friends, and (2) those that would appeal to families with children. Remember, your lists need not be mutually exclusive!

B Strategy: Using a telegraphic style. We sometimes encounter a telegraphic writing style used in advertising, and we often engage in it ourselves when we take notes in class, leave notes for friends, or send postcards. This highly informal style usually consists of incomplete sentences. Only the key words remain.

Application. Look at the tourist brochure on the right and find several examples of telegraphic writing. Who do you think the intended audience is? Why?

Écrivez

1. Vous allez écrire une publicité touristique. Choisissez une région, par exemple, votre état ou une région francophone que vous avez visitée ou voudriez visiter. Avant de commencer, décidez quel groupe de touristes vous allez viser (*target*). Notez les sites touristiques et les agréments (*amenities*) qui vont intéresser ce groupe. Pensez à plusieurs titres intéressants, puis écrivez votre publicité en employant un style télégraphique.

2. Imaginez que vous êtes en vacances dans la région pour laquelle vous avez écrit une publicité. Écrivez une carte postale à un(e) ami(e), à un membre de votre famille ou à un(e) collègue. Il n'y a pas beaucoup de place sur une carte postale, alors il faut employer un style télégraphique. Qu'est-ce que vous avez vu? Qu'est-ce que vous avez fait? Comment allez-vous décrire la région?

Chère Maman,
Quelle région formidable!
— port de pêche calme —
avons fait excursion en
bateau — vu vignobles
et falaises — sortons
ce soir au casino —
revenons samedi 4 juillet.

Bises,

Claire et Thomas

Madame Dupuis
30, rue des Cerisiers
86280 St-Benoît

3. Le petit prince, lui, a fait un voyage dans la solitude. Imaginez qu'après son voyage sur la planète Terre, il écrit une carte à son amie, la rose. Qu'est-ce qu'il va lui dire?

➡ *Ma chère rose...*

Synthèse culturelle

Avez-vous fait des découvertes[1] profondes sur la vie et sur l'humanité, comme le petit prince, pendant vos voyages à vous?

Isabelle: J'ai remarqué qu'en général les gens se ressemblent[2] plus qu'ils sont différents.

Nathalie D.: J'ai découvert d'autres modes de vie, de pensées, d'autres musiques et habitudes de vie. J'ai aussi découvert que l'on avait peur de ce que l'on ne connaissait pas, et c'est peut-être de là que part le racisme[3]. Chacun a sa culture et sa religion; il faut respecter les convictions de chacun.

Explorez

Interviewez quelqu'un à votre école qui vient d'un autre pays. Demandez ce qu'il/elle a appris sur son *propre* pays[4]/culture en voyageant et en habitant aux États-Unis, au Canada ou ailleurs.

  Improve Your Grade:
Online Synthèse culturelle

---

1. *discoveries*   2. *resemble each other*   3. *where racism comes from*   4. own *country*

À l'hôtel

les bagages (m.) *luggage*
une baignoire *a bathtub*
une carte de crédit *a credit card*
(une chambre) libre *(a room) available*
un chien *a dog*
la clé *the key*
une étoile *a star*

un garage *a garage, covered parking*
un jardin *a garden*
la nuit *the night / per night*
(petit déjeuner) compris *(breakfast) included*
une piscine *a swimming pool*
un(e) réceptionniste *a desk clerk*

Les étages (*floors*)

un ascenseur *an elevator*
le couloir *the hallway*
au bout du couloir *down the hall*

un escalier *the stairs*
le premier étage *the second floor*
le rez-de-chaussée *the ground (first) floor*

Les vacances

acheter des souvenirs *to buy souvenirs*
une agence de voyages *a travel agency*
aller à la chasse *to go hunting*
aller à la pêche *to go fishing*
une cathédrale
célèbre *famous*
un château *a castle*
faire du bateau *to go boating*

faire du camping *to go camping*
faire du ski nautique *to water-ski*
un monument
passer une semaine / ses vacances *to spend a week / one's vacation*
un séjour *a stay*
un vieux quartier *an old quarter / part of town*
un voyage organisé *a tour*

La nature

le désert *the desert*
la forêt *the forest*
une île *an island*

un lac *a lake*
la mer *the sea*
la plage *the beach*

Les moyens de transport (*means of transportation*)

à pied *on foot*
en avion *by plane*
en bateau *by boat*
en bus *by bus*

en train *by train*
en vélo *on bicycle*
en voiture *by car*

À la gare

un aller-retour *a round-trip ticket*
un aller simple *a one-way ticket*
l'arrivée (f.) *the arrival*
un billet *a ticket*
la consigne *baggage checkroom / locker*
une couchette *a couchette / berth*
le départ *the departure*
en première ou deuxième classe *first or second class*
fumeurs / non-fumeurs *smoking / nonsmoking*

le guichet *the ticket window*
un horaire *a schedule*
une place *a seat*
le prochain train *the next train*
le quai *the platform*
un siège *a seat*
le TGV (train à grande vitesse) *high-speed train*
une valise *a suitcase*
un voyage d'affaires *a business trip*

À l'aéroport

un avion *an airplane*
un vol *a flight*

Les pays (Voir le tableau p. 251)

le monde *the world*

Verbes

attendre *to wait (for)*
descendre *to go down, to get off,*
   to stay in a hotel
dormir *to sleep*
emprunter *to borrow*
entendre *to hear*
nager *to swim*
partir *to leave*
perdre *to lose*

prêter *to lend*
rater (le train) *to miss (the train)*
rendre visite (à) *to visit (someone)*
répondre *to answer*
revenir *to come back*
servir *to serve*
sortir *to go out*
vendre *to sell*
venir *to come*

Expressions de temps

depuis *since*
depuis combien de temps? / depuis quand? *how*
   long? / since when?

pendant *for/during*
pendant combien de temps? *for how long?*
tout de suite *right away*

Pour demander et donner des renseignements / de l'aide

Avec plaisir *With pleasure (My pleasure)*
un bureau de renseignements *an information bureau/desk*
Est-ce que vous pourriez... *Could you please . . .*
   me donner un coup de main *give me a hand*
   m'aider à. . . *help me . . .*
Excusez-moi de vous déranger. *I'm sorry to bother you.*
Je regrette *I'm sorry*
Pourriez-vous m'indiquer... *Could you tell me . . .*

Divers

un centre commercial *a shopping mall*
le (la) même *the same*
une réduction *a discount*

Les pronoms d'objet indirect

leur
lui

Les relations humaines

This chapter will enable you to

➡ understand the gist of discussions on abstract topics, such as the concept of happiness

➡ read an article on the secrets of long-lasting love and a literary classic about friendship—as seen through the eyes of *le petit prince*

➡ relate how things used to be

➡ link ideas while describing people and things

➡ make suggestions and begin to state opinions

Chapter resources

 iLrn Heinle Learning Center includes:
- Student Activities Manual (SAM) and SAM Audio Program
- Textbook Assignments and In-text Audio Program
- Media-enhanced eBook
- Video Library
- Enrichment
- Diagnostics

 In-Text Audio Program

 Video

 Companion Website

Ces amis se sont connus au lycée. Qu'est-ce qu'ils faisaient ensemble à cette époque-là? Quel était leur concept du bonheur? Et vous? Qu'est-ce que vous aimiez faire quand vous étiez plus jeune?

À l'écoute L'amitié

Vous allez entendre un monsieur parler de l'amitié et de son meilleur ami.

Pensez

1 Quand vous pensez à l'amitié, quelles sont les images qui vous viennent à l'esprit? Cochez les suggestions appropriées, puis complétez la liste selon votre expérience personnelle.

L'amitié, c'est...

_____ parler de tout

_____ communiquer sans parler

_____ savoir écouter

_____ rire* ensemble (*to laugh together*)

_____ s'amuser ensemble

_____ pleurer ensemble

_____ passer des heures au téléphone

_____ raconter des blagues (*to tell jokes*)

_____ prêter des vêtements, des livres, des CD, etc.

_____ partager des idées, des secrets, etc.

_____ demander et donner des conseils (*advice*)

_____ faire des choses ensemble: sortir, aller en boîte (*to nightclubs*), au ciné (cinéma), à une soirée (fête), etc.

_____ avoir les mêmes goûts (*same tastes*)

_____ ?

2 Les copains et les copines sont des camarades, c'est-à-dire des relations plus superficielles que les amis. Dans la liste qui précède, quelles sont les choses qu'on fait avec un(e) ami(e) mais pas avec un copain ou une copine?

3 Est-ce que vous voyez encore des ami(e)s d'enfance? Pensez à un(e) ami(e) d'enfance. Où et quand avez-vous fait sa connaissance (*did you meet*)?

Note culturelle

Ami? Copain? Les nuances de l'amitié se traduisent en nuances de vocabulaire. Un(e) ami(e) est quelqu'un avec qui on partage une amitié profonde; un copain/une copine est plutôt un(e) camarade, un(e) ami(e) plus superficiel(le). Parfois on utilise le mot copain/copine dans le sens de petit(e) ami(e), c'est-à-dire quelqu'un avec qui on partage une relation romantique. Au Québec, un(e) chum est l'équivalent d'un copain ou d'une copine; «*mon* chum» (avec l'adjectif possessif) est l'équivalent de «mon petit ami» et «ma blonde» ou «ma chum» veut dire «ma petite amie». Est-ce que vous faites la distinction entre *close friends* (des amis) et *casual friends* (des copains) quand vous parlez de vos «amis»?

****Rire** se conjugue comme **dire** aux trois personnes du singulier (**je ris, tu ris, il / elle / on rit**) et comme **étudier** aux trois personnes du pluriel (**nous rions, vous riez, ils / elles rient**). Passé composé: **j'ai ri.**

Observez et déduisez

4 Écoutez une première fois les réflexions du monsieur en regardant la liste dans **Pensez.** Quelles activités de cette liste mentionne-t-il? Cochez-les une deuxième fois.

5 Écoutez encore pour trouver la bonne réponse à chacune des questions suivantes.

1. Quand le monsieur a-t-il fait la connaissance de son meilleur ami?
   a. au lycée
   b. dans son enfance
2. Où est-ce que son ami habitait?
   a. à côté de chez lui
   b. assez loin
3. Qu'est-ce qu'ils ne faisaient *pas* ensemble?
   a. jouer au basket
   b. jouer aux cow-boys et aux Indiens
4. Qu'est-ce qu'ils faisaient «quelquefois»?
   a. ils achetaient des glaces à la vanille
   b. ils avaient des petites disputes
5. Quand ils étaient étudiants, où allaient-ils le samedi soir?
   a. au café et au ciné
   b. en boîte
6. Qu'est-ce qui est différent maintenant?
   a. la vie les a séparés
   b. ils ne racontent plus de blagues

6 Écoutez encore la dernière partie du segment sonore, depuis «Plus tard... ». En utilisant le contexte et la logique, pouvez-vous déduire le sens des mots suivants? Reliez les mots en caractères gras à leurs synonymes.

1. on faisait **un tas** de choses...
2. ce n'est plus **pareil**
3. on continue à se voir **de temps en temps**

a. quelquefois
b. l'un l'autre
c. beaucoup
d. la même chose

Vocabulaire actif

l'amitié (f.)
une blague
une boîte (*de nuit*)
le ciné
communiquer
un conseil
ensemble
les goûts (m.)
pareil(le)
partager
passer (*des heures*)
un(e) petit(e) ami(e)
pleurer
raconter des blagues (f.)
une relation
rire
un secret
une soirée
un tas de
de temps en temps
se voir

Prononciation La lettre *g*

• You have seen that sometimes the letter **g** is pronounced [ʒ] as in **partager;** sometimes it is pronounced [g] as in **regarder;** sometimes it is pronounced [ɲ] as in **baignoire.**

Observez et déduisez

Look at the words below, which are all familiar to you, and listen to their pronunciation on the In-Text Audio CD. As you listen, try to infer when the letter **g** is pronounced [ʒ], [g], or [ɲ], checking the appropriate boxes in the chart on page 276.

1. gentil, énergique, gymnastique
2. garçon, golf, légume
3. renseignement, Allemagne
4. église, grand

	[ʒ]	[g]	[ɲ]
g + e, i, y			
g + a, o, u			
g + n			
g + other consonant			

- To retain the [ʒ] sound in some forms of verbs like **manger** or **partager,** a silent **e** is added after the **g** before an **o** or an **a.**

    nous parta**ge**ons   je parta**ge**ais

- To retain the [g] sound, a silent **u** is added after the **g** before an **e** or an **i.**

    une bla**gue**   le **gu**ichet

Confirmez

Practice saying the following sentences aloud, then listen to them on the In-Text Audio CD to verify your pronunciation.

1. Mes amis aiment les voyages; après un séjour à la plage en Bretagne, ils veulent passer par la Bourgogne puis aller en montagne.
2. J'ai mis mes bagages à la consigne avant (*before*) d'aller voir un copain dans sa maison de campagne.
3. Georges et moi, nous avons les mêmes goûts—nous ne mangeons jamais d'oignons!

Structure   Describing how things used to be

L'imparfait

Observez et déduisez

Patrick est mon meilleur ami d'enfance. Il habitait à côté de chez moi, et nous faisions tout ensemble. On allait à l'école ensemble; on racontait des blagues; on riait beaucoup. Quelquefois nous avions des disputes—quand il voulait jouer à sa console Nintendo alors que moi, je voulais jouer au foot, par exemple—mais pas souvent.

Des amis d'enfance se retrouvent.

- In the preceding paragraph, a young man uses verbs in the imperfect tense to talk about his best friend and the things they used to do together. What forms of the imperfect can you identify?
- Jot down the endings for the following forms: **il, nous, on,** and **je.** Can you predict the endings for the **tu** and **vous** forms of the verb?

Vocabulaire actif
autrefois
un chat

Confirmez L'imparfait

- The formation of the imperfect is regular for all verbs except **être**.* To form the imperfect, take the **nous** form of the present tense, drop the **-ons,** and add the endings **-ais, -ais, -ait, -ions, -iez, -aient.**

> nous **parlǿns**
> nous **sortǿns**
> nous **riǿns**

L'imparfait

je parlais	je sortais	je riais	je faisais
tu parlais	tu sortais	tu riais	tu faisais
il/elle/on parlait	il/elle/on sortait	il/elle/on riait	il/elle/on faisait
nous parlions	nous sortions	nous **riions***	nous faisions
vous parliez	vous sortiez	vous **riiez***	vous faisiez
ils/elles parlaient	ils/elles sortaient	ils/elles riaient	ils/elles faisaient

*Note that verbs like **rire** have an uncommon **ii** in the **nous** and **vous** forms.

- The stem for **être** is **ét-.** The endings are regular.

> j'étais   nous étions

- The imperfect is used to describe what things were like in the past, the way things used to be.

> Autrefois, quand nous **étions** petits, nous **faisions** un tas de choses ensemble. Nous **regardions** la télé; nous **jouions** avec notre chien et notre chat (cat); nous **riions** beaucoup.

Activités

A **Quand j'étais plus petit(e).**   Aidez Alexandre à décrire sa vie d'autrefois. Choisissez un verbe qui convient pour compléter les phrases ci-dessous et à la page suivante.

verbes: partager, servir, habiter, aller, faire, passer des heures, jouer, avoir, lire, parler, finir, dormir, retrouver

1. Je (J') _____ loin de mes grands-parents. En été, ma famille _____ en Floride pour leur rendre visite.

2. Le samedi matin, mes copains et moi, nous _____ à regarder des dessins animés à la télé. Autrement, mes copains me _____ au parc où nous _____ au foot. Mon meilleur ami _____ ses jeux vidéo avec moi.

---

*As you learned in **Chapitre 2,** verbs ending in **-ger** add an **e** to the stem before endings beginning with **a.** Likewise, verbs ending in **-cer** add a cedilla to the **c** in the same cases: je man**ge**ais BUT nous mangions; je commen**ç**ais BUT nous commencions.

3. Ma famille (ne pas) _____ d'ordinateur pour envoyer des e-mails, mais mes sœurs _____ souvent au téléphone.

4. À la maison, je _____ mon lit chaque matin. L'après-midi après l'école, mes sœurs et moi, nous _____ nos devoirs avant de sortir. Si nous _____ faim, maman nous _____ un petit goûter (*afternoon snack*).

5. Ma sœur Florence me _____ une histoire chaque soir. Après ça, je _____ comme un ange (*angel*)!

B **Une enfance française: comparaison.** Comparez votre enfance avec l'enfance de Chantal pendant les années 50.

	moi aussi	*pas moi*
1. J'avais une amie qui m'invitait souvent à manger le quatre-heures (*afternoon snack*) chez elle, en revenant de l'école.	_____	_____
2. Après ça, on jouait ensemble, ou on faisait nos devoirs ensemble.	_____	_____
3. J'aimais être la première de ma classe parce qu'à la fin de l'année, je recevais un prix qui était généralement un beau livre.	_____	_____
4. Je lisais beaucoup, surtout les aventures d'Alice, une jeune détective.	_____	_____
5. Je prenais des cours de danse et d'art dramatique au conservatoire municipal.	_____	_____
6. Pendant l'été, ma famille fermait la maison pendant deux mois, et on partait en vacances.	_____	_____
7. Quelquefois on louait une villa à la montagne ou au bord de la mer, ou on faisait du camping.	_____	_____
8. Chaque été, nous passions aussi deux ou trois semaines chez ma grand-mère.	_____	_____

Est-ce que votre enfance ressemble à l'enfance de Chantal? En quoi était-elle différente?

C **Autrefois et aujourd'hui.** Est-ce que votre vie aujourd'hui ressemble à votre vie d'autrefois? Comparez les deux en employant les expressions suivantes.

Autrefois je...   ma famille...   mes parents...   mon copain/ ma copine...

➡ *Autrefois je faisais beaucoup de sport; aujourd'hui j'étudie beaucoup. Autrefois mes parents... (ma copine...)*

regarder souvent la télévision	jouer au Monopoly
aller au ciné le samedi après-midi	vouloir être pompier (*firefighter*)
habiter avec mes (ses/leurs) parents	prêter des vêtements (des livres, des CD)
ne pas aimer faire la sieste	aimer mes (ses/leurs) professeurs
voyager en été	raconter des blagues
surfer sur Internet	lire (des bandes dessinées, des romans)
rire beaucoup	faire (la grasse matinée, la cuisine)
manger	boire
?	?

Maintenant, interviewez un(e) partenaire et comparez vos souvenirs.

➡ *Est-ce que ta famille regardait souvent la télé? Et aujourd'hui?*

D **De mon temps.** En groupes, préparez des questions à poser au professeur pour savoir comment était sa vie quand il/elle avait dix ans—mais ne soyez pas trop indiscret(ète)! Écoutez ses réponses et devinez quelles réponses sont vraies et lesquelles sont fausses.

➡ *Est-ce que vous aviez un chat?*   *Où est-ce que vous habitiez?*

E **Le portrait d'un ami.** Imaginez que vous êtes psychologue et que vous interrogez un client au sujet de son meilleur ami d'enfance. Avec un(e) partenaire, écrivez six questions que vous allez lui poser.

➡ *Comment était votre meilleur(e) ami(e)? Qu'est-ce que vous faisiez ensemble?*

Ensuite, à tour de rôle, assumez l'identité du client, et décrivez votre meilleur ami d'enfance à votre partenaire, le psychologue, en répondant aux questions que vous avez préparées.

Structure   Talking about friendships

Les verbes pronominaux

Observez et déduisez

Mes meilleurs amis n'habitent plus à côté de chez moi, mais on continue à se voir de temps en temps, et chaque fois qu'on se retrouve, on s'amuse! Nous nous comprenons aussi bien aujourd'hui qu'auparavant—même si nous nous voyons rarement!

*You already know two pronominal verbs: **s'appeler** and **s'amuser**. Here you learn how other pronominal verbs are used.*

- If **se voir** means *to see each other,* what would the following verbs mean?

  se parler   se comprendre
  se téléphoner   se disputer

- Study the pronominal verbs in the preceding paragraph, and fill in the following chart with the appropriate pronouns: **me (m'), te (t'), se (s'), vous.**

s'amuser	
je ___ amuse	nous nous amusons
tu ___ amuses	vous ___ amusez
il/elle/on s'amuse	ils/elles ___ amusent

Confirmez Les verbes pronominaux

- Pronominal verbs are conjugated like other verbs except that an extra pronoun is needed before the verb.

Le verbe *se souvenir*

je **me** souviens	nous **nous** souvenons
tu **te** souviens	vous **vous** souvenez
il/elle/on **se** souvient	ils/elles **se** souviennent

- In the negative, **ne** precedes the pronoun.

    Je **ne** me dispute jamais avec mes copains.

- Some pronominal verbs indicate a *reciprocal* action, an action two or more subjects do *to* or *with* one another.

se battre	*to fight with each other*
se disputer	*to argue with each other*
se retrouver	*to meet each other (to get together)*
se (re)voir	*to see each other (again)*
se parler	*to talk to each other*
se comprendre	*to understand each other*
se téléphoner	*to phone each other*
s'écrire	*to write each other*

Autrefois ma sœur et moi, **nous nous disputions** assez souvent, mais maintenant **nous nous comprenons** bien!

Sometimes **nous** is replaced by **on**:

On se téléphone souvent, mes copines et moi.

- Compare the pronominal and *non*-pronominal forms of these verbs:

    Alexis et Marie-Pierre **se retrouvent** au café. (*They meet each other.*)
    Alexis **retrouve** Marie-Pierre au café. (*He meets her.*)

- Some pronominal verbs are used *idiomatically*.

s'entendre	*to get along (with each other)*
se souvenir (de)	*to remember (someone or something)*
s'amuser	*to have fun*
s'ennuyer*	*to be bored*

Ma meilleure amie du lycée et moi, nous **nous entendions** bien. Je **me souviens** que nous **nous amusions** beaucoup tous les week-ends.

Activités

 F **Nous deux.** Pensez à la relation que vous avez avec un frère, une sœur, un(e) autre parent ou un copain. Les phrases suivantes s'appliquent-elles (*apply*) à cette relation?

oui / non

La personne: _____

1. Nous nous amusons ensemble. _____
2. Nous nous entendons bien. _____
3. Nous nous voyons assez souvent. _____

---

*s'ennuyer is conjugated like **envoyer**: je m'ennuie, tu t'ennuies, nous nous ennuyons, etc.

4. Nous ne nous parlons pas tous les jours. _____

5. Nous nous disputons rarement. _____

6. Nous nous comprenons bien. _____

7. Nous nous écrivons des e-mails. _____

8. Nous ne nous ennuyons jamais. _____

Maintenant, expliquez vos réponses à un(e) partenaire.

➡ *Ma sœur et moi, nous nous amusons ensemble. Nous jouons souvent au tennis.*

 Je me souviens que... Hélène parle de ses souvenirs d'enfance en regardant son album de photos ci-dessous. Imaginez ce qu'elle va dire en employant autant de verbes pronominaux que possible.

Je me souviens que...

1. ... mes amis et moi, nous nous retrouvions souvent au café...

2. ... Carole et Jean...

3. ... mes cousins...

4. ... ma sœur et sa meilleure amie...

5. ... _____ et moi, nous...

Jeu de rôle

It's the year 2055. You've aged and the world has changed a lot! With a partner, play the role of a grandparent and grandchild. The grandchild describes what his/her life is like "now"—in 2055—and asks if the grandparent did the same things as a young person. The grandparent talks about life fifty years ago, and explains what he or she did differently.

Improve Your Grade: Flashcards, Interactive Practice

Ace the Test: Ace Practice Tests

Deuxième étape

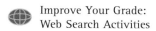
Lecture **Artisans de l'amour**

Pensez

1 Vous allez lire un article sur l'amour et le couple. À votre avis, qu'est-ce qui fait durer (*last*) l'amour dans un couple? Quels sont les secrets d'un amour «longue durée»? Cochez les réponses qui vous semblent appropriées et ajoutez d'autres possibilités.

_____ la tolérance

_____ des valeurs communes

_____ un lien (*bond*) qui résiste aux obstacles

_____ la communication

_____ l'entente (une bonne relation) sexuelle

_____ un statut social comparable

_____ le soutien (*support*) des familles respectives

_____ la capacité de changer

_____ des projets et des rêves communs

_____ des responsabilités partagées

_____ la volonté (le désir) de faire passer (placer) le couple avant d'autres priorités

_____ des efforts continus

_____ ?

Observez et déduisez: en général

2 Parcourez le texte une première fois pour voir si les sujets anticipés ci-dessus sont mentionnés. Si oui, cochez-les une deuxième fois.

3 Dans quelle partie de l'article les idées générales suivantes se trouvent-elles? Indiquez **a**, **b**, **c** ou **d**.

a. l'introduction
b. «Une intelligence relationnelle»
c. «Pour durer, l'amour doit se transformer»
d. «Progresser, c'est possible»

_____ 1. Compatibilité des notions romantiques et du travail

_____ 2. Définition culturelle de la naissance (*birth*) du couple

_____ 3. Invitation à observer des couples heureux

_____ 4. Interaction entre stabilité et changement

_____ 5. Définition du processus qui permet de remplacer le négatif par le positif

_____ 6. Évidences que l'amour «longue durée» est rare

_____ 7. Liste d'obstacles qu'un couple doit surmonter

Qui sont-ils, ceux que nous qualifions d'heureux en couple? Des amoureux longue durée, qui font passer leur relation avant tout, et savent l'améliorer jour après jour.

Il paraît qu'ils deviennent° de plus en plus rares. En 2003, on comptait plus de quarante-deux divorces pour cent mariages, alors qu'il y a cinquante ans, ce chiffre ne dépassait pas les 12%. Une étude citée par Daniel Goleman dans son best-seller *L'Intelligence émotionnelle* affirme même que 67% des couples qui se sont mariés dans les années 1990 divorceront un jour. Alors si vous connaissez des couples heureux, observez leurs attitudes, leurs gestes l'un pour l'autre quand ils sont ensemble. Ce sont ces couples qui vous donnent une sorte de laissez-passer° pour un «c'est possible»: vivre à deux plus de sept ans (cap fatidique°, selon le bon sens populaire), oui, c'est possible; s'aimer d'une manière de plus en plus profonde, oui, c'est possible; être capable, avec la seule énergie de cet amour, de construire un monde, une maison, une œuvre... oui, c'est possible.

devenir = to become

pass
fateful hurdle

Une intelligence relationnelle

Première caractéristique incontournable° de ces couples: la durée. Ceux qui y sont engagés ont forcément passé une étape fondamentale: ils ont su transformer l'amour intense des débuts, l'indispensable «lune de miel», en lien durable. Ils ont surmonté des crises, ils ont su s'adapter aux configurations difficiles: apprendre à cohabiter, accueillir cette bombe émotionnelle qu'est la naissance d'un enfant, se soumettre à la pression du quotidien, à la routine qui s'installe, aux regards des familles respectives [...] et à la découverte progressive des défauts de l'autre. À chaque fois, ils en ressortent plus forts de ne pas avoir fait exploser leur relation. Pour les thérapeutes, ces couples sont «émotionnellement intelligents»: dans leur vie quotidienne, ils sont parvenus° à établir une dynamique qui empêche° leurs pensées ou sentiments négatifs à l'égard l'un de l'autre (et ils existent chez tous les couples) de submerger leurs pensées ou sentiments positifs. Autrement dit, même si leur partenaire les agace lorsqu'il ne range pas les objets à la bonne place ou oublie les dates anniversaires importantes, ils sont capables de se rappeler les talents de celui ou celle avec qui ils ont eu envie de vivre. [...]

essentielle

ont réussi / prevents

«Pour durer, l'amour doit se transformer»

C'est ce qu'affirme Alain Valtier, psychanalyste et spécialiste des thérapies de couple. «Que la naissance d'un couple dépende du sentiment amoureux est une notion occidentale initiée dans les années 1960. Notre culture a décidé qu'il devait en être ainsi°, mais cela n'a pas été vrai à d'autres époques et ne l'est pas, aujourd'hui, dans d'autres endroits de la planète, où c'est plutôt le choix des familles qui préside aux unions. Or, une proportion non négligeable de ces couples fonctionne largement aussi bien que les nôtres. Cela prouve que les sentiments peuvent naître au sein de couples qui ne se sont pas choisis, qu'ils peuvent être un aboutissement et non un point de départ. [...] Mais il est certain que dans un couple qui veut durer, l'amour doit se transformer pour continuer à fonctionner. Tout comme il convient d'impulser du changement pour assurer la stabilité d'une institution afin qu'elle demeure vivante, il faut créer du mouvement afin de maintenir un équilibre dans l'amour. L'essence même de l'amour, c'est le mouvement. [...] L'amour est une construction, il requiert un travail. Et ce travail de longue

qu'... que c'était la norme

haleine° permet de découvrir qu'il est vraiment plus simple de vivre en aimant que sans aimer.»

longue durée

Progresser, c'est possible

Cette notion de «travail», de plus en plus évoquée par les conseillers et thérapeutes de couple, a de quoi rebuter°. Elle paraît si éloignée° des idéaux romantiques, du rêve

a de quoi... peut décourager / loin

et de la passion qui nous attirent depuis toujours! Peut-être vaut-il mieux penser en termes de capacités relationnelles, de savoir-faire, le couple étant alors un espace où chacun doit apprendre et progresser non seulement personnellement, mais aussi comme compagne ou compagnon. Les couples heureux seraient alors ceux qui ont accepté de s'investir dans un tel apprentissage... Que les plus romantiques d'entre nous se rassurent: pour une telle entreprise°, il faut avoir rencontré celui ou celle qui vous donne l'envie et le désir de faire tant d'efforts. Le moteur d'un tel chantier°, décidément, reste l'amour!

undertaking

travail

Extrait de *Psychologies*, juillet-août 2006, pp. 146–154.

Observez et confirmez: en détail

4 Les mots. En utilisant le contexte et la logique, identifiez les mots qui ont la signification suivante.

partie du texte	signification	mot(s)
Introduction	• passer de bien à mieux • devenir mari et femme • fabriquer	
«Une intelligence relationnelle»	• période de bonheur juste après le mariage • les imperfections • la vie *de tous les jours* • irriter • mettre quelque chose à sa place	
«Pour durer...»	• commencer sa vie • une fin, un résultat	
«Progresser...»	• provoquer l'intérêt • engager son énergie (dans) • le processus d'apprendre	

5 Le texte.   Répondez aux questions suivantes.

Introduction

1. Qui sont «les amoureux de longue durée»?
2. Comment savons-nous que ces couples sont de plus en plus rares?
3. Que faut-il faire pour croire que le bonheur en couple est possible?
4. Quel est «le cap fatidique» de la vie d'un couple, selon le bon sens (*common sense*) populaire?
5. Qu'est-ce qui est possible quand on a le «laissez-passer» magique?

Une intelligence relationnelle

6. Quelle est la transformation qui est nécessaire pour faire durer le couple?
7. Quels sont les obstacles que le couple doit surmonter?
8. Qu'est-ce que c'est que l'intelligence relationnelle (ou émotionnelle)?
9. Que faut-il faire quand notre partenaire fait quelque chose qui nous agace?

«Pour durer... »

10. Qu'est-ce qui est «une notion occidentale initiée dans les années 1960»?
11. Qu'est-ce qui «préside aux unions» (détermine les mariages) dans beaucoup de cultures?
12. Que prouve la réussite des couples «qui ne se sont pas choisis»?
13. Selon M. Valtier, qu'est-ce qui est nécessaire à la stabilité?
14. Qu'est-ce qu'on découvre (apprend) quand on travaille à la durée du couple?

Progresser...

15. Qu'est-ce qui peut décourager les romantiques? pourquoi?
16. Si le couple est un espace, qu'est-ce que chacun doit faire dans cet espace?
17. En fin de compte, qui sont les couples heureux?
18. Qu'est-ce qui reste le moteur de l'entreprise?

Explorez

1. «Les amoureux de longue durée sont de plus en plus rares»—pourquoi, à votre avis? Est-ce que la société moderne encourage les couples de longue durée? Justifiez votre réponse.
2. Connaissez-vous des couples «émotionnellement intelligents»? Décrivez-les.
3. La vérité, toute la vérité, rien que la vérité! Quand un membre de votre famille, un(e) partenaire ou un(e) camarade de chambre «ne range pas les objets à la bonne place», est-ce que ça vous agace? Quelle est votre réaction?
4. Selon vous, le sentiment amoureux est-il nécessaire à la naissance du couple? Justifiez votre réponse.
5. Comment expliquez-vous le fait que les mariages arrangés par les familles fonctionnent souvent aussi bien que les mariages nés de l'amour?
6. «L'essence même de l'amour, c'est le mouvement.» Comment expliquez-vous cette phrase? Est-ce vrai?
7. «Il est vraiment plus simple de vivre en aimant que sans amour.» Êtes-vous d'accord? Expliquez.
8. L'amour de longue durée est présenté ici comme un «travail», un «apprentissage», une «entreprise». Est-ce que, selon vous, ces notions sont une contradiction des idéaux romantiques? Expliquez.

Vocabulaire actif
l'amour (m.)
attirer
agacer (ça m'agace)
célibataire
un couple
un défaut
un divorce
durer
le mariage
se marier
la lune de miel
quotidien(ne)
ranger

Le mariage en France. Le nombre de mariages dans le monde entier est en baisse. En France, le taux de nuptialité, qui était de 8,1 mariages pour 1 000 habitants en 1972, est aujourd'hui de 4,6 (contre 4,8 pour l'ensemble de l'Union européenne et 8,4 aux États-Unis). Le mariage aujourd'hui sert souvent à légitimer un ou plusieurs enfants: dans un cas sur trois, les enfants assistent au mariage de leurs parents. L'union libre, ou la cohabitation, est donc très commune: 15% des couples français ne sont pas mariés. Certains de ces couples qui cohabitent choisissent de «se pacser»: le pacte civil de solidarité (PACS) permet à deux personnes habitant ensemble de s'unir contractuellement et de recevoir des bénéfices sociaux. L'âge moyen au premier mariage continue à reculer: 28 ans pour les femmes, 30 ans pour les hommes (contre 23 et 25 ans respectivement en 1980). Les «vrais» célibataires (personnes non mariées et ne vivant pas en couple) sont aussi de plus en plus nombreux: 32% des Français vivent seuls. À votre avis, ces statistiques reflètent-elles une réalité universelle? Comment expliquez-vous ces phénomènes?

Source: *Francoscopie* 2007, pp. 104–110.

Structure Linking ideas

Les pronoms relatifs *qui* et *que* (*qu'*)

Observez et déduisez

Apprendre à cohabiter, la pression du quotidien, la routine qui s'installe... Parlons des tâches domestiques par exemple! Selon l'INSEE, «le partage inégal du travail domestique et familial est la norme dans les couples de salariés». Étudiez le tableau ci-dessous, puis répondez aux questions.

Répartition des tâches domestiques dans les couples (en minutes par jour)

	femmes	hommes
faire la cuisine/la vaisselle[1]	72 min.	22 min.
faire le ménage[2] (passer l'aspirateur[3], etc.)	51 min.	11 min.
faire le linge[4] (faire la lessive[5], repasser[6], etc.)	31 min.	3 min.
faire du bricolage[7] ou faire du jardinage[8]	8 min.	45 min.
faire les courses	22 min.	33 min.

1. *dishes* 2. *house cleaning* 3. *vacuuming* 4. *do the washing and ironing*
5. *do the laundry* 6. *iron* 7. *puttering* 8. *gardening*

Données sociales: La société française—Édition 2006 INSEE.

Selon le tableau, c'est la femme qui fait le plus souvent le linge. Quelles sont les tâches que les hommes font plus souvent que les femmes? Et dans votre famille, quelles sont les tâches que vous faites?

> • In the preceding paragraph, what kind of word follows the pronoun **qui**: a subject or a verb? What kind of word follows the pronoun **que (qu')**?

Confirmez   Les pronoms relatifs *qui* et *que* (*qu'*)

• Relative pronouns are used to relate (link) two sentences and to avoid repetition.

> Ce sont les enfants.   +   Ils font la vaisselle.
> → Ce sont les enfants **qui** font la vaisselle.
>
> Ranger ma chambre est une tâche.   +   Je n'aime pas cette tâche.
> → Ranger ma chambre est une tâche **que** je n'aime pas.

Note that, in each sentence, the second noun or pronoun reference **(ils, tâche)** is deleted.

• Both **qui** and **que** can refer to either people or things; the difference in these pronouns is their grammatical function. The pronoun **qui** is used as a *subject* and is usually followed directly by a verb.

> D'habitude c'est la femme **qui** <u>fait</u> la lessive.

The pronoun **que** is an *object* and is followed by a subject *and* a verb.

> Repasser est une tâche **que** les <u>hommes</u> <u>font</u> rarement.

Pronoms relatifs

qui + verb

Ce sont les enfants **qui** font la vaisselle.
C'est la routine quotidienne **qui** est ennuyeuse.

que + subject + verb

Ranger ma chambre est la tâche **que** je n'aime pas.
Les couples **que** tu connais, sont-ils des amoureux «longue durée»?

• Although the words *that, whom,* or *which* may be omitted in English, **que** may *not* be omitted in French.

les couples **que** je connais	*the couples (that) I know*
les tâches **que** je n'aime pas	*the chores (that) I don't like*

Activités

H **Les tâches quotidiennes.** Complétez les phrases suivantes selon vos expériences personnelles.

ma mère / mon père
mon/ma camarade de chambre
les enfants
moi (je)
les parents
?

1. C'est (Ce sont) _____ qui passe(nt) l'aspirateur chez moi.
2. C'est (Ce sont) _____ qui fait (font) le linge.
3. C'est (Ce sont) _____ qui repasse(nt) les vêtements.
4. C'est (Ce sont) _____ qui fait (font) la vaisselle.
5. Faire le ménage est une tâche que _____ aime(nt).
6. Faire la lessive est une tâche que _____ déteste(nt).
7. Ranger la chambre est une tâche que _____ déteste(nt).
8. Faire du jardinage est une tâche que _____ aime(nt).

I **Artisans de l'amour.** Voici quelques idées clés de la lecture des pages 283–284. Complétez les phrases avec **qui** ou **que (qu')**, puis indiquez si les phrases sont vraies ou fausses *selon l'article*.

	vrai	*faux*
1. L'amour est un sentiment _____ l'on trouve essentiel au bonheur du couple dans les cultures modernes occidentales.	_____	_____
2. Dans d'autres cultures, au contraire, c'est la famille _____ arrange les mariages, et non le couple.	_____	_____
3. L'amour ne peut pas exister dans les couples _____ ne se sont pas choisis.	_____	_____
4. Apprendre à cohabiter est un obstacle _____ le couple doit surmonter.	_____	_____
5. La capacité de s'adapter est une qualité _____ l'on attribue à l'intelligence émotionnelle.	_____	_____
6. Dans un couple _____ veut durer, il est essentiel que l'amour se transforme.	_____	_____
7. Les couples _____ transforment la «lune de miel» en lien durable sont moins heureux.	_____	_____
8. L'amour est une construction _____ nécessite un travail de longue durée.	_____	_____
9. C'est cette notion de «travail» _____ les romantiques n'aiment pas.	_____	_____
10. C'est l'idée de la passion et du rêve _____ les attire.	_____	_____

J **Préférences.** Indiquez vos préférences en matière d'amour en cochant *toutes* les réponses qui sont vraies pour vous—ou ajoutez des réponses originales.

1. Je préfère les hommes (les femmes) qui/que...

   _____ ont les mêmes goûts que moi.

   _____ comprennent mes problèmes.

   _____ je rencontre dans mes cours.

   _____ sont sérieux (sérieuses).

   _____

2. Je veux épouser quelqu'un qui/que...

   _____ se concentre sur mes talents et non mes défauts.

   _____ j'admire.

   _____ mes parents aiment bien aussi.

   _____ je choisis moi-même (*myself*).

   _____

3. Je ne sors pas avec des hommes (des femmes) qui/que...

   _____ mes copains n'aiment pas.

   _____ n'aiment pas rire.

   _____ ne m'attirent pas.

   _____ m'agacent.

   _____

4. Pour moi, l'homme/la femme idéal(e) c'est quelqu'un qui/que...

   _____ adore les tâches domestiques.

   _____ je peux admirer.

   _____ aime mon chien (mon chat).

   _____ n'oublie pas les dates anniversaires importantes.

   _____

   Maintenant, interviewez plusieurs camarades de classe pour trouver la personne qui vous ressemble le plus.

   → — *Quel genre d'hommes / de femmes est-ce que tu préfères?*
   — *Je préfère les hommes / les femmes* **qui** *comprennent mes problèmes.*
                          ... **que** *je rencontre dans mes cours.*

Structure Describing relationships

Les pronoms d'objet direct et indirect: *me, te, nous* et *vous*

Observez et déduisez

— Ah! il m'adorait; il m'écoutait; il me regardait toujours avec amour.

— Il t'attendait tous les soirs; il ne te demandait rien; il te comprenait.

— C'est vrai. Si seulement je pouvais trouver un homme aussi fidèle que mon chien!

- In the preceding dialogue, which object pronoun corresponds to **je?** to **tu?**
- Where are the pronouns **me (m')** and **te (t')** placed in relation to the verb?
- If **il m'écoutait** means *he used to listen to me,* how would you say *he used to talk to me? he used to love you?*

Confirmez Les pronoms d'objet direct et indirect: *me, te, nous* et *vous*

- You have already studied third-person direct object pronouns **(le, la, l', les)** in **Chapitre 6** and indirect object pronouns **(lui, leur)** in **Chapitre 7. Me (m'), te (t'), nous,** and **vous** are first- and second-person direct *and* indirect object pronouns.

  je → **me (m')** nous → **nous**
  tu → **te (t')** vous → **vous**

  Est-ce que ton ami **te** demande beaucoup?
  Est-ce qu'il **t'**agace de temps en temps?
  Vos meilleurs amis **vous** font souvent des cadeaux?
  Est-ce qu'ils **vous** comprennent?

- The placement of first- and second-person object pronouns is the same as for other object pronouns.

  Mon ami **m'**a dit qu'il **m'**aime et qu'il veut **m'**épouser (*marry me*)!

- In the **passé composé**, the past participle agrees in number and gender with the preceding *direct* (but not indirect) object pronoun (see page 262).

— Tu **nous** as vus au café, n'est-ce pas?
— Oui, et je **vous** ai dit «bonjour» aussi!

Résumé: les pronoms

pronoms sujets	pronoms d'objet direct	pronoms d'objet indirect
je	me	me
tu	te	te
il/elle/on	le, la, l'	lui
nous	nous	nous
vous	vous	vous
ils/elles	les	leur

Vocabulaire actif
épouser
un époux / une épouse

Activités

K **Quelle chance!** Réfléchissez à vos relations personnelles. Indiquez toutes les personnes à qui les phrases suivantes s'appliquent, selon votre expérience: **a.** ma mère/mon père, **b.** ma sœur/mon frère, **c.** ma petite amie/mon petit ami, **d.** mes profs, **e.** mes parents, **f.** mes copains.

1. Il/Elle me comprend. _____
2. Ils/Elles ne m'agacent jamais. _____
3. Il/Elle m'aime. _____
4. Ils/Elles m'écrivent des e-mails. _____
5. Il/Elle m'écoute. _____
6. Ils/Elles me racontent des blagues. _____
7. Il/Elle m'amuse. _____
8. Ils/Elles me font des cadeaux. _____

Interviewez votre partenaire, et faites une liste des réponses que vous avez en commun.

L **Un anxieux.** Le petit ami de Juliette est très anxieux (*insecure*). Elle veut le rassurer. Imaginez les questions qu'il lui pose et les réponses mélodramatiques de Juliette.

➡ téléphoner ce soir? — *Tu me téléphones ce soir?*
— *Mais oui, je te téléphone ce soir.*

1. attendre après le cours?
2. retrouver au cinéma?
3. trouver irrésistible?
4. écrire des lettres d'amour?
5. aimer?
6. épouser?!

Quelles autres questions le petit ami peut-il poser?

S'il vous plaît! Votre petit(e) ami(e) vient dîner chez vous, alors vous demandez à vos camarades de chambre de «libérer» l'appartement ce soir. Dites-leur tout ce que vous avez déjà fait pour eux/elles. Sont-ils/elles d'accord ou non?

➡ préparer des repas et prêter de l'argent
— *Je vous ai préparé des repas, et je vous ai prêté de l'argent.*
— *C'est vrai que tu nous as préparé des repas, mais tu ne nous as jamais prêté d'argent.*

1. servir le petit déjeuner au lit
2. acheter des cadeaux d'anniversaire
3. prêter mon iPod
4. écouter à une heure du matin
5. aider à faire vos devoirs
6. ?

 Un couple moderne. Pour un couple moderne, l'égalité absolue est souvent importante. Jouez le rôle de l'homme ou de la femme en décrivant vos rapports, selon l'exemple.

➡ adorer: *Mon époux/épouse m'adore, et je l'adore aussi!*

1. écouter
2. téléphoner tous les jours du bureau
3. attirer
4. admirer
5. parler de tout
6. dire la vérité
7. ne jamais agacer

O **Les plaintes** *(Complaints).* Les femmes ne comprennent pas toujours les hommes et vice versa. Composez deux listes avec des plaintes «typiques» formulées par les hommes et les femmes.

➡ (plaintes des femmes)   *Les hommes ne nous écoutent pas.*
  (plaintes des hommes)   *Les femmes nous demandent trop.*

Jeu de rôle

Play the roles of a matrimonial agency employee and a client looking for an ideal mate. What kind of mate attracts you? (Men you meet in nightclubs? Women who are independent?) The client describes his/her ideal husband/wife. (A wife who buys me presents! A husband who likes to laugh.) Does this ideal mate exist?

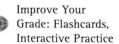
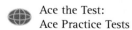

Les Français sont comme une bonne baguette...

Observez et déduisez

En matière de relations personnelles, on dit souvent que les Français sont comme une bonne baguette. Pourquoi, à votre avis? (Pensez à la consistance de l'extérieur et de l'intérieur...)

Confirmez et explorez

• **L'amitié.** Eh oui, comme une baguette avec son extérieur un peu dur et son intérieur souple et tendre, à l'extérieur, les Français semblent parfois distants, réservés, froids, mais quand ils s'ouvrent, quand ils offrent leur amitié, c'est pour la vie. Un(e) ami(e), pour un Français, c'est quelqu'un qui n'a pas peur d'intervenir. Dans son livre *Évidences invisibles*, l'ethnologue Raymonde Carroll donne l'exemple d'une Française vivant aux États-Unis, une jeune maman qui traverse une période difficile. Son «amie-voisine» américaine, à qui elle mentionne qu'elle est très fatiguée, dit tout simplement: «Let me know if there is anything I can do.» Une amie française, à qui elle mentionne la même chose, propose tout de suite de garder ses enfants pendant quelques heures, pour lui permettre de se reposer[1]. Selon Raymonde Carroll, la différence de réaction est culturelle: pour l'amie américaine, prendre la situation en main[2], c'est prononcer un jugement moral et dire en quelque sorte: «Tu n'es pas capable de contrôler ta vie.» Pour l'amie française, prendre la situation en main est une obligation,

une des responsabilités de l'amitié. L'amitié, pour un Français, c'est dire ce qu'on pense, même si ce n'est pas toujours gentil. L'amitié, c'est s'engager[3], même si ce n'est pas toujours pratique. Les Français préfèrent avoir peu d'amis, mais de vrais amis, plutôt que beaucoup d'«amitiés» superficielles. Et vous? Préférez-vous avoir peu d'amis, mais de vrais amis? Quand un(e) ami(e) traverse une situation difficile, qu'est-ce que vous faites? Attendez-vous que votre ami(e) vous demande de l'aide, ou prenez-vous la situation en main? Est-ce que vous êtes toujours honnête avec vos amis? Expliquez.

Les jeunes sortent généralement en groupe.

• **«Dating».** La France évoque toutes sortes d'images romantiques, n'est-ce pas? Ah, l'amour... Est-ce donc vrai qu'il n'y a pas de mot pour «dating» en français? Eh oui! Le concept de «dating» n'existe même pas. Un jeune homme ne vient jamais chercher une jeune fille chez elle pour l'amener au cinéma. Non, les jeunes sortent généralement en groupe, et ils se donnent rendez-vous devant le cinéma ou à la terrasse d'un café. Les couples se forment à l'intérieur du groupe. Un autre concept complètement étranger à la culture française est le concept des «proms» ou autres activités sociales organisées par les écoles. La vie sociale et l'école sont deux mondes totalement séparés en France. Comparez les coutumes d'interaction sociale pour les jeunes en France et dans votre culture. Quels sont les avantages et les désavantages de sortir en groupe? en couple? Est-ce le rôle des écoles d'organiser des activités sociales? Expliquez votre point de vue.

1. *rest*   2. *take charge*   3. *commit oneself*

  Improve Your Grade: Web Search Activities

Troisième étape

Interviews

 À l'écoute Le bonheur

Vous allez entendre deux personnes donner leur définition du bonheur. Est-ce que ces définitions vont correspondre à votre concept du bonheur?

Pensez

Improve Your Grade:
Interactive Practice

1 Qu'est-ce que c'est que le bonheur pour vous? Cochez les suggestions que vous trouvez appropriées, puis ajoutez d'autres possibilités selon votre expérience personnelle.

Le bonheur, c'est...

être / se sentir* (*to feel*)	avoir	pouvoir
_____ aimé(e)	_____ une famille	_____ s'accepter
_____ accepté(e)	_____ des ami(e)s	_____ trouver son identité
_____ apprécié(e)	_____ de l'argent	_____ aimer les autres
_____ libre (*free*)	_____ le confort matériel	_____ apprécier ce qu'on a
_____ indépendant(e)	_____ la santé	_____ partager
_____ intelligent(e)	_____ un bon travail	_____ accumuler des choses matérielles
_____ beau (belle)	_____ confiance en soi (*self-confidence*)	_____ s'amuser
_____ ?	_____ ?	_____ arriver à ses objectifs
		_____ ?

(Se) sentir se conjugue comme **partir.

Maintenant, choisissez dans ces listes les six éléments qui sont les plus importants pour vous et classez-les de 1 (le plus important) à 6 (le moins important).

Observez et déduisez

2 Écoutez les conversations une première fois pour identifier le pays d'origine des deux personnes interviewées. Trouvez ces pays sur les cartes du monde francophone à la fin du livre.

1. Larmé vient de/du _____ .
2. Nayat est née (*was born*) en/au _____ , mais elle a grandi (*grew up*) en/au _____ .

3 Écoutez encore en regardant le tableau ci-dessus. Soulignez les définitions mentionnées par Larmé, et encerclez celles que Nayat suggère.

4 Écoutez encore pour compléter les extraits suivants des conversations avec les mots donnés. Conjuguez les verbes si c'est nécessaire, et déduisez le sens des mots en caractères gras. Attention: chaque liste contient des mots supplémentaires; le même mot peut être utilisé plus d'une fois.

Vocabulaire actif

apprécier
avoir besoin (de)
avoir confiance en soi
le bonheur
le confort matériel
(trouver) son identité
libre
se passer (quelque chose se passe)
se sentir (libre)
tout le monde

1. Larmé   [*Mots:* partager, **se passer, avoir besoin,** heureux, pareil, individualiste, **tout le monde,** sa famille, voisins, amis, le village, son pays]

On ＿＿＿＿＿ des autres pour être ＿＿＿＿＿. En Europe et aux États-Unis c'est ＿＿＿＿＿ ; on est très ＿＿＿＿＿, ou bien quand on ＿＿＿＿＿, c'est avec ＿＿＿＿＿ ou quelques ＿＿＿＿＿. En Afrique, quand quelque chose ＿＿＿＿＿, tout ＿＿＿＿＿ le sait, ＿＿＿＿＿ participe.

2. Nayat   [*Mots:* **se développer,** s'accepter, se sentir, **isolé(e), déchiré(e),** libre, amour, identité, héritage, richesse, monde(s), culture(s)]

Quand j'étais petite, je ＿＿＿＿＿ inférieure parce que j'étais ＿＿＿＿＿ entre deux ＿＿＿＿＿. Maintenant, pour moi, le bonheur c'est de trouver mon ＿＿＿＿＿ dans ces deux ＿＿＿＿＿ et d'apprécier la ＿＿＿＿＿ d'un double ＿＿＿＿＿. Sans l'＿＿＿＿＿ on est ＿＿＿＿＿ et on ne peut pas vraiment ＿＿＿＿＿.

5 Écoutez une dernière fois et résumez...
1. la différence entre les relations humaines en Afrique et en Europe ou aux États-Unis, selon Larmé.
2. le problème de Nayat quand elle était petite.

Le bonheur c'est de se comprendre sans se parler.

Prononciation   **Les consonnes finales (suite)**

- You have learned that in French, most final consonants are silent unless they are followed by a mute **e.**

  peti~~t~~ / peti**t**e
  gran~~d~~ / gran**d**e
  françai~~s~~ / françai**s**e

- Four consonants, however, are normally pronounced in final position—they are **c, r, f,** and **l,** all exemplified in the word CaReFuL.

  ave**c**   su**r**   neu**f**   i**l**

Exceptions:

1. The **r** is silent in most **-er** endings.

   parle~~r~~   premie~~r~~   papie~~r~~

2. Some words are individual exceptions. They are words in which a final **c, r, f,** or **l** is silent (**blan~~c~~, por~~c~~, gentil**), or words in which other final consonants are pronounced (tenni<u>s</u>, cin**q**, sep**t**, conce**pt**).

● Whether or not they are the last letter in the word, final consonant sounds must be pronounced clearly and completely. In American English, final consonant sounds are not always fully enunciated. In French, they are completely "released." Contrast:

English	*French*
intelligen**t**	intelligen**te**
lam**p**	lam**pe**
sou**p**	sou**pe**
fil**m**	fil**m**

⌒⌒ Observez et déduisez

On the In-Text Audio CD, listen to the following excerpts from the conversation with Larmé, and underline all the final consonants that are pronounced. Which ones follow the CaReFuL rule? Which are individual exceptions?

1. Je viens de Pala, un petit village au sud du Tchad.
2. Quel est votre concept du bonheur?
3. Le bonheur, ça dépend de l'individu. Pour moi, le bonheur c'est le fait de se sentir libre.
4. Dans quel sens?
5. En Afrique, quand quelque chose se passe, tout le village le sait, tout le monde participe.

Cheikh Hamidou Kane, le grand écrivain africain, avec un de ses petits-fils—une image du bonheur?

⌒⌒ Confirmez

Practice saying the sentences in **Observez et déduisez** aloud, making sure you release all final consonant sounds clearly and completely. Then listen to the sentences again to verify your pronunciation.

Le verbe *devoir*

Observez et déduisez

Je pense que pour être vraiment heureux, les jeunes doivent se sentir libres. On doit pouvoir décider ce qu'on veut faire dans la vie.

Moi, personnellement, je dois mon bonheur à la richesse d'un double héritage—français et algérien. Je dois beaucoup à ma famille.

- What forms of the verb **devoir** do you see in the preceding sentences?
- In which sentences does the verb mean *to owe?* In which sentences does it mean *must* or *to have to?*

Vocabulaire actif

devoir

Confirmez Le verbe *devoir*

- The verb **devoir** is irregular.

Le verbe *devoir*

je dois	nous devons
tu dois	vous devez
il/elle/on doit	ils/elles doivent

Passé composé: j'ai dû

- **Devoir** can be followed by a noun or an infinitive. When followed by a noun, it means *to owe*.

> Nayat **doit** son identité à son double héritage.
> Mon camarade de chambre me **doit** de l'argent!

- When used with an infinitive, **devoir** expresses obligation or necessity, and its meaning varies according to the tense.

present:	*have to (must)*
	Pour être heureux, on **doit** se sentir accepté.
passé composé:	*had to*
	Pour arriver à mes objectifs, j'**ai dû** beaucoup travailler.
imparfait:	*was supposed to*
	Claire **devait** arriver à ses objectifs aussi, mais elle n'a pas travaillé.

Note that the imperfect of **devoir** generally implies that the activity was *not* done: Claire was *supposed to meet her goals*, but . . .

Activités

P **Le bonheur.** Lisez les phrases suivantes et indiquez si ce sont les opinions de Larmé (L) ou de Nayat (N). (Écoutez encore **À l'écoute** si vous voulez.)

Pour être heureux...

1. On doit s'accepter. _____
2. On doit se sentir libre. _____
3. On doit arriver à ses objectifs. _____
4. On doit partager avec les autres. _____
5. On doit choisir ce qu'on veut faire dans la vie. _____
6. On doit trouver son identité. _____
7. On doit apprécier son héritage. _____
8. On doit se sentir aimé. _____

Que pensez-vous de ces opinions? Êtes-vous d'accord?

Q **Obligations familiales.** Pour que le bonheur règne dans la famille, chacun doit s'occuper de ses obligations, n'est-ce pas? Parlez des obligations dans votre famille.

➡ *Tout le monde doit ranger sa chambre.*

Je	devoir	faire la lessive
Ma sœur / Mon frère		travailler beaucoup
Mes parents		faire les devoirs
Tout le monde		faire les courses
?		passer l'aspirateur
		laver la voiture
		ranger sa (leur) chambre
		?

R **La semaine dernière.** Indiquez vos obligations de la semaine dernière en cochant «✔» pour indiquer «J'ai dû...» *ou* en marquant un «✘» pour indiquer «Je n'ai pas dû... ».

_____ aller au supermarché

_____ ranger ma chambre

_____ écrire un rapport

_____ laver ma voiture

_____ passer un examen

_____ passer des heures à la bibliothèque

_____ faire mes devoirs

_____ demander de l'argent à mes parents

_____ répondre aux questions du professeur

_____ travailler

_____ lire un roman

_____ prêter de l'argent à mon/ma camarade de chambre

_____ _____

_____ _____

Maintenant, cherchez un(e) camarade de classe qui a eu autant d'obligations que vous.

➡ *Tu as dû ranger ta chambre?*

S **Zut alors!** Votre mémoire n'est pas trop bonne. Dites ce que vous deviez faire récemment que vous avez oublié de faire.

➡ *Zut alors! Je devais téléphoner à ma sœur!*

Stratégie de communication · Making suggestions / Giving advice

Observez et déduisez

When friends and family complain to you about personal problems or difficulties, you may feel compelled to offer advice—whether it is requested or not! Look at the following dialogue, and identify some French expressions used for giving advice or making suggestions.

— Tu as l'air triste, Patrick. Ça ne va pas?

— Ben, pas trop... Mes parents et moi, nous ne nous entendons pas très bien en ce moment. Et puis mes camarades de chambre sont toujours en train de se disputer. Et en plus, Béatrice ne veut plus sortir avec moi!

— Oh là là, pauvre Patrick! Il faut te changer les idées. Tu as besoin de sortir; tu devrais t'amuser un peu pour ne pas penser* à tes problèmes. Si (*What if*) tu venais au cinéma avec Josée et moi ce soir?

Pauvre Patrick!

---

*Ne and **pas** are placed together before the verb when negating an infinitive.

Confirmez

Expressions pour donner des conseils

Tu as besoin de... (Vous avez besoin de...)	+ infinitif
Tu dois... (Vous devez...)	+ infinitif
Tu devrais... (Vous devriez...)	+ infinitif
Il faut...	+ infinitif
Si tu... (Si vous...)	+ verbe à l'imparfait

Activités

T **Le bonheur.** En groupes, préparez des conseils pour une personne qui cherche le bonheur dans la vie.

1. Pour trouver le bonheur, il faut...
2. Pour trouver le bonheur, vous devriez...
3. Pour trouver le bonheur, vous avez besoin de...
4. Si vous...

U **Soucis.** Votre camarade de chambre a beaucoup de soucis (de problèmes). Qu'est-ce que vous lui conseillez dans les situations suivantes?

«Je ne m'entends pas bien avec mon/ma petit(e) ami(e).»

«Mes parents ne me comprennent pas.»

«Mes copains ne me parlent plus.»

«J'ai de mauvaises notes.»

«Je veux perdre du poids (*lose weight*).»

«Je veux être riche.»

«Ma voiture est tombée en panne (*broke down*) et je veux partir en vacances demain.»

«J'ai trois examens demain et je n'ai pas lu la plupart des (*la majorité de*) livres sur la liste.»

«Je suis nouveau/nouvelle ici et je ne connais personne.»

V   **Le courrier du cœur.**   Il y a des gens qui envoient des lettres aux journaux pour demander des conseils—à Dear Abby, par exemple. Patrick et Micheline sont deux jeunes Français qui ont écrit des lettres à «Chère Chantal». Lisez leurs lettres, et préparez une réponse écrite à *une* de ces lettres avec un(e) partenaire.

Chère Chantal,

    J'ai 18 ans et j'habite chez mes parents. Je ne m'entends pas bien du tout avec eux. Ils détestent mon petit ami, Gérard, et ils ne me permettent plus de sortir avec lui. Par conséquent, nous nous disputons souvent à la maison, et je me sens déchirée entre ma famille et mon ami. En fait, Gérard et moi, nous pensons que le mariage est peut-être une solution à notre problème. Qu'est-ce que vous nous conseillez? Nous avons tous les deux 18 ans.

                    Micheline

Chère Chantal,

    J'ai un camarade de chambre vraiment embêtant! Nos goûts sont très différents. Lui, il aime le rock et moi, je préfère la musique country. Lui, il étudie le matin; moi, j'étudie le soir. Il est paresseux. Il passe des heures au téléphone, mais il n'a jamais le temps de ranger la chambre. En plus, il a un chat désagréable. Je suis allergique aux chats! À votre avis, qu'est-ce que je dois faire?

                    Patrick

Jeu de rôle

You and a couple of your childhood friends are reunited for the first time in many years. You reminisce about the way things used to be and share what is new in your lives, asking and giving advice, much as you did in the "good old days."

Improve Your Grade: Flashcards, Interactive Practice

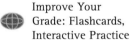

Ace the Test: Ace Practice Tests

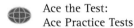

Quatrième étape:
Intégration

We have seen **le petit prince** travel through the desert of loneliness. Here, he finds a road that leads him to a beautiful garden where, to his great surprise, he sees thousands of roses that look exactly like his rose—the rose back on his little planet, the one who had told him she was «**unique au monde**». So, she had lied! She was just an ordinary flower! «**Je me croyais riche d'une fleur unique...** »

Feeling betrayed, **le petit prince** starts to cry. That's when a fox **(un renard)** appears. He is going to mention the word **apprivoiser**. What do you think it means? **Qu'est-ce que signifie «apprivoiser»?**

Pensez

1 Les mots suivants en caractères gras sont importants dans le texte que vous allez lire. D'après le contexte de chaque phrase, déduisez le sens de ces mots et trouvez l'équivalent anglais dans la liste donnée.

1. Je ne suis pas très populaire; je **n'**ai **que** deux copains.	a. fields
2. Un homme qui chasse les animaux est un **chasseur.**	b. chicken/hen
3. Les chasseurs chassent avec des **fusils.**	c. wheat
4. Une **poule** produit des œufs.	d. only
5. Un **lien,** c'est ce qui attache des choses ou des personnes.	e. gold/golden
6. Le **blé** est une céréale.	f. bond
7. À la campagne, il y a des **champs** de blé.	g. guns
8. Le blé est couleur d'**or,** ou **doré.**	h. hunter

2 Dans ce texte, vous allez encore voir des verbes au passé simple, mais vous allez voir aussi des verbes au futur. **Je pleurerai,** par exemple, signifie *I will cry.* Utilisez le contexte et la logique pour identifier l'infinitif qui correspond à chaque verbe en caractères gras.

1. Nous **aurons** besoin l'un de l'autre.	a. être
2. Tu **seras** pour moi unique au monde, je **serai** pour toi unique au monde.	b. revenir
3. Tu **reviendras** me dire adieu.	c. faire
4. Je te **ferai** cadeau d'un secret.	d. avoir

3 Qu'est-ce qu'il faut faire pour commencer une amitié? Cochez les suggestions qui vous semblent appropriées et ajoutez d'autres possibilités, selon votre expérience personnelle.

Il faut...

_____ parler

_____ s'observer sans parler d'abord

_____ s'ouvrir (*open oneself up*) immédiatement à l'autre personne

_____ s'ouvrir progressivement

_____ donner son temps

_____ faire des cadeaux

_____ savoir écouter

_____ faire des choses ensemble

_____ ?

Observez et déduisez: en général

4 Parcourez le texte une première fois. Dans quel ordre les idées générales suivantes sont-elles présentées? Classez-les de 1 à 8.

_____ Le renard donne la définition du mot «apprivoiser».

_____ Le renard pose des questions sur la planète du petit prince.

_____ Le renard explique pourquoi il ne peut pas jouer avec le petit prince.

_____ Le renard explique pourquoi les hommes n'ont pas d'amis.

_____ Le renard explique comment on devient (*becomes*) unique au monde.

_____ Le renard donne au petit prince son secret et des conseils très importants.

_____ Le renard compare les cheveux du petit prince et les champs de blé.

_____ Le renard explique qu'il va être triste quand le petit prince va partir.

Qu'est-ce que signifie «apprivoiser»?

— Bonjour, dit le renard.

— Bonjour, répondit poliment le petit prince. Qui es-tu?

— Je suis un renard, dit le renard.

— Viens jouer avec moi, lui proposa le petit prince. Je suis tellement° *so*
5 triste...

— Je ne peux pas jouer avec toi, dit le renard. Je ne suis pas apprivoisé.

— Ah! pardon, fit le petit prince.

Mais après réflexion, il ajouta:

— Qu'est-ce que signifie «apprivoiser»?

10 — Tu n'es pas d'ici, dit le renard, que cherches-tu?

— Je cherche les hommes, dit le petit prince. Qu'est-ce que signifie «apprivoiser»?

— Les hommes, dit le renard, ils ont des fusils et ils chassent. C'est bien gênant. Ils élèvent° aussi des poules. C'est leur seul intérêt. Tu cherches° *raise*
15 des poules?

— Non, dit le petit prince. Je cherche des amis. Qu'est-ce que signifie «apprivoiser»?

— C'est une chose trop oubliée, dit le renard. Ça signifie «créer des liens». Tu n'es encore pour moi qu'un petit garçon tout semblable à
20 cent mille petits garçons. Et je n'ai pas besoin de toi. Et tu n'as pas besoin de moi non plus. Mais si tu m'apprivoises, nous aurons besoin l'un de l'autre. Tu seras pour moi unique au monde. Je serai pour toi unique au monde.

— Je commence à comprendre, dit le petit prince. Il y a une fleur, je
25 crois qu'elle m'a apprivoisé...

— C'est possible, dit le renard. On voit sur la Terre toutes sortes de choses...

— Oh, ce n'est pas sur la Terre, dit le petit prince.

Le renard parut intrigué.
30 — Sur une autre planète?

— Oui.

— Il y a des chasseurs sur cette planète?

— Non.

— Ça, c'est intéressant! Et des poules?
35 — Non.

— Rien n'est parfait, soupira° le renard.   *sighed*

Mais le renard revint à son idée.

— Ma vie est monotone. Je chasse les poules, les hommes me chassent. Toutes les poules se ressemblent, et tous les hommes se ressemblent.
40 Je m'ennuie donc un peu. Mais si tu m'apprivoises, ma vie sera comme ensoleillée. Et puis, regarde! Tu vois, là-bas, les champs de blé? Je ne mange pas de pain. Le blé pour moi est inutile°. Les champs de blé ne me rap-   *useless*
pellent rien. Et ça, c'est triste! Mais tu as des cheveux couleur d'or. Alors ce sera merveilleux quand tu m'auras apprivoisé! Le blé, qui est doré, me
45 fera penser à toi. S'il te plaît... apprivoise-moi!

— Je veux bien, répondit le petit prince. Mais je n'ai pas beaucoup de temps. J'ai des amis à découvrir° et beaucoup de choses à connaître.   *trouver*

— On ne connaît que les choses que l'on apprivoise, dit le renard. Les hommes n'ont plus le temps de rien connaître. Ils achètent des choses
50 toutes faites chez les marchands. Mais comme il n'existe pas de marchands d'amis, les hommes n'ont plus d'amis. Si tu veux un ami, apprivoise-moi!

— Que faut-il faire? dit le petit prince.

— Il faut être très patient, répondit le renard.

[Le renard explique qu'il faut s'asseoir chaque jour un peu plus près, ne
55 pas parler quelquefois parce que «le langage est source de malentendus°».   *misunderstanding*
Il faut s'ouvrir progressivement, et venir toujours à la même heure pour

avoir le temps de se préparer le cœur, car l'anticipation est nécessaire au bonheur.]

Ainsi le petit prince apprivoisa le renard. Et quand l'heure du départ
60 arriva:
— Ah, dit le renard... Je pleurerai.
— C'est ta faute, dit le petit prince. Tu as voulu que je t'apprivoise.
— Bien sûr, dit le renard.
— Mais tu vas pleurer! dit le petit prince.
65 — Bien sûr, dit le renard.
— Alors tu n'y gagnes rien°! *gain nothing*
— J'y gagne, dit le renard, à cause de la couleur du blé.
Puis il ajouta:
— Va revoir les roses. Tu comprendras que ta rose est unique au
70 monde. Tu reviendras me dire adieu, et je te ferai cadeau d'un secret.

[Le petit prince va revoir les roses, comprend qu'elles ne sont pas du tout comme sa rose parce qu'elles ne sont pas apprivoisées. Sa rose est unique au monde parce que c'est pour elle qu'il a sacrifié son temps, c'est elle qu'il a servie, c'est elle qu'il a écoutée, c'est elle qu'il a aimée—c'est elle
75 qu'il aime.]

Et il revint vers le renard.
— Adieu, dit-il...
— Adieu, dit le renard. Voici mon secret. Il est très simple. On ne voit bien qu'avec le cœur. L'essentiel est invisible pour les yeux.
80 — L'essentiel est invisible pour les yeux, répéta le petit prince, pour se souvenir.
— C'est le temps que tu as perdu pour ta rose qui fait ta rose si importante...
— C'est le temps que j'ai perdu pour ma rose... fit le petit prince,
85 pour se souvenir.
— Les hommes ont oublié cette vérité°, dit le renard. Mais tu ne dois *truth*
pas l'oublier. Tu es responsable pour toujours de ce que tu as apprivoisé. Tu es responsable de ta rose...
— Je suis responsable de ma rose... répéta le petit prince, pour se
90 souvenir.

Extrait de *Le Petit Prince* (Antoine de Saint-Exupéry).

Observez et confirmez: en détail

5 Les mots. En utilisant le contexte et la logique, pouvez-vous déduire ce que signifient les mots en caractères gras? Trouvez les synonymes.

1. (Page 303, line 14) C'est bien **gênant**.
2. (Page 304, line 18) Ça signifie **créer** des liens...
3. (Page 304, line 19) Tu n'es encore pour moi qu'un petit garçon tout **semblable** à cent mille petits garçons.
4. (Page 304, line 42) Les champs de blé ne me **rappellent** rien.
5. (Page 305, line 67) J'y gagne, **à cause de** la couleur du blé.

a. pareil
b. parce qu'il y a
c. faire, fabriquer
d. problématique
e. font penser à

6 Le texte. Répondez aux questions suivantes, selon le texte.

1. Pourquoi le renard ne peut-il pas jouer avec le petit prince?
2. Quel est le seul intérêt des hommes, selon le renard?
3. Qu'est-ce que signifie «apprivoiser»?
4. Pourquoi le renard dit-il que «rien n'est parfait» quand il parle de la planète du petit prince?
5. Pourquoi le renard veut-il que le petit prince l'apprivoise?
6. Pourquoi le petit prince n'a-t-il pas beaucoup de temps pour apprivoiser le renard? Est-ce ironique?
7. Pourquoi les champs de blé vont-ils être une consolation pour le renard après le départ du petit prince?
8. Qu'est-ce que le petit prince comprend quand il revoit les roses?
9. Quel est le secret du renard? Comment est-ce que l'expérience du petit prince avec les roses l'a préparé à comprendre ce secret?
10. Quelle vérité est-ce que les hommes ont oubliée, selon le renard?

Explorez

1. Est-ce que vous êtes d'accord avec le renard quand il dit que «les hommes n'ont plus le temps de rien connaître» et «n'ont plus d'amis»? Avec un(e) camarade de classe, faites une liste des obstacles aux relations humaines dans la société moderne, puis comparez votre liste avec celles des autres groupes.

2. Qu'est-ce qu'il faut faire pour apprivoiser quelqu'un? En groupes de deux ou trois, comparez la liste du renard (**«Selon le renard»**) et votre liste à vous (**«Selon nous»**), selon vos expériences personnelles. Ensuite présentez vos conclusions à la classe.

3. Est-ce que vous avez «des champs de blé» dans votre vie—des objets, des chansons (*songs*), des parfums ou d'autres choses—qui vous rappellent des personnes que vous aimez? En groupes de deux ou trois, comparez vos «champs de blé».

4. «On ne voit bien qu'avec le cœur. L'essentiel est invisible pour les yeux.» Pensez à deux personnes que vous aimez. Qu'est-ce qu'on voit avec les yeux quand on regarde ces personnes? Et avec le cœur? Individuellement d'abord, complétez le tableau suivant, puis partagez vos observations avec un(e) partenaire.

nom ou initiale	avec les yeux	avec le cœur

Post scriptum After realizing that he is responsible for his rose, **le petit prince** decides to return to his planet to take care of her. The return will not be easy. **Le petit prince** will have to leave his body on Earth, because it will be too heavy to carry on the way up. The snake that he met when he arrived on Earth will help him make his ultimate sacrifice. The prince's death will be the supreme illustration of the fox's secret: it is only with the heart that one can truly see; what is essential is invisible to the eyes. The body is just a shell; the essential lives on. **On ne voit bien qu'avec le cœur. L'essentiel est invisible pour les yeux...**

Par écrit The way we were

Avant d'écrire

A **Strategy: Using reporters' questions.** The standard questions asked by reporters—who? what? where? when? why? and how?—can be used as an effective pre-writing tool to help generate ideas. The answers to some questions will, of course, be more important than others, depending upon the topic, but the process of *asking* questions will help clarify which items are most relevant.

Application. What questions would you ask a friend you hadn't seen in a long time? What would you ask someone who has lived a long time? List as many questions as you can in each category.

B **Strategy: Talking about the way things were.** These expressions can be used to introduce a discussion of the way things were in the past.

autrefois *back then*
à cette époque-là }
en ce temps-là *at that time*

Application. Use the preceding expressions to introduce three sentences about what life was like when you were ten years old.

Écrivez

1. Le petit prince se prépare à retourner sur sa planète. Il anticipe les questions que sa rose va lui poser (**«Questions de la rose»**) et, dans son journal de voyage, prépare les réponses qu'il va donner (**«Réponses du petit prince»**), décrivant au passé ses impressions de la Terre. Qu'est-ce que le petit prince écrit dans son journal?

2. C'est l'an 2090. Vous fêtez votre centième anniversaire, et un journaliste vous pose des questions pour un article qui va paraître dans le journal local. Comment allez-vous répondre à ses questions?

   Vous aviez une grande famille?

   Qu'est-ce que vous faisiez pour vous amuser quand vous étiez petit(e)?

   Vous aviez un(e) meilleur(e) ami(e) à cette époque-là? Comment était-il/elle?

   Est-ce que l'institution du mariage était différente autrefois?

   Et le concept du bonheur?

*Quand vous parlez d'**un(e) ami(e)**, qu'est-ce que vous entendez par là[1]?*

Laïla: ... quelqu'un de très sacré. C'est quelqu'un à qui je peux me confier[2] librement, qui connaît tous mes secrets et dont je connais tous les secrets. C'est aussi quelqu'un en qui je peux trouver du réconfort dans mes moments de tristesse et qui peut partager ma joie.

David: Un ami est quelqu'un en qui j'ai entière confiance, à qui je peux me confier de tout, et avec qui je pense rester en contact très longtemps encore. J'ai donc en ce sens un nombre limité d'amis, le reste étant des copains.

Nathalie C.: Mes amis, ce sont des gens très proches[3] sur qui je peux compter, à qui je peux me confier, et qui me connaissent et que je connais très bien. Il n'en reste pas moins que je côtoie[4] d'autres personnes que j'aime beaucoup, que je n'appelle pas *mes amis.* Ce sont des connaissances, des copains, copines...

Explorez

Qu'est-ce que le mot *ami(e)* signifie pour vous? Demandez à plusieurs personnes de faire une liste de synonymes pour le mot *friend.* Demandez-leur la différence entre les mots qu'ils mentionnent. Demandez quel mot ils utilisent le plus régulièrement et pourquoi.

---

1. *what does that mean for you?* 2. *confide in* 3. *close* 4. *associate with*

  Improve Your Grade:
Online Synthèse culturelle

Verbes et expressions verbales

agacer *to annoy*
apprécier *to appreciate*
attirer *to attract*
avoir besoin (de) *to need*
avoir confiance en soi *to be self-confident*
communiquer *to communicate*
devoir *to have to, to owe*

durer *to last*
épouser *to marry (someone)*
partager *to share*
passer des heures (à + inf.) *to spend hours*
pleurer *to cry*
raconter *to tell (a story)*
rire *to laugh*

Verbes pronominaux

s'amuser *to have fun*
se battre *to fight*
se comprendre *to understand one another*
se disputer *to fight, to argue*
s'écrire *to write one another*
s'ennuyer *to be bored*
s'entendre (bien ou mal) *to get along*
se marier *to get married*

se parler *to talk to one another*
se passer (quelque chose se passe) *to happen, to take place*
se retrouver *to meet (by previous arrangement)*
se (re)voir *to see each other (again)*
se sentir (apprécié, libre) *to feel (appreciated, free)*
se souvenir (de) *to remember (someone or something)*
se téléphoner *to phone one another*

L'amour

un couple *a couple*
le divorce *divorce*
un époux / une épouse *a husband / a wife*
la lune de miel *honeymoon*

le mariage *marriage*
un(e) petit(e) ami(e) *a boyfriend / a girlfriend*
une relation *a relationship*

Les sorties (f.)

une boîte (de nuit) *a nightclub*
le ciné (le cinéma)

une soirée *a party*

Les tâches (f.) domestiques (*domestic chores*)

faire du bricolage *to putter, do-it-yourself*
faire du jardinage *to do gardening*
faire la lessive *to do the laundry*
faire le ménage *to do housework*

faire la vaisselle *to do the dishes*
passer l'aspirateur *to vacuum*
ranger (sa chambre) *to tidy up (one's bedroom)*
repasser *to iron*

Ce qu'on donne ou ce qu'on a

l'amitié (f.) *friendship*
le bonheur *happiness*
un chat *a cat*
le confort matériel *material comfort*

les défauts *faults*
son identité (f.) *one's identity*
les (mêmes) goûts (m.) *(the same) tastes*

Ce qu'on dit ou ne dit pas

une blague *a joke*
un conseil *a piece of advice*

un secret *a secret*

Expressions pour donner des conseils

Il faut... *It is necessary . . .*
Si tu / Si vous (+ imparfait)... *What if you . . .*
Tu as / Vous avez besoin de... *You need to . . .*

Tu dois / Vous devez... *You must . . . / have to . . .*
Tu devrais / Vous devriez... *You should . . .*

Divers

célibataire *single*
ensemble *together*
libre *free*

pareil(le) *the same*
un tas de *lots of*
tout le monde *everyone*

Adverbes de temps

à cette époque-là *at that time*
autrefois *in the past*
en ce temps-là *in those days*

quotidien *daily*
rarement *rarely*
de temps en temps *from time to time*

Les souvenirs

This chapter will enable you to

➡ understand extended past narrations and descriptions

➡ read texts about French holidays and traditions, and a literary passage by a Moroccan author about a young immigrant's struggles with French past tenses

➡ distinguish between *the way things were* and *what happened* in the past

➡ handle social situations and simple discussions related to holidays and gift giving

➡ state thoughts and opinions at a simple level

➡ make comparisons

Qu'est-ce que ces enfants ont fait aujourd'hui? Et vous? Est-ce que vous vous souvenez de votre premier jour d'école? Connaissiez-vous les autres enfants?

Chapter resources

 iLrn Heinle Learning Center includes:
- Student Activities Manual (SAM) and SAM Audio Program
- Textbook Assignments and In-text Audio Program
- Media-enhanced eBook
- Video Library
- Enrichment
- Diagnostics

 In-Text Audio Program

Video

Companion Website

Première étape

Tout le monde a des souvenirs associés à l'école. Ici une dame va vous raconter quelque chose qui s'est passé quand elle était à l'école maternelle.

Pensez

1 Étudiez les phrases suivantes pour déduire le sens des mots en caractères gras. Complétez ensuite le tableau donné.

l'idée	la façon de le dire en français
to call on someone for an answer	
to raise one's hand/finger	
to be mad or angry	
to be ashamed	
to be punished	
to beat	
pictures	
to remain standing	
to be seated	
to stop	
to whisper	

1. Quand il n'y a pas assez de chaises, certaines personnes **sont assises,** mais d'autres **restent debout.**

2. En France, quand on veut répondre en classe, on **lève le doigt** (eh non, ce n'est pas la main, mais seulement l'index!) en espérant que le professeur va nous **interroger.**

3. Dans les livres d'enfants, il y a beaucoup d'**images** ou d'illustrations.

4. Quand on est fatigué de faire quelque chose, on **arrête** de le faire; c'est le contraire de «commencer».

5. Si on ne veut pas que les autres entendent, on parle très doucement, on **murmure.**

6. Quand un enfant fait quelque chose de mal, il risque d'**être puni.** L'interdiction de regarder la télé est une forme de punition; **battre** quelqu'un est une punition corporelle. Si l'enfant regrette et se sent embarrassé, il **a honte** de sa mauvaise action.

7. Quand on **est fâché,** ou irrité, on perd quelquefois le contrôle de ses émotions.

2 L'école maternelle, la maîtresse (l'institutrice), une petite fille, interroger, lever le doigt, une réponse, une image, fâché, battre, puni, la honte... Tous ces mots sont des mots-clés dans le «souvenir d'école» que vous allez entendre. Quelle sorte d'histoire anticipez-vous?

3 Écoutez d'abord pour comprendre la progression des idées dans cette histoire. Classez les images suivantes dans l'ordre chronologique, de 1 à 4.

Joëlle   Solange

_____

_____

4 Écoutez encore et indiquez si les phrases suivantes sont vraies ou fausses. Si elles sont fausses, corrigez-les.

1. Solange était une bonne élève.
2. Joëlle faisait la collection d'images.
3. Un jour, la maîtresse a arrêté d'interroger Joëlle pour donner l'occasion aux autres de répondre.
4. Joëlle voulait aider Solange à avoir des images.
5. Chaque fois que Joëlle n'a pas été interrogée, elle a murmuré les réponses et sa voisine a entendu.
6. Joëlle a pensé qu'elle était victime d'une injustice.
7. Joëlle a battu* Solange.
8. Les autres élèves ont séparé Joëlle et Solange.
9. La punition de Joëlle a été de rester assise au coin de la classe pendant plus de deux heures.
10. Joëlle n'a plus jamais attaqué personne en classe!

Vocabulaire actif

arrêter
avoir honte
battre
être assis(e)
être fâché(e)
être puni(e)
une image
interroger
lever le doigt
la maîtresse
murmurer
rester debout

_____

*__Battre__ est un verbe irrégulier: je bats, tu bats, il/elle/on bat, nous battons, vous battez, ils/elles battent.
Participe passé: battu

5 Écoutez encore et complétez les extraits suivants du segment sonore avec la forme appropriée des verbes au passé composé ou à l'imparfait.

1. Je crois que j' _____ cinq ans à l'époque, j' _____ donc à l'école maternelle.

2. Quand on _____ bien, la maîtresse nous _____ des images.

3. Cinq ou six fois de suite, Solange _____ le doigt, la maîtresse _____ Solange et Solange _____ des images, avec mes réponses.

4. J' _____ tellement fâchée que j' _____ à battre Solange.

5. Je n' _____ la honte et l'humiliation... mais ça m' _____ quelque chose.

Prononciation [e] ou [ɛ]?

Distinguishing between the closed [e] and the open [ɛ] is crucial when listening for and producing verbs in the **passé composé** and **imparfait**. Compare **j'ai été** [ʒe ete] and **j'étais** [ʒetɛ]. The open [ɛ] characterizes the **imparfait** ending, whereas the closed [e] is the hallmark of the **passé composé**, since many past participles end in **-é.**

Observez et déduisez

Listen to the following words from **À l'écoute: Un souvenir d'école** on the In-Text Audio CD. Underline the closed [e] sounds with one line and the open [ɛ] sounds with two lines. Then draw some conclusions about the spelling indications for the two sounds.

1. Joëlle, **est**-ce que tu as un souvenir d'**é**cole à nous racont**er**?
2. J'**é**tais assise à côt**é** d'une petite fille qui s'appel**ait** Solange.
3. J'**aim**ais bien r**é**pondre aux qu**es**tions de la m**aît**resse.
4. Cinq ou six fois de suite, j'**ai** lev**é** le doigt, sans succ**ès**.
5. C'**é**tait moi qui sav**ais** les r**é**ponses **et** c'**é**tait à Solange qu'on donn**ait** **les** images!
6. J'**ai** dû r**es**ter debout, au coin de la classe, av**ec** la t**ê**te contre le mur.
7. M**ais** je n'**ai** plus jam**ais** attaqu**é** p**er**sonne!

Conclusions. Check the appropriate sound symbol in the chart below and give an example or two from the sentences above.

Orthographe (*spelling*)	[e]	[ɛ]
é	école, levé	
è		
ê, ë		
-er / -ez		
et (la conjonction)		
est (le verbe être)		
ai en position finale		
ai + autre lettre		

Orthographe (*spelling*)	[e]	[ɛ]
e + deux consonnes* (**elle, rester,** etc.)		
les, des (articles)		
e + une consonne prononcée à la fin d'un mot (**cher**)		

*When the letter **e,** with no accent, is followed by a single consonant inside a word, it is pronounced [ə] (*e* **caduc**): petite, premier, levé, debout. You will review **le** *e* **caduc** in **Chapitre 10.**

Confirmez

1. Pronounce the seven sentences in **Observez et déduisez,** distinguishing clearly between [e] and [ɛ].
2. In the following sentences, underline the closed [e] sounds with one line and the open [ɛ] sounds with two lines, then practice saying the sentences aloud. Listen to them on the In-Text Audio CD to verify your pronunciation.
   a. Appelle Marie-Thérèse; elle était dans la même classe que Joëlle et Solange cette année-là.
   b. Elle sait ce qui s'est passé!
   c. Quand elle a vu Joëlle au coin avec les mains derrière le dos, elle a eu pitié.
   d. Pendant le déjeuner, elle est allée lui acheter des caramels au lait et quand la maîtresse ne regardait pas, elle les lui a donnés.

Structure Telling a story about the past

L'imparfait et le passé composé

Observez et déduisez

J'aimais bien répondre aux questions de la maîtresse parce que, quand je répondais bien, elle me donnait des images.

Solange a levé le doigt, la maîtresse a interrogé Solange et Solange a eu des images avec *mes* réponses. Quelle injustice!

> • In both of the preceding sentences, Joëlle is talking about the past. What verb tense is used in each sentence? Which sentence answers the question *What happened?* Which sentence answers the question *What were things like?*

Confirmez L'imparfait et le passé composé

- Any occurrence in the past can be viewed from different perspectives. Two of these perspectives are expressed in French through the **imparfait** and the **passé composé.** The imperfect tense is used to say what was going on in the past. The imperfect tense answers the questions *What was it like? What were the circumstances?* (**Quelles étaient les circonstances?**)

- There are two main instances in which you will use the imperfect tense. As you learned in **Chapitre 8,** the imperfect is used to tell *what it was like* in the past, *the way things used to be* (page 277).

  Quand j'**étais** petite, j'**adorais** l'école.

- The imperfect is also used to "set the stage," to create a mood, to reveal the background conditions.

> Je crois que j'**avais** cinq ans à l'époque; j'**étais** donc à l'école maternelle.
> J'**étais** assise à côté d'une petite fille qui **s'appelait** Solange. Elle n'**aimait** pas l'école et elle ne **travaillait** pas trop bien.

Conditions include all *physical* description.

> Moi, j'**avais** les cheveux courts (*short*) et bouclés (*curly*) tandis que Solange **avait** les cheveux longs et noirs.

- Verbs in the **passé composé,** on the other hand, answer the questions *What happened? What happened next?* (**Qu'est-ce qui s'est passé?**)

> La maîtresse **a arrêté** de m'interroger, mais j'**ai murmuré** les réponses et Solange les **a entendues.**

- Since the imperfect sets the stage (describes the circumstances) and the **passé composé** tells what happened, it is not uncommon to see the two tenses used together.

> J'**étais** tellement fâchée ce jour-là que j'**ai attrapé** (*grabbed*) Solange par les cheveux, et j'**ai commencé** à la battre.

- The choice between the **imparfait** and **passé composé** must be made *in context*. If you are unsure about your choice, ask yourself if—*in this context*—the verb answers the question *What were the circumstances?* (→ **imparfait**) or the question *What happened?* (→ **passé composé**).

> Joëlle **était** fâchée et elle **a attaqué** Solange. Par conséquent, elle **a été** punie.

L'imparfait et le passé composé: une comparaison

l'imparfait	le passé composé
What were the circumstances?	What happened?
What was it like?	What happened next?

Activités

 A **Un autre point de vue.** Sur une feuille de papier, préparez 2 colonnes (*les circonstances* et *ce qui s'est passé*) et 9 lignes numérotées de 1 à 9. Ensuite, écoutez l'histoire selon Solange. Décidez si les phrases indiquent *les circonstances* ou *ce qui s'est passé*.

➡ (Joëlle était la meilleure élève de la classe.)   *les circonstances*

Maintenant, écoutez l'histoire encore une fois. Trouvez au moins une différence entre l'histoire de Solange et l'histoire de Joëlle.

B **Conclusions.** Quelles conclusions peut-on tirer de l'histoire de Joëlle? Complétez les phrases de la colonne de gauche avec une expression logique de la colonne de droite.

1. Solange était jalouse...
2. Joëlle était frustrée...
3. La maîtresse a été surprise...
4. Les élèves ont ri...
5. Joëlle était humiliée...
6. Les parents de Joëlle n'étaient pas contents...

a. quand les filles ont commencé à se battre.

b. parce qu'elle a dû rester au coin.

c. quand la maîtresse leur a raconté l'incident.

d. parce que Joëlle recevait toujours des images.

e. parce que la maîtresse ne l'interrogeait plus.

f. quand Joëlle a «attaqué» Solange.

C **Quels élèves!** La maîtresse a quitté (*left*) la classe pendant quelques minutes. Décrivez la scène dans la salle quand elle est revenue. Quelles étaient les circonstances?

➡ Quand la maîtresse est revenue... (ne pas être contente)
elle n'était pas contente.

D **La maîtresse se souvient.** Voici l'histoire de Joëlle et Solange, version «maîtresse». Racontez-la en choisissant le passé composé ou l'imparfait des verbes entre parenthèses.

Oui, c'est vrai. Joëlle (être) mon élève préférée. Elle (être) tellement intelligente, et elle (adorer) travailler. Elle (vouloir) répondre à toutes mes questions parce qu'elle (collectionner) les images que je (donner) comme récompense. Oui, elle (être) vraiment charmante—sauf ce jour-là... Une autre enfant, Solange, (répondre) à une de mes questions, et Joëlle (se fâcher)! Elle (attraper) Solange par les cheveux, et elle (commencer) à la battre. Quelle horreur! Les autres élèves, bien sûr, (rire) de voir «la bataille». Enfin, j(e) (réussir) à les séparer, et tout de suite Joëlle (être) punie. Elle (rester) debout dans le coin de la salle de classe pendant une demi-journée; elle (avoir) vraiment honte. Quand j(e) (raconter) ce qui (se passer) à ses parents, ils n(e) (être) pas du tout contents. Je pense qu'ils (punir) Joëlle, eux aussi, une fois à la maison. Mais à part cet incident imprévu, la petite fille aux cheveux bouclés (être) un ange.

E **Rêve ou cauchemar** (*nightmare*)? Après l'incident avec Joëlle, Solange est très troublée. Elle parle à une amie du rêve qu'elle a fait hier soir. Racontez le rêve en employant le passé composé et l'imparfait.

Je suis à l'école. J'ai peur et j'ai froid. La maîtresse est très grande. Elle a les cheveux bleus. Je parle à mon amie quand la maîtresse commence à nous interroger. Je lève le doigt et je réponds à sa question, mais la réponse est fausse. J'ai honte. Les autres élèves rient et moi, je pleure. Puis ils me battent, mais la maîtresse, elle ne regarde pas. Elle mange une pomme noire!

F **Un souvenir d'école.** (1) D'abord, pensez à votre premier jour d'école. Comment était-il? Complétez la colonne de gauche dans le tableau ci-dessous.

Quelles étaient les circonstances?	Qu'est-ce qui s'est passé?
La maîtresse (le maître) était...	
J'aimais (n'aimais pas)...	
Je voulais (ne voulais pas)...	
Les élèves étaient...	
Je pouvais (ne pouvais pas)...	
?	

(2) Maintenant, pensez à *ce qui s'est passé* ce jour-là. Écrivez ce que vous avez fait—ou n'avez pas fait—dans la colonne de droite. (Par exemple: lever le doigt, répondre aux questions, avoir des images, apprendre beaucoup, s'amuser, rester debout, être puni(e), murmurer, se battre, etc.) (3) Finalement, organisez les phrases dans l'ordre logique. (Ajoutez des détails si vous le désirez!) Racontez votre expérience aux autres étudiants.

G **Imaginez.** Inventez votre propre histoire en regardant la séquence d'images ci-dessous et à la page 319. Travaillez avec un(e) partenaire.

Banque de mots

voir
faire beau
marcher
chercher quelqu'un
préparer un examen
une bonne/mauvaise note
réussir
rater
être gentil(le)/content(e)...
aider quelqu'un
(ne pas) devoir
(re)passer un examen
(ne pas) avoir
    honte/peur/envie
expliquer
(ne pas) comprendre
(ne pas) apprendre
oublier
(ne pas) vouloir
(ne pas) trouver
écouter
(ne pas) travailler

Jeu de rôle

Lately, unexpected circumstances have kept you from your obligations and assigned task (the library was closed . . . the computer "ate" your paper . . .), or other people have hindered your plans (a classmate who borrowed a book . . . a boss who had you work overtime . . .). Commiserate with classmates on your fate and your frustration.

Improve Your Grade: Flashcards, Interactive Practice

Ace the Test: Ace Practice Tests

 **Lecture** Fêtes et traditions

Interviews 🖥 **Pensez** 🔊

1 Les jours de fête sont souvent des occasions riches en souvenirs. Ce sont des jours de congé (vacances), des occasions de s'amuser, de manger de bons repas, d'offrir ou de recevoir des cadeaux, etc. Quelles sont les fêtes que vous célébrez dans votre famille? Noël? le Ramadan? Hanoukka? le Jour d'action de grâces (fête américaine, le quatrième jeudi de novembre)? Comment est-ce que vous fêtez votre anniversaire? la fête nationale de votre pays? la fête des mères?

2 Avec quelles fêtes est-ce que vous associez les choses suivantes?

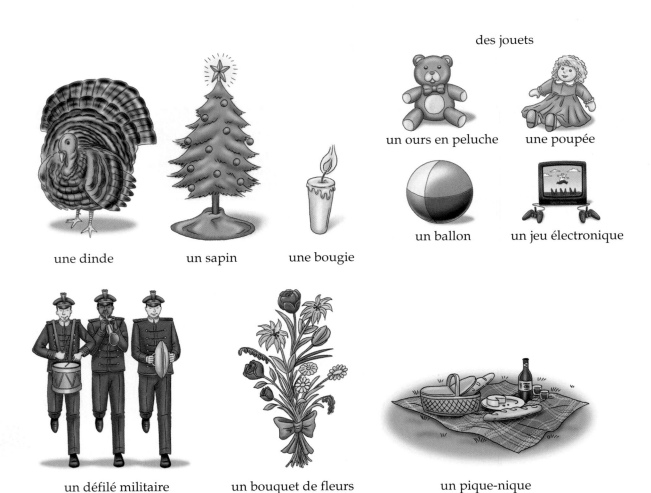

des jouets

un ours en peluche   une poupée

un ballon   un jeu électronique

une dinde   un sapin   une bougie

un défilé militaire   un bouquet de fleurs   un pique-nique

Observez et déduisez: en général

3 Parcourez rapidement le texte et indiquez quelle(s) partie(s) incluent les renseignements suivants. Cochez la/les colonne(s) appropriée(s).

	Le Carnaval	Le 14 juillet	Noël
Origine de la fête			
Définition d'une fête en général			
Ce qu'on mange ce jour-là			
Activités traditionnelles			
Cadeaux			
Traditions particulières à la Provence (région du sud de la France)			

Trois fêtes bien françaises

Le Carnaval

Le Carnaval est un temps de réjouissance qui dure trois jours en février et se termine par le «mardi gras». C'est une survivance des Bacchanales romaines, des fêtes grecques en l'honneur de Dionysos, des fêtes d'Isis en Égypte ou des Sorts chez les Hébreux. Ces fêtes célébraient le passage de l'hiver au printemps, de la mort à la vie, le réveil° de la nature. Pendant quelques jours, les esclaves devenaient les maîtres, les maîtres prenaient la place des esclaves. C'était le règne provisoire de la fantaisie et de l'utopie.

awakening

Comme toute fête au sens plein du terme, le carnaval est la négation du monde de tous les jours. Symbole même de la fête populaire, il instaure un temps joyeux pendant lequel il est possible de s'affranchir° des contraintes du quotidien°. Grâce aux déguisements, aux masques, à la joie populaire, le pauvre peut oublier pour quelque temps sa misère, le malade sa souffrance. Chacun peut changer de condition: les hommes se déguisent en femmes, les enfants se donnent les droits des adultes. En France, le carnaval est une tradition bien vivante, notamment à Granville, en Normandie, mais surtout à Nice, sur la Côte d'Azur, où les défilés et les bals costumés ont acquis une réputation internationale.

se libérer / la vie de tous les jours

Mardi gras: le défilé de Nice.

Le 14 juillet: la fête nationale

Le drapeau tricolore, symbole de l'union de la royauté au peuple de Paris, flotte sur tous les édifices publics. Bals populaires, défilés militaires et feux d'artifice animent la capitale comme les plus modestes communes françaises. C'est la fête nationale! Mais quel 14 juillet commémore-t-on? Juillet 1789 ou 1790? La prise° de la Bastille, la prison d'État devenue symbole de l'arbitraire royal, ou la fête de la Fédération réunissant à Paris les délégués de toutes les gardes nationales de France à l'occasion du

capture

Le 14 juillet: Vive la France!

premier anniversaire de la Bastille? C'est en 1880 que la fête nationale a été instituée, et il semblerait que la Troisième République ait voulu, fort prudemment, célébrer le 14 juillet 1790, symbole de l'unité nationale. Ce jour-là, une foule° de Parisiens était regroupée au Champ-de-Mars°, malgré le mauvais temps, et La Fayette, au nom de tous les fédérés, prêta serment de fidélité à la nation, serment répété par 14 000 délégués venus de toute la France.

un grand nombre
grand parc à Paris

Noël

Avec son message d'espérance° et de réconciliation, Noël réalise ce miracle d'être au début de l'hiver une fête de clarté, de joie et de paix. Depuis fort longtemps des festivités sont liées à la célébration du solstice d'hiver. Les Celtes avaient coutume d'allumer alors de grands feux° pour fêter le moment où les jours commencent à triompher de la nuit. En effet, le 25 décembre, jour du solstice d'hiver, les jours cessent enfin de diminuer. Noël ne vient-il pas du latin *natalis dies*, qui signifie «naissance du jour»? Cette date, symbole de l'espérance, a été choisie par l'Église catholique, en l'an 330 après Jésus-Christ, pour célébrer la naissance de l'enfant-Dieu. [...] Il n'y a guère de traditions plus vivantes et plus populaires, dans la

hope

allumer... to light large fires

Noël: repas du réveillon en famille.

France contemporaine, que les coutumes, les pratiques et les croyances° liées à Noël. Certaines traditions remontent au Moyen Âge, comme le sapin, qui représentait originellement l'arbre du paradis d'Adam et Ève et qui est devenu un «symbole de la foi qui ne meurt jamais°». D'autres traditions, comme le Père Noël (une invention anglosaxonne) sont plus récentes mais chères aux enfants qui rêvent de poupées, d'ours en peluche, de jeux électroniques ou d'autres jouets. Le repas du réveillon est une vieille tradition qui comprend généralement des huîtres, du foie gras°, une dinde farcie aux marrons°, et comme dessert, une bûche° de Noël.

En Provence, où les traditions ont longtemps revêtu° un caractère particulier, le repas de Noël s'appelait «le gros souper». Le menu comprenait des poissons, des légumes et toujours un plat de lasagnes au beurre et au fromage, car les lasagnes, à l'origine, symbolisaient les langes° de l'enfant Jésus. Le repas se terminait par treize desserts (des fruits secs ou confits° et des gâteaux), symboliques du Christ et ses douze apôtres°. La tradition des treize desserts continue à être observée de nos jours.

beliefs

foi... undying faith

foie... goose liver pâté / farcie... stuffed with chestnuts / yule log cake / pris

swaddling clothes
secs... dried or candied
apostles

Adapté de *Fêtes et traditions de France* (Alain-François Lesacher, Éditions Ouest-France, 1999, pp. 19, 59, 92–96) et *Noël en Provence* (Monique Granoux-Lansard, Editions S.A.E.P, pp. 7–9).

Déduisez et confirmez: en détail 🖱

4 Les mots. En utilisant le contexte et la logique, pouvez-vous déduire le sens des mots en caractères gras? Expliquez en français si vous le pouvez, ou traduisez.

Le carnaval

1. «Le carnaval est un temps de **réjouissance** qui dure trois jours... »
2. «Pendant quelques jours, **les esclaves devenaient les maîtres**... »
3. «... les enfants se donnent **les droits** des adultes.»

Le 14 juillet: la fête nationale

4. «Le **drapeau** tricolore... »
5. «Bals populaires, défilés militaires et **feux d'artifice**... »
6. «... La Fayette **prêta serment de fidélité** à la nation... »

Noël

7. «Cette date [...] a été choisie pour célébrer **la naissance**... »
8. «Certaines traditions remontent au **Moyen Âge**... »

5 Le texte. Répondez aux questions suivantes selon le texte.

Le carnaval

1. Quelle est l'origine de cette fête? Qu'est-ce que les gens de l'Antiquité faisaient pour célébrer cette fête?
2. Quelle définition l'auteur donne-t-il des fêtes en général?
3. Qu'est-ce que les déguisements (les masques et les costumes) permettent de faire?
4. Qu'est-ce qui a acquis une réputation internationale à Nice et à Granville?

Le 14 juillet: la fête nationale

5. Qu'est-ce qu'on voit sur tous les édifices publics, et quelles sont les activités principales du 14 juillet en France?
6. Qu'est-ce qui s'est passé le 14 juillet 1789 et le 14 juillet 1790? Quand et pourquoi le 14 juillet est-il devenu la fête nationale?

Noël

7. Quel est le miracle que Noël réalise, selon l'auteur?
8. Quelle est l'origine du mot «Noël»? Expliquez la relation entre le solstice d'hiver et la célébration chrétienne.
9. Expliquez l'origine du sapin.
10. Donnez quatre plats qui figurent au menu traditionnel du repas du réveillon (a) dans l'ensemble de la France, et (b) en Provence.
11. Quel est le symbolisme de deux des parties du repas traditionnel de Noël en Provence?

Explorez 🖱

1. «Toute fête au sens plein du terme est la négation du monde.» Est-ce vrai? Expliquez votre point de vue, en donnant plusieurs exemples.
2. Imaginez qu'un(e) journaliste vous demande de décrire trois fêtes typiques de votre pays. Quelles fêtes allez-vous choisir? Que pouvez-vous dire sur leur origine et la façon de les célébrer?
3. Répondez aux questions suivantes concernant les jouets.
   a. À votre avis, quels sont les jouets le plus souvent offerts aux enfants dans votre pays? Quels étaient vos jouets préférés quand vous étiez enfant?

b. Racontez un souvenir particulier associé à un jouet. Pour vous aider à distinguer entre le passé composé et l'imparfait, organisez d'abord vos pensées en utilisant le tableau suivant, puis comparez vos souvenirs.

Quelles étaient les circonstances? (conditions ou descriptions) (→ imparfait)	Qu'est-ce qui s'est passé? (actions ou réactions) (→ passé composé)
Comment était ce jouet?	Qui vous l'a donné? À quelle occasion?
	Quelle a été votre réaction? Avez-vous été surpris(e)?
Est-ce que vous saviez à l'avance?	
Est-ce que vous jouiez souvent avec ce jouet?	
	Quand avez-vous arrêté de jouer avec ce jouet?
Est-ce que vous le prêtiez?	Est-ce que ce jouet a causé une dispute un jour?
?	?

Vocabulaire actif

un ballon
une bougie
un bouquet de fleurs
un défilé
une dinde
une fête
   la fête nationale
   la fête des mères
un feu d'artifice
Hanoukka
un jeu électronique
un jouet
le Jour d'action de grâces
un jour de congé
Noël
offrir (inf.)
un ours en peluche
une peluche
le Père Noël
un pique-nique
une poupée
le Ramadan
un sapin
une tradition
traditionnel(le)

4. Changez de partenaire et racontez un souvenir particulier associé à un repas de fête.

Quelles étaient les circonstances? (imparfait)	Qu'est-ce qui s'est passé? (passé composé)
Qui était là?	Qu'est-ce que vous avez fait avant le repas?
Où est-ce que c'était? (Chez vous? Au restaurant?)	
	Qui a fait la cuisine?
	Qu'est-ce que vous avez mangé?
Comment étaient les plats?	
Comment étaient les gens?	De quoi est-ce que vous avez parlé?
?	?

Note culturelle

Le Ramadan. Le Ramadan est un mois sacré pour les musulmans. Célébré le neuvième mois du calendrier islamique, il commémore le commencement de «la descente du Coran en tant que guidance pour les hommes», par l'intermédiaire du prophète Mahomet. Pendant un mois, les musulmans pratiquent le *jeûne*, c'est-à-dire qu'ils s'abstiennent de manger et de boire du matin jusqu'au soir. C'est un mois de purification, pendant lequel le musulman apprend à contrôler ses désirs physiques et à surmonter sa nature humaine. Le Ramadan est un mois important dans le monde francophone, parce que l'Islam est la deuxième religion de France et 50% de l'Afrique francophone est musulmane. Est-ce que vous avez jamais pratiqué le jeûne? Dans quelles circonstances?

Observez et déduisez

Birthdays, holidays, and other special events are often occasions for expressing good wishes or thanks to others and for acknowledging those wishes. Read the exchanges below and identify the expressions

- for wishing someone well
- for thanking
- for acknowledging
- for congratulating

    — Voici un petit cadeau d'anniversaire pour toi.
    — Oh là là. Tu es trop gentil! Merci mille fois!
    — Mais ce n'est rien.

    — Joyeux Noël, Monsieur Tournier.
    — Et bonne année, Madame Robert!

    — Vous avez terminé vos études?! Félicitations!
    — Merci. Je suis très content.

    — Une bonne note en français? Chapeau, Nancy, bravo!
    — Merci, c'est gentil. J'ai eu de la chance.

Now check your answers in the chart that follows.

Confirmez Pour remercier, féliciter, souhaiter

Des formules de politesse

remercier	accepter des remerciements
Merci beaucoup / mille fois.	Je vous en prie. / Je t'en prie.
C'est trop gentil / bien gentil.	Ce n'est rien.
Tu es trop gentil(le) / bien aimable.	De rien.
Vous êtes trop gentil(le) / bien aimable.	Il n'y a pas de quoi.

féliciter	accepter des félicitations
Félicitations!	Merci. C'est gentil.
Bravo!	
Chapeau!	

souhaiter	
Joyeux Noël! Joyeuses fêtes!	
Bonne année! Bon anniversaire!	
Bonne chance! Bon courage! Bon voyage!	
Bonnes vacances!	

Féliciter – to congratulate

Activités

H **À vous!** Complétez les dialogues avec des expressions appropriées pour remercier, féliciter ou souhaiter.

1. — Je peux t'aider à préparer l'examen si tu veux.

   — _____

   — _____

2. — Vous avez acheté une nouvelle maison? _____!

   — _____

3. — Enfin, c'est le dernier jour de classe!

   — _____

4. — Que je suis nerveux! Aujourd'hui j'ai un examen vachement important.

   — _____

I **Félicitations! Remerciements! Souhaits!** Jouez le rôle des deux personnes dans les situations suivantes avec un(e) camarade de classe. Une personne va expliquer la situation; l'autre va réagir avec une expression appropriée.

➡ Vous avez eu la meilleure note de la classe à l'examen.
   — *Quelle chance! J'ai eu une bonne note à l'examen!*
   — *Chapeau!*

1. Vos amis ont un cadeau d'anniversaire pour vous.
2. Votre professeur va avoir 29 ans demain—encore!
3. Votre copain vous prête sa voiture.
4. Un ami de la famille vous invite à un concert de jazz.
5. Vos copains partent demain pour la France.
6. Votre cousine va se marier.

*In **Chapitre 5**, you learned to make simple comparisons using **plus** and **moins**. In this section, you learn how to express superlatives such as the best/worst . . .*

Structure Comparing traditions and holidays

Le superlatif

Observez et déduisez

Chez nous, les plus grandes dépenses pour les fêtes de fin d'année sont pour les achats de jouets et de nourriture. Les peluches et les jeux vidéo sont les cadeaux les plus populaires, même s'ils ne sont pas les moins chers. La dinde farcie aux marrons est le repas de fête que l'on sert le plus souvent.

> • Find four examples of the superlative (e.g.: the most fun, the least expensive) in the preceding paragraph. What can you infer about the formation of the superlative?

Confirmez Le superlatif

- You have already used comparative forms of adjectives and adverbs to describe people or things. The superlative is used to express extremes in comparing quality or quantity, both negative and positive, to distinguish *the most, the least, the best, the worst*, etc.

- You have used the expressions **plus... que** and **moins... que** to form the comparative of adjectives. To form the superlative of an adjective, place a definite article and **plus** or **moins** before the adjective.

  comparatif: Parmi les fêtes, le Carnaval est **plus** amusant **que** le 14 juillet...
  superlatif: ... mais, Noël est **le plus** amusant, à mon avis.

- Both the article and the adjective agree in number and gender with the noun.

  le meilleur gâteau   **la** meilleu<u>re</u> fête
  les plus grand<u>s</u> sapins   **les** plus grand<u>es</u> poupées

- Adjectives in the superlative maintain their normal position before or after the noun. (Note that when the adjective follows the noun, *two* definite articles are used.)

  adjective *preceding* the noun: les plus grandes dépenses
  adjective *following* the noun: <u>le</u> cadeau <u>le</u> plus populaire

- You have also used **plus... que** and **moins... que** to form the comparative of adverbs. To form the superlative of adverbs, simply insert **le** before the comparative. **Le** is invariable.

  comparatif: Les repas français durent (*last*) **plus longtemps** que les repas américains.
  superlatif: Le repas de Noël dure **le plus longtemps** de tous.

- As in the comparative, **bon(ne)** and **bien** have irregular forms:

  comparatif: J'aime **mieux** le chocolat suisse.
               Il est **meilleur** que le chocolat américain.
  superlatif: Mais ce que j'aime **le mieux** comme chocolat?
               Les chocolats belges sont **les meilleurs** de tous!

- A phrase beginning with **de** may be used to qualify the superlative.

  le cadeau le plus populaire **de** la liste
                              de tous
                              de la famille

Vocabulaire actif

une dépense
dépenser
longtemps
le/la meilleur(e)
le mieux
le moins
le plus

Activités

 Traditions. Complétez les phrases selon vos traditions et vos préférences.

1. Dans notre famille, la fête la plus importante c'est...
   Noël / Hanoukka / le Ramadan / le Jour d'action de grâces / ?

2. Le plat le plus traditionnel pour les repas de fête chez nous c'est...
   la dinde / le jambon / les huîtres / le poisson / ?

3. Le cadeau qu'on fait le plus souvent aux enfants c'est...
   une peluche / un ballon / un jeu électronique / une poupée / ?

4. Pour moi, le meilleur cadeau c'est...
   de l'argent / des vêtements / des DVD / des livres / ?

5. La *moins* grande dépense dans le budget des fêtes de fin d'année c'est pour...
   les cadeaux / l'alimentation / les voyages / les décorations / ?

6. Pour la fête nationale, l'activité la plus commune de ma famille c'est...
   un pique-nique / un défilé militaire / un feu d'artifice / ?

   Maintenant, pour chaque phrase, trouvez un(e) camarade de classe qui a répondu comme vous. Quelles sont les réponses les plus communes de la classe?

   ➡ *Quelle est la fête la plus importante de ta famille?*

K **Insistez!** Les opinions suivantes sur les fêtes et les traditions ne sont pas très «passionnées». Exprimez votre propre opinion d'une manière plus enthousiaste, selon l'exemple, ou changez l'adjectif si vous préférez.

➡ Halloween? C'est une tradition bizarre.
 Pour moi, c'est la tradition la plus (la moins) bizarre!
 ou: *Pour moi, c'est la tradition la plus amusante!*

1. Noël? C'est une fête importante.
2. Le carnaval? C'est une tradition populaire chez nous.
3. Un CD? C'est un bon cadeau.
4. Le Père Noël? C'est un homme généreux.
5. La dinde farcie aux marrons? C'est un bon plat.
6. Les lasagnes au beurre et au fromage? C'est un plat symbolique.
7. Un défilé militaire? C'est une tradition patriotique.

Est-ce que vos camarades de classe partagent vos opinions?

Banque de mots

commun
cher
amusant
sérieux
intéressant
idéal
ennuyeux
important
traditionnel
bon
mauvais
?

L **Expériences.** Faites au moins deux comparaisons dans chaque catégorie ci-dessous basées sur vos expériences personnelles en utilisant le comparatif *et* le superlatif. Employez des adjectifs de la banque de mots.

➡ *Chez nous, le carnaval est moins important que le Jour d'action de grâces. Hanoukka est la fête la plus importante.*

(fête)	le carnaval / le Jour d'action de grâces / le Ramadan / la fête des mères
(cadeau)	un jeu électronique / une peluche / un DVD / un ballon
(tradition)	un bal costumé / un défilé / un feu d'artifice / un pique-nique
(repas de fêtes)	des lasagnes au beurre et au fromage / de la dinde / des saucisses / des huîtres

M **Interview.** En groupes de trois ou quatre, parlez des fêtes et des traditions de votre famille: ce qui est le plus commun, le plus important, etc. Comparez vos façons de célébrer les fêtes: les activités communes, les cadeaux et les repas traditionnels, par exemple. Prenez des notes et, ensemble, préparez un résumé basé sur les réponses du groupe. Présentez le résumé à la classe.

Improve Your Grade: Flashcards, Interactive Practice

Ace the Test: Ace Practice Tests

 ## Jeu de rôle

You and your siblings are organizing a family reunion. As you plan, you each recall your favorite family reunion of the past and what made it your favorite: the best food, the most interesting activities, the fewest annoying relatives, the funniest experiences, etc.

Culture et réflexion

Un village du Mali écoute sa griotte.

Observez et déduisez

Dans les sociétés occidentales, l'écriture est essentielle à la perpétuation du souvenir et des traditions. Mais dans les sociétés africaines traditionnelles, où la plupart des gens sont analphabètes (ne savent pas lire ni écrire), comment les traditions se perpétuent-elles? À votre avis, qu'est-ce que la «griotte» sur la photo est en train de raconter?

Confirmez et explorez

• **Les griots.** En Afrique de l'Ouest, les griots jouent un rôle très important: ils assurent le lien entre le passé et le présent. Spécialistes de généalogie, conteurs[1], poètes, musiciens, les griots sont présents à toutes les cérémonies familiales et communautaires. Par leurs paroles flatteuses, ils font revivre[2] les ancêtres et leurs légendes. Ils chantent le triomphe du bien sur le mal. Ils transmettent, de génération en génération, l'histoire, la morale et la culture du peuple. Dans les sociétés occidentales, la tradition orale existe-t-elle toujours? Est-ce important de connaître ses ancêtres? Pourquoi ou pourquoi pas? Comment la morale se transmet-elle de génération en génération? Avons-nous des équivalents des griots? Expliquez.

• **«Je me souviens».** La présence du passé se manifeste certainement dans la devise[3] officielle du Québec, «Je me souviens». De quoi les Québécois se souviennent-ils? De leurs origines françaises, d'un pays qui de 1535 à 1763 s'appelait la Nouvelle-France, de la domination anglaise (1763–1867), puis de la création de la Fédération du Canada permettant aux «Canadiens français» une certaine autonomie. Depuis 1974, la seule langue officielle du Québec est le français, mais les tensions linguistiques et culturelles entre les francophones et les anglophones continuent. Comment la devise «Je me souviens» peut-elle aider les Québécois à préparer leur avenir?

• **«C'est pur, c'est français!»** L'existence d'une institution nationale chargée de protéger la pureté de la langue—l'Académie française—démontre l'importance de la tradition dans la langue française! Fondée en 1634, cette institution se compose de 40 membres, élus à vie[4], presque tous des écrivains illustres. Ses fonctions incluent la rédaction d'un *Dictionnaire de la langue française* (1ère édition en 1694, 9e édition en 1986) et d'une *Grammaire de la langue française* (publiée en 1933), l'attribution annuelle de prix littéraires, et la *Défense de la langue française,* une association officielle qui contrôle l'évolution de la langue et lutte contre l'invasion des mots étrangers, en particulier anglais. S'il existe un terme français pour désigner une nouvelle invention technologique, par exemple, défense[5] à tout document officiel d'utiliser le terme anglais. Exemple: «un courriel» pour un *e-mail.* Problème: la plupart des Français disent «un e-mail» ou «un mail»... À votre avis, est-il important de parler *correctement* sa langue maternelle? Donnez des exemples de «fautes[6]» qui sont maintenant acceptées dans l'anglais parlé. Qu'est-ce que vous considérez comme une «corruption» de votre langue? Est-ce du snobisme de résister à cette «corruption»?

---

1. *storytellers*   2. *bring to life*   3. *motto*   4. *elected for life*   5. *it is forbidden*   6. erreurs

Improve Your Grade:
Web Search Activities

Troisième étape

Ici, quelqu'un va vous raconter un souvenir de voyage—à Tahiti!

Pensez

1 Quand vous pensez à la Polynésie, qu'est-ce que vous imaginez? Cochez les images qui vous semblent appropriées et complétez la liste selon votre imagination.

_____ des plages magnifiques

_____ des fleurs exotiques

_____ des arbres exotiques: des palmiers, des cocotiers (*coconut trees*), etc.

_____ des tableaux de Gauguin

_____ ?

2 Maintenant imaginez un repas tahitien. Cochez les plats qui, selon vous, vont figurer au menu, puis complétez la liste selon votre imagination.

_____ des poissons cuits (*cooked*)   _____ du taro (ou «fruit de la terre», comme une pomme de terre)

_____ des poissons crus (*raw*)

_____ des fruits cuits   _____ de la viande

_____ des fruits crus   _____ ?

Les délices de la cuisine tahitienne.

Observez et déduisez

3 Écoutez d'abord pour identifier au moins six choses que vous avez anticipées dans **Pensez** et qui sont mentionnées dans le passage (nature, aliments typiques, etc.). Cochez-les une deuxième fois.

4 Écoutez encore et indiquez si les phrases suivantes sont vraies ou fausses. Si elles sont fausses, corrigez-les.

1. Quand Édith est arrivée à Papeete, elle a pensé qu'il faisait chaud et humide.
2. En sortant de l'aéroport, elle est allée au cinéma.
3. Quand elle a fait le tour de la ville, elle a vu que les maisons des Tahitiens étaient généralement très modestes.
4. Il n'y avait pas de fenêtres aux maisons.
5. Le tama'ara'a est un repas tahitien.
6. Quand elle a été invitée dans une famille tahitienne, elle a dû retirer ses chaussures (*take off her shoes*) avant d'entrer dans la maison.
7. Édith ne savait pas identifier certains plats qu'il y avait sur la table.
8. Les hôtes (*hosts*) ont mangé avec les invités.
9. Il n'y avait pas d'assiettes pour les hôtes sur la table.
10. Un repas traditionnel tahitien se mange avec les doigts.

5 Écoutez encore la conversation pour pouvoir compléter le résumé suivant avec les verbes donnés, au passé composé ou à l'imparfait. (Pour les nouveaux verbes, une forme du passé composé et de l'imparfait vous est donnée.) Ensuite écoutez la conversation une dernière fois pour vérifier vos réponses (choix du verbe et temps). Pouvez-vous déduire le sens des mots en caractères gras?

avoir l'impression   manger (2 fois)
reconnaître (a reconnu/reconnaissait)   descendre
être   s'asseoir (s'est assis/
frapper   s'asseyait)

Quand elle _____ de l'avion, ce qui l' _____, c'était la chaleur et l'humidité. Elle _____ d'être dans un sauna. Les portes _____ **ouvertes** en permanence.

Sur la table, il y avait des œufs de **tortue** et d'autres choses qu'elle (ne... pas) _____. Seuls les parents _____ à table avec les invités. **Plus** les invités _____, **plus** les hôtes étaient contents. Les hôtes (ne... pas) _____ devant les invités, pour **montrer** leur respect.

6 Imaginez que vous êtes parmi les invités à ce repas tahitien. Préparez trois ou quatre questions que vous aimeriez poser à vos hôtes sur les choses qui vous frappent.

Prononciation «C'est pur, c'est français!»

- It is common in English to diphthongize vowel sounds, i.e., make two sounds out of one vowel, as in *so*. In French, however, there are no similar diphthongs of vowel sounds. Once your tongue and lips are in place to pronounce the vowel, they don't move any more. Another difference is the tension in your cheek muscles: for English, the muscles are quite relaxed, thus making diphthongs easy; for French, the muscles are much tighter, making for purer sounds. To experience this difference, place your thumb lightly on one cheek and your fingers on the other cheek, then contrast the tension in your muscles as you say the English word first, then the French. Can you also feel that for the English words, your mouth keeps moving while you say the vowel sound, whereas for the French words there is no such movement?

| *English* | to | bow | tray |
| *French* | tout | beau | très |

- Another tendency of Anglophone speakers is to "swallow" some vowels while stressing others. In French, all vowels are equally stressed. Compare the following.

English	proFESsor	TaHIti	traDItional
French	professeur	Tahiti	traditionnel

- **Un accent étranger** occurs when you transfer pronunciation habits from one language to another. Diphthongs and unequally stressed vowels are big culprits in giving Anglophone learners of French **un accent étranger.** When you speak French, remember to keep your vowel sounds pure and equally stressed. **C'est pur, c'est français!**

⌒⌒ Observez et déduisez

Listen to the following sentences on the In-Text Audio CD, paying close attention to the vowel sounds. As you listen, underline the vowels you might have felt inclined to diphthongize or "swallow."

1. Il faisait tellement chaud, c'était comme un sauna.
2. J'ai été invitée à manger dans une famille tahitienne très traditionnelle.
3. C'était un vrai festin! Il y avait du poisson cru, du poulet, des œufs de tortue et toutes sortes d'autres choses que je ne reconnaissais pas.

⌒⌒ Confirmez

1. Now practice repeating the three sentences above with pure, equally stressed vowel sounds, remembering that for nasal vowels, the **n** is not pronounced—**et voilà! C'est pur, c'est français!** Verify your pronunciation on the In-Text Audio CD as needed.

2. With the same instructions as in activity 1, practice saying the following dialogue. Verify your pronunciation on the In-Text Audio CD.

— Je suis allée à Tahiti l'été dernier.
— Ah bon? Où ça?
— À Tahiti même, puis à Bora Bora.
— C'était beau?
— Magnifique! Dans les lagons, l'eau est transparente et le sable est comme un tapis sous les pieds. C'est un vrai paradis de couleurs: il y a le vert, le turquoise et le bleu marine de la mer, et puis le jaune, le rouge, le bleu, le noir et le multi-colore des petits poissons qui dansent entre les coraux. Je n'ai jamais rien vu d'aussi beau!

Les verbes *savoir* et *connaître*

Observez et déduisez

Édith connaît une famille tahitienne et, depuis son voyage là-bas, elle connaît un peu Tahiti aussi. Maintenant elle sait préparer quelques plats tahitiens et a appris quelques coutumes du pays. Par exemple, elle sait que dans une famille traditionnelle on mange avec les doigts, et elle sait pourquoi la famille ne mange pas avec les invités.

> • French has two verbs that mean *to know*, **savoir** and **connaître**. Study the use of the two verbs in the paragraph above. Which verb means *to know* a person? Which one means *to know* a fact or piece of information? Which one means *to know of* or *to be familiar with* a place? Which one means *to know how to do something?*

Confirmez Les verbes *savoir* et *connaître*

Le verbe *savoir*

je sais	nous savons
tu sais	vous savez
il/elle/on sait	ils/elles savent

Passé composé: j'ai su

*You have been using the expressions **Je ne sais pas** and **Vous savez** for some time. In **Chapitre 1**, you also used the verb **connaître (Tu connais Nicolas?)**. Here you learn to use all forms of these two verbs and to distinguish between them.*

• When followed by an infinitive, **savoir** means *to know how to do something.*
  Édith sait faire la cuisine tahitienne.

• **Savoir** is used to say one does or doesn't know how to speak a language.
  Elle ne sait pas le tahitien; elle sait le français et l'anglais.

• **Savoir** is used to say one knows facts (things learned or memorized).
  Elle sait les noms des plats traditionnels.

• **Savoir** can also be followed by a clause beginning with **que, où, pourquoi,** etc.
  Elle sait pourquoi la famille ne mange pas avec les invités.
  Elle sait qu'on mange avec les doigts.
  Elle sait où se trouvent des œufs de tortue.

Le verbe *connaître*

je connais	nous connaissons
tu connais	vous connaissez
il/elle/on connaît	ils/elles connaissent

Passé composé: j'ai connu

- To express the idea of knowing *people,* use **connaître.**

  Édith connaît une famille tahitienne.

- **Connaître** also means *to know of* or *be familiar with* a place or a topic through experience.

  Elle connaît bien Tahiti et son histoire.

- In the **passé composé, connaître** can also mean *met* (as well as *knew*).

  Édith **a connu** beaucoup d'amis de la famille tahitienne.

- **Se connaître** means *to know each other* or, in the **passé composé,** *to meet.*

  Édith et la famille se connaissent depuis longtemps; ils se sont connus à Papeete.

- **Reconnaître** means *to recognize.*

  Il y avait des plats qu'Édith ne reconnaissait pas.

Activités

N **Connaître ou savoir?** Reliez les expressions de gauche avec des expressions logiques de droite. Ensuite indiquez si les phrases sont vraies pour vous aussi.

		moi aussi	pas moi
Je sais...	le tahitien	_____	_____
Je connais...	Papeete	_____	_____
	un restaurant tahitien	_____	_____
	préparer le taro	_____	_____
	où est Tahiti	_____	_____
	des tableaux de Gauguin	_____	_____
	une famille tahitienne	_____	_____
	pourquoi Édith est allée à Papeete	_____	_____
	le nom des amis d'Édith	_____	_____

O **Interviews.** Demandez à votre partenaire si les personnes indiquées connaissent ou savent les choses suivantes.

➡ Tu... (Tahiti, le tahitien)
  — *Tu connais Tahiti?*
  — *Oui, je connais Tahiti.*
  — *Tu sais le tahitien?*
  — *Non, je ne sais pas le tahitien.*

1. (des Français, le français, un bon restaurant français)
   Est-ce que tes amis...

2. (dessiner, les peintres impressionnistes, un grand musée)
   Est-ce que tu...

3. (s'amuser en vacances, les coutumes d'un autre pays, où aller en vacances)
   Est-ce que ta famille et toi, vous...

4. (pourquoi tu apprends le français, parler français, ton professeur de français)
   Est-ce que ton copain (ta copine)...

P **Que sait-on?** Partagez vos connaissances avec vos camarades de classe en groupes de trois ou quatre. Qu'est-ce que vous savez ou connaissez sur les sujets mentionnés?

➡ Tahiti
Je connais un bon hôtel à Tahiti.
Moi, je sais où se trouve une plage magnifique.
Et moi, je connais des gens qui habitent à Papeete.

1. les repas traditionnels tahitiens
2. le climat et la végétation à Tahiti
3. les coutumes dans un autre pays
4. ?

Structure Using negative expressions

Les expressions *ne... rien, ne... personne*

Observez et déduisez

Quel cauchemar! Thomas a participé à un dîner traditionnel tahitien chez les amis d'un ami, mais il ne connaissait pas les traditions du pays. Il ne connaissait **personne** parmi les invités, et il ne reconnaissait **rien** dans son assiette. Il n'y avait pas de fourchette ou de couteau, et les hôtes n'ont **rien** mangé—ils l'ont regardé manger! Pauvre Thomas. **Personne** ne lui a expliqué les coutumes tahitiennes!

You have already learned several ways to express negatives: not *(ne... pas)*, no longer *(ne... plus)*, and never *(ne... jamais)*. Here you learn how to express the concepts of nothing and no one.

> • Find two new negative expressions in **Observez et déduisez**. Which expression means *nothing*? Which one means *no one*?

Confirmez Les expressions *ne... rien, ne... personne*

• You have seen the negative expressions **ne... rien** (*nothing*) and **ne... personne** (*no one*) in activities throughout the book. They correspond to the affirmative expressions **quelque chose** (*something*) and **quelqu'un** (*someone*).

  ne... rien ≠ quelque chose
  ne... personne ≠ quelqu'un

• **Ne... rien** follows the same placement rules as the other negative expressions you have studied: before the past participle in the **passé composé** and after **aller** in the **futur proche.**

  passé composé: Thomas **n'**a **rien** mangé.
  futur proche: Il **ne** va **rien** boire non plus.

  However, note the placement for **personne** in those tenses.

  passé composé: Thomas **n'**a vu **personne.**
  futur proche: Il **ne** va voir **personne.**

• Both **personne** and **rien** follow the preposition of verbs requiring a preposition.

  Parce qu'il était un peu timide, Thomas **n'**a parlé à **personne;** il **n'**a parlé de **rien.**

• **Rien** and **personne** may both be used as the subject of a sentence. In this case, both parts of the expression precede the verb.

  Personne ne lui a expliqué les coutumes et il ne savait pas comment se comporter (*behave*). **Rien ne** lui était familier.

- Like **jamais**, both **rien** and **personne** can be used alone to answer a question.

  — Qu'est-ce qu'il a dit?   — Qui portait des chaussures dans la maison?
  — **Rien!**   — **Personne!**

- The chart that follows illustrates the use of negative expressions in various tenses.

<table>
<tr><td colspan="4"> Résumé: la négation</td></tr>
<tr><th></th><th>temps simples
(présent, imparfait)</th><th>temps composé
(passé composé)</th><th>futur proche</th></tr>
<tr><td>pas</td><td>Il ne comprenait pas les coutumes.</td><td>Les hôtes n'ont pas mangé du tout.</td><td>Il ne va pas voyager.</td></tr>
<tr><td>plus</td><td>Il ne s'amuse plus.</td><td>Il n'a plus mangé de poisson cru.</td><td>Il ne va plus dîner avec eux.</td></tr>
<tr><td>jamais</td><td>Il ne mange jamais avec ses doigts.</td><td>Il n'a jamais mangé de taro en France.</td><td>Il ne va jamais retourner à Papeete.</td></tr>
<tr><td>rien</td><td>Il ne reconnaissait rien dans l'assiette.</td><td>Il n'a rien compris.</td><td>Il ne va rien dire.</td></tr>
<tr><td>personne</td><td>Il ne connaissait personne.</td><td>Il n'a compris personne.</td><td>Il ne va regarder personne.</td></tr>
</table>

Vocabulaire actif

une chaussure
une coutume
personne
quelque chose
quelqu'un
rien

Activités

Q   **Vrai ou faux?**   Écoutez encore **À l'écoute**, puis lisez les phrases suivantes et indiquez si elles sont vraies ou fausses selon Édith. Corrigez les phrases fausses en employant **quelqu'un** ou **quelque chose**.

Son voyage

1. Édith ne connaît personne à Tahiti.
2. Rien à Tahiti ne lui plaît.
3. Personne n'invite Édith à la maison.
4. Elle n'apprend rien d'intéressant au sujet de Tahiti.

Les traditions tahitiennes

5. Personne ne porte de chaussures dans la maison.
6. Personne ne ferme la porte de la maison.
7. À un dîner traditionnel tahitien, on ne boit rien.
8. Les hôtes ne mangent rien.

R   **Pauvre Thomas.**   Après un voyage à Tahiti, les copains de Thomas lui ont posé beaucoup de questions. Jouez le rôle de Thomas, et répondez à leurs questions en employant **ne... rien** et **ne... personne**.

➡ Qu'est-ce que tu as appris sur les coutumes tahitiennes avant d'y aller?
Malheureusement, je n'ai rien appris.

1. Alors une fois arrivé, qui t'a parlé des coutumes?
2. Qui est-ce que tu connaissais au dîner?
3. Qu'est-ce que tu as dit aux autres invités?
4. Qu'est-ce que tu as reconnu dans ton assiette?
5. Qu'est-ce que les hôtes ont mangé?
6. Qu'est-ce qu'ils ont bu?

S **Contrastes.** Pour Thomas la vie à Tahiti est complètement différente de sa vie dans le Minnesota. Complétez les phrases en employant des expressions négatives **ne... rien/plus/jamais/pas/personne,** selon le modèle.

➡ À Tahiti, tout le monde sait préparer le taro.
Ici, personne ne sait préparer le taro.

1. À Tahiti tout le monde mangeait du poisson cru. Ici, ...
2. Là-bas, on retirait toujours ses chaussures avant d'entrer dans la maison. Ici, je...
3. À Papeete, tout le monde mangeait avec les doigts. Ici, ...
4. Là-bas, je parlais tahitien. Ici, je...
5. À Tahiti, j'allais tous les jours à la plage. À Duluth, je...
6. Chez les Tahitiens, je mangeais souvent des œufs de tortue. Ici, je...
7. Ici, je reconnais tout sur mon assiette. Le premier jour à Papeete, je...
8. Ici, les hôtes mangent avec les invités. Là-bas, les hôtes...

T **Moi, non.** Faites une liste de tout ce que vous ne faites *pas* quand vous êtes en vacances. Employez les expressions **ne... rien, ne... pas, ne... plus, ne... jamais,** et **ne... personne.**

➡ *Je ne lis rien... Je ne téléphone à personne... Je ne regarde jamais la télé...*

U **Comparaison.** Avez-vous passé des vacances ou fait des voyages qui n'étaient pas très agréables? Décrivez-les, puis imaginez un voyage idéal que vous voudriez faire... à Tahiti ou ailleurs. Parlez de vos expériences et de vos rêves avec votre partenaire. Posez-lui des questions au sujet de ses expériences et comparez-les avec les vôtres.

Épisode

Jeu de rôle

Having returned from a vacation in which everything seemed to go wrong (bad weather, missed flights, closed museums, etc.), you are complaining to your classmate who had to stay home and is unhappy about not having a vacation at all. Each describes the circumstances and events of their "miserable" experience.

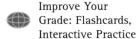
Improve Your Grade: Flashcards, Interactive Practice

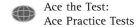
Ace the Test: Ace Practice Tests

Littérature La concordance des temps

Born in Fès, Morocco, in 1944, Tahar Ben Jelloun has become an important spokesman for French-speaking Arabs. Through his poems, his short stories, and most of all his novels, he has exposed the wounds and the scars of a people torn between past and present and between two cultures. In *Les yeux baissés* (*With Lowered Eyes*), a novel published in 1991, he shows the boring and oppressed life of a young shepherd girl (*une bergère*) who grows up in a very poor village in southern Morocco. When she is about eleven years old, she moves to Paris with her family and discovers a new world, one that seems to require a new identity, a new birth. If she is to survive in this world, she must learn the language. For her, the biggest problem with the French language is **la concordance des temps**—knowing which tense to use in the past! In the following excerpt, we learn that her struggle with past tenses is actually symbolic of the identity crisis she faces as she tries to adjust to a new and totally different culture. One day, she enters a church in Paris to sort out her frustrations.

Pensez

1 Voici quelques expressions que vous allez voir dans la lecture qui suit. Analysez d'abord le sens des mots en caractères gras, puis complétez les phrases qui suivent en choisissant parmi ces mots.

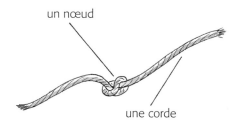

un nœud

une corde

un verre vide

un verre plein

une faute	Quand on écrit quelque chose qui n'est pas correct, c'est une erreur ou **une faute.**
se tromper	**Se tromper,** c'est faire des fautes.
par cœur	Apprendre **par cœur,** c'est mémoriser.
sentir **une odeur** **un bruit** **l'essence**	Les parfums **sentent** bon; ils ont une bonne **odeur;** on sent les **odeurs.** On entend **les bruits.** Dans les villes on entend **le bruit** des voitures et on sent **l'odeur** de **l'essence.** **L'essence** est une forme de pétrole utilisée par les voitures.

1. Quand rien ne se passe, les journées sont _____ et ennuyeuses. Quand les activités sont nombreuses, au contraire, les journées sont bien _____ .

2. Le temps peut être comparé à une _____ avec des _____ qui représentent les événements importants.

3. Quand je pense au village de mon enfance, je peux encore _____ les _____ des arbres, des fleurs, des rues...

4. Les enfants dorment—ne faites pas trop de _____ , s'il vous plaît.

5. J'ai besoin de prendre de _____ à la station-service.

6. J'ai appris _____ mes conjugaisons, mais j'ai fait plusieurs _____ à l'examen; je _____ de temps—j'ai utilisé le passé composé au lieu de l'imparfait!

2 Voici des phrases-clés dans le texte que vous allez lire:

Je continuais à faire des fautes...

Je repensais alors au village...

Mon passé était vraiment simple...

J'ai compris qu'il fallait [était nécessaire de] se détacher complètement du pays natal.

... j'ai pu maîtriser [contrôler] la concordance des temps

D'après ces phrases-clés, quelle sorte d'histoire est-ce que vous anticipez pour cette petite bergère marocaine qui essaie de s'adapter à la vie à Paris?

Observez et déduisez: en général ⌨️

3 Parcourez le texte une première fois puis classez (de 1 à 6) les idées générales suivantes dans l'ordre où elles sont présentées dans l'histoire.

_____ Le concept du temps dans le village de la jeune bergère

_____ Le concept du temps en France

_____ Le problème principal de la langue française

_____ La confrontation entre les verbes français et les souvenirs du village

_____ La nouvelle appréciation et perception de la ville et de la langue française

_____ Le souvenir particulier qui a causé la «libération» de la narratrice

La concordance des temps

1   Je continuais à faire des fautes en écrivant mais je lisais correctement. Mon handicap majeur était l'utilisation des temps. J'étais fâchée avec la concordance des temps. Je n'arrivais pas à distinguer toutes ces nuances du passé dans une langue que j'aimais mais qui ne m'aimait pas. Je butais contre° l'imparfait, le passé simple—simplicité toute illusoire—et le passé composé. Pour tout simplifier, je réduisais° l'ensemble au présent, ce qui était absurde.

    butais... *stumbled against*
    reduced

2   Je repensais alors au village, aux journées identiques où il ne se passait rien. Ces journées vides s'étiraient° comme une corde entre deux arbres. Le temps, c'était cette ligne droite°, marquée au début, au milieu et à l'autre bout par trois nœuds, trois moments où il se passait quelque chose: les états° du soleil. La vie était ces trois moments où il fallait penser à sortir les bêtes°, manger au moment où le soleil est au-dessus de la tête, rentrer les bêtes quand il se couchait°.

    stretched
    ligne... *straight line*

    positions
    animaux
    quand... le soir

3   Mon passé était vraiment simple, fait de répétition, sans surprise. En arrivant en France j'ai su que la fameuse corde était une suite° de nœuds serrés° les uns aux autres, et que peu de gens avaient le loisir de s'arrêter sous l'arbre.

    série
    close together

4   Je connaissais par cœur les conjugaisons des verbes «être» et «avoir», mais je me trompais tout le temps quand il s'agissait de les utiliser dans une longue phrase. J'ai compris qu'il fallait se détacher complètement du pays natal. Mais le village était toujours là; il rôdait autour° de moi. Je résistais. Je niais° cette présence. Je suis entrée un jour dans une église pour ne plus sentir les odeurs du village. Mais j'étais ramenée au village par une main magique et je revoyais la même corde avec les trois nœuds, et moi assise sous l'arbre, attendant... Dans cette église obscure, j'entendais la litanie° des enfants de l'école coranique°, et je voyais, par moments, la tête du vieux fqih° qui dormait. Sa bouche entrouverte° laissait passer un filet de salive° transparent.

    rôdait... *prowled around*
      denied

    récitation / école religieuse
    arabe
    professeur du Coran / un peu
      ouverte / filet... *string of saliva*

5   Cette image venue de si loin m'a donné un frisson°: ç'a été le coup de fouet° dont j'avais besoin pour arrêter de perpétuer la présence du village.

    shiver / coup... *whiplash*

6   Dehors, j'ai apprécié l'agitation de la ville, l'odeur de l'essence, le bruit du métro, et tout ce qui annulait° en moi le souvenir du village.

    canceled

7   À partir de là, j'ai pu maîtriser la concordance des temps. J'ai fait des exercices et je n'ai plus utilisé le présent. Cela m'amusait, car je savais que le jour où je ne mélangerais plus° les temps, j'aurais réellement quitté° le village.

    ne... *would no longer mix* /
      aurais... *would really have left*

Extrait de *Les yeux baissés* (Tahar Ben Jelloun).

Déduisez et confirmez: en détail

4 Les mots. Trouvez dans le texte des synonymes pour les mots en caractères gras et substituez-les dans les phrases suivantes, qui sont des paraphrases du texte.

1. (¶2) Au village, les journées étaient toutes **pareilles.**
2. (¶2) Le temps était comme une corde, ou une ligne droite, marquée au début, au milieu et à l'autre **extrémité** par trois nœuds.
3. (¶4) La narratrice se trompait **constamment** quand **il était question d**'utiliser les verbes au passé dans des phrases.
4. (¶4) Elle voulait refuser la présence de son village, mais elle était toujours **transportée** dans son village par une force magique.

5 Le texte. Répondez aux questions du tableau, selon le texte.

Quelles étaient les circonstances?	Qu'est-ce qui s'est passé?
1. Quel était le handicap majeur de la narratrice?	
2. Combien de nœuds y avait-il dans la corde du temps de son village? Quels étaient ces nœuds?	
3. Comment était la corde du temps en France?	4. Qu'est-ce qu'elle a fait un jour pour essayer d'oublier son village?
5. Comment était l'image «venue de si loin»? Qu'est-ce qu'elle «entendait» dans sa mémoire? Qu'est-ce qu'elle «voyait»?	6. Quelle a été la réaction de la jeune Marocaine à cette image?
	7. Qu'est-ce qu'elle a pu apprécier en sortant de l'église?
	8. Qu'est-ce qui a changé pour elle dans la langue française?

Explorez

1. L'auteur présente le temps comme une corde avec des nœuds. Avec un(e) partenaire, comparez la corde du temps à différentes périodes de votre vie. Combien y avait-il de nœuds, c'est-à-dire de moments importants, dans chacune de ces cordes, et quels étaient ces nœuds? (Le petit déjeuner? Le départ pour l'école? Une activité particulière? Une émission de télévision? Le repas du soir? etc.)
   a. Quand vous étiez à l'école primaire.
   b. Quand vous étiez au lycée.
   c. Aujourd'hui.
2. Considérez les problèmes de séparation et d'adaptation de la narratrice.
   a. Pourquoi la jeune Marocaine devait-elle arrêter de vivre mentalement dans son village pour pouvoir s'adapter à son nouveau monde?

b. Pensez à un moment où vous avez dû vous adapter à une nouvelle situation (par exemple, quand vous avez quitté votre famille pour la première fois, ou la première semaine dans une nouvelle école). Organisez d'abord vos pensées selon le tableau, puis discutez avec un(e) camarade de classe.

Quelles étaient les circonstances?	Qu'est-ce qui s'est passé?
Où étiez-vous?	Qu'est-ce que quelqu'un a dit ou fait?
Avec qui étiez-vous?	Quelle a été votre réaction?
À quoi pensiez-vous?	Qu'est-ce que vous avez fait pour vous adapter à la nouvelle situation?
Qu'est-ce qui était familier/différent?	Qu'est-ce que vous avez appris?
Qu'est-ce qui était facile/difficile? Pourquoi?	Qu'est-ce qui n'a pas changé?
?	?

Par écrit I had *so* much fun!

Avant d'écrire

A Strategy: Using sentence cues. Sometimes getting an idea to write about is the most difficult aspect of a writing assignment. Sentence completions can serve as a stimulant to generate ideas. Completing a sentence that begins, "Last year while Christmas shopping . . . ," for example, could trigger memories about the sights, sounds, smells, and people associated with this moment in the past.

Application. What thoughts/impressions are brought to mind by the following topics? Jot down as many ideas as you can for each cue.

a. L'année dernière pendant les fêtes de fin d'année...

b. Une fois à l'école quand j'avais 8 (12, 16) ans...

c. Je me souviens bien de nos vacances en...

B Strategy: Organizing a story in the past. In this chapter you learned that, in French, you need to distinguish between two past tenses when relating a memory from your past. You may want to use a diagram to visualize the relationship between what happened and what the conditions were.

Application. Choose a memorable moment from those you listed above and construct a diagram related to it using the example below. First write a name for the memory in the center of the page. In a column to the right, develop a list of verbs telling what happened. To the left, develop a list of circumstances, e.g., how you felt, what your attitude was, what the weather was like, who was there, and so on. You may have a "circumstance" for each "event"—or you may not. In order to make the story come alive as you tell it, however, it is important to balance the story narrative—what happened—with descriptive detail relating what it was like for you. Now draw the diagram showing the relationship between the circumstances (C) and the events (É).

circonstances	un souvenir	événements
C, C	⟷	É
	⟷	É
C	⟷	É
	⟷	É, É, É
C, C	⟷	É

Écrivez

1. C'est le jour de l'An (*New Year's Day*) et vous écrivez une carte à votre cousine que vous n'avez pas vue depuis des mois. Souhaitez-lui une bonne année et racontez-lui ce que vous avez fait pendant les fêtes de fin d'année.

2. Vous avez un souvenir amusant que vous voulez publier dans le journal *France-Amérique*. Alors, il faut, bien sûr, être précis et bref—mais intéressant aussi. Vous devez raconter votre histoire en moins de 100 mots. Choisissez votre titre (par exemple, «Humour à l'école», «Rire en famille», «S'amuser en voyage»...) et écrivez l'essentiel de ce qui s'est passé et quelles étaient les circonstances.

Synthèse culturelle

Pourriez-vous donner un exemple d'événement passé (familial, personnel ou culturel) qui continue à influencer vos actions ou vos pensées actuelles?

Nathalie C.: Mon arrière-grand-mère a habité chez nous jusqu'à ce qu'elle décède quand j'avais 18 ans. Elle a beaucoup souffert[1] du fait des deux guerres[2], et du milieu très modeste dans lequel elle a toujours vécu[3]. Parce qu'elle a vécu une vie très dure, je l'ai beaucoup admirée. Avoir à manger n'a pas toujours été très facile et elle nous a appris à avoir un certain respect de la nourriture. Aujourd'hui quand je donne à manger à mes enfants, s'ils n'en veulent plus pour «x» raisons, ce n'est pas grave, mais je refuse qu'ils tatouillent, qu'ils s'amusent avec. S'ils n'en veulent pas c'est pour le chien ou la poubelle[4], mais ce n'est jamais un jeu[5].

 Improve Your
 Grade: Online
Synthèse culturelle

Explorez

Réfléchissez à une habitude ou une tradition familiale chez vous. D'où vient-elle? Interviewez les membres les plus âgés de votre famille (tante, grand-père, parent, etc.) pour rechercher les origines de cette tradition.

---

1. *suffered*   2. *wars*   3. *lived*   4. *trash can*   5. *game*

Vocabulaire actif

Verbes

arrêter *to stop*
avoir honte (de) *to be ashamed (of)*
battre *to beat*
connaître *to know (someone)*
dépenser *to spend*
se connaître *to know one another, to meet*
être assis(e) *to be seated*
être fâché(e) *to be mad, angry*
être puni(e) *to be punished*
féliciter *to congratulate*
frapper (Ce qui m'a frappé(e)...) *to strike (What struck me . . .)*

interroger (quelqu'un) *to call on / to question (someone)*
lever le doigt *to raise one's hand*
montrer *to show*
murmurer *to whisper*
offrir (inf.) *to offer, give (a gift)*
reconnaître *to recognize*
remercier *to thank*
rester debout *to remain standing*
savoir *to know (something)*

Adjectifs

cuit(e) ≠ cru(e) *cooked ≠ raw*
magnifique *magnificent*
ouvert(e) *open*

tahitien(ne) *Tahitian*
traditionnel(le) *traditional*

Noms

un ballon *a ball*
une bougie *a candle*
un bouquet de fleurs *a bouquet of flowers*
une coutume *a custom*
une chaussure *a shoe*
un défilé *a parade*
une dépense *an expense*
une dinde *a turkey*
la fête nationale *national holiday*
la fête des mères *Mother's Day*
un feu d'artifice *fireworks*
Hanoukka
une image *a picture*
un jeu électronique *an electronic game*

un jouet *a toy*
le Jour d'action de grâces *Thanksgiving*
un jour de congé *a holiday*
la maîtresse *the (elementary school) teacher*
Noël *Christmas*
un ours en peluche *a teddy bear*
une peluche *a stuffed animal*
le Père Noël *Santa Claus*
un pique-nique *a picnic*
une poupée *a doll*
le Ramadan
un sapin *a fir tree / Christmas tree*
une tradition *a tradition*

Expressions pour remercier, féliciter, souhaiter

Bon anniversaire! *Happy birthday!*
Bonne année! *Happy New Year!*
Bonne chance! *Good luck!*
Bon courage! *Hang in there!*
Bonnes vacances! *Have a good vacation!*

Bon voyage! *Have a nice trip!*
Bravo!/Chapeau!/Félicitations! *Congratulations!*
Ce n'est rien. *Think nothing of it.*
Joyeux Noël *Merry Christmas*

Le superlatif

le moins... *the least . . .*
le plus... *the most . . .*

le (la) meilleur(e) (adj.) *the best*
le mieux (adv.) *the best*

Divers

longtemps *a long time*
personne *nobody*
quelque chose *something*

quelqu'un *someone*
rien *nothing*

La vie de tous les jours

This chapter will enable you to

➡ understand longer conversations about daily life and exercise

➡ read some fashion tips from a popular French magazine and a French-Canadian short story about a sweater—and hockey

➡ talk about your daily routine

➡ describe the clothes you wear

➡ respond to compliments in a French manner

➡ discuss choices related to health and exercise

Quelle est la routine quotidienne de cette jeune maman? Imaginez! Et vous? Quelles sont les activités de votre routine quotidienne?

Chapter resources

 iLrn Heinle Learning Center includes:
- Student Activities Manual (SAM) and SAM Audio Program
- Textbook Assignments and In-text Audio Program
- Media-enhanced eBook
- Video Library
- Enrichment
- Diagnostics

 In-Text Audio Program

 Video

 Companion Website

À l'écoute — La routine quotidienne

Est-ce que vous vous souvenez de Larmé, le jeune homme du Tchad qui nous a parlé du bonheur (Chapitre 8)? Cette fois, il va vous parler de la vie de tous les jours dans son village. Avant de l'écouter, pensez à votre routine quotidienne.

Pensez

1 Regardez les illustrations et les verbes donnés, et dites quand et dans quel ordre vous faites les actions suivantes le matin.

> ➡ *Je me réveille à/vers sept heures; je..., puis..., après ça je...*

se réveiller

se lever*

se laver /
prendre une douche

se brosser les dents

se peigner / se coiffer

se maquiller

se raser

s'habiller

prendre le petit
déjeuner

2 Parlez de votre routine du soir. Quand vous êtes fatigué(e), qu'est-ce que vous faites pour **vous reposer?** Vous regardez la télé? Vous faites de l'exercice? Vous lisez? À quelle heure est-ce que **vous vous couchez** (allez au lit)?

———————
Se lever se conjugue comme **acheter** (avec un accent grave devant une syllabe muette): je me lève, mais nous nous levons.

3 Maintenant, imaginez la vie dans un village africain. À quelle heure pensez-vous que la journée commence? Quelles sont les actions déjà mentionnées qui vont / ne vont pas faire partie de la routine quotidienne?

🎧 Observez et déduisez 🖰

4 Écoutez d'abord pour identifier les idées générales de la conversation. Cochez parmi les sujets ci-dessous ceux qui sont traités.

_____ la routine du matin

_____ la routine du soir

_____ les responsabilités des hommes

_____ les responsabilités des femmes

_____ les activités des enfants pendant la journée

_____ ce qu'on mange le matin

_____ ce qu'on mange le soir

_____ avec qui on mange le repas du soir

5 Écoutez encore en regardant les verbes donnés dans **Pensez.** Quelles sont les actions qui sont mentionnées dans la conversation?

6 Écoutez encore et indiquez si les phrases suivantes sont vraies ou fausses. Si elles sont fausses, corrigez-les.

1. Dans ce village du sud du Tchad, on se lève vers sept ou huit heures.
2. On mange avant d'aller aux champs.
3. Les femmes ne travaillent pas aux champs.
4. Après le travail aux champs, les hommes aident les femmes à préparer le repas du soir.
5. Les hommes ne mangent pas avec les femmes.
6. Les hommes et les femmes ont des causeries (conversations) différentes.
7. Les filles de plus de dix ou douze ans mangent séparément.
8. On se couche vers dix heures du soir.

7 Écoutez une dernière fois et complétez les phrases en utilisant les mots suivants. Pouvez-vous déduire le sens de ces mots?

noir   la lune   dur   du bois   le feu

1. Larmé dit que les femmes travaillent plus _____ que les hommes. Après le travail des champs et avant de pouvoir préparer à manger, elles vont chercher _____ pour _____ .

2. Quand est-ce qu'on se couche? Ça dépend de _____ . Comme il n'y a pas d'électricité, on se couche quand il fait trop _____ pour y voir.

> **Vocabulaire actif**
>
> **le bois**
> **le feu**
> **la lune**
> **la routine quotidienne**
> prendre une douche
> se brosser les dents
> se coiffer
> se coucher
> s'habiller
> se laver, prendre une
>   douche
> se lever
> se maquiller
> se peigner
> se raser
> se reposer
> se réveiller
> (travailler) dur

Prononciation Le *e* caduc

- We have already seen in **Chapitre 5** (page 161) that an unaccented **-e** at the end of words is called **un *e* muet,** or mute **e,** and is *not* pronounced.

  la routin~~e~~ quotidienn~~e~~

- Plural endings in **-es** and verb endings in **-es** or **-ent** are silent as well.

  les homm~~es~~ parl~~ent~~

- You have also seen in **Chapitre 9** that an unaccented **e** followed by two consonants inside a word is generally pronounced [ɛ], as in **personne** or **appelle.** Most of the time, however, an unaccented **e** corresponds to the sound [ə], as in **le** or **petit.** It is called **le *e* caduc,** or unstable **e,** because sometimes it is pronounced and sometimes it is not. In this **étape,** you learn to *recognize* **le *e* caduc** so as not to confuse it with [e] or [ɛ]. In the third **étape** of this chapter, you learn when you must pronounce **le *e* caduc** and when you may drop it in fluent speech.

⌒⁄ Observez et déduisez

As you listen to the following sentences based on **À l'écoute: La routine quotidienne** on the In-Text Audio CD, underline all the *e* **caducs** you hear. Ignore all mute (or final) **e**'s. The first sentence is already done for you, indicating what you should listen for.

1. Je vais te parler de la vie de tous les jours dans mon petit village.
2. Ce n'est pas un secret: les femmes travaillent plus que les hommes!
3. Elles se lèvent plus tôt pour faire le feu et préparer le premier repas.
4. Elles restent aux champs toute la journée et quand elles reviennent au village le soir, elles ne peuvent pas se permettre de se reposer comme les hommes.
5. Elles appellent les enfants pour leur rappeler d'aller chercher du bois pour le feu.
6. Le bois est une ressource précieuse dans les régions désertiques.
7. Les enfants africains ressemblent aux enfants de partout: certains obéissent, d'autres se rebellent.
8. Après le repas du soir et les causeries, on se couche quand il fait trop noir pour y voir.

Looking at the **e**'s you have underlined, can you infer when an **e** is an *e* **caduc?** Check all the rules that apply.

_____ In monosyllabic words such as **je, te, se, le, que,** etc.

_____ In the body of a word, when **e** is followed by a single consonant: appeler, rebelle

_____ In the body of a word, when **e** is followed by two identical consonants: appelle, rebelle, permettent

_____ When a word begins with **ress-:** ressource, ressembler

_____ When **e** is followed by a consonant + **l** or **r:** secret, regret, refléter

_____ When **e** is followed by any two consonants other than the combination above: rester, permettre

_____ When **e** is followed by **n** or **m** at the end of a word, or before another consonant: en, enfants, ressemblent

⌒⁄ Confirmez

1. Pronounce the eight sentences in **Observez et déduisez,** reflecting on why each underlined **e** is an *e* **caduc.** Verify your pronunciation on the In-Text Audio CD as needed.

2. In the following sentences, identify and underline all the *e* **caducs.** Be prepared to give a rationale.
   a. Le secrétaire s'appelle René; j'ai un message à lui donner.
   b. Il ressemble à quelqu'un que je connais.
   c. A-t-il une Chevrolet? J'essaie de me rappeler.
   d. La lessive ne fait pas partie de ses responsabilités.
   e. Il s'intéresse au développement des pays africains.
   f. Il aime se lever tôt, sauf le samedi.

Les verbes réfléchis

Observez et déduisez

Aujourd'hui la maman de Larmé se fâche parce qu'il se réveille tard, et il ne veut pas se lever tout de suite. Son papa n'est pas content non plus parce qu'il ne se dépêche pas. «Larmé! Quand vas-tu t'habiller?»

> * From the context, which verb in the preceding paragraph means *to hurry up?* Which one means *to get mad?*
> * What happens to the pronoun when the pronominal verb is an infinitive?

Confirmez   Les verbes réfléchis

* Some pronominal verbs indicate a *reflexive* action, that is, an action that reflects back on the subject of the verb. The reflexive pronoun is often *not* expressed in English.

   Je me lève tôt le matin, et je me douche tout de suite.
   I get (myself) up   I shower (myself)

* Just as with the pronominal verbs you saw in **Chapitre 8,** the reflexive pronoun always precedes the verb directly, even in the interrogative:

   Vous couchez-vous tôt ou tard?

   and in the negative:

   Nous nous couchons vers 10h, mais nous ne **nous** endormons pas tout de suite.

* The pronoun agrees with the subject when an infinitive is used.

   Je ne passe pas beaucoup de temps à **me** peigner.

* Remember that some verbs have a pronominal *and* a nonpronominal form.

   D'abord le papa **se réveille,** puis il **réveille** les enfants.

<aside>
Vocabulaire actif
se dépêcher
se doucher
s'endormir
se fâcher
</aside>

Activités

A   **La routine.**   Lisez la description d'une routine quotidienne ci-dessous. Marquez d'un cercle l'expression qui correspond le mieux à votre routine.

1. Je me réveille... *assez tôt / aussi tard que possible / facilement / ?*
2. Une fois réveillé(e), je me lève... *tout de suite / après quelques minutes / au dernier moment / ?*
3. Je me brosse les dents... *avant de prendre le petit déjeuner / après le petit déjeuner / si je m'en souviens / ?*
4. Je passe ... à me coiffer. *très peu de temps / quelques minutes / des heures / ?*
5. Je m'habille selon... *le temps qu'il fait / la mode / mon humeur / ?*
6. Je me douche... *le matin / le soir / une fois par mois! / ?*
7. Quand je me couche, je m'endors... *tout de suite / difficilement / avec ma peluche préférée / ?*

   Maintenant, comparez vos réponses avec celles d'un(e) partenaire. Sont-elles semblables?

   ➡ *Quand est-ce que tu te réveilles? Est-ce que tu t'habilles selon la mode?*

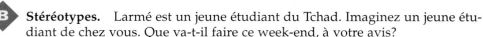

B **Stéréotypes.** Larmé est un jeune étudiant du Tchad. Imaginez un jeune étudiant de chez vous. Que va-t-il faire ce week-end, à votre avis?

→ se réveiller à 9h?
Oui, il va se réveiller à 9h.
ou: *Non, il ne va pas se réveiller à 9h. Il va se réveiller à midi!*

1. se lever tôt?
2. passer des heures à se coiffer?
3. se raser?

4. se dépêcher?
5. s'amuser?
6. s'endormir tard?

Maintenant, dites si—ce week-end—les personnes suivantes vont faire ces mêmes activités ou pas:

Mes parents...

Mes copains et moi, nous...

Le professeur (Vous...)

Moi (Je...)

Structure Saying what you did

Les verbes réfléchis au passé composé

Observez et déduisez

J'habite au Texas, et non au Tchad, mais ma routine n'est pas très différente de celle de Larmé. Ce matin, je me suis levée assez tôt; je me suis brossé les dents; j'ai pris mon petit déjeuner; je me suis dépêchée d'aller au travail. Et vous? Vous vous êtes réveillés de bonne heure? Vous vous êtes lavé les cheveux?

> - Which auxiliary is used in the **passé composé** of pronominal verbs?
> - Is the author of the paragraph male or female? How do you know?
> - Compare the past participles of the verbs in the preceding paragraph. Can you think of any reason why the past participles of **se brosser les dents** and **se laver les cheveux** are different from the others?

Confirmez Les verbes réfléchis au passé composé

- All pronominal verbs require **être** as the auxiliary in the **passé composé.**

  Mon frère s'**est** levé à neuf heures aujourd'hui.

- As with object pronouns, the reflexive pronoun always comes directly before the auxiliary in the **passé composé.**

  Moi non plus, je ne **me** suis pas dépêché ce matin. Je **me** suis promené dans le parc.
  Et vous? **Vous** êtes-vous reposés aussi?

- The past participle usually agrees in number and gender with the reflexive pronoun (and the subject).

  Ma sœur? **Elle** ne s'**est** pas peign**ée** ce matin.

However, the past participle does *not* agree if the verb is *followed* by a direct object.

Elle ne s'est pas bross**é les cheveux.** En plus, elle ne s'est pas bross**é les dents!**

It also does *not* agree if the reflexive pronoun serves as an *indirect* object, as is the case with verbs like **se parler** and **se téléphoner.** (On parle **à** quelqu'un. On téléphone **à** quelqu'un.)

Mes copains et moi, nous nous sommes téléphon**é.**
Vos copines et vous, vous vous êtes parl**é** aujourd'hui?

Activités

C **Aujourd'hui.** Regardez les images. Qu'est-ce que cette étudiante a fait aujourd'hui? Écoutez et numérotez les images selon les descriptions que vous entendez.

Maintenant, dites si vous avez fait les mêmes choses aujourd'hui.

D Des esprits curieux. Travaillez en petits groupes, et imaginez ce que le professeur a fait hier en employant les verbes ci-dessous. Cochez votre choix.

➡ se réveiller ___✓___ tôt / _____ tard

1. se lever _____ tout de suite / _____ dix minutes plus tard
2. se laver _____ hier matin / _____ hier soir
3. s'habiller avant de se brosser les dents _____ oui / _____ non
4. _____ prendre / _____ ne pas prendre le petit déjeuner
5. lire le journal _____ hier matin / _____ hier soir
6. _____ se dépêcher / _____ ne pas se dépêcher hier matin
7. se promener _____ après le travail / _____ avant le travail
8. _____ se reposer devant la télé / _____ travailler après le dîner
9. se coucher _____ tard / _____ tôt

Maintenant, lisez vos listes au professeur, qui va vous dire si vous avez raison.

➡ (groupe 1) *Nous pensons que vous vous êtes réveillé(e) tôt.*
(groupe 2) *Nous ne sommes pas d'accord. Nous pensons que...*
(professeur) *Vous avez raison. Je me suis réveillé(e) tôt.*
ou: *Mais non! Je me suis réveillé(e) à midi, hier!*

E Trouvez quelqu'un... Qu'est-ce que vos camarades de classe ont fait hier? Pour chaque question que vous posez, trouvez une personne différente qui répond «oui». Écrivez le nom de la personne.

➡ — *Tu t'es couché(e) avant neuf heures?*
— *Non, je me suis couché(e) à une heure et demie du matin!*

Trouvez quelqu'un qui...   *Camarade de classe*

1. s'est couché avant neuf heures.   _____
2. s'est fâché contre un copain (une copine).   _____
3. s'est reposé sous un arbre.   _____
4. s'est réveillé avant six heures (du matin!).   _____
5. a pris une douche après minuit.   _____
6. s'est promené avec un(e) ami(e).   _____
7. ne s'est pas brossé les dents.   _____
8. s'est amusé en classe.   _____

Quelles sont les activités les plus communes de la classe? les moins communes?

F Des excuses. Vous avez promis d'aider votre camarade de chambre hier, mais vous ne l'avez pas fait. Maintenant, faites vos excuses et expliquez tout ce que vous avez fait hier—du matin jusqu'au soir.

➡ *J'étais vraiment occupé(e) hier. D'abord, je me suis réveillé(e) à six heures et demie...*

Improve Your
Grade: Flashcards,
Interactive Practice

Ace the Test:
Ace Practice Tests

Jeu de rôle

It's near the end of the semester, and you and your roommate are suffering from burnout. You've decided to change your routine as soon as the semester ends. Role-play a scene in which you discuss what you're going to do differently.

Deuxième étape

Le texte suivant est extrait d'*Avantages*, un magazine de mode semblable à *Elle* ou *Vogue*. La page que vous voyez, *Soirée entre amis*, recommande des tenues (*outfits*) pour les fêtes de fin d'année.

Pensez

1 Regardez la photo des trois tenues à la page 354. À votre avis, qu'est-ce que les descriptions de ces tenues vont inclure? Cochez ce qui vous semble approprié.

_____ le nom de chaque vêtement

_____ la marque (Christian Dior, Ralph Lauren, etc.)

_____ la matière ou le tissu (polyester, coton, etc.)

_____ le prix

_____ les magasins où l'on peut acheter ces vêtements

_____ les couleurs possibles pour chaque article

_____ le contexte social recommandé

Observez et déduisez: en général

2 Parcourez les descriptions pour confirmer votre hypothèse. Quelles sont les catégories indiquées ci-dessus qui sont vraiment mentionnées? Cochez-les une deuxième fois.

Observez et confirmez: en détail

3 Identifiez les vêtements ou accessoires mentionnés. Écrivez le numéro correspondant à côté de l'illustration (ou *des* illustrations, selon le cas).

1. une chemise
2. un pantalon
3. une robe
4. une veste
5. des sandales
6. un sac/une besace
7. une écharpe
8. une broche
9. des escarpins
10. un chapeau/un feutre

4 La matière. Identifiez les articles qui sont faits des matières suivantes.

➡ en coton   *Les deux chemises*

1. en soie (*silk*)
2. en velours (*velvet*)
3. en veau-velours (*suede*)
4. en dentelle (*lace*)
5. en cuir (*leather*)
6. en imitation cuir de crocodile
7. en laine (*wool*)

Vocabulaire actif

la mode
porter
la marque
une tenue
les vêtements
  des chaussettes
  une chemise
  un jean
  un pantalon
  un polo
  un pull
  une robe
  un T-shirt à manches
    courtes/longues
  une veste
les accessoires (m.)
  une casquette
  un chapeau
  une écharpe
  un sac
les chaussures (f.)
  des baskets (f.)
  des mocassins (m.)
  des sandales (f.)
  des tennis (f.)
les matières et les tissus
  en coton (m.)
  en cuir (m.)
  en laine (f.)
  en polyester (m.)
  en soie (f.)
  en velours (m.)

Soirée entre amis

Quelques tenues de fête chic mais décontractées pour briller. Eh bien, dansez maintenant!

réalisation **TANINA BARRA** / photos **THIERRY LEGAY** / décor **VANIA LEROY** / mise en place **EMMANUELLE MATAS**

De gauche à droite ● Chemise en coton (39,95 €, Esprit). Surchemise-cardigan en dentelle (35,95 €, Esprit). Besace en veau velours (37,90 €, Polder pour Monoprix). Pantalon en velours lisse et paillettes (125 €, Diab'less). Escarpins façon croco et nœud verni (185 €, Parallèle). ● Feutre et broche en strass (12,99 €, C&A). Robe en mousseline de soie avec doublure (230 €, Tara Jarmon). Broche-fleur en laine et feutrine (16 €, Ganteb's). Sandales en cuir verni (85 €, Bali Barret pour André). ● Chemise en coton à plastron (24,90 €, H&M). Veste en panne de velours et lien crépon (149 €, Mexx). Echarpe en résille et paillettes (14,90 €, H&M). Sac en pastilles (42 €, Lollipops). Pantacourt en velours lisse (39,90 €, Naf Naf). Escarpins en veau velours et strass (140 €, Mine de Rien).

5 En utilisant le contexte et la logique, déduisez le sens des mots suivants.

Le sous-titre:

1. décontracté a. *formal* b. *relaxed, casual*
2. briller a. *to sew* b. *to shine*

La première tenue:

1. lisse a. *smooth* b. *corduroy*
2. des paillettes a. *sequins* b. *buttons*

La deuxième tenue:

1. une doublure a. *collar* (b.) *lining*
2. en cuir verni a. *patent leather* b. *imitation leather*

La troisième tenue:

Contrastez un pantalon (long) et un pantacourt—que veut dire le mot **court**?

6 Qu'est-ce que c'est? Pouvez-vous identifier les articles ci-dessous?

1. Cet article se porte par-dessus une chemise et coûte moins de 40 €.
2. Cet article coûte 37.90 € et peut s'acheter au grand magasin Monoprix.
3. Cet article de la marque Naf-Naf coûte 39,90 €.
4. Ces articles portent la marque Esprit.
5. Ces articles coûtent plus de 145 euros.
6. Cet article se porte aux pieds et peut s'acheter chez André.
7. Cet article inclut une broche et coûte seulement 12,99 €.
8. Cet article brille et coûte 14,90 €.

7 L'arithmétique de la mode... Faites le total des prix—en français, bien sûr. Combien coûte chaque tenue? Laquelle est la meilleure affaire (*deal*)? Comparez les prix en France et chez vous.

Explorez

Journée entre amis. Avec les articles mentionnés dans «Soirée entre amis» et les articles supplémentaires suivants, créez trois tenues pour une *journée* entre amis.

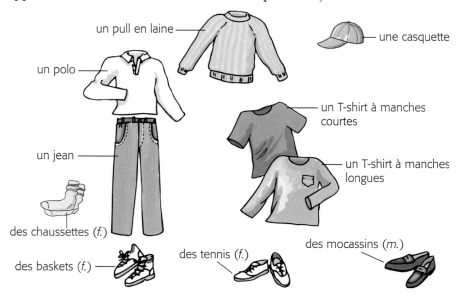

un pull en laine

une casquette

un polo

un T-shirt à manches courtes

un jean

un T-shirt à manches longues

des chaussettes (*f.*)

des baskets (*f.*)

des tennis (*f.*)

des mocassins (*m.*)

Vocabulaire Les vêtements

Observez et déduisez

Pour sortir

une cravate
une chemise
une ceinture marron
un costume
un tailleur bleu clair
une poche
une robe du soir bordeaux
une jupe bleu foncé
un smoking
des chaussures (f.) habillées

porter - to wear
to carry

s'habiller - to get dressed

mettre - to put/to put on

Pour la pluie et le froid

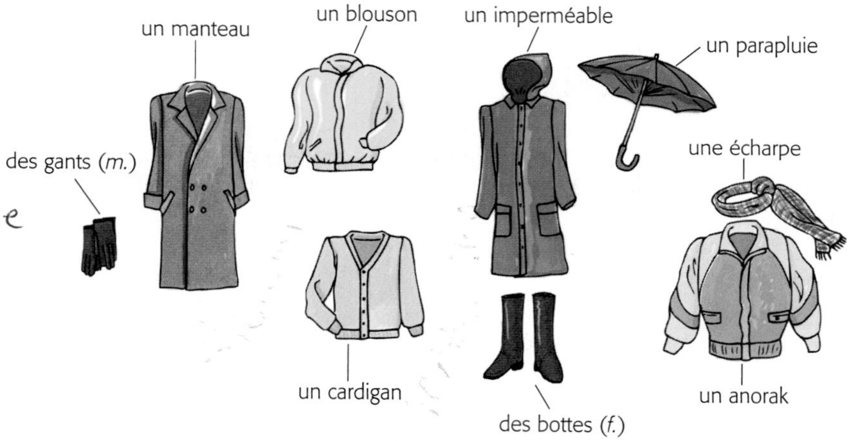
un manteau
un blouson
un imperméable
un parapluie
des gants (m.)
une écharpe
un cardigan
des bottes (f.)
un anorak

noun
Fabric
color

une écharpe soie grise

à capuche → a hood

Pour la nuit

une robe de chambre
un pyjama
une chemise de nuit rose
des pantoufles (f.)

Un magasin de vêtements

color after noun

Pour le beau temps et le sport

une chemise
à fleurs —

un jogging

un maillot
de bain
à rayures

des lunettes
de soleil

un short uni —

un short
à carreaux

un maillot
de bain
à pois

Portez-vous un jogging en ville? Qu'est-ce que vous portez pour faire du shopping? pour vous reposer à la maison? pour aller aux fêtes de fin d'année?

Activités

G **Masculin, féminin, unisexe?** Classez les mots que vous entendez. Est-ce que ce sont des vêtements pour hommes? pour femmes? ou des vêtements unisexes?

➡ **pour hommes**
une cravate

pour femmes
une jupe

unisexe
des gants

Maintenant, écoutez encore une fois et levez la main si vous portez le vêtement mentionné.

H **Chassez l'intrus.** Dans chaque groupe ci-dessous, trouvez le mot qui ne va pas, et expliquez pourquoi.

1. un costume, une robe, un tailleur, une chemise de nuit
2. des tennis, des sandales, des bottes, des gants
3. un pull, un jean, un anorak, un blouson
4. un short, des tennis, un jogging, une jupe
5. un manteau, une veste, un pull, un maillot de bain
6. un pantalon, une chemise, un pyjama, une cravate

I **Que porte-t-on?** À votre avis, qu'est-ce que les personnes suivantes portent pour aller aux endroits mentionnés? (Si vous ne savez pas, imaginez!)

➡ Céline Dion / pour chanter à Caesar's Palace à Las Vegas
Elle porte une longue robe du soir en soie bleu marine avec des chaussures habillées.

1. le (la) président(e) de votre institution / pour travailler
2. votre camarade de chambre / pour aller en ville
3. vos professeurs / pour sortir le week-end
4. vous / pour voyager en avion
5. Brad Pitt / pour se reposer à la maison
6. Halle Berry / pour aller dans une boîte de nuit

J **Quelle chance!** Vous avez gagné 500 euros à la loterie! Décrivez à un(e) partenaire les vêtements que vous voudriez acheter avec cet argent. Mentionnez l'occasion pour laquelle vous achetez les vêtements, la couleur, le tissu, etc. Il/Elle va essayer d'en faire un sketch!

➡ *D'abord, je vais m'acheter une robe imprimée en coton et des sandales noires pour sortir le week-end quand il fait chaud...*

Structures Saying what you wear and when

Le verbe *mettre* • Les pronoms avec l'impératif

Observez et déduisez

Interviews

— Papa, qu'est-ce qu'on met pour faire du vélo cet après-midi?
— Selon la météo, il va faire beau. Mettez des shorts et des T-shirts... Mais prenons nos blousons quand même. Au moins mettez-les dans la voiture—en cas de vent.

- **Mettre** is an irregular verb. Using the examples above and what you already know about verbs, what other forms of the present tense can you infer?
- What do you notice about the placement of the pronoun **les** in the preceding dialogue?

Vocabulaire actif

mettre

Confirmez Le verbe *mettre*

Le verbe *mettre**

je met**s**	nous mett**ons**
tu met**s**	vous mett**ez**
il/elle/on me**t**	ils/elles mett**ent**

Passé composé: j'ai mis

***Permettre** (*to permit, allow*) and **promettre** (*to promise*) are conjugated like **mettre**.

Les pronoms avec l'impératif

- Object pronouns follow a verb in the imperative if the sentence is affirmative. Join the verb and pronoun with a hyphen.

    — Qu'est-ce que je fais de nos pulls?
    — Donne-**les** à maman. Ou bien, mets-**les** dans la voiture.

    If the sentence is negative, the pronoun maintains its regular position in front of the verb.

    — Ne **les** mets pas dans la valise.

- The pronouns **me** and **te** become **moi** and **toi** when they follow the verb.

    Claire! Donne-**moi** ta valise... et dépêche-**toi.** Nous sommes en retard!

Activités

K **Ce qu'on met.** Est-ce que les phrases suivantes sont vraies ou fausses selon votre expérience personnelle? Discutez avec un(e) partenaire et corrigez les phrases qui sont fausses.

	vrai	*faux*
➡ Quand j'ai froid, je mets des vêtements en laine. *C'est faux. Je mets des vêtements en coton. Je n'aime pas la laine.*	_____	✓
1. Quand j'ai chaud, je mets un jean et un T-shirt.	_____	_____
2. Je mets souvent des vêtements à rayures.	_____	_____
3. Quand j'étais petit(e), mes ami(e)s et moi, nous mettions toujours un short pour jouer dehors.	_____	_____
4. Pour aller à la plage, nous mettions un maillot de bain et des bottes.	_____	_____
5. Mes copains ont mis des chaussures habillées hier pour aller en cours.	_____	_____
6. Ils ne mettent jamais de costume pour aller en cours.	_____	_____
7. Le professeur a mis des vêtements à carreaux la semaine dernière.	_____	_____
8. Il ne met jamais de sandales.	_____	_____

L **Dans ma valise...** Reliez les personnes de la colonne de droite avec une situation de la colonne de gauche, et dites ce qu'elles mettent dans leurs valises pour faire le voyage indiqué.

➡ Pour aller en Floride, je...
... mets des shorts, des chaussettes, des T-shirts, des tennis, une robe, des sandales et un maillot de bain.

Pour passer le week-end chez un copain	moi, je...
Pour passer une semaine à la montagne	mes copains et moi, nous...
Pour voyager au Sénégal en été	le professeur...
Pour aller en Alaska en hiver	mes parents...
Pour aller à New York	mon (ma) camarade de chambre...

 **Des cadeaux.** Votre copain vous demande conseil pour ses achats de Noël. Dites-lui quels vêtements il devrait acheter pour les personnes suivantes.

➡ ses camarades de chambre qui préfèrent les vêtements habillés
Donne-leur des cravates!

1. son oncle Bernard qui aime le jogging
2. ses petites sœurs qui aiment nager
3. ses cousins qui vont faire un voyage en Alaska
4. sa petite amie
5. vous!

Note culturelle

Les compliments. Les formules de politesse ne se traduisent pas toujours très bien d'une culture à l'autre. En Amérique du Nord, par exemple, «*Thank you*» est la réponse attendue à un compliment. En France, par contre, «Merci» suggère une certaine fierté (*pride*). C'est comme si on disait: «Je suis d'accord! Vous avez raison!» En français, il faut plutôt minimiser l'éloge (*praise*) en exprimant le doute—«Vraiment? Tu trouves?»—ou en partageant la gloire—«Mais Thomas m'a beaucoup aidé». On peut aussi reporter l'attention sur la gentillesse de l'autre personne—«Mais vous êtes trop gentille». Quand quelqu'un vous fait un compliment, comment répondez-vous? Est-ce différent selon la personne? si c'est un(e) ami(e)? si c'est quelqu'un que vous ne connaissez pas bien?

Stratégie de communication Giving and responding to compliments

Observez et déduisez

Study the mini-dialogues below, and find some examples of how compliments are given and how they are minimized.

— Elle est vraiment chic, cette robe.
— Vraiment? Vous pensez que ça me va (*fits me*)?
— Ah oui. Et cette couleur vous va vraiment bien.
— Vous êtes bien gentille.

Elle est vraiment chic, cette robe.

— J'aime beaucoup ta jupe! Elle est très jolie.
— Tu trouves? Je l'ai depuis longtemps.

— Quelle belle cravate!
— C'est ma femme qui me l'a achetée. Elle a bon goût, n'est-ce pas?

— Tu as vraiment fait du bon travail!
— Tu trouves? Ce n'était pas si difficile que ça.

Confirmez   Pour faire ou répondre à un compliment

Des expressions utiles

pour faire un compliment

C'est vraiment chic, votre... (robe, etc.)
Quelle belle cravate! (Quel beau pantalon!, etc.)
Cette couleur (Ce jogging) vous va bien.

pour répondre à un compliment

Vous trouvez? / Tu trouves?
Vous pensez que ça me va? / Tu penses que ça me va?
Vous êtes bien gentil(le).
Vraiment? Je ne sais pas.
C'est ma femme (mon père) qui...
Je l'ai depuis longtemps.

Activités

N   **Des compliments.**   Avec un(e) partenaire, jouez les scénarios suivants. À tour de rôle, faites un compliment ou acceptez le compliment «à la française».

1. Vous aimez beaucoup la coiffure d'une copine.
2. Vous admirez le pantalon de votre professeur.
3. Vous aimez les nouvelles chaussures d'un(e) camarade de classe.
4. Votre petite sœur vous fait un compliment sur votre nouveau pull (et non, vous ne voulez pas le lui prêter).
5. Vous complimentez votre camarade de chambre sur le dîner qu'il (elle) a préparé.
6. Vous pensez que la veste de votre meilleur(e) ami(e) lui va très bien.

Jeu de rôle

Prepare a fashion show with your classmates. Each student takes a turn as the announcer, describing and complimenting the clothes of another student. In addition, each student plays the role of the fashion model on the runway as the announcer describes the clothes.

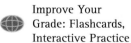
Improve Your Grade: Flashcards, Interactive Practice

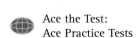
Ace the Test: Ace Practice Tests

Ce sont vraiment chic ~~dans~~ vos chaussures

Culture et réflexion

La haute couture—pas tout à fait du prêt-à-porter!

Un costume bien breton de la région de Pont L'Abbé, dans le Finistère. Pas très pratique pour monter en voiture!

Le boubou africain—ample et confortable.

Observez et déduisez

Regardez les trois photos sur cette page. S'il est vrai que «l'habit fait le moine» (c'est-à-dire qu'on peut juger les gens par ce qu'ils portent), qu'est-ce que ces vêtements vous disent sur le monde de la haute couture en France et sur l'identité régionale à travers la Francophonie? À votre avis, dans quelle mesure «l'habit fait-il le moine»?

Confirmez et explorez

• **La haute couture.** C'est au grand Louis XIV que nous devons la tradition française de haute couture. Roi de France de 1643 à 1715, le «Roi-Soleil» installe sa cour[1] à Versailles, qui devient le centre de la vie politique, sociale et artistique de l'époque. C'est Louis XIV qui établit «l'étiquette», c'est-à-dire les conventions dictant comment les gens se comportent[2] et s'habillent. Que porte-t-on pour aller au théâtre? à la chasse? aux «salons» sociaux? La cour de Versailles devient le modèle de la mode pour toute l'Europe. Les styles ont beaucoup changé depuis l'époque de Louis XIV, mais le règne de la haute couture française continue dans les boutiques de l'Avenue Montaigne à Paris, avec des noms comme Christian Dior, Coco Chanel, Yves Saint-Laurent, Christian Lacroix, Jean-Paul Gaultier, etc. Évidemment, la haute couture a une clientèle assez limitée, mais son influence se fait sentir dans le prêt-à-porter[3], accessible à tous. Qu'est-ce qui influence le plus votre choix quand vous achetez des vêtements: le style? le prix? la marque? Quelles sont vos marques préférées? Pourquoi? Est-ce qu'une grande marque assure la qualité du vêtement? Pourquoi les gens suivent-ils la mode, à votre avis? Est-ce du snobisme ou autre chose? Expliquez.

• **Les costumes régionaux.** La coiffe[4] bretonne, la jupe provençale, le boubou africain—ces costumes sont depuis des siècles une façon d'indiquer sa région d'origine. On porte, littéralement, son identité culturelle. Si ces traditions restent fortes dans certaines régions, beaucoup de costumes régionaux sont maintenant réservés aux jours de fêtes, ou disparaissent complètement. Les vêtements se standardisent, comme les modes de vie. À votre avis, est-ce une bonne chose de remplacer l'identité régionale par une identité globale? Y a-t-il un style de vêtements particulier à votre région? Décrivez-le.

1. *court*   2. *behave*   3. *ready-to-wear*   4. *headdress*

  Improve Your Grade: Web Search Activities

Troisième étape

À l'écoute   La forme

Pour être en bonne forme, il faut faire de l'exercice, n'est-ce pas? Avant d'écouter la conversation, une mise en train (*warm-up*) linguistique et psychologique s'impose...

Pensez

1 Voici, extraits du magazine français *Vital,* deux exercices très simples: des pompes et un exercice de raffermissement du haut du corps (*upper body firming*). Lisez la description de ces exercices—et essayez-les à la maison si vous le désirez!

A. Effectuez des pompes à plat ventre (1), les mains (2) placées sous les épaules (3). Les genoux (4) sont pliés (*bent*), les pieds (5) en l'air pour assurer une bonne position du dos (6). Tendez (*Straighten*) les bras (7), puis repliez-les alternativement.

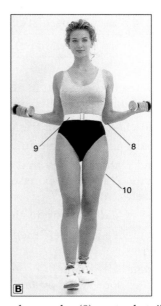

B. Debout, les coudes (8) contre la taille (9), une haltère dans chaque main. Levez (↑) et abaissez (↓) les haltères sans bouger les coudes. En même temps, montez et descendez sur les demi-pointes (*balls*) des pieds, sans plier les jambes (10).

2 Maintenant un autre genre d'exercice—un petit exercice de mémoire! Sans regarder le texte, est-ce que vous pouvez nommer toutes les parties du corps indiquées par des numéros sur les photos?

3 Quel genre d'exercice est-ce que vous faites? Du tennis? Du vélo? Du jogging? De l'aérobic? De la musculation (*weight lifting*)? Combien de fois par semaine faites-vous de l'exercice? Où est-ce que ça fait mal (*hurt*) après?

4 Vous allez écouter deux petits entretiens avec David et Nathalie, le jeune couple français dont vous avez déjà fait la connaissance dans quelques épisodes de **Synthèse culturelle.** David est sorti de l'École des mines, une grande école d'ingénieurs très prestigieuse, et maintenant il travaille à Paris où il fait du consulting pour une entreprise multinationale. Nathalie a une maîtrise d'allemand, mais elle s'occupe surtout de leurs deux jeunes enfants, et elle est mannequin pour des magazines de mode. À votre avis, quel genre d'exercice vont-ils faire pour rester en forme? Imaginez d'abord le cas de Nathalie, la jeune maman et mannequin, puis le cas de David, le jeune ingénieur.

Observez et déduisez

Vocabulaire actif

le corps
les bras (m.)
les coudes (m.)
le dos
les épaules (f.)
les genoux (m.)
les jambes (f.)
les mains (f.)
les pieds (m.)
la taille
le ventre

l'exercice (physique)
un club de fitness
être/rester en forme
faire de l'aérobic, de la marche, de la musculation
faire mal à
un gymnase
marcher
des produits bio (m.)

5 Écoutez une première fois pour voir à qui s'appliquent (ou s'appliquaient) les pratiques suivantes. Cochez la case appropriée.

	Nathalie	David	Les deux
manger des produits bio (biologiques)			
faire de la marche			
faire du fitness			
faire du step			
faire du cardiotraining			
faire de la muscu (musculation)			
faire des abdos (abdominaux)			

6 Réécoutez la conversation avec Nathalie pour voir si les phrases suivantes sont vraies ou fausses. Si elles sont fausses, corrigez-les.

1. David et Nathalie font très attention à ce qu'ils mangent.
2. Nathalie achète des produits bio pour toute leur alimentation.
3. Quand Nathalie a besoin d'aller quelque part avec les enfants, même si c'est près, elle prend la voiture parce que c'est trop compliqué de mettre les enfants dans la poussette (*stroller*).
4. David et Nathalie ont un chien qu'il faut promener.
5. Nathalie n'a jamais été membre d'un club de fitness.

7 Maintenant, réécoutez la conversation avec David pour voir si les phrases suivantes sont vraies ou fausses. Si elles sont fausses, corrigez-les.

1. David fait du fitness trois fois par semaine.
2. Il va d'abord à la cantine (cafétéria), puis il va au gymnase.
3. Le gymnase se trouve près de l'immeuble où il travaille.
4. Le Gymnase Club offre des cours de step et d'aérobic.
5. Il y a une piscine, un sauna, des appareils de musculation et de cardiotraining.
6. La cible (l'objectif) de David est de prendre de la masse musculaire.
7. David s'est fait un programme tout seul, sans entraîneur.
8. David suit son programme à la lettre et non «au feeling».
9. David est un des rares employés de son entreprise à faire du fitness.
10. Le gymnase appartient (*belongs*) à l'entreprise et donc ce n'est pas cher d'être membre du club.

Prononciation Le *e* caduc (suite)

Now that you know how to *recognize* an *e* caduc (see **Première étape**), let's learn when it must be pronounced and when it may be dropped in fluent speech.

Observez et déduisez

As you listen to the following sentences based on **À l'écoute: La forme** on the In-Text Audio CD, pay close attention to the *e* caducs. Underline the ones that are pronounced, and cross out the ones that are not. Pay attention also to the way the **j** in **je** is pronounced when the **e** is dropped. How is that **j** pronounced at times?

1. Je fais beaucoup de marche; si je peux aller à pied, je prends pas la voiture.
2. On promène le chien, on fait le tour du parc.
3. C'est ce que je fais le plus, marcher.
4. Moi je prends une heure le midi pour faire un peu de muscu.
5. Au lieu de manger à la cantine, je prends un sandwich et je vais faire du sport.
6. Je sais pas combien d'employés font du fitness dans mon entreprise, mais je pense que c'est peut-être la moitié.

1. As you analyze what you have just heard, what conclusions can you draw about the pronunciation of **je** when the **e** is dropped? Check all the rules that apply and provide examples from the sentences above. The first one is done for you as a model.

   Je is pronounced like **ch** when the following word starts with:

___✓___ s	je sais = ch'(s)ais [This explains the **"chais pas"** you've been hearing!]
_____ f	_____
_____ p	_____
_____ any other consonant	_____

2. Now look at the **e**'s you have underlined or crossed out. Can you infer when **le** *e* caduc must be pronounced and when it may be dropped in fluent speech? The answer lies in the number of consonant *sounds* that *precede* the **e**.

   • On promène le chien.
   How many consonant *sounds* precede the **e** of **le** before you see another vowel? There is the **l** of **le** and the **n** of **promène**, therefore two consonant sounds. If you tried to drop the **e** of **le**, you would have to pronounce **n + l + ch (chien)** all in one mouthful. That's too many consonants for the French! In this case, you *must* keep the *e* **caduc.**

   • On fait le tour du parc.
   How many consonant sounds precede the **e** of **le** before you see another vowel? There is the **l** of **le** and that's it, because the **t** of **fait** is silent. There is one consonant sound, so it's okay to drop the **e.**

   • C'est ce que je fais.
   Here we have three *e* **caducs** in a row. What happens? You drop every other one.

Recap these principles in the chart below by checking the appropriate column and giving some different examples from the sentences in **Observez et déduisez.**

Cases	Keep the **e**	Drop the **e**
When **e** is preceded by **one** consonant **sound** (silent consonants do not count)		
When **e** is preceded by **two** consonant **sounds**		

Confirmez

1. With the **e**'s crossed out or underlined as need be, you are now ready to pronounce the six sentences in **Observez et déduisez** just like French people would! Remember to pronounce the **je** as **ch** when appropriate, and try not to stop before each syllable containing an *e* **caduc**—if you lose the fluency, it no longer makes sense to drop those **e**'s! Verify your pronunciation on the In-Text Audio CD as needed.

2. Here are a few more sentences. First identify the *e* **caducs;** underline the ones that must be pronounced, and cross out the ones that would be dropped in fluent speech. Then practice saying those sentences just like French people would. Verify your pronunciation on the In-Text Audio CD. Don't worry if you can't do it consistently in your own speech at this point. Now that you understand how it works, try to do it *some* of the time!

   a. Avant, je faisais de la muscu, mais j'ai plus le temps.

   b. Ce que je préfère, c'est la marche et le vélo.

   c. Je fais aussi attention à ce que je mange.

   d. Si je peux me permettre d'acheter du bio, je le fais.

   e. L'important c'est de manger des choses fraîches—beaucoup de légumes, beaucoup de fruits—et de faire de l'exercice régulièrement.

   f. La semaine dernière, j'ai fait de l'exercice tous les jours; cette semaine, je sais pas...

Vocabulaire Les traits du visage

Observez et déduisez

Étudiez la photo à gauche, puis essayez d'identifier les traits du visage décrits ci-dessous. Lesquels sont visibles sur la photo? Lesquels ne le sont pas?

La **tête** est la partie supérieure du corps.
Le **cou** est entre la tête et le corps.
La petite fille voit avec les **yeux** (un **œil**).
Elle entend avec les **oreilles.**
Elle sent les odeurs et les parfums avec le **nez.**
Les **joues** sont de chaque côté de son nez. cheeks
Elle fait une bise avec les **lèvres.** lips
La nourriture entre par la **bouche** et passe par la **gorge** en allant vers l'estomac.
Quand elle ouvre la bouche, on voit ses **dents** toutes blanches.
Le **front** est entre les yeux et les cheveux.
forehead

Petite fille à Dakar.

Activités

O **Montrez** (*Point to*)... Écoutez. Montrez la partie du corps que vous entendez.

➡ Montrez la tête! (*Point to your head.*)

P **Avez-vous une bonne mémoire?** Composez trois listes des parties du corps sans regarder votre manuel en travaillant avec un(e) partenaire.

On a une... ; on a deux... ; on a plusieurs...

Q **Où est-ce que ça fait mal?** Dites où ça fait mal selon la situation indiquée.

➡ Quand on fait trop de musculation... *ça fait mal aux bras, au dos...*

1. Quand on mange trop...
2. Quand on fait trop de jogging...
3. Quand on met des chaussures qui sont trop petites...
4. Quand on fait de l'aérobic pendant des heures...
5. Quand on regarde trop de vidéos de fitness...
6. Quand le volume est trop fort à la radio...
7. Quand on fait de la musculation tous les jours...

Maintenant, dites *dans quelles circonstances* on a mal aux autres parties du corps.

➡ *On a mal aux dents quand on mange trop de sucre.*

Structure Discussing health and exercise

Le pronom *y*

Observez et déduisez

— Qu'est-ce que vous faites dans votre famille pour rester en forme?
— Eh bien, moi, je vais au club de fitness à midi. J'y vais presque tous les jours pour faire de la muscu. Et ma femme, elle marche souvent dans le parc avec les petits. Par exemple, hier ils y sont allés pendant une heure pour promener le chien. Et quand elle a des courses à faire, elle préfère y aller à pied si possible.

- Examine how the pronoun **y** is used in the preceding conversation. To what does it refer each time it is used?
- Where is **y** placed in relation to a verb in the present tense? to a verb in the **passé composé**? Where is it placed when there is more than one verb, as in the last sentence?

Confirmez Le pronom *y*

- The pronoun **y** can be used to avoid repeating the name of a place. It can substitute for a prepositional phrase beginning with **à, en, sur, dans,** or another preposition of location.

> David aime aller **au gymnase** à midi.
> Il **y** va pour faire de la musculation.

> Sa femme préfère se promener **dans le parc.**
> Elle **y** va avec les petits et le chien.

- **Y** takes the same place in the sentence as do direct and indirect object pronouns: directly before the verb in the present:

> Au gymnase? J'**y** vais quand j'ai le temps.

before the auxiliary verb in the **passé composé:**

> La dernière fois que j'**y** suis allé? Euh... le mois dernier, je crois.

and before the infinitive in sentences with a verb followed by an infinitive:

> ... mais je voudrais bien **y** aller plus régulièrement!

Vocabulaire actif
se promener
y

Activités

R **Mais où?**   Dites où sont (où vont) David et Nathalie.

➡ Le matin, David y est. → *Le matin, il est au bureau.*

1. À midi, David y va pour rester en forme.
2. S'il ne va pas au gymnase à midi, il y mange.
3. Le Gymnase Club s'y trouve.
4. Autrefois Nathalie y faisait du step.
5. Maintenant Nathalie y promène le chien.
6. Elle préfère y acheter des produits bio.

Et vous? Où êtes-vous?

7. J'y fais de la musculation.
8. J'y fais mes devoirs.
9. J'y mange tous les jours.
10. J'y habite.
11. J'y fais du sport.
12. J'y fais des courses.
13. J'y retrouve mes copains.
14. J'y achète mes vêtements.

S *Y* **ou** *lui?*   Pour chaque question poseé, soulignez la bonne réponse.

1. Oui, il (y / lui) est.
2. Oui, il (y / lui) va tous les jours.
3. Oui, il (y / lui) pose quelquefois des questions.
4. Oui, il (y / lui) a fait un programme de training.
5. Oui, elle (y / lui) sert des produits bio.
6. Oui, elle (y / lui) parle de leurs finances.
7. Oui, elle (y / lui) fait de la marche.
8. Oui, elle (y / lui) va à pied.

T **Questionnaire.** La réceptionniste du club de fitness vous pose des questions sur votre mode de vie et vos préférences. Répondez en employant un pronom: **y, le, l', les** ou **lui**, selon le cas.

1. Venez-vous *au club* tous les jours?
2. Connaissez-vous *les appareils de musculation?*
3. Avez-vous déjà parlé *à l'entraîneur?*
4. Aimez-vous *le cardiotraining?*
5. Avez-vous déjà fait du step *dans ce club?*
6. D'habitude, faites-vous *votre exercice* le matin?
7. Faites-vous de l'exercice *chez vous* aussi?
8. Voudriez-vous nager *dans notre piscine?*

U **Où va-t-on pour... ?** Complétez les phrases suivantes avec le nom d'un endroit logique et la préposition qui convient.

Banque de mots
un gymnase
un parc
un stade
un club de fitness
à la plage
à la campagne
à la montagne
à la piscine
?

1. Normalement je fais du ski _____ .
2. Pour faire du cardiotraining, mes copains et moi, nous allons _____ .
3. Cet après-midi, je vais faire du step _____ .
4. Mes camarades de chambre aiment faire de la musculation _____ .
5. Ma sœur/Mon frère fait de la marche _____ .
6. Pour faire du vélo, on peut aller _____ .
7. Dans ma famille, nous préférons nager _____ .

Maintenant, interviewez un(e) camarade de classe et faites une liste des réponses que vous avez en commun.

➡ *Tes copains et toi, vous allez au stade pour faire du cardiotraining?*
   — Oui, nous y allons tous les jours.
ou: *— Non, nous allons dans un club de fitness.*

V **Destination bonne forme!** Où voudriez-vous aller pour passer des vacances sportives? Avec quelques camarades de classe, choisissez la meilleure destination pour rester en bonne forme. Notez toutes les activités de fitness qu'on peut y faire, puis comparez votre liste avec celles des autres groupes.

➡ *— Choisissons Tahiti. On peut y nager dans la mer et faire du jogging sur la plage.*
   — Mais il fait trop chaud pour faire du fitness. Moi, je préfère la montagne. On peut y faire du ski et de la marche, et on peut y faire des promenades à vélo aussi.
   — Et nager dans un lac...

pisode

Jeu de rôle

You're feeling really out of shape and unhealthy. Discuss the problem with your "fitness trainer" and determine how you will get back into shape and be healthier.

Improve Your Grade: Flashcards, Interactive Practice

Ace the Test: Ace Practice Tests

Littérature · Une abominable feuille d'érable sur la glace

Born near Montreal in 1937, Roch Carrier belongs to the generation of Quebecois writers who have sought to express the unique identity of the French-Canadian people, their intense attachment to their native land, and their rejection of the political and cultural domination by the English-speaking minority in the predominantly French-speaking province of Quebec. In the 1960s and '70s, a growing secessionist movement formed **le Parti québécois,** a political party that won a large majority in the provincial assembly in the 1976 elections. In 1980, Quebec's voters turned down a referendum to secede from Canada, but French separatism remained strong. It was right at that time—1979—that Roch Carrier published *Les enfants du Bonhomme dans la lune*, a collection of tales that received **le Grand Prix littéraire de la ville de Montréal** in 1980. In that collection, *Une abominable feuille d'érable sur la glace* (*An abominable maple leaf on the ice*) is about a boy, hockey, a sweater (**un chandail**), and a very symbolic maple leaf.

Pensez

1 Que faut-il pour jouer au hockey?

un arbitre　　　une patinoire　　　un bâton

les patins

deux équipes

2 Vous avez déjà vu dans vos lectures des verbes au passé simple. Pouvez-vous reconnaître les verbes suivants? Trouvez l'équivalent au passé composé.

il/elle fit	a pris
commença	a eu
prit	est venu
écrivit	a fait
eut	a commencé
vint	a sauté
sauta (*jumped*)	a écrit

3 Voici quelques expressions-clés du texte:

> ... le chandail bleu, blanc, rouge des Canadiens de Montréal...
> ... un chandail bleu et blanc, avec la feuille d'érable au devant, le chandail des
>   Maple Leafs de Toronto.
> ... une des plus grandes déceptions (*disappointments*) de ma vie!
> À la troisième période, je n'avais pas encore joué (*I hadn't played yet*)...
> C'est de la persécution!

D'après ces expressions, quelle sorte d'histoire est-ce que vous anticipez?

Observez et déduisez: en général

4 Parcourez le texte une première fois, simplement pour identifier l'idée générale. Ce texte est l'histoire d'un garçon qui

a. est fatigué de porter toujours le même uniforme de hockey et demande à sa mère de lui acheter un chandail complètement différent.

b. est invité à jouer pour l'équipe des Maple Leafs de Toronto.

c. fait partie d'une équipe de jeunes fanatiques des Canadiens de Montréal mais est obligé de porter le chandail des Maple Leafs de Toronto.

Une abominable feuille d'érable sur la glace

Les hivers de mon enfance étaient des saisons longues, longues. Nous vivions en trois lieux: l'école, l'église et la patinoire; mais la vraie vie était sur la patinoire.

Tous, nous portions le même costume que Maurice Richard, notre héros, ce costume bleu, blanc, rouge des Canadiens de Montréal, la meilleure équipe de hockey au monde; tous, nous peignions nos cheveux à la manière de Maurice Richard. Nous lacions° nos patins à la manière de Maurice Richard. Nous découpions° dans les journaux toutes ses photographies. Sur la glace, nous étions cinq Maurice Richard contre cinq autres Maurice Richard; nous étions dix joueurs qui portions, avec le même enthousiasme, l'uniforme des Canadiens de Montréal. Tous nous avions au dos le très célèbre numéro 9.

Un jour, mon chandail des Canadiens de Montréal était devenu trop petit; puis il était déchiré° ici et là. Ma mère me dit: «Avec ce vieux chandail, tu vas nous faire passer pour pauvres!» Elle fit ce qu'elle faisait chaque fois que nous avions besoin de vêtements. Elle commença de feuilleter° le catalogue que la compagnie Eaton° nous envoyait par la poste chaque année. Ma mère était fière°. Elle n'a jamais voulu nous habiller au magasin général; seule la dernière mode du catalogue Eaton était acceptable. Pour commander mon chandail de hockey, elle prit son papier à lettres et elle écrivit: «Cher Monsieur Eaton, auriez-vous l'amabilité de m'envoyer un chandail de hockey des Canadiens pour mon garçon qui a dix ans et qui est un peu trop grand pour son âge, et que le docteur Robitaille trouve un peu trop mince? Je vous envoie trois piastres° et retournez-moi le reste s'il en reste.»

Monsieur Eaton répondit rapidement à la lettre de ma mère. Deux semaines plus tard, nous recevions le chandail. Ce jour-là, j'eus l'une des plus grandes déceptions de ma vie! Au lieu du° chandail bleu, blanc, rouge des

laced
cut out

torn

regarder
grand magasin canadien
proud

vieille monnaie québécoise

instead of

Canadiens de Montréal, M. Eaton nous avait envoyé un chandail bleu et blanc, avec la feuille d'érable au devant, le chandail des Maple Leafs de Toronto. J'avais toujours porté le chandail bleu, blanc, rouge des Canadiens de Montréal; tous mes amis portaient le chandail bleu, blanc, rouge; jamais dans mon village on n'avait vu un chandail des Maple Leafs de Toronto. De plus, l'équipe de Toronto se faisait battre régulièrement par les triomphants Canadiens. Les larmes° aux yeux, je trouvai assez de force pour dire:

    — J'porterai° jamais cet uniforme-là.

    — Mon garçon, tu vas d'abord l'essayer! Si tu te fais une idée sur les choses avant de les essayer, mon garçon, tu n'iras° pas loin dans la vie... Elle tira° le chandail sur moi. Je pleurais.

    — J'pourrai jamais porter ça.

    — Pourquoi? Ce chandail te va très bien... Comme un gant...

    — Maurice Richard se mettrait jamais ça sur le dos...

    — T'es° pas Maurice Richard. Puis, c'est pas ce qu'on se met sur le dos qui compte, c'est ce qu'on se met dans la tête... Si tu gardes pas ce chandail, il va falloir écrire à M. Eaton pour lui expliquer que tu veux pas porter le chandail de Toronto. M. Eaton, c'est un Anglais; il va être insulté parce que lui, il aime les Maple Leafs de Toronto. S'il est insulté, penses-tu qu'il va nous répondre très vite? Le printemps va arriver et tu auras pas joué° une seule partie° parce que tu auras pas voulu porter le beau chandail bleu que tu as sur le dos.

Je fus donc obligé de porter le chandail des Maple Leafs. Quand j'arrivai à la patinoire, tous les Maurice Richard en bleu, blanc, rouge s'approchèrent° un à un pour regarder ça. Au coup de sifflet° de l'arbitre, je partis prendre mon poste habituel. Le chandail des Maple Leafs pesait° sur mes épaules comme une montagne. Le chef d'équipe vint me dire d'attendre. Il aurait besoin de moi à la défense, plus tard. À la troisième période, je n'avais pas encore joué; un des joueurs de défense reçut un coup de bâton° sur le nez, il saignait°; je sautai sur la glace: mon heure était venue! L'arbitre m'arrêta. Il prétendait° que j'avais sauté sur la glace quand il y avait encore cinq joueurs. C'était trop injuste!

C'est de la persécution! C'est à cause de mon chandail bleu! Je frappai mon bâton sur la glace si fort qu'il se brisa°. Le vicaire°, en patins, vint tout de suite vers moi.

    — Mon enfant, un bon jeune homme ne se fâche pas comme ça. Enlève tes patins et va à l'église demander pardon à Dieu.

Avec mon chandail des Maple Leafs de Toronto, j'allai à l'église, je priai Dieu; je lui demandai qu'il envoie au plus vite des mites° qui viendraient dévorer mon chandail des Maple Leafs de Toronto.

Extrait de *Une abominable feuille d'érable sur la glace* (Roch Carrier).

Glosses (right margin):
- tears
- (Je) / futur de **porter**
- futur d'**aller**
- a mis
- tu n'es
- *won't have played*
- un match
- sont venus
- *whistle*
- *weighed*
- *was hit*
- *was bleeding*
- *claimed*
- *broke* / *priest*
- *moths*

Déduisez et confirmez: en détail

5 Le texte. Lisez plus attentivement et indiquez si les phrases suivantes sont vraies ou fausses. Si elles sont fausses, corrigez-les.

1. Maurice Richard était un des garçons qui jouaient dans l'équipe du narrateur.
2. Les joueurs des deux équipes portaient tous le même uniforme, et tous les joueurs avaient le même numéro sur le dos.
3. La mère du narrateur pensait que le magasin général de la ville n'était pas assez bien pour acheter les vêtements de la famille.
4. La mère du narrateur faisait confiance (*trusted*) au catalogue de la compagnie Eaton.
5. Dans sa lettre à M. Eaton, la mère du narrateur a oublié de spécifier le nom de l'équipe (les Canadiens).
6. Elle a mis de l'argent dans la lettre à M. Eaton.
7. L'équipe des Maple Leafs de Toronto était la meilleure équipe du Canada.
8. Quand le narrateur a vu le chandail des Maple Leafs, il a pleuré.
9. La maman a expliqué que pour réussir dans la vie, il faut essayer les choses avant de les juger.
10. Elle a aussi expliqué que ce qu'on pense est plus important que les vêtements qu'on porte.
11. La maman pense que si elle demande à M. Eaton d'échanger (*exchange*) le chandail, M. Eaton va le faire très vite.
12. Quand le narrateur est arrivé à la patinoire avec son nouveau chandail, les autres joueurs sont tous venus lui faire des compliments.
13. Le chef d'équipe n'a pas voulu donner au narrateur son poste habituel.
14. Le narrateur a utilisé son bâton pour frapper (*hit*) l'arbitre.
15. Le vicaire a demandé au narrateur d'aller prier (*pray*) à l'église.
16. La prière du narrateur montrait une vraie repentance!

6 Les mots. En utilisant le contexte et la logique, pouvez-vous déduire le sens des mots suivants?

1. **recevoir** («Deux semaines plus tard, nous **recevions** le chandail.»)
2. **enlever** («**Enlève** tes patins et va à l'église... »)
3. **dévorer** («... des mites qui viendraient **dévorer** mon chandail... »)

Explorez

1. En groupes de deux, préparez un résumé de l'histoire du chandail. L'un(e) de vous va être responsable des circonstances/conditions (comment étaient les choses?); l'autre va donner les actions (qu'est-ce qui s'est passé?). Sur une feuille de papier, faites deux colonnes comme dans le tableau suivant, puis remplissez chaque colonne avec les détails importants. Ensuite, soyez prêt(e)s à lire votre résumé à la classe.

Étudiant(e) A Comment étaient les choses?	Étudiant(e) B Qu'est-ce qui s'est passé?
Quand le narrateur avait 10 ans... Etc.	 Un jour, sa mère a décidé de lui acheter un nouveau chandail... Etc.

2. On peut lire cette histoire à un niveau littéral, mais on peut aussi y voir des symboles. Complétez le tableau suivant selon votre interprétation. Relisez l'introduction sur Roch Carrier au besoin.

	littéralement	figurativement
le chandail bleu, blanc, rouge	uniforme des Canadiens de Montréal	
le chandail bleu et blanc avec la feuille d'érable		
Monsieur Eaton		les «Anglais»
L'erreur de M. Eaton	une simple erreur?	les anglophones...
Maurice Richard		

Par écrit Close encounters

Avant d'écrire

A **Strategy: Viewing different facets of an object.** To use this strategy, you are going to answer a series of questions that will lead you to examine a topic from a variety of viewpoints before you begin writing. When you do begin to write, you do *not* need to describe your topic from all perspectives. You can focus on only one or blend two or more together. Choose the ones that best spark your imagination.

 Application. Imagine you wish to describe an article of clothing that has some special significance for you. The garment may be new or old, elegant or ugly, yours or someone else's. It may evoke memories of pleasant or unpleasant circumstances, or it may remind you of someone else. Whatever the case, think about the article of clothing as you try to answer the following questions.

How would you describe the garment to someone who is not in the room?

Does it remind you of someone, something, or some event?

What can you do with the article besides wear it?

How would you divide the garment into its constituent parts?

What other garment is similar? different? Explain.

Do you like the article of clothing? Why or why not?

B **Strategy: Making descriptions vivid.** Descriptions become memorable when details appeal to the senses and sharp images are produced. Study the following example from *Une abominable feuille d'érable sur la glace*:

... un chandail bleu et blanc, avec la feuille d'érable au devant, le chandail des Maple Leafs de Toronto.

 Application. Now try completing the following sentence in a way that depicts an old sweater in an evocative and vivid manner.

J'ai un vieux chandail...

Écrivez

Choisissez un des sujets suivants.

1. Le narrateur dans le conte de Carrier raconte un souvenir de sa jeunesse associé à un chandail. Vous souvenez-vous d'un vêtement particulier de votre passé? Votre premier costume, par exemple, ou votre première robe du soir? Ou, vous souvenez-vous du jour où votre tante vous a acheté ce grand manteau à carreaux (orange!)? Écrivez un paragraphe où vous décrivez le vêtement. Pourquoi est-ce que vous vous souvenez de ce vêtement? Pourquoi est-il mémorable?

2. Quelle chance! En vous promenant hier soir, vous avez rencontré un extraterrestre avec qui vous avez parlé! Maintenant vos copains pensent que vous avez perdu la boule (*your marbles*). Alors il faut décrire le bonhomme en détail. Comment était-il (description physique, portrait moral)? À quoi ressemblait-il? Vous a-t-il fait une bonne impression? Pourquoi? / pourquoi pas?

3. Vous avez décidé de faire peau neuve (*turn over a new leaf*). Vous allez être plus discipliné(e) en ce qui concerne votre routine quotidienne, vous voulez faire plus attention à ce que vous mangez et vous avez un nouvel objectif: être en très bonne forme! Développez une liste de changements que vous allez faire dans votre vie. Ensuite, pour ne pas oublier, écrivez-vous un petit mot en expliquant tout ce que vous allez faire de différent et les bénéfices que vous attendez de ces changements.

Nathalie, en tant que mannequin, pensez-vous que l'apparence joue un rôle important dans nos premières impressions des gens? Est-ce qu'il vous est arrivé d'être jugée—à tort ou à raison—selon votre apparence?

À partir de l'adolescence, il m'est arrivé plusieurs fois que certains de mes nouveaux amis me disent que vraiment j'étais très sympa, alors qu'avant de me parler ils pensaient que j'étais hautaine[1]... Pour ne parler que de moi[2], j'évite d'être trop maquillée dans la vie de tous les jours, car j'ai vite l'air très apprêtée[3] et l'on me demande si je vais à une soirée même le matin! Je pense malgré tout qu'il est moins compliqué d'avoir un physique commun, pour se fondre dans la masse, alors qu'une originalité ou une extravagance physique ou vestimentaire[4] ont tôt fait de faire hésiter les gens à vous demander l'heure!

Il y a en français cette fameuse expression «l'habit ne fait pas le moine», qui semble si évidente et pourtant si peu appliquée dans la vie de tous les jours.

En effet l'apparence d'une personne se traduit[5] par son physique d'une part mais aussi par les vêtements, voire par la marque des vêtements qu'elle porte! Et je doute fort qu'en France comme dans la plupart des pays aujourd'hui les gens soient totalement insensibles[6] à l'apparence de «l'autre». Malgré tout je pense que les jeunes y sont encore plus sensibles que leurs aînés[7]. Les ados[8] aiment appartenir à une «tribu», laquelle se traduit principalement par une attitude et les vêtements de marque qui vont avec (Eastpak, Puma, Nike, Diesel, Levi's... et bien d'autres encore). Il me semble qu'en vieillissant[9], on a moins besoin d'artifices pour s'affirmer. Par ailleurs, le physique même des gens a de réelles répercussions dans la société. La taille, le poids, la couleur de peau, un handicap, ont vite fait de vous donner une idée faussée de la personne en face de vous, une idée qui ressemble à un préjugé!

Explorez

Qu'est-ce qui vous vient à l'esprit quand vous pensez à un mannequin «typique»? Qu'est-ce qui vous surprend dans la réponse de Nathalie? Quels sont les dangers de juger les gens selon l'apparence? Donnez des exemples personnels. Demain quand vous irez en cours[10], faites-vous une nouvelle identité! Imaginez que vous êtes hippie (médecin, pasteur[11], professeur, chanteuse de rock, etc.). Habillez-vous selon l'identité choisie. Faites attention aux réactions de vos copains, de vos camarades de classe, de vos professeurs. Est-ce qu'ils remarquent vos vêtements? Qu'est-ce qu'ils vous disent? Est-ce qu'ils vous regardent d'une manière bizarre?

1. *haughty*   2. Pour... *As for me*   3. j'ai vite... *I quickly look like I'm too dolled up*
4. des vêtements   5. *is conveyed*   6. *insensitive*   7. *elders*   8. *adolescents*
9. quand on est plus âgé   10. irez... *go to class*   11. *minister*

Improve Your
Grade: Online
Synthèse culturelle

Les vêtements (m.)

un anorak *ski jacket, parka*
un blouson *a short jacket*
un cardigan *a button-up sweater*
des chaussettes (f.) *socks*
une chemise *a man's shirt*
une chemise de nuit *a nightgown*
un costume *a man's suit*
une cravate *a tie*
un imperméable *a raincoat*
un jean *jeans*

un jogging *a jogging suit*
une jupe *a skirt*
un maillot de bain *a swimsuit*
un manteau *a coat*
une marque *a brand*
un pantalon *(a pair of) pants*
une poche *a pocket*
un polo *a polo shirt*
un pull *a sweater (generic term)*
un pyjama *pajamas*

une robe *a dress*
une robe de chambre *a bathrobe*
une robe du soir *an evening gown*
un short *shorts*
un smoking *a tuxedo*
un tailleur *a woman's suit*
une tenue *an outfit*
un T-shirt *a T-shirt*
une veste *a jacket (generic)*

Les chaussures (f.)

des baskets (f.) *basketball shoes*
des bottes (f.) *boots*
des chaussures habillées (f.) *dress shoes*
des mocassins (m.) *moccasins*

des pantoufles (f.) *slippers*
des sandales (f.) *sandals*
des tennis (f.) *tennis shoes*

Les accessoires (m.)

une casquette *a cap*
une ceinture *a belt*
un chapeau *a hat*
une écharpe *a winter scarf*

des gants (m.) *gloves*
des lunettes (f.) de soleil *sunglasses*
un parapluie *an umbrella*
un sac *bag, purse*

Les matières (f.) et les tissus (m.)

en coton (m.) *cotton*
en cuir (m.) *leather*
en laine (f.) *wool*
en polyester (m.) *polyester*
en soie (f.) *silk*
en velours (m.) *velvet*
à carreaux *plaid*

à fleurs *flowered*
à pois *polka dot*
à rayures *striped*
uni *solid (color)*
(gris) clair *light (gray)*
(gris) foncé *dark (gray)*

bordeaux *burgundy*
marron *brown*
rose *pink*
à manches courtes/longues
  short-sleeved/long-sleeved
haut(e) *high*

Pour faire ou répondre à un compliment

Pour faire un compliment

C'est vraiment chic, votre... (robe, etc.) *Your... (dress) is really chic*
Quelle belle cravate (Quel beau pantalon, etc.)! *What a beautiful tie (pants, etc.)!*
Cette couleur (Ce jogging) vous va bien. *That color (jogging outfit) looks good on you.*

Pour répondre à un compliment

Vous trouvez?/Tu trouves? *Do you think so?*
Vous pensez que ça me va?/Tu penses que ça me va? *Do you think this fits (suits) me?*
Vous êtes bien gentil(le).
Vraiment? Je ne sais pas.
C'est ma femme (mon père) qui...
Je l'ai depuis longtemps. *I've had it a long time.*

Les traits du visage

la bouche *mouth*	la gorge *throat*	un œil / les yeux (m.) *eye / eyes*
le cou *neck*	la joue *cheek*	les oreilles (f.) *ears*
les dents (f.) *teeth*	les lèvres (f.) *lips*	la tête *head*
le front *forehead*	le nez *nose*	

Le corps

le bras *arm*	le genou *knee*	le pied *foot*
le coude *elbow*	la jambe *leg*	la taille *waist*
le dos *back*	la main *hand*	le ventre *stomach*
l'épaule (f.) *shoulder*		

La forme

l'aérobic (m.) *faire l'aérobic*

un club de fitness *a health club* *aller un club*

être/rester en bonne forme *to be/stay in good shape*

l'exercice (physique) (m.) *exercise*

un gymnase *a gym*

la musculation *weight training*

un produit bio *an organic product*

manger un produit bio

Verbes

se brosser les dents/les cheveux *to brush one's teeth/hair*	faire de la musculation *to do weight training*	se peigner *to comb one's hair*
se coiffer *to do one's hair*	faire mal (à) *to hurt*	porter *to wear*
se coucher *to go to bed*	s'habiller *to get dressed*	prendre une douche *to take a shower*
se dépêcher *to hurry*	se laver *to wash (oneself)*	se promener *to go for a walk*
se doucher *to shower*	se lever *to get up*	se raser *to shave*
s'endormir *to fall asleep*	se maquiller *to put on makeup*	se reposer *to rest*
se fâcher *to get mad*	marcher *to walk*	se réveiller *to wake up*
faire de l'aérobic, de la marche	mettre *to put (on)*	

Divers

le bois *wood*	la lune *the moon*
(travailler) dur *(to work) hard*	y *it, there*
le feu *fire*	

Plans et projets

This chapter will enable you to

➡ understand a conversation between a job applicant and a prospective employer and an excerpt from a radio interview between two political figures in France

➡ read an article on the job market in France and a literary text from Senegal about the condition of women in an African society

➡ talk about the future

➡ discuss jobs, careers, and other issues related to the professional world

➡ use turn-taking strategies in a conversation

Chapter resources

 iLrn Heinle Learning Center includes:
- Student Activities Manual (SAM) and SAM Audio Program
- Textbook Assignments and In-text Audio Program
- Media-enhanced eBook
- Video Library
- Enrichment
- Diagnostics

 In-Text Audio Program

 Video

 Companion Website

Qu'est-ce que cette jeune femme fera dans l'avenir? Quelle profession choisira-t-elle? Et sur le plan personnel, que fera-t-elle? Sera-t-elle heureuse? Et vous? Qu'est-ce que vous ferez dans vingt ans? Où serez-vous?

Première étape

À l'écoute Le monde du travail

Comment se passe une conversation téléphonique entre quelqu'un qui cherche du travail et un employeur en France? Cette étape vous propose un exemple d'une telle conversation.

Improve Your Grade: Web Search Activities

Pensez

Imaginez que vous cherchez du travail dans la région parisienne. En consultant le journal, vous voyez les petites annonces à la page 381.

1 Avec un(e) camarade de classe, trouvez dans les annonces les mots donnés dans la colonne de gauche. En utilisant le contexte et la logique, pouvez-vous relier ces mots à leur définition (à droite)?

1. un(e) comptable
2. un(e) débutant(e)
3. un gagneur/une gagneuse
4. un vendeur/une vendeuse
5. le salaire
6. de haut niveau
7. exigé(e)
8. juridique
9. un infirmier/une infirmière
10. le bloc opératoire

a. quelqu'un qui vend quelque chose dans un magasin

b. quelqu'un qui travaille avec les nombres, les budgets, etc.

c. quelqu'un qui aide un médecin dans un hôpital

d. quelqu'un qui aime la compétition et qui veut être le premier

e. quelqu'un qui commence (dans le monde du travail ou autre chose)

f. un synonyme de «nécessaire» ou «obligatoire»

g. un adjectif qui se rapporte à la justice

h. la partie d'un hôpital où on fait les opérations

i. l'argent qu'on gagne par mois ou de l'heure quand on travaille

j. compliqué, sophistiqué

2 Maintenant, avec votre partenaire, discutez chaque petite annonce; dites pourquoi ces postes vous intéressent ou non, soit comme emplois temporaires ou comme carrières. Comparez-les avec des emplois que vous avez déjà eus et la profession que vous voulez exercer.

CENTRE HOSPITALIER
recherche
INFIRMIERS(IÈRES)
D.É. BLOC OPÉRATOIRE
salaire intéressant
Tél: 01.49.11.60.53

H O T E L
cherche Assistant(e) de Direction
- *Bilingue anglais*
- *Formation hôtelière*
- *Référ. exigées*
Tél : 0 1 . 4 2 . 5 6 . 8 8 . 4 4

Agence de Publicité Financière
recherche
COMPTABLE
connaissance informatique
☎ **Tél: 01.40.26.55.50**

SECRÉTAIRE BILINGUE ANGLAIS
Expérience service juridique.
Très bon salaire.
Poste stable.
Tél: 01.43.71.89.89

VENDEUSE
vêtements femmes.
Qualifiée, bonne présentation,
anglais si possible.
Âge min. 25 ans.   Référ. récentes.
Tél: 01.40.06.57.52

Important Groupe de Presse
recrute
Superviseurs
pour grande campagne de télémarketing

Vous avez 20 à 30 ans.
Vous avez le sens de l'animation
et l'expérience du télémarketing.

Appelez dès maintenant
de 9 heures à 18 heures.

Tél: 01.43.87.03.00

Société Communication
recherche
Conseillers Commerciaux

- débutant(es) accepté(es)
- tempérament de gagneur
- capables négociations de haut niveau
- formation assurée
- promotion rapide possible

Tél: 01.48.98.55.00

ÉCOLE INTERNATIONALE
recrute
RESPONSABLE DÉPARTEMENT
BILINGUE ANGLAIS

Expérience pédagogique obligatoire
universitaire ou secondaire
❧
39h minimum par semaine
❧
Logement

Tél: 01.43.07.86.06

⌒⊙ Observez et déduisez

3 Écoutez une première fois pour identifier

1. la petite annonce qui a occasionné cette conversation.

2. l'expérience professionnelle de la jeune fille. Quelles sont les phrases qui décrivent sa situation?

_____ Elle n'a pas encore fini ses études.

_____ Elle a déjà son diplôme.

_____ Elle a travaillé pendant trois mois.

_____ Elle a trois ans d'expérience professionnelle.

Vocabulaire actif

une carrière
un(e) comptable
un curriculum vitae / un CV
un(e) débutant(e)
embaucher / être
 embauché(e)
un emploi
un(e) employé(e)
un employeur
un entretien
(faire) une demande
 d'emploi
gagner
un infirmier / une infirmière
un poste à mi-temps / à
 plein temps
prendre rendez-vous
professionnel(le)
remplir un formulaire
le salaire
un stage
un vendeur / une vendeuse
venir de (+ infinitive)

4 Écoutez encore pour déduire d'après le contexte le sens des mots dans la colonne de gauche. Reliez-les à leur définition dans la colonne de droite. (Attention, il y a deux définitions supplémentaires.)

1. un stage
2. un poste
3. à plein temps
4. à mi-temps
5. un curriculum vitae
6. prendre rendez-vous
7. un entretien
8. remplir une demande d'emploi
9. être embauché(e)

a. 39–40 heures par semaine
b. une position
c. une période de vacances
d. un résumé de ses qualifications
e. une conversation officielle
f. une période de travail pratique dans un programme d'études
g. à temps partiel
h. perdre son travail
i. être choisi(e) comme employé(e)
j. décider d'une heure spécifique pour voir quelqu'un
k. compléter un formulaire (*form*) pour essayer d'avoir un travail

5 Écoutez encore en faisant particulièrement attention aux verbes.

1. D'après le contexte, quel est le sens de **je viens de...** (... sortir, etc.)?
   a. I've come to
   b. I have just

2. Plusieurs verbes dans cette conversation sont au futur. Cochez dans la liste suivante les formes que vous entendez.

_____ vous chercherez

_____ vous prendrez

_____ vous viendrez

_____ vous remplirez

_____ il fera

_____ il faudra

_____ je commencerai

_____ je pourrai

Maintenant, pouvez-vous identifier l'infinitif ou la forme correspondante du présent pour chacun des verbes de la liste ci-dessus? Quel est le futur de l'expression **il faut**? Quel est le futur du verbe **faire? pouvoir? venir?**

6 Écoutez la conversation une dernière fois pour répondre aux questions suivantes.

1. Quelles sont les trois choses que l'employeur veut savoir?
2. Quelles sont les trois choses que l'employeur dit à la jeune fille de faire?
3. La jeune fille ne pose qu'une seule question. Quelle est cette question, et quelle est la réponse?

7 Avec un(e) partenaire, choisissez une petite annonce qui vous intéresse et jouez le rôle d'un(e) postulant(e) (une personne qui fait une demande d'emploi) et de l'employeur(euse). Dans une conversation téléphonique semblable à celle que vous venez d'entendre, posez les questions appropriées—et improvisez les réponses!

Prononciation Le *s* français: [s] ou [z]?

- You have already worked on the French **s** in **Chapitre 6,** but because the rules that govern the pronunciation of the letter **s** are not the same in English and in French, the French **s** often continues to be a trouble spot for English speakers. Once you understand how it works, however, you will see that **c'est facile comme bonjour!**

Observez et déduisez

As you listen to the following conversation, pay close attention to each **s.** Underline with one line those that are pronounced [s] and underline with two lines the ones that are pronounced [z]. You will then draw some conclusions.

— Tu te spécialises en philosophie? Comment vas-tu réaliser tes rêves grandioses?
— Un philosophe sait penser et quelqu'un qui sait penser peut tout faire! J'ai déjà travaillé comme conseiller commercial dans une société de communication; j'ai aussi enseigné des cours de prononciation française où on parlait d'immersion, d'inversion, de conversion, d'observation...
— C'est très intéressant, tout ça, mais quelle carrière vas-tu choisir?
— Alors là, il faut que je réfléchisse...

Now can you infer how it works? Match the various cases with the appropriate sound, and give examples from the conversation above.

orthographe (*spelling*)	[s]	[z]
initial **s**	✓ sait, société	
-ss-		
intervocalic **s** (inside a word, between two vowels)		
inside a word, preceded or followed by a consonant		
final **s** (normally silent) in a **liaison**		

Confirmez

1. Repeat the conversation in **Observez et déduisez,** distinguishing clearly between [s] and [z]. Verify your pronunciation on the In-Text Audio CD as needed.

2. **Un test d'embauche?**   As part of the application process for a mysterious job, an employer wants to know what associations the following words trigger in your mind. Underline the [s] sounds with one line and the [z] sounds with two lines, then practice saying the words. Verify your pronunciation on the In-Text Audio CD, then give some word associations—**en français, bien sûr.**

   a. la curiosité
   b. l'hypocrisie
   c. le désert du Sahara
   d. un dessert
   e. du poisson

   f. du poison
   g. un épisode
   h. ressembler
   i. l'immersion
   j. le professionnalisme

Observez et déduisez

worker

Mes amis ont des rêves grandioses. Par exemple, Gilles ne veut pas être ouvrier chez Renault; il veut être chef d'entreprise ou homme d'affaires. Nadia ne veut pas être journaliste; elle veut avoir un poste de direction au *Nouvel Observateur.* Karim ne veut pas être un simple cuisinier; il veut être le patron de son propre restaurant. Didier veut être non seulement banquier, mais cadre à la Banque de France. Josée veut exercer une profession libérale comme médecin ou avocate, ou peut-être enseignante dans une école supérieure. Moi, je veux être fonctionnaire; j'aime la sécurité de travailler pour le gouvernement.

- En choisissant parmi le nouveau vocabulaire de cette étape, complétez les phrases suivantes d'une façon personnelle en parlant de vos «rêves grandioses».

    Je ne veux pas être...
    Je voudrais...

Activités

A **Quelles catégories?** Classez le vocabulaire suivant selon quatre catégories que vous développez avec des camarades de classe.

curriculum vitæ   poste   cadre   ouvrier(ière)
  entreprise   salaire   emploi   sécurité   carrière
exercer   poste de direction   banquier(ière)
  fonctionnaire   gagner   patron(ne)   enseignant(e)
profession libérale   expérience   embaucher
  chef d'entreprise   journaliste   stage   cuisinier(ière)
remplir   employé(e)   homme/femme d'affaires
  employeur(euse)   vendeur(euse)   rendez-vous   débutant(e)
comptable   entretien   infirmier(ière)   demande d'emploi

le patron
la patronne

B **Préférences.** Pour chaque personne mentionnée ci-dessous, choisissez une profession qu'elle voudrait exercer, à votre avis, et expliquez pourquoi. Par exemple, est-ce une profession où on gagne beaucoup d'argent? où il y a beaucoup de temps libre? où il y a très peu de stress? où il y a beaucoup de sécurité? etc.

➡ *Ma copine voudrait être comptable parce qu'elle aime les mathématiques et la sécurité d'un bon travail.*

personnes: moi, mon copain/ma copine, mon frère/ma sœur, mon/ma camarade de chambre?

professions: comptable, journaliste, infirmier(ière), vendeur(euse), banquier(ière), enseignant(e), homme/femme d'affaires, cadre, fonctionnaire, cuisinier(ière)?

Structure Thinking about the future

L'infinitif

Observez et déduisez

Qu'est-ce que l'avenir réserve à ces jeunes gens? Sandrine espère être informaticienne. Mohammed a l'intention d'être agent de police. Karine compte devenir* journaliste. Philippe veut devenir enseignant. Isa a envie d'être femme au foyer.

Sandrine

Karine

Isa

Mohammed

Philippe

* Study the paragraph above the photos. Can you find five different verbs or expressions to talk about the future?

*You have been using the **futur proche** to refer to the immediate future since **Chapitre 3.** Here you learn additional ways to speak about your plans and the future.*

---

*Devenir is conjugated like **venir.**

Confirmez L'infinitif

- In the **futur proche**, you use the verb **aller** followed by an infinitive to say what you are going to do.

    Je **vais parler** à mon patron.

- The following expressions, followed by an infinitive, can also be used to speak about the future.

    espérer* (*to hope to*)
    vouloir
    compter (*to plan to*)   } + infinitive
    avoir l'intention de (*to intend to*)
    avoir envie de

Activités

C **L'avenir et le travail.** Voici les résultats d'un sondage effectué auprès de jeunes Français de 15 à 24 ans. Récapitulez chaque réponse en utilisant toutes les expressions données dans **Confirmez.**

→ *Trente et un pour cent des jeunes Français **comptent travailler** dans une grande entreprise.*

Vous préférez travailler dans		Dans dix ans, professionnellement, pensez-vous être	
une grande entreprise	31%	ouvrier	3%
une PME[1]	12%	employé	15%
la fonction publique	20%	cadre moyen	18%
une profession libérale	34%	cadre supérieur	18%
ne sait pas	3%	pratiquant une profession libérale	23%
		enseignant (professeur)	8%
		chef d'entreprise	9%

1. petite ou moyenne entreprise

Le Français dans le monde, Nº 246

Et vous? Quelle est votre réaction à ce sondage? Expliquez votre point de vue, et écoutez les opinions de vos camarades de classe.

→ *Moi, j'espère travailler dans la fonction publique. Je n'ai pas envie de travailler dans une grande entreprise. Et vous?*

D **L'avenir.** Comment voyez-vous l'avenir? Complétez les phrases suivantes en ajoutant un infinitif et des idées personnelles.

Dans 10 ans...

1. je / vouloir...
2. mon/ma camarade de chambre / compter...
3. mes parents / espérer...
4. mes amis / avoir l'intention de...
5. les étudiants d'aujourd'hui / aller...

---

*Espérer has a stem-changing conjugation like **préférer:** j'espère, tu espères, on espère, nous espérons, vous espérez, ils espèrent.

Le futur simple

Observez et déduisez

une débutante

un postulant

des infirmières

un patron

> J'espère que le patron m'embauchera.

_____

> J'espère que les postulants seront qualifiés.

_____

> Ma famille espère que j'aurai du succès dans ma carrière.

_____

> J'espère que nous trouverons des postes dans un hôpital.

_____

- Match the hopes expressed above with the person most likely to have voiced each:

    une débutante / un postulant / des infirmières / un patron

    Write the name under the appropriate bubble.
- Can you infer the infinitive of the verb **aurai? seront?**
- The verbs in the preceding examples are in the **futur simple.** Based on the examples given and previous knowledge, can you infer the rest of the **futur simple** conjugation for **chercher?**

    je _____   nous _____
    tu chercheras   vous _____
    il/elle/on _____   ils/elles chercheront

Confirmez   Le futur simple

- The simple future in French, as in English, is used to say what *will take place* or what one *will do*.

   Les nouveaux diplômés **chercheront** un poste.

- The future tense is formed by adding the following endings to the infinitive: **-ai, -as, -a, -ons, -ez, -ont.**

Le futur simple

je travaille**rai**	nous travaille**rons**
tu travaille**ras**	vous travaille**rez**
il/elle/on travaille**ra**	ils/elles travaille**ront**

- For infinitives ending in **-e,** drop the **-e** before adding the future ending.

   Le postulant **prendra** rendez-vous avec la patronne.

- Certain irregular verbs have irregular stems to which the future endings are added.

être	**ser**	vouloir	**voudr**
avoir	**aur**	devoir	**devr**
faire	**fer**	venir	**viendr**
aller	**ir**	savoir	**saur**
pouvoir	**pourr**	voir	**verr**

Résumé: pour parler de l'avenir

• Le futur proche (**aller** + infinitif):	Je **vais chercher** un poste.
• Autres expressions verbales + infinitif:	J'**ai envie de travailler** comme infirmier.
	Je **compte travailler...**
• Le futur simple:	J'**aurai** une profession intéressante.

Activités

E   **Cherchons un travail!**   Normalement, on ne trouve pas de poste au hasard (*by chance*); il y a une certaine progression. Mettez les activités suivantes dans l'ordre logique.

_____ faire une demande d'emploi   _____ parler au patron

_____ pouvoir gagner sa vie   _____ demander un entretien

_____ choisir une profession   _____ lire les petites annonces

_____ travailler dur   _____ prendre rendez-vous

_____ être embauché(e)   _1_ finir ses études

Maintenant, dites ce que vous ferez pour chercher un travail en employant le futur simple.

➡ *Bon, d'abord je finirai mes études...*

Clairvoyant(e). En employant le futur simple, dites ce que les personnes suivantes feront dans les circonstances indiquées... selon votre «boule de cristal»!

➡ vous / dans cinq ans (avoir, trouver, ?)
Dans cinq ans j'aurai un appartement à New York. Je trouverai un bon poste. Je serai reporter pour le New York Times...

1. vous / dans cinq ans (vouloir, aller, ?)
2. vos copains (copines) / après leurs études (savoir, ne plus devoir, ?)
3. votre famille / ce week-end (faire, devoir, ?)
4. le professeur / pendant les vacances (être, ne pas venir, ?)
5. ? / ?

 Un monde idéal. Qu'est-ce que vous espérez pour l'avenir? Complétez les phrases suivantes, puis comparez vos réponses avec celles de la classe.

J'espère que ma famille...

mes copains (copines)...

les gens...

le gouvernement...

?

Jeu de rôle

You are a famous figure from the past or a modern-day celebrity. Imagine you're still in high school, and you're writing a paper called **«Mon avenir»** for your French class. Share your aspirations of future accomplishments with your classmates! Will you be Picasso? Queen Victoria? Napoleon? Mother Teresa? Someone else?

Improve Your Grade: Flashcards, Interactive Practice

Ace the Test: Ace Practice Tests

Deuxième étape

Lecture Le marché de l'emploi: les deux France

Comment se présente le marché de l'emploi dans un pays connu pour ses grèves (*strikes*)? Le texte suivant, qui combine des extraits de deux articles différents, nous présente deux profils complètement opposés du travailleur français.

Pensez

1 Sachant que ce texte s'intitule *Le marché de l'emploi: les deux France*, quels sujets peut-on anticiper? Cochez les possibilités qui vous semblent logiques.

_____ la sécurité de l'emploi vs la peur du chômage (*unemployment*)

_____ le secteur public vs le secteur privé

_____ la France d'autrefois vs la France d'aujourd'hui

_____ les travailleurs immigrés vs les travailleurs de nationalité française

_____ les échecs (*failures*) et les réussites (*succès*) du système français

_____ les hommes et les femmes dans le monde professionnel

_____ les cadres et les ouvriers

2 Maintenant, regardez les illustrations qui accompagnent le texte: à votre avis, lesquelles des possibilités indiquées ci-dessus ces personnes représentent-elles?

1. La jeune femme qui rêve d'être fonctionnaire
2. Ora Ito et Malamine Koné

Observez et déduisez: en général

3 Parcourez le texte une première fois pour confirmer les sujets traités. Soulignez-les dans la liste ci-dessus.

4 Donnez un sous-titre aux deux parties du texte.

1. La France présentée par l'économiste Jacques Marseille:

_____

2. La France présentée par le magazine *Ça m'intéresse*:

_____

D'un côté, une France qui recherche la sécurité avant tout et qui, selon l'économiste et historien Jacques Marseille, «s'est dotée° d'un service public national de l'emploi qui est une insulte au bon sens»...

 À tous ceux qui cherchent un emploi, on ne saurait trop conseiller° de consulter le fichier des concours° administratifs de la Ville de Paris. Après la liste des derniers postes offerts, on peut lire en effet, imprimés en gras° pour mieux faire ressortir la force du propos: «Pourquoi 75% des Français souhaitent° rejoindre la fonction publique? 50 000 postes offerts chaque année. Une rémunération attractive et sûre. Une sécurité de l'emploi sans égale. Du temps libre supplémentaire. Un avancement à l'ancienneté.»

a développé

on ne... on recommande
le fichier... la liste des examens
imprimés... *printed in bold*
désirent

«jamais virée°, pas trop bosser°, bien payée... je veux être fonctionnaire!»

fired / (familier) travailler

 Cette publicité, qui n'est effectivement pas mensongère, est à la mesure du cancer qui ronge le° pseudo-modèle social français et de la fracture qui s'élargit entre les deux France. Un secteur public excessif aux privilèges sans égal, d'un côté; une insécurité croissante° de l'emploi plus forte que dans la moyenne des pays européens de l'autre. Ainsi, près d'un tiers° des Français déclarent avoir connu le chômage au cours des dix dernières années. [...] Une étude réalisée dans vingt-trois pays européens sur «le sentiment de sécurité de l'emploi» montre aussi que l'anxiété des Français est celle qui est la plus forte.

cause petit à petit la
 destruction du
qui augmente
one third

Jacques Marseille, *Le Point*, 29 juin 2006, pp. 65–66.

De l'autre côté, cependant, il y a la France des innovations et de la réussite, comme l'indique l'article suivant.

  Nés pour perdre, les Français? Rien n'est moins vrai.
Dopés par la mondialisation, les 35h et l'immigration,
nos compatriotes allient l'ambition à l'ouverture d'esprit°.
La preuve...

an open mind

De grèves en RTT°, les Français se donnent une image nonchalante. Pour une fois, un sujet de Sa Majesté britannique prend notre défense. «Vous faites en 35h ce que les Anglais font en 40», salue le journaliste Stephen Clarke. L'OCDE° confirme: entre 1996 et 2002, période de mise en place de la RTT, notre productivité horaire a fortement crû°: + 2,32% par an contre 1,44% pour nos partenaires de l'Union européenne. Le Français est donc un bosseur°! Il cache° d'autres atouts que résume le psychanalyste Pascal Baudry: «Élevés dans un pays à forte diversité ethnique, les Français sont plus enclins à rencontrer d'autres cultures. Ils restent aussi les pros du système D°. Dernier atout: le sens de la solidarité.» Ces ingrédients entrent dans la recette des *success-stories* qui suivent.

Réduction du temps de travail
 = semaine des 35h
Organisation de coopération et
 de développement
 économiques / augmenté
travailleur / *hides*

D pour «débrouillardise»
 (*resourcefulness*)

• Ora Ito (29 ans)

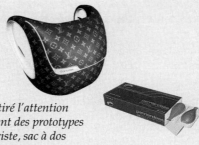

Ora Ito: Ce jeune designer a attiré l'attention des grandes marques en diffusant des prototypes sur Internet: briquet° Bic futuriste, sac à dos Vuitton, mignonnette Perrier.

cigarette lighter

Il aurait pu se contenter° du carnet d'adresses de papa, Pascal Morabito, joaillier° de la place Vendôme°. Il a préféré jouer malin°. En 1998, il japonise son nom et commence à diffuser sur Internet des produits de grandes marques relookés: sac à dos Vuitton, ordinateur portable Apple version «camouflage», etc. Harcelées par les acheteurs potentiels, les entreprises ont fini par s'attacher ses services!

aurait pu... *could have settled for* / *jeweler* / grande place dans un quartier riche de Paris / prendre des risques

• Malamine Koné (34 ans)

L'ex-berger malien habille gratuitement les stars du foot pour faire connaître sa griffe.

«C'est l'archétype des talents de banlieue: débrouillard° et intelligent.» L'ex-berger malien, arrivé à Saint-Denis° à l'âge de 10 ans, est le P.D.G. d'Airness, marque de sportswear distribuée dans 2 000 magasins en France. En 1999, pour entrer dans un marché verrouillé° par les géants, il habille gratuitement les stars du foot pour faire connaître sa griffe°. Formidable coup de pub! Devenu premier équipementier de football français, il habille aussi des sélections africaines. Il vise désormais le marché européen.

resourceful
banlieue «chaude» de Paris, avec une grande concentration d'immigrés / fermé
marque

• Nathalie Wawrynow (38 ans)

À 32 ans, cette salariée modèle d'un bureau d'études américain choisit de créer son entreprise dans un domaine novateur: le conseil° en environnement. Elle a le bagage (mastère en gestion de l'environnement à l'École des mines), la crédibilité (8 ans de consulting), mais pas les connexions. «J'ai présenté un projet et obtenu l'accompagnement d'un patron expérimenté.» Aujourd'hui, Eko-Consulting et ses 5 salariés aident Saint-Gobain, Lafarge ou Total° à dépolluer leurs sites.

le consulting

Saint-Gobain... grandes sociétés industrielles

• Alexandre Fraichard (37 ans)

Tous les labos s'arrachent° ses rats! En 2003, ce biogénéticien accouche de° Ralph, le premier rat cloné. Aujourd'hui, les grands labos pharmaceutiques ne jurent que° par lui. Sept ans après sa création, Genowa, sa société de 50 salariés, est leader en Europe. Prochaine étape: une implantation aux États-Unis. Et si le Dr Fraichard réussissait à faire entrer une société française dans le top 20 des biotechnologies mondiales?

les labos... les laboratoires veulent à tout prix / donne naissance à, crée / ne... *only swear*

Extrait de *Ça m'intéresse*, juillet 2006, p. 62.

Observez et confirmez: en détail

5 Les mots. En utilisant le contexte et la logique, trouvez dans le texte les mots ou expressions qui ont le sens suivant.

Premier article

1. des promotions basées sur le nombre d'années
2. contraire à la vérité
3. la séparation qui devient de plus en plus grande

Deuxième article

4. drogués, touchés (par)
5. des talents, des avantages
6. un petit cahier pour les adresses et numéros de téléphone
7. poursuivi (*harassed*)
8. le président-directeur général (*CEO*)
9. éliminer la pollution
10. avoir des vues sur (*to target*)

6 Le texte. Lisez plus attentivement pour voir si les phrases suivantes sont vraies ou fausses. Si elles sont fausses, corrigez-les.

Premier article

1. Selon Jacques Marseille, les institutions nationales de l'emploi fonctionnent remarquablement bien en France.
2. Les documents officiels encouragent les étudiants qui ont réussi aux examens d'administration à devenir fonctionnaires.
3. 75% des Français sont des fonctionnaires.
4. La publicité officielle pour la fonction publique encourage la créativité.
5. M. Marseille considère la mentalité du secteur public comme une maladie.
6. L'insécurité de l'emploi est plus forte en France que dans la plupart des pays européens.
7. 20% des Français ont connu une période de chômage au cours des dix dernières années.

Deuxième article

8. Les Français ont la réputation d'être paresseux et nonchalants au travail, à cause des grèves et de la semaine de 35 heures.
9. Selon le journaliste Stephen Clarke, les Anglais sont, aujourd'hui, plus productifs que les Français.
10. La productivité horaire (à l'heure) a diminué en France depuis la mise en place de la RTT.
11. Selon Pascal Baudry, la diversité ethnique est un handicap dans le monde du travail.
12. Ora Ito diffuse sur Internet des produits de grandes marques légèrement transformés.
13. Ora Ito est le pseudonyme d'un jeune homme d'origine pauvre.
14. Malamine Koné a pris le risque de perdre de l'argent pour gagner de l'argent.
15. Nathalie Wawrynow a créé Eko-Consulting sans expérience préalable dans le domaine du conseil ou de l'environnement.
16. Les rats clonés sont très utiles aux laboratoires pharmaceutiques.

7 Récapitulation. Résumez:

1. les avantages d'être fonctionnaire
2. les atouts des Français, selon M. Baudry
3. la clé du succès pour Ora Ito, Malamine Koné, Nathalie Wawrynow et Alexandre Fraichard

Explorez

Discutez les sujets suivants en groupes de deux ou trois, puis comparez vos réponses avec celles des autres groupes.

1. Imaginez que vous avez deux offres d'emploi: le premier emploi paye moins mais garantit la sécurité professionnelle et beaucoup de temps pour votre vie personnelle ou familiale; le deuxième emploi offre un salaire beaucoup plus élevé, mais peu de temps pour la vie personnelle et aucune garantie de sécurité professionnelle. Si vous n'êtes pas performant(e), vous pouvez perdre votre travail n'importe quand (*at any time*). Les deux emplois correspondent à vos qualifications et vous intéressent beaucoup. Quel emploi choisirez-vous? Donnez vos raisons.

2. Le dessin humoristique de la jeune femme qui veut être fonctionnaire est «très français». Imaginez un dessin humoristique qui représente l'attitude de l'Américain stéréotypique vis-à-vis du travail et décrivez-le.

3. Qu'est-ce que c'est que «la sécurité de l'emploi» pour vous? Faites une liste des éléments qui vous semblent nécessaires.

4. Peut-on vraiment «faire en 35h ce que les [autres] font en 40»? Comparez la journée d'un travailleur «efficace» et celle d'un employé moins performant.

5. La semaine de 35 heures a été instaurée en France pour réduire le chômage et créer des emplois. Vu le taux de chômage qui est actuellement de 10%, les résultats sont discutables... Mais la RTT permet quelque chose qui est très important pour les Français: un meilleur équilibre entre la vie professionnelle et la vie personnelle. Imaginez une semaine de 35 heures en Amérique du Nord: est-ce que les «accros du travail» (*workaholics*) vont pouvoir s'adapter? Quelles seront les conséquences pour la société américaine? Considérez l'impact sur le monde du travail mais aussi sur la vie familiale, les loisirs, la criminalité, etc.

6. Parallèlement aux «*success-stories*» de l'article, faites le portrait de trois personnes de la culture nord-américaine qui illustrent la réussite professionnelle.

Vocabulaire actif

l'ambition (f.)
bosser (fam.)
le chômage
la créativité
débrouillard(e)
efficace
encourager
l'équilibre
un P.D.G.
performant(e)
la réussite

Structure   Identifying conditions and consequences

Le futur simple après certaines locutions

Observez et déduisez

Quelle est votre définition de la réussite?
[handwritten: succès]

Moi, dès que j'aurai assez d'argent, je voyagerai.

[handwritten: Si, j'ai assez d'argent, je voyagerai]

Si je deviens riche, j'achèterai une voiture de luxe.
[handwritten: become]
[handwritten: Si clause]

Et moi, quand je pourrai, j'aiderai les autres.

- Study the picture captions above. What tense is used after the conjunctions **quand** and **dès que** (*as soon as*)? What tense is used after **si**?
[handwritten: future   future]
[handwritten: future   future]
[handwritten: Si clause then future / present]

Confirmez   Le futur simple après certaines locutions

- In French, the future tense—*not* the present—is required after the expressions **quand** and **dès que** if one is speaking about the future.

     Dès qu'il **sera** P.D.G., il **aura** la sécurité d'un bon salaire.

- The future tense is also used to indicate what will happen if certain conditions are met. Use **si** and a verb in the *present* tense to express the *conditions*. Use the *future* tense to explain the *consequences*.

     Si tu **es** au bon endroit au bon moment, tu **feras** fortune!

Activités

H **Choisissez!**   Qu'est-ce qu'une carrière représente pour vous? Complétez les phrases suivantes, en soulignant la phrase qui exprime ce qui compte le plus pour vous.

1. Dès que j'aurai un bon poste...
   a. je serai un(e) employé(e) performant(e).
   b. j'aurai confiance en moi.

2. Quand je finirai mes études...
   a. je ferai fortune.
   b. je chercherai la sécurité avant tout.

3. Quand je serai P.D.G. ou patron(ne),...
   a. j'encouragerai la créativité.
   b. je pourrai embaucher des gens efficaces et débrouillards. *resourceful*

4. Dès que j'aurai mon diplôme...
   a. la réussite professionnelle sera très importante pour moi.
   b. je n'aurai plus peur du chômage.

5. Quand j'aurai un travail...
   a. je chercherai l'équilibre entre ma vie professionnelle et personnelle.
   b. je ne voudrai pas trop bosser. *- to work hard*

I **Des conseils.**   Lisez les conditions et les conséquences suivantes et formulez des conseils logiques pour quelqu'un qui cherche un travail.

➡ *Si tu as ton diplôme, tu pourras trouver un bon poste.*

conditions	conséquences
être au bon endroit au bon moment	réussir ta vie
être débrouillard(e)	faire fortune
chercher l'équilibre	être heureux (heureuse)
avoir de l'ambition	avoir un bon emploi
étudier	devenir fonctionnaire
être au chômage	donner un sens à ta vie
penser aux autres	devoir bosser
préférer la sécurité	apprendre (à)...
se réveiller tôt	avoir besoin d'argent
être responsable	être bien payé(e)
avoir un diplôme universitaire	t'amuser
?	?

Maintenant, comparez vos conseils en groupes de trois ou quatre. Quels concepts sont les plus importants pour votre groupe? Faire fortune ou chercher l'équilibre dans la vie? La sécurité ou l'ambition? D'autres concepts? Faites un résumé de vos réponses pour la classe.

J Mon avenir. Complétez les phrases pour parler de vos projets d'avenir.

1. Dès que j'aurai mon diplôme...
2. Quand je trouverai un bon emploi...
3. Dès que je ferai fortune...
4. Quand je me marierai...

5. Quand j'aurai 40 ans (65 ans)...
6. Quand je serai prêt(e) à acheter une maison...

Structure Adding emphasis

Les pronoms toniques

Observez et déduisez

— Qu'est-ce que la réussite pour toi, Nadine?
— Pour moi, la réussite c'est avoir des responsabilités, participer à des projets collectifs...
— Et pour toi, Jean-Paul?
— Eh bien, moi, je pense que la réussite c'est avoir un travail intéressant et avoir du temps libre aussi.

> • What two pronouns do you find after the preposition **pour** in the preceding conversation? Can you infer the subject pronouns to which they correspond?
>
> • Match each subject pronoun in the left column to its corresponding stress pronoun in the right column.
>
> | je | toi | | nous | eux |
> |----|-----|--|------|-----|
> | tu | elle | | vous | elles |
> | il | moi | | ils | vous |
> | elle | soi | | elles | nous |
> | on | lui | | | |
>
> • In the last sentence of the dialogue, you see «Moi, je... ». You have seen this use of **Moi, je...** many times throughout this text. Can you infer its function from the context?

Confirmez Les pronoms toniques

Les pronoms toniques	
moi	nous
toi	vous
lui, elle, soi	eux, elles

Vocabulaire actif

les pronoms toniques
toi, eux, etc.

• Stress, or tonic, pronouns are used after prepositions:

Réussir ma vie professionnelle? C'est avoir de bons employés; c'est participer à des projets avec **eux.**

Être heureux dans ma vie personnelle? C'est m'amuser avec ma copine; c'est aller chez **elle.**

Et pour **toi?** Qu'est-ce que c'est que «réussir»?

- for emphasis:

  Moi, je veux un travail sûr. **Lui,** il veut se sentir libre.

- after **c'est/ce sont:**

  C'est **nous** qui cherchons la sécurité professionnelle.
  Ce sont **eux** qui veulent faire fortune.

  Ce sont is used only with the third-person plural, **eux/elles.**

- and alone as a question or as an answer to a question:

  — Qui veut réussir?
  — **Moi! Vous** aussi?

Activités

K **Qu'est-ce qu'une vie réussie?** Prenez une feuille de papier et préparez 8 lignes numérotées de 1 à 8. Écoutez les activités mentionnées, et indiquez si elles jouent un rôle important dans l'idée d'une vie réussie pour vous, pour votre meilleur(e) ami(e) ou pour vous deux.

➡ (se marier?) *pour moi* ou: *pour elle/lui* ou: *pour nous deux*

Maintenant, réfléchissez à vos réponses. Est-ce que vous ressemblez beaucoup à votre ami(e)?

L **La réussite.** Regardez les photos ci-dessous, puis lisez les phrases suivantes. Décidez qui a dit chacune de ces phrases: l'homme? les étudiantes? la femme? Est-ce que les phrases pourraient s'appliquer à différentes personnes?

➡ «La réussite, c'est arriver à ses objectifs.»
  C'est elle qui l'a dit.

«La réussite, c'est l'équilibre dans la vie.»

«La réussite, c'est avoir confiance en soi.»

«La réussite, c'est être libre.»

«La réussite, c'est avoir la sécurité avant tout.»

«La réussite, c'est avoir beaucoup de temps pour me reposer.»

«La réussite, c'est avoir un travail qui me plaît.»

«La réussite, c'est avoir beaucoup d'argent.»

«La réussite, c'est pouvoir voyager.»

M **Moi, je... et toi?** Parmi les descriptions suivantes, cochez dans la 1ère colonne celles qui s'appliquent à vous, et ajoutez une description originale pour le numéro 8. Ensuite, interviewez quatre camarades de classe pour voir si vous vous ressemblez. Écrivez les noms des camarades qui vous ressemblent.

➡ *Toi, tu as de l'ambition?*
Moi, non. ou: *Moi? Oui, j'ai beaucoup d'ambition.*

	s'applique à moi	*s'applique à...*
1. avoir de l'ambition	_____	_____
2. être débrouillard(e)	_____	_____
3. avoir peur du chômage	_____	_____
4. chercher l'équilibre dans la vie	_____	_____
5. désirer être P.D.G.	_____	_____
6. chercher l'aventure professionnelle	_____	_____
7. s'ennuyer quelquefois	_____	_____
8. _____	_____	_____

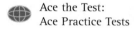
Jeu de rôle

You and your partner are proponents of different viewpoints regarding work. For one, job security and plenty of free time is most important. For the other, taking risks and seeking adventure matters most. Defend your viewpoint and question your partner on his/her position.

Un petit brin de conversation.

Observez et déduisez

Que reflète le visage du commerçant? Quelle est son attitude? Et la cliente, que reflète son visage? Ce commerçant et sa cliente font un petit brin[1] de conversation avant la transaction. Que se disent-ils, pensez-vous?

Confirmez et explorez

• **Le monde des affaires.**   Comme le dit Polly Platt dans son livre *French or Foe?*, les affaires en France sont «un tango» et il faut connaître les pas[2] pour pouvoir danser. Tout d'abord, il faut savoir que, si vous voulez le pain le plus frais chez le boulanger du coin ou des échantillons gratuits[3] à la parfumerie, il faut établir un rapport personnel avec les commerçants. Un brin de conversation («Votre maman est sortie de l'hôpital? À cet âge-là, évidemment, on devient fragile... ») avant la transaction assure un meilleur service. Il est vrai que cela prend du temps, mais c'est un investissement qui rapporte[4], que ce soit[5] à la banque, chez l'avocat, chez le médecin ou dans un magasin. Le client le mieux servi ne sera pas nécessairement celui qui dépense le plus d'argent, mais celui qui prend le temps d'établir un rapport personnel avec son interlocuteur. Pensez au monde des affaires dans votre pays: les transactions sont-elles personnalisées? Si oui, comment? Si non, pourquoi pas, à votre avis? Préférez-vous une culture où «le temps, c'est de l'argent», ou une culture où les relations humaines sont plus valorisées? Peut-on avoir les deux?

• **La femme au Sénégal.**   L'article 154 du Code de la Famille stipule: «La femme peut exercer une profession, à moins que[6] son mari ne s'y oppose.» L'article 134 de ce même code stipule que «la femme peut demander à son mari, à l'occasion du mariage ou postérieurement, d'opter pour le régime de la monogamie ou de la limitation de la polygamie». Si le mari s'y oppose, le mariage est automatiquement placé sous le régime de la polygamie qui autorise l'homme à

La femme africaine dans un monde en transition.

avoir jusqu'à quatre femmes. Ces lois semblent rétrogrades aux Occidentaux. Cependant, l'écrivain sénégalais Cheik Aliou Ndao fait remarquer qu'«il serait dangereux de juger l'Afrique comme s'il s'agissait d'un pays européen, sous le prétexte d'une universalité qui, en fait, n'est que la généralisation de la réflexion européenne». Ndao explique que la société africaine traditionnelle est basée sur l'harmonie entre l'homme et la femme et que c'est si l'homme devient un «rival»—un concept occidental—que la femme devient l'inférieure de l'homme. Quels sont les dangers de juger une société non-occidentale selon les valeurs occidentales? Donnez des exemples de tels jugements et leurs conséquences.

---

1. peu   2. *steps*   3. *free samples*   4. *pays off*   5. *be it*   6. *unless*

 Improve Your Grade: Web Search Activities

Troisième étape

À l'écoute **Hommes et femmes—l'égalité?**

Vous allez entendre deux députés (ou représentants) à l'Assemblée nationale, dans le Parlement français, discuter la question de l'égalité des hommes et des femmes en France.

Pensez 🎧

L'Assemblée nationale—quelques femmes?

1 À votre avis, l'égalité des sexes est-elle un mythe ou une réalité de nos jours? Est-ce que l'égalité des droits (*rights*) garantit l'égalité des chances? Pensez à la société nord-américaine. En groupes de deux ou trois, décidez si les femmes sont les égales des hommes dans les domaines suivants. Donnez des explications ou des exemples pour justifier vos réponses, puis, si vous le désirez, ajoutez d'autres catégories où la question d'égalité se pose.

    1. dans les écoles et les universités

    2. dans le monde professionnel

        a. embauche

        b. promotions

        c. postes de direction

        d. salaires

    3. dans le monde politique

    4. ?

2 Selon vous, qu'est-ce qui est plus difficile pour les femmes: entrer ou monter (recevoir des promotions) dans les domaines traditionnellement masculins? Expliquez.

🎧 Observez et déduisez 🎧

3 Écoutez d'abord pour identifier le point de vue de Françoise Brasseur et de Philippe Aubry sur l'égalité entre les hommes et les femmes. Est-ce un mythe ou une réalité pour elle? pour lui?

4 Écoutez encore en faisant attention aux chiffres. Complétez les phrases.

1. Les femmes constituent _____ pour cent de la population active (qui travaille).

2. À profession égale, les femmes du secteur privé gagnent en moyenne (*average*) _____ pour cent de moins que les hommes.

3. Malgré la loi du _____ sur la parité (l'égalité) en politique, il y a seulement _____ pour cent de représentation féminine au Parlement.

4. Les femmes ont le droit de voter depuis _____ ans.

5. Dans _____ ans, la situation sera très différente.

5 Écoutez encore ce que dit Françoise Brasseur pour trouver le contexte des mots suivants et déduire leur sens. Donnez un synonyme, un antonyme ou une définition.

➡ en théorie
Contexte: «*On peut en parler, oui, en théorie!*»
Sens: *Le contraire de la pratique.*   ou: *C'est ce qu'on dit mais pas ce qu'on fait.*

1. réservé (à)

2. évidemment

3. franchement

6 Écoutez une dernière fois et reconstituez les arguments des deux députés.

1. Deux «preuves» que l'égalité est plus qu'une théorie.

2. Trois «preuves» que l'égalité est seulement une théorie.

3. Une raison pour laquelle l'égalité est difficile à réaliser.

7 Discutez les sujets suivants.

1. Imaginez une discussion semblable entre des démocrates et des républicains aux États-Unis. Est-ce que les arguments seront les mêmes? En groupes de trois, adaptez l'interview au contexte américain. Discutez d'abord les différences et les ressemblances que vous voyez, puis jouez l'interview.

2. Philippe Aubry pense que, dans soixante ans, la situation sera très différente. Êtes-vous aussi optimiste? À votre avis, qu'est-ce qui sera différent? Qu'est-ce qui ne changera pas dans la condition des femmes—et des hommes? Faites une liste de vos prédictions.

Note culturelle

Le gouvernement français.   Le gouvernement français est divisé en trois branches ou pouvoirs.

- Le pouvoir exécutif: le président de la République, élu pour cinq ans, nomme le Premier ministre qui dirige une équipe de 40 à 50 ministres. Leur fonction commune est d'assurer l'exécution des lois.

- Le pouvoir législatif: l'Assemblée nationale, avec 577 députés qui sont élus pour cinq ans, et le Sénat, avec 321 sénateurs qui sont élus pour neuf ans, forment le Parlement, dont la fonction est de discuter et voter les lois.

- Le pouvoir judiciaire: créé en 1799, le Conseil d'État contrôle la légalité des actes administratifs. La Cour de cassation joue le rôle d'une cour suprême et peut «casser» (changer) les jugements prononcés par les tribunaux.

Pouvez-vous comparer la structure du gouvernement de votre pays avec celle du gouvernement français?

Prononciation Les nombres

- Numbers are another trouble spot for learners of the French language. When do you pronounce the [k] in **cinq,** for example, and when is it silent? From now on, it will no longer be a mystery!

Observez et déduisez

As you listen to the following statements based on **À l'écoute: Hommes et femmes— l'égalité?** on the In-Text Audio CD, look at the final consonants in boldface. Underline those that are pronounced and cross out the ones that are silent. You will then draw some conclusions.

1. Les femmes, qui constituent quarante-neu**f** pour cen**t** de la population active, gagnent en moyenne ving**t**-quatre pour cen**t** de moins que les hommes. Il y a hui**t** ans, ou même si**x** ans, cette différence était de ving**t**-sept à ving**t**-huit pour cent.

2. S'il y a hui**t** cen**t** quatre-vingt-dix-huit membres du Parlement en France, cin**q** cent soixante-dix-sept à l'Assemblée nationale, élus pour cin**q** ans, et trois cent ving**t** et un au Sénat, élus pour neu**f** ans, et s'il y a seulement dix-sept pour cent de représentation féminine, cela voudrait dire qu'il y a non pas cen**t** quatre-vingt-douze, ni cen**t** quatre-vingt-deu**x** mais cen**t** cinquante-deu**x** femmes au Parlement.

What conclusions can you draw about the pronunciation of final consonants in numbers? Complete the following chart.

	se prononce	ne se prononce pas
le **q** de **cinq** devant voyelle (5 ans) ou consonne (5%)	✓	
le **q** de **cinq** devant **cent(s)** (500) ou **mille** (5 000)		
le **x** de **six** ou **dix** devant une voyelle (6 ans)		
le **x** de **six** ou **dix** devant une consonne (17)		
le **t** de **sept** (toujours)		
le **t** de **huit** devant une voyelle (8 ans)		
le **t** de **huit** devant une consonne (898 membres, 28%)		
le **t** de **vingt** entre 21 et 29 (24, 27, 28%)		
le **t** de **vingt** entre 81 et 99 (82, 92)		
le **t** de **quarante, cinquante, soixante,** etc. (49%, 152 femmes)		
le **t** de **cent,** sauf en liaison avec une voyelle (100%, 898 membres, etc.)		

Note that in **neuf ans,** the f is pronounced like a **v.** This occurs only in two expressions: **neuf heures** and **neuf ans.** In all other cases, the f is pronounced **f:** neuf hommes, neuf employés, neuf mille.

Confirmez

1. Practice saying the sentences in **Observez et déduisez,** paying close attention to the numbers. Verify your pronunciation on the In-Text Audio CD as needed.

2. In the following sentences, focus on the numbers with their final consonants in boldface. Underline the consonants that are pronounced and cross out the ones that are silent, then practice saying the sentences. Verify your pronunciation on the In-Text Audio CD.

   a. Dans toutes les catégories d'âge, les femmes sont plus souvent au chômage: ving**t**-trois pour cen**t** de femmes contre di**x**-hui**t** pour cen**t** d'hommes chez les quinze à ving**t**-quatre ans; di**x** pour cen**t** contre sep**t** pour cen**t** chez les ving**t**-cin**q** à quarante-neu**f** ans.

   b. Le congé de maternité, indemnisé à quatre-vingt-di**x** pour cent, date de mille neu**f** cen**t** soixante et onze. La durée légale du congé de maternité est fixée à seize semaines: si**x** semaines avant la naissance, di**x** semaines après. À partir du troisième enfant, le congé de maternité peut durer jusqu'à ving**t**-six semaines.

3. Can you now show your mastery of numbers, with the numbers given in digits? Read the following numbers, guess the correct answers, then verify your pronunciation on the In-Text Audio CD. (See the correct answers in the footnote at the bottom of the page.)

   a. Nombre de femmes qui pensent qu'être une femme est un handicap pour sa carrière: 29%, 45% ou 66%?

   b. Nombre d'hommes qui pensent qu'être une femme est un handicap pour sa carrière: 22%, 36% ou 83%?

   c. Nombre de femmes qui préfèrent avoir un homme comme supérieur (comme patron): 25%, 38% ou 52%?

   d. Nombre d'hommes qui préfèrent avoir une femme comme supérieure: 16%, 23% ou 26%?

   e. Date du droit de vote pour les femmes en France et en Belgique: 1892, 1927 ou 1944?

   f. Date du droit de vote pour les femmes en Suisse: 1871, 1951 ou 1971?

Structure Qualifying an action

Les adverbes

Observez et déduisez

Évidemment, les femmes peuvent entrer dans toutes les professions aujourd'hui. Malheureusement elles montent difficilement aux postes de direction, et elles gagnent rarement autant que les hommes à profession égale.

sûrement

- Adverbs frequently describe *how* something is done. Study the examples above, and infer two rules for the placement of adverbs in a sentence.
- Examine the adverbs again, then complete the chart showing how adverbs are formed from adjectives.

certain	→	certaine	→	certain**ement**
traditionnel	→	traditionnelle	→	traditionnel**lement**
actif	→	*active*	→	*activement*
poli		→		poli**ment**
absolu		→		*absolument*
impati**ent**		→		impati**emment**
réc**ent**		→		_____

Confirmez Les adverbes

Vocabulaire actif

absolument
activement
certainement
constamment
difficilement
facilement
fréquemment
généralement
heureusement
lentement
malheureusement
patiemment /
   impatiemment
poliment
rapidement
rarement
récemment
sérieusement

• The suffix **-ment** corresponds to -ly in English. Many adverbs of manner are formed by adding **-ment** to the feminine form of an adjective.

> heureuse → heureusement   seule → seulement

The **-ment** suffix is added directly to the masculine form if it ends in a vowel.

> rapide → rapidement   vrai → vraiment

If the adjective ends in **-ent** or **-ant,** change the ending as follows:*

> constant → const**amment**   fréquent → fréqu**emment**

• In a simple tense (present, imperfect, future), most adverbs follow the verb.

> Aujourd'hui, les femmes entrent **facilement** dans le monde professionnel...

In the negative, they follow **pas.**

> ... mais elles ne montent pas **rapidement.**

• Adverbs of time (like **aujourd'hui**) and those that modify the entire idea are placed at the beginning or the end of the sentence.

> **Malheureusement,** les femmes gagnent 25 pour cent de moins que les hommes. Et il y a très peu de femmes au Parlement, **évidemment.**

• In the **passé composé,** adverbs ending in **-ment** usually follow the past participle.

> Elle a attendu **patiemment** une promotion.

Short, common adverbs like many you have already learned (**bien, mal, déjà, encore, souvent, quelquefois, beaucoup, assez, trop, jamais, rien,** etc.) come *between* the auxiliary and the past participle.

> Elle a **beaucoup** travaillé, mais elle n'a **jamais** eu de promotion.

Résumé: les adverbes

interrogation	fréquence	quantité
où?	encore	trop
comment?	souvent	beaucoup / peu
combien?	rarement	assez
quand?	quelquefois	plus / moins
pourquoi?	déjà	autant
	toujours	

négation	temps	manière
ne... plus	hier	bien / mal
ne... jamais	demain	rapidement
ne... pas (du tout)	aujourd'hui	seulement
	autrefois	sérieusement
		vraiment, etc.

---

*The adverb **lentement** (slowly) does not follow this rule. (The endings **-emment** and **-amment** are pronounced the same.)

Activités

N **Égalité entre hommes et femmes?** Écoutez et cochez l'adverbe qui exprime (*expresses*) le mieux votre opinion sur l'égalité dans le monde professionnel.

1. _____ absolument   _____ rarement   _____ heureusement
2. _____ facilement   _____ fréquemment   _____ traditionnellement
3. _____ vraiment   _____ rapidement   _____ lentement
4. _____ généralement   _____ souvent   _____ certainement
5. _____ sérieusement   _____ beaucoup   _____ peu
6. _____ constamment   _____ quelquefois   _____ lentement

Est-ce que vos camarades de classe sont d'accord avec vous?

O **Tout est relatif.** Qualifiez les phrases suivantes à l'aide d'un adverbe de la table à la page précédente.

➡ L'égalité est *souvent* difficile à réaliser.

1. On peut parler d'égalité entre les étudiantes et les étudiants dans mon école.
2. Les étudiantes de mon école parlent de l'égalité.
3. Les femmes dans ma famille choisissent une carrière.
4. Elles gagnent autant que les hommes.
5. Dans mon pays, les femmes ont des postes de direction dans les grandes entreprises.
6. Les femmes constituent une partie importante du gouvernement.
7. Les institutions politiques et professionnelles changent dans notre société.

P **Comparaisons.** Comparez les femmes modernes et les femmes traditionnelles à l'aide des suggestions suivantes (ou choisissez un autre adverbe si vous le désirez).

➡ parler (franchement?) *Les femmes modernes parlent plus franchement (moins poliment, aussi raisonnablement...) que les femmes traditionnelles.*

1. entrer dans le monde professionnel (facilement?)
2. travailler (sérieusement?)
3. monter dans leur carrière (rapidement?)
4. attendre l'égalité (patiemment?)
5. avoir des promotions (fréquemment?)

Q **Dans un monde idéal...** Décrivez le patron (la patronne) idéal(e). Complétez les phrases suivantes en employant des adverbes de manière, de fréquence ou de temps.

➡ Le patron (La patronne) idéal(e) remerciera *constamment les employés.*
   Il (Elle) se fâchera *rarement.*

1. Il (Elle) travaillera...
2. Il (Elle) écoutera...
3. Il (Elle) comprendra...
4. Il (Elle) parlera...
5. ?

Observez et déduisez

There are times in conversation when you'll want to interrupt the speaker, for example, in a lively discussion on a controversial topic. Study the following example, and identify the expressions used to interrupt.

> — Est-ce qu'on peut parler d'égalité entre les hommes et les femmes? Eh bien, oui, en théorie...
> — Excusez-moi, mais c'est plus que de la théorie! Les femmes aujourd'hui peuvent entrer dans toutes les professions...
> — Attendez! Entrer, peut-être, mais pas *monter*. Le pouvoir économique et politique est encore réservé aux hommes, et...
> — Oui, mais il faut du temps pour changer les institutions et la mentalité de la société...
> — Franchement, il faut *trop* de temps!

Confirmez Expressions pour prendre la parole ou interrompre

> **Comment entrer en conversation**
>
> | | |
> | --- | --- |
> | Oui/Non, mais... | Excusez-moi, mais... |
> | Écoute/Écoutez... | Au contraire! |
> | Attends!/Attendez! | Franchement... |

Note culturelle

L'art de la conversation. Selon l'ethnologue culturelle Raymonde Carroll, «bien que le mot *conversation* soit le même en anglais et en français, il est loin de signifier la même chose dans les deux cultures». Les Américains se plaignent (*complain*) souvent des Français: «Ils vous interrompent tout le temps... ils vous posent des questions et n'écoutent jamais la réponse.» Les Français, eux, trouvent que «les conversations américaines sont ennuyeuses» et que les Américains «répondent à la moindre question par une conférence». En fait, l'art de la conversation dans les deux cultures est très différent. Pour un Français, «les longues réponses qui restent ininterrompues... sont réservées... aux conversations qualifiées de *sérieuses*» et sont déplacées (*out of place*) dans une soirée ou une fête. De plus, les Français se servent des interruptions pour réagir, pour animer la conversation, et pour montrer leur intérêt—pas pour couper la parole à quelqu'un. Essayez d'expliquer les «règles» de la conversation dans votre pays à quelqu'un qui n'est pas de chez vous.

Raymonde Carroll, *Évidences invisibles*, pp. 44, 61, 62.

Activités

R **Une conversation animée.** Avec un(e) partenaire, jouez le rôle de deux député(e)s au Parlement en utilisant les éléments suivants. Vous voulez expliquer votre position; votre partenaire veut vous interrompre. Employez des expressions pour hésiter (page 58) et pour interrompre (page 406).

Député républicain

Les femmes constituent aujourd'hui 49 pour cent de la population active.

Elles peuvent entrer dans toutes les professions.

Elles ont le droit de voter seulement depuis soixante ans.

Soixante ans, ce n'est pas beaucoup.

Les institutions et les mentalités changent lentement.

Dans soixante ans, la situation des femmes sera différente.

Député socialiste

Les femmes ne montent pas facilement dans le monde professionnel.

Une femme dans un poste de direction est l'exception.

Le pouvoir économique et politique est réservé aux hommes.

Les hommes dirigent toutes les grandes entreprises.

Les femmes gagnent en général 24 pour cent de moins que les hommes.

Seulement 17 pour cent des membres du Parlement sont des femmes.

Épisode

Jeu de rôle

How have the relationships and responsibilities of men and women changed in the last thirty years? What will they be like in 2020? Play the roles of colleagues who have different opinions on the answers to these questions. Try to convince your partners of your point of view.

 Improve Your Grade:
Flashcards,
Interactive Practice

 Ace the Test:
Ace Practice Tests

Littérature Une si longue lettre

Mariama Bâ (1929–1981), a writer from Senegal, was one of the pioneers of women's literature in Africa. *Une si longue lettre*, published in 1979, is a 130-page letter from Ramatoulaye, a Senegalese woman, to her best friend, Aïssatou. Ramatoulaye and Aïssatou were among the first girls in Senegal to receive an advanced degree from «l'école des Blancs», and both have become schoolteachers. Aïssatou married Mawdo Bâ, a doctor, and Ramatoulaye married Modou Fall, an intellectual who has become an administrator and politician. Both couples are «résolument progressistes», but they also live in a very traditional society, deeply rooted in the practice of polygamy. After twenty years of marriage, and under much pressure from his family, Mawdo Bâ takes a second wife (une co-épouse). A few years later, Modou Fall also takes a co-épouse—his daughter's best friend—and abandons Ramatoulaye and their twelve children. In *Une si longue lettre*, Ramatoulaye shares her distress with Aïssatou—Aïssatou who has gone through the same ordeal, who understands, who has asked herself the same painful questions on women's condition in an African Muslim society. In the excerpt, Ramatoulaye remembers what it was like when her friend lost her husband to a second wife.

Pensez

1 Le texte que vous allez lire contient des mots illustrés dans le paragraphe suivant. Lisez ce paragraphe sur le cycle de la vie, puis, en utilisant le contexte et la logique, associez chaque mot en caractères gras avec son équivalent anglais de la liste donnée.

Quand on arrive dans ce monde, c'est la naissance; les **sages-femmes** ou les médecins aident les bébés à **naître.** Puis les parents **élèvent** leurs enfants et leur **enseignent** des principes, des valeurs. Plus tard, les jeunes choisissent de **garder** ou de **rejeter** ces valeurs, d'obéir aux **lois** ou de **mépriser** les traditions. **Mûrir,** pour beaucoup, c'est apprendre à **faire son devoir, gagner sa vie,** assumer des responsabilités. Petit à petit, on **vieillit,** et finalement on meurt; on peut **mourir** de causes naturelles ou être victime d'une **maladie** qui **tue,** comme certaines formes de cancer.

Équivalents anglais: *to be born; to die; to kill; to keep; to reject; to despise; to raise; to teach; laws; midwives; disease/sickness; to earn a living; to do one's duty; to mature; to grow old*

2 Dans l'extrait que vous allez lire, il est question de «Tante Nabou» et de «la petite Nabou». Tante Nabou, mère de Mawdo Bâ, vient d'une famille royale et n'a jamais approuvé le mariage de son fils avec Aïssatou, fille d'un simple bijoutier (*jeweler*). Pour perpétuer le sang royal (*royal blood*), Tante Nabou prépare une jeune nièce, qui s'appelle aussi Nabou—«la petite Nabou»—à devenir la co-épouse de Mawdo. Sous la pression de la famille et de la tradition, quelle va être la réaction de Mawdo? Et quelle va être la réaction d'Aïssatou, la première épouse? Va-t-elle accepter de partager l'homme qu'elle aime? Choisira-t-elle le compromis (c'est-à-dire rester, accepter la situation) ou la rupture (c'est-à-dire partir, divorcer)? Discutez vos prédictions en groupes.

Observez et déduisez: en général

3 Parcourez le texte une première fois pour identifier les paragraphes qui contiennent les idées générales suivantes.

Paragraphes

1. «La petite Nabou est entrée... »
2. «Après son certificat d'études... »
3. «La petite Nabou est donc... »
4. «Je savais. La ville savait... »
5. «C'est pour ne pas voir... »
6. «Alors, tu n'as plus compté... »
7. «Mawdo ne te chassait pas... »
8. «Tu as choisi la rupture... »

Idées générales

a. Tante Nabou annonce à Mawdo qu'il doit épouser la petite Nabou.
b. Raisons pour lesquelles Mawdo obéit à sa mère
c. Réaction d'Aïssatou
d. Formation domestique de la petite Nabou
e. Formation scolaire et professionnelle de la petite Nabou
f. Mawdo parle à Aïssatou d'amour et de devoir.
g. Mawdo explique à Aïssatou pourquoi il doit épouser la petite Nabou.
h. Infériorité des enfants d'Aïssatou

Une si longue lettre

1   La petite Nabou est entrée à l'école française. Mûrissant sous la protection de sa tante, elle apprenait le secret des sauces délicieuses, à manier fer à repasser et pilon°. Sa tante ne manquait jamais l'occasion de lui rappeler son origine royale et lui enseignait que la qualité première d'une femme est la docilité.

2   Après son certificat d'études° et quelques années au lycée, Tante Nabou a conseillé à sa nièce de passer le concours° d'entrée à l'École des Sages-Femmes d'État°: «Cette école est bien. Là, on éduque. Des jeunes filles sobres, sans boucles d'oreilles°, vêtues de blanc, couleur de la pureté. Le métier que tu y apprendras est beau; tu gagneras ta vie et tu aideras à naître des serviteurs° de Mahomet°. En vérité, l'instruction d'une femme n'est pas à pousser. Et puis, je me demande comment une femme peut gagner sa vie en parlant matin et soir°.»

3   La petite Nabou est donc devenue sage-femme. Un beau jour, Tante Nabou a convoqué Mawdo et lui a dit: «Mon frère te donne la petite Nabou comme femme pour me remercier de la façon digne° dont je l'ai élevée. Si tu ne la gardes pas comme épouse, je ne m'en relèverai jamais°. La honte tue plus vite que la maladie.»

4   Je savais. La ville savait. Toi, Aïssatou, tu ne soupçonnais° rien. Et parce que sa mère avait pris date pour la nuit nuptiale, Mawdo a enfin eu le courage de te dire ce que chaque femme chuchotait°: tu avais une co-épouse. «Ma mère est vieille. Les chocs et les déceptions° ont rendu son cœur fragile. Si je méprise cette enfant, elle mourra. C'est le médecin qui parle, non le fils. Pense donc, la fille de son frère, élevée par ses soins°, rejetée par son fils. Quelle honte devant la société!»

5   C'est «pour ne pas voir sa mère mourir de honte et de chagrin» que Mawdo était décidé à aller au rendez-vous de la nuit nuptiale. Devant cette mère rigide, pétrie° de morale ancienne, brûlée intérieurement par° les féroces lois antiques, que pouvait Mawdo Bâ? Il vieillissait et puis, voulait-il seulement résister? La petite Nabou était bien jolie...

6   Alors, tu n'as plus compté, Aïssatou, pas plus que tes quatre fils: ceux-ci ne seront jamais les égaux° des fils de la petite Nabou. Les enfants de la petite Nabou seront de sang royal. La mère de Mawdo, princesse, ne pouvait pas se reconnaître dans les fils d'une simple bijoutière. Et puis une bijoutière peut-elle avoir de la dignité, de l'honneur?

7   Mawdo ne te chassait pas°. Il allait à son devoir et souhaitait que tu restes. La petite Nabou habiterait° toujours chez sa mère; c'est toi qu'il aimait. Tous les jours, il irait°, la nuit, voir l'autre épouse, pour «accomplir un devoir».

8   Tu as choisi la rupture, un aller sans retour avec tes quatre fils. Tu as eu le courage de t'assumer. Tu as loué une maison et, au lieu de regarder en arrière°, tu as fixé l'avenir obstinément.

Extrait de *Une si longue lettre* (Mariama Bâ).

à... les tâches domestiques

diplôme d'études primaires
examen
State
earrings

servants / prophète des musulmans
allusion au métier d'institutrice

honorable
je... I'll never get over it

suspected

was whispering
disappointments

ses... elle (Tante Nabou)

formée / brûlée... burnt inside by

equals

ne... wasn't kicking you out
would live
would go

backwards

Déduisez et confirmez: en détail

4 Les mots. En utilisant le contexte et la logique, pouvez-vous déduire le sens des expressions en caractères gras?

1. «Sa tante **ne manquait jamais l'occasion de** lui rappeler son origine royale... »
2. «En vérité, l'instruction d'une femme **n'est pas à pousser.**»
3. «Tu as eu le courage de **t'assumer.**»
4. «... tu **as fixé** l'avenir **obstinément.**»

5 Le texte. Répondez aux questions suivantes.

1. Quelle est la qualité la plus importante d'une femme, selon Tante Nabou?
2. Pourquoi Tante Nabou a-t-elle voulu que sa nièce entre à l'École des Sages-Femmes?
3. Si Mawdo refuse de prendre la petite Nabou comme épouse, quelle sera la réaction de sa mère?
4. Quelle explication Mawdo a-t-il donnée à Aïssatou pour justifier son mariage à la petite Nabou?
5. Mawdo Bâ voulait-il vraiment résister à ce mariage? Donnez deux indications du contraire.
6. Quel était le problème d'Aïssatou, selon la mère de Mawdo? Pourquoi les fils d'Aïssatou ne seront-ils jamais les égaux des fils de la petite Nabou?
7. Quel arrangement Mawdo a-t-il proposé à Aïssatou?
8. Quelle a été la réaction d'Aïssatou?

Explorez

1. Quelques pages plus tard, Ramatoulaye dira qu'Aïssatou était la «victime innocente d'une injuste cause». À votre avis, de quoi exactement Aïssatou était-elle la victime?

2. Mawdo Bâ et Aïssatou se disaient «progressistes», mais c'est la tradition qui a été la plus forte pour Mawdo. À votre avis, la tradition et le progrès sont-ils compatibles? En groupes de deux ou trois, trouvez des situations, dans l'histoire, l'actualité, la littérature, le cinéma ou même dans votre expérience personnelle, qui illustrent ce conflit entre la tradition et le changement.

3. Chaque culture a ses traditions et ses valeurs concernant le mariage, la famille, la religion, la notion du bien et du mal, le concept du devoir, l'attitude vis-à-vis de la nature et bien d'autres choses. Prenez deux ou trois traditions de votre culture et comparez ces traditions il y a 50 ans et aujourd'hui. Ont-elles changé? Comment voyez-vous l'avenir de ces traditions ou valeurs? Organisez vos idées en quatre colonnes: **Traditions, Il y a 50 ans, Aujourd'hui, Dans 50 ans.**

Par écrit In my crystal ball . . .

Avant d'écrire

A **Strategy: Webbing.** Webbing allows a writer to draw on both sides of the brain, the analytical and the intuitive, making visible the processes of association, imagination, and feeling. You begin by writing your topic in the center of a circle. Lines radiating from the circle lead to other words brought to mind through free association. Some of the associations are "logical," i.e., they can be analyzed:

emploi → travailler

Others are on an intuitive or feeling level drawn from personal experience:

avenir → incertain

Application. Try webbing as a prewriting technique using the terms **avenir** and **emploi** as centers of thought. Spend five to ten minutes on each web before beginning the writing activities.

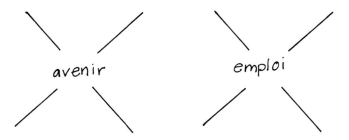

B **Strategy: Adding variety to sentence beginnings.** Your writing will be monotonous if you begin each sentence with the same word or type of word. To see how well you do at varying sentence beginnings, take one of your previous creative writing efforts and circle the first word in each sentence. Did your sentences begin in different ways or did most of your sentences begin with a subject pronoun **(je, il...)?**

Application. Study the examples that follow, then try to rewrite four or five sentences from your previous writing effort, using each of the following types of sentence beginnings.

noun:	Mawdo ne te chassait pas.
pronoun:	Je savais.
article:	La petite Nabou entra...
preposition:	Après son certificat d'études...
	Devant cette mère rigide...
adjective:	Quelle honte devant la société!
	Cette école est bien.
verb:	Pense donc,...
	Mûrir, pour beaucoup, c'est apprendre...
conjunction:	Si tu ne la gardes pas comme épouse,...
	Et puis, je me demande...

Écrivez

1. L'extrait d'*Une si longue lettre* se termine par la phrase «au lieu de regarder en arrière, tu as fixé l'avenir obstinément». Mais, ce n'est pas vraiment la fin de la lettre. À vous maintenant de terminer l'histoire d'Aïssatou. Écrivez un paragraphe sur ce qui arrivera à la jeune femme et ses quatre fils. Qu'est-ce qu'elle fera? Est-ce qu'elle trouvera un emploi? Où est-ce qu'elle habitera? etc. N'oubliez pas de varier les débuts des phrases.

2. Quelle chance! Vous vouliez passer l'été au Québec et vous allez pouvoir le faire! Vous venez d'être embauché(e) pour le poste décrit dans une des annonces ci-dessous. Maintenant il faut expliquer à votre camarade de chambre que vous ne pourrez pas venir lui rendre visite comme prévu (*planned*). Envoyez-lui une lettre pour expliquer la situation. Dites-lui où vous passerez l'été, où vous travaillerez, ce que vous ferez et ce que vous espérez voir pendant votre séjour.

TÉLÉPHONISTES-RÉCEPTIONNISTES
(liste de rappel)

Le CENTRE HOSPITALIER DES CONVALESCENTS DE MONTRÉAL désire s'adjoindre des téléphonistes-réceptionnistes pour travailler sur appel. Les exigences du poste sont les suivantes: horaire flexible, incluant quarts de travail de soir et de fin de semaine, bilinguisme à l'oral et à l'écrit, connaissance d'une console téléphonique, expérience d'au moins une année dans un milieu de travail semblable.

Les candidat(e)s intéressé(e)s sont prié(e)s de faire parvenir leur curriculum vitæ au plus tard le 30 septembre à:

Mme S. Marcil
Dossier 4521
Direction des ressources humaines
Centre hospitalier des Convalescents de Montréal
6363, chemin Hudson
Montréal (Québec) H3S 1M9

Journaliste

LE DEVOIR est à la recherche de deux jeunes journalistes à titre de surnuméraires dété pour travailler au sein de la section des informations générales.

Un diplôme universitaire de premier cycle (en journalisme, en communication et/ou dans un autre domaine), une connaissance de la presse écrite et la maîtrise d'autres langues que le français seront des atouts.

Durée de l'emploi: 10 semaines

Rémunération: selon la convention collective en vigueur.

Envoyez vos candidatures avant le 15 mai à:

Bernard Descôteaux,
rédacteur en chef
LE DEVOIR
2050 de Bleury, 9ᵉ étage
Montréal (Québec)
H3A 3M9

Rabais Campus
Journaux et magazines

Nous recherchons des représentant(e)s pour nos promotions de ventes d'abonnements par kiosques du **DEVOIR** pour les campus étudiants de Montréal, Québec, Ottawa, Sherbrooke, Trois-Rivières et Chicoutimi.

Exigences: Dynamisme, aptitudes à la vente, disponibilité et bonne présentation

Salaire: de 8 $ à 9 $/hre; de 1 à 5 semaines

Pour informations:

Hélène Génier (514) 982-0637
Monique Lévesque (418) 529-4250
Entre 9h00 et midi

Synthèse culturelle

Pour vous, qu'est-ce que c'est que «la réussite» (ou «réussir sa vie»)?

Aïssatou: C'est la capacité d'éduquer sa famille et de vivre la vie intellectuelle que l'on s'est choisie.

Nathalie D.: C'est de faire ce que l'on a choisi, de gagner correctement sa vie et surtout de le faire honnêtement.

Frédéric: C'est de voir mes enfants eux-mêmes réussir dans leur vie familiale et professionnelle.

Laïla: Quand on atteint le but[1] qu'on s'est fixé dans la vie et qu'on a réalisé une bonne partie de nos rêves. Mais aussi d'avoir le sentiment d'avoir été une bonne personne envers soi-même, les gens et Dieu.

Explorez

Développez un sondage se rapportant à la réussite ou à une vie «réussie». Énumérez des exemples de réussite selon vous personnellement et dans votre culture. Montrez votre liste à différentes personnes; demandez-leur de choisir les trois exemples qui leur semblent les meilleurs et d'en ajouter un au besoin. Comparez leurs réponses avec celles des Francophones ci-dessus.

1. *attains the goal*

  Improve Your Grade: Online Synthèse culturelle

Les professions

un agent de police
un(e) banquier(ière) *a banker*
un cadre *a professional (manager, executive, etc.)*
un chef d'entreprise *a head of a company, a CEO*
un(e) comptable *an accountant*
un(e) cuisinier(ière) *a cook*
un(e) enseignant(e) *a teacher*
un(e) fonctionnaire *a government employee,
    a civil servant*

un homme / une femme d'affaires *a businessman /
    -woman*
un homme / une femme au foyer *a house husband/wife*
un(e) infirmier(ière) *a nurse*
un(e) informaticien(ne) *a computer programmer*
un(e) ouvrier(ière) *a factory worker*
un(e) P.D.G. (président-directeur général) *a CEO*
un(e) vendeur(euse) *a salesperson*

Le monde du travail

l'ambition (f.) *ambition*
l'avenir (m.) *the future*
une carrière *a career*
le chômage *unemployment*
la créativité
un curriculum vitæ (un CV) *a résumé*
un(e) débutant(e) *a beginner*
l'égalité (f.) *equality*
un emploi *a job*
un(e) employé(e) *an employee*
un employeur(euse) *an employer*
une entreprise *a company*
un entretien *an interview*

l'équilibre *equilibrium*
le patron / la patronne *the boss*
un poste à mi-temps / à plein temps *a half-time /
    full-time position*
un poste de direction *a management position*
une profession (libérale) *a profession*
une promotion *a promotion*
la réalité *reality*
la réussite, le succès *success*
le salaire *salary*
la sécurité *security*
un stage *an internship*

Verbes et expressions verbales

avoir l'intention de *to intend to*
bosser *to work hard (familiar)*
compter (+ infinitif) *to plan to, to count on*
devenir *to become*
embaucher / être embauché(e) *to hire / to be hired*
encourager
espérer *to hope*
exercer une profession *to practice a profession*

faire une demande d'emploi *to apply for a job*
gagner (sa vie, de l'argent) *to earn (a living, money)*
monter *to move up (fig.)*
prendre rendez-vous *to make an appointment*
remplir un formulaire *to fill out a form*
venir de (faire quelque chose) *to have just (done
    something)*

Adjectifs

débrouillard(e) *resourceful*
efficace *efficient*
professionnel(le) *professional*

performant(e)
réservé(e) à *reserved (for)*

Adverbes

absolument *absolutely*
activement *actively*
certainement *certainly*
constamment *constantly*
difficilement *with difficulty*
évidemment *obviously*
facilement *easily*
franchement *frankly*
fréquemment *frequently*
généralement *generally*
heureusement *fortunately*

lentement *slowly*
malheureusement *unfortunately*
patiemment/impatiemment *patiently/impatiently*
poliment *politely*
rapidement *fast*
rarement *rarely*
récemment *recently*
sérieusement *seriously*
seulement *only*
traditionnellement *traditionally*

Pour prendre la parole ou interrompre

Attends!/Attendez! *Wait!*
Excuse-moi / Excusez-moi, mais... *Excuse me, but . . .*
Au contraire *On the contrary*
Écoute!/Écoutez! *Listen!*

Pronoms toniques

moi, toi, lui, elle, soi, nous, vous, eux, elles *me, you, him, her, oneself, us, you, them, them*

Divers

dès que *as soon as*
un endroit *a place*

Soucis et rêves

This chapter will enable you to

➡ understand conversations about health and globalization

➡ read an article and a literary passage about fantasies

➡ discuss physical and mental health

➡ say what you would do if . . .

➡ provide opinions

Quels sont les soucis de cette dame? Imaginez ses problèmes. Et vous? Si vous étiez à sa place, qu'est-ce que vous feriez?

Chapter resources

 iLrn Heinle Learning Center includes:
- Student Activities Manual (SAM) and SAM Audio Program
- Textbook Assignments and In-text Audio Program
- Media-enhanced eBook
- Video Library
- Enrichment
- Diagnostics

 In-Text Audio Program

 Video

 Companion Website

Première étape

À l'écoute **Des questions de santé**

Interviews

Quand vous avez un rhume (*a cold*) ou la grippe (*the flu*), est-ce que vous prenez rendez-vous chez votre médecin ou est-ce que vous vous contentez d'acheter des médicaments à la pharmacie? Et quand vous achetez des médicaments, est-ce que vous demandez l'avis d'un(e) pharmacien(ne) ou bien est-ce que vous vous contentez de lire les indications sur la boîte? Cette conversation avec une pharmacienne va vous donner une idée de ce que font les Français pour leurs «petits maux quotidiens», c'est-à-dire les maladies qui ne sont pas graves.

Pensez

1 Quels sont les «petits maux» qui troublent votre santé? Cochez-les à gauche et indiquez ce que vous faites pour les traiter. Est-ce que vous vous faites soigner par un médecin (un docteur) ou bien est-ce que vous vous soignez tout(e) seul(e), avec ou sans médicaments?

	Je me fais soigner par un médecin	*Je me soigne tout(e) seul(e)...* avec *médicaments*	sans *médicaments*
_____ un rhume	_____	_____	_____
_____ la grippe	_____	_____	_____
_____ une indigestion	_____	_____	_____
_____ des troubles gastriques (problèmes d'estomac)	_____	_____	_____
_____ des allergies	_____	_____	_____
_____ une bronchite	_____	_____	_____
_____ une migraine	_____	_____	_____
_____ le rhume des foins (*hay fever*)	_____	_____	_____

2 Et quels sont les symptômes de ces maladies? Reliez les maladies à leurs symptômes habituels. (Certains symptômes peuvent s'appliquer à plusieurs maladies.)

un rhume	On a mal à la tête.
la grippe	On a de la fièvre (une température de 40° par exemple).
une indigestion	
des troubles gastriques	On a le nez qui coule (*runny nose*).
des allergies	On a le nez bouché (congestionné).
une bronchite	On a mal à la gorge.
	On tousse (*coughs*).
	On éternue. (Atchoum!)
	On a mal au ventre.
	On a la nausée.
	On a mal partout!

∩ Observez et déduisez 🖱

3 Écoutez d'abord pour identifier les «petits maux» et autres sujets mentionnés. Cochez les catégories appropriées.

_____ les rhumes

_____ les indigestions

_____ les allergies

_____ les grippes

_____ le rhume des foins

_____ les bronchites

_____ les blessures (à la suite de petits accidents)

_____ le rôle des pharmaciens en France

_____ l'automédication

_____ le danger des antibiotiques

_____ les maladies contagieuses

_____ le remboursement par la sécurité sociale

4 Écoutez encore en faisant plus attention aux détails de la conversation, pour pouvoir compléter le tableau suivant. Pouvez-vous déduire le sens des mots en caractères gras?

les maux	les remèdes
	du paracétamol
	de l'**aspirine** ou de l'Efferalgan
	un **vaccin**
	«**rester au lit** et **attendre que ça passe**»
	désinfecter, appliquer **les premiers soins**
	des **sirops** ou autres **traitements**

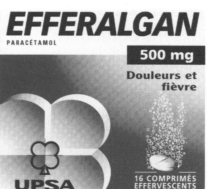

5 Écoutez une dernière fois pour répondre aux questions suivantes (choisissez toutes les réponses correctes).

1. Selon la conversation, qu'est-ce qui est gratuit pour les personnes de plus de 60 ans et remboursé par la sécurité sociale pour les autres?
   a. le vaccin pour la grippe
   b. tous les médicaments
   c. les visites médicales

Vocabulaire actif

des allergies (f.)
un antibiotique
de l'aspirine (f.)
une attaque cérébrale
attraper un rhume
avoir de la fièvre
avoir le rhume des foins
avoir mal à (la tête, la gorge, etc.)
avoir la nausée
avoir le nez qui coule / le nez bouché
une blessure
une bronchite
le cancer
contagieux(se)
une crise cardiaque
un docteur
éternuer
gratuit(e)
la grippe
une indigestion
un mal (des maux)
une maladie grave / pas grave
un médicament
une migraine
une ordonnance
un(e) pharmacien(ne)
les premiers soins
recommander
rester au lit
le sida
du sirop
(se) soigner
un symptôme
tousser
un traitement (alternatif)
un vaccin

2. Dans quel sens les pharmaciens sont-ils de «véritables conseillers médicaux» en France?
   a. Ils appliquent les premiers soins en cas de blessures.
   b. Ils recommandent des traitements pour les maladies qui ne sont pas graves.
   c. Ils traitent les maladies graves.
3. Pourquoi la tendance à l'automédication est-elle ironique en France?
   a. Parce que la sécurité sociale et les assurances complémentaires remboursent les médicaments achetés sans une ordonnance (*prescription*) du docteur.
   b. Parce que les médicaments achetés sans ordonnance ne sont pas remboursés.
   c. Parce que les Français n'aiment pas se soigner tout seuls.

Note culturelle

La médecine en France. L'état de santé des Français est relativement bon puisque l'espérance de vie en France est une des meilleures au monde: 75,8 ans pour les hommes, 82,9 ans pour les femmes (contre 75.2 ans pour les hommes et 80.4 ans pour les femmes aux États-Unis). Tous les Français sont couverts par la sécurité sociale, qui rembourse environ 75% des frais médicaux. La plupart des Français disposent aussi d'assurances complémentaires qui ajoutent environ 10% aux remboursements. Les médecines alternatives, comme l'homéopathie et l'acupuncture, sont très populaires et sont généralement remboursées par la sécurité sociale. Les Français consultent des médecins environ sept fois par an, et les généralistes continuent à faire 20% de leurs consultations à domicile. Les causes principales de mortalité en France sont le cancer (25%), les crises cardiaques (17%) et les attaques cérébrales (*strokes*) (15%). Le sida (*AIDS*) n'est responsable que d'une faible part du nombre de décès (deux pour mille). Que ce soit sur ordonnance ou par automédication, les Français sont les plus gros acheteurs de médicaments d'Europe. Et vous? Pratiquez-vous l'automédication? Que pensez-vous des médecines alternatives? Combien de fois par an, en moyenne, consultez-vous des médecins?

Interviews

Prononciation Liaisons obligatoires et liaisons défendues

- You learned in **Chapitre 1** that when a final consonant that is normally silent is followed by a word beginning with a vowel sound, it is often pronounced as part of the next word.

  des‿allergies

- This linking of two words is called **une liaison;** some **liaisons** are mandatory **(obligatoires),** others are forbidden **(défendues),** and whatever is neither **obligatoire** nor **défendu** is **facultatif** (*optional*). In this section, we consider some of the most common cases of **liaisons obligatoires** and **liaisons défendues.**

- From your experience in French so far, can you define the following **liaisons?** Indicate O for **obligatoire** and D for **défendue.** The first two are already done for you as models.

___O___ article + any word starting with a vowel sound: **des enfants; un autre enfant**
___D___ singular noun + any word: **un enfant américain; l'enfant est malade**
______ adjective + noun: **un petit enfant; des petits enfants**
______ pronoun + verb or pronoun: **Nous allons à la pharmacie. Nous y allons.**
______ verb + pronoun (inversion): **Ont-ils du sirop?**
______ interrogative adverb + any word*: **Quand as-tu attrapé ce rhume? Comment as-tu fait pour te soigner?**
______ after **et: Et après?**
______ one-syllable preposition + any word: **dans une pharmacie; chez un médecin**
______ one-syllable adverb + any word: **très intéressant**

Observez et déduisez

As you listen to the following sentences based on **À l'écoute: Des questions de santé** on the In-Text Audio CD, identify the types of liaisons you hear between the words highlighted in boldface. Indicate ‿ for **une liaison obligatoire,** ‿̸ for **une liaison défendue,** and give the rationale.

— **Comment êtes-**vous tombée?
— J'allais **chez un ami,** un **grand ami** à moi qui est **étudiant en informatique, et alors** je descendais un **petit escalier très abrupt** devant **son immeuble,** et puis voilà, tout bêtement, je suis tombée.
— **Vous êtes** allée **chez un** médecin?
— Ben non, pour **des écorchures** (*scrapes*) comme ça, on se fait soigner **dans une** pharmacie.

Confirmez

1. Pronounce the dialogue above, making sure you link the words in **les liaisons obligatoires** and do *not* pronounce any consonant sound in **les liaisons défendues.** As a review of what you learned in **Chapitre 10,** in addition, practice dropping some ***e* caducs** as needed, then verify your pronunciation on the In-Text Audio CD.
2. In the following dialogue, indicate **les liaisons obligatoires** and **les liaisons défendues.** For an additional challenge, cross out the ***e* caducs** that could be dropped in fluent speech, then practice saying it just as French people would. Verify your pronunciation on the In-Text Audio CD.

— **Peut-on** acheter ce médicament **sans ordonnance?**
— Non, madame, pour **les antibiotiques, vous avez** besoin d'une ordonnance.
— Est-ce que **l'Efferalgan est un antibiotique?**
— Non, non. **Vous en** voulez?
— Oui, s'il vous plaît. **Et autrement,** qu'est-ce que **vous avez** pour les rhumes?
— Ce **médicament est très efficace**—c'est du Doli Rhume.
— Je vous remercie, **vous êtes bien aimable.**

*Exceptions: Comment allez-vous? Quand est-ce que...

Le pronom *en*

Observez et déduisez

— Aïe, aïe, aïe! Je n'arrête pas de tousser! Tu as du sirop?
— Oui, oui. Prends-**en**.
— Et j'ai mal à la tête aussi. Tu n'as pas de comprimés?
— Si, mais n'**en** prends pas trop. Les médicaments, tu sais, il ne faut pas **en** abuser.
— Mais j'ai mal partout.
— Prenons ta température. Tu as peut-être une bronchite ou une pneumonie. Pourquoi n'appelles-tu pas le médecin?
— Bof...
— Je crois que tu **en** as besoin!

*In this section you learn about the pronoun **en**. Think back to what you already know about pronouns such as **lui**, **les**, and **y**, then answer the questions in the box.*

> • The pronoun **en** is used several times in the preceding conversation. To what does it refer in each case? What can you infer about the placement of this pronoun in relation to the verbs in the sentences?

Vocabulaire actif

appeler
un comprimé
en
hypocondriaque
partout
une pneumonie
prendre sa température
une vitamine

Confirmez Le pronom *en*

• The pronoun **en** is used with verbal expressions requiring the preposition **de** when it refers to *things,* e.g., **avoir besoin/peur/honte/envie de** and **parler de.**

> Les hypocondriaques aiment parler **de leurs maladies;** ils **en** parlent tout le temps!

Remember that when referring to *people,* you use a stress pronoun:

> J'ai peur du médecin. J'ai peur de **lui.**

but for *things,* you use **en:**

> J'ai peur des maladies. J'**en** ai peur.

• Use **en** to replace a noun preceded by the following:

an indefinite or a partitive article (see page 169):

> — Vous prenez **des vitamines?**
> — Oui, j'**en** prends tous les jours.

a number:

> — Vous avez pris **quatre comprimés?!**
> — Non, non. J'**en** ai pris deux seulement.

or an expression of quantity (see page 177):

> — Michel a vraiment **beaucoup de maladies.**
> — Oui. Il **en** a trop! Je pense qu'il est hypocondriaque.

• The pronoun **en** takes the same position in the sentence as other object pronouns, that is, before the verb of which it is the object.

> Une ordonnance? Pour ces comprimés, vous n'**en** avez pas besoin.

Activités

 Premier brouillon (*First draft*).   Nancy prépare une description de son frère pour sa classe de français. Aidez-la à compléter son premier brouillon en <u>soulignant</u> tous les compléments qui sont répétés.

Mon frère Martin est hypocondriaque, et il prend beaucoup de médicaments. Du sirop? Oui, il prend du sirop chaque fois qu'il tousse. Des comprimés pour le rhume des foins? Ben oui, il prend des comprimés chaque fois qu'il éternue. De l'aspirine? Bien sûr. Il prend beaucoup d'aspirine pour tous ses maux! Pourtant, Martin ne fait pas grand-chose pour être en bonne santé. Manger sain? Il n'a pas envie de manger sain. Faire de l'exercice? Il n'a pas besoin de faire de l'exercice. Parler de ses symptômes au pharmacien? Il ne parle jamais de ses symptômes. Aller chez le médecin quand il est vraiment malade? Mais non, il a peur d'aller chez le médecin. J'adore mon frère, mais il est un peu fou!

B **Deuxième brouillon.**   Regardez encore l'activité A. Cette fois-ci, aidez Nancy à mieux rédiger son paragraphe en remplaçant les compléments que vous avez soulignés par le pronom **en** ou un autre pronom au besoin.

C **Et pour vous?**   De quoi parle-t-on dans les phrases suivantes? Quelle serait la réponse pour vous personnellement?

➡ J'en ai peur. (Je n'en ai pas peur.)
   J'ai peur d'attraper un rhume.

1. J'en ai envie. (Je n'en ai pas envie.)
2. J'en ai honte. (Je n'en ai pas honte.)
3. J'en ai besoin. (Je n'en ai pas besoin.)
4. J'en parle souvent. (Je n'en parle pas souvent.)
5. J'en ai beaucoup. (Je n'en ai pas beaucoup.)
6. J'en ai deux ou trois. (Je n'en ai pas du tout.)
7. J'en voudrais. (Je n'en veux pas.)

Maintenant, comparez vos réponses avec celles de vos camarades de classe.

 Des secrets.   On peut apprendre beaucoup en regardant dans le frigo et l'armoire à pharmacie (*medicine cabinet*) de quelqu'un! Qu'est-ce qu'on y trouverait chez vous?

➡ des produits bio
   Il n'y en a pas.   ou: *Il y en a beaucoup (très peu / deux ou trois, etc.)*

1. des fruits et des légumes
2. de la viande
3. des comprimés
4. du sirop
5. de l'aspirine
6. des produits homéopathiques
7. ?

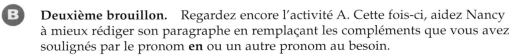

Banque de mots

ma santé
des allergies
des symptômes
mon régime alimentaire
les maladies contagieuses
faire de l'exercice
manger plus sain
aller chez le médecin
acheter des produits bio
?

E **Sondage Santé.** Préparez un sondage avec vos camarades de classe en employant les expressions ci-dessous. Ajoutez deux ou trois questions supplémentaires, puis faites le sondage.

➡ faire beaucoup d'exercice
— *Fais-tu beaucoup d'exercice?*
— *Non, je n'en fais jamais!*

prendre beaucoup de médicaments

aller souvent chez le médecin

demander conseil au pharmacien

recommander des traitements alternatifs

aimer la musculation

avoir besoin de manger sain

faire de la cuisine végétarienne

aller régulièrement au gymnase

?

Structure Saying what you would do
Le conditionnel

Observez et déduisez

À la pharmacie...

— Quel malheur! Je ne me sens pas bien du tout. J'ai de la fièvre, j'ai la nausée, j'ai mal à la tête—en fait, j'ai mal partout. Pourriez-vous me recommander un sirop ou un autre traitement?
— Ben, vous avez sûrement une grippe, madame, et malheureusement, il faudra attendre que ça passe. À votre place, je prendrais de l'Efferalgan et je resterais au lit.

> • What two things does the pharmacist say she *would* do if she were the customer? Study those examples, then imagine how you would express the following: *I would sleep. I would drink lots of water.*

Vocabulaire actif

se blesser
prescrire
se sentir (bien/mieux/mal)
tranquille

Confirmez Le conditionnel

• In French, the conditional is used to state what someone *would* or *would not* do under certain conditions. It is a simple tense formed by adding the imperfect endings to the infinitive: **-ais, -ais, -ait, -ions, -iez, -aient.**

• Although they have the same endings, be sure not to confuse the imperfect tense of the verb with the conditional.

imparfait:　　　Elle **appelait** le médecin.
conditionnel:　Elle **appellerait** le médecin.

• Verbs that have an irregular stem in the future (see page 388) have the same irregular stem in the conditional.

Vous **ser**iez plus tranquille.
Vous n'**aur**iez plus mal à la tête.

Le conditionnel

je me coucher**ais**	nous nous coucher**ions**
tu te coucher**ais**	vous vous coucher**iez**
il/elle/on se coucher**ait**	ils/elles se coucher**aient**
je prendr**ais**	nous prendr**ions**
tu prendr**ais**	vous prendr**iez**
il/elle/on prendr**ait**	ils/elles prendr**aient**

As with the future tense, **-re** verbs drop the **-e** before adding the ending.

> Le médecin vous **prescrir**ait des médicaments.

● Use the conditional of **pouvoir** to suggest what someone *could* do.

> Vous **pourriez** vous faire soigner en pharmacie.

Use the conditional of **devoir** to say what someone *should* do.

> Vous vous êtes blessé? Vous **devriez** vous faire soigner tout de suite.

● Remember that the conditional tense is used most frequently to express wishes and polite requests (see page 89).

> **Auriez**-vous le numéro de téléphone de la pharmacie?
> Je **voudrais** parler au pharmacien, s'il vous plaît.

Activités

F **Que feraient-ils?** Indiquez ce que les personnes suivantes feraient selon le contexte en soulignant les réponses qui conviennent. Ajoutez des réponses personnelles si besoin.

1. Si j'avais une bronchite, je (j')...

   aurais de la fièvre / prendrais un antibiotique / me sentirais bien

2. Si j'avais une maladie contagieuse, mes parents...

   appelleraient le docteur / prendraient ma température / ne me donneraient pas de médicaments

3. Si j'avais des allergies, le médecin...

   me proposerait un traitement alternatif / me recommanderait de faire de l'exercice / me prescrirait de l'aspirine

4. Si je me blessais, le pharmacien...

   me soignerait / recommanderait un vaccin / me donnerait un comprimé

5. Si j'étais à l'hôpital, mes copains...

   me diraient de ne pas rester au lit / me donneraient une ordonnance / me rendraient visite

G **Vous êtes vraiment malade!** Parce que vous devez rester au lit, vous appelez souvent pour demander des petits services à votre famille. Pour être plus poli(e), refaites les phrases en employant le conditionnel de **vouloir** et de **pouvoir**.

➡ Nicolas, j'ai soif. Va me chercher du jus d'orange.
Nicolas, tu voudrais m'apporter du jus d'orange, s'il te plaît?
ou: *Nicolas, est-ce que tu pourrais m'apporter du jus d'orange, s'il te plaît?*

1. Papa, apporte-moi de l'aspirine.
2. Maman, j'ai faim. Prépare mon déjeuner.
3. Nathalie, Andrée! Je m'ennuie. Apportez-moi le journal.
4. Maman, papa, j'ai mal partout. Téléphonez au médecin.
5. Andrée, je tousse. Donne-moi le sirop.
6. ?

H **À votre place.** Vous demandez souvent conseil au pharmacien du quartier au sujet de votre santé générale. Imaginez ses réponses.

➡ J'ai la grippe.
À votre place, je boirais beaucoup de jus de fruit. Je resterais au lit et j'attendrais que ça passe. L'année prochaine, je n'oublierais pas le vaccin!

1. J'ai une migraine.
2. Je me suis blessé(e) en faisant de la gymnastique.
3. Je veux être en bonne forme.
4. Je veux maigrir.

Jeu de rôle

You are the doctor of one of the following patients (played by a classmate). Present your recommendations, using your best bedside manner. Your "patient" asks questions and may present excuses for bad habits.

Hôpital St-Pierre
Nom: MEGOT, *Michel*   Age: *47*   Poids: *100 kilos*
Remarques:
Père et 2 oncles morts d'une crise cardiaque
Fumeur

Hôpital St-Pierre
Nom: BOUFFETOUT, *Jean-Paul*   Age: *8 ans*   Poids: *60 kilos*
Remarques:
Déteste l'exercice physique; régime malsain
Parents trop tolérants

Hôpital St-Pierre
Nom: LAFOLIE, *Patricia*   Age: *28 ans*   Poids: *57 kilos*
Remarques: *Histoire médicale chargée: bronchite, 1992; pneumonie, 1993; migraines, 1993→présent; indigestions fréquentes; rhume des foins chronique. Hypocondriaque?*

Improve Your Grade: Flashcards, Interactive Practice

Ace the Test: Ace Practice Tests

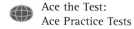

Deuxième étape

Lecture **Les fantasmes des Français**

Un fantasme est un rêve, conscient ou inconscient. Quels sont vos fantasmes? Quels sont les fantasmes des Français?

Pensez

1 Parlons d'abord de vos fantasmes. Est-ce que vous rêvez d'être célèbre? d'être riche? de voyager? Complétez l'étoile de vos rêves personnels et comparez-les avec ceux d'un(e) camarade de classe.

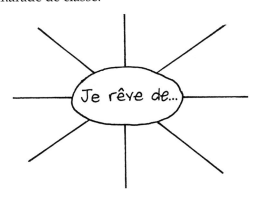

Je rêve de...

Observez et déduisez: en général

2 Regardez l'article sur **Les fantasmes des Français** à la page 428. Est-ce que vous reconnaissez dans le texte ou dans les résultats du sondage des rêves mentionnés dans votre étoile personnelle? Lesquels?

3 Parcourez l'article. Les sujets suivants sont-ils traités dans le texte, dans les résultats du sondage ou dans les deux? Complétez le tableau.

sujets	texte	sondage	les deux
le plus grand fantasme		✓	
les sept pôles de l'imagination			
les professions de rêve			
les cadeaux			
les voyages			
la maison			
les actes extraordinaires (exploits)			
le bonheur affectif			
la sexualité			
un quart d'heure à la télévision			
l'éternité			

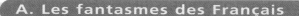

A. Les fantasmes des Français

Le fantasme n° 1 des Français, c'est partir. Tous ne rêvent pas de traverser les continents. Il y a mille et une manières de partir, de rompre° avec la routine, avec soi-même. Pour savoir quels rêves cachés caressent les Français, *L'Express* a demandé à l'institut Louis Harris de sonder leurs fantasmes. Le résultat est surprenant.

    En fait, les fantasmes des Français sont, comme eux, multicolores et multiformes. L'imagination ne s'empare° pas des mêmes images selon que l'on est jeune ou vieux, homme ou femme, riche ou pauvre. Mais pour la plupart, l'imagination est attirée° par sept grands pôles. Dans l'ordre: 1. les voyages; 2. l'argent, tombé du ciel, grâce à saint Loto°; 3. le travail: la profession qu'on aurait rêvé d'exercer; 4. la maison, «neuve», «jolie», «grande», à la campagne ou au bord de la mer, «à soi»; 5. le bonheur affectif, en famille, en couple, ou dans une société qu'on rêve plus juste, plus démocratique et pacifique; 6. la sexualité, qui fait surtout rêver les plus jeunes; 7. enfin, l'éternité: tout est bon pour défier ou éviter la mort°—devenir célèbre, vivre cent ans, mille ans.

    Les fantasmes des Français sont effectivement plutôt «réalistes». Un réalisme teinté d'humanitarisme, un rêve de retour à la vraie vie, odorante° comme une miche° de pain.

break

prend
attracted

grâce à... *thanks to Saint Lottery*

défier... *challenge or avoid death*

qui sent bon
loaf

B. Sondage

Quel est votre plus grand fantasme?

Être le (la) plus compétent(e)	**39%**
Être le (la) plus aimé(e)	23
Être le (la) plus drôle	14
Être le (la) plus intelligent(e)	12
Être le (la) plus célèbre	3
Être le (la) plus sexy	2
Être le (la) plus grand(e)	1
Être le (la) plus beau (belle)	1
Sans opinion	5

Quelle profession auriez-vous rêvé d'exercer?

Médecin sans frontières[1]	**32%**
Berger[2]	11
Cosmonaute	9
Navigateur solitaire	8
Prince ou princesse	8
Chanteur à succès	7
Ambassadeur de France	6
Chef de la brigade antigang	5
Président de la République	3
Raider en Bourse[3]	2
Prostituée de luxe	1
Évêque[4]	1
Sans opinion	7

1. volontaires dans les pays pauvres ou situations de crise
2. *shepherd*   3. *stock market*   4. *bishop*

L'exploit de vos fantasmes?

Sauver un enfant de la noyade[1]	**46%**
Faire le tour du monde à la voile[2]	16
Recevoir le prix Nobel	10
Écrire un best-seller	9
Escalader l'Himalaya	8
Marquer le but de la victoire[3] en Coupe du Monde	6
Commettre le crime parfait	4
Sans opinion	1

1. *drowning*   2. *in a sailboat*   3. *score the winning goal*

Si vous gagniez 1 million d'euros au Loto, comment rêveriez-vous de les dépenser?

En arrêtant de travailler pour vivre en rentier[1]	**25%**
En créant une entreprise	24
En donnant tout aux déshérités[2]	18
En quittant tout pour refaire votre vie au bout du monde[3]	11
En dépensant tout votre argent n'importe comment[4]	7
En achetant un château et une Rolls	7
Sans opinion	8

1. *person of independent means*   2. pauvres   3. loin
4. impulsivement

Le cadeau de vos fantasmes?

Une Ferrari	**22%**
Un bijou de chez Cartier	18
Une place dans la prochaine navette spatiale[1]	17
Une caisse de vin de pommard de 1929	16
Un tableau de Matisse	12
Un costume ou une robe de chez Christian Dior	8
Un tuyau d'initié[2] en Bourse	4
Sans opinion	3

1. *space shuttle*   2. *an insider's tip*

Le week-end de vos fantasmes?

Sur une île déserte	**52%**
Dans un palace[1]	36
Au lit	8
Sans opinion	4

1. *hôtel de grand luxe*

La contrée de vos fantasmes?

Tahiti	**25%**
Australie	17
Californie	14
Brésil	12
Japon	11
Tibet	7
Sahara	5
Grand Nord	4
Sans opinion	5

Extrait de *L'Express.*

Si on vous offrait un quart d'heure d'antenne[1] à la télévision, qu'en feriez-vous?

Vous défendriez une grande cause humanitaire	**48%**
Vous feriez la morale aux hommes politiques	22
Vous feriez une déclaration d'amour	12
Vous feriez votre propre publicité	7
Vous raconteriez votre vie	5
Vous diriez du mal de votre pire ennemi[2]	1
Sans opinion	5

1. *air time*   2. parleriez négativement de votre plus grand ennemi

La maison de vos fantasmes?

Une cabane au Canada	**25%**
Un bungalow aux Seychelles[1]	24
Un château dans le Périgord[2]	17
Une villa hollywoodienne à Saint-Tropez[3]	13
Un hôtel particulier à Paris	8
Un palais à Marrakech[4]	7
Un loft à New York	3
Sans opinion	3

1. îles de l'océan Indien   2. région de France   3. ville touristique de la Côte d'Azur (*Riviera*)   4. résidence royale au Maroc

Déduisez et confirmez: en détail

4 Le texte

1. **Le texte même (A)**
   a. Quel est le fantasme nº 1 des Français?
   b. Quels sont les facteurs qui font varier les «images» de l'imagination?
   c. Quels sont les sept pôles principaux de l'imagination des Français?
   d. Comment les Français rêvent-ils la société?
   e. Comment peut-on défier la mort? Donnez deux «solutions» mentionnées dans l'article.
   f. Quelle comparaison l'auteur de l'article utilise-t-il pour décrire «la vraie vie»?

2. **Le sondage (B).** Quel est l'ordre de préférence des fantasmes suivants? Complétez le tableau selon l'exemple.

fantasme	ordre	derrière	devant
a. être le (la) plus drôle (comique)	3ᵉ	le (la) plus aimé(e)	le (la) plus intelligent(e)
b. être cosmonaute (astronaute)			
c. sauver un enfant de la noyade			
d. créer une entreprise			
e. avoir un vêtement de chez Christian Dior			
f. passer le week-end dans un palace			
g. aller en Californie			
h. faire la morale (donner une leçon) aux hommes politiques			
i. vivre dans un hôtel particulier (une maison de luxe) à Paris			

Vocabulaire actif

caché(e)
en fait
faire le tour du monde
quitter
rêver
soi-même
un tableau

5 Les mots. Utilisez le contexte et la logique pour trouver dans l'article les mots qui ont le sens suivant. Vous avez déjà vu certains de ces mots.

1. Premier paragraphe: *oneself; hidden; surprising*
2. Deuxième paragraphe: *heaven-sent; one would have dreamed; one's own*
3. Troisième paragraphe: *actually* (Trouvez un synonyme dans le deuxième paragraphe.)
4. Sondage «L'exploit... »: *the World Cup*
5. Sondage «Si vous gagniez... »: *leaving (someone or something); to spend money*
6. Sondage «Le cadeau... »: *a jewel; a case (of wine); a painting*
7. Sondage «Si on vous offrait... »: *your own advertisement*

Explorez

1. L'article donne les sept grands pôles de l'imagination des Français. À votre avis, est-ce que ces pôles seraient les mêmes pour les Américains? Dans le même ordre? En groupes de quatre ou cinq personnes, discutez les différences possibles et préparez un rapport pour la classe.

2. Si ce sondage s'adressait au public américain, est-ce que les questions seraient les mêmes? Par exemple, pour les professions, est-ce que «médecin volontaire» ou «berger» seraient mentionnés? Avec vos partenaires, reprenez chaque partie du sondage et faites les changements que vous jugez nécessaires.

3. L'auteur de l'article dit que les Français rêvent de retourner à «la vraie vie, odorante comme une miche de pain». Que pensez-vous de cette image? Quelles sont les autres images qui vous viennent à l'esprit quand vous pensez à «la vraie vie»? Avec un(e) partenaire, faites une liste de huit à dix images, puis comparez votre liste avec celles de vos camarades de classe.

Le conditionnel (suite)

Observez et déduisez

Fantasmes et rêves...

— Si je gagnais 1 million d'euros à la loterie, je dépenserais tout mon argent. Je m'achèterais une Ferrari et...

— Si j'avais le temps, j'arrêterais de travailler et je ferais le tour du monde.

— Si j'étais riche et célèbre, je serais sûrement heureux.

Des vacances de rêve sur une île déserte.

- To hypothesize is to predict consequences based on conditions that have not yet occurred. You have already learned (page 395) to hypothesize about *probable* future events using the following tense sequence:

  si + present + future

  Si j'ai le temps, j'irai au cinéma ce soir.

- When you hypothesize about events that are *less* likely to occur, a different combination of verb tenses is used. Study the examples in **Observez et déduisez,** and complete the following sentences using the new tense sequence.

  Si je gagnais à la loterie, _____ .

  Je serais heureux(se) si _____ .

  Write the tense sequence: **si +** _____ + _____

  or _____ + **si +** _____

Confirmez Le conditionnel

- To hypothesize about imaginary circumstances and consequences, use **si** and the *imperfect* to express the circumstances and the *conditional* to express the consequences.

  Si j'**étais** plus âgé, je **comprendrais** tout!
     (condition)   →   (consequence)

- Either the condition or the consequence clause may come first, but the conditional tense is never used in the **si** clause.

  — **Si** j'avais le temps, je ferais mes devoirs.   (**si** + condition → consequence)

  — Et moi, j'irais à la plage **si** j'avais le temps!   (consequence → **si** + condition)

Activités

I **Mes rêves.** Complétez les phrases suivantes selon vos rêves personnels.

1. Si je gagnais un million d'euros à la loterie, j'achèterais _____ , et j'irais
_____ .

2. Si on m'offrait le cadeau de mes rêves, je demanderais _____ , et je
voudrais aussi _____ .

3. Si j'avais la maison de mes rêves, j'aurais _____ , et j'habiterais à (en, au,
aux) _____ .

4. Si j'exerçais la profession de mes rêves, je serais _____ , et je travaillerais
_____ .

5. Si je pouvais réaliser mon plus grand rêve, j(e) _____ , et j(e)
_____ .

Maintenant, interviewez un(e) partenaire et comparez vos réponses. Vos rêves
sont-ils semblables ou non? Qui a les rêves les plus grandioses?

➡ *Si tu gagnais un million d'euros à la loterie, qu'est-ce que tu achèterais?*

J **Hypothèses.** Parlez de vous et de vos copains (copines) en employant les
expressions suivantes. Montrez un rapport logique entre les conditions et les
conséquences selon l'exemple.

➡ *Si j'avais le temps et l'argent, je voyagerais dans un pays francophone. Mes copains,
eux, ils iraient sur une île déserte.*

Si...

être le prof	arrêter de travailler
avoir un million de dollars	parler parfaitement le français
habiter une île déserte	voyager dans un pays francophone
exercer la profession de mes rêves	avoir le temps
avoir 35 ans	?
être célèbre (riche, etc.)	

K **Gagnants!** Pour fêter son ouverture (*grand opening*), une agence de voyages
offre un séjour au Québec—tous frais payés, bien sûr! Lisez les renseignements
ci-dessous et regardez les dépliants à la page suivante, puis dites ce que les
personnes suivantes feraient ou ne feraient pas si elles gagnaient le prix.

➡ *Si j'allais à Québec, je mangerais au restaurant Aux Anciens Canadiens.*

1. vous
2. vos parents
3. votre professeur de français
4. votre camarade de chambre ou un(e) ami(e)

Québec et sa région—sites à visiter

Palais Montcalm On y présente du théâtre, des concerts de musique classique et
des spectacles de variétés.

Centre Molson de Montréal Club de hockey Les Canadiens. Les Canadiens
représentent la ville de Montréal au sein de la Ligue nationale de hockey.

Le vieux quartier

Hôtel du Parlement   Premier site historique national du Québec, l'Hôtel du Parlement est un édifice imposant.
Quartier du Petit-Champlain   Aujourd'hui, suite à une restauration générale, le quartier du Petit-Champlain rappelle un coquet village au bord du fleuve. Ses rues étroites d'antan sont animées par des musiciens, des clowns et des jongleurs.
Parc des Champs-de-Bataille   Créé en 1908, le parc a été le théâtre de la bataille entre les armées anglaise et française dirigées par Wolfe et Montcalm (1759).

L   **Remue-méninges.**   La profession de vos rêves: *professeur de français?!* Peut-être pas... mais imaginez de toute façon. Si vous étiez le professeur pendant une semaine, qu'est-ce que vous feriez? Qu'est-ce que vous ne feriez pas? Qu'est-ce que vous changeriez? Préparez une liste avec des camarades de classe.

→   *Si nous étions le professeur, nous regarderions des films français tous les jours.*

Jeu de rôle

You are at a party with friends playing the game *If I (he, she, you) were . . .*
Each person completes the following sentences for the others at the party, and the others try to guess who in the group is being referred to each time.

If this person were an animal, he or she would be . . . because . . .
If this person were a song, he or she would be . . . because . . .
If this person were a color, he or she would be . . . because . . .

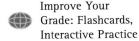
Improve Your Grade: Flashcards, Interactive Practice

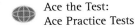
Ace the Test: Ace Practice Tests

Culture et réflexion

Observez et déduisez

Quand vous regardez une carte de l'Afrique, qu'est-ce qui vous vient à l'esprit? Selon vous, quels sont les «soucis et rêves» de l'Afrique? Faites une liste de trois soucis et trois rêves, puis comparez vos réponses avec celles d'Aminata Sow Fall.

Aminata Sow Fall est considérée comme la femme écrivain la plus éminente de l'Afrique francophone actuelle. Elle est l'auteur de sept romans, dont *La Grève des bàttu* (*The Beggars' Strike*, 1979), *L'Appel des arènes* (*The Call of the Ring*, 1982) et *Douceurs du bercail* (*Sweetness of Home*, 1998), qui ont reçu de grands prix littéraires internationaux. Ses autres activités incluent la direction du Centre pour l'étude des civilisations au Ministère de la culture du Sénégal, la fondation du Bureau africain pour la défense des libertés des écrivains et des conférences aux quatre coins du monde. Ici, elle écrit, expressément pour *Mais oui!*, ses pensées sur les soucis et les rêves de l'Afrique.

Confirmez et explorez

• **Soucis et rêves de l'Afrique**   «L'Afrique: on serait tenté de dire ‹la Terre des soucis›. Le continent est en effet rongé[1] par mille et un fléaux[2] qui sont autant de facteurs d'anéantissement[3]. Et chaque jour apporte son lot[4] de calamités naturelles ou d'incendies attisés[5] par l'ambition et la déraison. Les champs de mort au Rwanda sont encore fumants[6] sous la clameur désespérée des rescapés[7] du génocide et voici que les armes tonnent encore[8] en République du Congo, à Brazzaville, en Guinée-Bissau, au Lesotho, faisant écho aux bombes qui sèment[9] l'horreur en Algérie. Le tout sur fond de misère, d'analphabétisme, de dictature[10] (Eh oui, en cette ère de démocratie!).

Mais je veux rêver. Quelque chose au fond de moi me dit que ce géant blessé va se relever[11]; que ce grand malade va se secouer pour se débarrasser[12] de tous ses complexes et pesanteurs[13] pour mieux capter ses énergies morales et spirituelles dangereusement diluées dans l'attentisme qui a généré une mentalité d'assisté[14]. Mes rêves de l'Afrique: un continent debout avec un mental de gagneur[15], avec une voix[16] réelle au concert des Nations, avec la volonté[17] réelle d'exister. Et je sais que le rêve n'est pas utopie: il y a le soleil, les rires, le bleu du ciel, une faune et une flore magnifiques. Et il y a des hommes et des femmes qui savent écouter et aimer, qui croient en la culture, donc à l'Humain.»

Aminata Sow Fall (Dakar, octobre 1998)

D'après ce texte, quels sont les soucis de l'Afrique? Quelles sont les calamités politiques et sociales mentionnées? Qu'est-ce que «ce géant blessé», «ce grand malade» doit faire pour «se relever» et chanter «avec une voix réelle au concert des Nations»? Qu'est-ce qu'il y a en Afrique qui indique que le rêve n'est pas une utopie? Et vous, comment voyez-vous l'avenir de l'Afrique? Si l'on vous demandait d'écrire un paragraphe ou deux sur les soucis et les rêves de votre pays, que diriez-vous? Essayez...

---

1. attaqué   2. *plagues*   3. destruction   4. sa dose   5. incendies... *fires fed by*   6. encore... *still smoking*   7. survivants   8. les armes... *the thunder of gunfire is heard again*   9. *sow*   10. Le tout... *All these on a background of misery, illiteracy, and dictatorship*   11. *get back up*   12. va... *is going to shake off*   13. inertie   14. diluées... *diluted in the wait-and-see attitude of welfare recipients*   15. un mental... *a winning attitude*   16. *voice*   17. le désir

    Improve Your Grade: Web Search Activities

Troisième étape

À l'écoute   La mondialisation

La mondialisation, ou globalisation, est un terme que l'on entend de plus en plus souvent aujourd'hui et qui occasionne des soucis aussi bien que des rêves. Dans cette étape, vous allez écouter deux points de vue sur la mondialisation: celui d'un Français, M. Lompré, ingénieur au Centre d'énergie atomique à Paris, et celui d'une Africaine, Aminata Sow Fall, l'écrivain dont vous venez de faire la connaissance dans **Culture et réflexion.**

Pensez

1 Le dictionnaire Larousse définit la mondialisation comme «le fait de devenir mondial» ou de présenter «des extensions qui intéressent le monde entier». Quand vous pensez à la mondialisation, quels sont les mots qui vous viennent à l'esprit? Cochez les suggestions appropriées, puis ajoutez vos propres idées.

_____ un phénomène nouveau

_____ un phénomène politique

_____ un phénomène économique

_____ un phénomène culturel

_____ une occidentalisation du monde (le monde qui se conforme aux normes des pays occidentaux comme l'Europe et l'Amérique du Nord)

_____ la compétition capitaliste

_____ les restaurants fast-food, comme McDo et Burger King, qui «envahissent» le monde

_____ la langue anglaise qui «envahit» le monde

_____ l'influence de la technologie et des médias

_____ la disparition des inégalités entre les pays riches et les pays pauvres

_____ au contraire, des inégalités de plus en plus marquées entre les pays riches et les pays pauvres

_____ ?

La mondialisation du manger?

Vocabulaire actif

un aspect positif/négatif
les avances (f.)
    technologiques
la compétition
une conséquence
un défaut
un défi
l'inégalité (f.)
un être humain
faire face (à)
la mondialisation/
    globalisation
la morale occidentale
un phénomène
un symbole
trouver l'équilibre (entre)
l'Union européenne
une valeur

2 Sachant que vous allez entendre le point de vue d'un ingénieur français et celui d'une Africaine de grand renom, pensez-vous qu'ils vont voir la mondialisation comme quelque chose de (a) principalement positif, (b) principalement négatif ou (c) positif et négatif en même temps? Imaginez leur position respective.

Observez et déduisez

3 Écoutez une première fois pour identifier les idées principales de chaque conversation. Cochez celles qui sont mentionnées et indiquez les initiales de la personne qui les mentionne (**ML** pour M. Lompré ou **ASF** pour Aminata Sow Fall).

✓ **initiales**

_____ _____ les découvertes maritimes de Christophe Colomb, Magellan, etc.

_____ _____ l'évolution constante du monde

_____ _____ la révolution industrielle du dix-neuvième siècle

_____ _____ les avances technologiques

_____ _____ les événements du 11 septembre 2001

_____ _____ les pays riches et les pays pauvres

_____ _____ le rôle des banques internationales

_____ _____ l'Union européenne

_____ _____ le dilemme entre les valeurs humaines et l'argent

_____ _____ le sacrifice pour un idéal commun

_____ _____ une convergence des valeurs universelles

_____ _____ l'aspect religieux de la mondialisation

4 Maintenant, réécoutez chaque conversation séparément, et indiquez si les phrases suivantes sont vraies ou fausses. Si elles sont fausses, corrigez-les.

1. Selon M. Lompré

a. La mondialisation est un phénomène nouveau.

b. La mondialisation s'est accélérée ces derniers temps.

c. Les tours du World Trade Center étaient le symbole de la morale occidentale.

d. La mondialisation n'a rien en commun avec la colonisation.

e. La mondialisation est un phénomène complètement négatif.

f. La France n'a pas vraiment besoin de l'Union européenne pour faire face à la concurrence (compétition) internationale.

2. Selon Aminata Sow Fall

a. L'homme doit trouver une réponse humaine à l'évolution du monde.

b. Notre bonheur est influencé par les énergies et les ressources dont nous disposons.

c. L'homme ne peut pas constamment recréer le sens (la définition) du bonheur humain.

d. Si le bonheur humain est notre objectif principal, la mondialisation cesse (arrête) d'être une compétition et cesse donc de poser des problèmes.

e. La compétition mène à (*leads to*) l'égoïsme.

f. Le défaut (le problème) de la mondialisation, c'est de mettre l'homme au centre et non l'argent.

g. La mondialisation permet la communication.

h. Le défi (*challenge*) de la mondialisation est de trouver l'équilibre entre les valeurs humaines et les priorités économiques.

i. Dire «l'Occident m'impose... » est une excuse valable (*valid*).

j. L'Afrique a besoin d'un idéal commun et de discipline.

Prononciation   Rythme et intonation

- We have already mentioned that **un accent étranger** occurs when you transfer pronunciation habits from one language to another. Going beyond individual sounds, let's return to rhythm and intonation patterns that differ greatly in French and English.

- **Le rythme.**   As seen in **Chapitre 1** (page 28), the rhythm of English is very uneven, with ACcented SYLlables reCEIVing GREATer EMphasis than OTHers. The rhythm of French, on the other hand, is very even, with every syllable receiving equal emphasis. The only mark of accentuation in French is a slight lengthening of the last syllable in a word group and a change in intonation. Word groups consist of short sentences or single ideas within longer sentences, as indicated by punctuation or simply through meaning. A speaker wishing to emphasize a point may make shorter word groups, whereas someone who speaks fast will make fewer groups. The average number of syllables in a word group is between five and ten.

  > Ma position sur la mondialisa<u>tion</u>,/ c'est que le monde évolue constam<u>ment</u>/ et que c'est aux êtres hu<u>mains</u>/ de trouver une réponse hu<u>maine</u>/ aux différents visages que présente le <u>monde</u>./

  The sentence above can thus be divided into five word groups, with a slight pause after each one and a slight lengthening of the last syllable in the group.

- **L'intonation.**   As seen in **Chapitre 2** (page 73), French intonation patterns are also regulated by word groups. In a declarative sentence such as the one above, each word group before the last one has a rising intonation, indicating that the sentence is not over; falling intonation is reserved for the final word group, marked by a period or a semicolon. Commas always indicate a rising intonation in French. This is very different from English, where a comma frequently triggers falling intonation.

  > Ma position sur la mondialisation,/ c'est que le monde évolue
  >
  > constamment/ et que c'est aux êtres humains/ de trouver une
  >
  > réponse humaine/ aux différents visages que présente le monde./

- French intonation patterns can be summarized as follows.

  Declarative sentences:

  Yes/no questions:

  Information questions:

⌒ Observez et déduisez

As you listen to the following sentences from **À l'écoute: La mondialisation** on the In-Text Audio CD, indicate with slashes the word groups you hear and mark the intonation with arrows.

—L'Union européenne est une bonne chose pour la France?

—Absolument. La France toute seule ne peut pas faire face

à la concurrence internationale, mais l'Europe, oui.

Le monde d'aujourd'hui est un monde multiculturel.

—Qu'est-ce que vous voulez dire exactement?

 Confirmez

1. Now practice repeating the model sentence under **Le rythme / L'intonation** and the short dialogue in **Observez et déduisez,** making sure that you do *not* stop in the middle of a word group and that your intonation rises or falls as needed.

2. Indicate the word groups with slashes and the intonation with arrows, and practice saying them aloud. Verify your pronunciation on the In-Text Audio CD.

a. Quand on a comme objectif principal le bonheur de l'être humain, et l'attachement aux valeurs essentielles de l'humanité, la mondialisation ne pose pas de problème parce qu'elle cesse d'être une compétition.

b. Même à l'intérieur des pays développés, la compétition mène à un égoïsme qui opprime. Le défaut de la mondialisation, c'est de mettre l'argent au centre, en oubliant l'être humain. Le défi de la mondialisation, c'est de trouver l'équilibre, pour que l'homme soit là au centre et non l'argent.

Stratégie de communication) Providing opinions

Observez et déduisez

This strategy reviews techniques you have used to state your opinion and introduces some new expressions to help you elaborate on them.

We express opinions in various ways: in descriptions of someone or something (**Le professeur typique est...**), in comparisons (**Les fruits sont meilleurs que les légumes**), in our assertions (**Si, si... Mais non!**), in advice we give (**Il faut... Vous devriez...**), in our choice of qualifiers (**absolument; malheureusement**), in expressions of preference (**Moi, je préfère... parce que...**), etc. Sometimes we "advertise" our opinions (**Pour moi... À mon avis...**). As you can see, you have been making simple statements of opinion since **Chapitre 1!** Now you will begin to elaborate on your opinions.

Search the following statements for words that suggest "opinion" and for words that help you elaborate or connect the thoughts expressed. Underline them.

Un point de vue

Premièrement, il faut dire que la mondialisation n'est pas un phénomène nouveau. Il est vrai que la mondialisation s'est accélérée récemment, surtout à cause des avances technologiques qui contribuent à l'explosion du commerce mondial. Il y a des inégalités, c'est sûr, mais selon moi, la mondialisation permet une convergence des valeurs universelles.

Un autre point de vue

Ma position sur la mondialisation, c'est que le monde évolue constamment alors que les cultures changent lentement. Pourtant, il y a des valeurs universelles et c'est à ces valeurs que nous devrions nous attacher, non pas à la compétition. Pour moi, le monde est un endroit où l'objectif principal de chaque pays devrait être le bonheur de l'être humain. En fait, le défaut de la mondialisation c'est de mettre l'argent au centre. Si on mettait plutôt l'homme au centre, à mon avis, tout changerait.

Now check the chart that follows to see some words and expressions you can use to begin explaining your opinion.

Confirmez   Pour vous aider à développer une opinion

Des expressions utiles

pour lier et élaborer
et
mais
alors/alors que
parce que + sujet/verbe
à cause de + nom
pourtant, cependant
qui/que/où
surtout
plutôt
en fait

pour qualifier
pour moi
selon moi
à mon avis
Je pense que...
Je crois que...
malheureusement

pour comparer
plus/moins important
   (équitable...) que
le meilleur / le pire

pour confirmer
Il est vrai que...
C'est sûr.

pour insister
Si, si!
Certainement pas!
Absolument! Tout à
   fait!

pour suggérer
On devrait... / Nous
   devrions...
Il faut...

**pour émettre des
hypothèses**
Nous aurions dû +
   verbe...
Si [on faisait cela]...
Si j'étais le Président /
   le Premier ministre...

Activités

M   À mon avis...   Employez des expressions appropriées de la liste d'expressions ci-dessus pour compléter les phrases suivantes.

1. _____ le monde a besoin d'un commerce plus équitable _____
   les profits des dix plus grands groupes mondiaux sont supérieurs aux profits de
   l'ensemble des pays moins développés.

2. _____ , la grande pauvreté touche près d'un être humain sur quatre,
   _____ _____ partager les richesses d'une manière _____ .

3. _____ le monde a besoin de diversité culturelle, _____ il ne
   faut pas que la vision occidentale envahisse le reste du monde.

4. _____ un monde multiculturel est _____ un monde dominé
   par une seule culture.

5. _____ , la mondialisation est une nouvelle forme de colonisation;
   _____ elle a aussi des aspects très positifs!

N   La mondialisation: un bien ou un mal? Avant de donner votre opinion,
réfléchissez au pour et au contre de cette question. D'abord, complétez le
tableau suivant en travaillant en groupe. Faites une liste des idées et du
vocabulaire important pour parler de ce sujet. Notez les structures utiles pour
donner une opinion. Finalement, pensez aux expressions de la **Stratégie de
communication** qui peuvent vous aider à expliquer votre opinion.

vocabulaire		structures	outils pour élaborer
aspects positifs	aspects négatifs		expressions utiles ci-dessus

O **Questions.** Imaginez que vous êtes journaliste et que, dans le cadre d'une émission sur la mondialisation, vous interviewez une «Mme Pour» et un «M. Contre». Quelles questions allez-vous leur poser pour leur faire défendre leurs opinions? Travaillez avec un(e) partenaire en écrivant au moins trois questions pour chaque personne. Voici quelques sujets possibles: le protectionnisme économique, l'élimination des différences culturelles, l'exploitation des ressources naturelles ou l'aide financière aux pays pauvres.

P **Prenez position** (*Take a stand*). Considérez ce que vous avez entendu de M. Lompré et Mme Fall et les conversations que vous avez eues avec vos camarades de classe en faisant les activités ci-dessus. C'est le moment de prendre position! Êtes-vous pour ou contre la mondialisation? Préparez quatre assertions qui expriment votre opinion. (Vous pourrez changer d'opinion demain si vous voulez!)

➡ *La mondialisation est une bonne chose pour la France et pour moi!*
ou: *La mondialisation est la cause de beaucoup de problèmes dans le monde...*

Maintenant, lisez vos phrases à un(e) partenaire et écoutez ses réactions. S'il/Si elle a des questions, essayez de clarifier vos assertions. Posez-lui des questions si vous ne comprenez pas parfaitement ce qu'il/elle dit.

Q **Expliquez! Élaborez!** Parmi les quatre phrases que vous avez lues pour votre partenaire, choisissez l'assertion qui est la plus importante ou intéressante à votre avis. Ensuite, préparez votre «défense»: Expliquez pourquoi (parce que...); donnez des exemples qui soutiennent (*support*) votre opinion; pensez aux autres points de vue et essayez de les réfuter. Prenez des notes, puis développez vos arguments avec votre partenaire. Écoutez ses réactions, puis repensez une dernière fois vos idées.

R **Essai.** Maintenant que vous savez bien exprimer et expliquer votre opinion au sujet de la mondialisation, préparez vos arguments par écrit. Employez les structures et le vocabulaire que vous avez identifiés dans l'activité M aussi bien que le vocabulaire de la **Stratégie de communication.**

Épisode

Improve Your Grade: Flashcards, Interactive Practice

Ace the Test: Ace Practice Tests

Jeu de rôle

A French journalist (your classmate) wants to write an article on the opinions of an American student and asks you profound questions about a topic of your choice. Develop your opinion with the aid of explanations, hypotheses, etc. In the end, the journalist presents a report on the opinion of the student.

Quatrième étape:
Intégration

Littérature Les Choses

Born in Paris in 1936, Georges Perec was the only child of a Jewish couple who had emigrated from Poland. His father was killed in World War II in 1940, and his mother died at the Auschwitz concentration camp in 1943. Left orphaned at age 7, Georges was raised by an aunt and uncle and soon found refuge in what would be his life's passion: writing. From about 1960 until 1982, when he died of cancer, he devoted himself to being a novelist, essayist, and poet.

Known as «**un virtuose de la langue**», Perec challenged himself with all kinds of language experiments. For example, he wrote a whole novel, *La Disparition*, without the most common vowel in French, the letter *e!* He also wrote a puzzle-novel, *La Vie, mode d'emploi (Life, Operating Instructions)*, in which the reader is expected to piece the different parts of the novel together. *Les Choses*, Perec's first published novel (1965), was an instant success. It is the story of a young middle-class couple, Jérôme and Sylvie, whose quest for happiness in material possessions, «**les choses**», ends in broken dreams and a sense of emptiness. The novel also experiments with moods and tenses: the story starts out in the conditional, then moves to the past, and ends in the future. In the opening chapter, Jérôme and Sylvie depict in great detail each room of their would-be apartment—the perfect setting for the perfect life.

Pensez

1 Décrivez votre maison ou votre appartement idéal.

1. Quelles choses est-ce qu'il y aurait sur les murs? (des livres? des objets d'art? des photos?)

2. Est-ce que vous préféreriez des couleurs vives (*bright*) ou des couleurs douces? La lumière (*light*) et les choses lumineuses, ou l'obscurité et les choses sombres?

3. Est-ce que les pièces seraient en ordre ou en désordre? Est-ce que vous auriez une femme de ménage (une employée) pour nettoyer la maison et y mettre de l'ordre?

Observez et déduisez: en général

2 Parcourez le texte une première fois en pensant aux questions suivantes.

1. Quelle pièce est décrite dans cet extrait?

2. Les goûts de Jérôme et de Sylvie sont-ils semblables aux vôtres? Reprenez les questions de **Pensez** et trouvez les points que vous avez en commun.

3 Dans quel paragraphe trouve-t-on les idées suivantes? Reliez les paragraphes et les idées.

¶1 «La vie, là,... »   a. L'harmonie des choses et de la vie

¶2 «Ils ouvriraient... »   b. Le petit déjeuner

¶3 «Leur appartement... »   c. L'anticipation du bonheur

¶4 «Il leur semblerait... »   d. Les activités du matin, après le petit déjeuner

¶5 «Ils savaient... »   e. Le charme de l'appartement

Les Choses

1   La vie, là, serait facile, serait simple. Toutes les obligations, tous les problèmes qu'implique la vie matérielle trouveraient une solution naturelle. Une femme de ménage serait là chaque matin. Il y aurait une cuisine vaste et claire, avec des carreaux° bleus, trois assiettes de faïence° décorées d'arabesques jaunes, des placards° partout, une belle table de bois blanc au centre, des tabourets°, des bancs°. Il serait agréable de venir s'y asseoir, chaque matin, après une douche, à peine° habillé. Il y aurait sur la table des pots de marmelade, du beurre, des toasts, des pamplemousses° coupés en deux.

tiles / stoneware
cabinets
stools / benches
hardly

grapefruit

2   Ils ouvriraient les journaux. Ils sortiraient. Leur travail ne les retiendrait que quelques heures, le matin. Ils se retrouveraient pour déjeuner; ils prendraient un café à une terrasse, puis rentreraient chez eux, à pied, lentement.

3   Leur appartement serait rarement en ordre mais son désordre même serait son plus grand charme. Leur attention serait ailleurs: dans le livre qu'ils ouvriraient, dans le texte qu'ils écriraient, dans le disque qu'ils écouteraient, dans leur dialogue.

4   Il leur semblerait° parfois qu'une vie entière pourrait harmonieusement s'écouler° entre ces murs couverts de livres, entre ces choses belles et simples, douces, lumineuses.

Il... Ils penseraient
se passer

5   Ils savaient ce qu'ils voulaient; ils avaient des idées claires°. Ils savaient ce que seraient leur bonheur, leur liberté. Il leur arrivait d'avoir° peur. Mais le plus souvent, ils étaient seulement impatients: ils se sentaient prêts; ils étaient disponibles: ils attendaient de vivre, ils attendaient l'argent. Ils aimaient la richesse avant d'aimer la vie.

précises
Il... Parfois ils avaient

Extrait de *Les Choses* (Georges Perec).

Déduisez et confirmez: en détail

4 Les mots.   Utilisez le contexte et la logique pour déduire le sens des expressions en caractères gras ci-dessous.

¶1 «... des pamplemousses **coupés en deux.**»
   a. two by two
   b. cut in half

¶2 «Leur travail **ne les retiendrait que** quelques heures... »
   a. would only keep them
   b. would not keep them

¶3 «Leur attention serait **ailleurs**... »
   a. elsewhere
   b. nowhere

¶4 «... **couverts de livres**... »
   a. book covers
   b. covered with books

¶5 «... ils se sentaient **prêts;** ils étaient **disponibles**... »
   a. ready / available
   b. close / busy

5 Le texte. Les phrases suivantes sont-elles vraies ou fausses? Justifiez vos réponses.

1. Jérôme et Sylvie n'auraient pas de soucis matériels.
2. Une femme de ménage viendrait une fois par semaine.
3. Les placards de la cuisine seraient décorés d'arabesques jaunes.
4. Ils prendraient une douche avant le petit déjeuner.
5. Ils prendraient le déjeuner ensemble.
6. Ils rentreraient chez eux en voiture.
7. Les livres, les disques, leurs activités et leur conversation seraient plus importants que l'ordre ou le désordre de leur appartement.
8. Ils seraient heureux de passer toute leur vie dans cet appartement.
9. Ils acceptaient le présent avec patience.
10. Ils aimaient la vie plus que l'argent.

Explorez

1. La journée idéale—qu'est-ce que vous feriez? À la manière de Jérôme et Sylvie, décrivez ce que vous feriez du matin jusqu'au soir. Décrivez aussi les choses qui seraient autour de vous aux différents moments de cette journée.

2. Jérôme avait 24 ans et Sylvie en avait 22 quand ils ont tous les deux abandonné leurs études universitaires pour prendre des emplois temporaires, avec l'espoir de vite gagner beaucoup d'argent. Ont-ils eu raison? Imaginez que vous parlez à Jérôme ou à Sylvie au moment de leur décision. Divisez-vous en deux groupes: un groupe sera pour les études, et l'autre contre. Préparez d'abord une liste de conseils et d'arguments. Ensuite essayez vos conseils et arguments sur le professeur, qui jouera le rôle de Jérôme ou de Sylvie. Qui aura les meilleurs arguments?

   ➡ *À ta place, je finirais/j'abandonnerais mes études parce que...*
   ou: *Tu devrais finir/abandonner tes études parce que...*
       Si tu finissais/abandonnais tes études, tu pourrais...

3. «Ils attendaient de vivre, ils attendaient l'argent.» Parfois, on «attend de vivre», comme un enfant avant de commencer l'école, par exemple, ou un(e) étudiant(e) avant de commencer «la vraie vie» du monde professionnel. En groupes de deux ou trois, faites une liste de situations où, parfois, on «attend de vivre». Pour chacune de ces situations, indiquez ce qu'on attend et les dangers ou les avantages de cette anticipation.

4. «Ils aimaient la richesse avant d'aimer la vie.» En groupes de deux, contrastez l'attitude, les priorités et les actions des gens dans les deux catégories suivantes. Trouvez au moins cinq contrastes.

   Les gens qui aiment la richesse   *Les gens qui aiment la vie avant*
   avant d'aimer la vie   *d'aimer la richesse*

Par écrit If only . . .

Avant d'écrire

A Strategy: Looping. Often one of the most difficult prewriting tasks is narrowing the focus of the topic. Looping, a technique involving several stages of prewriting, is designed to help you do just that: decide on which elements of a broad theme you will concentrate. Begin looping by freewriting (writing without stopping) for five to ten minutes on the assigned subject. Next, stop and read what you've written, consciously seeking out the "center of gravity," the feature that seems to prevail. Once you've identified this focal point of the first "loop," use it as the topic for the next five to ten minutes of freewriting, the second loop. The process can be repeated as often as necessary until you feel you have clearly identified the focus of the paper you wish to write.

Application. Practice looping using one of the following topics:

Mon plus grand rêve
La maison de mes rêves

B Strategy: Adding variety through analogy. An analogy is an attempt to explain or describe something by comparing it to something else, often something that at first glance may seem totally unrelated. You are probably familiar with the use of similes and metaphors in literature to express analogies. In French, descriptions can also be enhanced through the use of these stylistic techniques, for example:

Ma maison est vieille **comme** le monde,
elle **ressemble à** une cabane,
mais **c'est** une forteresse contre le temps.

Application. Now try creating three analogies of your own using the topic **Ma maison** and the preceding examples as models.

Écrivez

1. Dans l'extrait de *Les Choses*, Jérôme et Sylvie imaginent une maison parfaite, une vie idéale. À vous maintenant de décrire la maison de vos rêves. Comment serait-elle? Qu'est-ce qu'elle aurait? n'aurait pas? Qu'est-ce qui s'y passerait? Avant d'écrire, décidez quel sera le point de départ de votre description: les *choses*—ce qu'il y aurait (le décor et les objets matériels); les *activités*—ce que vous y feriez; ou d'*autres choses*—les rêves familiaux, les expériences partagées, les valeurs, les éléments immatériels. Limitez votre sujet en employant la technique décrite dans **Avant d'écrire** (A).

2. Si votre bonne fée (*fairy godmother*) vous accordait votre plus grand désir, qu'est-ce que ça serait? Décrivez ce qui se passerait si vous aviez cette bonne fortune. Est-ce que vous achèteriez quelque chose? Iriez-vous quelque part? Feriez-vous quelque chose d'extraordinaire? Donnez autant de détails que possible.

Synthèse culturelle

Quand vous pensez au monde actuel, qu'est-ce qui vous inquiète le plus? Pourquoi?

Nathalie C.: Le non-respect de l'environnement.

Nathalie D.: Cette montée de violence: sexuelle, délinquance, pédophilie, guerre et les maladies incurables comme le sida.

Laïla: La haine et la violence qui existent entre des gens, des peuples, car ceci est la cause principale des guerres et des conflits autour du monde.

Aïssatou: C'est le pouvoir[1] de l'argent. Même dans les sociétés où les valeurs familiales sont très fortes, l'opportunisme prend le pouvoir.

Frédéric: L'égoïsme qui nous entoure actuellement. Les gens ont tendance à ne penser qu'à eux-mêmes.

  Improve Your Grade:
Online Synthèse culturelle

Explorez

Qu'est-ce qui vous inquiète le plus quand vous pensez au monde actuel? Posez la question à plusieurs copains et camarades de classe, puis comparez vos idées avec les réponses ci-dessus.

1. *power*

La santé et les maladies (f.)

des allergies (f.)
une attaque cérébrale *stroke*
attraper un rhume *to catch a cold*
une bronchite *bronchitis*
le cancer
une crise cardiaque *heart attack*

la grippe *the flu*
hypocondriaque
une indigestion *indigestion*
une migraine
une pneumonie *pneumonia*
le rhume des foins *hay fever*
le sida *AIDS*

Les symptômes (m.)

avoir de la fièvre *to have a fever*
avoir la nausée *to be nauseated*
avoir le nez bouché *to be congested*
avoir le nez qui coule *to have a runny nose*

avoir mal à *to hurt*
avoir mal à la tête / à la gorge *to have a headache / a sore throat*
se blesser *to hurt oneself*
une blessure *a wound*
éternuer *to sneeze*

un mal/des maux *pain, ailment*
prendre sa température
se sentir bien/mieux/mal *to feel well/better/sick*
tousser *to cough*

Les traitements (m.)

alternatif
un antibiotique *an antibiotic*
appeler/aller voir le médecin/le docteur *to call/to see the doctor*
de l'aspirine *aspirin*
un comprimé *a tablet*

un médicament *a medication*
une ordonnance *a prescription*
un(e) pharmacien(ne) *a pharmacist*
les premiers soins *first aid*
prescrire *to prescribe*
recommander *to recommend*

rester au lit *to stay in bed*
du sirop *syrup*
se soigner *to take care of oneself*
un vaccin *a vaccination*
une vitamine

Les rêves (m.)

quitter (quelqu'un/un endroit) *to leave (someone/a place)*
rêver *to dream*

un tableau *a painting*
le tour du monde *a trip around the world*

Adjectifs

caché(e) *hidden*
contagieux(se) *contagious*

grave *serious*
tranquille *calm*

La mondialisation

un aspect positif/négatif *a positive/negative aspect*
les avances (f.) technologiques *technological advances*
la compétition *competition*
une conséquence *a consequence, result*
un défaut *a flaw, defect*
un défi *a challenge*
l'égalité/l'inégalité (f.) *equality/inequality*
un être humain *a human being*

faire face (à) *to face (up to)*
la mondialisation/la globalisation *globalization*
la morale occidentale *Western morality, ethics*
un phénomène *a phenomenon*
un symbole *a symbol*
trouver l'équilibre (entre) *to find a balance (between)*
l'Union européenne *the European Union*
une valeur *a value*

Divers

en (pronom) *some / . . . of them*
en fait *actually*

partout *everywhere*
soi-même *oneself*

Des questions d'actualité

This chapter will enable you to

➡ read about immigration in France and the effects of colonialism in Martinique

➡ understand the gist of an appeal by a famous French activist for the homeless (l'abbé Pierre)

➡ express your viewpoint on social issues

Quelles sont les revendications de ces manifestants? Et vous? À votre avis, quels sont les problèmes les plus graves du monde actuel? L'immigration et le racisme? Les sans-abri? Autre chose?

Chapter resources

 iLrn Heinle Learning Center includes:
- Student Activities Manual (SAM) and SAM Audio Program
- Textbook Assignments and In-text Audio Program
- Media-enhanced eBook
- Video Library
- Enrichment
- Diagnostics

 In-Text Audio Program

 Video

 Companion Website

Lecture L'immigration

Vous allez lire un article qui résume les problèmes de l'immigration en France.

Improve Your Grade:
Web Search Activities

Pensez

1 L'immigration pose des problèmes sociaux, politiques, culturels et moraux. En groupes de deux ou trois, discutez les questions suivantes.

1. Est-ce qu'un pays «riche» devrait **accueillir les étrangers** (accepter les gens d'autres pays), ou **fermer ses frontières** (*borders*)? Considérez les circonstances suivantes et, pour chacune, indiquez ce que vous feriez—est-ce que vous accueilleriez les étrangers ou est-ce que vous fermeriez les frontières?
   a. L'économie du pays est bonne; il n'y a pas beaucoup de chômage.
   b. Le pays traverse une crise économique.
   c. Les étrangers sont des réfugiés politiques.
   d. Les étrangers ont des qualifications professionnelles et parlent la langue du pays d'adoption.
   e. Les étrangers n'ont pas de qualifications professionnelles et ne parlent pas la langue du pays d'adoption.
2. Qu'est-ce qu'il faut faire pour s'intégrer à un nouveau pays? (Apprendre la langue? Parler la langue du pays d'adoption à la maison? Abandonner sa culture d'origine? Ignorer les préjugés [*prejudices*]?) Faites une liste de quatre ou cinq éléments qui, selon vous, sont nécessaires à l'intégration.

2 Qui sont les étrangers dans votre pays ou région? Imaginez la situation en France: d'où viennent la plupart des étrangers? Des autres pays européens? D'Afrique? D'Asie? Devinez!

Observez et déduisez: en général

3 Parcourez le texte une première fois en faisant attention à son organisation. Dans quelle partie du texte—(1) **Les étrangers,** (2) **Un cercle vicieux** ou (3) **L'intégration**—se trouvent les renseignements suivants?

renseignements/sujets	étrangers	cercle vicieux	intégration
a. Handicaps des jeunes étrangers			
b. Les différentes catégories d'étrangers			
c. Conséquences de la crise économique de 1974 sur l'immigration			
d. Comparaison des immigrés autrefois et aujourd'hui			
e. Problèmes d'assimilation des musulmans (religion de l'Islam)			
f. Nouvelles lois (*laws*) de l'immigration			
g. Raisons possibles pour les actes de délinquance			

Les étrangers

La politique française en matière d'immigration a connu une rupture spectaculaire en 1974: avec la crise économique, la France a fermé ses frontières aux étrangers. Cette crise économique a eu pour conséquence le développement, dans certaines couches° de la population, de sentiments xénophobes° à l'égard des étrangers, accusés de «prendre le travail des Français». Le Front national, le parti d'extrême droite de Jean-Marie le Pen, propose en effet de lutter contre le chômage en rendant «la France aux Français». Les lois Pasqua de 1993 ont ajouté aux mesures de contrôle de l'immigration en réformant le code de la nationalité. Elles stipulent, par exemple, que les enfants nés en France de parents étrangers ne recevront plus automatiquement la nationalité française et que le mariage à une citoyenne ou un citoyen français ne garantit pas la nationalité française. Ces lois sont jugées draconiennes par des organismes comme S.O.S.-Racisme, dont le slogan «Touche pas à mon pote°» prêche la tolérance.

    Les étrangers représentent aujourd'hui 8,1% de la population (contre 6,8% en 1982). Parmi eux, on distingue principalement trois catégories:

- les étrangers installés depuis longtemps, Italiens, Polonais et Espagnols, par exemple: ils sont souvent bien intégrés.
- «les immigrés», Portugais et Maghrébins (Algériens, Marocains ou Tunisiens), auxquels l'économie française a fait appel° à partir des années 60, quand elle était en période d'expansion.
- les réfugiés qui sont venus d'Asie ou d'Europe de l'Est, par exemple, pour des raisons politiques.

    Officiellement, la France n'accueille plus de nouveaux immigrants depuis 1974, sauf° pour des cas particuliers: regroupement de familles, personnes susceptibles d'obtenir le statut de réfugié politique, spécialistes dont le pays a besoin. Une immigration clandestine continue cependant.

catégories / hostiles

copain

auxquels... que l'économie française a invités

excepté

Un cercle vicieux

Les statistiques tendent à montrer que les étrangers ou les Français d'origine étrangère sont plus fréquemment responsables d'actes de délinquance (vols, usage et vente de drogues, etc.). Elles montrent aussi que les jeunes Maghrébins réussissent moins bien leurs études que les Français de souche° ou que les étrangers d'autres origines. Mais ces chiffres°, qui servent à alimenter la xénophobie, sont rarement accompagnés des explications nécessaires. Ils n'indiquent pas, en particulier, que les conditions de vie des enfants d'étrangers sont souvent moins favorables que celles des autres enfants. Si moins de 25% des enfants nés de parents maghrébins obtiennent le baccalauréat, contre 40% en moyenne nationale, c'est parce qu'ils cumulent les handicaps et les retards dès° l'école primaire. Il n'est donc pas étonnant que le taux° de chômage des jeunes d'origine algérienne soit deux fois plus élevé° que celui des jeunes Français. De même, beaucoup de jeunes des cités° se sentent oubliés par la société et les institutions et font preuve d'indifférence ou de délinquance.

d'origine
nombres

depuis
pourcentage / grand
subsidized housing

L'intégration

Les principes révolutionnaires de 1789 défendaient l'idée de l'homme universel. La France considérait que l'intégration des étrangers sur son sol° devait se faire par assimilation, c'est-à-dire par abandon des particularismes culturels des pays d'origine.

    Autrefois, la plupart des étrangers qui s'installaient en France étaient européens. Ils avaient les mêmes valeurs judéo-chrétiennes que les Français, apprenaient la langue française et s'intégraient rapidement.

    Mais l'assimilation est moins facile pour les étrangers qui viennent d'Afrique du Nord et d'Afrique noire. Les différences culturelles sont plus marquées, et beaucoup de Français (49%) considèrent que les préceptes de la religion islamique rendent° l'intégration des immigrés musulmans impossible. Le débat sur «le droit° à la différence» ne fait que commencer°.

territoire

font
the right
ne... has only begun

Extrait de *La France d'aujourd'hui*, CLE International, 1991 (pp. 26–28) et *Francoscopie 2007* (pp. 198–203).

4 Maintenant, regardez le tableau qui suit, montrant des pourcentages sur l'évolution de l'immigration. D'où viennent la plupart des étrangers résidant en France actuellement? Est-ce que vos prédictions étaient correctes?

plus d'Africains, moins d'Européens

Évolution du nombre d'étrangers en provenance d'Europe, d'Afrique et d'Asie résidant en France et répartition selon les nationalités aux recensements (en %).						
	1954	**1975**	**1982**	**1990**	**1999**	**2005**
Nationalités						
d'Europe	84,0%	62,0%	48,5%	41,3%	37,0%	40,0%
d'Afrique	13,5%	35,0%	43,5%	46,8%	51,5%	49,8%
d'Asie	2,5%	3,0%	8,0%	11,9%	11,5%	10,2%
Nombre d'étrangers (en millions)	1,7	3,4	3,6	3,6	3,3	4,9

- 76% des Français estiment qu'il y a trop d'Arabes en France, 46% trop de Noirs, 40% trop d'Asiatiques, 34% trop d'Européens du Sud (Espagne, Portugal).
- 41% des Français avouent avoir une tendance au racisme.
- 49% des étrangers vivant en France souhaitent s'intégrer à la société française, 38% d'entre eux se sentent déjà intégrés.

INSEE 2004–2005.

Déduisez et confirmez: en détail

5 Les mots. Utilisez le contexte et la logique pour déduire le sens des mots en caractères gras.

Les étrangers

1. La politique française en matière d'immigration a connu **une rupture** spectaculaire en 1974.
   a. un changement brutal
   b. une augmentation
2. Le Front national [...] propose en effet de **lutter** contre le chômage...
   a. se battre
   b. encourager
3. Les lois Pasqua stipulent, par exemple, [...] que le mariage à **une citoyenne ou un citoyen** français...
   a. quelqu'un qui habite dans une ville
   b. quelqu'un qui a la nationalité du pays

Un cercle vicieux

4. **Il n'est donc pas étonnant** que le taux de chômage...
   a. Ce n'est donc pas une surprise
   b. Ce n'est donc pas logique
5. Beaucoup de jeunes des cités **font preuve d'**indifférence...
   a. regrettent
   b. manifestent

6 Le texte. Lisez le texte plus attentivement et répondez aux questions suivantes.

1. Quelles ont été les conséquences de la crise économique de 1974 sur l'immigration en France?

2. De quoi les étrangers sont-ils accusés?

3. Qu'est-ce que c'est que le Front national? Quel est son slogan?

4. Qu'est-ce que les lois Pasqua ont réformé? Donnez un exemple de réforme.

5. Que prêche l'organisme S.O.S.-Racisme? Quel est son slogan?

6. Quelles sont les trois catégories d'étrangers? Qui sont les Maghrébins?

7. Dans quels cas particuliers la France accueille-t-elle encore de nouveaux immigrants?

8. Qu'est-ce que les statistiques montrent? Qu'est-ce qu'elles n'indiquent pas?

9. Quel est le taux de jeunes Maghrébins qui obtiennent le baccalauréat par rapport à la moyenne nationale? Quelles sont les raisons et les conséquences de cette différence?

10. Pourquoi l'intégration des immigrés d'autrefois était-elle plus facile?

11. Pourquoi l'intégration des immigrés d'aujourd'hui est-elle plus difficile?

12. Quel est le pourcentage
    a. d'étrangers dans la population française?
    b. de Français qui disent qu'ils ont tendance à être racistes?
    c. d'étrangers qui étaient originaires d'Afrique en 1954 et en 2004?
    d. d'étrangers qui se sentent bien intégrés à la société française?

Explorez

1. Les États-Unis sont un pays d'immigration. Quelles sont les origines de votre famille? Comparez vos origines avec celles de quatre ou cinq camarades de classe.

2. Y a-t-il des «cercles vicieux» pour les gens qui immigrent dans votre pays? Expliquez.

3. Le texte définit l'assimilation comme «l'abandon des particularismes culturels des pays d'origine». Avec deux ou trois partenaires, considérez différents groupes ethniques dans votre pays/région.
    a. Quels sont les particularismes de ces groupes? (Langue, musique, nourriture, fêtes, religion, vêtements, etc.) Faites une liste.
    b. Dans la liste que vous venez de faire, quels sont les particularismes qu'il faut «abandonner», selon vous, pour s'intégrer à la société américaine? Quels particularismes est-il bon de garder? Discutez puis comparez vos idées avec celles des autres groupes.

4. Que pensez-vous du «droit à la différence»? Considérez d'abord le cas des jeunes filles islamiques qui habitent en France et qui revendiquent le droit de porter le foulard (*head scarf*) islamique dans les écoles publiques.

Parmi les arguments suivants, avec lesquels êtes-vous d'accord?

a. Les signes extérieurs de différence encouragent la division; le rôle des écoles publiques est de favoriser l'intégration et non la division; les écoles publiques doivent donc interdire le port (*forbid the wearing*) du foulard islamique.

Le foulard islamique interdit à l'école?

Vocabulaire actif

abandonner
un(e) citoyen(ne)
une crise
d'origine
un droit
étonnant(e)
un(e) étranger(ère)
un foulard
une frontière
le gouvernement
un(e) immigré(e)
s'intégrer
l'intolérance (f.)
une loi
lutter
un préjugé
le racisme

b. La liberté d'expression garantit le droit de porter des symboles religieux. Au nom de la liberté, les écoles publiques doivent donc permettre le port du foulard islamique.

c. Si le port du foulard islamique est un prétexte pour des manifestations nationalistes, il faut l'interdire.

Maintenant, pensez aux groupes ethniques que vous connaissez. Quels «droits» veulent-ils? Qu'en pensez-vous?

Structure Expressing beliefs and desires

Le présent du subjonctif

Observez et déduisez

Des jeunes Français discutent des problèmes de l'intégration.

— À mon avis, il faut que tous les gens qui habitent en France apprennent le français.

— Tiens, que tu es intolérante. Tu es xénophobe? Tu veux que les immigrés abandonnent leur héritage culturel?

— Pas du tout! C'est bien que des gens de cultures différentes habitent en France. Je n'ai pas de préjugés. Mais il vaudrait mieux qu'ils apprennent à parler la langue du pays pour s'intégrer et réussir.

> • Find some expressions in the preceding dialogue that are used to indicate an opinion. What word concludes each of those expressions?

Confirmez   Le présent du subjonctif

• The tenses you have studied so far (past, present, future) have all been in the indicative mood. The indicative mood is used to indicate *facts;* it implies a sense of objectivity. Compare the following statements:

On apprend le français.   Il faut qu'on apprenne le français.

The second sentence is a *subjective* statement of belief expressed in the *subjunctive* mood.

- The subjunctive occurs in a clause introduced by **que** following certain verbs and impersonal expressions. Use the subjunctive to indicate an opinion after certain common expressions such as **il faut, il vaut (vaudrait) mieux, il est temps,** and **c'est dommage/bien.**

> **Il vaudrait mieux qu'**ils apprennent le français, mais **il ne faut pas qu'**ils abandonnent leur langue maternelle.

Use the subjunctive to express desire after the verbs **vouloir** and **aimer.**

> Je **voudrais que** la discrimination finisse.
> J'**aimerais que** nous nous respections.

The subjunctive is also used following the verbs **regretter** and **douter.**

> Nous **regrettons que** notre pays ferme ses frontières.
> Je **doute que** les immigrés contribuent aux problèmes économiques.

- To form the present subjunctive, use the stem of the **ils** form of the present *indicative*.

> ils finiss—   ils parl—
> ils apprenn—   ils sort—

For **je, tu, il/elle/on,** and **ils/elles,** add the following endings to the stem.

> que je finiss**e**   que tu apprenn**es**
> qu'il parl**e**   qu'elles sort**ent**

The **nous** and **vous** forms are identical to the imperfect; add **-ions** and **-iez** respectively.

> que nous finiss**ions**   que nous parl**ions**
> que vous appren**iez**   que vous sort**iez**

Le présent du subjonctif

Il faut qu(e)...		Il est temps qu(e)...	
je parle	nous parlions	je finisse	nous finissions
tu parles	vous parliez	tu finisses	vous finissiez
il/elle/on parle	ils/elles parlent	il/elle/on finisse	ils/elles finissent

Il vaudrait mieux qu(e)...	
j' apprenne	nous apprenions
tu apprennes	vous appreniez
il/elle/on apprenne	ils/elles apprennent

Activités

A **Front national/S.O.S.-Racisme.** Dans un débat entre partisans des deux groupes, attribuez les phrases suivantes au Front national (FN) ou au groupe S.O.S.-Racisme (R).

1. _____ Il vaut mieux que la France ferme ses frontières.
2. _____ Je voudrais qu'on accepte les étrangers.
3. _____ Il faut que les immigrés retournent dans leurs pays d'origine.
4. _____ Je doute que les étrangers contribuent aux problèmes économiques.
5. _____ Il est temps que nous respections les valeurs des autres cultures.
6. _____ J'aimerais que les immigrés se sentent les bienvenus dans notre pays.
7. _____ Il faut qu'on lutte contre l'intolérance.
8. _____ Le taux de chômage en France est dû au grand nombre d'immigrés.

Maintenant, «corrigez» les phrases avec lesquelles vous n'êtes pas d'accord.

B **Opinions?** Quelques étudiants de l'université de Rennes discutent des problèmes de l'immigration dans un café. Est-ce que leurs déclarations signalent une réalité objective (O) ou un point de vue subjectif (S)?

1. _____ Les statistiques indiquent que le racisme est un problème sérieux dans les grandes villes.

2. _____ Il faut qu'on respecte tout le monde, même si les gens sont différents.

3. _____ C'est vrai. Mais il ne faut pas que les particularismes culturels encouragent la division.

4. _____ Moi, j'aimerais que les immigrés s'intègrent mieux à la société française.

5. _____ C'est dommage que la crise économique rende la situation des immigrés plus difficile.

6. _____ C'est vrai. On accuse les étrangers de causer le chômage.

7. _____ Il est temps qu'on trouve une solution au problème de l'immigration.

Maintenant, parlez avec un(e) partenaire. Dites avec quelles déclarations vous êtes d'accord. Vos réponses se ressemblent-elles?

C **Point de vue.** Complétez les phrases suivantes avec l'expression qui exprime le mieux votre opinion: **Il faut (ne faut pas) que** ou **je voudrais (ne voudrais pas) que.**

1. _____ mon pays ferme ses frontières aux étrangers.

2. _____ le gouvernement reconnaisse ses responsabilités envers les immigrés.

3. _____ on interdise la liberté d'expression religieuse.

4. _____ des gens de cultures différentes habitent parmi nous.

5. _____ qu'on apprécie les contributions des immigrés.

6. _____ les immigrés apprennent la langue du pays où ils habitent.

7. _____ les étrangers abandonnent totalement leur culture.

8. _____ tout le monde s'entende mieux.

Improve Your Grade:
Web Search Activities

Banque de mots

pays
gouvernement
gens
immigrés
citoyens
(in)tolérance
racisme, préjugés
frontières
droit
abandonner
encourager
se sentir
lutter
habiter
s'entendre
fermer
ouvrir
apprendre
s'intégrer
respecter
ne... pas
?

D **Vos idées.** Comment peut-on mieux se comprendre? Travaillez en groupes pour compléter les phrases suivantes.

1. Je regrette que... 3. J'aimerais que...

2. Il faut que... 4. Il est temps que...

Maintenant, comparez vos réponses avec celles des autres groupes. Les groupes sont-ils d'accord sur certaines idées? Lesquelles?

À l'écoute **L'appel de l'abbé Pierre**

Vous allez entendre la voix (*voice*) de quelqu'un que tout le monde en France connaît, respecte et admire. Son nom: l'abbé Pierre. Il est décédé le 22 janvier 2007, à l'âge de 95 ans, mais pendant plus de cinquante ans, il s'est fait le défenseur des pauvres et surtout des gens qui n'ont pas de logement: les sans-abri (*homeless*).

L'abbé Pierre est devenu célèbre en février 1954 quand, pendant un hiver glacial, il a lancé (fait) un appel à la radio en faveur des sans-abri et a provoqué dans la population française une mobilisation nationale immédiate. En février 1994, pendant un hiver de récession économique et de chômage, l'infatigable abbé Pierre, alors âgé de 81 ans, a lancé un autre appel à la radio et à la télévision. C'est cet appel que vous allez entendre.

Attention! Ne vous inquiétez pas si vous ne comprenez pas tout. C'est normal! Nous allons vous demander seulement de comprendre les idées principales et quelques détails. Faites l'activité préparatoire, puis écoutez en fonction des questions données.

L'abbé Pierre et les sans-abri.

Pensez

1 Imaginez un discours d'une personnalité religieuse sur la pauvreté et les sans-abri. De quoi va-t-il parler? Cochez les sujets que vous anticipez et complétez la liste ci-dessous avec vos idées personnelles.

1. _____ La guerre contre la misère (la pauvreté)
2. _____ Le nombre de personnes qui vivent en-dessous du seuil de la pauvreté (*below poverty level*)
3. _____ Des statistiques qui comparent le nombre de sans-abri aux États-Unis et en Europe
4. _____ Des exemples de catastrophes qui ont causé la misère
5. _____ Une définition du public à qui cet appel ou ce cri (*cry for help*) est adressé
6. _____ La responsabilité des municipalités (villes) et des citoyens français en général dans ces efforts pour détruire (éliminer) la misère
7. _____ La responsabilité des églises et des groupes religieux
8. _____ Des suggestions pour trouver ou bâtir (*build*) des logements pour les sans-abri
9. _____ ?

Observez et déduisez

2 Écoutez une première fois pour vérifier vos prédictions. Parmi les sujets que vous avez anticipés, lesquels sont réellement mentionnés? Cochez-les une deuxième fois.

3 Écoutez encore et encerclez les bonnes réponses.

1. L'abbé Pierre appelle son public
   a. «Mes amis».
   b. «Françaises, Français».

2. Dans la guerre contre la misère, l'ennemi est
   a. l'indifférence.
   b. l'argent.

3. La misère attaque
   a. les minorités ethniques.
   b. l'univers total des hommes.

4. Le nombre de personnes qui vivent en-dessous du seuil de la pauvreté en Europe est de
   a. 40 000 000.
   b. 40 000.

5. Quand il parle des gens qui sont laissés à l'abandon (abandonnés), sans espoir, dans les grandes villes, l'abbé Pierre mentionne
   a. les vieux.
   b. des générations de jeunes.

6. L'abbé Pierre dit que pour se mobiliser (pour faire quelque chose)
   a. il ne faut pas attendre des catastrophes bien visibles.
   b. il faut regarder des films sur les sans-abri.

7. L'appel de l'abbé Pierre s'adresse
   a. à tous les gens qui écoutent, et surtout les jeunes.
   b. aux organisations politiques.

8. Beaucoup de municipalités trahissent (*betray*) la cause parce qu'elles
   a. n'ont pas de gîtes (*shelters*) pour les pauvres.
   b. refusent (ferment) leurs gîtes aux plus faibles (vulnérables).

9. Selon l'abbé Pierre, il faut que la France
   a. utilise les logis vides (les logements non-occupés) et les bureaux vides pour les sans-abri.
   b. détruise (élimine) les mauvais logements.

10. Il dit aussi que la France
    a. a les ressources nécessaires (argent, technique, etc.) pour bâtir des logements immédiatement.
    b. doit choisir un nouveau gouvernement, plus favorable aux pauvres.

11. L'abbé Pierre demande aux citoyens français
    a. de voter aux élections du 15 mars.
    b. d'écrire à leurs maires (*mayors*) et de faire des pétitions.

4 Imaginez que vous êtes le maire d'une ville qui a beaucoup de sans-abri. Comment allez-vous les aider? (Est-ce que vous allez demander aux propriétaires de bureaux ou d'appartements vides de les ouvrir aux sans-abri? Qu'est-ce que vous allez faire pour aider les sans-abri à trouver un emploi ou pour trouver de l'argent pour bâtir de nouveaux logements? Allez-vous mobiliser le public par une campagne dans les médias? Demanderez-vous de l'aide aux groupes religieux?) Avec deux ou trois partenaires, faites une liste des solutions que vous proposez pour aider les victimes de la crise économique.

Subjonctif ou infinitif? • Le subjonctif irrégulier

Observez et déduisez

L'abbé Pierre veut alerter le public. Il ne voudrait pas qu'on soit indifférent aux problèmes des sans-abri. À son avis, il ne faut pas attendre des catastrophes bien visibles. Il faut qu'on fasse quelque chose immédiatement; il faut se mobiliser!

- Based on the preceding paragraph, besides the subjunctive, what form of the verb can follow **vouloir** and **il faut**?
- The preceding paragraph contains examples of some irregular subjunctive verbs. Can you identify the subjunctive forms of **être** and **faire**?

Confirmez   Subjonctif ou infinitif?

- Expressions of one's viewpoint, desire, and emotion can also be made in French *without* using the subjunctive. If the subject of both clauses is the same *or* if the subject is not specified, the expression or verb must be followed by an infinitive. Compare the following pairs of sentences:

    L'abbé Pierre voudrait **aider** les sans-abri.
    (one subject → infinitive)

    L'abbé Pierre voudrait que *le gouvernement* **aide** les sans-abri.
    (different subjects → subjunctive)

    Il ne faut pas **attendre** une catastrophe.
    (unspecified subject → infinitive)

    Il ne faut pas que *nous* **attendions** une catastrophe.
    (specified subject → subjunctive)

- After the verb **regretter** and after expressions with **être,** use the preposition **de** before the infinitive.

    L'abbé Pierre regrette **de** voir détruire des logements vides.
    C'est dommage **de** détruire des logements vides.

Le subjonctif irrégulier

- Several common verbs are irregular in the subjunctive. They may have one or two stems or be completely irregular, as are **être** and **avoir.**

Verbs with a single stem and regular endings

	faire fass-	savoir sach-	pouvoir puiss-
que je	fasse	sache	puisse
que tu	fasses	saches	puisses
qu'il/elle/on	fasse	sache	puisse
que nous	fassions	sachions	puissions
que vous	fassiez	sachiez	puissiez
qu'ils/elles	fassent	sachent	puissent

Verbs with two stems and regular endings

	aller aill-/all-	vouloir veuill-/voul-
que j(e)	aille	veuille
que tu	ailles	veuilles
qu'il/elle/on	aille	veuille
que nous	allions	voulions
que vous	alliez	vouliez
qu'ils/elles	aillent	veuillent

Verbs with irregular stems and endings

	être soi-/soy-	avoir ai-/ay-
que j(e)	sois	aie
que tu	sois	aies
qu'il/elle/on	soit	ait
que nous	soyons	ayons
que vous	soyez	ayez
qu'ils/elles	soient	aient

Activités

E **Logique.** Complétez les phrases en cochant toutes les possibilités logiques—et correctes! (Faites attention à la forme des verbes et à la syntaxe.)

1. Il faut que
   - _____ les citoyens fassent des pétitions.
   - _____ bâtir des logements.
   - _____ nous nous mobilisions.

2. Il est temps
   - _____ d'aider les sans-abri.
   - _____ que nous allions à la mairie avec nos pétitions.
   - _____ combattre la misère.

3. C'est dommage
   - _____ que tant de gens n'aient pas de logement.
   - _____ refuser des gîtes aux plus faibles.
   - _____ que tant de citoyens soient indifférents à la misère.

4. Je ne voudrais pas
   - _____ être sans logement.
   - _____ vivre dans la rue.
   - _____ que le problème continue.

5. Il vaut mieux
   - _____ se mobiliser pour aider les pauvres.
   - _____ de s'entendre.
   - _____ que le public soit éduqué.

6. Je doute
   - _____ que le maire comprenne les problèmes des sans-abri.
   - _____ oublier les sans-abri.
   - _____ qu'il y ait assez de gîtes.

F **L'appel.** Trouvez ci-dessous quelques affirmations de l'abbé Pierre. Transformez-les en employant un infinitif selon l'exemple pour créer des phrases plus générales.

➡ Il faut que tout le monde fasse quelque chose.
   Il faut faire quelque chose.

1. C'est dommage que nous attendions une catastrophe bien visible.
2. Il ne faut pas que le gouvernement détruise des logis vides.
3. Il est temps que le gouvernement construise de nouveaux logements.
4. Il vaut mieux qu'on ait un plan d'action.
5. C'est bien que nous nous mobilisions.
6. Il est temps que nous écrivions aux maires.
7. Il faut que nous fassions des pétitions.

G **Mes préférences.** Formez six phrases pour exprimer vos propres idées. Utilisez des mots de chaque colonne, et employez le subjonctif ou un infinitif selon le cas.

➡ *Je voudrais que tout le monde fasse appel aux députés.*
   Il est temps de construire des gîtes.
   Je ne voudrais pas vivre dans la rue.

Je voudrais (ne voudrais pas)	que de	le gouvernement tout le monde	aider les enfants sans abri
Je regrette	—	on	lancer des pétitions
Il faut (ne faut pas)	—	—	se mobiliser
Il vaudrait mieux	?		détruire des bâtiments vides
Il est temps			s'intéresser au problème
			bâtir des gîtes
			avoir un logement
			être indifférent
			faire quelque chose pour aider les pauvres
			vivre dans la rue
			arrêter la misère
			faire appel aux députés
			?

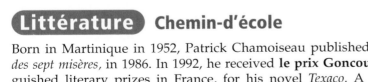 **Littérature** **Chemin-d'école**

Born in Martinique in 1952, Patrick Chamoiseau published his first novel, *Chronique des sept misères*, in 1986. In 1992, he received **le prix Goncourt,** one of the most distinguished literary prizes in France, for his novel *Texaco*. A disciple of Aimé Césaire, another writer from Martinique who, in the 1930s, launched in literature a black awareness movement called **la négritude,** Chamoiseau raises a more sarcastic voice against colonialism. Mixing Creole and French, tenderness and irony, he explores through his writings the contradictions between the white world of government and

education, and the everyday realities of the Creole world. Chamoiseau gives these contradictions a very personal dimension in the two volumes of his autobiography. Calling himself **le négrillon** (*the little Negro boy*), he first portrays, in *Antan d'enfance* (1990), an inquisitive preschooler immersed in the traditions of his people. In *Chemin-d'école* (1994), **le négrillon** goes to school, a colonial school where he learns to read using books about **le petit Pierre,** a little boy with blond hair and blue eyes who makes snowmen in the winter.

> Pour nous, le petit Pierre des lectures faisait figure d'extraterrestre.
> Mais à mesure des lectures sacralisées (*made sacred*), c'est Petit-Pierre qui devenait normal.

Une école coloniale en Martinique, scène du film Rue Cases-nègres. *Ce film décrit une situation semblable à celle du négrillon.*

Little by little, **le négrillon** fills his head with images from another world that has become his new reality.

> Cet univers devenait la réalité. Il dessinait avec. Rêvait avec. Pensait avec. Mentait avec. Imaginait avec. Son corps, lui, allait en dérive (*adrift*) dans son monde créole inutile. (*Chemin-d'école*, p. 156)

In the following excerpt, **le négrillon** reflects on the "civilizing mission" of his school-teacher, **le Maître.**

Pensez

1 Imaginez que vous êtes dans une école coloniale des Caraïbes. Selon le point de vue des Européens (les colons), à quel monde s'appliquent les éléments suivants— le monde noir (N) ou le monde blanc (B)? Mettez l'initiale appropriée devant chaque élément, selon ce que vous anticipez.

   _____ les mauvaises mœurs (*mores, customs*)

   _____ la Civilisation

   _____ l'Histoire

   _____ une non-histoire cannibale

   _____ des millions de sauvages

   _____ une longue nuit de non-humanité, d'inexistence

   _____ les races supérieures

   _____ les races primitives

   _____ les ténèbres (*darkness*)

   _____ la lumière (*light*)

2 Les mots suivants sont des mots importants dans le texte que vous allez lire. D'après le contexte de chaque phrase, déduisez le sens de ces mots et trouvez le synonyme ou la définition dans la liste donnée.

1. L'animal est **la proie** du chasseur.
2. Il y a **un fantôme** qui hante ce château.
3. Cet instrument est en **fer.**
4. Une voiture à quatre **roues.**
5. Avant l'invention de la voiture, **le cheval** (*pl.* **les chevaux**) servait de moyen de transport.
6. **La canne à sucre** est une des ressources principales des Caraïbes.

a. un type de métal
b. une plante tropicale
c. un objet rond qui tourne
d. un animal domestique utilisé pour l'équitation
e. une apparition surnaturelle de quelqu'un qui est mort
f. une victime

3 Deux autres mots importants dans ce texte sont **le droit** et **le devoir** (*duty*). À votre avis, qui va utiliser ces mots—les colons (les Blancs) ou les Martiniquais (les Noirs)?

Observez et déduisez: en général

4 Parcourez le texte une première fois. Dans quel ordre les idées générales suivantes sont-elles présentées? Classez-les de 1 à 5.

_____ Rôle de l'Universel (les choses communes à tous) dans le concept de la civilisation

_____ Bénéfices (conséquences positives) de la colonisation

_____ Raison pour laquelle les enfants créoles doivent aller à l'école

_____ Origines de l'Histoire et de la Civilisation

_____ Réaction du négrillon

5 Relisez le texte pour vérifier vos réponses aux tâches 1 et 3.

Chemin-d'école

On allait à l'école pour perdre de mauvaises mœurs: mœurs d'énergumène°, mœurs nègres ou mœurs créoles—c'étaient les mêmes.

    [...] Le souffle vibrant du savoir° et notre être créole semblaient en insurmontable contradiction. Le Maître devait nous affronter° mais aussi affronter le pays tout entier. Il était en mission de civilisation. [...] Chacun de ses mots, de ses gestes, chaque injonction, chaque murmure était donc bardé° d'Universel. L'Universel était un bouclier°, un désinfectant, une religion, un espoir, un acte de poésie suprême. L'Universel était un ordre.

    En ce temps-là, le Gaulois aux yeux bleus, à la chevelure blonde comme les blés, était l'ancêtre de tout le monde. En ce temps-là les Européens étaient les fondateurs° de l'Histoire. Le monde, proie initiale des ténèbres, commençait avec eux. Nos îles avaient été là, dans un brouillard d'inexistence, traversée par de vagues fantômes caraïbes, eux-mêmes pris dans l'obscurité d'une non-histoire cannibale. Et, avec l'arrivée des colons, la lumière fut.* La Civilisation. L'Histoire. L'humanisation de la Terre.

Référence à la Bible: «Que la lumière soit, et la lumière fut.» ("Let there be light, and there was light"*).

Margin glosses:
personne possédée du démon

Le... les choses qu'on apprenait
confront

plein

shield

founding fathers

Christophe Colomb avait découvert l'Amérique, et aspiré° au monde des millions de ces sauvages, qui durant une nuit immémoriale, soustraits à l'humanité°, l'avaient attendu.

— Savez-vous, ostrogoths°, qu'ils portèrent au Nouveau Monde le fer, la roue, le bœuf, le porc, les chevaux, le blé, la canne à sucre... ?

— Les races supérieures, il faut le dire ouvertement, ont, vis-à-vis des races primitives, le droit et le devoir de ci-vi-li-sa-tion!

Le négrillon aimait entendre le Maître leur conter l'Histoire du monde. Tout semblait simple et juste.

mis

durant... pendant une longue nuit de non-humanité / sauvages

Extrait de *Chemin-d'école* (Patrick Chamoiseau).

Déduisez et confirmez: en détail

6 Le texte. Lisez plus attentivement et indiquez si, *selon le texte,* les phrases suivantes sont vraies ou fausses. Si elles sont fausses, corrigez-les.

1. À l'école, les mœurs nègres ou créoles étaient considérées comme un héritage précieux.
2. Il y avait une grande contradiction entre l'identité créole des enfants et ce qu'ils apprenaient à l'école.
3. Dans sa mission de civilisation, le Maître devait civiliser non seulement les enfants mais aussi leur famille et toute la Martinique.
4. Selon le Maître, la civilisation, commencée par les Européens, était quelque chose d'universel qui s'appliquait à toutes les races.
5. Le Gaulois aux yeux bleus et aux cheveux blonds était seulement l'ancêtre des Français.
6. Avant l'arrivée des Européens, le Nouveau Monde était habité par des fantômes, des cannibales et des sauvages.
7. Les Européens ont apporté la lumière et le progrès au Nouveau Monde.
8. La canne à sucre existait déjà dans les îles des Caraïbes quand Christophe Colomb est arrivé en Amérique.
9. Les races supérieures ont la responsabilité de civiliser les races primitives.
10. Le négrillon ne croyait pas ce que le Maître disait.

Explorez

1. Pourquoi est-ce que «tout semblait simple et juste» au négrillon? Avec un(e) partenaire, faites une liste de raisons possibles, puis comparez vos réponses avec celles de vos camarades de classe.
2. À votre avis, est-ce que c'était «simple et juste» d'apprendre au négrillon que les mœurs créoles étaient mauvaises? Faites une liste des choses qui, selon vous, n'étaient pas «simples et justes» dans cette mission de civilisation. (Ce n'était pas juste de dire que...)
3. Maintenant, pensez aux livres qui vous ont appris l'histoire. Est-ce que tout était «simple et juste»? Donnez un ou deux exemples qui peut-être ne l'étaient pas.

Verbes et expressions verbales

abandonner *to abandon*
bâtir *to build*
douter *to doubt*
s'intégrer *to integrate (oneself)*

lutter (contre) *to fight (against)*
se mobiliser *to rally, mobilize*
regretter *to regret*
respecter *to respect*

Expressions pour donner son opinion

c'est bien que *it's a good thing that*
c'est dommage que *it's too bad that*
il est temps que *it's (about) time that*

il vaut mieux que *it is better/preferable that*
il vaudrait mieux que *it would be better*

Noms

un appel *an appeal/a call*
une catastrophe
un(e) citoyen(ne) *a citizen*
une crise *a crisis*
un droit *a right*
un(e) étranger(ère) *a foreigner*
un foulard *a head scarf*
une frontière *a border*
le gouvernement
la guerre *war*
un(e) immigré(e) *an immigrant*
l'indifférence (f.)

l'intolérance (f.)
une loi *a law*
la misère *destitution, misery*
l'origine (f.) *origin, background*
    d'origine africaine *of African origin*
les pauvres *the poor*
la pauvreté *poverty*
une pétition
un préjugé *a prejudice*
le racisme
les sans-abris *the homeless*
une solution

Adjectifs

étonnant(e) *surprising*
indifférent(e)
intolérant(e)

Appendice: Conjugaison des verbes

Regular Verbs

Infinitif		Indicatif				Impératif	Subjonctif	Conditionnel
		Présent	Passé composé	Imparfait	Futur			
-ER écouter								
	je/j'	écoute	ai écouté	écoutais	écouterai		écoute	écouterais
	tu	écoutes	as écouté	écoutais	écouteras	écoute	écoutes	écouterais
	il/elle/on	écoute	a écouté	écoutait	écoutera		écoute	écouterait
	nous	écoutons	avons écouté	écoutions	écouterons	écoutons	écoutions	écouterions
	vous	écoutez	avez écouté	écoutiez	écouterez	écoutez	écoutiez	écouteriez
	ils/elles	écoutent	ont écouté	écoutaient	écouteront		écoutent	écouteraient
-IR sortir								
	je/j'	sors	suis sorti(e)	sortais	sortirai		sorte	sortirais
	tu	sors	es sorti(e)	sortais	sortiras	sors	sortes	sortirais
	il/elle/on	sort	est sorti(e)	sortait	sortira		sorte	sortirait
	nous	sortons	sommes sorti(e)s	sortions	sortirons	sortons	sortions	sortirions
	vous	sortez	êtes sorti(e)(s)	sortiez	sortirez	sortez	sortiez	sortiriez
	ils/elles	sortent	sont sorti(e)s	sortaient	sortiront		sortent	sortiraient
-IR finir								
	je/j'	finis	ai fini	finissais	finirai		finisse	finirais
	tu	finis	as fini	finissais	finiras	finis	finisses	finirais
	il/elle/on	finit	a fini	finissait	finira		finisse	finirait
	nous	finissons	avons fini	finissions	finirons	finissons	finissions	finirions
	vous	finissez	avez fini	finissiez	finirez	finissez	finissiez	finiriez
	ils/elles	finissent	ont fini	finissaient	finiront		finissent	finiraient

Regular Verbs

Infinitif	Indicatif					Impératif	Subjonctif	Conditionnel
	Présent	Passé composé	Imparfait	Futur				
-RE vendre								
je/j'	vends	ai vendu	vendais	vendrai			vende	vendrais
tu	vends	as vendu	vendais	vendras		vends	vendes	vendrais
il/elle/on	vend	a vendu	vendait	vendra			vende	vendrait
nous	vendons	avons vendu	vendions	vendrons		vendons	vendions	vendrions
vous	vendez	avez vendu	vendiez	vendrez		vendez	vendiez	vendriez
ils/elles	vendent	ont vendu	vendaient	vendront			vendent	vendraient
-IRE écrire								
j'	écris	ai écrit	écrivais	écrirai			écrive	écrirais
tu	écris	as écrit	écrivais	écriras		écris	écrives	écrirais
il/elle/on	écrit	a écrit	écrivait	écrira			écrive	écrirait
nous	écrivons	avons écrit	écrivions	écrirons		écrivons	écrivions	écririons
vous	écrivez	avez écrit	écriviez	écrirez		écrivez	écriviez	écririez
ils/elles	écrivent	ont écrit	écrivaient	écriront			écrivent	écriraient

Auxiliary Verbs

Infinitif	Indicatif				Impératif	Subjonctif	Conditionnel
	Présent	Passé composé	Imparfait	Futur			
avoir							
j'	ai	ai eu	avais	aurai		aie	aurais
tu	as	as eu	avais	auras		aies	aurais
il/elle/on	a	a eu	avait	aura	aie	ait	aurait
nous	avons	avons eu	avions	aurons	ayons	ayons	aurions
vous	avez	avez eu	aviez	aurez	ayez	ayez	auriez
ils/elles	ont	ont eu	avaient	auront		aient	auraient
être							
je/j'	suis	ai été	étais	serai		sois	serais
tu	es	as été	étais	seras	sois	sois	serais
il/elle/on	est	a été	était	sera		soit	serait
nous	sommes	avons été	étions	serons	soyons	soyons	serions
vous	êtes	avez été	étiez	serez	soyez	soyez	seriez
ils/elles	sont	ont été	étaient	seront		soient	seraient

Reflexive Verbs

Infinitif	Indicatif				Impératif	Subjonctif	Conditionnel
	Présent	Passé composé	Imparfait	Futur			
se laver							
je	me lave	me suis lavé(e)	me lavais	me laverai		me lave	me laverais
tu	te laves	t'es lavé(e)	te lavais	te laveras	lave-toi	te laves	te laverais
il/elle/on	se lave	s'est lavé(e)	se lavait	se lavera		se lave	se laverait
nous	nous lavons	nous sommes lavé(e)s	nous lavions	nous laverons	lavons-nous	nous lavions	nous laverions
vous	vous lavez	vous êtes lavé(e)(s)	vous laviez	vous laverez	lavez-vous	vous laviez	vous laveriez
ils/elles	se lavent	se sont lavé(e)s	se lavaient	se laveront		se lavent	se laveraient

Verbs with Stem Changes

Infinitif	Présent	Passé composé	Imparfait	Futur	Impératif	Subjonctif	Conditionnel
acheter							
j'	achète	ai acheté	achetais	achèterai		achète	achèterais
tu	achètes	as acheté	achetais	achèteras	achète	achètes	achèterais
il/elle/on	achète	a acheté	achetait	achètera		achète	achèterait
nous	achetons	avons acheté	achetions	achèterons	achetons	achetions	achèterions
vous	achetez	avez acheté	achetiez	achèterez	achetez	achetiez	achèteriez
ils/elles	achètent	ont acheté	achetaient	achèteront		achètent	achèteraient
appeler							
j'	appelle	ai appelé	appelais	appellerai		appelle	appellerais
tu	appelles	as appelé	appelais	appelleras	appelle	appelles	appellerais
il/elle/on	appelle	a appelé	appelait	appellera		appelle	appellerait
nous	appelons	avons appelé	appelions	appellerons	appelons	appelions	appellerions
vous	appelez	avez appelé	appeliez	appellerez	appelez	appeliez	appelleriez
ils/elles	appellent	ont appelé	appelaient	appelleront		appellent	appelleraient
préférer							
je/j'	préfère	ai préféré	préférais	préférerai		préfère	préférerais
tu	préfères	as préféré	préférais	préféreras	préfère	préfères	préférerais
il/elle/on	préfère	a préféré	préférait	préférera		préfère	préférerait
nous	préférons	avons préféré	préférions	préférerons	préférons	préférions	préférerions
vous	préférez	avez préféré	préfériez	préférerez	préférez	préfériez	préféreriez
ils/elles	préfèrent	ont préféré	préféraient	préféreront		préfèrent	préféreraient
payer							
je/j'	paie	ai payé	payais	payerai		paie	payerais
tu	paies	as payé	payais	payeras	paie	paies	payerais
il/elle/on	paie	a payé	payait	payera		paie	payerait
nous	payons	avons payé	payions	payerons	payons	payions	payerions
vous	payez	avez payé	payiez	payerez	payez	payiez	payeriez
ils/elles	paient	ont payé	payaient	payeront		paient	payeraient

Irregular Verbs

Infinitif		Indicatif				Impératif	Subjonctif	Conditionnel
	Présent	Passé composé	Imparfait	Futur				
aller								
je/j'	vais	suis allé(e)	allais	irai			aille	irais
tu	vas	es allé(e)	allais	iras		va	ailles	irais
il/elle/on	va	est allé(e)	allait	ira			aille	irait
nous	allons	sommes allé(e)s	allions	irons		allons	allions	irions
vous	allez	êtes allé(e)(s)	alliez	irez		allez	alliez	iriez
ils/elles	vont	sont allé(e)s	allaient	iront			aillent	iraient
boire								
je/j'	bois	ai bu	buvais	boirai			boive	boirais
tu	bois	as bu	buvais	boiras		bois	boives	boirais
il/elle/on	boit	a bu	buvait	boira			boive	boirait
nous	buvons	avons bu	buvions	boirons		buvons	buvions	boirions
vous	buvez	avez bu	buviez	boirez		buvez	buviez	boiriez
ils/elles	boivent	ont bu	buvaient	boiront			boivent	boiraient
connaître								
je/j'	connais	ai connu	connaissais	connaîtrai			connaisse	connaîtrais
tu	connais	as connu	connaissais	connaîtras		connais	connaisses	connaîtrais
il/elle/on	connaît	a connu	connaissait	connaîtra			connaisse	connaîtrait
nous	connaissons	avons connu	connaissions	connaîtrons		connaissons	connaissions	connaîtrions
vous	connaissez	avez connu	connaissiez	connaîtrez		connaissez	connaissiez	connaîtriez
ils/elles	connaissent	ont connu	connaissaient	connaîtront			connaissent	connaîtraient

Irregular Verbs

Infinitif	Indicatif					Impératif	Subjonctif	Conditionnel
	Présent	Passé composé	Imparfait	Futur				
devoir								
je/j'	dois	ai dû	devais	devrai			doive	devrais
tu	dois	as dû	devais	devras		dois	doives	devrais
il/elle/on	doit	a dû	devait	devra			doive	devrait
nous	devons	avons dû	devions	devrons		devons	devions	devrions
vous	devez	avez dû	deviez	devrez		devez	deviez	devriez
ils/elles	doivent	ont dû	devaient	devront			doivent	devraient
dire								
je/j'	dis	ai dit	disais	dirai			dise	dirais
tu	dis	as dit	disais	diras		dis	dises	dirais
il/elle/on	dit	a dit	disait	dira			dise	dirait
nous	disons	avons dit	disions	dirons		disons	disions	dirions
vous	dites	avez dit	disiez	direz		dites	disiez	diriez
ils/elles	disent	ont dit	disaient	diront			disent	diraient
faire								
je/j'	fais	ai fait	faisais	ferai			fasse	ferais
tu	fais	as fait	faisais	feras		fais	fasses	ferais
il/elle/on	fait	a fait	faisait	fera			fasse	ferait
nous	faisons	avons fait	faisions	ferons		faisons	fassions	ferions
vous	faites	avez fait	faisiez	ferez		faites	fassiez	feriez
ils/elles	font	ont fait	faisaient	feront			fassent	feraient

Lexique

The French-English Vocabulary contains all the words and expressions included in the **Vocabulaire actif** sections at the end of each chapter. Entries are followed by the chapter number (**P** for the **Chapitre préliminaire**) where they appear. In addition the French-English Vocabulary includes all words and expressions used in the **À l'écoute** listening sections and the **Lecture** and **Littérature** reading selections, as well as all words and expressions used in the **Activités** sections.

The English-French Vocabulary includes words listed in the **Vocabulaire actif** sections, plus many additional words that students might want to use for their speaking or writing assignments.

Expressions are listed under their key word(s). In subentries, the symbol ~ indicates the repetition of the key word. Regular adjectives are given in the masculine form, with the feminine ending following in parentheses. For irregular adjectives, the irregular ending of the feminine, or the whole word if needed, is given in parentheses. Irregular forms of the plural are also indicated. The gender of each noun is indicated after the noun. If the noun has both a masculine and a feminine form, both are listed in full. If the noun has an irregular form for the plural, this is also indicated in parentheses after the word.

The following abbreviations are used.

adj.	adjective	*m.pl.*	masculine plural
adv.	adverb	*n.*	noun
art.	article	*pl.*	plural
conj.	conjunction	*prep.*	preposition
f.	feminine	*pron.*	pronoun
f.pl.	feminine plural	*rel.pron.*	relative pronoun
inv.	invariable	*sing.*	singular
m.	masculine	*v.*	verb

A

à   to, at, in [3]
~ **bientôt**   see you soon [P]
~ **cause de**   because of
~ **cette époque-là**   at that time [8]
~ **côté de**   next to, beside [3]
~ **domicile**   at home
~ **droite**   to (on) the right [3]
~ **gauche**   to (on) the left [3]
~ **haute voix**   aloud
~ **la campagne**   in the country [7]
~ **la rigueur**   if need be
~ **l'heure**   on time [6]
~ **mi-temps**   half-time [11]
~ **mon avis**   in my opinion [1]
~ **pied**   on foot [7]
~ **plein temps**   full-time [11]
~ **tour de rôle**   in turn
~ **votre avis**   in your opinion
abaisser   to lower
abandonner   to abandon, to give up, to leave behind [C]
abbaye f.   abbey
abbé m.   priest
abdominal m. (pl. **abdominaux**)   sit-up
abdos m.pl.   abdominal muscles [10]
abonnement m.   subscription
abord: d'~   first [5]
abri m.   shelter
absent(e)   absent [1]
absolu(e)   absolute
absolument   absolutely [11]
académie f.   school district
accent m.   accent [P]
~ **aigu**   acute accent [P]
~ **circonflexe**   circumflex accent [P]
~ **grave**   grave accent [P]
accepter   to accept [4]
accessoire m.   accessory [10]
accident m.   accident
accompagner   to accompany
accomplir   to accomplish, to fulfill
accord m.   agreement
d'~   agreed, OK [3]
accorder   to give, to grant
accroître   to increase
s'~   to grow
accueillir   to welcome [C]
accumuler   to accumulate
accuser   to blame
achat m.   purchase
acheter   to buy [2]
~ **des souvenirs**   to buy souvenirs [7]
acquérir   to acquire
acte m.   act, action
acteur / actrice m./f.   actor [1]
actif(ve)   active [1]
activement   actively [11]
activité f.   activity
actualité f.   current events
actuel(le)   current, present-day
actuellement   currently, at the present time

addition f.   bill, check (restaurant) [5]
l'~, s'il vous plaît   the check, please [5]
adepte m./f.   adherent
adjectif m.   adjective
adjoint(e) m./f.   assistant
admirer   to admire [2]
admis(e)   allowed
adorer   to adore [2]
adresse f.   address
adverbe m.   adverbe
aérobic m.   aerobics [10]
aéroport m.   airport [7]
affaires f.pl.   business [7]
voyage d'~   business trip [7]
affectif(ve)   emotional
affiche f.   sign; poster
affronter   to confront
africain(e)   African [1]
Afrique f.   Africa
~ **du Sud**   South Africa
agacer   to annoy [8]
âge m.   age [2]
Quel ~ as-tu/avez-vous?   How old are you? [2]
agence f.   agency
~ **de voyages** f.   travel agency [7]
~ **matrimoniale**   marriage bureau
agent de police m.   policeman [11]
agir sur   to have an effect on
s'agir: il s'agit de   it's a question of [9]
agréable   nice [3]
agrément m.   amenity
voyage d'~   pleasure trip
agresser   to attack
agricole   agricultural
agriculture f.   agriculture
ah bon?   really? [4]
aide f.   aid, help
aider   to help [4]
aiguilleur m.   switchman
ail m.   garlic [5]
ailleurs   elsewhere
aimable   nice [9]
aimer   to like, to love [2]
air m.   air
avoir l'~   to look, to seem
en plein ~   outdoor
ajouter   to add
ajoutez   add [3]
alcoolisé(e)   alcoholic
Algérie f.   Algeria
algérien(ne)   Algerian [1]
aliment m.   food [5]
alimentaire   relating to food
alimentation f.   food, nutrition
alimenter   to feed
Allemagne f.   Germany
allemand m.   German (language) [4]
allemand(e)   German [1]
aller   to go [3]
~ **à la chasse**   to go hunting [7]
~ **à la pêche**   to go fishing [7]
~ **bien**   to feel good; to look good on; to fit [10]

~ **en cours**   to go to class
~ **mal**   to look bad on; to fit poorly [10]
~**-retour** m.   round-trip ticket [7]
~ **simple** m.   one-way ticket [7]
ça va?   how are you? [P]
Ça va (bien)!   I'm fine! [P]
comment allez-vous/vas-tu?   how are you? [P]
Je vais bien, merci. Et vous?   I'm fine, thank you. And you? [P]
vous allez bien?   how are you? are you well? [P]
allergies f.pl.   allergies [12]
allergique   allergic [1]
allô?   hello (on the telephone) [3]
allons   let's go
allumer   to turn / switch on
allumette f.   match
pommes ~s   matchstick potatoes
alors   so, then
~**?**   well?
~ **quand même**   but still [11]
~ **que**   whereas [2]
et ~?   so what? [4]
alpage m.   mountain pasture
alternatif(ve)   alternative [12]
altruiste   altruistic [1]
amabilité f.   kindness, politeness
amande f.   almond
ambassade f.   embassy
ambigu(ë)   ambiguous
ambition f.   ambition [11]
âme f. **sœur**   soul mate
améliorer   to improve
amener   to bring
américain(e)   American [1]
Amérique f.   America
~ **du Nord**   North America
~ **du Sud**   South America
ami/amie m./f.   friend [2]
petit(e) ami(e)   boyfriend / girlfriend [8]
amicalement   (closing to a friendly letter) in friendship
amitié f.   friendship [8]
~**s**   (closing to a friendly letter)
amour m.   love [8]
roman m. **d'~**   romantic novel [2]
film m. **d'~**   romantic movie [2]
amphithéâtre m.   lecture hall [4]
amusant(e)   funny, amusing [1]
amuser   to amuse
s'~   to have fun [8]
an m.   year [4]
analyse f.   analysis
ananas m.   pineapple
ancêtre m.   ancestor
anchois m.   anchovy
ancien(ne)   ancient; former
anciens combattants m.pl.   war veterans
anglais m.   English (language) [4]
anglais(e)   English [1]
Angleterre f.   England

animal *m.* (*pl.* **animaux**) animal
animer to make lively
année *f.* year [4]
  bonne année! Happy New Year! [9]
  l'~ dernière last year [6]
  l'~ prochaine next year [6]
  les ~s 50 the fifties
anniversaire *m.* birthday [4];
  anniversary [2]
  bon ~! happy birthday! [9]
annonce *f.* classified ad;
  announcement [3]
  petites ~s classified ads [3]
annoncer to announce
annonceur/annonceuse *m./f.*
  announcer
annuel(le) annual
annulé(e) cancelled
annuler to cancel
anorak *m.* ski jacket, parka [10]
antan yesteryear
anthracite charcoal gray
antibiotique *m.* antibiotic [12]
anticiper to anticipate
Antilles *f.pl.* West Indies
antique ancient
août *m.* August [4]
aphasique aphasic
apostrophe *f.* apostrophe [P]
apparaître to appear
appareil *m.* appliance
  ~ électronique electronic appliance
  qui est à l'~? who is calling? [3]
apparence *f.* appearance
apparenté(e) related
  mot ~ cognate
appartement *m.* apartment [3]
appartenir to belong
appel *m.* appeal, call [C]
  faire ~ to appeal
  sur ~ on call
appeler to call, to name
  ~ le médecin to call the doctor [12]
  ça s'appelle... it's called . . . [5]
  je m'appelle my name is [P]
  s'~ to be named
appétit *m.* appetite
  bon ~! enjoy your meal!
appliquer to apply
  s'~ to apply oneself
apporter to bring [5]
  pourriez-vous m'~ please bring
  me [5]
apprécier to appreciate [8]
apprendre to learn about [2]
apprivoiser to tame
approprié(e) appropriate
après after [4]
après-midi *m.* afternoon [4]
  de l'~ in the afternoon (time) [4]
arabe *m.* Arabic
arabesque *f.* arabesque
arachide *f.* peanut
araignée *f.* spider
arbitre *m.* referee
arbre *m.* tree
  ~ généalogique family tree
architecte *m./f.* architect [1]
architecture *f.* architecture [4]
argent *m.* money [4]

argenté(e) silver
Argentine *f.* Argentina
armée *f.* army
arrêt *m.* stop
arrêter to stop [9]
arrière *m.*: **en ~** backwards
arrivée *f.* arrival [7]
arriver to arrive [6]; to happen
art *m.* art [4]
artichaut *m.* artichoke
artiste *m./f.* artist [1]
ascenseur *m.* elevator [7]
Asie *f.* Asia
aspect *m.* aspect [12]
  ~ positif/négatif positive / negative
  aspect [12]
aspirateur *m.* vacuum cleaner [8]
  passer l'~ to vacuum [8]
aspirine *f.* aspirin [12]
assassinat *m.* assassination
s'asseoir to sit down
assez enough [5]; rather
  ~ de enough [5]
assiette *f.* plate [5]
assis(e) seated [9]
assister à to attend, to be present at
associer to associate [4]
  ~ (à) to match
Assomption *f.* Assumption
s'assumer to take charge (of one's life)
assurance *f.* insurance [12]
assurer to ensure
astuce *f.* astuteness
athlète *m./f.* athlete [1]
atout *m.* advantage
attacher to tie, to bind
attaque *f.* **cérébrale** stroke [12]
attaquer to attack
attendre to wait (for) [7]
  attends!/attendez! wait! [11]
attentes *f.pl.* expectations [11]
attentif(ve) careful
attention! be careful! attention!
attirer to attract [8]
attraper to grab
  ~ un rhume to catch a cold [12]
attribuer to award
au (*see* **à**) [3]
  ~ besoin if necessary
  ~ coin de at the corner of [3]
  ~ contraire on the contrary [11]
  ~ lieu de instead of
  ~ moins at least [2]
  ~ revoir good-bye [P]
  ~ sujet de about [1]
au-delà de over; beyond
augmenter to increase [8]
aujourd'hui today [3]
aussi also [1]
  ~... que as . . . as [5]
aussitôt que as soon as
Australie *f.* Australia
autant de as many . . . as [5]
  ~ de... que as much / as many
  (+ *noun*) as [5]
auteur *m.* author
autobus *m.* bus
automne *m.* autumn, fall [6]
autoriser to authorize
autorité *f.* authority

autre other [3]
  l'un l'~ one another
autrefois in the past [8]
autrement differently
avance *f.* advance
  ~s technologiques technological
  advances [12]
  à l'~ beforehand
  d'~ in advance
  en ~ early [6]
avancer to advance
avant before [4]
  ~ de before
avantage *m.* advantage
avare stingy; greedy
avec with
  ~ plaisir *m.* I'd love to [6]; with
  pleasure (my pleasure) [7]
avenir *m.* future [11]
aventure *f.* adventure [2]
  film *m.* **d'~** adventure movie [2]
avenue *f.* avenue [3]
avion *m.* plane [7]
  en ~ by plane [7]
avis: à mon ~ in my opinion [C]
à votre ~ in your opinion
avocat *m.* avocado
avocat/avocate *m./f.* lawyer [1]
avoir to have [2]
  ~ _____ ans to be _____ years
  old [2]
  ~ besoin (de) to need [8]
  ~ confiance en soi to be self-
  confident [8]
  ~ de la chance to be lucky
  ~ de la fièvre to have a fever [12]
  ~ du mal (à) to have a hard time
  ~ envie (de) to want to, to feel
  like [6]
  ~ faim to be hungry [5]
  ~ honte (de) to be ashamed (of) [9]
  ~ l'air to look, to seem
  ~ l'intention de to intend to [11]
  ~ la nausée to be nauseated [12]
  ~ le nez bouché to be congested [12]
  ~ le nez qui coule to have a runny
  nose [12]
  ~ le temps to have time [4]
  ~ lieu to take place
  ~ mal à to hurt [12]
  ~ mal à la tête/à la gorge to have a
  headache / a sore throat [12]
  ~ peur to be afraid
  ~ soif to be thirsty [5]
  ~ tort to be wrong [12]
  en ~ marre to be fed up [4]
avouer to admit, to confess
avril *m.* April [4]

B

bac/baccalauréat *m.* baccalaureate
  exam
bagages *m.pl.* luggage [7]
bagarre *f.* brawl, fight
baguette *f.* loaf of French bread [5]
baignoire *f.* bathtub [7]
bâiller to yawn

bain *m.* bath(tub)
   salle *f.* **de ~s** bathroom [3]
baissé(e) lowered
baisser to lower [10]
   se ~ to duck
bal *m.* dance [8]
   ~ costumé costume ball
baladeur *m.* Walkman [3]
balle *f.* ball
ballon *m.* ball [9]
balnéaire bathing
banal(e) (*m.pl.* **banals**) commonplace
banane *f.* banana [5]
banc *m.* bench
bande *f.* **dessinée** comic strip [6]
banlieue *f.* suburbs [3]
banque *f.* bank [3]
banquier *m.* banker [11]
barbare barbaric
barbare *m./f.* barbarian
barbe *f.* beard
   quelle ~! what a bore!
bardé(e) covered
bas(se) low
base-ball *m.* baseball [2]
basket *m.* basketball [2]
   faire du ~ to play basketball [4]
baskets *f.* basketball shoes [10]
bataille *f.* battle
bateau *m.* (*pl.* **bateaux**) boat [7]
   en ~ by boat [7]
   faire du ~ to go boating [7]
bâtiment *m.* building [3]
bâtir to build [C]
bâton *m.* stick
battre to beat, to hit [9]
   se ~ to fight [8]
bavard(e) talkative
beau/bel/belle/beaux/belles handsome, beautiful [3]
   il fait beau it's nice weather [6]
beaucoup much, many, a lot [2]
beau-frère *m.* brother-in-law [2]
beau-père *m.* father-in-law, step-father [2]
beauté *f.* beauty
bébé *m.* baby
bédouin(e) Bedouin
belge Belgian [1]
Belgique *f.* Belgium
belle-mère *f.* mother-in-law, step-mother
belle-sœur *f.* sister-in-law [2]
ben well, so [1]
bénéfice *m.* benefit
berger/bergère *m./f.* shepherd / shepherdess
besoin *m.* need
   au ~ as needed
   avoir ~ de to need [8]
   tu as/vous avez besoin de... you need to . . . [8]
bête stupid [1]
bêtise *f.* stupidity [12]
   ~s *f.pl.* nonsense [6]
beurre *m.* butter [5]
biberon *m.* baby bottle
bibliothèque *f.* library [4]
bicyclette *f.* bicycle
bien well [2]; fine [P]
   ~ sûr of course [1]

c'est ~ que it's a good thing that [C]
   eh ~ well
bien *m.* good
bientôt soon [4]
bienvenue *f.* welcome
bière *f.* beer [5]
bifteck *m.* steak [5]
bijou *m.* (*pl.* **bijoux**) jewel [12]
bijoux *m.pl.* jewelry
bilingue bilingual
billet *m.* ticket [7]
biologie *f.* biology [4]
biologique (bio) organic [5]
biscuit *m.* cookie [5]
bise: faire la ~ to kiss
blague *f.* joke [8]
blanc *m.* white [3]
blanc (blanche) white [3]
blé *m.* wheat
blesser to wound
   se ~ to hurt oneself [12]
blessure *f.* injury, wound [12]
bleu(e) blue [2]
   bleu marine navy blue [10]
bloc *m.* **opératoire** surgery (department)
blond(e) blond [1]
blonde *f.* girlfriend (slang)
blouson *m.* short jacket [10]
bœuf *m.* beef [5]
bof... well . . . (*expression of indifference*) [4]
boire to drink [5]
bois *m.* wood [10]; woods
boisson *f.* drink, beverage [5]
boîte *f.* can; box [5]
   ~ (de nuit) nightclub [8]
   en ~ canned [5]
boiter to limp
bon(ne) good [3]
   bon, alors well [2]
   bon, ben well [2]
   bon courage! hang in there! [9]
   bonne... ! (feast day) happy . . . ! [9]
   bonne chance! good luck! [9]
   bonne idée! *f.* good idea! [6]
   bonne réponse *f.* correct answer
   bonnes vacances! have a good vacation! [9]
   bon voyage! have a nice trip! [9]
   de bonne heure early
   il fait bon the weather is pleasant, nice [6]
bonbon *m.* (piece of) candy
bonheur *m.* happiness; good fortune [8]
bonjour hello; good morning; glad to meet you [P]
bonsoir good evening, good night [P]
bord *m.* edge
   à ~ on board
   au ~ de la mer at the shore, seaside
bordeaux (*inv.*) burgundy (color) [10]
bosser (*familier*) to work hard [11]
bottes *f.* boots [10]
bottine *f.* ankle boot [10]
bouche *f.* mouth [10]
bouché: avoir le nez ~ to be congested [10]
boucher/bouchère *m./f.* butcher

boucherie *f.* butcher shop [5]
   ~ du coin neighborhood butcher shop [5]
boucle *f.* buckle
   ~ d'oreille earring
bouclier *m.* shield
bouger to move
bougie *f.* candle [9]
boulanger/boulangère *m./f.* baker [5]
boulangerie *f.* bakery [5]
boule *f.* ball
boulevard *m.* boulevard [3]
bouquet *m.* **(de fleurs)** bouquet (of flowers) [9]
bourse *f.* scholarship [4]
bout *m.* end
bouteille *f.* bottle [5]
   ~ d'eau minérale bottle of mineral water [5]
bras *m.* arm [10]
bravo! bravo! [9]
bref (brève) brief
Brésil *m.* Brazil
brésilien(ne) Brazilian [1]
brie *m.* Brie cheese [5]
briller to shine
briser to break
broche *f.* brooch, pin
brochette *f.* food on a skewer
brocoli *m.* broccoli [5]
bronchite *f.* bronchitis [12]
(se) brosser to brush [10]
brouillard *m.* fog [6]
   il fait du ~ it's foggy [6]
brousse *f.* brush; the bush (wilderness)
bruit *m.* noise [3]
brûler to burn
brume *f.* haze
brumeux(se) hazy
brun(e) dark-haired, brunette, brown [1]
brusquement abruptly
bûche *f.* yule log cake
budget *m.* budget
bulletin *m.* **météo** weather report
bureau *m.* (*pl.* **bureaux**) desk; office [P]
   ~ de poste post office [3]
   ~ de renseignements information desk [7]
   ~ de tabac tobacco / magazine shop [3]
bus *m.* bus [7]
   en ~ by bus [7]
businessman *m.* businessman
but *m.* goal
buveur/buveuse *m./f.* drinker

C

ça this; that
   ~ dépend it depends
   ~ s'appelle it's called [5]
   ~ te dit? are you interested?
   ~ t'intéresse? are you interested? [6]
   ~ va? How are you? [P]
   ~ va (bien)! I'm fine! [P]
cabane *f.* cabin
cabas *m.* tote bag

cabine *f.* **d'aiguillage** *f.*   control booth
cabinet *m.* **de toilette** *f.*   toilet
caché(e)   hidden [12]
cacher   to hide
cadeau *m.* (*pl.* **cadeaux**)   gift [4]
cadre *m.*   a professional (manager, executive, etc.) [11]; surroundings
~ **moyen**   middle manager
~ **supérieur**   high-level executive
cafard: avoir le ~   to have the blues
café *m.*   café [3]; coffee [5]
~ **au lait** *m.*   coffee with milk [5]
~ **crème** *m.*   coffee with cream [5]
~ **décaféiné**   decaffeinated coffee
caféine *f.*   caffeine
cahier *m.*   notebook, workbook [P]
caisse *f.*   case
caleçon *m.*   leggings
calendrier *m.*   calendar [4]
calme   calm [1]
camarade *m./f.*   classmate; friend
~ **de classe**   classmate [P]
~ **de chambre**   roommate [3]
camembert *m.*   Camembert cheese [5]
Cameroun *m.*   Cameroon
campagne *f.*   countryside [3]
à la ~   in the countryside [3]
camping *m.*   camping [7]
faire du ~   to go camping [7]
campus *m.*   campus [4]
Canada *m.*   Canada
canadien(ne)   Canadian [1]
canapé *m.*   couch, sofa [3]
cancer *m.*   cancer [12]
candidature *f.*   candidacy
canne *f.*   cane
~ **à sucre** *f.*   sugar cane
cannibale *m./f.*   cannibal
cantine *f.*   cafeteria [5]
capeline *f.*   sun hat
capituler   to surrender
car   for
caractère *m.*   character
~**s gras**   bold type
caractéristique   characteristic
carafe *f.*   pitcher [5]
~ **d'eau**   pitcher of water [5]
cardigan *m.*   button-up sweater [10]
cardiotraining *m.*   cardiovascular workout [10]
caresser   to caress, to stroke
carnaval *m.*   carnival; period before Lent
carotte *f.*   carrot [5]
carré *m.*   square
carreau *m.* (*pl.* **carreaux**)   square
à carreaux   plaid [10]
carrefour *m.*   intersection
carrière *f.*   career [11]
carte *f.*   map [P]; menu [5]; card
~ **de crédit**   credit card [7]
~ **postale**   postcard [7]
cas *m.*   case
en ~ **de**   in case of
selon le ~   as the case may be
case *f.*   hut
casquette *f.*   cap [10]
casser   to break
cassette *f.*   cassette [P]

catastrophe *f.*   catastrophe [C]
catégorie *f.*   category, class
cathédrale *f.*   cathedral [7]
cauchemar *m.*   nightmare
cause *f.*   cause
à ~ **de**   because of
causerie *f.*   chat
CD *m.*   CD [P]
lecteur *m.* **de** ~   CD player [3]
ce/cet/cette/ces   this, that; these, those [2]
~ **...-ci**   this, these [2]
~ **...-là**   that, those [2]
ce (*pron.*)   this; it [P]
~ **que**   what
~ **sont**   they are [P]
ceci (*pron.*)   this
cédille *f.*   cedilla [P]
ceinture *f.*   belt [10]
célèbre   famous [7]
célébrer   to celebrate
célibat *m.*   single life
célibataire   single, unmarried [8]
célibataire *m./f.*   single [8]
celui/celle/ceux/celles   that / that one
cent   one hundred [3]
centième   one hundredth
centre *m.*   center
~ **commercial**   shopping mall [7]
centre-ville *m.*   downtown [3]
céréale *f.*   cereal grain
~**s**   cereal [5]
certain(e)   some
certainement   certainly [11]
cerveau *m.* (*pl.* **cerveaux**)   brain
ces (*see* **ce/cet/cette/ces**)
c'est   this is; he / she / it is [P]
c'est-à-dire que   that is to say [2]
c'est de la part de qui?   May I ask who's calling? [3]
chacun(e)   each one
chaîne *f.*   channel [6]
changer de ~   to change the channel [6]
chaise *f.*   chair [P]
chalet *m.*   chalet
chaleur *f.*   heat
chambre *f.*   bedroom [3]
(une ~**) libre**   (a room) available [7]
champ *m.*   field
champignon *m.*   mushroom [5]
chance *f.*   luck
avoir de la ~   to be lucky
bonne ~**!**   good luck! [9]
quelle ~**!**   what luck! [4]
chandail *m.*   sweater
changement *m.*   change
changer   to change [6]
~ **de chaîne**   to change the channel [6]
se ~ **les idées à**   to take one's mind off things
chanson *f.*   song
chanter   to sing [2]
chanteur/chanteuse *m./f.*   singer [1]
chapeau *m.* (*pl.* **chapeaux**)   hat [10]
~**!**   congratulations! [9]
chapitre *m.*   chapter [P]
chaque   each
charcuterie *f.*   delicatessen [5]

chargé(e)   busy [4]
horaire ~   full schedule
charges *f.pl.*   utilities [3]; responsibilities
charmant(e)   charming
chasse *f.*   hunting [7]
aller à la ~   to go hunting [7]
chasser   to kick out; to chase
chasseur *m.*   hunter
chat/chatte *m./f.*   cat [8]
château *m.* (*pl.* **châteaux**)   castle [7]
chaud(e)   hot [5]
il fait ~   it's hot (weather) [6]
chaussette *f.*   sock [10]
chausson *m.*   (culinary) turnover
chaussure *f.*   shoe [9]
~**s habillées**   dress shoes [10]
chef *m.*   chief, leader; chef
~ **d'entreprise**   head of company, CEO [11]
chef-d'œuvre *m.* (*pl.* **chefs-d'œuvre**)   masterpiece
chemin *m.*   path
chemise *f.*   shirt [10]
~ **de nuit**   nightgown [10]
chemisier *m.*   blouse, women's shirt [10]
cher (chère)   dear; expensive [5]
chercher   to look for [3]
va me ~**...**   go get me . . .
chercheur/chercheuse *m./f.*   researcher
cherchez quelqu'un   find someone [2]
chéri(e)   darling, dear
cheval *m.* (*pl.* **chevaux**)   horse
chevelure *f.*   head of hair
cheveux *m.pl.*   hair [2]
chez   at the home of
chic *inv.*   chic, sophisticated
~**!**   cool! great!
chien *m.*   dog [7]
chiffre *m.*   figure, number
Chili *m.*   Chile
chimie *f.*   chemistry [4]
Chine *f.*   China
chiné(e)   mottled
chinois(e)   Chinese [1]
chip *m.*   chip
choc *m.*   shock
chocolat *m.*   chocolate [1]; hot chocolate [5]
choisir   to choose [6]
choisissez   choose [1]
choix *m.*   choice [2]
cholestérol *m.*   cholesterol
chômage *m.*   unemployment [11]
chômeur/chômeuse *m./f.*   unemployed person
chose *f.*   thing
quelque ~   something
chouchou/chouchoute *m./f.*   (teacher's) pet
chouette   great, neat, cool [4]
c'est ~**!**   that's cool! [4]
chuchoter   to whisper
chum *m./f.*   friend; boyfriend / girlfriend
chute *f.* **de neige**   snowfall
-ci (*see* **ce/cet/cette/ces**)

ci-dessous below [1]
ci-dessus above [3]
ciel *m.* (*pl.* **cieux**) sky [6]
  le ~ est couvert it's cloudy, overcast [6]
  le ~ est variable it's partly cloudy
cil *m.* eyelash
cimetière *m.* cemetery
ciné(ma) *m.* movies [8]
cinéaste *m./f.* filmmaker
cinéma *m.* movies [2]
cinq five [1]
cinquante fifty [1]
cinquième fifth [3]
circonflexe: accent ~ circumflex accent
circonlocution *f.* circumlocution
circonstance *f.* circumstance
circuit *m.* circuit, route
circuler dans la salle to circulate in the classroom
cirque *m.* circus
citer to cite, to quote
citoyen/citoyenne *m./f.* citizen [C]
citron *m.* lemon [5]
  ~ pressé fresh lemonade [5]
clair(e) light, bright; clear [10]
  (gris) clair light (gray) [10]
classe *f.* class [P]
  en première ou deuxième ~ first or second class [7]
classer to classify
classeur *m.* binder [P]
classez classify [4]
claustrophobe claustrophobic
clé *f.* key [7]
client/cliente *m./f.* customer [5]
climat *m.* climate [6]
climatisé(e) air conditioned
club *m.* **de fitness** healthclub [10]
coca *m.* Coke [5]
cocher to check
cochez check off [1]
cocotier *m.* coconut tree
cœur *m.* heart [8]
  de bon ~ heartily
  par ~ by heart
cohabitation *f.* cohabitation
se coiffer to do one's hair [10]
coiffure *f.* hairdo
coin *m.* corner [3]
  au ~ de at the corner of [3]
  boucherie *f.* **du ~** neighborhood butcher shop
coincé(e) stuck
col *m.* collar [10]
colère *f.* anger
collection *f.* collection
  faire la ~ de to collect
collège *m.* middle school / junior high [4]
collègue *m./f.* colleague
collier *m.* necklace
colline *f.* hill
Colombie *f.* Colombia
colon *m.* colonist
colonisation *f.* colonization
colonne *f.* column
coloris *m.* color, shade
combien (de) how much, how many [2]

comédie *f.* comedy [2]
comédien/comédienne *m./f.* comedian
comique funny, comical
commander to order [5]
comme like, as; how [12]
  ~ ci ~ ça so-so [P]
  ~ d'habitude as usual
commencement *m.* beginning
commencer to begin [4]
comment how [1] [3]
  ~? Pardon me? What? [P]
  ~ allez-vous? how are you? [P]
  ~ ça s'écrit? how do you spell that? [P]
  ~ ça va? how are you? [P]
  ~ dit-on... ? how do you say . . . ?
  ~ est-il/elle? what is he/she like? [1]
  ~ s'appelle-t-il/elle? what is his/her name? [P]
  ~ tu t'appelles? what's your name? [P]
  ~ vas-tu? how are you? [1]
  ~ vous appelez-vous? what's your name? [P]
commerce *m.* business; store
commercial(e) (*m.pl.* **commerciaux**) business (*adj.*)
commettre to commit
commode *f.* chest of drawers [3]
commun: en ~ in common
commune rurale *f.* rural community; small town [3]
communiquer to communicate [8]
compact *m.* compact disc, CD
compagne *f.* companion
compagnie *f.* company
comparaison *f.* comparison [5]
comparer to compare
compenser to compensate
compétition *f.* competition [12]
complémentaire complementary, additional [7]
compléter to complete
composté(e) validated
comprendre to understand [4]
  se ~ to understand one another [8]
comprimé *m.* pill, tablet [12]
compris(e) included [3]
compromis *m.* compromise
comptabilité *f.* accounting [4]
comptable *m./f.* accountant [11]
compter (+ infinitif) to plan to, to count on [11]
concerner to concern
concert *m.* concert [2]
concierge *m./f.* caretaker
concordance *f.* **des temps** sequence of tenses
concours *m.* **d'entrée** entrance examination
confiance: avoir ~ en (soi) to be self-confident
confirmez verify [1]
confisquer to confiscate
confiture *f.* jam [5]
conflit *m.* conflict
conformiste conformist [1]
confort *m.* comfort, ease [8]
  ~ matériel material comfort [8]

tout ~ all the conveniences
confortable comfortable [3]
congé *m.***: jour de ~** day off; holiday [9]
conjoint/conjointe *m./f.* spouse
conjugaison *f.* conjugation
conjuguer to conjugate
connaissance *f.* knowledge
connaître to know (someone) [9]
  se ~ to know one another, to meet [9]
  tu connais... ? do you know (so and so)? [1]
conquête *f.* conquest
consacré(e) à devoted to
conseil *m.* a piece of advice; council [8]
conseiller/conseillère *m./f.* counselor, advisor
conseiller to advise
conséquence *f.* consequence [12]
conséquent: par ~ as a result
conservateur(trice) conservative
conserver to preserve
conserves *f.pl.* preserves
considérer to consider
consigne *f.* baggage checkroom / locker [7]
console vidéo *f.* video game console [3]
consommation *f.* consumption
constamment constantly [11]
construire to build
contagieux(se) contagious [12]
contaminer to contaminate
conte *m.* story
  ~ de fées fairy tale
contenir to contain
content(e) glad, pleased
continuer to continue [3]
contraire *m.* opposite
  au ~ on the contrary [11]
contre against; as opposed to; in exchange for
  par ~ on the other hand [2]
contribuer to contribute
convaincant(e) convincing
convaincre to convince
convaincu(e) convinced
convenir to be appropriate
convention *f.* **collective** collective wage agreement
conversation *f.* conversation, talk
convoquer to summon
copain/copine *m./f.* friend, pal [1]
coquet(te) dainty
corde *f.* rope
Corée *f.* Korea
corps *m.* body [10]
correct(e) correct
corriger to correct
corsage *m.* bodice
cosmonaute *m./f.* astronaut
costume *m.* man's suit [10]
côte *f.* coast
côté *m.* side
  à ~ de next to, beside [3]
Côte d'Ivoire *f.* Ivory Coast
côtelette *f.* cutlet [5]
  ~ de veau veal chop [5]
coton *m.* cotton [10]
  en ~ cotton [10]
cou *m.* neck [10]
couche *f.* stratum

se coucher to go to bed [10]; to set (sun)

couchette *f.* couchette, berth (in sleeping compartment) [7]

coude *m.* elbow [10]

couler to flow

couleur *f.* color

coulis *m.* type of sauce

couloir *m.* hallway, passage [7]

  au bout du ~ down the hall [7]

coup *m.* blow

  ~ de main helping hand [7]

coupe *f.* **du monde** World Cup

couper to cut

couple *m.* couple [8]

cour *f.* yard

  ~ de récréation schoolyard

courgette *f.* squash, zucchini [5]

courir to run, to go to

courriel *m.* e-mail [6]

courrier *m.* mail

  ~ du cœur advice column

cours *m.* avenue; course, class [4]

  aller en ~ to go to class

  au ~ de during

course *f.* errand; running (track) [6]

  faire des ~s to go shopping [4]

  faire les ~s to go grocery shopping [5]

court(e) short [10]

  à manches courtes short-sleeved [10]

cousin/cousine *m./f.* cousin [2]

couteau *m.* (*pl.* **couteaux**) knife [5]

coûter to cost [3]

coutume *f.* custom

couvert *m.* place setting [5]

couvert(e) covered

  le ciel est ~ it's cloudy [6]

craie *f.* chalk [P]

  morceau *m.* **de ~** piece of chalk

cravate *f.* tie [10]

crayon *m.* pencil [P]

créativité *f.* creativity [11]

créer to create

crémerie *f.* dairy store

créole Creole

crêpe *f.* pancake

crétin *m.* idiot

crevette *f.* shrimp [5]

cri *m.* shout; cry for help

  pousser des ~s to shout

crier to shout, to yell

crise *f.* crisis [C]

  ~ cardiaque heart attack [12]

  ~ économique depression

critère *m.* criterion

croire to think, to believe [C]

croissant *m.* croissant [5]

croissant(e) growing

cru(e) raw [9]

cuillère *f.* spoon [5]

cuir *m.* leather [10]

  en ~ leather [10]

cuisine *f.* kitchen [3]

  faire la ~ to do the cooking [4]

cuisinier/cuisinière *m./f.* cook [11]

cuisse *f.* **de canard** duck leg

cuit(e) cooked [9]

culinaire culinary

curriculum *m.* **vitae (CV** *m.*) résumé [11]

CV *m.* résumé [11]

cyclisme *m.* cycling [6]

D

d'abord first [5]

d'accord OK, agreed [1]

  être ~ to agree

  pas ~ disagree [1]

dame *f.* lady [1]

Danemark *m.* Denmark

dans in [3]

  ~ les nuages in the clouds

danser to dance [2]

date *f.* date [4]

d'autres other; others

d'avance in advance

de/du/de la/des *art.* any; some [1]

de/du/de la/des *prep.* from; of

  ~ rien you're welcome [P]

débat *m.* debate

debout standing [9]

débris *m.:* **un vieux ~** decrepit old man

débrouillard(e) resourceful [11]

début *m.* beginning

débutant/débutante *m./f.* beginner [11]

décembre *m.* December [4]

déception *f.* disappointment

déchiré(e) torn

décidément decidedly

décider to decide [1]

décision *f.* decision

découper to cut out

découvrir to discover

décret *m.* decree

décrire to describe

décroissant: par ordre ~ in descending order

déduire to deduce

défaut *m.* flaw, shortcoming, defect [12]

  ~s faults [8]

défendre to defend

défenseur *m.* defender

défi *m.* challenge [12]

défier to defy

défilé *m.* parade [9]

défiler to parade

défini(e) definite

définir to define

degré *m.* degree

dehors outside, outdoors

déjà already [4]

déjeuner to have lunch

déjeuner *m.* lunch [5]

  petit ~ breakfast [5]

délicieux(euse) delicious [5]

délinquance *f.* delinquency, crime [C]

demain tomorrow [3]

  ~ matin/après-midi/soir tomorrow morning / afternoon / evening [6]

demande *f.* **d'emploi** job application [11]

  faire une ~ to apply for a job [11]

demander to ask (for) [1]

demeurer to stay

demi(e) *m./f.* half

  ~-heure half hour

  et ~ thirty (minutes past the hour) [4]

demi-frère *m.* half-brother [2]

demi-pension *f.* lodging with breakfast and dinner

demi-sœur *f.* half-sister [2]

densément densely

dent *f.* tooth [10]

dentaire dental

dentiste *m./f.* dentist [1]

départ *m.* departure [7]

dépassé(e) outdated

dépasser to exceed

se dépêcher to hurry [10]

dépendant(e) dependent

dépendre

  euh, ça dépend well, it depends [1]

dépense *f.* expense; expenditure

dépenser to spend (money) [12]

se déplacer to move (from one place to another)

déposer to deposit; to drop off

déprimant(e) depressing

depuis since [7]

  ~ combien de temps? how long? [7]

  ~ dix ans in the last 10 years

  ~ quand since when [7]

  ~ que since

député *m.* deputy

déranger to bother (someone), to disturb, to trouble [7]

dernier(ère) last; latest [4]

derrière behind [3]

des (*see* **de**)

dès from; as early as

  ~ maintenant starting now

  ~ que as soon as [11]

désaccord *m.* disagreement

désagréable unpleasant [1]

désapprobation *f.* disapproval

désavantage *m.* disadvantage

descendre to go down; to get down; to get off; to stay in a hotel [7]

description *f.* description [2]

désert *m.* desert [7]

désert(e) deserted

désespéré(e) desperate

désir *m.* desire; wish

désirer to want, to wish [5]

  vous désirez? are you ready to order? [5]

désolé(e) sorry [3]

désordre *m.* untidiness

  en ~ untidy

désormais from now on

dessert *m.* dessert [5]

dessin *m.* drawing [1] [4]

  ~ animé *m.* cartoon [6]

dessiner to draw

dessous *m.pl.* underside; shady side

détail *m.* detail

détente *f.* relaxation, rest

détester to hate [2]

détruire to destroy [C]

deux two [2]
  les ~ both [2]
deuxième second [3]
  ~ classe *f.* second class [7]
devant in front of [3]
(se) développer to develop
devenir to become [11]
deviner to guess [1]
devise *f.* motto
devoir to have to; to owe [8]
  j'aurais dû I should have [12]
  je devais I was supposed to [8]
  je devrais I should [12]
  tu devrais/vous devriez... you should . . . [8]
  tu dois/vous devez... you must . . . / have to . . . [8]
devoir *m.* duty
  ~s homework [4]
  faire ses ~s to do one's homework [4]
  vos ~s your homework [P]
dévorer to devour
d'habitude usually [4]
diabétique diabetic
diagnostic *m.* diagnosis
dictée *f.* dictation
dictionnaire *m.* dictionary
diététique dietetic [5]
différence *f.* difference
différent(e) different
difficile difficult; choosy
difficilement with difficulty [11]
difficulté *f.* difficulty
digne proper, suitable
dimanche *m.* Sunday [4]
diminuer to reduce, to get smaller [8]
dinde *f.* turkey [9]
dîner to have dinner [2]
dîner *m.* dinner [5]
diplôme *m.* diploma, degree [4]
diplômé(e) graduate
dire to say [6]
  ~ des bêtises to talk nonsense [6]
  ~ des mensonges to tell lies [6]
  se ~ to say of oneself
direct: en ~ live
direction *f.* management
  ~s directions [3]
discipliné(e) disciplined [6]
  être ~ to have self-control [6]
discothèque *f.* discotheque
discuter (de) to discuss
disponibilité *f.* availability
disponible available
disposer de to have free or available
dispute *f.* quarrel; argument
se disputer to fight, to argue [8]
disque *m.* **compact** compact disc
  lecteur *m.* **de ~s ~s** CD player
distinguer to distinguish
dit say [2]
dites say [2]
divers(e) various
diviser to divide
divorce *m.* divorce [8]
dix ten [1]
dix-huit eighteen
dix-neuf nineteen

dix-sept seventeen
docteur *m.* doctor
doctorat *m.* doctorate
doigt *m.* finger [9]
  lever le ~ to raise one's hand [9]
domaine *m.* field
  ~ de spécialisation major
domicile: à ~ at home
dommage: c'est ~ que it's too bad that [C]
donc therefore; so
donné(e) given
donner to give [2]
dont of which, of whom; whose
doré(e) golden
dormeur/dormeuse *m./f.* sleeper
dormir to sleep [7]
dos *m.* back [10]
d'où from where [1]
doucement softly
douche *f.* shower [3]
se doucher to shower [10]
douleur *f.* pain
doute: sans ~ probably
douter to doubt [C]
doux (douce) sweet; mild; soft
douzaine (de) *f.* dozen [5]
douze twelve [2]
drame *m.* drama [6]
drapeau *m.* (*pl.* **drapeaux**) flag
draperie *f.* cloth
drogue *f.* drug, drugs
droit *m.* law (*field of study*) [4]; right (*entitlement*) [C]
droit(e) right
  tout ~ straight ahead
droite *f.* right (*direction*) [3]
  à ~ on the right [3]
drôle funny
du (*see* **de**)
dur *adv.* hard [10]
  (travailler) dur (to work) hard [10]
dur(e) hard, difficult, solid
durer to last
DVD *m.* DVD [3]

eau *f.* water [5]
ébloui(e) dazzled
éblouissant(e) dazzling
échancré(e) low-cut
échange *m.* exchange
échanger to exchange
écharpe *f.* winter scarf [10]
éclater to explode
école *f.* school [4]
  ~ maternelle kindergarten [4]
  ~ primaire elementary school [4]
  ~ supérieure school of higher education
écolier/écolière *m./f.* school child
économie *f.* economics [4]
économique economic
écourté(e) shortened
écouter to listen (to) [2]
  écoute!/écoutez! listen! [11]

écraser to crush
écrire to write [6]
  s'~ to write one another [8]
écrit(e) written
écrivain *m.* writer [1]
s'écrouler to crumble
éducation *f.* education
  ~ physique physical education, gym [4]
éduquer to educate
effectivement actually
effectuer to execute, to carry out
efficace efficient [11]
égal(e) (*m.pl.* **-aux**) equal
égalité *f.* equality [11]
église *f.* church [3]
égoïste selfish [1]
Égypte *f.* Egypt
eh ben well (*colloquial*)
eh bien... well . . . [2]
élaboré(e) elaborate
élargir to enlarge, to widen
électricité *f.* electricity
électronique: message ~ *m.* e-mail message [6]
élève *m./f.* student, pupil (elementary through high school)
élevé(e) high
élever to raise
elle she, it [P]; her [11]
  ~s they [1]; them [11]
élu/élue *m./f.* elected official
e-mail *m.* e-mail [2]
embauché(e) hired [11]
embaucher to hire [11]
  être embauché to be hired [11]
embêtant(e) annoying, irritating [4]
  c'est ~! that's too bad! [4]
embouteillage *m.* traffic jam
embrasser to kiss
émission *f.* show, program [6]
  ~ de variétés television variety show [6]
emmener to take along
émouvant(e) emotionally moving
s'emparer de to seize upon
empathique empathetic
empêcher to prevent
emplacement *m.* location [3]
emploi *m.* job [11]
  ~ du temps schedule [4]
employé/employée *m./f.* employee [11]
employer to use
  en employant using [1]
employeur *m.* employer [11]
emporter to take away
emprunter to borrow [7]
en *prep.* to, in
  ~ avance early [6]
  ~ boîte canned
  ~ ce temps-là in those days [8]
  ~ face de across from [3]
  ~ fait actually, in fact [12]
  ~ haut de above
  ~ matière de regarding [3]
  ~ pratique in practice
  ~ retard late [6]
  ~ théorie in theory
  ~ train de in the process of

en *pron.* of it, some . . . of them [12]
enchanté(e) Pleased to meet you [P]
enclume *f.* anvil
encore again; still
  ~ de more
  ~ une fois once again [1]
  pas ~ not yet
encourager to encourage [11] [C]
en-dessous de below
s'endormir to fall asleep [10]
endroit *m.* place [11], location [3];
  spot, site [12]
  par ~s in places
énergétique energy-producing [5]
énergique energetic [1]
enfant *m./f.* child [2]
enfin finally; after all [5]
enlever to take away, to take off
ennemi *m.* enemy
ennui *m.* boredom [11]
s'ennuyer to be bored [8]
ennuyeux(se) boring [1]
enregistré(e) registered
enseignant/enseignante *m./f.* teacher,
  educator [11]
enseignement *m.* education
  ~ supérieur higher education
ensemble together [2]
ensemble *m.* whole (thing)
ensoleillé(e) sunny [6]
ensuite then [1]
entendre to hear [4]
  s'~ (bien ou mal) to get along [8]
entendu! good! [6]
entier(ère) entire, whole
entre between [3]
entrecôte *f.* rib steak
entrée *f.* entry [3]
entreprise *f.* company [11], firm
entrer (dans) to enter, to come in [6]
  ~ à la fac to enroll [4]
entretien *m.* interview [11]
envers toward
envie *f.*: **avoir ~ de** to want to, to feel
  like [6]
environ approximately
envisager to look upon, to consider
envol *m.* take-off
s'envoler to fly away
envoyer to send [2]
épanouir to develop
épanouissement *m.* development,
  blossoming
épaule *f.* shoulder [10]
épicerie *f.* grocery store [5]
épicier/épicière *m./f.* grocer
épisode *m.* episode
époque: à cette ~-là in those days [8]
  à l'~ at the time; at this time
épouser to marry (someone) [8]
épouvante *f.*: **film** *m.* **d'~** horror movie
équilibre *m.* balance, equilibrium [11]
équilibré(e) balanced
équipe *f.* team
érable *m.* maple
ermite *m.* hermit
escalader to climb
escalier *m.* staircase, stairs [7]
escargot *m.* snail

esclave *m./f.* slave
espace *m.* space
  ~ clos closed space
Espagne *f.* Spain
espagnol(e) Spanish [1]
espagnol *m.* Spanish (language) [4]
espèce *f.* type, sort [5]
  c'est une ~ de... it's a kind of . . . [5]
espérer to hope [11]
espoir *m.* hope
esprit *m.* mind
essai *m.* trial
essayer to try [1]
essence *f.* gas
essentiel *m.* essential
est *m.* east [6]
est-ce que (*question marker*) [1]
estimer to be of the opinion
estomac *m.* stomach
et and [1]
  ~ pour moi… for me . . . [5]
  ~ puis and then [2]
  ~ toi? and you? [P]
  ~ vous? and you? [P]
établir to establish
étage *m.* floor, story [7]
  premier ~ second floor [7]
étagère *f.* (book)shelf [3]
étape *f.* step, stage
état *m.* state
États-Unis *m.pl.* United States
été *m.* summer [6]
éteindre to turn off
éternuer to sneeze [12]
étoile *f.* star [7]
étoilé(e) starry
étonnant(e) surprising [C]
étrange strange [12]
étranger(ère) foreign [4]
  langue *f.* **étrangère** foreign
  language [4]
étranger/étrangère *m./f.* stranger,
  alien; foreigner [C]
  à l'étranger in a foreign country
être to be [1]
  c'est it is; this is [P]
  ce sont these are [P]
  ~ assis(e) to be seated [9]
  ~ au régime *m.* to be on a diet [5]
  ~ discipliné(e) to have self-control
  [6]
  ~ en bonne forme to be / stay in
  good shape [10]
  ~ fâché(e) to be mad, angry [9]
  ~ né(e) to be born
  ~ pressé(e) to be in a hurry [5]
  ~ puni(e) to be punished [9]
être *m.* being
  ~ humain human being [12]
étrennes *f.pl.* New Year's gift
études *f.pl.* studies [4]
  ~ supérieures higher education
étudiant(e) student [P]
étudier to study [1] [2]
euh uh [P]
euro *m.* euro
Europe *f.* Europe
européen(ne) European
eux *pron. m.pl.* they; them [11]

événement *m.* event
évêque *m.* bishop
évidemment evidently [11]
éviter to avoid [11]
évoluer to evolve
exact(e) precise, correct
exagérer to exaggerate
examen *m.* test, exam [4]
  passer un ~ to take a test [4]
  rater un ~ to fail a test [4]
  réussir à un ~ to pass a test
examiner to examine
excéder to exceed
exception *f.*: **à l'~ de** with the
  exception of
excès *m.* excess
excuse-moi, mais... excuse me, but . . .
  [11]
excusez-moi excuse me [7]
exemple *m.* example [P]
exercer to practice, to carry on, to
  carry out
  ~ une profession to practice a
  profession [11]
exercice (physique) *m.* exercise
  faire de l'~ to exercise [4]
exigé(e) required
exigence *f.* requirement
exister to exist, to be
  il existe en noir it comes in black
exotique exotic
expérience *f.* experiment; experience
explication *f.* explanation
expliquer to explain
exploit *m.* feat
explorateur/exploratrice *m./f.* explorer
exposition *f.* exhibit
expression *f.* expression
exprimer to express
exquis(e) exquisite
extérieur: à l'~ de outside of
extérioriser to externalize
extrait *m.* excerpt
extrait(e) excerpted

fac (faculté) *f.* college, university [4]
face: en ~ de across from [3]
  faire ~ à to face up to, to deal with
fâché(e) angry [9]
se fâcher to get mad / angry [10]
facilement easily [11]
façon *f.* way, manner
  de toute ~ in any case
facteur *m.* factor; letter carrier [11]
facultatif(ve) optional [4]
faculté *f.* faculty, school (division of a
  college)
faible weak
  vent ~ light wind
faim *f.* hunger [5]
  avoir ~ to be hungry [5]
faire to do, to make, to go [2]
  ~ attention to pay attention
  ~ de l'aérobic to do aerobics [10]
  ~ de la gymnastique to exercise [4]

faire (*cont.*)

~ **de la musique** to practice music [4]
~ **de la marche** to walk [10]
~ **de la musculation** to do weight training [10]
~ **de la natation** to swim [4]
~ **de l'exercice** to exercise [4]
~ **des courses** to go shopping [4]
~ **du bateau** to go boating [7]
~ **du bricolage** to putter, to do-it-yourself [8]
~ **du camping** to go camping [7]
~ **du fitness** to do fitness training [10]
~ **du jardinage** to do gardening [8]
~ **du ski** to ski [4]
~ **du ski nautique** to water-ski [7]
~ **du sport** to play sports [4]
~ **du vélo** to bike [4]
~ **face (à)** to face (up to) [12]
~ **fortune** to make one's fortune
~ **la collection de** to collect
~ **la connaissance de** to meet
~ **la cuisine** to cook [4]
~ **la grasse matinée** to sleep in [4]
~ **la lessive** to do the laundry [8]
~ **la sieste** to take a nap [4]
~ **la vaisselle** to do the dishes [8]
~ **le ménage** to do housework [8]
~ **le tour de** to tour
~ **les courses** to go grocery shopping [5]
~ **mal (à)** to hurt [10]
~ **partie de** to be part of
~ **peur à** to scare
~ **ses devoirs** to do homework
~ **son lit** to make one's bed [4]
~ **une demande d'emploi** to apply for a job [11]
~ **une promenade** to go for a walk [4]
~ **un séjour** to stay [7]
~ **un voyage** to go on a trip [4]
il fait beau/bon/mauvais/chaud/ frais/froid the weather is nice / pleasant / bad / hot / cool / cold [6]
il ~ du soleil/du vent/du brouillard it is sunny / windy / foggy [6]
un et un font deux one and one make two
fait *m.*: **en ~** actually, in fact
falaise *f.* cliff
falloir to be necessary
il faut it is necessary [8]
il faut que (one must) [C]
fameux(se) famous
familial(e) (*m.pl.* **-aux**) family
famille *f.* family [2]
fanfaron(ne) boasting
fantasme *m.* fantasy [12]
fantastique fantastic, terrific
fantôme *m.* ghost
farci(e) stuffed
fardeau *m.* (*pl.* **fardeaux**) burden
fast-food *m.* fast food [5]
fatigant tiring
fatigué(e) tired [1]

faut (*see* **falloir**)
faute *f.* mistake, error
fauteuil *m.* armchair [3]
faux (fausse) false [1]
faveur *f.*: **en ~ de** in favor of
favori(te) favorite
favoriser to favor
fée *f.*: **bonne ~** fairy godmother
conte de ~s fairy tale
félicitations *f.* congratulations [9]
féliciter to congratulate [9]
femme *f.* woman [P]; wife [P]
~ **au foyer** housewife [11]
~ **d'affaires** businesswoman [11]
~ **de ménage** housekeeper
fenêtre *f.* window [P]
fer *m.* iron
~ **à repasser** *m.* iron (for ironing clothes)
ferme *f.* farm
fermer to close
féroce fierce
fête *f.* holiday, celebration [4]
~ **des mères** Mother's Day [9]
~ **foraine** carnival
~ **nationale** national holiday [9]
fêter to celebrate
feu *m.* (*pl.* **feux**) fire [10]
~ **d'artifice** fireworks [9]
~ **rouge** *m.* traffic light
feuille *f.* leaf, sheet
~ **de papier** sheet of paper [P]
feuilleter to leaf through
feuilleton *m.* soap opera, series [6]
février *m.* February [4]
se ficher de to not care
je m'en fiche! I don't give a damn! [4]
fidèle faithful
fier (fière) proud
fierté *f.* pride
fièvre *f.* fever
fille *f.* girl [1]; daughter [2]
film *m.* movie [2]
~ **d'amour** romantic film [2]
~ **d'aventure** action film [2]
~ **d'épouvante** horror movie [6]
~ **policier** detective movie [6]
fils *m.* son [2]
fin *f.* end
finalement finally [5]
financier(ère) financial
finir to finish [6]
fitness: faire du ~ to do fitness training [10]
fixe fixed
flamand *m.* Flemish
flanelle *f.* flannel [10]
fleur *f.* flower [9]
à ~s flowered [10]
fleurir to make bloom
fleuve *m.* river
foie *m.* **gras** goose liver pâté
fois *f.* time [2]
à la ~ at the same time
une ~ once [2]
foncé(e) dark (color) [10]
(gris) foncé dark (gray) [10]
fonction *f.* **publique** public office

fonctionnaire *m./f.* civil servant, government employee [11]
fonctionner to work (machine)
fondé(e) founded
fontaine *f.* fountain
foot(ball) *m.* soccer [2]
faire du ~ to play soccer [4]
force *f.* strength
de ~ by force
~ **ouvrière** workforce
forêt *f.* forest [7]
formation *f.* education, training [11]
forme *f.* shape, figure [10]
être / rester en (bonne) ~ to be / to stay in (good) shape [10]
formidable super, great [4]
formulaire *m.* form [11]
formule *f.* formula
~**s de politesse** polite expressions [P]
fort *adv.* loud; hard
fort(e) heavyset, fat; strong [1]
forteresse *f.* fortress
fortune *f.* fortune
bonne ~ luck
fou (folle) crazy, foolish [1]; incredible
foulard *m.* scarf [C]
foule *f.* crowd
four *m.* oven
au ~ baked
fourchette *f.* fork [5]
frais *m.* expense
frais (fraîche) fresh; cool [5]
il fait frais it's cool (weather) [6]
fraise *f.* strawberry [5]
framboise *f.* raspberry [5]
français *m.* French (language) [4]
français(e) French [1]
France *f.* France
franchement frankly [11]
francophone French-speaking
francophonie *f.* French-speaking countries
frapper to strike [9]
ce qui m'a frappé(e) what struck me [9]
fréquemment frequently [11]
frère *m.* brother [2]
demi-frère *m.* half-brother [2]
frites *f.pl.* French fries [5]
froid(e) cold [5]
il fait ~ it's cold (weather) [6]
fromage *m.* cheese [5]
front *m.* forehead [10]
frontière *f.* border [C]
fruit *m.* fruit [5]
~**s de mer** *m.pl.* seafood [5]
fuir to flee
fumeurs *m.pl.* smokers; smoking (section) [7]
non-~ non-smoking (section) [7]
fusil *m.* gun, rifle

gagner to win; to gain; to earn [11]
~ **de l'argent** to earn money [11]
~ **sa vie** to earn a living [11]

gagneur/gagneuse *m./f.* winner
gants *m.* gloves [10]
garage *m.* garage, covered parking [7]
garantir to guarantee
garçon *m.* boy [1]; waiter
garder to keep
gare *f.* train station [3]
garni(e) served with vegetables
gâteau *m. (pl. gâteaux)* cake [5]
gâter to spoil
gauche *f.* left [3]
  à ~ to the left, on the left [3]
gênant(e) annoying
généralement generally [11]
généreux(se) generous [1]
génial(e) *(m.pl. géniaux)* cool, great
  c'est génial! that's cool! [6]
genou *m. (pl. genoux)* knee [10]
genre *m.* type, sort, kind [6]
gens *m.pl.* people [1], [3]
gentil(le) nice [4]
géographie *f.* geography [4]
geste *m.* gesture
gestion *f.* business management [4]
gîte *m.* shelter
glace *f.* ice cream [5]; ice
  ~ à la vanille vanilla ice cream [5]
  ~ au chocolat chocolate ice cream [5]
glacé(e) icy
glacial(e) icy, bitterly cold
glisser to slip
globalisation *f.* globalization [12]
golf *m.* golf [4]
  faire du ~ to play golf [4]
gomme *f.* eraser [P]
gorge *f.* throat [10]
  avoir mal à la ~ to have a sore throat
goût *m.* taste [8]
gouvernement *m.* government
grâce à thanks to
grammaire *f.* grammar
gramme *m.* gram [5]
grand(e) big; tall [1]
  grande personne *f.* grown-up
  grandes surfaces *f.pl.* super stores [5]
grandir to grow up
grand-mère *f.* grandmother [2]
grand-père *m.* grandfather [2]
grands-parents *m.pl.* grandparents [2]
gras(se) greasy, fatty [5]
  faire la grasse matinée to sleep in [4]
gratin *m.* dish baked with breadcrumbs or grated cheese on top
gratinée à l'oignon *f.* onion soup
gratuit(e) free, no charge [4]
grave serious, grave [12]
Grèce *f.* Greece
grignoter to snack [5]
grippe *f.* flu [12]
gris(e) gray [2]
gronder to rumble
gros(se) heavyset [1]; big, great
grosses bises hugs and kisses
grossièreté *f.* vulgarity
grossir to gain weight, to get fat [6]

grouper to group
Guadeloupe *f.* Guadeloupe
guerre *f.* war [C]
  ~ de Sécession American Civil War
  Première ~ mondiale World War I
guerrier *m.* warrior
guichet *m.* ticket window [7]
guirlande *f.* garland
Guyane (française) *f.* (French) Guyana
gymnase *m.* gym [10]
gymnastique *f.* gymnastics [4]
  faire de la ~ to exercise [4]

s'habiller to get dressed [10]
habitant/habitante *m./f.* inhabitant
habiter to live [2]
habitude *f.* habit [5]
  comme d'~ as usual
  d'~ usually [4]
habituel(le) usual
s'habituer to become accustomed
Haïti *m.* Haiti
haltère *f.* dumbbell
*hamburger *m.* hamburger [5]
*Hanoukka *f.* Hanukkah
*hanter to haunt
*haricots *m.pl.* **verts** green beans [5]
*haut *m.* upper part
*haut(e) high [10]
  à haute voix aloud
*hein? eh? [1]
*hein you know
herbe *f.* grass
héritage *m.* heritage
*héros *m.* hero
heure *f.* hour, o'clock; time [4]
  à l'~ on time [6]
  à quelle ~? at what time? [4]
  de bonne ~ early
  ~s supplémentaires overtime
  quelle ~ est-il? what time is it? [4]
  tout à l'~ in a little while
heureusement fortunately [11]
heureux(se) happy [1]
hier yesterday [5]
  ~ matin/après-midi/soir yesterday morning / afternoon / evening [6]
histoire *f.* history [4]; story [6]
historique historical [2]
hiver *m.* winter [6]
*hockey *m.* hockey [6]
*homard *m.* lobster [5]
homme *m.* man [P]
  ~ au foyer house husband [11]
  ~ d'affaires *m.* businessman [11]

An asterisk (*) indicates an aspirate **h**: no liaison or elision is made at the beginning of the word.

*honte *f.* shame
  avoir ~ to be ashamed
hôpital *m. (pl. hôpitaux)* hospital [3]
horaire *m.* timetable, schedule; hours [7]
horloge *f.* clock [P]
*hors de out of
*hors-d'œuvre *m. (pl. hors-d'œuvre)* starter, hors d'œuvre [5]
hôte *m.* host
hôtel *m.* hotel [3]
  ~ particulier mansion
hôtelier(ère) hotel (*adj.*)
*huit eight
huître *f.* oyster [5]
humain(e) human
humide damp
hypocondriaque hypochondriac, depressed [12]
hypothèse *f.* hypothesis
hypothétique hypothetical

ici here; this is (on telephone) [3]
idéal(e) ideal [1]
idéaliste idealistic [1]
idée *f.* idea [6]
  se changer les ~s to take one's mind off things
identifier to identify
identité *f.* identity
ignorer to not know
il he, it [P]
  il y a there is, there are [2]
  il y a (trois jours) (three days) ago [6]
  il n'y a pas de quoi you're welcome [P]
île *f.* island [7]
illuminé(e) lit up
illusoire illusory
ils they [1]
image *f.* picture [1]
imaginer to imagine
immédiatement immediately
immeuble *m.* apartment building
immigré/immigrée *m./f.* immigrant [C]
impatiemment impatiently [11]
impatient(e) impatient [1]
imperméable *m.* raincoat [10]
impliquer to involve
important(e) important
s'imposer to be called for; to be essential
impressionniste impressionist
imprévu(e) unexpected
imprimé(e) printed
  tissu *m.* **~** print fabric [10]
impuissant(e) powerless
inattendu(e) unexpected
incarner to embody
incluant including
incontesté(e) uncontested
incrédule skeptical
incroyable incredible [4]

Inde *f.* India
indépendant(e) independent
  entrée indépendante separate entrance
index *m.* index finger
indifférence *f.* indifference [C]
indifférent(e) indifferent [C]
indigène *m./f.* native
indigestion *f.* indigestion [12]
indiquer to indicate [1]
indiscret(ète) indiscreet
individu *m.* individual
individualiste nonconformist [1]
individuel(le) individual [3]
industriel *m.* industrialist
inégalité *f.* inequality [12]
inférieur(e) inferior
infini(e) infinite
infirmerie *f.* nurse's office
infirmier/infirmière *m./f.* nurse [11]
information *f.* information
  ~s news [6]
informaticien(ne) *m./f.* computer programmer [11]
informatique *f.* computer science [4]
ingénieur *m.* engineer [1]
injuste unfair
inquiet(ète) worried
(s')inquiéter to worry
inquiétude *f.* worry
insolite strange
s'installer to settle
instituteur/institutrice *m./f.* grade school teacher
instruction *f.* education
  ~s instructions [P]
s'intégrer to be integrated [C]
intelligent(e) intelligent [1]
intention: avoir l'~ de to intend to [11]
interdiction *f.* ban
interdire to forbid
interdit(e) forbidden
intéressant(e) interesting [1]
intéresser to interest
  ça vous (t')intéresse? would you like to? [6]
  s'~ à to be interested in [10]
intérêt *m.* interest; advantage
Internet *m.* Internet [2]
interprète *m./f.* interpreter
interroger (quelqu'un) to call on, to question [9]
interrompre to interupt [11]
interviewer to interview [1]
s'intituler to be entitled
intolérance *f.* intolerance [C]
intolérant(e) intolerant [C]
inutile useless
inventer to invent
investir to invest
invitation *f.* invitation
invité/invitée *m./f.* guest
inviter to invite [2]
  je t'invite/je vous invite I'm inviting you (my treat!) [6]
iPod *m.* iPod [2]
Irak *m.* Iraq

Iran *m.* Iran
irisé(e) in rainbow colors
irrité(e) irritated
islamique Islamic
isolé(e) isolated
Israël *m.* Israel
Italie *f.* Italy
italien(ne) Italian [1]

J

jaloux(se) jealous
jamais never [2]
  ne... ~ never [4]
jambe *f.* leg [10]
jambon *m.* ham [5]
janvier *m.* January [4]
Japon *m.* Japan
japonais(e) Japanese [1]
jardin *m.* garden [7]
jardinage *m.* gardening [8]
jardinet *m.* small garden
jaune yellow [3]
jazz *m.* jazz [2]
je I [P]
jean *m.* jeans [2]
jeu *m. (pl.* **jeux)** game
  ~ électronique electronic game [9]
  ~ télévisé game show [6]
  ~ vidéo video game [2]
jeudi *m.* Thursday [4]
jeune young [3]
jeunesse *f.* youth
jogging *m.* jogging [2]; jogging suit [10]
  faire du ~ to go jogging [4]
joie *f.* joy
joli(e) pretty [3]
jongleur *m.* juggler
joue *f.* cheek [10]
jouer to play [2]
jouet *m.* toy [9]
jour *m.* day; daytime [4]
  de nos ~s today
  ~ chômé public holiday
  ~ d'action de grâces Thanksgiving [9]
  ~ de congé day off; holiday [9]
  ~ de fête holiday
  ~ de l'An New Year's Day
  ~ des morts All Souls' Day
  ~ férié public holiday
  par ~ a day (per day) [4]
  tous les ~s every day
journal *m. (pl.* **journaux)** newspaper [2]
  ~ télévisé *m.* news (TV) [6]
journaliste *m./f.* journalist, reporter [1]
journée *f.* day(time) [4]
  ~ de repos *m.* day of rest
joyeux(se) happy; merry [9]
  Joyeux Noël Merry Christmas [9]
judo *m.* judo [6]
juillet *m.* July [4]
juin *m.* June [4]
jupe *f.* skirt [10]

juridique legal
jus *m.* **d'orange** orange juice [5]
  ~ de fruits fruit juice [5]
jusqu'à to, until [3]
jusqu'où how far
juste just; fair
justement exactly

K

kilo (de) *m.* kilogram [5]
  un ~ de a kilo (2.2 lbs)
kiosque *m.* newsstand

L

la (*see* **le/la/l'/les**)
là there [3]
  c'est ~ où... it's where . . . [5]
  il/elle est ~ he / she is in [3]
  il/elle n'est pas ~ he / she's not in [3]
-là (*see* **ce/cet/cette/ces**)
là-bas there, over there [1]
lac *m.* lake [7]
lâcher to let go of
là-dedans inside
laine *f.* wool [10]
  en ~ wool [10]
laisser to let, to allow
  ~ à l'abandon to abandon
  ~ tomber to drop
lait *m.* milk [5]
  ~ maternisé infant formula
lampe *f.* lamp [3]
lancer to launch
langage *m.* language
langue *f.* language
  ~s étrangères foreign languages [4]
lapin *m.* rabbit [9]
laquelle (*see* **lequel**)
larme *f.* tear
lasagne *f.* lasagna
lavabo *m.* bathroom sink [3]
laver to wash [8]
  se ~ to wash (oneself) [10]
le/la/l'/les *art.* the [P]
  le (la) même the same [1]
le/la/l'/les *pron.* him, her, it, them [6]
leçon *f.* lesson [P]
lecteur/lectrice *m./f.* reader
  ~ de CD CD player [3]
  ~ de DVD DVD player [3]
lecture *f.* reading [6]
léger (légère) light [5]
légèrement lightly
légume *m.* vegetable [5]
lendemain *m.* the next day [6]
lentement slowly [11]
lequel/laquelle/lesquel(le)s which one(s)
les (*see* **le/la/l'/les**)
lessive *f.* laundry [8]

lettre *f.* letter [6]
  ~s de l'alphabet letters of the alphabet [P]
leur *pron.* (to) them [6]
leur, leurs *adj.* their [2]
lever to raise [10]
  ~ le doigt to raise one's hand [9]
  se ~ to get up [10]; to rise
lèvres *f.pl.* lips [10]
libéré(e) freed
libérer to free
liberté *f.* freedom
  ~ d'expression freedom of speech
  ~ d'expression religieuse freedom of religion
libre free [4] [8]
  (une chambre) ~ (a room) available [7]
Libye *f.* Libya
licence *f.* bachelor's degree
lien *m.* tie, bond; link
  ~ de parenté family relationship
lier to link
lieu *m.* (*pl.* **lieux**) place [3]
  au ~ de instead of
  avoir ~ to take place
  ~ de travail workplace
ligne *f.* **aérienne** airline
limonade *f.* lemonade [5]
lire to read [2]
lit *m.* bed [3]
  faire son ~ to make one's bed [4]
  ~s superposés bunk beds
litre *m.* liter [5]
littérature *f.* literature [4]
livre *f.* pound [5]
livre *m.* book [P]
locataire *m./f.* tenant, renter [3]
logement *m.* lodging [3]
logique logical
logis *m.* lodging
loi *f.* law [C]
loin far away; far
  ~ de far from [3]
loisir *m.* leisure
  ~s leisure activities [2]
long(ue) long [4]
  à manches longues long-sleeved [10]
  le long de along
longtemps a long time [9]
longueur *f.* length
loterie *f.* lottery
loto *m.* bingo
louer to rent [3]
lugubre gloomy
lui he; him; to him / her [6]
lumière *f.* light
lumineux(se) luminous, bright
lundi *m.* Monday [4]
lune *f.* moon [10]
  ~ de miel honeymoon [8]
lunettes *f.pl.* (eye)glasses
  ~ de soleil sunglasses [10]
lutte *f.* wrestling
lutter (contre) to fight (against) [C]
luxe *m.* luxury
Luxembourg *m.* Luxemburg
lycée *m.* high school [4]

M

ma (*see* **mon/ma/mes**)
macédoine *f.* **de légumes** mixed vegetables
madame (Mme) (*pl.* **mesdames**) madam, Mrs. [P]
mademoiselle (Mlle) (*pl.* **mesdemoiselles**) Miss [P]
magasin *m.* store [3]
magazine *m.* magazine [2]
Maghreb *m.* Maghreb
maghrébin(e) from the Maghreb
magnétoscope *m.* video cassette recorder [3]
magnifique magnificent [9]
magnifiquement magnificently
mai *m.* May [4]
maigrir to lose weight [6]
mail *m.* e-mail [6]
maille: en ~ knit
maillot *m.* **de bain** swimsuit [10]
main *f.* hand [10]
main-d'œuvre *f.* manpower
maintenant now [2]
maintenir to maintain
maire *m.* mayor
mais but [1]
  ~ non of course not [1]
  ~ oui but of course; well, yes [1]
  ~ si well, yes! [1]
maïs *m.* corn [5]
maison *f.* house [3]
  ~ de campagne country house
maître *m.* **d'hôtel** butler
maîtresse *f.* (elementary school) teacher [9]
maîtrise *f.* master's degree
maîtriser to master
majeur(e) main, major
majorité *f.* majority
  grande ~ vast majority
mal badly, poorly [2]
mal *m.* evil; pain, ailment [12]
  avoir du ~ à to have a hard time [C]
  avoir ~ à to hurt [12]
  ~ à la gorge sore throat [12]
  ~ à la tête headache [12]
malade sick, ill [1]
maladie *f.* disease, illness [12]
malaise *m.* discomfort
malentendu *m.* misunderstanding
malgré in spite of
malheur *m.* misfortune, bad luck
malheureusement unfortunately [11]
malheureux(se) unfortunate
Mali *m.* Mali
maman *f.* mom
manche *f.* sleeve
  à ~s courtes short-sleeved [10]
  à ~s longues long-sleeved [10]
  sans ~s sleeveless
manger to eat [2]
  se ~ to be eaten
mangue *f.* mango
manier to handle

manière *f.* way, means
  ~s manners
manifester to demonstrate
mannequin *m.* model
manque *m.* lack [11]
  un ~ de a lack of [11]
manquer to miss
  il manque... . . . is missing
manteau *m.* (*pl.* **manteaux**) coat [10]
maquillage *m.* makeup
se maquiller to put on makeup [10]
marchand/marchande *m./f.* merchant
marche *f.* walking [4]
  faire de la ~ to go walking [4]
marché *m.* market
marcher to walk [10]
mardi *m.* Tuesday [4]
  ~ gras *m.* Shrove Tuesday
mari *m.* husband [2]
mariage *m.* marriage [8]
  ~ à l'essai trial marriage
se marier to get married [8]
marine: bleu ~ navy blue [10]
Maroc *m.* Morocco
marocain(e) Moroccan [1]
marque *f.* brand [10]
marqué(e) marked
marquer un but to score a goal
marre: j'en ai ~! I've had it! [4]
marron *inv.* brown [10]
marron *m.* chestnut
mars *m.* March [4]
Martinique *f.* Martinique
masque *f.* mask
match *m.* match, game [2]
  ~ de foot (soccer) game [2]
matériel(le) material
maths *f.pl.* math [4]
matière *f.* school subject [4]; material [10]
  en ~ de in the matter of [4]
matin *m.* morning [4]
  du ~ in the morning (time)
matinal(e) (*m.pl.* **-aux**) morning (*adj.*)
matinée *f.* morning
  faire la grasse ~ to sleep in [4]
Mauritanie *f.* Mauritania
mauvais(e) bad [3]
  il fait mauvais it's bad weather [6]
me me, to me [8]
mécanicien/mécanicienne *m./f.* mechanic [1]
mécontent(e) displeased
médecin *m.* doctor [1]
médecine *f.* (discipline of) medicine [4]
médias *m.pl.* (communications) media
médicament *m.* medicine, medication [12]
Méditerranée *f.* Mediterranean Sea
meilleur(e) better (*adj.*) [5]
  le meilleur/la meilleure/les meilleur(e)s the best [9]
se mêler: De quoi te mêles-tu? Mind your own business!
membre *m.* member
même *adj.* same [7]
  -~ self
  le (la) ~ the same [1]
même *adv.* even

mémoire *f.* memory
menacer to threaten
ménage *m.* household
  faire le ~ to do housework, to do the cleaning [8]
mensonge *m.* fib, lie [6]
mental(e) (*m.pl.* **-aux**) mental
menteur/menteuse *m./f.* liar
mentionné(e) mentioned [2]
mentir to lie
menton *m.* chin
menu *m.* menu [5]
mépriser to despise, to scorn
mer *f.* sea [7]
  fruits *m.pl.* **de ~** seafood [5]
merci thank you [P]; mercy
  ~ mille fois many thanks [9]
mercredi *m.* Wednesday [4]
mère *f.* mother [2]
mériter to deserve [12]
merveilleux(se) marvelous
mes (*see* **mon/ma/mes**)
mésaventure *f.* misadventure
message *m.* message [6]
  ~ électronique e-mail message [6]
messe *f.* Mass
météo(rologique): bulletin *m.* **~** weather report [6]
métier *m.* occupation, career [11]
métro *m.* subway
mettre to put (on) [10]
  ~ au piquet to put in the corner (punish)
meublé(e) furnished [3]
  non ~ unfurnished [3]
meubles *m.pl.* furniture [3]
mexicain(e) Mexican [1]
Mexique *m.* Mexico
miche *f.* **de pain** loaf of bread
mi-chemin: à ~ half-way
midi *m.* noon [4]
mieux *adv.* better [5]
  il vaudrait ~ it would be better [C]
  il vaut ~ que it is better that [C]
  le ~ the best (*adv.*) [9]
migraine *f.* migraine
mijaurée *f.* stuck-up woman
milieu *m.* middle [4]
  au ~ de in the middle of
  ~ de travail workplace
  ~ social social class; social environment [8]
militaire military
mille *inv.* thousand [3]
milliard *m.* billion [3]
million *m.* million [3]
mince slender, thin [1]
  ~ (alors)! darn it! [4]
minérale: eau *f.* **~** mineral water [5]
mini-pochette *f.* small clutch bag
ministre *m.* cabinet minister
  premier ~ prime minister
minuit *m.* midnight [4]
minute *f.* minute
mis(e) en conserve canned
misère *f.* poverty [C]
mite *f.* clothes moth
mi-temps: à ~ half / part-time [11]
mixte mixed
se mobiliser to rally, to mobilize [C]

mocassins *m.pl.* moccasins [10]
mode *f.* fashion; style [10]
mode *m.* mood
  sur le ~ rigolo in a funny way
modéré(e) moderate
modeste modest
moi me [11]
  ~ aussi me too; so do I [1]
  ~ non plus me neither; neither do I [1]
moins (de) less [3], fewer [5]
  au ~ at least [2]
  de ~ en ~ less and less
  en ~ less; fewer
  le/la/les ~ the least [9]
  ~ dix ten minutes to (the hour) [4]
  ~ le quart quarter to (the hour) [4]
  ~ que less than [5]
mois *m.* month [4]
moitié *f.* half
moment *m.* moment [3]
  un ~, s'il vous plaît just a minute, please [3]
mon/ma/mes my [2]
monde *m.* world [7]
  tout le ~ everyone
mondialisation *f.* globalization [12]
monotone monotonous
monsieur (M.) sir, Mr. [P]
  Monsieur/Mademoiselle, s'il vous plaît? Sir/Miss, please? [5]
montagne *f.* mountain [6]
  en ~ in the mountains
monter (*fig.*) to move up [11]
monter (dans) to go up, to get on [6]; to bring up; to climb; to get ahead
montre *f.* watch
montrer to show [9]
monture *f.* eyeglass frame
monument *m.* monument [7]
moral(e) moral
morale *f.* morals, ethics
  faire la ~ à to lecture
  ~ occidentale Western morality, ethics [12]
morceau *m.* (*pl.* **morceaux**) piece [5]
  ~ de craie piece of chalk [P]
mort *f.* death
mort(e) dead [9]
morue *f.* cod
mosquée *f.* mosque
mot *m.* word
  des ~s nouveaux new words [1]
  écrire un ~ to write a note
  ~ apparenté cognate [1]
mot-clé *m.* key word
motiver to motivate
mouche *f.* fly
moulant(e) tight-fitting
mourir to die
mousse *f.* **au chocolat** chocolate mousse [5]
moyen *m.* means
moyen(ne) average [8]
  classe moyenne *f.* middle class
moyenne *f.* average
  en ~ on average
MP3 *m.* .mp3 player
municipalité *f.* town government

mur *m.* wall [P]
mûrir to mature
murmurer to whisper [9], to murmur
musculation *f.* weight training [10]
  faire de la ~ to do weight training
musée *m.* museum [3]
musicien/musicienne *m./f.* musician [1]
musique *f.* music [2]
  faire de la ~ to play music [4]
  ~ classique classical music [2]
musulman(e) Moslem

N

nager to swim [7]
naïf (naïve) naive
naissance *f.* birth
naître to be born
narrateur/narratrice *m./f.* narrator
natation *f.* swimming [4]
  faire de la ~ to swim [4]
nationalité *f.* nationality [1]
nature *f.* nature [7]
naturel(le) natural
nausée *f.* nausea [12]
  avoir la ~ to be nauseated [12]
navette *f.* **spaciale** space shuttle
navigateur *m.* seafarer
ne (n') not [1]
  ~... jamais never [5]
  ~... pas not [1]
  ~... personne no one, nobody, not anyone [9]
  ~... plus not . . . anymore, no longer [5]
  ~... que only
  ~... rien nothing, not anything [9]
né(e) born
néanmoins nevertheless
nécessité *f.* necessity
négatif(ve) negative
neige *f.* snow [6]
  chute de ~ snowfall
neiger: il neige it's snowing [6]
nerveux(se) nervous [1]
n'est-ce pas? isn't it so? [1]
nettoyer to clean
neuf nine
neuf (neuve) (brand-)new
neuvième ninth
neveu *m.* (*pl.* **neveux**) nephew [2]
nez *m.* nose [10]
  avoir le ~ qui coule to have a runny nose [12]
  ~ bouché stuffy nose [12]
ni: ~ l'un ~ l'autre neither one [2]
nièce *f.* niece [2]
n'importe no matter
niveau *m.* (*pl.* **niveaux**) level
Noël *m.* Christmas [9]
  joyeux ~ Merry Christmas
  Père ~ Santa Claus
nœud *m.* knot
noir *m.* black [3]
noir(e) black; dark [2]

nom *m.* name
 ~ de famille *m.* surname [P]
nombre *m.* number
 ~s ordinaux ordinal numbers [3]
non-fumeurs non-smoking
 (section) [7]
nord *m.* north [6]
nos (*see* **notre/nos**)
note *f.* note; grade
notez jot down [1]
notre/nos our [2]
nourrir to feed
nourriture *f.* food
nous we [1]; (to) us [8]
nouveau/nouvel/nouvelle/nouveaux/
 nouvelles new [3]
 de nouveau again
nouvelle *f.* (piece of) news
novembre *m.* November [4]
noyade *f.* drowning
nuage *m.* cloud [6]
nuageux(se) cloudy [6]
nuit *f.* night, per night [7]
numéro *m.* number
 un ~ de téléphone telephone
 number [3]
numéroter to number
numérotez number [3]
nylon *m.* nylon [10]

O

obéir to obey
objectif *m.* goal, objective
objet *m.* object, thing
 ~ d'art art object
 ~s personnels *m.pl.* personal
 possessions [3]
 ~s trouvés *m.pl.* lost-and-found
obligatoire required [4]
obscurité *f.* darkness
observer to notice [P]
obstinément stubbornly
obtenir to obtain, to get
occasion *f.* opportunity [9]
occidental(e) (*m.pl.* **occidentaux**)
 Western
occupé(e) busy [4]
s'occuper de to be busy with
octobre *m.* October [4]
odeur *f.* odor, smell
odorant(e) fragrant
œil *m.* (*pl.* **yeux**) eye [10]
œuf *m.* egg [5]
officialisation *f.* making official
officiel(le) official
offrir to offer, to give (a gift) [9]
oie *f.* goose
oignon *m.* onion [5]
oiseau *m.* (*pl.* **oiseaux**) bird
omelette *f.* omelet
on one; people; they; we
oncle *m.* uncle [2]
onze eleven
opéra *m.* opera
opinion *f.* opinion
optimiste optimistic [1]
or *m.* gold

orage *m.* thunderstorm [6]
orageux(se) stormy [6]
orange *f.* orange [5]
orange *adj. inv.* orange
ordinaire ordinary [5]
ordinateur *m.* computer [3]
 ~ portable laptop [P]
ordonnance *f.* prescription [12]
ordre *m.* order
 par ~ décroissant in descending
 order
oreille *f.* ear [10]
organisation *f.* organization
organiser to organize
origine *f.* origin; source; background
 [C]
 à l'~ originally
 d'~ africaine of African origin
 [C]
os *m.* bone
ou or [1]
où where [3]
 d'~ es-tu? / d'~ êtes-vous? Where
 are you from?
 le jour ~ the day that
 ~ est / se trouve... ? where is . . .?
 [3]
ouais yeah
oublier to forget [5]
ouest *m.* west [6]
ours *m.* **en peluche** teddy bear [9]
outre-mer overseas
ouvert(e) open [9]
ouvragé(e) worked, decorated
ouvrier/ouvrière *m./f.* factory worker
 [11]
ouvrir to open
 s'~ to open oneself up

P

pain *m.* bread [5]
 ~ grillé *m.* toast [5]
paix *f.* peace
palace *m.* luxury hotel
pâlir to pale
palmier *m.* palm tree
pamplemousse *m.* grapefruit
pancarte *f.* sign
panne: tomber en ~ to break down
pansement *m.* bandage
 faire un ~ to bandage
pantalon *m.* (pair of) pants [10]
 ~ de survêtement sweatpants
pantoufles *f.* slippers [10]
papa *m.* dad
papier *m.* paper
 ~ à lettres stationery
Pâques *f.pl.* Easter
par by
 ~ contre on the other hand [2]
 ~ jour a (per) day
paraître to appear, to seem
parapluie *m.* umbrella [10]
parc *m.* park [3]
parce que because [3]
parcourez skim [3]
parcourir to skim

pardon excuse me [3]
 ~? Pardon me? What? [P]
 ~ madame excuse me, ma'am [3]
 ~ monsieur excuse me, sir [3]
pareil(le) equal [8]
parenté *f.* family relationship
parents *m.pl.* relatives; parents [2]
 ~ éloignés distant relatives
paresseux(se) lazy [1]
parfait(e) perfect [6]
 c'est parfait! it's perfect! [6]
parfois sometimes [1]
parfum *m.* perfume; scent
Paris *m.* Paris
parisien(ne) Parisian
parlement *m.* parliament
parler to speak [2]
 se ~ to talk to one another [8]
parmi among
parole *f.* word; lyric
 donner sa ~ to give one's word
part *f.***: à ~** apart from
 c'est de la ~ de qui? may I ask
 who's calling? [3]
partager to share [8]
partenaire *m./f.* partner [8]
parti *m.* party
participez participate [2]
particularisme *m.* specific
 characteristics
particulier(ère) particular, private
 hôtel *m.* **~** mansion
particulier: chez un ~ in a private
 house
partie *f.* part; game
partir to leave [7]
partout everywhere [12]
parure *f.* dress, finery
pas *m.* step
pas not [P]
 ~ beaucoup not much, not many [2]
 ~ de... no . . .
 ~ du tout not at all [1]
 ~ du tout (de) not at all [5]
 ~ mal not bad [P]
 ~ tant de manières! stop fooling
 around!
 ~ tout à fait not quite [5]
 ~ trop not very, not too
passage *m.* passageway
passé *m.* past
passé(e) last; past
passeport *m.* passport
passer to take (an exam) [4]; to pass
 (through, by) [6]; to spend
 (time) [7]
 ~ des heures (à + *inf.*) to spend
 hours
 ~ l'aspirateur to vacuum [8]
 ~ par to pass through (by) [6]
 ~ ses vacances to spend one's
 vacation [7]
 ~ une semaine to spend a week [7]
se passer to happen, to take place [8]
 qu'est-ce qui s'est passé? what
 happened?
passe-temps *m.* pastime [6]
passif(ve) passive [1]
pâté *m.* pâté [5]
pâtes *f.pl.* pasta [5]

patiemment patiently [11]
patient(e) patient [1]
patin *m.* skate
  ~ à roulettes roller skate
patinage *m.* skating [6]
  ~ sur glace ice skating
patinoire *f.* skating rink
pâtisserie *f.* pastry shop [5]
patrie *f.* country
patron/patronne *m./f.* boss [11]
paupière *f.* eyelid
pause-café *f.* coffee break
pauvre poor [1]
  ~ de moi! woe is me!
pauvre *m./f.* poor person [C]
pauvreté *f.* poverty [C]
payer to pay [5]
pays *m.* country [6]
paysage *m.* countryside, landscape
Pays-Bas *m.pl.* Netherlands
peau *f.* skin
P.D.G. *m./f.* **(président-directeur général)** CEO [11]
pêche *f.* peach [5]; fishing [7]
  aller à la ~ to go fishing [7]
péché *m.* sin
pêcheur *m.* fisherman
se peigner to comb one's hair [10]
peine *f.* sorrow, pain
  à ~ barely
peintre *m.* painter [1]
peinture *f.* painting [4]
pelouse *f.* lawn
peluche *f.* stuffed animal [9]
penché(e) sur concerned with
pendant for, during [7]
  ~ combien de temps for how long [7]
  ~ que while
pensée *f.* thought
penser to think [2]
  ~ à to think about [2]
  ~ de to think of
pension *f.* **complète** lodging and meals
perdre to lose [7]
  ~ du temps to waste time
père *m.* father [2]
Père Noël *m.* Santa Claus [9]
période *f.* period
permanence: en ~ permanently
permettre to allow, to permit
perpétuer to carry on
persillade *f.* chopped parsley
personnage *m.* character
personnalité *f.* personality
personne nobody [9]
  ne... ~ no one, nobody, not anyone [9]
  ~ ne no one, nobody [9]
personne *f.* person
  grande ~ grown-up
perte *f.* loss
perturbation *f.* weather disturbance
peser to weigh
pessimiste pessimistic [1]
petit(e) short, small, little [1]
  ~ ami *m.* boyfriend [8]
  ~ déjeuner *m.* breakfast [5]
  petite amie *f.* girlfriend [8]
  ~s pois *m.pl.* peas [5]

petit déjeuner compris breakfast included [7]
petite-fille *f.* granddaughter [2]
petit-fils *m.* grandson [2]
pétition *f.* petition [C]
petits pois *m.* peas [5]
pétri(e) de steeped in
peu little, a little [1]
  à ~ près almost, nearly
  ~ de few
  un ~ a little [1]
  un ~ (de) a little [5]
peuplé(e) inhabited
peur *f.* fear [12]
  avoir ~ to be afraid [4]
  faire ~ à to scare [12]
peut-être perhaps, maybe [1]
phare *m.* light
pharmacie *f.* drugstore [3]
pharmacien/pharmacienne *m./f.* pharmacist [12]
phénomène *m.* phenomenon [12]
Philippines *f.pl.* Philippines
philosophie *f.* philosophy [4]
phobie *f.* phobia
photo *f.* photo [2]
  ~ de famille family photo [2]
  prendre une ~ to take a picture
photographie *f.* photograph
phrase *f.* sentence
physique *f.* physics [4]
physique physical
  éducation ~ physical education [4]
pièce *f.* room [3]
pied *m.* foot [10]
  à ~ on foot [7]
pilon *m.* pestle
piment *m.* bell pepper
pique-nique *m.* picnic [9]
piqûre *f.* injection [12]
  faire une ~ à to give an injection to [12]
pire worse
  le ~ the worst
piscine *f.* swimming pool [7]
pizza *f.* pizza [5]
placard *m.* closet [3]
place *f.* seat [7]; city square [3]
plage *f.* beach [7]
plainte *f.* complaint
plaire to please [4]
  ça me plaît I like it [4]
  ça te plaît? do you like that? [4]
plaisance *f.*: **de ~** pleasure related
plaisanter: to kid
  tu plaisantes! you're kidding! [4]
plaisir *m.* pleasure [6]
  avec ~ with pleasure [6]
plan *m.* **de la ville** street map [3]
planche *f.* **à voile** sailboarding
planète *f.* planet
plat *m.* course (food), dish [5]
  ~ garni main dish, entree [5]
  ~ principal main course [5]
  ~s cuisinés prepared foods
plat(e) flat
plateau *m.* (*pl.* **plateaux**) platter
  à ~ platform (shoe)
plein(e) full
  à ~ temps full-time [11]

en ~ air outdoor
pléthore *f.* plethora
pleurer to cry [5]
pleut: il ~ it's raining [6]
plié(e) bent
plongée *f.* **sous-marine** diving
pluie *f.* rain [6]
  sous la ~ in the rain
plupart: la ~ de most [9]
pluriel *m.* plural
plus more [3]
  de ~ en ~ more and more
  le/la/les ~ the most [9]
  ne... ~ no more, no longer [5]
  ~ de more [5]
  ~... ~... the more . . . the more
  ~... que more . . . than [5]
  ~ tard later [3]
  ~ tôt earlier [4]
plusieurs several
plutôt rather [2]
  ~ que instead of
pluvieux(se) rainy
pneumonie *f.* pneumonia
poche *f.* pocket [10]
poème *m.* poem [6]
poids *m.* weight
poil: de tout ~ of all sorts
points cardinaux *m.pl.* cardinal points [6]
poire *f.* pear [5]
pois: à ~ polka dot [10]
  petits ~ peas [5]
poisson *m.* fish [5]
poissonnerie *f.* fish market [5]
poivre *m.* pepper [5]
poivron *m.* green pepper
pôle *m.* pole
poli(e) polite
policier(ère) detective [2]
poliment politely [11]
politicien/politicienne *m./f.* politician [1]
politique political
polo *m.* polo shirt [10]
polyester *m.* polyester [10]
pomme *f.* apple [5]
  ~ de terre potato [5]
  ~s frites French fries
  tarte *f.* **aux ~s** apple tart [5]
pompes *f.pl.* pushups [10]
population *f.* population
  ~ active workforce
porc *m.* pork [5]
port *m.* wearing; harbor
portable (téléphone portable) *m.* cell phone [3]
porte *f.* door [P]
porter to wear [10]; to carry
  se ~ bien to be in good health
Portugal *m.* Portugal
poser to place; to put down
posez des questions ask questions [1]
positif(ve) positive
position *f.* position, location
posséder to own, to possess, to have
possible possible
poste *f.* post office [3]
  par la ~ by mail
poste *m.* job, position [11]

~ à mi-temps half-time position [11]
~ à plein temps full-time position [11]
~ de direction management position
~ de télévision television set
poster *m.* poster [3]
postulant/postulante *m./f.* applicant
poterie *f.* pottery
poule *f.* hen
poulet *m.* chicken [5]
poupée *f.* doll [9]
~ de chiffons rag doll
pour for; to, in order to
le ~ et le contre pros and cons
~ moi in my opinion [C]
~ voir to see [1]
pourcentage *m.* percentage
pourquoi why [3]
pourriez-vous me dire... ? could you tell me . . . ? [3]
pourriez-vous m'indiquer... could you tell me . . . [7]
poursuivre to pursue
pourtant yet
pousser to push, to encourage
~ des cris to shout
pouvoir to be able to; can [4]
est-ce que je pourrais... ? could I . . . ? [3]
j'ai pu I succeeded in [9]
je n'ai pas pu I failed to [9]
pouvoir *m.* power [11]
pratique practical
pratique *f.*: **en ~** in practice
pratiquement practically
pratiquer to practice
précédent(e) preceding [1]
précieux(se) precious
précis(e) precise
préféré(e) favorite
préférer to prefer [2]
préjugé *m.* prejudice [C]
premier(ère) first [3]
~ étage *m.* second floor [7]
première classe *f.* first class [7]
~s soins *m.pl.* first aid [12]
premièrement first [5]
prendre to take [3]; to have (food) [5]
Je vais ~... I'm going to have . . . [5]
~ le temps (de) to take the time to [4]
~ rendez-vous to make an appointment [11]
~ une décision to make a decision [4]
~ une douche to take a shower [10]
prénom *m.* first name [P]
préparer to prepare [4]
~ un examen to study for an exam [4]
près (de) close to [3]
prescrire to prescribe [12]
présent(e) present [1]
présentation *f.* introduction [P]
présenter to introduce . . . to . . .
je te/vous présente let me introduce [P]
se ~ to come to

président/présidente *m./f.* president [1]
présider à to preside over
presque almost, nearly [2]
presqu'île *f.* peninsula
pressé (*un citron*) squeezed [5]
pressé(es) (*les gens*) rushed [5]
pressentir to have a presentiment
prêt(e) ready
prétendre to claim
prêter to lend [7]
preuve *f.* proof
prévu(e) planned
prié(e): est ~ de se présenter is asked to come
prier to pray
je t'/vous en prie you're welcome [9]
prière *f.* prayer
prince *m.* prince
princesse *f.* princess
principal(e) (*m.pl.* **-aux**) principal
plat *m.* **~** main course [5]
principe *m.* principle
printemps *m.* spring [6]
privilégié(e) preferred
prix *m.* price [3]
problème *m.* problem [6]
processus *m.* process
prochain(e) next [4]
~ train *m.* next train [7]
proche near (*adj.*)
produit *m.* product [5]
~ bio organic product [10]
~ surgelé frozen food [5]
professeur *m.* teacher, professor [P]
profession *f.* occupation [1]
~ libérale profession [11]
professionnel(le) professional [11]
profiter de to take advantage of
programme *m.* program [6]
progrès *m.* progress
progressivement gradually
proie *f.* prey
projet *m.* plan [4]; project
promenade *f.* walk [4]
faire une ~ to go for a walk [4]
se promener to go for a walk [10]
promettre to promise
promotion *f.* promotion [11]
se proposer to intend
propre own [4]
propriétaire *m./f.* landlord / landlady [3]
protéger to protect
protester to protest [C]
provenance *f.*: **en ~ de** from
provinciaux *m.pl.* French people who live outside Paris
provoquer to instigate, to provoke
proximité *f.* proximity
psychologie *f.* psychology [4]
psychologique psychological
psychologue *m./f.* psychologist
pub *f.* commercial [6]
public (publique) public
publicité *f.* advertisement
publier to publish
puis then [5]
pull *m.* sweater (generic term) [10]

puni(e) punished [9]
punir to punish
punition *f.* punishment
pureté *f.* purity
pyjama *m.* pajamas [10]

Q

quai *m.* platform [7]
quand when [3]
~ même all the same
quantité *f.* quantity [5]
quarante forty [2]
quart: et ~ fifteen (minutes past the hour) [4]
moins le ~ quarter to (the hour) [4]
~ de travail *m.* shift
~ d'heure fifteen minutes
quartier *m.* neighborhood, community [3]
vieux ~ old quarter / part of town [7]
quatorze fourteen [2]
quatre four [2]
quatre-vingt-cinq eighty-five [3]
quatre-vingt-dix ninety [3]
quatre-vingt-dix-sept ninety-seven [3]
quatre-vingt-onze ninety-one [3]
quatre-vingts eighty [3]
quatre-vingt-un eighty-one [3]
que what, that
~ je suis bête! how stupid of me!
~ veut dire... ? what does . . . mean? [P]
quel/quelle which, what [2]
quel âge avez-vous/as-tu? how old are you? [2]
quel est le sens de... ? What is the meaning of . . . ? [4]
quelle bêtise! how stupid!
quelle chance! how lucky!
quel temps fait-il? what is the weather like?
quelque chose something [9]
c'est ~ que... it's something that . . . [5]
~ de bon something good
quelquefois sometimes [2]
quelqu'un someone [9]
c'est ~ qui... it's someone who . . . [5]
~ de célèbre someone famous
querelle *f.* quarrel
qu'est-ce que what [2]
~ c'est? what is it? [P]
~ c'est que... ? what is . . . ? [5]
~ c'est que ça? what is that? [5]
qu'est-ce qu'il y a? what's the matter?
qu'est-ce qui what
~ se passe? what's going on?
question *f.* question
qui who [P], that
~ correspondent that correspond [1]
~ est à l'appareil? may I ask who's calling? [3]
~ suis-je? who am I? [1]
quiche *f.* quiche [5]
quinze fifteen

quitter (quelqu'un/un endroit) to leave (someone / a place) [12]

ne quittez pas just a minute, please [3]

quoi what

de la/du ~? some what? [5]

il n'y a pas de ~ you're welcome [9]

un(e) ~? a what? [5]

quoi you know [2]

quotidien(ne) daily [8]

R

racisme *m.* racism [C]

raconter to tell (a story) [8]

radio *f.* radio [2]

raffermissement *m.* firming

raffiné(e) refined, cultured

raffinement *m.* refinement

raison *f.* reason

raisonnable reasonable [1]

raisonnablement reasonably

raisonner to reason

Ramadan *m.* Ramadan [9]

ramener to bring back

rang *m.* row

ranger (sa chambre) to tidy up (one's bedroom) [8]

rapide fast

rapide *m.* express train

rapidement fast [11]

rappel *m.* reminder

rappeler to remind (of)

rapport *m.* report [6]; relationship

rarement rarely [8]

se raser to shave [10]

rassuré(e) reassured

rater to miss [7]; to fail (an exam) [4]

~ le train to miss the train [7]

rattraper to catch up with

ravissant(e) ravishing

rayon *m.* department, counter (in a store) [5]

~ de fromage cheese section [5]

rayure *f.*: **à rayures** striped [10]

réagir to react

réaliser to accomplish, to achieve, to fulfill [11]

réaliste realistic [1]

réalité *f.* reality [11]

rebrodé(e) embroidered

récemment recently [11]

recensement *m.* census

réceptionniste *m./f.* desk clerk [7]

recette *f.* recipe [5]

recevoir to receive

recherche *f.* research; search

à la ~ de in search of

rechercher to look for

recommander to recommend [12]

reconnaître to recognize [9]

recouvrir to cover

récréation *f.* recess

recruter to recruit

recycler to recycle

réduction *f.* discount [7], reduction

réellement really

refaire to redo

réfléchir à to think about, to reflect on [6]

reflet *m.* reflection

refléter to reflect

se ~ to be reflected

réflexion *f.* reflection, thought

à la ~ upon reflection

réforme *f.* reform

refuser to refuse

regard *m.* look, gaze

regarder to look at, to watch [2]

régime *m.* diet [5]

être au ~ to be on a diet [5]

suivre un ~ to be on a diet

région *f.* region, area [3]

regretter to be sorry; to regret [7]

regroupement *m.* reuniting

réimporter to reimport

reine *f.* queen [9]

rejeter to reject

rejoindre to join

se réjouir to be delighted

relation *f.* relationship (not family) [8]

se relever to pick oneself up; to recover

relier to connect [3]

religieux(se) religious

relire to reread

remarquer to notice

remarquez note, notice [3]

remercier to thank [9]

remettre to restore, to return

remplacer to replace

remplir to fill out (a form, etc.) [11]

~ un formulaire to fill out a form [11]

renard *m.* fox

rencontre *f.* (chance) meeting

rencontrer to meet [8]

rendez-vous *m.* meeting, appointment [11]

rendre to make, to render [7]

~ malade to make sick

~ visite à to visit (someone) [7]

renommé renowned

renseignement *m.* information

rentrée *f.* back to school [6]

rentrer to come home [6]; to return; to go back (in)

renvoyer to fire

répandu(e) widespread

répartition *f.* distribution

repas *m.* meal [5]

repasser to iron [8]

repenser to think again

répéter to repeat

répétez, s'il vous plaît repeat, please [P]

répétition *f.* repetition

replier to bend again

répondeur *m.* answering machine [3]

répondre to answer [7]

réponse *f.* answer; response

repos *m.* rest

se reposer to rest [10]

repousser to push away

représenter to represent

reprise: à plusieurs ~s several times

requête *f.* request

réseau (*pl.* **réseaux**) network

réservé(e) à reserved for [11]

résidence *f.* **universitaire** dorm [3]

se résigner to resign oneself

respecter to respect [C]

responsable responsible

ressembler (à) to look like, to resemble [2]

se ~ to look alike

ressentir to feel

restaurant *m.* restaurant [2]

~ universitaire university cafeteria [4]

restauration *f.* restoration

rester to stay, to remain [6]

~ au lit to stay in bed [12]

~ debout to remain standing [9]

resto-U *m.* university cafeteria

résultat *m.* result

résumé *m.* summary

résumer to summarize

retard *m.* lag, delay

en ~ late [6]

retenir to keep

retirer to take off

retour *m.* return

retourner to go back [6]

se ~ to turn around

retraite *f.* retirement [11]

retrouver to meet [2]

~ (des amis) to meet with (friends) [2]

se ~ to meet (by previous arrangement) [8]

se réunir to get together

réussir à to succeed, to pass (a test) [6]

~ à un examen to pass an exam [4]

réussite *f.* success [11]

rêve *m.* dream [12]

(se) réveiller to wake up [10]

réveillon *m.* Christmas Eve dinner

révélateur(trice) revealing

révéler to reveal

revenir to come back [7]

rêver to dream [12]

~ à to dream of

revêtir to assume

réviser to review

revoir to see again

au ~ good-bye [P]

se ~ to see each other again [8]

rez-de-chaussée *m.* ground (first) floor [7]

rhume *m.* cold [12]

~ des foins hay fever [12]

riche rich [1]

richesse *f.* richness

rideaux *m.pl.* curtains [3]

ridicule ridiculous

rien nothing [9]

ce n'est ~ think nothing of it [9]

de ~ you're welcome [9]

ne... ~ nothing, not anything [9]

~ d'intéressant nothing interesting

~ du tout nothing at all

rigolo(te) funny

rigoureux(se) harsh

rigueur: à la ~ if need be

rire to laugh [8]

risque *m.* risk

rival(e) (*m.pl.* **-aux**) rival

rivière *f.* river
riz *m.* rice [5]
robe *f.* dress [10]
  ~ de chambre bathrobe [10]
  ~ du soir evening dress [10]
rock *m.* rock music [2]
roi *m.* king [9]
rôle *m.* role
  à tour de ~ in turn
romain(e) Roman
roman *m.* novel [2]
  ~ d'amour romantic novel
  ~ historique historical novel [2]
  ~ policier detective novel [2]
romanche *m.* Romansh (language)
rompre to break
roquefort *m.* Roquefort cheese [5]
rosbif *m.* roast beef [5]
rose *adj.* pink [10]
rôti *m.* roast [5]
  ~ de porc pork roast [5]
roue *f.* wheel
rouge red
rouge *m.* red [3]
route *f.* road
  ~ en terre dirt road
routier(ère) road (*adj.*)
routine *f.* routine [10]
roux (rousse) red (hair) [2]
rue *f.* street [3]
rupture *f.* breaking off; breakup
rural(e) (*m.pl.* **ruraux**) rural
russe Russian [1]
Russie *f.* Russia
rythme *m.* rhythm

S

sa (*see* **son/sa/ses**)
sable *m.* sand
sac *m.* **à dos** backpack [P]
sacré(e) sacred
sacrifier to sacrifice
sage quiet, well-behaved; wise
sage-femme *f.* midwife
saigner to bleed
sain(e) healthful [5]
saint(e) holy
saisir to seize
saison *f.* season [6]
salade *f.* salad [5]
salaire *m.* wages, salary [11]
salé(e) salty [5]
salle *f.* room; classroom [P]
  ~ à manger dining room [3]
  ~ de bains bathroom [3]
  ~ de classe classroom [P]
  ~ de séjour living room [3]
salon *m.* living room [3]
salsita *f.* salsa
salut hi [P]
salutations *f.pl.* greetings [P]
samedi *m.* Saturday [4]
  le ~ suivant the following
  Saturday [6]
sandales *f.* sandals [10]
sandwich *m.* sandwich [5]
sang *m.* blood

sans without
  ~ doute probably
sans-abri *m./f.* homeless person [C]
santé *f.* health [5]
sapin *m.* fir tree, Christmas tree [9]
satisfaire to satisfy
satisfait(e) satisfied [3]
saucisse *f.* sausage [5]
saucisson *m.* hard salami [5]
sauf except for
sauter to jump
sauvage wild
sauvage *m./f.* savage
sauver to save
savoir to know (something) [9]
  j'ai su I found out [9]
  je ne sais pas I don't know [P]
  tu sais you know [2]
savoir *m.* knowledge
scandaleux(se) scandalous [C]
scène *f.* scene
sceptique skeptical
science *f.* science [4]
  ~s politiques political science [4]
scolaire school (*adj.*)
se himself; herself; itself; themselves
  [8]
sec (sèche) dry, dried
seconde classe *f.* second class [7]
secret *m.* secret [8]
secrétaire *m./f.* secretary [1]
sécurité *f.* security [11]
  ~ sociale social security
sein: au ~ de within
seize sixteen
séjour *m.* living room [3]; stay [7]
  faire un ~ to stay [7]
sel *m.* salt [5]
sélectionner to select
selon according to [1]
  ~ le cas as the case may be
  ~ vous in your opinion
semaine *f.* week [4]
  dans une ~ in a week [6]
  la ~ dernière last week [5]
  la ~ prochaine next week [6]
  une ~ après a week later [6]
semblable similar [1]
sembler to seem [C]
semelle *f.* sole
semestre *m.* semester
sénat *m.* senate
sénateur *m.* senator
Sénégal *m.* Senegal
sénégalais(e) Senegalese [1]
sens *m.* meaning; direction, sense
  ~ inverse opposite direction
sensible sensitive
sensuel(le) sensual
sentimental(e): vie *f.* **sentimentale**
  love life
sentir to smell
  se ~ (apprécié, libre) to feel
  (appreciated, free) [8]
  se ~ bien/mieux/mal to feel well /
  better / sick [12]
séparé(e) separate
séparément separately
séparer to separate
sept seven

septembre *m.* September [4]
série *f.* series
sérieusement seriously [11]
sérieux(se) serious [1]
serpent *m.* snake
serré(e) tight
serveur/serveuse *m./f.* waiter /
  waitress [5]
service *m.* service
  ~ compris tip included
  ~ militaire military service
serviette *f.* briefcase [P]; napkin [5]
servir to serve [7]
serviteur/servante *m./f.* servant
ses (*see* **son/sa/ses**)
seuil *m.* **de la pauvreté** poverty level
seul(e) alone
seulement only [11]
shopping *m.* shopping [2]
short *m.* shorts [10]
si yes [1]; if [2]
  mais ~ well, yes [1]
si *adv.* as, so
si *conj.* if [12];
  ~ tu / ~ vous (+ imparfait) what if
  you . . . [8]
sida *m.* AIDS [12]
siècle *m.* century
siège *m.* seat [7], headquarters
sieste *f.* nap [4]
  faire la ~ to take a nap [4]
signe *m.* sign
signer to sign [2]
signification *f.* meaning
signifier to mean
s'il vous (te) plaît please [P]
singulier *m.* singular
sirop *m.* syrup [12]
six six
sketch *m.* skit
ski *m.* skiing [4]
  faire du ~ to ski [4]
  ~ nautique water skiing [7]
smoking *m.* tuxedo [10]
sociable friendly, outgoing [1]
social(e) (*m.pl.* **sociaux**) social
société *f.* society; company [11]
sociologie *f.* sociology [4]
sociologue *m./f.* sociologist
sœur *f.* sister [2]
  demi-~ *f.* half-sister [2]
soi oneself [11]
  à ~ of one's own
  ~-même oneself [12]
soie *f.* silk [10]
  en ~ silk [10]
soif *f.* thirst [5]
  avoir ~ to be thirsty [5]
soigner to take care of
  se faire ~ to be taken care of [12]
  se ~ to take care of oneself [12]
soi-même oneself [12]
soin *m.* care
soir *m.* evening [4]
  ce ~ tonight
  demain ~ tomorrow night [6]
  du ~ in the evening (time) [4]
  hier ~ last night [6]
soirée *f.* party [8]
soixante sixty [2]

soixante-dix seventy [3]
soixante-douze seventy-two [3]
soixante et onze seventy-one [3]
sol *m.* soil; land
soldat *m.* soldier
solde *m.* sale
  en ~s on sale
soleil *m.* sun [6]
  il fait du ~ it's sunny [6]
solitude *f.* solitude
solution *f.* solution [C]
sombre dark
son *m.* sound
son/sa/ses his / her / its [2]
sondage *m.* poll [3]
sonder to survey
sortie *f.* outing, a night out [6]
sortir to go out [7]
  ~ ensemble to go out together [2]
souche: de ~ by blood
souci *m.* concern, care
se soucier de to worry about
soudain suddenly
souffle *m.* breath
souffrir to suffer
souhaiter to wish [9]
souligner to underscore
soulignez underline [3]
soupçonner to suspect
soupe *f.* soup [5]
  ~ au poulet chicken soup
souper *m.* supper, dinner [5]
sourcil *m.* eyebrow
souris *f.* mouse
sous under
  ~ la pluie in the rain
se soustraire à to avoid
sous-vêtements *m.pl.* underwear
soutenir to support
souvenir *m.* souvenir [7]; memory
se souvenir (de) to remember (someone or something) [8]
souvent often [2]
souverain(e) sovereign
spacieux(se) spacious [3]
spécialiste *m./f.* specialist
spécialité *f.* specialty
spectacle *m.* show, event
  ~ de variétés variety show
sport *m.* sports [2]
  faire du ~ to play sports [4]
sportif(ve) athletic; sports [1]
stade *m.* stadium [6]
stage *m.* internship [11]
standing *m.:* **grand ~** luxury
station *f.* resort
station-service *f.* gas station
statistique *f.* statistic
statut *m.* status
steak *m.* steak [5]
step *m.* step workout [10]
  faire du ~ to do step (exercise) [10]
stimuler to stimulate
stress *m.* stress
strict(e) strict [4]
studio *m.* studio [3]
stupéfait(e) astounded
stupide stupid [1]

stylo *m.* pen [P]
succès *m.* success [11]
sucre *m.* sugar [5]
sucré(e) sweet [5]
sud *m.* south [6]
suffire to suffice, to be enough
  suffit! that's enough!
suis (*see* **être, suivre**)
  je suis… My name is . . . [P]
  je suis de… I'm from . . . [1]
Suisse *f.* Switzerland
suisse Swiss [1]
suite: tout de ~ right away
suivant(e) following [1]
  le samedi ~ the following Saturday [6]
suivi(e) followed
suivre to follow
  ~ un régime to be on a diet
sujet *m.* subject
  au ~ de about, on the subject of
super terrific, great [4]
superficie *f.* area
supérieur(e) higher, upper
  école supérieure *f.* school of higher education
supermarché *m.* supermarket [3]
supporter to stand, to tolerate
suprême *m.* **de volaille** poultry in cream sauce
sur on (in) [3]
  un ~ dix one out of ten
sûr(e) sure, certain
  bien ~ of course [2]
sûrement surely
surface *f.:* **grande ~** super store [5]
surfer sur Internet to surf the Internet [2]
surgelé(e) frozen [5]
surhumain(e) superhuman
surnaturel(le) supernatural
surnuméraire extra
surprenant(e) surprising [12]
surtout especially [2]
surveillant/surveillante *m./f.* monitor, supervisor
survoler to get a general view
susceptible de likely to
sweat *m.* sweatshirt
symbole *m.* symbol [12]
sympathique nice, pleasant [1]
symptôme *m.* symptom [12]

T

ta (*see* **ton/ta/tes**)
tabac *m.* tobacco
  bureau *m.* **de ~** tobacco / magazine shop
table *f.* table [P]
tableau *m.* (*pl.* **tableaux**) chalkboard [P]; chart, table; painting [12]
  ~ noir blackboard
tabouret *m.* stool
tâche *f.* task; chore [8]
  ~s domestiques household chores [8]
tâcher to try

taco *f.* taco
tactique *f.* tactic
Tahiti *f.* Tahiti
tahitien(ne) Tahitian [9]
taille *f.* height; waist [10]
tailleur *m.* women's suit [10]
se taire to be quiet
tandis que while, whereas
tant: ~ de so much, so many
  ~ pis too bad [4]
tante *f.* aunt [2]
tantôt… tantôt now . . . now
tapis *m.* rug [3]
tard late [4]
taro *m.* taro
tarte *f.* pie, tart
  ~ aux fraises strawberry tart [5]
  ~ aux pommes apple tart [5]
tas *m.:* **un ~ de** lots of [8]
tasse *f.* cup [5]
taux *m.* rate
te you, to you [8]
teinté(e) tinged
tel(le): un(e) ~ such a
télé *f.* TV
télécarte *f.* phone card [3]
télécommande *f.* remote control [6]
téléphone *m.* telephone [3]
  ~ portable cell phone [3]
  ~ sans fil cordless phone [3]
téléphoner to telephone [2]
  se ~ to call one another [8]
téléphoniste *m./f.* telephone operator
télévision *f.* television [2]
tellement so
  ~ de so much
température *f.* temperature [6]
temps *m.* time [4]; weather [6]; tense
  à ~ in time, on time
  avoir le ~ (de) to have time (to) [4]
  de ~ en ~ from time to time [8]
  du ~ libre free time [4]
  emploi *m.* **du ~** schedule [4]
  en ce ~-là at that time [8]
  en même ~ at the same time
  il est ~ que it is time that [C]
  le ~ est ensoleillé/variable/ nuageux/orageux the weather is sunny / variable / cloudy / stormy [6]
  quel ~ fait-il? What is the weather like?
tendance *f.* tendency
tendre to stretch, to straighten
ténèbres *f.pl.* darkness
tennis *f.* tennis shoes [10]
tennis *m.* tennis [2]
  faire du ~ to play tennis [4]
tentative *f.* attempt
terminaison *f.* ending
(se) terminer to end
terrasse *f.* terrace
terre *f.* earth; ground
  par ~ on the ground
  route en ~ dirt road
terrible terrific; terrible
territoire *m.* territory
tes (*see* **ton/ta/tes**)
tête *f.* head [10]

TGV (train à grande vitesse) *m.* high-speed train [7]
thé *m.* tea [5]
  ~ au lait tea with milk [5]
  ~ citron tea with lemon [5]
  ~ nature plain tea [5]
théâtre *m.* theater
théorie *f.*: **en ~** in theory
thérapeute *m./f.* therapist
thermomètre *m.* thermometer
thon *m.* tuna [5]
tiens… Oh . . . [4]
timide shy [1]
timidement shyly
tissu *m.* fabric [10]
titre *m.* title
  à ~ de as
toi you [11]
toilettes *f.pl.* restroom [3]
tomate *f.* tomato [5]
tombe *f.* grave
tomber to fall [6]
  laisser ~ to drop
  ~ en panne to break down
  ~ malade to become ill
  ~ par terre to fall on the ground
ton/ta/tes your [2]
tonnerre *m.* thunder
tort: avoir ~ to be wrong
tortue *f.* turtle
tôt early [4]
toucher to touch; to affect [10]
  touche pas à... hands off . . .
toujours always [2]
tour *m.* tour; turn
  à son ~ in turn
  à ~ de rôle in turn
  ~ du monde around-the-world trip [12]
touriste *m./f.* tourist
tourner to turn [3]
tous les jours every day [4]
Toussaint *m.* All Saints' Day
tousser to cough [12]
tout *pron.* everything [4]
tout *adv.*: **~ à l'heure** in a little while
  ~ de suite right away [7]
  ~ droit straight ahead [3]
tout/toute/tous/toutes all, every, each; the whole
  de toute façon in any case
  tous les deux both
  tous les jours every day [2]
  tout le monde everyone [8]
toux *f.* cough
tradition *f.* tradition [9]
traditionnel(le) traditional [9]
traditionnellement traditionally
tragique tragic
trahir to betray
train *m.* train
  en ~ by train [7]
  en ~ de in the process of
trait *m.* **d'union** hyphen [P]
traite *f.* **des esclaves** slave trade
traitement *m.* treatment [12]
traiter to treat
trame *f.* plot
tranche *f.* slice [5]
tranquille calm, tranquil [12]

laisser ~ to leave alone, to leave in peace
transfert *m.* transfer
transformez change [1]
transport: moyens de ~ means of transportation [7]
travail *m.* work; job
travailler to work, to study [2]
traverser to cross [3]
tréma *m.* umlaut [P]
trembler to shake
trente thirty
très very [1]
  ~ bien, merci fine, thank you [P]
tribu *f.* tribe
triste sad [1]
trois three
tromper to deceive
  se ~ to be mistaken
trop too, too much [3]
  ~ (de) too much [5]
  ~ peu (de) too little [5]
trouver to find [1]; to think
  se ~ to be located [3]
  ~ l'équilibre (entre) to find a balance (between) [12]
truculent(e) larger than life
T-shirt *m.* T-shirt [2]
tu you [P]
tuer to kill
tunique *f.* tunic
Tunisie *f.* Tunisia
tunisien(ne) Tunisian
type *m.* type
typique typical [1]

un(e) a, an [P]; one [2]
  un à un one by one
  une fois once [2]
unanime unanimous
uni(e) solid (color) [10]; united
unificateur (unificatrice) unifying
Union *f.* **européenne** European Union [12]
union *f.* **libre** cohabitation
univers *m.* universe
universel(le) universal
université *f.* university [4]
urbain(e) urban
usage *m.* custom
utile useful [11]
utilisation *f.* use
utiliser to use

va (*see* **aller**)
vacances *f.pl.* vacation [2]
  bonnes ~! have a nice vacation! [9]
vaccin *m.* vaccination [12]
vachement very
vaincre to defeat
vaisselle *f.* dishes [8]
valeur *f.* value [12]

valise *f.* suitcase [7]
vallée *f.* valley
variable changeable, partly cloudy [6]
varier to vary
variétés *f.pl.* variety show [6]
vaudrait: il ~ mieux it would be better [C]
vaut: il ~ mieux que it is better that [C]
veau *m.* veal [5]; calfskin
vedette *f.* star (celebrity)
végétarien(ne) vegetarian
vélo *m.* bicycle [4]
  en ~ on bicycle [7]
  faire du ~ to go biking [4]
velours *m.* velvet [10]
  en ~ velvet [10]
vendeur/vendeuse *m./f.* salesperson [11]
vendre to sell [7]
vendredi *m.* Friday [4]
venir to come [7]
  ~ de to come from
  ~ de (faire quelque chose) to have just (done something) [11]
vent *m.* wind [6]
  il fait du ~ it's windy [6]
  il y a du ~ it's windy
vente *f.* sale
ventre *m.* stomach [10]
  mal au ~ bellyache
verbe *m.* verb
verdure *f.* greenery
véritable true, real
vérité *f.* truth [6]
vernaculaire vernacular
vernissage *m.* art exhibit opening
verre *m.* glass [5]; lens
vers toward [4]; around (time)
vert(e) green [2]
  haricots *m.pl.* **verts** green beans [5]
veste *f.* jacket [10]
vestiaire clothing (*adj.*)
vestige *m.* remainder
vêtements *m.pl.* clothing [2]; clothes [10]
vêtu(e) dressed
vétuste decrepit
viande *f.* meat [5]
victime *f.* victim
victoire *f.* victory, win
vide empty
vidéo *f.* video [2]
vidéocassette *f.* video cassette [3]
vie *f.* life
  ~ sentimentale love life
vieillir to age, to grow old
vieux/vieil/vieille/vieux/vieilles old [3]
vif (vive) bright
vignoble *m.* vineyard
vigueur *f.*: **en ~** in force
villa *f.* villa
village *m.* village
ville *f.* city [3]
  ~ d'origine hometown
  ~ natale city of one's birth
vin *m.* wine [5]
  du ~ rouge red wine [5]
vingt twenty
violence *f.* violence

vis-à-vis toward
viser to focus on
visible visible
visite *f.* visit
    rendre ~ à to visit (a person) [7]
visiter to visit (a place) [3]
vitamine *f.* vitamin [12]
vite fast, quickly
vitesse *f.* speed
vitre *f.* windowpane
vivre to live
voici here is, here are, there is,
    there are [1]
voilà there is, there are; here is, here
    are [1]
voile *f.* sailing
    planche *f.* **à ~** sailboard
voir to see [3], [6]
    se ~ to see each other [8]
    ~ le médecin to see the doctor [12]
voisin/voisine *m./f.* neighbor
voisinage *m.* neighborhood
voiture *f.* car [7]
    en ~ by car [7]
voix *f.* voice
    à haute ~ aloud
vol *m.* flight [7]
volcan *m.* volcano
voleur *m.* thief
volley *m.* volleyball [2]
    faire du ~ to play volleyball [4]
volontiers gladly [6]
vos (*see* **votre/vos**)
voter to vote

votre/vos your [2]
votre nom *m.?* your last name? [P]
votre prénom *m.?* your first
    name? [P]
vouloir to want (to) [4]
    j'ai voulu I tried to [9]
    je n'ai pas voulu I refused to
    [9]
    je veux bien I'd be glad to [6]
    je voudrais… I would like . . .
    [3]
    tu veux… ? would you like to . . . ?
    [6]
    voudriez-vous… ? would you like
    to . . . ? [6]
vous you [P]; (to) you [8]
    ~ deux both of you
voyage *m.* trip [4]
    bon ~! have a nice trip! [9]
    faire un ~ to go on a trip [4]
    ~ d'affaires business trip [7]
    ~ d'agrément pleasure trip
    ~ organisé tour [7]
voyager to travel [2]
voyageur/voyageuse *m./f.* traveler
voyons let's see [2]
vrai(e) true [1] [4]
    C'est pas ~! No! I can't believe it!
    [4]
    C'est ~? Is that right? [4]
vraiment really [1] [4]
    ~? Je ne sais pas. really? I
    don't know. [10]

W.C. *m.pl.* restroom [3]
week-end *m.* weekend

xénophobe xenophobic

y it, to there, there [10]
    il ~ a there is, there are [2]; ago [7]
yaourt *m.* yogurt [5]
yeux *m.pl.* (*sing.* œil) eyes [2]

Z

zapper to zap, to channel surf [6]
zappeur *m.* channel surfer [6]
zéro zero
zone *f.* zone
    ~ de perturbation area of
    unsettled weather
zoo *m.* zoo
zut (alors)! Darn it! [4]

A

a/an un(e)
  a little un peu
  a lot (of) beaucoup (de)
abandon abandonner
abdominal muscles abdos *m.pl.*
able: be ~ to pouvoir
about au sujet de
above ci-dessus
  ~ all surtout
absent absent(e)
absolutely absolument
accent accent *m.*
accept accepter
accessory accessoire *m.*
accident accident *m.*
accompany accompagner
accomplish réaliser
according to selon
accountant comptable *m./f.*
accounting comptabilité *f.*
accustomed: become ~ s'habituer
across from en face de
action film film *m.* d'aventure
active actif(ve)
actively activement
actor acteur *m.*
actress actrice *f.*
actually en fait
add ajouter
admire admirer
adore adorer
ads: classified ~ petites annonces *f.pl.*
advantage avantage *m.*
advice conseil *m.*
  piece of ~ conseil *m.*
aerobics aérobic *m.*
African africain(e)
after après
  ~ that après
afternoon après-midi *m.*
  2:00 in the ~ deux heures de
    l'après-midi
afterwards après, ensuite
again encore
against contre
agency agence *f.*
  travel ~ agence de voyage
ago il y a
  (three days) ~ il y a (trois jours)
agree d'accord
agreed! entendu! d'accord!
ahead: straight ~ tout droit
AIDS sida *m.*
air air *m.*
air conditioned climatisé(e)
airline ligne *f.* aérienne
airplane avion *m.*
airport aéroport *m.*
alcoholic alcoolisé(e)
  ~ beverage boisson *f.* alcoolisée

Algerian algérien(ne)
alien étranger/étrangère *m./f.*
all *adj.* tout/toute/tous/toutes
all *pron., adv.* tout
allergic allergique
allergies allergies *f.pl.*
almost presque
alone seul(e)
aloud à haute voix
already déjà
also aussi
alternative alternatif(ve)
altruistic altruiste
always toujours
ambition ambition *f.*
American américain(e)
amusing amusant(e)
ancestors ancêtres *m.pl.*
and et
  ~ then et puis
angry fâché(e)
  get ~ se fâcher
  to be ~ être fâché(e)
animal animal *m.* (*pl.* animaux)
anniversary anniversaire *m.*
annoy agacer
annoying embêtant(e); gênant(e)
answer *n.* réponse *f.*
  appropriate ~ réponse qui convient
  best ~ meilleure réponse
  right ~ bonne réponse
answer *v.* répondre (à)
answering machine répondeur *m.*
antibiotic antibiotique *m.*
anyone: not ~ ne... personne
anything: not ~ ne... rien
apartment appartement *m.*
  ~ building immeuble *m.*
apostrophe apostrophe *f.*
appeal appel *m.*
apple pomme *f.*
  ~ tart tarte aux pommes
appliance (electronic) appareil *m.*
  (électronique)
applicant postulant/postulante *m./f.*
apply appliquer
  ~ for a job faire une demande
    d'emploi
appointment rendez-vous *m.*
  make an ~ prendre rendez-vous
appreciate apprécier
April avril *m.*
architect architecte *m./f.*
architecture architecture *f.*
argue se disputer
arm bras *m.*
armchair fauteuil *m.*
around-the-world trip tour *m.* du
  monde
arrival arrivée *f.*
arrive arriver
art art *m.*
artist artiste *m./f.*

as aussi, si
  ~ . . . ~ aussi... que
  ~ far ~ jusqu'à
  ~ many ~ autant de... que
  ~ much ~ autant de... que
  ~ soon ~ dès que
  ~ usual comme d'habitude
ashamed: be ~ (of) avoir honte (de)
ask demander
  ~ questions posez des questions
  ~ing each other en vous posant
aspirin aspirine *f.*
associate associer
at à, dans, en
  ~ first d'abord
  ~ home à domicile
  ~ least au moins
  ~ that time en ce temps-là
  ~ the corner of au coin de
  ~ the home of chez
  ~ what time? à quelle heure?
athlete athlète *m./f.*
athletic sportif(ve)
attention: pay ~ faire attention
attract attirer
August août *m.*
aunt tante *f.*
author auteur *m.*
autumn automne *m.*
available (a room) (une chambre) libre
avenue avenue *f.*
average moyen(ne)
avoid éviter

B

baccalaureate exam bac; baccalauréat
  m.
bachelor's degree licence *f.*
back dos *m.*
background origine *f.*
backpack sac *m.* à dos
bad mauvais(e)
  it's ~ weather il fait mauvais
  that's too ~! c'est embêtant!
badly mal
baggage checkroom consigne *f.*
baguette baguette *f.*
baker boulanger/boulangère *m./f.*
bakery boulangerie *f.*
balance équilibre *m.*
  find a ~ (between) trouver
    l'équilibre (entre)
balanced équilibré(e)
ball balle *f.*; ballon *m.*
banana banane *f.*
bandage *v.* faire un pansement
bandage *n.* pansement *m.*
bank banque *f.*
banker banquier *m.*
barbaric barbare

baseball base-ball *m.*
basketball basket *m.*
  play ~ faire du basket
  ~ shoe basket *f.*
bathing suit maillot *m.* de bain
bathrobe robe *f.* de chambre
bathroom salle *f.* de bains
  ~ sink lavabo *m.*
bathtub baignoire *f.*
be être
  ~ able pouvoir
  ~ afraid (of) avoir peur (de)
  ~ angry être fâché(e)
  ~ ashamed (of) avoir honte (de)
  ~ bored s'ennuyer
  ~ born naître
  ~ careful! attention!
  ~ congested avoir le nez bouché
  ~ fed up en avoir marre
  ~ hungry avoir faim
  ~ hurt se blesser
  ~ in a hurry être pressé(e)
  ~ in good shape être/rester en
    bonne forme
  ~ injured se blesser
  ~ interested in s'intéresser à
  ~ located se trouver
  ~ lucky avoir de la chance
  ~ mad être fâché(e)
  ~ mistaken se tromper
  ~ nauseated avoir la nausée
  ~ on a diet être au régime
  ~ part of faire partie de
  ~ punished être puni(e)
  ~ seated être assis(e)
  ~ self-confident avoir confiance
    en soi
  ~ sorry regretter
  ~ thirsty avoir soif
  ~ wrong avoir tort
  ~ _____ years old avoir _____ ans
  I'm from je suis de
  I was born je suis né(e)
beach plage *f.*
beans: green ~ haricots verts *m.pl.*
beat battre
beautiful beau/bel/belle/
  beaux/belles
because parce que
  ~ of à cause de
become devenir
  ~ accustomed s'habituer
  ~ ill tomber malade
bed lit *m.*
  go to ~ se coucher
bedroom chambre *f.*
beef bœuf *m.*
beer bière *f.*
before avant (de)
begin commencer
beginner débutant/debutante *m./f.*
beginning début *m.*
behind derrière
Belgian belge
believe croire
  No! I can't believe it! c'est pas
    vrai!
belly ventre *m.*
below ci-dessous

belt ceinture *f.*
bench banc *m.*
berth (in sleeping compartment)
  couchette *f.*
beside à côté de
best *adj.*: **the ~** le meilleur/la
  meilleure/les meilleur(e)s
best *adv.* le mieux
better *adj.* meilleur(e)
better *adv.* mieux
  it is ~ that il vaut mieux que
  it would be ~ that il vaudrait
    mieux que
between entre
bicycle vélo *m.*, bicyclette *f.*
  by ~ en vélo
  ride a ~ faire du vélo
big grand(e); gros(se)
biking: to go ~ faire du vélo
bill (*restaurant*) addition *f.*
billion milliard *m.*
binder classeur *m.*
biological biologique
biology biologie *f.*
birth naissance *f.*
birthday anniversaire *m.*
  happy ~! bon anniversaire!
black noir(e)
blackboard tableau *m.*
blond blond(e)
blouse chemisier *m.*
blue bleu(e)
  navy ~ bleu marine
boat bateau *m.* (*pl.* bateaux)
  by ~ en bateau
boating: go ~ faire du bateau
body corps *m.*
bond lien *m.*
book livre *m.*
bookcase étagère *f.*
bookshelves étagères *f.pl.*
boot botte *f.*
border frontière *f.*
boredom ennui *m.*
boring ennuyeux(se)
born né(e)
borrow emprunter (à)
boss patron/patronne *m./f.*
both (tous) les deux
bottle bouteille *f.*
  ~ of mineral water bouteille d'eau
    minérale
boulevard boulevard *m.*
bouquet bouquet *m.*
  ~ of flowers bouquet de fleurs
boy garçon *m.*
boyfriend petit ami *m.*
brain cerveau *m.* (*pl.* cerveaux)
brand marque *f.*
bravo! bravo! chapeau!
brawl bagarre *f.*
Brazilian brésilien(ne)
bread pain *m.*
  loaf of French ~ baguette *f.*
break down tomber en panne
breakfast petit déjeuner *m.*
Brie cheese brie *m.*
briefcase serviette *f.*
bring apporter

  ~ up monter
  please ~ me pourriez-vous
    m'apporter...
broccoli brocoli *m.*
bronchitis bronchite *f.*
brother frère *m.*
  half-~ demi-frère *m.*
brother-in-law beau-frère *m.*
brown brun(e), marron
brunette brun(e)
brush se brosser
  ~ one's teeth/hair se brosser les
    dents / les cheveux
build bâtir
building bâtiment *m.*
  apartment ~ immeuble *m.*
burgundy (color) bordeaux (*inv.*)
bus bus *m.*
  by ~ en bus
business affaires *f.pl.*; commerce *m.*
  ~ trip voyage *m.* d'affaires
businessman homme *m.* d'affaires;
  businessman *m.*
businesswoman femme *f.* d'affaires
busy occupé(e), chargé(e)
but mais
  ~ of course mais oui
  ~ still alors quand même
butcher shop boucherie *f.*
  neighborhood ~ boucherie du coin
butter beurre *m.*
buy acheter
by par, en

café café *m.*
cafeteria cantine *f.*
cake gâteau *m.* (*pl.* gâteaux)
calendar calendrier *m.*
call *n.* appel *m.*
call *v.* appeler; (on the phone)
  téléphoner
  ~ on (someone) interroger
    (quelqu'un)
  it's ~ed . . . ça s'appelle...
calm tranquille; calme
camembert cheese camembert *m.*
camping camping *m.*
  go ~ faire du camping
campus campus *m.*
can *n.* boîte *f.* (de)
can *v.* pouvoir
  could you . . . ? Est-ce que vous
    pourriez... ? Pourriez-vous... ?
Canadian canadien(ne)
cancer cancer *m.*
candle bougie *f.*
canned en boîte
cannibal cannibale *m./f.*
cap casquette *f.*
car voiture *f.*
cardiovascular workout
  cardiotraining *m.*
care *n.* souci *m.*
care *v.*: **not to ~** s'en ficher
  I don't ~! je m'en fiche! bof!

to be taken ~ of   se faire soigner
to take ~ of oneself   se soigner
career   carrière *f.*; métier *m.*
carrot   carotte *f.*
carry on   exercer
cartoon   dessin *m.* animé; bande *f.* dessinée, B.D. *f.*
case   cas *m.*
   in any ~   de toute façon
cassette   cassette *f.*
castle   château *m.*
cat   chat/chatte *m./f.*
catastrophe   catastrophe *f.*
catch: ~ a cold   attraper un rhume
cathedral   cathédrale *f.*
CD   CD *m.*, compact *m.*
   ~ **player**   lecteur *m.* de CD
cedilla   cédille *f.*
celebration   fête *f.*
cell phone   portable *m.*
CEO   chef *m.* d'entreprise, P.D.G. *m.*, président-directeur *m.* général
cereal   céréales *f.pl.*
certainly   certainement
chair   chaise *f.*
chalet   chalet *m.*
chalk   craie *f.*
chalkboard   tableau *m.* (*pl.* tableaux)
challenge   défi *m.*
chance   occasion *f.*
change   changer; transformer
   ~ **the channel**   changer de chaîne
changeable   variable
channel: TV ~   chaîne *f.*
   change the ~   changer de chaîne
   ~ **surf**   zapper
   ~ **surfer**   zappeur *m.*
chapter   chapitre *m.*
character   personnage *m.*
characteristic   caractéristique *m.*
château   château *m.* (*pl.* châteaux)
check *n.* (*restaurant*)   addition *f.*
   the ~, please   l'addition, s'il vous plaît
check off *v.*   cochez
cheek   joue *f.*
cheese   fromage *m.*
chemistry   chimie *f.*
chest of drawers   commode *f.*
chicken   poulet *m.*
child   enfant *m./f.*
children   enfants *m./f.pl.*
chin   menton *m.*
Chinese   chinois(e)
chip   chip *m.*
chocolate   chocolat *m.*
   ~ **mousse**   mousse *f.* au chocolat
   hot ~   chocolat *m.*
choice   choix *m.*
cholesterol   cholestérol *m.*
choose   choisir
Christmas   Noël *m.*
   ~ **tree**   sapin *m.*
church   église *f.*
cinema   cinéma *m.*
citizen   citoyen/citoyenne *m./f.*
city   ville *f.*
   ~ **map**   plan *m.* (de la ville)
   ~ **of one's birth**   ville *f.* natale

~ **square**   place *f.*
civil servant   fonctionnaire *m./f.*
class   classe *f.*; cours *m.*
   first ~   première classe
   second ~   deuxième classe
classical music   musique *f.* classique
classified ads   petites annonces *f.pl.*
classify   classer
classmate   camarade de classe *m./f.*
classroom   salle *f.* de classe
claustrophobic   claustrophobe
clean   nettoyer
   ~ **up**   ranger
cleaning   nettoyage *m.*
client   client/cliente *m./f.*
climate   climat *m.*
clock   horloge *f.*
close *v.*   fermer
close to   près de
closet   placard *m.*
clothes   vêtements *m.pl.*
clothing   vêtements *m.pl.*
cloud   nuage *m.*
   in the ~s   dans les nuages
cloudy   nuageux(se)
   it's ~   le ciel est couvert
   partly ~   variable
coat   manteau *m.* (*pl.* manteaux)
coffee   café *m.*
   ~ **with cream**   café crème
   ~ **with milk**   café au lait
cognate   mot *m.* apparenté
cohabitation   union *f.* libre, cohabitation *f.*
Coke   coca *m.*
cold *adj.*   froid(e)
   it's ~ (weather)   il fait froid
cold *n.*   rhume *m.*
   catch a ~   attraper un rhume
collar   col *m.*
college   fac *f.*, université *f.*
colonization   colonisation *f.*
comb one's hair   se peigner
come   venir
   ~ **back**   revenir, rentrer
   ~ **from**   venir de
   ~ **home**   rentrer
   ~ **in**   entrer dans
comedy *n.*   comédie *f.*
comedy *adj.*   comique
comfort   confort *m.*
comfortable   confortable
comic strip   bande *f.* dessinée, B.D. *f.*
commercial   pub *f.*
communicate   communiquer
communications media   médias *m.pl.*
community   quartier *m.*
compact disc   disque *m.* compact
company   compagnie *f.*, entreprise *f.*
   ~ **head/head of a ~**   chef *m.* d'entreprise
compare   comparez
comparison   comparaison *f.*
competition   compétition *f.*
complaint   plainte *f.*
complete   compléter
composition   rédaction *f.*
computer   ordinateur *m.*

~ **programmer**   informaticien/ informaticienne *m./f.*
~ **science**   informatique *f.*
concern   souci *m.*
concert   concert *m.*
confirm   confirmez
conflict   conflit *m.*
conformist   conformiste
congratulate   féliciter
congratulations   félicitations *f.pl.*, chapeau! bravo!
connect   reliez
consequence   conséquence *f.*
constantly   constamment
contagious   contagieux(se)
continue   continuer
contrary: on the ~   au contraire
contribute   contribuer
cook *n.*   cuisinier/cuisinière *m./f.*
cook *v.*   faire la cuisine
cooked   cuit(e)
cookie   biscuit *m.*
cooking   cuisine *f.*
   do the ~   faire la cuisine
cool   frais (fraîche)
   ~!   chouette!
   it's ~ (weather)   il fait frais
   that's ~!   c'est chouette/génial!
cordless (phone)   téléphone *m.* sans fil
corn   maïs *m.*
corner   coin *m.*
   at the ~ of   au coin de
correct   corrigez
correspond   correspondre
cost   coûter
cotton *adj.*   en coton
cotton *n.*   coton *m.*
couch   canapé *m.*
couchette   couchette *f.*
cough *n.*   toux *f.*
cough *v.*   tousser
could I . . . ?   est-ce que je pourrais... ?
could you . . . ?   pourriez-vous... ?
could you please . . . ?   est-ce que vous pourriez... ?
count   compter
   ~ **on**   compter (+ infinitif)
country   pays *m.*; campagne *f.*
   ~ **house**   maison *f.* de campagne
countryside   campagne *f.*
   in the ~   à la campagne
couple   couple *m.*
course   (*food*) plat *m.*; (*class*) cours *m.*
   main ~   plat *m.* principal
cousin   cousin/cousine *m./f.*
crazy   fou (folle)
create   créer
creativity   créativité *f.*
credit card   carte *f.* de crédit
Creole   créole
crime   délinquance *f.*
crisis   crise *f.*
criterion   critère *m.*
croissant   croissant *m.*
cross   traverser
crowd   foule *f.*
cry   pleurer
cup   tasse *f.*
curtains   rideaux *m.pl.*

custom coutume *f.*
  ~s mœurs *f.pl.*
customer client/cliente *m./f.*
cycling cyclisme *m.*

D

daily quotidien(ne), par jour
dairy *adj.* laitier(ère)
  ~ store/department crémerie
dance *n.* bal *m.*
dance *v.* danser
dark sombre; (*color*) foncé(e)
  ~ (gray) (gris) foncé
dark-haired brun(e)
darkness obscurité *f.*
darn (it)! mince! zut (alors)!
  I don't give a ~ je m'en fiche
date date *f.*
daughter fille *f.*
day jour *m.*; journée *f.*
  ~ off jour *m.* de congé
  ~ of rest journée *f.* de repos
  every ~ tous les jours
  in those ~s à cette époque-là
  the next ~ le lendemain
  per ~ par jour
daytime journée *f.*
dead mort(e)
dear cher (chère)
death mort *f.*
decaffeinated décaféiné(e)
deceive tromper
December décembre *m.*
decide décidez
decrease diminuer
defect défaut *m.*
defend défendre
degree diplôme *m.*
  bachelor's ~ licence *f.*
  master's ~ maîtrise *f.*
delicatessen charcuterie *f.*
delicious délicieux(euse)
delighted enchanté(e)
delinquency délinquance *f.*
dentist dentiste *m./f.*
department (in a store) rayon *m.*
departure départ *m.*
dependent dépendant(e)
description description *f.*
desert désert *m.*
deserted désert(e)
deserve mériter
desk bureau *m.* (*pl.* bureaux)
desk clerk réceptioniste *m./f.*
desperate désespéré(e)
dessert dessert *m.*
destroy détruire
detective movie/novel film/roman
  m. policier
detest détester
develop (se) développer
diabetic diabétique
diagnosis diagnostic *m.*
dictionary dictionnaire *m.*
die mourir
diet régime *m.*

be on a ~ suivre un régime, être au
  régime
dietetic diététique
difficulty: with ~ difficilement
dine dîner
dining room salle *f.* à manger
dinner dîner *m.*; souper *m.*
  to have ~ dîner
diploma diplôme *m.*
directions directions *f.pl.*
disadvantage désavantage *m.*
disagree pas d'accord
disciplined discipliné(e)
discotheque discothèque *f.*
discount réduction *f.*
discuss discuter (de)
disease maladie *f.*
dishes vaisselle *f.*
disorder désordre *m.*
displeased mécontent(e)
distant relatives parents *m.pl.* éloignés
disturb déranger
divorce divorce *m.*
do faire
  ~ aerobic faire de l'aérobic
  ~ gardening faire du jardinage
  ~ gymnastics faire de la
    gymnastique
  ~ housework faire le ménage
  ~-it-yourself faire du bricolage
  ~ one's duty faire son devoir
  ~ one's hair se coiffer
  ~ one's homework faire ses devoirs
  ~ the cooking faire la cuisine
  ~ the dishes faire la vaisselle
  ~ the laundry faire la lessive
  ~ step (*exercise*) faire du step
  ~ weight training faire de la
    musculation
doctor médecin *m.*, docteur *m.*
  call/see the doctor appeler / aller
    voir le docteur / médecin
doctorate doctorat *m.*
dog chien *m.*
do-it-yourself *v.* faire du bricolage
doll poupée *f.*
door porte *f.*
dorm résidence *f.* universitaire
doubt douter
downtown centre-ville *m.*
dozen douzaine *f.*
drama drame *m.*
drapes rideaux *m.pl.*
draw dessinez
drawing dessin *m.*
dream *n.* rêve *m.*
dream *v.* rêver
dress *n.* robe *f.*
  evening ~ robe *f.* du soir
dress *v.* s'habiller
dresser commode *f.*
dressy habillé(e)
drink *n.* boisson *f.*
drink *v.* boire
drugstore pharmacie *f.*
dumb bête
during pendant
duty devoir *m.*
DVD DVD *m.*

E

each chaque; tout/toute
ear oreille *f.*
earlier plus tôt
early tôt; en avance; de bonne heure
earn gagner
  ~ a living/money gagner sa vie /
    de l'argent
easily facilement
east est *m.*
Easter Pâques *f.pl.*
eat manger
ecological écologique
economic économique
economics économie *f.*
education éducation *f.*; formation *f.*
  higher ~ études *f.pl.* supérieures
  physical ~ éducation *f.* physique
efficient efficace
egg œuf *m.*
eight huit
eighteen dix-huit
eighty quatre-vingts
eighty-five quatre-vingt-cinq
eighty-one quatre-vingt-un
elbow coude *m.*
electronic appliance appareil *m.*
  électronique
electronic game jeu *m.* électronique
elementary school école *f.* primaire
elevator ascenseur *m.*
eleven onze
elsewhere ailleurs
e-mail courriel *m.*, e-mail *m.*, mail *m.*
employee employé/employée *m./f.*
  government ~ fonctionnaire *m./f.*
employer employeur *m.*
empty vide
encourage encourager
end *n.* bout *m.*; fin *f.*
end *v.* terminer
energetic énergique
energy-producing énergétique
engineer ingénieur *m.*
English *n.* anglais *m.*
English *adj.* anglais(e)
enough assez, assez de
enroll entrer à la fac
enter entrer dans; entrer (à la fac)
entrée plat *m.* garni
entry entrée *f.*
environment environnement *m.*
equal pareil(le)
equality égalité *f.*
equilibrium équilibre *m.*
error faute *f.*; erreur *f.*
especially surtout
ethics morale *f.*
euro euro *m.*
European Union Union *f.*
  européenne
even même
evening soir *m.*
  8:00 in the ~ 8 heures du soir
  ~ dress robe *f.* du soir
  good ~ bonsoir
every tout/toute/tous/toutes

~ day tous les jours
everybody tout le monde
everyone tout le monde
everything tout
everywhere partout
evidently évidemment
exam examen *m.*
  fail an ~ rater un examen
  pass an ~ réussir à un examen
  take an ~ passer un examen
examine examiner
example exemple *m.*
excuse me, but . . . pardon; excusez-moi, mais...
excuse me, sir/ma'am pardon, monsieur/madame
exercise *n.* exercice *m.* (physique)
exercise *v.* faire de l'exercice; faire de la gymnastique
exotic exotique
expectations attentes *f.pl.*
expensive cher (chère)
explain expliquez
explode éclater
expression expression *f.*
  polite ~s formules *f.pl.* de politesse
eye œil *m.* (*pl.* yeux)
eyebrow sourcil *m.*
eyeglasses lunettes *f.pl.*
eyelash cil *m.*
eyelid paupière *f.*

F

fabric tissu *m.*
face (up to) faire face (à)
fact: in ~ en fait
factory worker ouvrier/ouvrière *m./f.*
fail (an exam) rater
fairy tale conte *m.* de fées
fall *n.* automne *m.*
fall *v.* tomber
  ~ asleep s'endormir
false faux (fausse)
family famille *f.*
  ~ member membre *m.* de la famille
  ~ photo photo *f.* de famille
  ~ relationship lien *m.* de parenté
  ~ tree arbre *m.* généalogique
famous célèbre
fantastic fantastique
fantasy fantasme *m.*
far lointain(e)
  ~ from loin de
fashion mode *f.*
fast rapidement
fast food fast-food *m.*
fat fort(e); gros(se); gras(se)
father père *m.*
father-in-law beau-père *m.*
fatty gras(se)
faults défauts *m.pl.*
favor favoriser
favorite préféré(e), favori(te)
fear peur *f.*
feat exploit *m.*
features traits *m.pl.* (du visage)

February février *m.*
fed up: be ~ en avoir marre
  I'm ~ j'en ai marre
feed nourrir
feel ressentir; se sentir
  ~ appreciated/free se sentir apprécié/libre
  ~ like avoir envie de
  ~ well/better/sick se sentir bien/mieux/mal
fever: to have a ~ avoir de la fièvre
few peu (de)
  a ~ quelques
fewer moins de
fib mensonge *m.*
field champ *m.*
fifteen quinze
fifty cinquante
fight se battre, se disputer; lutter
  ~ against lutter contre
figure forme *f.*
fill out (a form, etc.) remplir (un formulaire, etc.)
film film *m.*
  action ~ film d'aventure
  romantic ~ film d'amour
finally enfin, finalement
financial financier(ère)
find trouver
  ~ a balance (between) trouver l'équilibre (entre)
  ~ someone trouvez quelqu'un
  I found out j'ai su
fine: the weather is ~ il fait beau
  ~, thank you très bien, merci
  I'm ~! ça va (bien)!
finger doigt *m.*
finish finir
fire feu *m.*
fireworks feu *m.* d'artifice
first *adj.* premier(ère)
  ~ aid premiers soins *m.pl.*
  ~ class première classe *f.*
  ~ floor rez-de-chaussée *m.*
first *adv.* d'abord, premièrement
  at ~ d'abord
fir tree sapin *m.*
fish *n.* poisson *m.*
  ~ market poissonnerie *f.*
fish *v.* aller à la pêche
fishing pêche *f.*
fishmonger's shop poissonnerie *f.*
fit aller bien
  ~ poorly aller mal à
five cinq
flannel *adj.* en flanelle
flannel *n.* flanelle *f.*
flaw défaut *m.*
flight vol *m.*
floor étage *m.*
  ground (first) ~ rez-de-chaussée *m.*
  second ~ premier étage *m.*
flower fleur *f.*
flowered à fleurs
flu grippe *f.*
fog brouillard *m.*
foggy: it is ~ il fait du brouillard
follow suivez
following suivant

  the ~ Saturday le samedi suivant
food aliment *m.*
foolish fou (folle)
foot pied *m.*
  on ~ à pied
football football *m.* américain
for pour, pendant
  ~ how long pendant combien de temps; depuis combien de temps
forbid interdire
forehead front *m.*
foreign étranger(ère)
  ~ languages langues *f.pl.* étrangères
forest forêt *f.*
forget oublier
fork fourchette *f.*
form formulaire *m.*
formerly autrefois
fortunately heureusement
fortune: make one's ~ faire fortune
forty quarante
four quatre
fourteen quatorze
fox renard *m.*
frankly franchement
free gratuit(e); libre
  ~ time temps *m.* libre
French *n.* français *m.*
French *adj.* français(e)
  ~ bread baguette *f.*
  ~ fries frites *f.pl.*
frequently fréquemment
fresh frais (fraîche)
Friday vendredi *m.*
friend ami/amie *m./f.*; copain/copine *m./f.*
friendly sociable
friendship amitié *f.*
from de
  ~ now on désormais
  ~ where d'où
front: in ~ of devant
frozen surgelé(e)
  ~ food produit *m.* surgelé
fruit fruit *m.*
  ~ juice jus *m.* de fruits
full plein(e)
full-time à plein temps
fun: have ~ s'amuser
funny comique, amusant(e)
furnished meublé(e)
furniture meubles *m.pl.*
future avenir *m.*

G

gain gagner
  ~ weight grossir
game match *m.*; jeu *m.*
  ~ show jeu télévisé
garage garage *m.*
garden jardin *m.*
gardening jardinage *m.*
garlic ail *m.*
gas essence *f.*
generally généralement

generous généreux(se)
geography géographie f.
German (language) allemand m.
German adj. allemand(e)
get: ~ along s'entendre
  ~ angry se fâcher
  ~ bored s'ennuyer
  ~ down descendre
  ~ dressed s'habiller
  ~ fat grossir
  ~ mad se fâcher
  ~ married se marier
  ~ off descendre
  ~ up se lever; monter
ghost fantôme m.
gift cadeau m. (pl. cadeaux)
girl fille f.
girlfriend petite amie f.
give (a gift) offrir; donner
  ~ donnez
glad: I'd be ~ to je veux bien
gladly volontiers
glass verre m.
glasses (eye-) lunettes f.pl.
globalization mondialisation f.;
  globalisation f.
glove gant m.
go aller
  ~ back rentrer
  ~ boating faire du bateau
  ~ camping faire du camping
  ~ down descendre
  ~ fishing aller à la pêche
  ~ for a walk se promener, faire
    une promenade
  ~ grocery shopping faire les courses
  ~ hunting aller à la chasse
  ~ in for sports faire du sport
  ~ on a trip faire un voyage
  ~ out (together) sortir (ensemble)
  ~ shopping faire des courses
  ~ to bed se coucher
  ~ up monter
goal objectif m.; but m.
golf golf m.
  play ~ faire du golf
good bon(ne)
  ~! entendu!
  ~ evening bonsoir
  ~ grief! mince!
  ~ idea! bonne idée!
  ~ luck! bonne chance!
  ~ night bonsoir
  it's a ~ thing that c'est bien que
good-bye au revoir
gown: evening ~ robe f. du soir
grab attraper
grade note f.
grade school teacher
  instituteur/institutrice m./f.
graduate diplômé(e)
gram gramme m.
granddaughter petite-fille f.
grandfather grand-père m.
grandmother grand-mère f.
grandparents grands-parents m.pl.
grandson petit-fils m.
gray gris(e)
greasy gras(se)

great chouette, super, formidable
green vert(e)
  ~ beans haricots m.pl. verts
greetings salutations f.pl.
grocery:
  go ~ shopping faire les courses
  ~ store épicerie f.
ground: on the ~ par terre
  ~ floor rez-de-chaussée m.
grow: ~ old vieillir
  ~ up grandir
guess devinez
gun fusil m.
gym gymnase m., éducation f.
  physique
gymnastics gymnastique f.
  do ~ faire de la gymnastique

H

habit habitude f.
hair cheveux m.pl.
hairdo coiffure f.
half hour demi-heure f.
half past ... et demi(e)
hall: down the ~ au bout du couloir
hallway couloir m.
  down the ~ au bout du couloir
ham jambon m.
hand main f.
  give someone a ~ donner un coup
    de main à
  on the other ~ par contre
  raise one's ~ lever le doigt
  shake ~s serrer la main; (se)
    donner la main
handsome beau/bel/belle/
  beaux/belles
hang in there! bon courage!
Hanukkah Hanoukka f.
happen se passer
  what ~ed? qu'est-ce qui s'est
    passé?
happiness bonheur m.
happy heureux(se)
  ~ birthday! bon anniversaire!
  ~ holidays! joyeuses fêtes!
  ~ New Year! bonne année!
happiness bonheur m.
hard adj. dur(e)
  have a ~ time avoir du mal (à)
  (work) ~ (travailler) dur
hard adv. dur
hat chapeau m. (pl. chapeaux)
hate détester
have avoir; posséder
  ~ a fever avoir de la fièvre
  ~ a hard time avoir du mal à
  ~ a headache avoir mal à la tête
  ~ a runny nose avoir le nez qui
    coule
  ~ a sore throat avoir mal à la gorge
  ~ dinner dîner
  ~ (food) prendre
  ~ fun s'amuser
  ~ just (done something) venir de
    (faire quelque chose)

  ~ self-control être discipliné(e)
  ~ to devoir
  I'm going to ~ . . . je vais
    prendre...
  you ~ to . . . tu dois, vous devez
hay fever rhume m. des foins
he il
head tête f.
headache mal m. à la tête
health santé f.
healthclub club m. de fitness
healthful sain(e)
healthy sain(e)
hear entendre
heart cœur m.
  ~ attack crise f. cardiaque
heat chaleur f.
heavyset fort(e); gros(se)
height taille f.
hello bonjour, salut!; (on the
  telephone) allô?
help aider
helping hand coup m. de main
hen poule f.
her adj. son/sa/ses
her pron. la; elle; lui
here ici, présent!
  ~ is/are voici, voilà
heritage héritage m.
hi salut
hidden caché(e)
high haut(e)
high school lycée m.
him le; lui
hire embaucher
  be ~d être embauché(e)
hired embauché(e)
his son/sa/ses
historical historique
history histoire f.
hit battre
hockey hockey m.
holiday fête f.; jour m. de congé
  happy ~s joyeuses fêtes
home: at ~ à domicile
  at the ~ of chez
  in a private ~ chez un particulier
homeless person sans-abri m./f.
hometown ville f. d'origine
homework devoirs m.pl.
honeymoon lune f. de miel
hope espérer
horror movie film m. d'épouvante
hors d'œuvre hors-d'œuvre m.
  (pl. hors-d'œuvre), starter
horse cheval m. (pl. chevaux)
hospital hôpital m. (pl. hôpitaux)
host hôte m.
hot chaud(e)
  ~ chocolate chocolat m.
  it's ~ (weather) il fait chaud
hotel hôtel m.
hour heure f.
house maison f.
  ~ husband/wife homme/femme
    au foyer
how comment; comme
  ~ are you? comment allez-vous/
    vas-tu?; (comment) ça va?

~ do you spell that? comment ça s'écrit?
~ long? depuis combien de temps?
~ many combien (de)
~ much combien (de)
~ old are you? Quel âge avez-vous/as-tu?
~ stupid of me! Que je suis bête!
human being être *m.* humain
hundred cent
hunger faim *f.*
hungry: be ~ avoir faim
hunter chasseur *m.*
hunting chasse *f.*
go ~ aller à la chasse
hurry se dépêcher
hurry: in a ~ pressé(e)
hurt avoir mal à; faire mal à
be ~ se blesser
~ oneself se blesser
husband mari *m.*
hyphen trait *m.* d'union
hypochondriac hypocondriaque
hypothesis hypothèse *f.*

I

I je
ice glace *f.*
~ skating patinage *m.* sur glace
ice cream glace *f.*
chocolate ~ glace au chocolat
vanilla ~ glace à la vanille
idea idée *f.*
good ~! bonne idée!
ideal idéal(e)
idealistic idéaliste
identity identité *f.*
if si
~ need be à la rigueur
ill malade
become ~ tomber malade
illness maladie *f.*
image image *f.*
imagine imaginez
immediately tout de suite
immigrant immigré/immigrée *m./f.*
impatient impatient(e)
impatiently impatiemment
important important(e)
impressionist impressionniste
in dans, en, à; sur
he/she is (not) ~ il/elle (n')est (pas) là
~ a private home chez un particulier
~ front of devant
~ my opinion pour moi, à mon avis
~ practice en pratique
~ the country à la campagne
~ theory en théorie
~ the past autrefois
~ those days à cette époque-là
included compris(e)
increase augmenter
incredible incroyable
indicate indiquer

indifference indifférence *f.*
indifferent indifférent(e)
indigestion indigestion *f.*
individual *adj.* individuel(le)
individual *n.* individu *m.*
inequality inégalité *f.*
information renseignements *m.pl.*
~ desk bureau *m.* de renseignements
inhabitant habitant/habitante *m./f.*
injection piqûre *f.*
give an ~ faire une piqûre (à)
injure oneself se blesser
injured: be ~ se blesser
injury blessure *f.*
instead of au lieu de
instigate provoquer
instructions instructions *f.pl.*
insurance assurance *f.*
integrate: to be ~d s'intégrer
intelligent intelligent(e)
intend to avoir l'intention de
interest *v.* intéresser
be ~ed s'intéresser
are you ~ed? ça te dit? ça t'intéresse? ça vous intéresse?
interesting intéressant(e)
Internet Internet *m.*
internship stage *m.*
interrupt interrompre
interview *n.* entretien *m.*, interview *f.*
interview *v.* interviewer
intolerance intolérance *f.*
intolerant intolérant(e)
introductions présentations *f.pl.*
invent inventer, inventez
invest investir
invitation invitation *f.*
invite inviter
inviting: I'm ~ you je t'invite, je vous invite
iPod iPod *m.*
iron repasser
irritating embêtant(e)
Islamic islamique
island île *f.*
isolated isolé(e)
it il/elle; le/la; y
~ is il est, c'est
~ is necessary (that) il faut (que)
~'s a question of il s'agit de
~'s . . . (weather) il fait...
~'s raining il pleut
~'s snowing il neige
Italian italien(ne)
its son/sa/ses

J

jacket veste *f.*; (waist-length) blouson *m.*
short ~ blouson *m.*
ski ~ anorak *m.*
jam confiture *f.*
January janvier *m.*
Japanese japonais(e)
jazz jazz *m.*

jeans jean *m.*
jewel bijou *m.* (*pl.* bijoux)
jewelry bijoux *m.pl.*
job emploi *m.*; poste *m.*
~ application demande *f.* d'emploi
jogging jogging *m.*
go ~ faire du jogging
~ suit jogging *m.*
joke blague *f.*
jot down notez
journalist journaliste *m./f.*
judo judo *m.*
juice jus *m.*
July juillet *m.*
June juin *m.*
junior high school collège *m.*
just: have ~ venir de
~ a minute un moment

K

keep garder
key clé *f.*
kidding: be ~ plaisanter
you're ~! tu plaisantes!
kill tuer
kilo(gram) kilo *m.* (de)
kind genre *m.*
it's a ~ of . . . c'est une espèce de...
~ (of film) genre (de film)
kindergarten école *f.* maternelle
king roi *m.*
kitchen cuisine *f.*
knee genou *m.* (*pl.* genoux)
knife couteau *m.* (*pl.* couteaux)
knit en maille
knock frapper
knot nœud *m.*
know (something) savoir; (someone) connaître
do you ~ (so and so)? Tu connais... ?
I don't ~. je ne sais pas.
~ each other/one another se connaître
you ~ tu sais, vous savez
you ~ quoi, hein

L

lack manque *m.*
a ~ of un manque de
lady dame *f.*
lake lac *m.*
lamp lampe *f.*
landlord/landlady propriétaire *m./f.*
language langue *f.*
laptop ordinateur *m.* portable
last *adj.* dernier(ère)
~ night hier soir
last *v.* durer
late tard; en retard
later plus tard
latest dernier(ère)
laugh rire
laundry lessive *f.*

law (*field of study*) droit *m.*; (*legislation*) loi *f.*
lawyer avocat/avocate *m./f.*
lazy paresseux(se)
leaf feuille *f.*
learn (about) apprendre
least: at ~ au moins
  the ~ le/la/les moins
leather *adj.* en cuir
leather *n.* cuir *m.*
leave partir; quitter
lecture hall amphithéâtre *m.*
left gauche *f.*
  on the ~ à gauche
  to the ~ à gauche
leg jambe *f.*
leggings caleçon *m.*
leisure activities loisirs *m.pl.*
lemon citron *m.*
lemonade: fresh ~ citron *m.* pressé
lend prêter
less moins (de)
  ~ ... than moins (de) ... que
  ~ and ~ de moins en moins
lesson leçon *f.*
let: ~ me introduce you to ... je te/vous présente...
  ~'s go allons
  ~'s see voyons
letter lettre *f.*
  ~ carrier facteur *m.*
  ~s of the alphabet lettres *f.* de l'alphabet
lettuce salade *f.*
level niveau *m.* (*pl.* niveaux)
library bibliothèque *f.*
lie mensonge *m.*
life vie *f.*
light *adj.* clair(e) (*color*); léger(ère) (*weight*)
  ~ (gray) (gris) clair
light *n.* lumière *f.*
like *prep.* comme
like *v.* aimer
  do you ~ that/it? ça te plaît?
  I ~ that Ça me plaît
  I would ~ je voudrais
  what would you ~? vous désirez?
  would you ~ to? ça vous (t')intéresse? tu veux? voudriez-vous?
link reliez
lips lèvres *f.pl.*
listen (to) écouter
  ~! écoute! écoutez!
liter litre *m.*
literature littérature *f.*
little petit(e)
  a ~ un peu
live (in, at) habiter; vivre
living room séjour *m.*; salon *m.*
loafer mocassin *m.*
loaf of French bread baguette *f.*
lobster homard *m.*
location emplacement *m.*, endroit *m.*
locker consigne *f.*
lodging logement *m.*; logis *m.*
  ~ with breakfast and dinner demi-pension *f.*

long long(ue)
longer: no ~ ne... plus
long-sleeved à manches longues
long time longtemps
look avoir l'air
  ~ at regarder
  ~ bad on aller mal à
  ~ for chercher
  ~ good on aller bien à
  ~ like ressembler (à)
looking: I'm ~ for ... je cherche...
lose perdre
  ~ weight maigrir
lost-and-found objets *m.pl.* trouvés
lot: a ~ (of) beaucoup (de)
lots of tas *m.* de
lottery loterie *f.*
love *n.* amour *m.*
love *v.* aimer
  I'd ~ to avec plaisir
lower baisser
luck chance *f.*
  good ~! bonne chance!
  what ~! quelle chance!
lucky: be ~ avoir de la chance
  how ~! quelle chance!
luggage bagages *m.pl.*
luminous lumineux(se)
lunch déjeuner *m.*

M

ma'am madame
mad: to be ~ être fâché(e)
magazine magazine *m.*
magnificent magnifique
main course plat *m.* garni; plat *m.* principal
main dish plat *m.* garni
make faire; rendre
  ~ a decision prendre une décision
  ~ an appointment prendre rendez-vous
  ~ one's bed faire son lit
  ~ one's fortune faire fortune
  ~ sick rendre malade
  ~ up inventez
makeup: to put on ~ se maquiller
man homme *m.*
management les cadres *m.pl.*
management position poste *m.* de direction
mandatory obligatoire
manners manières *f.pl.*
many beaucoup de, beaucoup
  not ~ pas beaucoup
map carte *f.*; (*city*) plan
March mars *m.*
marriage mariage *m.*
married: to get ~ se marier
marry (someone) épouser
marvelous merveilleux(se)
master's degree maîtrise *f.*
match match *m.*
material comfort confort *m.* matériel
math maths *f.pl.*

mature mûrir
May mai *m.*
may I ...? est-ce que je pourrais... ?
maybe peut-être
me me; moi
  for ~ pour moi, et pour moi
  ~ neither moi non plus
  ~ too moi aussi
meal repas *m.*
means of transportation moyens *m.pl.* de transport
meat viande *f.*
mechanic mécanicien/mécanicienne *m./f.*
medication médicament *m.*
medicine (*drug*) médicament *m.*; (*discipline*) médecine *f.*
meet (with) retrouver (des amis); (**by previous arrangement**) se retrouver; rencontrer
meeting: (chance) meeting rencontre *f.*
mentioned mentionné(e)
menu menu *m.*; carte *f.*
  fixed-price ~ menu *m.*
merry Christmas joyeux Noël
message message *m.*
Mexican mexicain(e)
midday midi *m.*
middle milieu *m.*
middle school collège *m.*
midnight minuit *m.*
migraine migraine *f.*
milk *adj.* laitier(ère)
milk *n.* lait *m.*
million million *m.*
mineral water eau minérale *f.*
minutes to (the hour) moins...
  fifteen ~ un quart d'heure
miss (the train) rater (le train)
Miss mademoiselle *f.* (*pl.* mesdemoiselles) (abbr. Mlle / Mlles)
mistake faute *f.*; erreur *f.*
misunderstanding malentendu *m.*
moccasin mocassin *m.*
moderate modéré(e)
moment moment *m.*
Monday lundi *m.*
money argent *m.*
month mois *m.*
monument monument *m.*
moon lune *f.*
moral moral(e)
morality morale *f.*
more plus (de)
  ~ ... than plus (de) ... que
  ~ and ~ de plus en plus
  no ~ ne... plus
  the ~ ... the ~ plus... plus...
morning matin *m.*
  9:00 in the ~ neuf heures du matin
  tomorrow ~ demain matin
  yesterday ~ hier matin
Moroccan *adj.* marocain(e)
most la plupart de
  the ~ le/la/les plus
mother mère *f.*
mother-in-law belle-mère *f.*
mountain montagne *f.*

mouse souris *f.*
mousse mousse *f.*
  chocolate ~ mousse *f.* au chocolat
mouth bouche *f.*
move up (*fig.*) monter
movie film *m.*
  detective ~ film policier
  horror ~ film d'épouvante
  ~s cinéma, ciné *m.*
  ~ theater cinéma *m.*
MP3 player iPod *m.*
Mr. monsieur *m.* (*pl.* messieurs) (abbr. M.)
Mrs. madame *f.* (*pl.* mesdames) (abbr. Mme)
much beaucoup
  how ~ combien
  not ~ pas beaucoup
  too ~ trop (de)
muffler écharpe *f.*
murmur murmurer
museum musée *m.*
music musique *f.*
  play ~ faire de la musique
musician musicien/musicienne *m./f.*
must il faut (que); devoir
my mon/ma/mes

N

name nom *m.*
  first ~ prénom *m.*
  last ~ nom *m.* de famille
  my ~ is je m'appelle
nap sieste *f.*
  take a ~ faire la sieste
napkin serviette *f.*
national holiday fête *f.* nationale
nationality nationalité *f.*
nature nature *f.*
nausea nausée *f.*
nauseated: to be ~ avoir la nausée
near près de
neat chouette
necessary: it is ~ (that) il faut (que)
neck cou *m.*
need avoir besoin (de)
  if ~ be à la rigueur
  you ~ to tu as / vous avez besoin de
neighbor voisin / voisine *m./f.*
neighborhood quartier *m.*; voisinage *m.*
  ~ shop magasin *m.* du coin
neither one ni l'un(e) ni l'autre
nephew neveu *m.* (*pl.* neveux)
nervous nerveux(euse)
never jamais; ne... jamais
new nouveau/nouvel/nouvelle/ nouveaux/nouvelles
  ~ Year's Day Jour *m.* de l'An
  ~ words des mots *m.* nouveaux
news nouvelles *f.pl.*
  (TV) ~ journal *m.* télévisé, informations *f.pl.*
newspaper journal *m.* (*pl.* journaux)
next prochain(e)
  ~ to à côté de
  the ~ day le lendemain

nice gentil(le); agréable; sympathique; aimable
  it's ~ weather il fait beau
niece nièce *f.*
night nuit *f.*
  last ~ hier soir
  ~ out sortie *f.*
  per ~ la nuit
  tomorrow ~ demain soir
nightclub boîte *f.* (de nuit)
nightgown chemise *f.* de nuit
nightmare cauchemar *m.*
nine neuf
nineteen dix-neuf
ninety quatre-vingt-dix
ninety-one quatre-vingt-onze
ninety-seven quatre-vingt-dix-sept
no non
  ~ longer ne... plus
  ~ more ne... plus
  ~ one personne, personne ne, ne... personne
  ~ way! c'est pas vrai!
nobody personne, personne ne, ne... personne
noise bruit *m.*
no longer ne... plus
nonconformist individualiste
nonsense bêtises *f.pl.*
non-smoking (section) non-fumeurs *m.pl.*
noon midi *m.*
north nord *m.*
nose nez *m.*
  runny ~ nez qui coule
  stuffy ~ nez bouché
not ne... pas; pas
  ~ . . . anymore ne... plus
  ~ at all pas du tout
  ~ bad pas mal
  ~ much pas beaucoup; pas grand-chose
  ~ much hair pas beaucoup de cheveux
  ~ quite pas tout à fait
  ~ too pas trop
note remarquez
notebook cahier *m.*
nothing rien, ne... rien, rien ne...
  think ~ of it ce n'est rien
notice *v.* remarquer; observer
novel roman *m.*
  detective ~ roman policier
  historical ~ roman historique
November novembre *m.*
now maintenant
  from ~ on désormais
number *v.* numérotez
nurse infirmier/infirmière *m./f.*
nuts! zut (alors)!; mince!
nylon *adj.* en nylon
nylon *n.* nylon *m.*

O

objective objectif *m.*
obviously évidemment
occasion occasion *f.*

occupation profession *f.*
o'clock heure *f.*
October octobre *m.*
odor odeur *f.*
of de
  ~ course bien sûr
  ~ course not mais non
offer offrir
office bureau *m.* (*pl.* bureaux)
often souvent
oh . . . tiens...
oh really? ah bon? vraiment?
oh yeah? et alors?
OK d'accord
okay d'accord
old vieux/vieil/vieille/vieux/ vieilles
  be . . . years ~ avoir ... ans
  grow ~ vieillir
  how ~ are you? quel âge as-tu/avez-vous?
  ~ quarter vieux quartier
omelet omelette *f.*
on sur
  ~ foot à pied
  ~ the contrary au contraire
  ~ the other hand par contre
once une fois
  ~ again encore une fois
one *number; art.* un(e)
one *pron.* on
one-color uni(e)
oneself soi, soi-même
one-way ticket aller *m.* simple
onion oignon *m.*
only seulement; ne... que
open *adj.* ouvert(e)
open *v.* ouvrir
  ~ oneself up s'ouvrir
opinion opinion *f.*; avis *m.*
  in my ~ à mon avis
optimistic optimiste
optional facultatif(ve)
or ou
orange *adj. inv.* orange
orange *n.* orange *f.*
orange juice jus *m.* d'orange
order: are you ready to ~? vous désirez?
order *n.* ordre *m.*
order *v.* commander
ordinal numbers nombres *m.pl.* ordinaux
ordinary ordinaire
organic biologique, bio
  ~ product produit bio
organize organiser
other autre
our notre, nos
outdoors dehors
outgoing sociable
outing sortie *f.*
outside dehors
overcast: it's ~ le ciel est couvert
over there là-bas
owe devoir
own *v.* posséder
own *adj.* propre
owner propriétaire *m./f.*
oyster huître *f.*

package tour voyage *m.* organisé
pain mal *m.* (*pl.* maux)
painter peintre *m.*
painting peinture *f.*; tableau *m.*
pajamas pyjama *m.*
pal copain *m.*, copine *f.*
pancake crêpe *f.*
pants pantalon *m.*
parade défilé *m.*
parents parents *m.pl.*
park parc *m.*
parka anorak *m.*
parking: covered ~ garage *m.*
part: be ~ of faire partie de
participate participez
partner partenaire *m./f.*
part-time à mi-temps
party soirée *f.*, fête *f.*
pass passer
 ~ an exam réussir à un examen
 ~ (a test) réussir à
 ~ through (by) passer par
passive passif(ve)
passport passeport *m.*
pasta pâtes *f.pl.*
pastime passe-temps *m.*
 (*pl.* passe-temps)
pastry shop pâtisserie *f.*
pâté pâté *m.*
patient patient(e)
patiently patiemment
pay payer
 ~ attention faire attention
peach pêche *f.*
pear poire *f.*
peas petits pois *m.pl.*
pen stylo *m.*
pencil crayon *m.*
pencil eraser gomme *f.*
people gens *m.pl.*; on (*pron.*)
pepper poivre *m.*
percentage pourcentage *m.*
perfect parfait(e)
 it's ~! c'est parfait!
 that's ~! c'est parfait!
perhaps peut-être
person personne *f.*
personal possessions objets *m.pl.*
 personnels
pessimistic pessimiste
petition pétition *f.*
pharmacist pharmacien/
 pharmacienne *m./f.*
pharmacy pharmacie *f.*
phenomenon phénomène *m.*
philosophy philosophie *f.*
phobia phobie *f.*
phone téléphoner
 ~ card télécarte *f.*
 ~ each other se téléphoner
photo(graph) photo *f.*
physical physique
 ~ education gymnastique *f.*,
 éducation *f.* physique
physics physique *f.*
picnic pique-nique *m.*

picture image *f.*
pie tarte *f.*
piece morceau *m.* (*pl.* morceaux)
 ~ of chalk morceau de craie
pile: a ~ of un tas *m.* de
pill comprimé *m.*
pineapple ananas *m.*
pink rose
pitcher carafe *f.*
 ~ of water carafe *f.* d'eau
pizza pizza *f.*
place lieu *m.* (*pl.* lieux); place *f.*;
 endroit *m.*
place setting couvert *m.*
plaid à carreaux
plan *n.* projet *m.*
plan *v.* compter (+ infinitif)
plane avion *m.*
 by ~ en avion
plate assiette *f.*
platform (train) quai *m.*
play jouer
 ~ (a sport) faire du/de la (sport)
player:
 CD ~ lecteur *m.* de CD
 DVD ~ lecteur *m.* de DVD
pleasant sympathique; agréable
please *adv.* s'il vous plaît
 ~ bring me pourriez-vous
 m'apporter
 ~ hold (*on the telephone*) ne quittez
 pas
 sir/miss, ~? monsieur/
 mademoiselle, s'il vous plaît?
please *v.* plaire
pleasure plaisir *m.*
 my ~! avec plaisir!
 ~ trip voyage *m.* d'agrément
 with ~! volontiers! avec plaisir!
plural pluriel
P.M. in the afternoon, in the evening
 2:00 ~ deux heures de l'après-midi
pneumonia pneumonie *f.*
pocket poche *f.*
poem poème *m.*
policeman agent *m.* de police
polite expressions formules *f.pl.* de
 politesse
politely poliment
political politique
 ~ science sciences *f.pl.* politiques
politician politicien/politicienne *m./f.*
polka dot à pois
poll *n.* sondage *m.*
poll *v.* faire un sondage
polo shirt polo *m.*
polyester *adj.* en polyester
polyester *n.* polyester *m.*
pool piscine *f.*
poor pauvre
 ~ person pauvre *m./f.*
poorly mal
pork porc *m.*
position: half-time/full-time ~ poste
 m. à mi-temps / plein temps
possess posséder
possessions affaires *f.pl.*; objets
 personnels *m.pl.*
postcard carte *f.* postale

poster poster *m.*
post office poste *f.*
potato pomme *f.* de terre
pound livre *f.* (de)
poverty pauvreté *f.*; misère *f.*
power pouvoir *m.*
practical pratique
practice *n.* pratique *f.*
 in ~ en pratique
 ~ a profession exercer une
 profession
 ~ music faire de la musique
practice *v.* exercer
preceding précédent(e)
prefer préférer
prejudice préjugé *m.*
prepare préparer
prescribe prescrire
prescription ordonnance *f.*
present présent(e)
president président/présidente
 m./f.
pretty joli(e)
prevent empêcher
price prix *m.*
printed imprimé(e)
probably sans doute
problem problème *m.*
product produit *m.*
profession profession *f.* libérale;
 métier *m.*
professional professionnel(le)
professional *n.* (**manager, executive,**
 etc.) cadre *m.*
professor professeur *m.*
program programme *m.*; (*television*)
 émission *f.*; programme *m.*
programmer: computer ~
 informaticien/informaticienne
 m./f.
promotion promotion *f.*
protest *v.* protester
provoke provoquer
psychological drama drame *m.*
 psychologique
psychology psychologie *f.*
pullover pull *m.*; chandail *m.*
punish punir
punished puni(e)
pupil élève *m./f.*
pushups pompes *f.pl.*
put mettre
 ~ on (se) mettre
 ~ on makeup se maquiller
putter *v.* faire du bricolage

quantity quantité *f.*
quarter (hour) quart *m.*; quartier
 ~ after (the hour) et quart
 ~ to (the hour) moins le quart
queen reine *f.*
question interroger
 ask ~s poser des questions
 it's a ~ of il s'agit de
quiche quiche *f.*

quickly rapidement
quit one's job démissionner

rabbit lapin *m.*
racism racisme *m.*
radio radio *f.*
rain *n.* pluie *f.*
rain *v.*: **it's ~ing** il pleut
raincoat imperméable *m.*
raise lever; élever
  ~ one's hand lever le doigt
rally se mobiliser
Ramadan Ramadan *m.*
rarely rarement
raspberry framboise *f.*
rather plutôt
rats! zut (alors)!; mince!
ravishing ravissant(e)
raw cru(e)
read lire
reading lecture *f.*
realistic réaliste
reality réalité *f.*
really vraiment
  ~? ah bon?
reason raisonner
reasonable raisonnable
recall (se) rappeler
receive recevoir
recently récemment
receptionist réceptionniste *m./f.*
recess récréation *f.*
recipe recette *f.*
recognize reconnaître
recommend recommander
red rouge
  ~ hair roux (rousse)
  ~ light feu *m.* rouge
reduce diminuer
referee arbitre *m.*
refined raffiné(e)
reflect on réfléchir
refuse refuser
regarding en matière de
region région *f.*
regret regretter
reject rejeter
relate raconter
relationship relation *f.*
relatives parents *m.pl.*
  distant ~ parents éloignés
relaxation détente *f.*
remain rester
  ~ standing rester debout
remember (*someone or something*) se souvenir (de)
remind rappeler
remote control télécommande *f.*
render rendre
rent louer
renter locataire *m./f.*
report rapport *m.*
reporter journaliste *m./f.*
required exigé(e)
research recherche *f.*

resemble ressembler (à)
reserved for réservé(e) à
resourceful débrouillard(e)
respect respecter
responsible responsable
rest se reposer
restaurant restaurant *m.*
restroom toilettes *f.pl.*, W.C. *m.pl.*
result conséquence *f.*
résumé curriculum *m.* vitae, CV *m.*
retirement retraite *f.*
return rentrer; revenir; retourner
review réviser
rice riz *m.*
rich riche
ride *n.* promenade *f.*, randonnée *f.*
  car ~ promenade en voiture
  train ~ voyage *m.* en train
ride *v.*: **~ a bike** faire du vélo
  ~ a train voyager en train
rifle fusil *m.*
right *adj.* droit(e); correct(e)
  is that ~? c'est vrai?
right *adv.* correctement; à droite
  ~ away tout de suite
right *n.* (*direction*) droite *f.*;
  (*entitlement*) droit *m.*
  on the ~ à droite
  to the ~ à droite
rise se lever
risk risque *m.*
river fleuve *m.*
road route *f.*
roast: pork ~ rôti *m.* de porc
roast beef rosbif *m.*
rock music rock *m.*
romantic film film *m.* d'amour
room pièce *f.*; chambre *f.*
roommate camarade *m./f.* de chambre
rope corde *f.*
Roquefort cheese roquefort *m.*
round-trip ticket aller-retour *m.*
routine routine *f.*
row rang *m.*
rude désagréable
rug tapis *m.*
running *n.* course *f.*
runny nose nez *m.* qui coule
rural rural(e) (*m.pl.* ruraux)
  ~ community commune *f.* rurale
rushed *adj.* pressé(es) (*les gens*)
Russian *adj.* russe

sad triste
saint's day fête *f.*
salad salade *f.*
salami saucisson *m.*
salary salaire *m.*
sale solde *m.*
  on ~ en soldes
salesperson vendeur/vendeuse *m./f.*
salt sel *m.*
salty salé(e)
same même *m./f.*, pareil(le)
sand sable *m.*

sandal sandale *f.*
sandwich sandwich *m.*
Santa Claus Père Noël *m.*
satisfied satisfait(e)
Saturday samedi *m.*
sausage saucisse *f.*
say dire
  ~! tiens! dis / dites!
scandalous scandaleux(se)
scare faire peur à
scarf écharpe *f.*; foulard *m.*
schedule emploi *m.* du temps; (*train*) horaire *m.*
scholarship bourse *f.*
school école *f.*; (*at university*) fac/faculté *f.*
  back to ~ rentrée *f.*
  elementary ~ école primaire
  high ~ lycée *m.*
  junior high/middle ~ collège *m.*
  nursery ~ école maternelle
  ~ subject matière *f.*
schoolteacher maître/maîtresse *m./f.*
  primary ~ instituteur/institutrice *m./f.*
science science *f.*
sea mer *f.*
seafood fruits *m.pl.* de mer
season saison *f.*
seat place *f.*; siège *m.*
seated assis(e)
second deuxième
secret secret *m.*
secretary secrétaire *m./f.*
section: (cheese) ~ rayon *m.* (des fromages)
security sécurité *f.*
see voir
  ~ each other (again) se (re)voir
  ~ one another se (re)voir
  ~ you soon à bientôt
  to ~ (in order to) ~ pour voir
seem avoir l'air; sembler
self-control: to have ~ être discipliné(e)
selfish égoïste
sell vendre
send envoyer
Senegalese *adj.* sénégalais(e)
sentence phrase *f.*
separate séparé(e)
September septembre *m.*
series feuilleton *m.*
serious sérieux(se); grave
seriously sérieusement
serve servir
seven sept
seventeen dix-sept
seventy soixante-dix
seventy-one soixante et onze
seventy-two soixante-douze
several plusieurs
shame honte *f.*
shape forme *f.*
  in good ~ en bonne forme
  to be/stay in good ~ être / rester en bonne forme
share partager
shave se raser

she elle
sheet of paper feuille *f.* de papier
shelter abri *m.*; gîte *m.*
shelves étagères *f.pl.*
shirt (*men's*) chemise *f.*; (*women's*) chemisier *m.*
shoes chaussures *f.pl.*
  dress ~ chaussures habillées
  tennis ~ tennis *f.pl.*
shopping: go grocery ~ faire les courses
  go ~ faire des courses, du shopping
  ~ mall centre *m.* commercial
short petit(e); court(e)
shorts short *m.*
short-sleeved à manches courtes
should (*see* devoir)
  I ~ je devrais
  I ~ have j'aurais dû
  you ~ . . . tu devrais / vous devriez
shoulder épaule *f.*
shout crier
show *n.* émission *f.*
  game ~ jeu *m.* télévisé
  variety ~ variétés *f.pl.*
show *v.* montrer
shower *n.* douche *f.*
shower *v.* se doucher
shrimp crevette *f.*
shy timide
sick malade
  get ~ tomber malade
side côté *m.*
sign *v.* signer
silk *adj.* en soie
silk *n.* soie *f.*
similar semblable
since depuis
  ~ when depuis quand
sing chanter
singer chanteur/chanteuse *m./f.*
single célibataire
  ~ person célibataire *m./f.*
singular singulier
sink (*bathroom*) lavabo *m.*
sir monsieur
sister sœur *f.*
  half ~ demi-sœur *f.*
sister-in-law belle-sœur *f.*
six six
sixteen seize
sixty soixante
skate patin *m.*
skating patinage *m.*
  ice ~ patinage *m.* sur glace
  ~ rink patinoire *f.*
skeptical sceptique
ski faire du ski
skiing ski *m.*
ski jacket anorak *m.*
skim parcourez
skirt jupe *f.*
sky ciel *m.*
sleep dormir
  ~ in faire la grasse matinée
sleeve manche *f.*
  long-~d à manches longues
  short-~d à manches courtes
slender mince

slice tranche *f.*
slipper pantoufle *f.*
slowly lentement
small petit(e)
smell odeur *f.*
smoking (section) fumeurs *m.pl.*
snack *v.* grignoter
snail escargot *m.*
sneaker basket *f.*; tennis *f.*
sneeze éternuer
snow *n.* neige *f.*
snow *v.*: **it's ~ing** il neige
so eh bien, ben, alors, donc
soap opera feuilleton *m.*
soccer foot *m.*, football *m.*
  play ~ faire du foot
  ~ game match de foot *m.*
society société *f.*
sociology sociologie *f.*
sock chaussette *f.*
sofa canapé *m.*
solid-color uni(e)
solitude solitude *f.*
solution solution *f.*
some *adj.* des; certain(e)s, quelques
  ~ what? de la/du quoi?
some *pron.* en; certain(e)s; quelques-un(e)s
somebody quelqu'un
someone quelqu'un
  it's ~ who c'est quelqu'un qui
something quelque chose
  it's ~ that . . . c'est quelque chose que...
sometimes quelquefois, parfois
son fils *m.*
song chanson *f.*
soon bientôt
  as ~ as dès que
sore throat mal *m.* à la gorge
sorry désolé(e); pardon
  be ~ regretter
sort espèce *f.*; genre *m.*
so-so comme ci comme ça
soup soupe *f.*
south sud *m.*
souvenir souvenir *m.*
  buy ~s acheter des souvenirs
space espace *m.*
spacious spacieux(se)
Spanish espagnol(e)
speak parler
  ~ loudly parler fort
specialist spécialiste *m./f.*
spend (*money*) dépenser; (*time, vacation*) passer
  ~ hours passer des heures (à + inf.)
spider araignée *f.*
spoon cuillère *f.*
sports sport *m.*
spouse conjoint/conjointe *m./f.*; époux/épouse *m./f.*
spring printemps *m.*
square place *f.*
squash courgette *f.*
squeezed pressé (*un citron*)
stadium stade *m.*
staircase escalier *m.*

stairs escalier *m.*
stand supporter
standing debout
star étoile *f.*
station (train) gare *f.*
  gas ~ station *f.* service
stay *n.* séjour *m.*
stay *v.* rester; faire un séjour
  ~ in a hotel descendre
  ~ in bed rester au lit
steak bifteck *m.*, steak *m.*
step-father beau-père *m.*
step-mother belle-mère *f.*
step workout step *m.*
stimulate stimuler
stingy avare
stomach ventre *m.*
stool tabouret *m.*
stop arrêter
store magasin *m.*
storm orage *m.*
stormy orageux(se)
story étage *m.*; histoire *f.*
straight ahead tout droit
strange étrange
stranger étranger/étrangère *m./f.*
strawberry fraise *f.*
  ~ tart tarte *f.* aux fraises
street rue *f.*
  ~ map plan *m.* de ville
stress stress *m.*
strict strict(e)
strike frapper
  what struck me . . . ce qui m'a frappé(e)...
striped à rayures
stroke attaque *f.* cérébrale
strong fort(e)
student élève *m./f.*
  university ~ étudiant/étudiante *m./f.*
studio studio *m.*
study (a subject) étudier, travailler
stuffed animal peluche *f.*
stuffy nose nez *m.* bouché
stupid bête; stupide
  how ~! quelle bêtise!
subject (school) matière *f.*
  the ~ is il s'agit de
suburbs banlieue *f.*
succeed réussir (à)
success réussite *f.*; succès *m.*
suffer souffrir
sugar sucre *m.*
  ~ cane canne *f.* à sucre
suit (*men's*) costume *m.*; (*women's*) tailleur *m.*
suitcase valise *f.*
summer été *m.*
sun soleil *m.*
Sunday dimanche *m.*
sunglasses lunettes *f.pl.* de soleil
sunny ensoleillé(e)
  it is ~ il fait du soleil
supermarket supermarché *m.*
super store grande surface *f.*
supposed: I was ~ to je devais
surf the Internet surfer sur Internet
surname nom *m.* de famille

surprising étonnant(e); surprenant(e)
sweater chandail *m.*; pull *m.*
  button-up ~ cardigan *m.*
sweats jogging *m.*
sweatshirt sweat *m.*
sweet sucré(e), doux (douce)
swim faire de la natation; nager
swimming natation *f.*
swimming pool piscine *f.*
swimsuit maillot *m.* de bain
Swiss suisse
symbol symbole *m.*
symptom symptôme *m.*
syrup sirop *m.*

T

table table *f.*
tablet comprimé *m.*
taco taco *f.*
Tahitian tahitien(ne)
take prendre; prenez
  ~ advantage of profiter de
  ~ a nap faire la sieste
  ~ a poll faites un sondage
  ~ a shower prendre une douche
  ~ a trip faire un voyage
  ~ back ramener
  ~ care of oneself se soigner
  ~ off enlever
  ~ place se passer (quelque chose se passe)
  ~ the time (to) prendre le temps (de)
talk parler
  ~ nonsense dire des bêtises
  ~ to each other se parler
  ~ to one another se parler
talkative bavard(e)
tall grand(e)
tame apprivoiser
tart: apple ~ tarte *f.* aux pommes
taste goût *m.*
  (same) ~ (mêmes) goûts *m.*
tea thé *m.* nature
  plain ~ thé nature
  ~ with lemon thé citron
  ~ with milk thé au lait
teacher instituteur/institutrice *m./f.*; professeur *m.*; enseignant/ enseignante *m./f.*
  (elementary school) ~ maîtresse *f.*
team équipe *f.*
technological advances avances *f.pl.* technologiques
teddy bear ours *m.* en peluche
teeth dents *f.pl.*
telephone *n.* téléphone *m.*
  ~ number numéro *m.* de téléphone
telephone *v.* téléphoner
television télévision *f.*
  ~ set poste *m.* de télévision
tell raconter (*a story*)
  ~ lies dire des mensonges
temperature température *f.*
  take one's ~ prendre sa température
ten dix
tenant locataire *m./f.*

tendency tendance *f.*
tennis tennis *m.*
  play ~ faire du tennis
  ~ shoe tennis *f.*
terrace terrasse *f.*
terrible terrible
terrific super, formidable
test examen *m.*; épreuve *f.*
thank remercier
  many ~s merci mille fois
  ~s merci
  ~ you merci
Thanksgiving Day Jour *m.* d'action de grâces
that *adj.* ce/cet/cette... (-ci/-là)
  ~ color (jogging outfit) looks good on you cette couleur (ce jogging) vous va bien
that *conj.* que
that *pron.* ce, cela, ça; *rel. pron.* qui, que
  ~ is to say c'est à dire que
the le/la/l'/les
theater théâtre *m.*
  movie ~ cinéma *m.*
their leur, leurs
them *pron.* les, leur; elles, eux
then alors, puis, ensuite
theory: in ~ en théorie *f.*
there là, là-bas; y
  ~ is/are il y a; voici, voilà
therefore donc
thermometer thermomètre *m.*
these *adj.* ces; ces... (-ci/-là)
these *pron.* ceux/celles-ci; ceux/ celles-là
they ils/elles/on
thing chose *f.*
think penser; trouver, croire
  do you ~ so? vous trouvez? tu trouves?
  ~ about penser à; réfléchir à
  ~ of penser de
thirst soif *f.*
thirsty: be ~ avoir soif
thirteen treize
thirty trente
  ~ (minutes past the hour) et demie
this *adj.* ce, cet, cette... (-ci/-là)
this is . . . ici...
those *adj.* ces; ces... (-ci/-là)
those *pron.* ceux/celles(-ci); ceux/celles(-là)
thousand mille *inv.*
three trois
throat gorge *f.*
  sore ~ mal *m.* à la gorge
thunderstorm orage *m.*
Thursday jeudi *m.*
ticket billet *m.*
  one-way ~ aller *m.* simple
  round-trip ~ aller-retour *m.*
  ~ window guichet *m.*
tidy up (one's bedroom) ranger (sa chambre)
tie cravate *f.*; lien *m.*
time heure *f.*; temps *m.*
  a long ~ longtemps
  at that ~ en ce temps-là

  at what ~? à quelle heure?
  free ~ temps *m.* libre
  from ~ to ~ de temps en temps
  have a hard ~ avoir du mal à
  have ~ (to) avoir le temps (de)
  it is ~ that il est temps de/que
  on ~ à l'heure
  what ~ is it? quelle heure est-il?
timetable horaire *m.*
tired fatigué(e)
title titre *m.*
to à, en, dans; jusqu'à
  in order ~ pour
  ~ her lui
  ~ him lui
  ~ them leur
toast pain *m.* grillé
tobacco/magazine shop bureau *m.* de tabac
today aujourd'hui
together ensemble
toilet W.C. *m.pl.*; toilettes *f.pl.*
tomato tomate *f.*
tomorrow demain
  ~ morning/afternoon/evening demain matin / après-midi / soir
too trop; aussi
  ~ bad tant pis
  ~ little trop peu (de)
  ~ much trop (de)
tooth dent *f.*
torn déchiré(e)
touch toucher
tour tour *m.*, voyage *m.* organisé
tourist touriste *m./f.*
toward vers
town village *m.*; ville *f.*
  old part of ~ vieux quartier *m.*
toy jouet *m.*
track course *f.*
tradition tradition *f.*
traditional traditionnel(le)
traditionally traditionnellement
traffic jam embouteillage *m.*
tragic tragique
train train *m.*
  by ~ en train
  high-speed ~ TGV *m.*
  next ~ prochain train
  ~ station gare *f.*
training formation *f.*
tranquil tranquille
transportation: means of ~ moyens *m.pl.* de transport
travel voyager
  ~ agency agence *f.* de voyages
treat: my ~ je t'invite, je vous invite
treatment traitement *m.*
tree arbre *m.*
  family ~ arbre *m.* généalogique
  fir ~ sapin *m.*
trip voyage *m.*
  business ~ voyage *m.* d'affaires
  go on a ~ faire un voyage
  have a nice ~! bon voyage!
  pleasure ~ voyage d'agrément
  ~ around the world tour du monde
true vrai(e)

truth vérité *f.*
try essayez
  ~ again later essayer plus tard
T-shirt T-shirt *m.*
Tuesday mardi *m.*
tuna thon *m.*
turkey dinde *f.*
turn tourner
  ~ off éteindre
  ~ on allumer
tuxedo smoking *m.*
TV guide programme *m.*
twelve douze
twenty vingt
twenty-one vingt et un
twenty-two vingt-deux
two deux
type espèce *f.*; genre *m.*
typical typique

U

uh euh
umbrella parapluie *m.*
umlaut tréma *m.*
unbelievable! c'est incroyable!
uncivilized person sauvage *m./f.*
uncle oncle *m.*
under sous
underline soulignez
understand comprendre
  ~ one another se comprendre
unemployment chômage *m.*
unfortunately malheureusement
unfurnished non meublé(e)
university université *f.*
  ~ cafeteria restaurant *m.* universitaire
  ~ dorm résidence *f.* universitaire
unmarried célibataire
unpleasant désagréable
until jusqu'à
up to jusqu'à
us nous
use employez
useful utile
using en employant
usual: as ~ comme d'habitude
usually d'habitude
utilities charges *f.pl.*

V

vacation vacances *f.pl.*
  have a good/nice ~! bonnes vacances!
  spend one's ~ passer ses vacances
  ~ day jour *m.* de congé
vaccination vaccin *m.*
vacuum passer l'aspirateur
  ~ cleaner aspirateur *m.*
value valeur *f.*
variety show variétés *f.pl.*
veal veau *m.*
  ~ chop côtelette *f.* de veau

~ cutlet côtelette *f.* de veau
vegetable légume *m.*
vegetarian végétarien(ne)
velvet *adj.* en velours
velvet *n.* velours *m.*
verify confirmez
very très; vachement *(slang)*
video: ~ cassette vidéocassette *f.*
  ~ game jeu vidéo *m.* (le Nintendo)
  ~ game console console vidéo *f.*
  ~ recorder magnétoscope *m.*
violence violence *f.*
visible visible
visit *n.* visite *f.*
visit *v.* (*a place*) visiter; (*someone*) rendre visite à
vitamin vitamine *f.*
voice voix *f.*
volleyball volley *m.*
  play ~ faire du volley
vote voter

W

wages salaire *m.*
waist taille *f.*
waist-length jacket blouson *m.*
wait (for) attendre
waiter/waitress serveur/serveuse *m./f.*
wake up se réveiller
walk *n.* promenade *f.*
  go for a ~ faire une promenade
walk *v.* marcher; faire de la marche
walking marche *f.*
  go ~ faire de la marche
wall mur *m.*
want désirer; vouloir
  ~ to vouloir; avoir envie de
war guerre *f.*
wash laver
  ~ (oneself) se laver
watch *n.* montre *f.*
watch *v.* regarder
water eau *f.*
  mineral ~ eau *f.* minérale
  ~-ski *v.* faire du ski nautique
  ~ skiing ski *m.* nautique
we nous; on
weak faible
wealth richesse *f.*
wear porter
weather temps *m.*
  the ~ is nice/pleasant/bad/hot/ cool/cold il fait beau / bon / mauvais / chaud / frais / froid
  the ~ is sunny/variable/cloudy/ stormy le temps est ensoleillé / variable / nuageux / orageux
  ~ report bulletin *m.* météo
Wednesday mercredi *m.*
week semaine *f.*
  a ~ later une semaine après
  in a ~ dans une semaine
  last ~ la semaine dernière
  next ~ la semaine prochaine
  per ~ par semaine

weekend week-end *m.*
weekly par semaine
weight lifting/training musculation *f.*
welcome *n.* bienvenue *f.*
welcome *v.* accueillir
  you're ~ il n'y a pas de quoi; je t'/vous en prie; de rien
well alors; bien; bon, ben; eh bien; bof
  ~ yes mais oui! mais si!
west ouest *m.*
Western occidental(e)
  ~ morality/ethics morale *f.* occidentale
what qu'est-ce que... ?; que; quel/quelle
  a ~? un(e) quoi?
  some ~? de la (du quoi)?
  so ~? et alors?
  ~? Pardon? Comment?
  ~ if you . . . si tu / si vous (+ imparfait)
  ~ is . . . ? qu'est-ce que... ?
  ~ is he/she like? comment est-il/elle?
  ~ is his/her name? comment s'appelle-t-il/elle?
  ~ is it? qu'est-ce que c'est?
  ~ is that? qu'est-ce que c'est que ça?
  ~ is your name? comment tu t'appelles? comment vous appelez-vous?
  ~ time is it? quelle heure est-il?
  ~ would you like? vous désirez?
wheat blé *m.*
  ~ field champ *m.* de blé
when quand
where où
  from ~ d'où
  it's ~ . . . c'est là où...
  ~ are you from? d'où es-tu? d'où êtes-vous?
  ~ is . . . (located)? où se trouve... ? où est... ?
whereas alors que
which quel(s)/quelle(s)
while alors que
whisper *v.* murmurer
white blanc (blanche)
who qui, qui est-ce qui
  it's my wife (my father) who . . . c'est ma femme (mon père) qui...
  ~ am I? qui suis-je?
  ~ is it? qui est-ce?
  ~'s calling? qui est à l'appareil?
whom . . . ? qui est-ce que... ?
why pourquoi
wife femme *f.*
win gagner
wind vent *m.*
window fenêtre *f.*
windy: it's ~ il fait du vent
wine vin *m.*
  red ~ vin rouge
  white ~ vin blanc
winter hiver *m.*
wish désirer; souhaiter
with avec
  ~ difficulty difficilement
  ~ pleasure! volontiers! avec plaisir!

woman femme *f.*
wood bois *m.*
wool *adj.* en laine
wool *n.* laine *f.*
word mot *m.*
work travailler
  ~ hard bosser (*familier*)
workbook cahier *m.*
worker ouvrier/ouvrière *m./f.*
  factory ~ ouvrier/ouvrière *m./f.*
world monde *m.*
worried inquiet(ète)
worry s'inquiéter
would: ~ you know? sauriez-vous... ?
  ~ you like to? Ça vous
  (t')intéresse?
wound blessure *f.*
write écrire

  ~ one another s'écrire
writer écrivain *m.*
wrong: be ~ avoir tort

xenophobic xénophobe

year an *m.*; année *f.*
  be _____ ~s old avoir _____ ans
  happy New ~ bonne année
  last ~ l'année dernière

  next ~ l'année prochaine
yellow jaune
yes oui; si (*in response to negative question*)
  well, ~ mais oui; mais si
yesterday hier
  ~ morning/afternoon/evening hier matin / après-midi / soir
yet déjà
yogurt yaourt *m.*
you vous; tu; te; toi
  ~ can vous pouvez
  ~'re welcome il n'y a pas de quoi; je vous (t') en prie; de rien
  ~ would like vous voudriez
young jeune
your ton/ta/tes (*familiar*); votre/vos (*pl., formal*)

Index

Credits

Text

Illustrations

Photographs

Realia

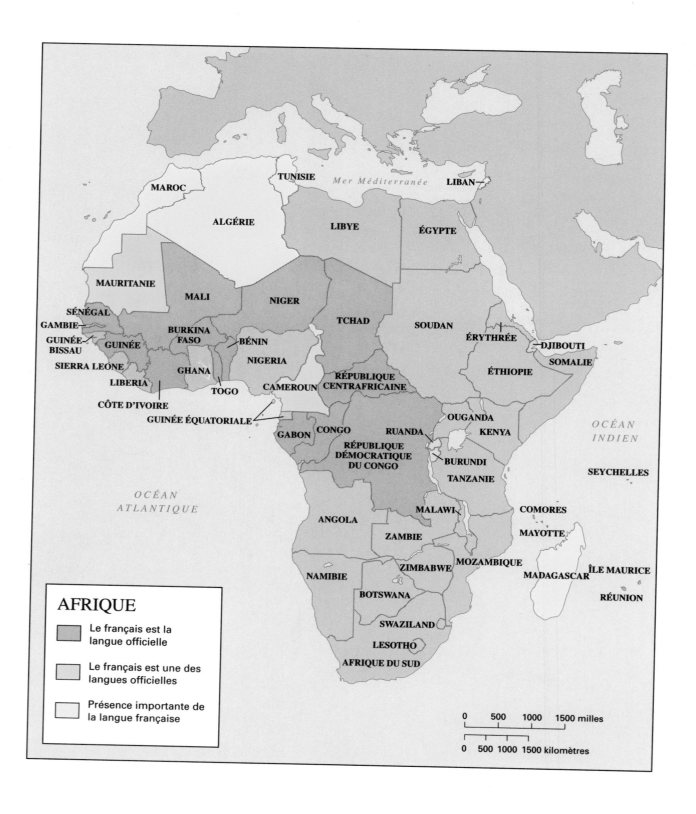

AFRIQUE

Le français est la langue officielle

Le français est une des langues officielles

Présence importante de la langue française

MAROC

TUNISIE

Mer Méditerranée

LIBAN

ALGÉRIE

LIBYE

ÉGYPTE

MAURITANIE

MALI

NIGER

SÉNÉGAL

GAMBIE

GUINÉE-BISSAU

GUINÉE

BURKINA FASO

BÉNIN

TCHAD

SOUDAN

ÉRYTHRÉE

DJIBOUTI

SIERRA LEONE

GHANA

NIGERIA

SOMALIE

LIBERIA

TOGO

CAMEROUN

ÉTHIOPIE

CÔTE D'IVOIRE

GUINÉE ÉQUATORIALE

RÉPUBLIQUE CENTRAFRICAINE

GABON

CONGO

RUANDA

OUGANDA

KENYA

RÉPUBLIQUE DÉMOCRATIQUE DU CONGO

BURUNDI

TANZANIE

OCÉAN INDIEN

SEYCHELLES

OCÉAN ATLANTIQUE

ANGOLA

MALAWI

ZAMBIE

COMORES

MAYOTTE

ZIMBABWE

MOZAMBIQUE

ÎLE MAURICE

NAMIBIE

MADAGASCAR

RÉUNION

BOTSWANA

SWAZILAND

LESOTHO

AFRIQUE DU SUD

0   500   1000   1500 milles

0   500 1000 1500 kilomètres